南京大學臺灣研究所 編

海峽兩岸關係日誌
(1999-2003)

目 錄

前言	5
（一）	5
（二）	6

1999 年 ... 9
- 1月 ... 9
- 2月 ... 19
- 3月 ... 24
- 4月 ... 33
- 5月 ... 40
- 6月 ... 47
- 7月 ... 56
- 8月 ... 71
- 9月 ... 80
- 10月 ... 91
- 11月 ... 98
- 12月 ... 105

2000 年 ... 115
- 1月 ... 115
- 2月 ... 125
- 3月 ... 134
- 4月 ... 144
- 5月 ... 152
- 6月 ... 165
- 7月 ... 182
- 8月 ... 197
- 9月 ... 213
- 10月 ... 233
- 11月 ... 246
- 12月 ... 259

2001 年 ... 269
- 1月 ... 269
- 2月 ... 278
- 3月 ... 288
- 4月 ... 300
- 5月 ... 309
- 6月 ... 318
- 7月 ... 326
- 8月 ... 336
- 9月 ... 346
- 10月 ... 353
- 11月 ... 360
- 12月 ... 366

2002 年 ... 373
- 1月 ... 373
- 2月 ... 383
- 3月 ... 392
- 4月 ... 410
- 5月 ... 425
- 6月 ... 441
- 7月 ... 452
- 8月 ... 470
- 9月 ... 488
- 10月 ... 502
- 11月 ... 515
- 12月 ... 527

2003 年 ... 535
- 1月 ... 535
- 2月 ... 541

3月 545
4月 551
5月 557
6月 564
7月 569
8月 579
9月 588
10月 598
11月 608
12月 617

前言

（一）

　　南京大學臺灣研究所編纂和出版了一部《海峽兩岸關係日誌（1949～1998）》，約 100 萬言，逐日列出有關兩岸關係的重要事件。面世之後，受到兩岸學界、政界及關心兩岸關係人士的熱烈歡迎，成為他們瞭解兩岸關係歷史進程的重要工具書。如今已經進入了 2009 年，近 10 年兩岸關係出現了重要而深刻的變化，而且更加成為兩岸同胞、海外僑胞，以及國際社會強烈關注的熱點。因此，有必要編纂《海峽兩岸關係日誌》的續編，如實記錄 1999 以來海峽兩岸關係演變的歷程，透過微觀和具體的敘事，再現兩岸互動的真實歷史場景，從客觀的歷史視角，展示近 10 年來有關兩岸關係的全面、系統和簡要的資訊，為海內外關心臺海局勢的人士理性觀察、思考和評判這一時段的兩岸關係演變提供最基本的事實依據。

　　「日誌」續編進入撰寫樣條階段，規定了嚴密細緻的工作流程。1. 由劉相平副所長具體指導閱讀和蒐集相關資料，範圍遍及兩岸及港澳報刊、互聯網、有關著述、公開的官方文獻與訊息、外國電訊等，面廣量大，必須盡力搜尋，按日累積和編排，儲存電腦，建立原始資料庫。2. 逐日整理資料，對每天發生的有關兩岸關係的各類資料進行歸類，再對同類資料展開考證和事實比對，釐清每個事件的事實真相。3. 撰寫「日誌」樣條初稿。4. 初稿交由劉相平修改，再經崔之清修訂，並對初稿提出具體評價和修改意見，反饋各位作者，依循意見修改後提交第二稿。5. 再經由劉、崔相繼修訂，發送原作者修改，提交第三稿。6. 劉負責第三次修訂，再由崔之清統稿，完成樣條的定稿，從而為作者們提供撰寫「日誌」條目的工作範式和規範文本。

　　此項編纂工程歷時兩年半，共 100 萬餘言，是迄今資料最齊備，敘事最為全面、系統的 1999～2008 年的兩岸關係實錄，而且與已經出版的 1949～1998 年的兩岸關係日誌相銜接，在編纂目的、體例、風格、內涵、理念等方面都具有嚴謹的承接和共同的敘事邏輯，從而構成一個系統的學術工程，顯示了「兩岸關係日誌」的編纂特色，也成為南京大學臺灣研究所和九州出版社共同打造的品牌工具書，相信會在海峽兩岸學界及相關各界產生積極的學術影響。

（二）

　　1999～2008年兩岸都處在世代交替的重要時期。2002年，大陸第三代和第四代領導集體平順地完成了權力過渡與交接；台灣則於2000年5月，發生了第一次所謂「政黨輪替」，在臺「執政」55年的國民黨失去了掌權地位，被成立僅14年的民進黨所取代。這10年間，海峽兩岸總體上繼續保持和平與交流的格局，經貿交流持續熱絡，經濟一體化進程加速推進，政黨交流及其他民間各項交流不斷擴大，凸顯出兩岸同胞追求與實踐兩岸和平發展的主題。

　　據大陸商務部統計，2007年兩岸貿易總額高達1244.8億美元，大陸對台出口234.6億美元，進口1010.2億美元，貿易逆差高達775.6億美元。大陸成為台灣最大的貿易夥伴和出口市場。大陸累計批准台資項目72840個，實際使用台資538.6億美元。近幾年來，70%台資投向大陸，近百萬台商及台企骨幹在大陸工作。在台資集聚的長三角、珠三角及福建海西地區，形成了一體化的產業鏈。儘管台灣當局對台商嚴加控管，多方設限，卻無力阻擋一波波大陸投資熱。為了推進兩岸經濟一體化的進程，共創互利雙贏的新局，國共兩黨相繼召開了四次兩岸經貿論壇，大陸方面出台了數十項惠台政策，涉及貿易、金融、商業、農業、教育、文化、旅遊、交通、就業、簽證等諸多領域，有力推動了兩岸交流不斷擴大，促進了兩岸關係的和平發展，已經成為兩岸關係的主流。

　　自1990年代中期以來，「台獨」勢力利用在台灣的執政地位，長期和持續地推動「台獨」分裂活動，多次蓄意製造「法理台獨」事端，引發了一波波台海危機，成為破壞兩岸關係和平發展的一股逆流。2000年5月，台灣雖然發生了「政黨輪替」，執政黨由國民黨變成了民進黨。但是，在兩岸關係上，李登輝主政末年竭力推行的「台獨」分裂路線並沒有質的變化。從事實層面觀察，1999年7月李登輝悍然推出「兩國論」，啟動了「法理台獨」的車輪。2000年5月，陳水扁上台後，經歷了從「事實台獨」向「法理台獨」的蛻變過程。他先是取得了美國的支持，拒絕接受一中原則，否認「九二共識」，並提出「四不一沒有」的承諾，暫時守住「事實台獨」的底線。當政權穩定後，立即轉向「法理台獨」道路。2003年8月，陳水扁公開提出兩岸「一邊一國」，構建「法理台獨」的兩岸定位。此後，「法理台獨」動作更加密集，諸如「正名制憲」、「廢統」、「入聯公投」等動作相繼提出，導致台海危機不斷，兩岸關係持續緊張，並對亞太區域安全與和平構成嚴重威脅。因此，「台獨」分裂勢力執政和急劇升溫的「法理台獨」活動成為兩岸關係和平發展的根本障礙，也是這一時期台海局勢緊張和

惡化的根源。於是，反對和遏制「台獨」分裂活動、維護台海的和平穩定，就成了海峽兩岸及國際社會高度關注和著力應對的緊迫議題。

大陸雖然發生了代際權力交接，但第三、四代領導集體都繼續堅持鄧小平時代確立的「和平統一、一國兩制」的基本對台工作方針，並在內涵和政策上有所發展、完善和創新，江澤民提出了「為促進祖國統一大業的完成而繼續奮鬥」的八項主張，胡錦濤宣示了「和平發展理應成為兩岸關係發展的主題」的理念。所以，大陸方面的對台方針政策保持了延續性、穩定性和前瞻性的基本特徵，並根據台灣政局和兩岸情勢的變化，與時俱進；2005年先後邀請國民黨副主席江丙坤、國民黨主席連戰、親民黨主席宋楚瑜、新黨主席郁慕明率團來大陸參訪，建構國共交流平台，舉辦兩岸經貿文化論壇和精英論壇等，務實和靈活地出台新的對台政策舉措，展現了極大的誠意和善意，努力促進和擴大兩岸民間的各項交流，推動兩岸關係的和平發展。同時，做好軍事鬥爭準備，採取各種反制行動，堅決遏制「台獨」分裂活動，以維持和穩定海峽兩岸同屬一個中國的現狀。事實證明，大陸是這一時期促進兩岸各項交流、維護台海和平穩定的主要力量。

南京大學台灣研究所崔之清謹識

1999 年

1 月

1月1日　中共中央總書記、國家主席江澤民在全國政協新年茶話會上發表講話指出：大陸與台灣當局之間依然存在政治分歧，但可以透過對話和談判來解決。希望台灣當局順應民心，正視現實，與大陸進行對話和談判，早日實現兩岸直接「三通」，在一個中國的原則下正式結束兩岸敵對狀態。他呼籲，一切愛國的中國人團結起來，堅決反對任何製造「台灣獨立」、「兩個中國」、「一中一台」的分裂活動，共同維護祖國的領土和主權完整。

1月2日　台《聯合報》報導，台北地方檢察院最近接受大陸委託，協助調查民事案件，兩岸司法互助得到進一步發展。

1月3日　中共中央台辦、國台辦主任陳雲林在《人民日報》發表題為《擴大交流，增進瞭解，推動和平統一進程》的文章，表示兩岸舉行政治談判的條件和時機已經成熟，兩岸完全可以透過談判化解政治分歧。

同日　外經貿部部長助理安民呼籲兩岸充分發揮經濟互補優勢，不要因政治分歧阻礙經濟合作。

同日　台「陸委會主委」張京育稱，將來兩岸進行協商時，台灣方面將根據議題性質選擇談判人選；當議題觸及經貿問題或公權力時，主管該事務的台灣官員及學者專家，都有機會上談判桌。「副主委」吳安家則強調，台方對兩岸談判的重要立場是，以「辜汪共識」為協商基礎，優先解決攸關兩岸民眾權益及福祉的問題，再逐步提高議題的級別。

1月4日　毛澤東、鄧小平的著作在台北公開陳列出售，表明台灣逐步擺脫了對大陸書籍禁忌的陰影。

同日　美國與兩岸聯手偵破橫跨大陸、香港與台灣的一起勒索案，涉案金額達150萬美元。

同日　美國政府強調，台灣如果以「公投」的方式決定未來，後果自負。

1月5日　李登輝稱，美國應該與兩岸平行交往。自由、民主、繁榮的中華民國仍將是美國政治、經濟和戰略上的夥伴。

同日　台經濟部原則同意開放台商赴大陸投資輕油裂解廠，台塑集團對此表示歡迎。

　　同日　台方盼望盡快安排海協會長汪道涵訪台。台陸委會主委張京育希望大陸不要停留在「放話」階段，而「副主委」林中斌則希望大陸不要給對話預設前提。

　　同日　鑒於兩岸交流日趨頻繁，台勞委會邀請陸委會、內政部等相關單位討論，做出初步決議：在對「兩岸人民關係條例」進行修訂後，只要僱主申請，來台「依親」並停留3年以上的大陸配偶可在台合法打工；但短期「依親」者仍不在允許的範圍內。

　　1月8日　中國駐美大使李肇星在華盛頓美國國家記者俱樂部講演會指出，克林頓去年在上海提出的「三不」政策，再次確立了尼克松以來美國政府的一個中國政策，相信美國會信守這些承諾。

　　同日　海協副祕書長楊曉明一行21人飛抵高雄，參加台灣中山大學舉辦的第三屆環境管理與都會發展研討會，這是二次「汪辜會談」後像徵兩岸良性互動的一場大規模學術交流活動。

　　1月9日　汪道涵會見日本自民黨前政調會議員山崎拓時表示，為進一步促進海峽兩岸的交流，他準備在今年訪問台灣。這是汪道涵首次明確提出訪台時間安排。

　　同日　美國在台協會理事主席卜睿哲在一場演說中稱，兩岸恢復對話可能是1998年兩岸關係中最重要事件，其重要性超過克林頓、江澤民峰會。

　　1月11日　香港《虎報》報導，江澤民在對台工作領導小組會議中，要求把工作中心放在改善兩岸關係上，因為必須努力工作才能達成兩岸和解。他澄清，沒有為兩岸統一制定時間表。

　　同日　應紐約中國和平統一促進會會長花俊雄邀請，海協副會長孫亞夫率團訪美。花俊雄透露，孫亞夫訪美的目的之一是為汪道涵訪台摸底，並與美國官方人士、智庫和僑界就兩岸關係交換意見。

　　同日　台立法院召開「國防委員會」會議。多位「立委」對台國防部關於戰區導彈防禦系統（Theater Missile Defense system，簡稱TMD）的態度前後不一表示質疑。台「國防部副部長」王文燮澄清說，台國防部曾在總統府軍事會議上報告過戰區導彈防禦系統，李登輝並未指示軍方購買。

同日　中美洲議會部分議會議員到中國大陸訪問，對此，台外交部發言人烏彥元稱，這些議員是以私人身份應邀前往，不代表中美洲議會。

1月12日　海協副祕書長楊曉明透過邀訪單位台灣中山大學通知海基會，取消原定於15日訪問海基會的安排。對此，海基會副祕書長詹志宏表示，楊曉明若是對海基會「過門不入」，不利於汪道涵來台的推動工作。

同日　針對美國有意將台灣納入戰區導彈防禦系統一事，外交部發言人孫玉璽在例行記者會指出，此種做法將嚴重違反中美三個「聯合公報」的原則，損害中美關係，不利於亞太地區的安全與穩定。

同日　卡內基國際和平基金會在華盛頓舉辦反武器擴散問題研討會。中國外交部軍控司長沙祖康與會發言，警告美國如轉移戰區導彈防禦系統給台灣，只會使台灣海峽局勢不安，甚至讓整個東北亞地區陷入不穩定狀態。

同日　台國防部軍事發言人孔繁定說，台國防部目前對是否加入戰區導彈防禦系統一事不做任何評論，但建立防禦彈道導彈體系將成為台軍軍事建設的重點之一。

同日　台法務部長城仲模稱，大陸「武力犯台」的可能性不太大，但可能重演著名的「木馬屠城記」，分別以「經濟毒化」及「派人滲透製造混亂」等方式顛覆台灣。

同日　美國務院亞太事務助理國務卿羅斯，在華盛頓外籍記者中心發佈一項有關美國對亞太關係的年度簡報稱，台海兩岸對話的恢復是去年美國對亞太關係的主要成就之一，汪辜會晤是一種建立互信的措施，有利於改善兩岸的氣氛。並表示，不要爭論《台灣關係法》與三個《聯合公報》的法律地位誰高誰低的問題，就台灣海峽問題的和平解決而言，兩岸對話才是最有希望的出路。

1月13日　台外交部辯稱，戰區導彈防禦系統純屬防禦性質。對此，大陸對台工作部門指出，台灣沒有必要加入，這對兩岸關係沒有絲毫幫助。

同日　台駐日代表莊銘耀在台立法院就「是否參加戰區導彈防禦系統」問題答詢稱，日本並未提出讓台灣參加的問題，但由於台灣和日本琉球距離很近，不管台灣參不參加，都脫不了關係。

同日　台無黨籍「總統」參選人、前民進黨主席許信良，在「99國內外暨兩岸政經情勢研討會」稱，中美關係將成為台灣未來政局發展極為關鍵的變數，

對民進黨並不利。他還認為，中國大陸最希望連戰當選「總統」，北京一定會打「好牌」給國民黨。

1月14日　「清宮祕藏——承德避暑山莊藏傳佛教文物特展」擬於16日在台北開展，承德市副市長於秦偉率團前往參加。

同日　福州市平江台胞鄭家彭被殺害，福州市公安局正全力緝凶。海基會致函海協請求協助鄭家彭親屬處理善後事宜。

同日　針對台經濟部擬放寬僑外資來台投資一事，台陸委會表示，台當局將對來台資本採取申報制，賦予主管機關適當的處分權，監控含「陸資」的島外公司，避免大陸資本透過相關渠道進入台灣，影響台灣經濟發展。

1月15日　國務院副總理、澳門特區籌委會主任錢其琛在北京召開的籌委會第五次會議宣布，澳門回歸後，將以7項基本原則和政策處理澳台關係，要求台灣在澳門嚴守規定，不要進行「兩個中國」、「一中一台」的分裂活動，也不得違反《澳門基本法》，破壞澳門的安全與發展。

同日　海協常務副會長唐樹備及澳門特區籌委會副主任何厚鏵表示，澳門回歸後，台灣駐澳機構必須改名；台灣居民仍享受落地簽證待遇，但可能需改持台胞證或申辦身份證。

同日　海協副會長孫亞夫率專家學者訪問團赴美，與華人、美方學者及國會議員就台灣問題交換意見。他表示，台灣問題不能無限期拖延，盼望在汪道涵今年訪台前，兩岸的政治對話有所進展。

同日　海協致函海基會，建議其派副祕書長率團在2月底或3月初赴北京，就兩會進行政治、經濟等方面的對話安排交換意見，為汪道涵赴台做準備。

同日　海協副祕書長楊曉明接受海基會宴請，聲明她此行並沒有獲得授權商談有關汪道涵訪台事宜，不過她可以將海基會的建議帶回北京。

同日　兩岸青年學者少年問題研討會在台北舉行。華東理工大學台研所副所長嚴安林與台「陸委會副主委」吳安家就汪道涵訪台時機交換意見。吳安家希望雙方能夠確定汪道涵在5月底以前訪台，嚴安林表示，大陸不可能接受「先定時間，再談議題」的安排。

同日　海基會表示同意安排兩會適當層級人員進行磋商。該會副祕書長詹志宏表示，海基會與陸委會下周將對海協來函進行研議後回覆；並表示，汪道涵訪台是否有前提，「有待釐清。」

同日　台灣當局認為，錢其琛所提處理台澳關係 7 項原則的總精神與 1995 年宣布的台港關係 7 條原則大同小異。

　　同日　台「外交部北美司司長」沈呂巡稱，台將把加入戰區導彈防禦系統列為一個選項，並批評我外交部軍控司長沙祖康在此問題上「心態霸鴨」。

　　同日　台「陸委會港澳處長」厲威廉表示，「錢七條」有一定彈性，台駐澳辦事處未必會改名。

　　同日　在與其他黨派共組聯合政權後，日本自由黨黨魁小澤一郎在記者會稱，《美日安保防衛新指針》所指的日本「周邊事態」的範圍，應該包含台海兩岸、朝鮮半島和俄羅斯在內。他強調，「周邊事態」不具地理概念是不合理的。

　　1月16日　唐樹備接受新華社專訪表示，錢其琛宣布處理澳門回歸後涉台問題「7 條原則」和政策，是出於澳門特殊情況而制定的，與處理台、港事務有差異，台灣駐澳門機構比香港規定多了「以適當名稱」幾個字。

　　同日　針對「錢七條」，台陸委會對澳門回歸前過渡時期的形勢進行研究分析，稱大陸強調的「公務員化」、「法律本地化」、「中文合法化」等「三化」政策與澳門葡（葡萄牙）化之間的矛盾，將是影響過渡過程的一大變數。

　　同日　針對海協函促海基會派人赴大陸討論汪道涵訪台一事，海基會副董事長兼祕書長許惠祐指責大陸不尊重乃至於曲解汪、辜上海會談的共識，沒把台灣放在平等地位看待，並責問海協「是不是不希望汪道涵訪台了」。

　　同日　針對海基會的指責，海協負責人指出，兩會在貫徹汪辜會晤「四項共識」的問題上有差距，海基會可以來函商量。

　　同日　國民黨祕書長章孝嚴在一次演講中，對海協副會長孫亞夫在美國批評「新台灣人」概念一事發表看法。他認為「新台灣人」的概念可以破除台灣的「省籍情結」，中國大陸對此進行批評是製造問題，存心誤會。

　　同日　台中縣豐原警察分局馬岡派出所警官廖水康稱，兩名大陸男子 3 年前來台非法打工遭遣返，因不甘「白做工」，再次偷渡來台並使用威嚇手段討債，被捕。

　　1月17日　台《聯合報》報導，中共中央把加強對台工作列入年度工作計劃，要求做好台灣人民工作，加強對台經貿合作、擴大兩岸文化交流範圍，其中，又以加強與台灣企業尤其是大型企業的合作為重點。同時，加強兩岸經貿機構的往來，醞釀籌組對台經貿民間團體，以突破「戒急用忍」政策。

同日　台北光復書局製作出版了「中國地理大百科叢書」，共280多萬字，收錄4000餘張圖片。這是台灣介紹大陸地理最全面的一套叢書。

　　同日　台軍方透露，台灣將裝配6～10艘由德國設計、美國製造的209式海岸防衛型柴電動力潛艇，估計於2005年服役。

　　1月18日　江澤民會見全國僑務工作會議代表，指出要加強僑務工作，促進祖國經濟建設與統一大業的發展。

　　同日　孫亞夫在紐約指出，台灣希望兩岸進行「不排除」政治性議題的「建設性對話」，大陸則要求進行「政治性對話」，兩者有相同點。他表示，大陸有誠意也有信心早日實現汪道涵訪台。

　　同日　中國國際戰略學會高級研究員王在希在紐約與僑界座談，指出兩岸應盡速就結束敵對狀態進行談判，並在此基礎上商議設立軍事熱線。

　　同日　中國社科院台灣研究所所長許世銓在紐約指出，台灣如果就「主權」、「領土」等問題「公投」，北京的反應會非常強烈，並且「公投」也得不到國際支持，美國對台「公投」將採取審慎的態度。他表示台灣安全問題應有兩個原則，即不挑戰一個中國原則，不搞台獨分裂領土。

　　同日　李登輝會見美國眾議院國際關係亞太小組委員會主席畢萊特時稱，他對汪道涵訪台深表歡迎，也希望大陸領導人來台訪問。

　　同日　張京育率陸委會各級主管赴海基會進行業務會報，希望將來能進一步加強兩者之間的制度化交流，從而延續「一套人馬，兩塊招牌」的政策。

　　同日　辜振甫在陸委會與海基會的業務會報會稱，希望海協會長汪道涵順利去台，兩岸延續建設性對話，早日促使制度化協商管道的恢復。

　　同日　台前法務部長廖正豪與北京大學師生座談時，呼籲兩岸加強合作，共同打擊犯罪。

　　同日　台中國文化大學董事長張鏡湖抵達北京，將在1月23日接受國際歐亞科學院頒贈院士證書。他是首位獲此殊榮的台籍學者。

　　1月19日　針對王在希昨日在紐約的提議，台「陸委會副主委」林中斌表示，大陸如有意願，可透過協商管道研議此事，不過，政治對話不應有前提。

　　同日　台「外交部部長」胡志強稱，該部「對該做的事仍會全力以赴」，但不會刻意選擇汪道涵訪台時和其他國家「建交」。

1月20日　孫亞夫在舊金山透露，海協已對汪道涵會長對台回訪開展準備工作，相信兩會交流工作會有進一步發展。

同日　海協對台陸委會低調安排遣返劫機犯表示歡迎。台「海基會」表示，遣返9名劫機犯不是送給汪道涵訪台的大禮，而是實施汪辜會晤四項共識的行為，是在兩岸簽署相關協議前，努力協助個案解決問題的表現。

同日　台灣「永載鴻七號」漁船船長林鏡川等4名台灣漁民，因走私、販賣巨額人民幣假鈔，被廣東省汕頭市中級人民法院分別判處死刑或無期徒刑。

同日　湖南長沙公安局宣布破獲一個由台、港與大陸三地不法居民聯手組成的期貨交易詐騙集團，數名嫌疑犯被捕。

同日　針對汪道涵訪台一事，台陸委會、海基會、「國安會」、總統府高層人員在總統府開會研討，將汪道涵訪台定位為「參訪」，並在近日依此定位回函海協。

同日　台灣土地銀行已在香港設立辦事處，台灣、玉山、台新等3家銀行在港設立辦事處的申請也已獲香港特區政府批准，另有十幾家台資銀行正在申請。

同日　美國參議院稱，將提案支持台灣參與世界衛生組織（WHO），並要求國務卿說明美國協助台灣「有意義地」參與WHO及履行1994年對台政策相關承諾的情況。

同日　美國貿易代表署助理代表卡西迪表示，世界貿易組織今年將在美國舉行部長級會議，美政府期望中國大陸和台灣能在此期間完成「入世」手續。

1月21日　台北市立樂團將於本月24～28日舉辦中國作曲研習會，並推出一場「民族器樂也轉彎——曲高不寡」音樂會。

1月22日　陳雲林會見台前「法務院長」廖正豪，廖希望兩岸能共同打擊重大犯罪。

同日　香港《文匯報》就汪道涵訪台發表評論，將之定位為一次「實質性的訪問」，因此，須在兩岸政治、經濟對話「有所安排的情況下」才可進行。

同日　海基會致函海協，歡迎汪道涵會長今年春季率團訪台，繼續建設性對話，並邀請海協副祕書長層級人員就此於2月底去台磋商。

同日　針對汪道涵訪台一事，台「副總統」連戰表示，兩岸互訪比「隔空喊話」好；並稱現在要談「一個中國」，仍應放在「各自表述」的原則下。

同日　台灣領導人表示歡迎汪道涵會長訪台，大陸對台部門官員稱，目前的關鍵在於，要明確「汪去台做什麼」。

同日　台經濟部、「農委會」等相關單位舉行跨「部會」會議，首次主動對開放大陸農產品進口實施負面列表進行討論，同意開放大陸75項農產品的進口。

同日　台北故宮博物院宣布，將於3月27日～6月29日展出「三星堆傳奇——華夏文明的探索」文物展。院長秦孝儀指出，這是台北故宮博物院第一次展出大陸文物，具有重大意義。

1月23日　涉台權威人士指出，大陸之所以把汪道涵訪問日期推遲到5月以後，主要是因為台灣目前可能「修憲」，這將導致汪道涵訪台「一無所獲」。

同日　廣東東莞市台資企業東聚電業有限公司凌晨發生大火，造成14人死亡、2人受傷。

同日　在日本訪問的海協副祕書長李亞飛表示，台灣有人主張「公投入憲」，這是對一個中國原則的公然挑戰。

同日　台「國貿局」聲稱，為因應兩岸加入世界貿易組織後的經貿形勢，將建立兩岸貿易檢測模型，採取預警措施，一旦兩岸貿易超過警戒線，將依世界貿易組織規範對大陸採取防衛措施，以保護台灣產業的發展。

同日　大陸漁船在台灣彰化縣外海遭到台海軍「海巡部」及水上警察的驅趕，24名大陸漁民被捕。

1月25日　中國社科院台研所前所長李家泉接受香港《明報》專訪稱，北京方面對汪道涵訪台計劃曾有激烈辯論，目前計劃未變，時間未定，不過，5月前訪台的可能性不大。

同日　台陸委會稱，中國大陸對台交涉的態度可能轉趨強硬。

1月26日　全國台灣研究會邀請兩岸學者在哈爾濱舉行研討會，討論台灣「立委」、縣市長、鄉鎮長「三合一」選舉後兩岸關係的發展趨勢。

同日　朱鎔基總理宣布人民幣今年不貶值，亞太地區股匯市場全面回升，新台幣回升5.4個百分點。

同日　美國官方決策官員及來自兩岸的學者、官方代表約20餘人，在紐約舉行3天閉門研討會，議題包括美國對華政策與兩岸關係、台灣參與TMD、兩

岸建立軍事互信機制、汪道涵訪台、台「三合一」選舉後政治經濟情勢及 2000 年「大選」等等。

1月27日 《中國日報》報導，如果台灣加入戰區導彈防禦系統（TMD），中美關係將遭遇一次空前的挫折。

同日 台灣宣布與馬其頓「建交」。

1月28日 錢其琛副總理在「江八點」發表 4 週年暨《告台灣同胞書》發表 20 週年座談會發表講話，確認汪道涵將在今年適當時候訪問台灣，希望海基會、海協能儘早安排政治性對話。他表示，台灣問題不能無限期拖延下去。

同日 陳雲林宣布將授權海協與海基會繼續展開對話，就共同關心或各自關心的政治、經濟問題廣泛、深入地交換意見。他表示，汪道涵將在今年適當時候訪問台灣，海協一定會積極地為其訪台做好準備工作。

同日 唐樹備重申，兩岸應在一個中國原則下展開政治、經濟對話，這是持續推動「兩會」接觸溝通的重要內容。

同日 外交部發言人章啟月在例行記者會上表示，中國方已向馬其頓提出嚴正交涉，希望馬其頓政府不要承認與台灣簽署的「建交公報」。

同日 外經貿部公佈統計資料表明，1998 年兩岸貿易總額為 205 億美元，台灣是大陸第五大貿易夥伴和第二大進口市場。

同日 台灣當局認為錢其琛「台灣問題不能無限期拖延下去」的說法，是大陸設定「統一時間表」的另一種表述。

同日 台陸委會負責人稱，大陸先是單方面中斷了協商，如今又把開展「政治、經濟談判」的意願強加於人，台灣方面難以接受。

同日 蘇起強調，兩岸關係與「外交」都是台灣生存的需要，不可能再分輕重。「新台灣人」口號的提出與「公投入憲」是出於台灣內政改革、凝聚共識的措施，大陸將其視為台獨，不利於兩岸關係。他表示，台對大陸政策仍將以對話、交流為主，大陸不必急於設立「統一時間表」。

同日 台「經建會主委」江丙坤發出警訊，稱兩岸產業已漸漸由互利互補分工轉為競爭狀態，希望台灣當局及業界尋求妥善因應策略。

同日　馬其頓總統格里格哥羅夫發表公開聲明，對馬其頓與台灣「建交」感到震驚和意外，重申馬其頓繼續堅持「中國大陸是代表中國的唯一合法政府，台灣是中國不可分割的一部分」的原則立場。

同日　馬其頓外長在記者會中公開宣稱，台灣給馬其頓提供了 15 億美元的援助。台灣當局的「金錢外交」行為，引起輿論一片譁然。

1 月 29 日　中國駐馬其頓大使許月荷表示，如果馬其頓不改變與台灣「建交」的決定，中國將與馬其頓斷交。

同日　台陸委會主委張京育離任之際，對大陸「台灣問題不能再拖延下去」的說法提出了批評。

同日　台「外交部政務次長」李大維稱，胡錦濤訪問非洲時，有台灣「邦交國」的高層官員到第三國與中國官員見面。他以此指責大陸想「奪取」台灣在非洲的「邦交國」。

同日　李大維稱，台灣與馬其頓只有「建交公報」，沒有「經濟合作協議」。

同日　台經濟部公佈去年對外投資、對大陸投資及外人來台投資的報告。報告顯示，去年台灣廠商赴大陸投資減少 15 億美元。

同日　馬其頓外交官會見中國大使時稱，馬其頓總統要求國會召開緊急會議討論和處理與台灣「建交」事件，但未能如願。馬其頓與台灣「建交」的決心不會變。

同日　馬其頓總統格里格哥羅夫公開譴責馬其頓政府與台灣「建交」決定，稱馬、台「建交」是一次蓄意的政變，他決不會在「建交公報」上簽字。

1 月 30 日　海協顧問、中共中央委員林麗韞日前赴台，一圓「返鄉夢」，前往拜會海基會，與辜振甫會談。

同日　李登輝稱，21 世紀是個充滿危機的世紀。今年全世界最大的問題是經濟問題，而大陸的經濟問題也可能會影響到台灣的經濟。

同日　台灣與馬其頓公佈建交「四承諾」。

1 月 31 日　台「經濟部長」王志剛透露，大陸將限制台灣人造纖維進口，並稱台灣是全球最大的人造纖維生產地，大部分產品銷往大陸，大陸的限制措施將對台灣紡織業的發展造成影響，也為兩岸經貿發展投下變數。

同日　大陸海關人員表示，對台北傳聞的大陸將禁止進口台灣人造纖維製品一事，毫無所悉。大陸不會對台商採取選擇性的禁止政策。

2月

2月1日　海協回函海基會，同意派副祕書長赴台，就兩岸對話議題及汪道涵訪台等事項交換意見。

同日　中國駐日大使陳健在日本發表演講時表示，希望能早日和台灣談判，結束兩岸敵對狀態。如果台灣當局能接受此一談判建議，同意兩岸共同擁有中國主權的主張，那麼大陸對台行使武力的問題便不存在。

同日　新華社香港分社社長姜恩柱出席香港各界紀念「江八點」發表4週年座談會，表示台灣問題不能無限期拖延下去。

同日　台灣媒體報導，台交通部可能在5月開放客輪行駛到湄洲島。對此，交通部台辦副主任李鑒表示歡迎。他說，如果消息屬實，兩岸關係又向前進了一步。

同日　李登輝接受日本雜誌專訪，肯定日本政府對「美日安保防衛新指針」的立場，並稱美日兩國強化安保合作關係的目的，是要防止亞洲一部分民主國家受到潛在的軍事威脅。

同日　台行政院長蕭萬長對美國在台協會理事主席卜睿哲表示，台已做好接待海協會長汪道涵來訪的準備，但台方不會接受任何先決條件。

同日　台國防部長唐飛在記者會稱，台建立導彈防禦體系的政策不會改變，除擴大愛國者導彈的防衛範圍外，還需要採取其他各種有效的防衛手段。凡國際上有利的防禦手段，都是台灣努力研究與爭取的對象。他以「霸道」一詞批評大陸反對台灣加入戰區導彈防禦系統的做法。

同日　台「交通部長」林豐正擬請陸委會與大陸協商，開放廣州、大連、上海、青島、天津等5個港口，以擴增兩岸轉運貨源。

同日　台陸委會舉行主委交接儀式。卸任主委張京育強調，歷史將證明，兩岸民間的和平交流與良性互動，對維持兩岸關係的穩定與發展具有深刻影響。新任主委蘇起稱，台灣的大陸政策呈現出「時而鷹時而鴿」的現象，但都是為了確保台灣人民的幸福。

同日　台交通部航政司司長吳榮貴說，交通部於去年就已開放外籍輪船及權宜輪船經第三地來往兩岸的班輪、貨輪、客輪定期航線，但至今沒有收到航商開辦客輪業務的申請。

　　同日　台陸委會、海基會高層對海協的回函表示肯定，並稱台方仍計劃以汪辜第一次會談6週年紀念日為汪道涵赴台時間。

　　同日　海基會副董事長許惠祐稱，台方希望兩岸對話有進展，但在兩岸沒有恢複製度化協商管道前，還是先進行建設性對話，以「從自由對話中尋求協商議題的交集比較實際。」

　　同日　澎湖縣長賴峰偉打算派人到大陸，請福建省主管官員約束、取締大陸漁船在澎湖海域使用滾輪式拖網作業等嚴重破壞海洋生態的行為；並表示如果法令允許，不排除親自率隊赴大陸。

　　同日　在馬祖東靖廬等候遣返的100多名大陸人員自1月28起絕食，3人昏厥。馬祖警方進行了鎮壓，並對絕食行動的組織者採取隔離措施。

　　2月2日　中國社科院台研所最新研究報告指出，兩岸的經貿互補中存在競爭，競爭中存在互補，互補大於競爭。兩岸只有加強經濟合作，形成更為良性的互補和競爭關係，才能使兩岸在區域化和集團化競爭中確保安全地位。

　　同日　大陸漁船「閩龍漁1116」號在澎湖目鬥嶼以西海域被一艘聖文森特籍商船撞沉，13名船員落海，7名船員為台灣漁民救起。

　　同日　海基會透過電話將「閩龍漁1116」號漁船被撞沉一事，詳細告訴海協，至於對7名船員的處理，則請有關單位進一步協商。

　　同日　蘇起在記者會稱，「一個中國」是大陸的期待，但台方認為兩岸交流必須從「兩岸分治」的現實出發，必須相互定位為「對等政治實體」，採取較鬆散的主權觀，走出以前相互鬥爭的模式，否則無法交流。

　　同日　美中央情報局局長特內特在參議院軍事委員會作證時稱，中國正在發展、購買空軍及海軍武器系統，以嚇阻美國介入台海危機。

　　同日　美國在台協會理事主席卜睿哲與民進黨主席林義雄會晤。林重申民進黨「台灣主權獨立」的主張，並希望世界貿易組織分開處理台灣與中國大陸「入世」問題。卜則強調美國堅持台灣問題必須以和平方式解決的立場，對兩岸恢復對話深感欣慰。

同日　美國眾議員安德魯斯及沙伯特提出議案，要求美總統敦促中國放棄使用武力或威脅對台用武，並承諾當台灣遭受大陸威脅或武力攻擊時協防台灣。

　　2月3日　中國駐馬其頓大使館對馬其頓外長迪米托夫與台「外交官」會商設立台灣「大使館」一事提出正式抗議。

　　同日　卜睿哲稱，美國瞭解中國大陸導彈對台灣的安全及心理的影響。不過，台灣是否加入戰區導彈防禦系統，應考慮兩岸關係已逐漸緩和的因素，並對是否可以增進台灣的安全進行評估。

　　同日　美國會研究報告指出，美國如果給台灣提供戰區導彈防禦系統，台灣海峽可能出現緊張局面。

　　2月4日　外交部發言人章啟月出席例行記者會，再次呼籲馬其頓撤銷與台灣簽署的「建交公報」。

　　同日　海協顧問、中共中央委員林麗韞返回她的出生地——台中縣清水鎮探親。她表示，希望兩岸在工業及農業方面能互補互助，讓後代子孫過更好的生活。不過，由於台中地方政府舉辦的歡迎茶會會場上掛有中華民國國旗，林一度拒絕進入會場，直到舉辦單位將所謂國旗遮住，茶會才得以舉行。

　　同日　海基會函告海協，將於2月9日經金門遣返劉保才等9名劫機犯，並將在2月7日經香港遣返劫機犯的兩名未成年子女。

　　同日　辜振甫在台北美僑商會演講，表示願與汪道涵會長談任何問題，但他同時表示，若以「蛙跳式」躍進到高層次政治議題談判，會產生「反效應」。

　　同日　卜睿哲出席台北美僑商會晚宴，稱美國政府關注兩岸關係的發展，期待兩岸以建設性的務實態度，朝降低該地區緊張局勢及提升安定的方向前進。

　　同日　世界貿易組織專家杰克森表示，兩岸「入世」無法脫鉤處理，台灣仍須在大陸「入世」後方可成為世界貿易組織成員。

　　2月5日　根據公安部出入境管理局公佈的數據，去年大陸私人訪台人數為67000人次。

　　同日　海協將在2月底3月初派副祕書長率團訪台，除協商安排汪道涵訪台事宜外，也將就政治、經濟對話議題進行磋商。

　　同日　台陸委會主委蘇起對林麗韞在台中要求「遮旗」的行為表示不滿，聲稱如果再發生類似的衝突，將請林提前結束訪問行程。

同日　台陸委會稱，台現階段的兩岸航運政策是，本著「先貨後客，先海後空」的原則，循序漸進地開放，而兩岸客運航線尚不宜開放。

2月6日　台陸委會舉行諮詢委員會議，討論兩岸農業交流的進展與存在的問題。陸委會認為兩岸農業交流不對稱，大陸有策略考慮，使得問題錯綜複雜。

2月7日　《中國日報》（英文）報導，清華大學教授吳之明建議修建台灣海峽隧道，並認為2030年是隧道開通的大好時機。

同日　在慕尼黑召開的第十五屆國際安全政策會議上，中國外交學會會長梅兆榮強調，台灣問題是中國的內政，將台灣劃入任何國家或軍事同盟的安全合作範圍以及向台灣提供武器的做法，不僅違反國際法基本準則，也有損中國的安全及地區的和平穩定。

同日　據台「農委會」公佈的數據，去年兩岸農產品貿易逆差為2億多美元，台商赴大陸從事農業投資增加了144件，大陸農業專業人員訪台869人次。

2月8日　《解放軍報》發表署名文章指出，日本右翼政客利用「日美防衛合作新指針」和所謂的「周邊事態法案」，企圖染指台灣，這是對中國主權的公然挑戰，中國政府、解放軍和中國人民都堅決不答應。

同日　國台辦副主任王永海在《人民日報》（海外版）發表紀念「江八點」4週年的文章，指出所謂「新台灣人」、「公民投票決定台灣前途」等論調，在本質上都是企圖否定「一個中國」原則，將台灣從中國的版圖上分裂出去。並強調，發展兩岸關係的關鍵和實現國家和平統一的必經步驟，是進行兩岸政治談判。

同日　蘇起稱，汪道涵訪台時，兩岸兩會什麼都可以談，包括政治問題也不會迴避，但涉及台灣的「主權問題」時，台方一定會堅持。

同日　台財政部駁回中國工商銀行入台開辦業務的申請。

2月9日　姜恩柱以新華社香港分社社長的身份，首次出席在港台灣同胞迎春酒會。

同日　海基會經金門將劫機去台的5名嫌犯遣返，移交給大陸紅十字會代表。

2月10日　唐樹備與新黨立委馮滬祥會晤，對台灣近日遣返多名大陸劫機犯的行為表示肯定。他同時澄清，大陸並沒有提出具體的訪台時間表，只是希望汪道涵能在適當時機訪台，並取得具體成果。

同日　香港《文匯報》報導，國台辦負責人表示，兩岸對話是維系今後兩會接觸的基礎，台灣方面一再拒絕落實在對話中取得的共識，將危及這個基礎，兩會制度化協商也無從恢復。

2月11日　台國防部長唐飛稱，大陸百餘枚導彈瞄準台灣，北京此舉將挑起兩岸緊張情勢。

2月12日　海基會致函催促海協，盡速派人赴台磋商汪道涵訪台的有關事宜。該會副董事長許惠祐表示，希望透過辜汪對話，繼續進行事務性協商，落實已達成的共識並簽署協議，如此，不但可以豐富汪道涵訪台的意義，也有助於制度化協商管道的恢復。

2月13日　台灣當局從馬祖遣返大陸偷渡人員223人。

2月14日　台灣當局再次從馬祖遣返大陸偷渡人員211人。

2月15日　朱鎔基總理表示，台灣當局應認清形勢，盡早與大陸進行政治談判，為在一個中國原則下正式結束兩岸敵對狀態、改善兩岸關係作出實際努力。

同日　在國務院召開的座談會上，台盟中央主席張克輝表示，要堅持「一國兩制」方針，早日完成祖國統一大業，台灣問題不能無限期地拖延下去。

2月16日　李登輝稱，如果要讓中國大陸明白「台灣是台灣」，台灣就應繼續爭取自己的權利和主張。

2月19日　從今年10月起，台商子女在寒暑假裡可返台，參加由陸委會、海基會籌辦的台商子女夏令營及冬令研習營。

2月20日　台「外交部長」胡志強會晤梵蒂岡國務卿安杰洛・索達諾樞機主教。索達諾保證，不傷害台方權益，並重申中國大陸有宗教自由才可能與之發展正常關係。

同日　許惠祐稱，台方將在3～4月間完成汪道涵會長訪台的準備工作，希望汪道涵在4月底如期到訪。

2月22日　在印度洋上捕魚的台灣籍漁船「金慶12號」船長龔泰安，開槍射殺大陸船員，製造了15條人命的駭人血案。

同日　針對「金慶12號喋血案」，國台辦官員接受訪問時表示，大陸對於類似案件的立場，一貫是待進一步瞭解案情後，由海協致函海基會表達看法。

同日　外經貿部台港澳司司長王暉指出，如果沒有兩岸貿易，台灣外貿將由順差轉為巨額逆差。

同日　公安部部長助理兼國際刑警組織中國國家中心局局長朱恩澤表示，大陸將進一步加強與港澳台警方合作，打擊犯罪，特別是跨境犯罪。

同日　海基會董事長辜振甫、全台工業總會理事長高清願再次重申，歡迎汪道涵訪台。

2月23日　香港《文匯報》報導，由海峽兩岸航運交流協會（大陸）主導、兩岸航運業者合資設立的大連國際海事技術服務公司，上月正式成立。

2月24日　外交部對「金慶12號喋血案」發表正式聲明稱，由於涉案當事人均為中國公民，因此，中國司法機關對該案擁有管轄權；並強調，個案不應影響兩岸關係。

2月25日　繼台陸委會前主委張京育去年訪港後，台北市長馬英九也得到香港政府批准，擬於下周訪港。這意味著港台關係再次取得突破性進展。

同日　海基會將「金慶12號喋血案」案情函告海協。該會副祕書長表示，目前沒有必要透過兩岸聯繫管道來解決涉案人員的處理問題。

2月27日　海基會致函建議海協，派副祕書長於3月15日至17日去台，討論汪道涵訪台的工作安排。函文強調，台方還是希望汪道涵能在新加坡汪辜會談6週年前後訪台，使會晤更有意義。

3月

3月1日　1993年12月25日晚，山西省靈石縣資壽寺十八羅漢雕像之首級全部被盜，兩年後，台灣震旦集團董事長陳永泰先後在日本、台灣等地以重金將18尊頭像如數購得，並表示自願捐獻該18尊佛首，使之物歸原主。今日，台「內政部境管局」同意上海市台辦副主任郭戈等人近期內赴台迎回18尊佛首。台方稱此為史無前例的歸還大陸文物行動，將為汪道涵訪台營造良性互動的氣氛。

同日　大陸大幅降低郵電資費，大陸撥打台灣的電話費用，由原來的每分鐘人民幣8.1元降為5元。此舉有利於兩岸之間的各種商業聯繫和互動交流。

同日　中國涉台部門官員、學者近10人，在杭州與到訪的美國前國防部長佩裡一行對話。中方表示，要突破兩岸僵局，必須先積極推動兩岸政治、經濟對話，最終進行兩岸政治談判。

同日　唐樹備認為，馬英九將以私人身份訪港，不會和港府進行官方接觸，特區政府可以依《基本法》自行處理。

同日　李登輝接受英國《金融時報》專訪時表示，台灣對美國主導的戰區導彈防禦系統（TMD）深感興趣；並妄言，台灣加入該系統，是迫使大陸放下武器、依台灣所提條件進行兩岸談判的重要手段。

同日　台陸委會副主委兼發言人許柯生重申，台灣方面非常歡迎海協會長汪道涵儘早在春天到訪，以早日恢復兩岸制度化的協商軌道。

同日　台陸委會公佈「1998年度民調趨勢報告」，結果顯示：八成民眾支持維持現狀，有四成民眾認為一年來兩岸關係變化不大；有六成五民質疑大陸對兩會協商、談判的誠意；四成民眾不支持兩岸進行政治談判；四成到五成民眾主張應優先進行綜合性議題協商。

同日　台交通部核準中華郵政總局與中華航空、長榮航空、復興航空、新竹貨運、長榮貨運、華美快遞、衛道資訊、迪悌資訊等8家公司，合資組成「中華快遞股份有限公司」，進軍兩岸快遞業務市場。

同日　台灣高層人士指出，台灣是否加入戰區導彈防禦系統及「公投是否入憲」，是影響汪道涵訪台的最大變數。

3月2日　外交部發言人朱邦造指出，美國若讓台灣加入戰區導彈防禦系統計劃，將會引起台海地區多層次的軍備競賽，加劇該地區局勢的緊張和不安。

同日　海協函覆海基會，將派副祕書長李亞飛率團於3月17日至19日赴台，就兩會對話安排和汪道涵訪台事宜與海基會交換意見。

同日　大陸方面表示，「金慶12號漁船喋血案」尚未完全偵結，台灣方面要求主要嫌疑犯龔泰安回台受審，是不合適的。

同日　香港特區行政長官顧問葉國華接受台《聯合報》專訪，呼籲社會不要對馬英九訪港的身份多做揣測和爭論，以免「將好事變壞事」。

3月3日　國台辦主任陳雲林表示，汪道涵訪台一事，不受美國是否將台灣納入戰區導彈防禦系統的影響，但在5月前無法成行。

3月4日　馬英九啟程訪問香港。

同日　台陸委會與相關「部會」達成共識，決定修訂「兩岸人民關係條例」，嚴格規定離退職公務員赴大陸的時限和條件。凡政務官和涉及當局機密的各級公務員，至少在離、退職3年之後，經原單位許可才能前往大陸。

3月5日　朱鎔基總理在九屆人大二次會議上作政府工作報告，指出在新的一年裡，要繼續堅持「和平統一、一國兩制」的基本方針和江澤民主席提出的八項主張，認真做好各項對台工作。我們更寄希望於台灣人民，要廣泛團結台灣同胞，聽取他們的呼聲，支持他們有利於祖國統一的合理主張。大力加強兩岸人員往來和經濟文化等方面的交流與合作，鼓勵台胞投資和發展兩岸貿易，保護台胞的正當權益，推動早日實現兩岸直接「三通」。實現祖國完全統一是全體中國人民的根本利益所在，國家主權和領土完整不容分割，我們堅決反對台獨和以任何形式製造「兩個中國」、「一中一台」。我們呼籲台灣當局認清時勢，儘早跟我們進行政治談判，為在一個中國原則下正式結束兩岸敵對狀態，進一步改善兩岸關係，作出實際努力。

同日　正在香港訪問的馬英九建議，台北與香港應建立半官方團體，定期就市政問題進行交流對話。

同日　蕭萬長在立法院稱，兩岸高層互訪的時機尚不成熟，無論是他訪問大陸或是邀請朱鎔基來訪，都未排入議事日程。

3月6日　唐樹備表示，汪道涵何時訪問台灣，須由海協、海基會共同磋商決定。至於汪道涵是否與李登輝會面，尚未討論。

3月7日　江澤民參加全國人大香港代表團討論時表示，對台灣問題的解決要有急迫感。他指出，「一國兩制」在香港的成功實施，將對台灣問題的解決產生深遠影響。

同日　外交部長唐家璇指出，如果台灣加入戰區導彈防禦系統，大陸將有強烈反應，台灣當局只有停止分裂國家活動，兩岸才有可能「外交休兵」。

同日　新黨立委馮滬祥指出，台「軍情局」利用台商蒐集大陸情報是「平白送死」。對此，台「軍情局」未作回應。

同日　美前國防部長佩裡離開北京到台北訪問。據稱，佩裡將拜會李登輝、唐飛、蘇起及部分在野人士等，與之討論台海問題。

3月8日　錢其琛強調，台灣問題不能無限期拖延下去。

同日　陳雲林指出，「台灣問題不能無限期拖延下去」的說法，主要是針對美國因素而言，中國不能讓美國干涉祖國統一的進程。

同日　唐樹備表示，汪道涵訪台期間，李登輝只能以國民黨主席的身份與汪道涵見面。

同日　「金慶12號漁船喋血案」，引發海峽兩岸「外交官」在毛裡求斯的「管轄權」之爭。

同日　李登輝會見美前國防部長佩裡表示，他非常歡迎汪道涵來台訪問，並願意帶汪道涵到台灣各地走走。

同日　蘇起回應錢其琛「台灣問題不能無限期拖延下去」的談話稱，統一問題不能有時間表。

同日　佩裡率團拜會蘇起、辜振甫，雙方就兩岸對話與戰區導彈防禦系統等問題達成共識，認為對話應持續進行且不受議題限制，而戰區導彈防禦系統的功能在於防禦而非挑釁。

同日　台「外交部長」胡志強對佩裡建立「第二管道」的提議，持保留態度。他認為，「第二管道」不可能取代或影響「第一管道」。

3月9日　外交部發言人朱邦造重申，台灣企圖加入戰區導彈防禦系統是挾「洋」自保、拖延統一的行徑。

同日　前環保局局長曲格平希望兩岸能在環保領域進行合作，「中國人幫中國人」。

3月11日　全國政協九屆二次會議閉幕。大會透過政治決議，呼籲台灣當局順應歷史潮流，回應江澤民主席提出的八項主張，早日實現兩岸直接「三通」，儘早進行政治談判，在一個中國原則下正式結束敵對狀態，推進祖國和平統一進程。一切愛國的中國人都應從民族大義出發，堅決反對任何製造「台灣獨立」、「兩個中國」、「一中一台」的分裂活動，維護國家的主權和領土完整。

同日　全國政協副主席、台盟中央主席張克輝和政協委員蔡子民，呼籲台灣當局儘早與大陸進行政治談判。

同日　中國人民銀行行長戴相龍表示，希望台幣、港幣、人民幣保持穩定，也希望加強台、港、大陸三地的金融交流，以進一步穩定本地區的金融市場。他認為，人民幣匯率保持穩定，對台幣的穩定有益。

同日　海協函覆海基會表示，台軍事情報局間諜沙明珠於1997年12月30日被依法判處有期徒刑14年，剝奪政治權利3年，1998年2月5日被移送至浙江省女子監獄服刑。她在浙江關押期間，從未有人前往探視，更不存在相關部門將探視人員扣留之事。

　　同日　台最高法院駁回台商張鳴龢的上訴，並以收集「國防」祕密未遂罪判處其有期徒刑1年。這是台灣判處的第一例台商「間諜案」。

　　同日　美國參、眾兩院分別透過紀念《台灣關係法》20週年決議案，要求美國政府每年公佈台灣海峽兩岸軍力平衡報告，堅持對台「軍售」，並支持台灣加入世界貿易組織。

　　同日　佩裡在華盛頓稱，李登輝和台灣其他官員支持他推動「第二管道」對話。

　　3月12日　全國人大常委會外事委員會副主任徐敦信接受台《聯合報》專訪，暢談兩岸與日本關係。他表示，李登輝訪日的後果將比訪美嚴重，而台灣如果加入戰區導彈防禦系統，北京決不會坐視不管。

　　同日　外經貿部長石廣生表示，大陸必須先於台灣「入世」，但不會干預台灣與香港簽訂相關協議。

　　同日　國台辦官員表示，大陸對海協會副祕書長李亞飛訪台極為重視，希望兩岸能坦誠交換意見，務求形成最大共識。

　　同日　應「兩岸發展基金會」邀請，對外經貿部台港澳司長王暉將率團訪台。

　　同日　李登輝致函教皇約翰·保羅二世稱，海峽兩岸人民均為中國人，雙方應嘗試以對話實現和解與和平。

　　同日　台總統府嚴詞否認李登輝支持兩岸透過「第二管道」對話的報導，強調台灣當局並不贊成透過所謂的「第二管道」與大陸對話。

　　同日　蘇起稱，台灣方面向來認為「第一管道」才是唯一合法的對話管道。

　　同日　英國《金融時報》披露，台灣渴望與美國就新軍購進行磋商。台軍方希望購買4艘配備反導彈平台的「神盾」級巡防艦，這可能成為戰區導彈防禦系統的重要組成部分。

　　同日　針對台總統府的聲明，佩裡表示，其訪問團並不是參與兩岸間「第二管道」對話的角色，只是提出務實的建議以利兩岸對話。

3月13日　中國國際貿易促進會會長俞曉松表示，兩岸加入WTO後，北京將促使台灣開放兩岸經貿。

同日　澳門台北貿易旅遊辦事處處長厲威廉表示，應繼續拓展台澳政治、經濟、文化關係，希望在特首選出後再討論台灣駐澳辦事處名稱事宜。

3月14日　澳門賭王何鴻燊表示，願意為兩岸關係的發展「搭橋」。他認為，如果李登輝和汪道涵要見面，澳門是個適當的地方。

同日　聯想集團總裁柳傳志表示，在訊息產業領域，台灣有生產研發優勢，大陸擁有市場優勢，聯想集團與台灣訊息產業交流頻繁，將來和台灣應有很好的合作。

3月15日　朱鎔基表示，堅決反對台灣加入戰區導彈防禦系統；並強調，大陸不能不在台灣海峽部署導彈，否則，台灣將永遠分離出去，但大陸導彈決不會瞄準台灣的兄弟姊妹，也不會輕易使用導彈。

同日　台國防部對朱鎔基的說法予以反駁。

同日　美國家安全顧問伯格重申應和平解決兩岸分歧。他指出，中國大陸若攻打台灣，將是非常嚴重的事情。

3月16日　針對台灣一些媒體的說法，唐樹備澄清說，兩岸兩會從未確定汪道涵訪台的時間，不存在大陸拖拖拉拉的情況。他說，汪道涵訪台的時機，應在海協、海基會雙方認為適當且做好準備的時候。

同日　外經貿部台港澳司長王暉，率中國輕工藝品進出口商會訪問團拜會台灣工業總會，並邀請台工業總會理事長、統一集團總裁高清願9月訪問大陸，希望台灣工商界代表能參加中國貿易洽談會。

同日　唐樹備稱，澳門回歸祖國後，台灣駐澳門機構名稱必須改名。

同日　許惠祐稱，兩岸恢復會談的障礙在大陸一邊，目前只好先從對話開始，逐步尋求共識，力求回到制度化協商管道上來。

3月17日　李亞飛一行抵台，將與海基會副祕書長詹志宏等人進行磋商。詹稱，海基會將正式邀請汪道涵在4月29日第一次「辜汪會談」6週年前後訪台。李亞飛則表示，5月前，汪道涵的時間安排已滿，將無法接受台灣方面的邀請。

同日　台總統府高層稱，李登輝將以總統的身份接見汪道涵，以不迴避、不刻意的態度來對待汪道涵訪台。

同日　辜振甫表示，汪道涵訪台是兩岸50年來的大事，希望他能在入夏前成行，雙方再一次進行建設性對話。

　　同日　台行政院副院長劉兆玄稱，台已做好邀訪汪道涵的準備，希望大陸能以對等、互惠作苗床，用善意、誠意播種，讓兩岸關係向雙贏的局面發展。

　　同日　民進黨「中國事務部主任」顏萬進表示，中國大陸拖延汪道涵訪台時間，是為了給李登輝的接班人「加分」。

　　同日　日本《產經新聞》報導，唐樹備表示，李登輝在其總統任期結束之後，如果以中國國民黨主席的身份訪問美國或日本，大陸依然會反對。

　　同日　美國眾議院國際關係委員會及其下屬的亞洲及太平洋軍務小組委員會，分別透過《台灣關係法》20週年共同決議案，重申保證台灣安全的承諾。

　　3月18日　李亞飛一行與詹志宏等人進行磋商，初步商定汪道涵在9、10月間訪台，行程細節另行磋商。李亞飛表示，對未來兩會磋商、交流前景相當樂觀。不過，由於雙方對汪道涵訪台的議題尚未形成共識、海基會對大陸方面成立「兩岸論壇」的建議也沒有正面回應，李亞飛也頗感遺憾。

　　同日　針對李亞飛、詹志宏達成的共識，許惠祐表示，兩岸對話總算邁出一步，希望兩會能落實、安排具體事務。

　　同日　蕭萬長在立法院答詢稱，歡迎汪道涵訪台。如果汪道涵求見，並且海基會有安排，他願意見汪道涵。

　　同日　日本外相高村正彥表示，台灣海峽問題基本上是中國的內政問題，但日本政府強烈期待台海兩岸和平解決問題。

　　3月19日　李亞飛在離台前對李、詹會談的成果總體上表示滿意，期盼兩會能在汪道涵訪台前，就雙方的對話議題形成共識。

　　同日　台灣媒體報導，大陸涉台權威人士指出，汪道涵預定於秋天訪台，但如果兩岸對話有進展或突破，汪道涵也可以提前訪台，影響汪道涵行程的唯一因素是台灣是否搞「公投入憲」。

　　同日　蘇起稱，汪道涵去台什麼問題都可以談，要談「結束敵對狀態」也可以；並表示，將要求海基會下月致函海協，建議兩會副祕書長繼續協商，並展開處長層級的事務性對話。

同日　台總統府高層稱，海協關於兩岸間設立論壇的建議，可能會對海基會、海協兩會的功能產生排斥效應。

同日　許惠祐認為，李亞飛提議的「兩岸論壇」「不是善意的東西」，偏離了台灣方面的期待。

同日　台陸委會副主委林中斌稱，海協提出的「兩岸論壇」意在架空海基會，因而對詹、李會談表示失望。他認為，「第二管道」不可能取代「第一管道」。

同日　海協表示，許惠祐對「兩岸論壇」的惡語批評，有失待客之道。

3月21日　針對大陸設立兩岸民間論壇的建議，蘇起表示，未來半年兩會應該集中討論汪道涵訪台事宜。

3月22日　海協鄭重聲明，提議設立「兩岸論壇」或召開研討會的目的，是為了加強兩岸溝通，是積極善意的建議；並表示，對許惠祐「論壇會使兩會功能削弱」的說法不能理解，恰恰相反，「論壇」可落實雙方對話的共識。

同日　《解放軍報》發表評論員文章指出，美國如果把台灣納入戰區導彈防禦系統，就是對中國內政的嚴重干涉。

同日　經教育部同意，福建省將在福建師範大學和福建中醫院試行對台灣學生單獨考試、單獨招生錄取。

同日　蘇起稱，國際及台灣因素並不是影響汪道涵訪台的主要原因，大陸內部對汪道涵訪台時間有特殊的考慮才是真正的原因。他重申，希望汪道涵訪台，但不要預設前提條件。至於舉辦「兩岸論壇」，實在沒有必要。

同日　美前國防部長佩裡稱，中國大陸沒有渡海攻擊台灣的能力；並表示，台灣問題仍是美國與中國潛在的衝突點。

3月23日　台前行政院長郝柏村獲得台灣當局允許，將在4月3日返回家鄉——江蘇鹽城掃墓。其子郝龍斌說，整個行程公開透明，不會主動會見大陸官員，也未安排會見汪道涵。

同日　台中縣議長顏清標試圖推動兩岸「宗教直航」，因陸委會反對，未能成行。

3月24日　台駐美代表陳錫蕃稱，台灣不反對美國政府與大陸全面交往，但美國切勿因此否認台灣的存在。

同日　美負責東亞事務的助理國務卿羅斯稱，中國大陸對解決台灣問題制定時間表是極大的錯誤。

3月25日　在海基會的幫助下，上海市台辦副主任郭戈從台灣接回原屬山西省靈石縣資壽寺的18尊佛首。

同日　辜振甫稱，今年汪辜會晤「什麼都可以談」；並強調，大陸如果放棄對台用武政策，就不會有台灣要求加入戰區導彈防禦系統的問題。

同日　美國助理國務卿羅斯公開提出，兩岸在對話交流、和平解決分歧的過程中，可以考慮簽署若干「中程協議」。這是美國首度建議兩岸簽署「中程協議」。

3月26日　台中縣議長顏清標拜訪陸委會主委蘇起，要求「宗教直航」到大陸。蘇起表示，法令對此明文禁止，希望信徒們「忍耐」，不要以身試法。

3月27日　應台外貿協會董事長林振國的邀請，國際貿易促進會會長俞曉松等10人抵台訪問。

3月28日　福建莆田記者團訪問台中縣大甲鎮瀾宮。台中縣議長顏清標表示，他們正在努力推動兩岸「宗教直航」。

3月29日　陳雲林重申，台灣問題不能無限期拖延下去。

同日　中國國際貿易促進會會長俞曉松表示，盼望兩岸盡快互設經貿機構，機構名稱不是問題。

同日　遭劫掠5年之久的18尊羅漢頭像重歸山西省靈石縣資壽寺，重附金身。靈石縣政府為此舉行隆重的重新開光儀式。

同日　蕭萬長稱，台灣尚未確定是否加入戰區導彈防禦系統，但如果大陸持續以武力威脅台灣，台灣當然會考慮尋求保護系統。

3月31日　汪道涵表示，希望能早日到台灣訪問，但要根據兩會的準備情況而定。海協人士澄清說，汪道涵訪台時間很短，不會與民進黨人士見面。

同日　郝柏村接受飛碟電台訪問，呼籲台灣當局理性看待他的大陸之行，不要刻意抹黑；並表示，他對台灣的軍事防務或政務都問心無愧，昔日朋友、舊屬應瞭解和尊重，至少不應懷疑他的政治人格。

同日　台灣媒體報導，李亞飛3月在台期間曾透露，陳水扁曾兩次派親信到大陸與海協聯繫。對此，海協鄭重予以否認。

同日　有傳聞稱，陳水扁曾透過新加坡資政李光耀向中國大陸傳話，表示不會貿然宣布台獨。對此，陳水扁予以否認並表示，這種傳聞對李光耀是最大的不敬。

同日　郝柏村認為，以李光耀的智慧、經驗，不可能為台灣的政治人物傳話，更不可能保證台灣的政治人物不搞台獨。

同日　大陸涉台人士表示，無論陳水扁是否派親信到大陸表達「執政」後不會貿然宣布台獨的立場，大陸都不會相信，因為大陸對陳水扁看得很清楚。

同日　前民進黨主席許信良批評民進黨的兩岸政策比李登輝及國民黨還保守、落後；並表示，陳水扁立場反覆，見人說人話，見鬼說鬼話，不可相信。

4月

4月1日　陳水扁在東京稱，如果沒有大陸的軍事威脅，台灣就無需加入戰區導彈防禦系統；並表示，兩岸有必要建立軍事互信機制。

同日　台灣桃園地方法院判處劫機犯、原中國國際航空公司駕駛員袁斌有期徒刑1年，判處劫機犯、其妻徐梅有期徒刑6個月、緩刑2年。

4月2日　海基會函告海協，將派副祕書長詹志宏於4月底前往大陸磋商汪道涵訪台事宜，同時，為落實辜、汪上海會談共識，建議派海基會法律服務處處長謝福源同行，以協商解決劫機犯和偷渡人員的遣返問題。

同日　海協歡迎詹志宏4月底來北京進行兩會副祕書長級磋商，但對進行副祕書長級與處長級「雙軌制」磋商的建議未作回應。

同日　蘇起表示，希望澳門回歸後，台、澳關係不受影響。

4月3日　李登輝會晤美國參議院亞太地區事務委員會主席克雷格‧湯姆斯時表示，大陸非常關切台灣是否加入戰區導彈防禦系統，而台灣更關切的自身的安全與保障問題。

同日　台陸委會官員暗示，台灣駐澳門機構可在適當時候改名。

4月4日　廈門市政府宣布，大嶝島對台小額商品交易市場將於4月8日掛牌，5月1日開業。屆時，台灣輪船可直接入港、停泊，人員可上岸交易。

同日　國民黨投資事業管理委員會主委劉泰英宣稱，「黨營事業」將投資上億元新台幣，與中華開發公司合作，共同開發東沙群島觀光業務，同時宣示台灣

對東沙群島的主權意義。據稱，李登輝對此頗為支持，並打算下一步開發南沙群島。

4月5日　汪道涵會見台灣新同盟會訪問團，對台灣「一個分治的中國」的主張作出回應。他表示，與其說兩岸是「一個分治的中國」，不如說是「中國的分治狀態」，或「中國分治」。

同日　海基會致函海協，提出兩岸應建立「雙軌制」協商模式。海協則認為，兩會應先落實去年汪辜會晤的首項共識，而不是建立所謂「雙軌制」磋商模式。台灣這樣做，是有意拖延對話。

同日　台灣方面稱，汪道涵所提「中國分治」的說法實質上默認了「一個分治的中國」。

同日　郝柏村回到故鄉——江蘇鹽城鹽都縣葛武鎮郝榮莊祭祖。

4月7日　唐樹備表示，「雙軌制」協商模式不屬於汪辜對話的範疇。

同日　李登輝稱，「民主」將在兩岸關係發展過程中扮演重要角色，大陸應走向多元化民主，中共應該尊重人民結社與組黨自由。

同日　台外交部長胡志強稱，《台灣關係法》出台屆滿20週年，美國應落實對台的安全承諾。

同日　美國總統克林頓與朱鎔基總理會晤，稱兩岸應和平解決分歧，任何一方破壞此原則，美國都不認同。朱鎔基則強調，中國不放棄和平解決台灣的希望，但不會承諾不使用武力。

4月8日　朱鎔基在華盛頓召開記者會，表示美國總統林肯當年反對南方獨立和分離時，不惜使用武力。在中國統一問題上，中國應該向林肯學習。克林頓回應稱，兩岸關係與南北戰爭時期的背景不同，美國仍然主張兩岸之間的問題應該和平解決。

同日　李登輝在台「國家統一委員會」第14次全體委員會議上表示，歡迎海協會長汪道涵訪台，延續汪、辜建設性對話，進而促成兩岸領導人會晤，逐步建立兩岸和平穩定的機制。

同日　針對李登輝的談話，唐樹備表示，如果兩岸在「一中」原則下進行政治談判並達成協議，兩岸領導人就有機會見面，但李登輝的講話，通篇不提一個中國，因此，台灣方面此時提出要實現兩岸領導人會晤，是不切實際的。

同日　李登輝在國統會稱，兩岸目前最重要的事是恢複製度性協商，而不是爭論統「獨」問題。

同日　台國統會副主委、副總統連戰，在國統會上提出3項必須繼續努力的工作重點，①深切體認中華民國經濟發展的成就，確定國家與社會安定密不可分；②願與大陸同胞分享寶貴的經驗與成果，協助大陸政治經濟改革；③貫徹國家必須統一在既照顧全體中國人利益，又合乎自由、民主、均富制度的理念。並表示，目前，終止兩岸敵對狀態，促進台海安全，是台灣當局考慮的首要任務。

同日　蕭萬長在國統會表示，在汪辜會晤前後，兩會應務實擴大合作。

同日　蘇起在國統會稱，兩岸關係的根本問題在體制差異，它導致了兩岸處理雙方關係的思維模式與基本態度的差異。並表示，台灣願意在「分治」的基礎上追求雙贏，但大陸執意以霸權心態採取零和戰術，因此，不要對兩岸在短期消除歧見抱有幻想。

同日　胡志強在國統會做專題報告。表示拓展「務實外交」不但有利於台灣發展，也可以累積民族實力，給兩岸在國際間相處、溝通提供增進瞭解的機會，因此，「務實外交」與兩岸互動絕非零和關係。

同日　台國安局局長丁渝洲在國統會稱，大陸對內要處理政治經濟體制轉軌、意識形態轉變等難題，對外又面臨全球民主化、西方和平演變的壓力，在「五四」80年紀念日、「六四風波」10年紀念日到來之際，大陸面臨的困難「倍於以往」，為謀求突破，汪道涵訪台就成為中國大陸的訴求重心，大陸將更積極地對台「外壓內拉」，為建立統一架構奠定基礎。

同日　辜振甫表示，應對汪道涵的「中國分治說」進行進一步觀察。

同日　民進黨中國事務部主任顏萬進稱，雖然李登輝、連戰有意透過釋放善意的方式，縮短兩岸差異，卻沒有明確指出現階段兩岸根本差異的所在，所以，將無法促成兩岸融合。

4月9日　汪道涵會見郝柏村、郝龍斌父子，重申對台政策的「86字方針」。

同日　李登輝稱，中國大陸領導人完全可以大方地表示願意來台灣，台灣歡迎大陸領導人來訪，而台灣是繼續推行「戒急用忍」政策，還是逐步實施「三通」，將取決於大陸對台善意程度的調整。

同日　台陸委會副主委兼發言人許柯生稱，台灣方面已為建立兩岸互信機制花了不少工夫，不過，至今仍只是台灣單方面的努力。

同日　中美達成大陸「入世」協議，中國「入世」在即。對此，台經濟部預測，兩岸經貿關係將進一步加強，兩岸關係也將更加密切。

同日　台灣輿論認為，大陸「入世」後，「戒急用忍」政策將受到衝擊。

同日　美在台協會台北辦事處處長張戴佑稱，兩岸可簽署「中程協議」，這是繼助理國務卿羅斯之後，美國官員再一次明確提出此一建議。對此，台總統府副祕書長林碧炤重申，台方主張先進行事務性協商，再簽署政治性協定。

4月10日　為應對兩岸加入世界貿易組織後的新形勢，台陸委會、經濟部等單位已研擬、制訂開放大陸資本來台的方案。兩岸「入世」後，陸資企業經過申報並得到批准後，可去台灣設立子公司。

4月12日　前文化部副部長王濟夫訪台期間，因摔傷引發心肺衰竭，經搶救無效死亡，家屬決定將其遺體在台火化後，運回大陸安葬。

同日　蘇起對王濟夫來台參訪意外身亡表示遺憾，要求陸委會與海基會全力協助其家屬處理善後。

同日　台陸委會發言人許柯生稱，並不是在兩岸「入世」後，台灣就會對大陸及其他會員國「門戶大開」，「三通」與「入世」不能畫等號。

同日　台「經濟部長」王志剛、「次長」林義夫表示，如果台灣今年無法加入世界貿易組織，以後的代價將更高。

同日　台經濟部宣稱，將放寬大陸科技人員去台的條件，以借重大陸的科技人員，促進台灣科技產業的發展。這是台灣繼擴大開放大陸物品去台之後，再一次採取對大陸開放的措施。

4月13日　朱鎔基在紐約接受美國有線電視新聞網（CNN）採訪時表示，反對美國協助台灣發展或向台灣出售戰區導彈防禦系統。

同日　連戰在接受日本著名評論家落谷信彥等人專訪時，提出兩岸交流的三個要點：以合作取代對立，以中華文化為交流基礎，求同化異。並強調，兩岸關係不是民族主義問題，而是民主主義和自由問題。中國大陸尚未民主化，若不改革，兩岸不可能統一。

同日　台交通部宣稱，在「不入境、不通關」的前提下，開放大陸貨物在高雄上岸，經小港或中正國際機場運往世界各地，反向也可。台交通部表示，這項境外航運中心海空聯運實施的時機，由陸委會決定。

4月15日　汪道涵在上海明確表示，他今年訪問台灣，將就結束兩岸敵對狀態議題與辜振甫對話，也願意與李登輝見面。

同日　台南市孿生兄弟林鏡清、林鏡川因走私、偽造巨額人民幣，被大陸司法機關分別判處無期徒刑和死刑，林鏡川被處決。

同日　台灣高層表示，朱鎔基訪美對兩岸關係的負面效應逐漸顯現，大陸對海基、海協兩會的互動，已出現「口頭積極，行動保守」的倒退現象。

同日　蘇起表示，台方將對汪道涵來訪的行程安排採取主動方式，彈性安排，不會因為強調「對等」而侷限於辜振甫訪問大陸時所獲得的接待規格。

同日　海基會指責大陸「泛政治化」地處理兩岸交流活動，刻意拖延對話。

4月16日　海協回函海基會，拒絕了對方關於本月繼續磋商汪道涵訪台事以及恢復兩會事務性工作商談的建議。對此，蘇起及許惠祐表示遺憾。

4月17日　唐樹備明確指出，必須先安排和確定對話議題，汪道涵才可訪台。許惠祐稱，是否願意恢復兩岸制度化協商，是觀察大陸有無善意的指標。

同日　許惠祐指責大陸拖延兩會對話與交流，目的在於推動政治對話，但兩會磋商的延宕，對汪道涵訪台可能會有影響。

同日　台「外交部北美司司長」沈呂巡對朱鎔基訪美效應進行評估。他認為，台灣加入世界貿易組織的進程，應該不會受到大陸的影響。

4月19日　前台北市長陳水扁與美國智庫成員會晤。美學者提出，兩岸應建立軍事互信對話機制，有效推動「海峽中線」，在某些地區設立「和平特區」。對此，陳水扁表示，可以考慮美方的建議。

4月20日　朱鎔基在溫哥華發表演講，指斥台獨是數典忘祖。他強調，中國始終主張以和平方式統一祖國，不承諾放棄使用武力正是為了能夠和平統一。

同日　汪道涵指出，雖然國際因素是影響噹前兩岸關係的重要因素之一，但兩岸關係能否突破，要由兩岸來決定。

同日　上海台灣研究所成立。

同日　李登輝妄稱，中華民國是主權獨立的國家，「一個中國」目前並不存在。台灣追求的是「自由、民主、均富的統一的中國」，只有中國大陸制度改變，雙方縮小差距之後，兩岸才有統一機會。

同日　陳水扁在美舉行記者會稱,「台灣是主權獨立的國家,任何改變台灣現狀的方案都要經由台灣人民作最後的決定」,他說,「現狀」的改變,包括台灣在法理上宣布「獨立」以及中國大陸以武力合併台灣。

　　同日　美國前國防部長詹姆斯‧施萊辛格表示,在美國是否應在東亞部署戰區導彈防禦系統的問題上,台灣是最敏感的部分,美國對此事說得越少越好。

　　4月21日　美參議院外交委員會透過「2000～2001會計年度國務院授權法案」,規定美國務院每半年須向國會報告協助台灣加入國際組織的情況。

　　同日　美國參、眾兩院共和黨領袖向台灣立委訪問團說明,朱鎔基訪美並未損害到台灣的利益,美國會對台灣的支持絲毫未減;並保證,將繼續協助保障台灣的安全。

　　4月22日　香港《文匯報》報導,大陸對台部門有關人士表示,台灣當局至今不回應海協關於落實兩岸對話安排的提議,對海協提出的共同舉辦論壇或研討會的建議也不予理睬,最近又節外生枝地提出要協商辜汪上海會談4項共識以外的議題,種種跡象表明,台灣當局在阻礙兩會交流,因此,海協只好推遲兩會副祕書長級的磋商。

　　同日　陳水扁在紐約發表演講稱,「台灣是主權獨立的國家,依照憲法,名字叫中華民國」。

　　4月23日　唐樹備表示,目前海協、海基會要商談的是汪、辜對話的議題,而不是所謂「雙軌制」對話的問題。

　　同日　在第三屆港台經貿論壇大會上,中國銀行港澳管理處副主任林廣兆表示,中國銀行願赴台北設立分行。

　　同日　民進黨計劃以「決議文」方式進一步詮釋台獨黨綱。據稱,「決議文」將增加「台灣目前的名字叫『中華民國』,其基本領域為台澎金馬以及國際法規定的島嶼領海及水域」、「任何改變現狀的行為都必須經台灣人民公投決定」等新條文。

　　同日　台總統府副祕書長林豐正稱,民進黨檢討台獨黨綱及陳水扁在美國認同中華民國的談話,顯示「在野黨」的意見已經朝「執政黨」的政策修正,可見台灣的主流意見已經漸漸形成,統「獨」爭議可望減少,這有助於大陸政策的制定。

　　同日　國民黨祕書長章孝嚴表示,台「在野黨」的政策在向國民黨靠近。

同日　海基會致函海協，建議兩會在5月中旬舉行「雙軌制」對話。針對海協所提的應解決事務性商談中存在的政治障礙問題，海基會認為，可在汪道涵訪台時與之交換意見。

同日　林中斌稱，許多美方人士認為兩岸都在拖延對話。

同日　日本東京都新任知事石原慎太郎對中國大陸可能武力犯台提出無理指責，並揚言，他是否到台北訪問，不受任何限制。對此，中國駐日大使陳健透過日本外務省表示強烈不滿。

4月24日　民進黨派系「新世紀辦公室」草擬了民進黨台獨黨綱修正案提案。該「提案」主張，台灣是「主權獨立國家」，無需宣布「獨立」。如果要統一，才需要「公投」決定。

同日　統一企業與頂新集團簽訂合作意向書，統一企業成為頂新集團最重要的股東。這兩家公司的合作，對兩岸三地的食品業將產生重大影響。

4月25日　汪道涵明確表示，雖然兩岸目前互動氣氛不佳，但不會影響他訪台的安排，他今秋一定訪台。

4月26日　針對近來陳水扁有關國家認同的言論以及民進黨有意修改台獨黨綱的訊息，李登輝認為，「反對黨」的政策與「執政黨」漸趨一致，將來不論誰當選總統，台灣的政局都會保持穩定。

同日　蘇起表示，紀念辜汪會談6週年最好的方式，就是肯定兩會的運作機制，一切回歸制度化管道，而不應設立其他的「論壇」。

4月27日　中國貿促會會長俞曉松表示，兩岸「入世」後，台灣將面臨「三通」的壓力。

同日　APEC部長級會議在新西蘭基督城舉行，台灣方面違反規定，由「政務委員」楊世緘代表出席，為此，中國代表退出會議以示抗議。

同日　熟悉美國政府對華政策走向的美方人士稱，美國官員及學者提出兩岸可先達成「中程協議」的說法，只是美國對華政策的過渡步驟，並不表示美國對華政策會有所改變。

4月28日　中國大陸記者訪問團顧問、國台辦新聞局副處長楊毅表示，大陸主要媒體已逐漸減少對台灣的負面報導，但台灣媒體對大陸及兩岸的報導仍著重於負面新聞，可見，加強兩岸新聞交流、增進相互瞭解，是雙方共同努力的目標。

同日　辜振甫稱，大陸方面願意就事務性協商中存在的政治問題與台灣交換意見是一種進步。並強調，大陸如果不希望兩岸問題受到外力的影響，就應儘早承認台灣的政治地位，回到制度化協商管道，兩岸自己解決問題。

同日　辜振甫在海基會紀念辜汪會談6週年茶會上表示，兩岸在發展過程中有許多領域需要互助合作，台灣將提出有利於兩岸互利雙贏與繁榮穩定的合作方案。

4月30日　美國同意銷售早期預警雷達系統給台灣，對此，中國政府予以嚴詞抨擊，譴責美國嚴重違反中美「八一七公報」。

同日　汪道涵會見由菅直人率領的日本民主黨代表團，重申他將於今年秋天訪問台灣，再次說明了對台政策的「86字方針」，強調兩岸應在一個中國原則下平等協商、共議統一。

同日　蘇起稱，兩岸問題是因為中共挑起內戰而導致了中國的分裂，自1949年以來，兩岸關係的本質是制度之爭。現在，兩岸官方要談的，不是結束敵對狀態而是全面性和平協議，結束敵對狀態是結果而非議題。

同日　蘇起稱，台灣對外將兩岸分別稱呼為中華民國、「中華人民共和國」，對內則沿用「中共」或「大陸方面」的稱謂，以凸顯內外有別的兩岸定位。

同日　台在《華盛頓郵報》刊登紀念《台灣關係法》實施20週年的大篇幅廣告，提醒美國落實對台灣的承諾。

同日　美國國家安全會議亞洲事務資深主任李侃如強調，美國將繼續根據《台灣關係法》及中美三個「聯合公報」，開展對台「軍售」。

5月

5月1日　駐美大使李肇星在紐約表示，中國在自己的土地上部署導彈是中國的內部事務，不必與其他國家商量。他說，台灣是中國的一部分，我們堅決反對華盛頓向台灣出售早期預警雷達。

同日　大陸記者團在鹿港參訪，參觀了龍山寺、民俗文物館、天后宮。

同日　民進黨主席林義雄邀集新世紀、福利國、新潮流、美麗島等各派系負責人，召開擴大會議的「會後會」。會議決定，「台灣前途決議文」中有關承認中華民國的部分改為：「『台灣國』固然依憲法稱為『中華民國』，但和中華人民共和國互不統屬」。

同日　美國喬治‧華盛頓大學國際事務學院院長何漢理透露，是否出售早期預警雷達系統給台灣一事，已在美國決策層引起爭議，白宮還未作最終決定。

5月2日　蘇起接受英國國家廣播公司（BBC）「倫敦熱線」的採訪稱，汪道涵來台訪問本身就是一件很有意義的事，不必追求什麼實質性成果。他表示，兩岸進行政治談判，還為時太早。

同日　海基會副祕書長詹志宏稱，如果汪道涵在訪台時提出堅持一個中國原則，將會出現很難堪的場面。對此，大陸對台部門人士指出，詹的講話「很不友善」，「真不知道他想幹什麼」。

5月3日　台外交部宣稱，由於兩岸形勢不佳，各單位應特別注意大陸在國際組織中擴大「封殺」台灣的行動。

同日　台經濟部長王志剛率團赴美訪問，以爭取美方對台灣加入世界貿易組織的支持。

同日　美國總統克林頓回答日本記者提問時重申，美國支持一個中國政策，同時，堅持台海問題應和平解決。

5月4日　唐家璇會見到訪的日本民主黨黨魁菅直人，證實汪道涵將於今年10月赴台訪問。他還指出，美國在亞太地區部署戰區導彈防禦系統，是從美國的利益考慮，但有可能導致亞太地區開展軍備競賽。

同日　唐樹備指出，如無重大意外，汪道涵今秋一定會訪問台灣。他預測，汪道涵台灣之行將不會「空手而來空手而去」，而將對兩岸關係的穩定發展產生里程碑的作用和影響，進而開創兩岸關係的新局面。

同日　針對汪道涵將於今年10月赴台訪問的說法，台陸委會表示，海協副祕書長李亞飛3月來台磋商時曾一再提及這個時間，不過目前尚未確定。

同日　在台灣電機電子公會舉辦的大陸台商負責人座談會上，多數台商代表要求台灣當局開放金融機構赴大陸設立分行，以解決台商的融資問題。

同日　日本民主黨黨魁菅直人認為，日本的「周邊事態法」的效力範圍，不會將中國大陸和台灣包括在內。

5月5日　民進黨中執會透過「台灣前途決議文」草案。該草案堅稱「台灣是一個主權獨立的國家」，對「國號」問題則採取「消極」處理，依然採用中華民國。

5月6日　香港特區行政長官特別顧問葉國華首度與台陸委會主委蘇起會晤。

同日　應「聯合報」系文化基金會邀請赴台的大陸記者訪問團，結束了9天的參訪活動，今日離台。

同日　台陸委會發佈的3～4月份民意調查結果顯示，支持台灣繼續優先拓展「外交」者跌落至六成三，支持兩岸關係的重於外交者呈持續增長趨勢，持兩者同樣重要觀點者則跌至兩成，傾向統一者再度超過傾向獨立者。

5月7日　唐樹備接受環球電視的專訪表示，大陸關心的是，汪道涵訪台，能否與辜振甫進行深入的對話。

5月8日　民進黨八屆二次全代會透過「台灣前途決議文」，主張「台灣是一主權獨立國家、任何有關獨立現狀的更動，必須經由台灣全體住民以公民投票的方式決定」。

5月10日　海協主張，當前應積極推動包括兩岸政治、經濟在內的廣泛對話，並就如何解決事務性商談中的政治問題交換意見，為開啟兩岸政治談判的程序和重開經濟性、事務性商談清理障礙，創造條件。

同日　台灣30多位統派人士到美國在台協會台北辦事處，抗議北約組織轟炸中國駐南斯拉夫大使館。

同日　台灣新聞局派駐香港的光華新聞文化中心與中國新聞社香港分社合作舉辦醫學講座，這是海峽兩岸派駐香港的官方新聞機構首次聯合舉辦公益活動。

同日　世界貿易組織官員表示，美中關係即使惡化，也不會影響到兩岸的「入世」談判，兩岸可望於年底「入世」。

5月11日　錢其琛發表對台工作談話指出，台灣問題決不能無限期拖延下去。

同日　台國防部長唐飛拜訪立法院院長王金平及各黨團，稱由於美國轟炸中國駐南斯拉夫大使館，導致中美關係緊張，也對台灣的「國防」構成了一定的壓力，建議增加軍費預算到3700億新台幣。

5月12日　蘇起稱，北約轟炸中國駐南斯拉夫使館而引發的反美風潮，其核心問題不是民族主義，而是兩個不同體制衝撞的結果。他表示，不希望中美衝突影響兩岸關係，汪道涵秋天訪台應該不會受到影響。

5月13日　辜振甫認為，北約轟炸中國使館事件對汪道涵訪台不會有太大的影響。他表示，如果汪道涵有更充足的準備，將更有助於兩岸之間的和平發展。

同日　許惠祐稱，汪道涵訪台是去年10月上海汪辜會晤達成的共識，建議大陸以大局為重，讓汪、辜二人持續進行建設性對話，改善兩岸關係。

同日　台灣當局對兩岸交流法規進行重大調整，除了延長大陸配偶在台的期限外，總體採取緊縮政策，宣布縮短大陸民眾去台停留時間，凍結大陸配偶配額，專業人士訪問台灣要派專人陪同等。

5月14日　李登輝出版《台灣的主張》一書。該書明確將台灣定位為「在台灣的中華民國」，具有國家的主體性，擁有「獨立的主權」。進而妄言，中國應該揚棄「大中華主義」觀念，把領土分為台灣、西藏、新疆、蒙古、東北等7區，讓各地根據自己的特性進行發展，此即臭名昭著的「七塊論」。《台灣的主張》的出版，完全暴露了李登輝分裂祖國的險惡用心。

同日　林中斌宣稱，對日前發佈的民調結果進行交叉分析，發現有大陸投資經歷者，「認識到大陸具有敵意」和「支持台灣政府發展外交」的比例高於整體受訪者，認為開放速度太快的比例也高於整體平均意見。

同日　台外交部官員表示，中國大陸依然堅持在台灣之前加入世界貿易組織。

同日　台駐美代表陳錫蕃就中國駐南斯拉夫大使館被炸事件與美國政府交換意見。美方明確表示，不會因此改變對台灣的各項承諾。

5月15日　大陸學者認為，李登輝的《台灣的主張》了無新意，其「七塊論」只不過是重複日本右翼學者中嶋嶺雄的讕言，說明李登輝是一個具有濃厚「日本情結」、無可救藥的分裂主義者。

同日　澳門特區政府候任行政長官何厚鏵表示，澳門回歸後，與台灣在經貿、人員往來、文化交流等方面的關係，肯定比現在更密切，台灣居民到澳門也將繼續享受免簽證的待遇。

同日　蘇起為李登輝辯解說，李登輝所謂的「揚棄大中華主義」以及將中國分為7個區域的建議是從「管理」角度出發，不是要分裂中國的主權。同時，許惠祐也辯稱，李登輝的主張並未排除兩岸走向統一的可能，也不是對兩岸關係發展的最終判斷，他只是希望兩岸在競爭中尋求進步、務實發展的同時，迴避政治制度的爭議。

同日　台「駐日內瓦辦事處處長」呂慶隆稱，已接獲美方正式通知，美國支持台灣成為世界衛生組織大會（WHA）觀察員。

5月17日　世界衛生組織第52屆大會在日內瓦召開，在中國的堅決反對下，「中華民國以觀察員身份加入世界衛生組織大會」的提案再遭否決。對此，台外交部表示遺憾，重申當局會繼續努力。

同日　李登輝為「七塊論」狡辯說，該理論的主要用意是希望中國大陸下放權力，充分尊重與發揮各地區特色，使市場機制更健全。

同日　菲律賓總統埃斯特拉達表示，雖然他個人歡迎李登輝以私人身份訪問菲律賓，但在釐清「一個中國」政策以前，李登輝訪問菲律賓無助於區域穩定。

5月18日　外交部發言人朱邦造在例行記者會指出，①台灣企圖以觀察員身份參與世界衛生組織，實質上在製造「兩個中國」或「一中一台」。大陸關心台灣同胞的合法權益和健康，只要不涉及主權，願意透過兩岸的適當渠道溝通和解決這一問題。②大陸加入世界貿易組織之後，台灣才能作為中國的一個單獨關稅區加入，否則便不可能加入。同時，針對李登輝的「七塊論」，朱邦造表示，我們堅決反對任何分裂中國，破壞中國統一的言論。

同日　香港《文匯報》和《大公報》發表社論，批判李登輝的「七塊論」。社論說，李登輝的主張是分裂主義的又一次表現，李對大陸採取敵視的態度將激起大陸民眾的反擊，不利於兩岸關係，更會將台灣人民推進災難的深淵。

同日　針對香港媒體的批判，台總統府祕書長黃昆輝辯稱，李登輝的「七塊論」主要是強調地方自治精神，並沒有分割中國之意，也沒有涉及「主權獨立」的問題，外界不要妄下評論。

同日　陳水扁接受台灣媒體專訪時稱，李登輝在《台灣的主張》中提到「七塊論」，無形之中將台灣陷入到「一個中國」的陷阱。他表示，台灣從來就是一塊「獨立」的土地，不是中國的。

同日　針對美國部分官員和學者要台灣和大陸簽訂中程協議的建議，辜振甫予以回應，希望能與大陸就遣返偷渡人員、劫機犯、漁事糾紛、打擊犯罪等問題盡速簽訂中程協議。

同日　蘇起表示，台方認為，任何有助於兩岸關係穩定的非完全協議都算是「中程協議」。

同日　針對兩岸簽署「中程協議」建議，國台辦表示，兩岸事務不需要美國人出主意，如果台灣對建立兩岸和平穩定機制或簽訂「中程協議」有興趣，可以在兩岸政治談判中討論。並強調，大陸一直主張在一個中國原則下，兩岸可以坐下來，什麼問題都可以談。

同日　民進黨前主席許信良在台灣清華大學發表題為《從絕望到希望：學生時代對政治的反思》的演講，指出民族主義衝突不是兩岸的答案，民族主義難以對抗世界新秩序。大陸和台灣的矛盾不是無法掙脫的宿命，統「獨」之爭是非常落後的。德、法兩國可以為了歐洲共同體市場放棄民族主義，海峽兩岸更應該和解。

同日　美國眾議院共和黨領袖迪萊與眾議院國際關係委員會主席吉爾曼、眾議員吳振偉等在眾議院共同提出「台灣安全加強法案」，以監督美國政府的對台軍售事務。

5月19日　台外交部長胡志強稱，「中程協議」應該像金字塔一樣，應從簡單的、基本的開始談。

同日　陳水扁稱，李登輝對台灣民主改革有非常大的成績與貢獻，但他提出的「七塊論」是《台灣的主張》一書的敗筆。

同日　美國官員表示，台灣朝野連日來對「中程協議」的爭論，距離羅斯的本意越來越遠。羅斯所提的兩岸簽訂「中程協議」的構想，主要是希望兩岸發揮創造力，儘可能求得最大的共同點，降低緊張氣氛，擴展合作領域，達到和平解決兩岸歧異的目標。

5月20日　海峽兩岸高新技術暨產品博覽會在福州開幕，近300家台商參展。

同日　台行政院透過「兩岸人民關係條例修正案」，並將送台立法院審議。新條文規定，除了台灣民眾的配偶、子女之外，台軍官兵在1949年前滯留大陸的父母親也可申請來台定居；另外，大陸人民在台設籍2年並在其他「自由地區」住滿10年者，可在台灣擔任大學教職、學術研究人員或社會教職機構專業人員。

5月22日　張學良99歲生日將到，台駐夏威夷經濟文化辦事處處長王愷將代表台灣當局致贈賀禮，大陸亦將派官員前往祝賀。

同日　前美國家安全事務顧問布熱津斯基在電視訪談節目指出，北約在科索沃軍事行動的成敗，關係到西方國家是否能維持與北京及台北之間的穩定。如果北約失敗，美國在台灣、韓國的議題上，會出現嚴重的問題。

　　5月23日　新黨精神領袖、國統會副主委許歷農在紐約批評李登輝所提的「中國七塊論」，完全是分裂思想，將嚴重損害兩岸關係的發展。

　　同日　美國蘭德公司亞太政策中心主任史文認為，北約出兵科索沃與美台關係本質不同，北約不會為了台灣與中國大陸發生軍事衝突。

　　5月24日　應邀訪台的中國社科院台研所所長許世銓指出，台灣舉行的任何選舉包括所謂總統選舉都是地方選舉，除非妨礙到中國主權及領土的完整，大陸都不會干預，台灣人民愛選誰就選誰。

　　同日　台陸委會認為許世銓對台灣的選舉「說三道四」，干涉了台灣內政，因而，「相當的不高興」。

　　同日　陳水扁稱，民進黨主張兩岸多交流接觸，因此，很歡迎汪道涵訪台；並表示，汪道涵秋天來訪時，兩黨總統候選人都已出爐，應該是見面的恰當時機。

　　同日　日本自民黨副幹事長、前防衛廳長官玉澤德一郎接受台灣記者專訪揚言，台灣海峽若危機重現，美日將共同行動。

　　同日　日本國會參議院以142票對97票，表決透過了《美日安保防衛新指針》的配套方案。對此，中國予以嚴厲批評。

　　5月25日　脫離民進黨、以無黨籍人士身份參加台灣2000年總統選舉的許信良，與香港媒體見面稱，願意在競選前尋求與中國大陸領導人見面機會，直接溝通兩岸問題。

　　同日　以考克斯為代表的美國一些反華政客，經過半年多時間的精心策劃，炮製了冗長的《考克斯報告》，今日公開出籠。報告把中國自力更生、獨立自主發展起來的國防尖端技術和關係到國民經濟發展的重大科學技術都汙衊為從美國「竊取」或非法「獲得」。並妄言，中國的竊密行為造成的損害極為嚴重，可能影響亞太區域均勢，特別是影響台灣安全。

　　5月26日　針對海基會數次提出兩岸進行「雙軌商談」的建議，海協致函海基會，同時邀請海基會副董事長兼祕書長許惠祐和海基會副祕書長，於6月22～24日到北京，磋商兩會對話安排及海協會長汪道涵訪台事宜。

同日　台灣當局借《考克斯報告》的出籠炒作大陸武力威脅。台陸委會副主委林中斌認為大陸不會用核武器對付台灣。但陸委會副主委的吳安家則揚言，台灣要加強武裝，以「毒蠍戰略」嚇阻中國大陸。

同日　蘇起稱，李登輝多次主動表示，願意帶汪道涵到台灣各地走走，表現實施方的善意與誠意。倘若「李汪會晤」實現，雙方一定可以談很多事情，有助於兩岸改善關係。若會談氣氛融洽，也可能促成李登輝赴大陸訪問。

5月27日　許惠祐稱，兩岸應優先磋商汪道涵訪台事宜，海協此時安排兩會對話是多此一舉。

5月28日　蘇起稱，安排汪道涵訪台一事並無時間壓力，即使許惠祐6月不去北京磋商，也不會影響時程安排。

同日　蘇起在台「中華經濟研究院」舉辦的大陸經濟發展研討會表示，加入世界貿易組織，兩岸經濟受到的影響，將不亞於在亞洲金融風暴時期。若兩岸關係有改善，台灣願意在公營企業民營化、金融體制自由化、環保與改善農業發展等方面，與大陸進行廣泛的交流與合作。

5月29日　蘇起稱，汪道涵訪台安排進展不順利，是大陸內部及國際因素所造成的，並表示，不排除許惠祐赴北京的可能。

同日　美軍太平洋司令布萊爾接受《聯合報》專訪稱，太平洋司令部還處於對「美日安保防衛新指針」的適應過程中，但如果台灣海峽再次出現3年前的緊張形勢，美國不會坐視不管。

5月31日　國務院新聞辦公室主任趙啟正就《考克斯報告》的出籠向中外記者發表談話，批評美國炮製《考克斯報告》是煽動反華情緒、破壞中美關係的一出鬧劇。中國政府和中國人民對《考克斯報告》捏造事實、顛倒黑白、無中生有、捕風捉影的攻擊，表示極大的憤慨。

同日　台外交部常務次長吳子丹在日本拜會自民黨幹事長森喜朗，對日本國會最近透過的「美日安保防衛新指針」配套方案表示肯定和歡迎，並希望小淵惠三首相7月訪問大陸時，不要在台灣問題上對中國讓步。

6月

6月1日　清華大學21世紀發展研究院台灣海峽隧道工程理論中心主任吳之明指出，在海峽隧道建設的北線、中線和南線三條線路方案中，北線即從福建

平潭沃前到台灣新竹之間的直線距離最短,地震活動強度記錄較低,造價也相對較低,是最佳選擇,希望海峽兩岸高層考慮。

　　同日　海協主辦的《兩岸關係》雜誌6月號發表署名文章,大力提倡舉辦「兩岸關係論壇」,批評海基會以恢復事務性商談抵制兩岸對話安排,是迴避對話的脫軌行為。

　　同日　辜振甫在台立法院稱,將為今秋訪台的汪道涵安排一場「認識台灣」的行程。他同時表示,美國官員提出「中程協議」概念,並不意味著美國將介入談判,而是敦促兩岸談判,以降低兩岸衝突,增進互信。

　　6月2日　辜振甫之子辜成允宣稱,台泥集團將赴大陸投資,擬在華南設廠,主要目標在於拓展大陸的內銷市場。

　　6月4日　香港特區行政長官特別顧問葉國華說,台港間應推動舉辦「雙城論壇」,促進兩地間尤其是都市環保、交通等方面的經驗交流。對此,台「陸委會香港事務局長」鄭安國表示歡迎,並希望借此突破現階段兩地人員往來的障礙。

　　6月5日　在兩岸三地政治因素影響下,澳台經貿旅遊文化促進會延後成立。

　　同日　福建漳州東海食品公司從台灣引進最好的種子和技術,以冷凍蔬菜打開了市場,帶動漳州地區經濟的發展,在當地獲得「領頭羊」的稱號。

　　同日　台灣「駐澳門貿易旅遊辦事處處長」厲威廉稱,台陸委會無意在澳門與新華社一爭長短,但在澳門回歸前,代表處名稱是適當的。如果澳門特首表達關切,台方會予以正視,但也要堅守到12月20日之後再處理。

　　6月7日　大陸明確指出,台駐澳辦事處名稱一日不改,就一日不可能辦理發證業務。大陸並正告台方,最好務實面對問題,不要把事情搞砸。

　　同日　李登輝宣布對科索沃提供3億美元的無償援助,協助科索沃戰後重建,並願意接收部分科索沃難民到台灣接受短期的技術訓練。

　　同日　蘇起稱,兩岸關係的發展將主要受到國際因素、大陸因素及台灣因素影響,其中,大陸因素占的比重最大。跨世紀兩岸關係的改善及中國的統一,將取決於大陸是否走民主之路。

　　同日　在台灣舉辦的兩岸客家傳統戲曲學術交流研討會「榮鄉戲韻」,圓滿落幕。

同日　聯合國難民事務高級專員公署發言人丘敏七明確指出，無法接受台灣的經濟援助，除非以私人名義捐贈。

6月8日　外交部發言人章啟月指出，李登輝代表台灣給科索沃提供3億美元的無償援助，目的是想製造「兩個中國」或「一中一台」。

同日　海協電告海基會，台灣居民蔣瑞仁接受台灣情報機構派遣，在大陸從事間諜活動。蔣對此供認不諱，大陸已將其逮捕。

同日　針對「蔣瑞仁間諜案」，海基會呼籲，大陸應重視台商人身財產安全，否則將打擊兩岸經貿關係的發展。

同日　台無黨籍立委林瑞圖舉行記者會指稱，台軍花蓮總醫院台東分院少校醫官丁斌煌與桃園804醫院少校醫官鄭永祥多次非法轉往大陸，懷疑二人是間諜。對此，彰化市秀傳醫院副院長李德華澄清說，推薦赴大陸的軍醫鄭永祥未做間諜。鄭承認曾3次赴南京學醫，但僅僅是進行醫學交流。花蓮總醫院則表示，丁斌煌是依規定請假出國。

同日　美國參議院以93票對4票透過「2000年國防部撥款法案」，規定美國防部必須及時檢討及評估美國實施《台灣關係法》的計劃，以及中國大陸與台灣在當前及將來的軍力差距，並向國會提出報告。

同日　美國助理國務卿羅斯警告，如果美國會拒絕延長中國輸美商品的正常貿易關係待遇（NTR）級別，勢必連帶影響到那些已經受到亞洲金融風暴衝擊的國家以及易受衝擊的香港和台灣。

6月9日　前台灣省長宋楚瑜在日本發表題為《分享共同的未來——21世紀台灣和日本關係》的演講稱，台日合作則兩利，台灣可充當日本與其他國家和地區（尤其是美國與中國大陸）的緩衝區，日本則可以在重大的區域和國際問題上充當台灣的夥伴。

6月10日　海基會致函海協，建議海基會副祕書長等人於6月27～29日赴北京，就汪道涵訪台以及劫機犯、偷渡人員遣返等議題，與海協進行「雙軌」商談。

6月11日　台3艘軍艦懸掛中華民國國旗訪問菲律賓馬尼拉。對此，中國駐菲律賓大使質問菲方，菲律賓官員辯解說，菲方事先曾對外公佈此事，而且台軍艦的來訪沒有政治意義。

同日　福建廈門市自5月1日開放大嶝島對台小額貿易以來，運轉順利，並已成功地將小額貿易從海上轉移到陸上。

同日　李登輝稱，兩岸關係發展的長期目標是統一，但必須以自由、民主、均富為前提。他承認，台灣有少數人尋求台灣獨立，但這是不智的。

同日　蘇起稱，對2000年台灣的總統大選，大陸將不會以公開而粗暴的方式干涉台灣內政，也不會重犯1995年的「文攻武嚇」的錯誤。

同日　宋楚瑜在日本參議院會館以「亞太安全、戰略與台灣責任」為題發表演說稱，台灣是亞太和平的穩定因素，是日本生命線的咽喉，應扮演中、日、美、「台」四方關係的「緩衝器」。他提醒日方處理兩岸問題時，一定要審慎穩健，因為日本利益和台灣前途不可分。並提出，如果日本與台灣共同投資大陸，則可形成經濟安全體系。

6月12日　廣東省深圳市寶安區台資企業智茂電子廠發生火災，造成16人死亡、40餘人受傷的重大事故。

同日　香港《文匯報》引述大陸台灣問題專家看法，認為台灣問題不能久拖不決，解決台灣問題不能沒有時間概念，美國沒有資格當兩岸保證人，兩岸不可能簽署「兩岸不戰不和保持五十年，不進行政治談判，台灣可參與國際活動」的「中程協議」。

同日　李登輝稱，「美日防衛合作新指針」對亞太的安定具有正面意義，而台灣在美日、兩岸以及亞太安全架構中，扮演著舉足輕重的角色。

同日　前美國在台協會理事主席白樂琦認為，兩岸關係面臨民主化、全球化和導彈威脅等三大挑戰，台灣對安全防衛應有「跨國界」的思考。

6月13日　廈門市長洪永世率團赴台訪問，希望進一步加強廈門與台塑集團之間的合作。

同日　蘇起稱，只有全中國實現民主化，21世紀的兩岸關係才能有全面的發展。

同日　在北京、東京締結姊妹市20週年之際，台北提出與東京建立姊妹盟的建議，對此，東京都知事石原慎太郎予以婉拒，稱「這不是容易達成的事。」

同日　菲律賓外交部長宣稱，台灣軍艦的到訪，純粹是為了訓練，不具政治意義，也不表示菲律賓一個中國政策有變。

6月15日　海協函覆海基會，同意海基會副祕書長於6月27～29日到北京，就第三次汪辜會晤事宜進行磋商。

同日　應台「聯合報系」文化基金會邀請，《北京晚報》、《天津今晚報》、《羊城晚報》、《新民晚報》、《揚子晚報》等大陸主要晚報負責人一行6人抵達台北，對台灣進行為期10天的訪問。

同日　在台灣等待遣返的大陸偷渡人員的收容地——宜蘭縣「大陸地區人民宜蘭處理中心」（俗稱「靖廬」）發生「口蹄疫」，引起大陸被囚人員的恐慌，進而引發挾持警員事件。

同日　蘇起稱，「金門牛的口蹄疫」、「宜蘭偷渡客」等問題不斷出現，大陸應該正視兩岸交流衍生的問題，盡快接回偷渡人員並恢復事務性協商。

同日　台陸委會指示海基會致函海協，說明宜蘭縣靖廬「口蹄疫案件」的進展與處理情況，希望不要因為此事引起兩岸間誤會。

同日　台陸委會官員宣布，大陸配偶去台居留人數擬增加到每年3000名。

同日　海基會副祕書長說，歡迎海協同意「兩會」月底在北京磋商，台方將「積極準備，如期出發」。

同日　菲律賓外交官員指責台灣軍艦停泊馬尼拉港時懸掛中華民國國旗，違反敦睦（友好）船隊訪問的慣例，以致引發菲律賓與中國的外交矛盾。

同日　台國防部官員為台灣軍艦訪問菲律賓時「橫生枝節」，向菲律賓表示遺憾。

6月16日　蘇起稱，之所以會發生靖廬「挾持警員事件」，是因為大陸不關心自己人民，不去接人。大陸涉台官員批評這種說法有欠客觀。

同日　大陸主要晚報負責人訪問團一行拜會海基會，深入瞭解兩岸交流情況，並對近日靖廬發生怪病及所謂「鬧房事件」表示關心。

同日　許惠祐在台立委陪同下，來到靖廬與大陸偷渡人員代表協商，允諾一個月內安排遣返事宜，大陸偷渡人員隨即釋放兩名保安警察，至此，持續20多小時的靖廬「挾持警員事件」宣告結束。

同日　蘇起認為，宜蘭縣靖廬事件，是兩岸交流失序的一角，兩岸交流不當，會傷害兩岸人民感情，並稱拖延遣返是大陸的問題。

同日　馬祖遣返163名大陸人員。

6月17日　民進黨「總統候選人」陳水扁接受《讀賣新聞》專訪表示，若當選，願意與中國大陸進行包含政治協商在內的全面對話。

同日　陳水扁與台中縣中小企業界業者餐敘時稱，通航是兩岸遲早要面對的問題。他主張，可以按先海運後空運，先貨運後客運的程序通航。

同日　辜振甫稱，將派人在6月底如期赴大陸，商定汪道涵訪台行程的輪廓，也會再次建議兩岸「雙軌制」對話。辜認為，9月中旬或10月中旬是汪道涵訪台的合適時機。

同日　宜蘭縣靖廬舉辦端午節電話懇親活動，370名大陸人員與家人通話。

6月18日　農業部表示願意提供技術及疫苗，協助台灣處理金門地區近日發生的牛口蹄疫疫情。對此，台陸委會官員稱，是否接受協助，要由台「農委會」的專業人員考慮決定。

同日　李登輝指示召開治安會報，以防止大陸人員偷渡、農牧漁產品走私行為。另指示成立「海岸巡防總署」，以打擊「不法」行為。

同日　蘇起稱，下週日赴北京，除了向海協提出大陸偷渡人員遣返問題外，還將對最近金門地區牛口蹄疫問題提出建議，希望大陸能正視該地區走私問題對台灣所造成的困擾。

6月19日　海南省中級人民法院以間諜罪一審判處台商熊天軍無期徒刑、剝奪政治權利終身，這是對台商間諜案判處最重的一次。給熊天軍提供相關機密情報的海南省政府原工作人員席世國，也被判處無期徒刑、剝奪政治權力終身。

6月20日　台無黨籍總統參選人許信良，於台北國賓飯店發表「二十一世紀台灣經濟政策綱領」講話，主張台灣應該在迎接全球化資本主義市場挑戰中，扮演「全球運籌中心」的角色。許信良批評李登輝的「戒急用忍」政策，認為兩岸應立即「三通」，用「向前看、向前走」的態度，因應台商赴大陸投資所衍生的各種問題與挑戰。

6月21日　蕭萬長表示，預計10月的汪辜會晤，能優先解決包括牛口蹄疫等事務性議題。他認為，兩岸應透過制度化協商管道，盡快處理直接關係到兩岸人民權益的議題。

同日　1999年度大陸台商協會負責人端午節聯誼座談會在台北舉行，蘇起、辜振甫、許惠祐、林義夫等人出席。

6月22日　福州大熊貓研究中心主任陳玉林透露，有台灣民間人士與福州有關方面接觸，希望安排大熊貓赴台。而在3月份福建省人大會議召開期間，也有人建議以科學研究為名義安排福建的熊貓赴台，擔任兩岸「和平使者」。

同日　辜振甫希望兩岸關係可以利用類似於美國提出的「中程協議」累積共識，逐步建立互信。

同日　美國家安全會議亞洲事務資深主任李侃如在紐約指出，兩岸關係是影響亞洲地區形勢的五個主要因素之一，兩岸領導人應以更具創意的思維來穩定兩岸關係。

6月23日　蕭萬長在行政院治安會報中，嚴詞指責大陸對台方共同防治兩岸走私問題的建議不作回應；並指示台財政部盡快提出「海關緝私條例修正案」，希望除了「沒收漁獲」外，主管機關還有沒收走私船隻的權利。

同日　蘇起指出，大陸內部嚴格打擊、取締走私，但對兩岸走私行為制止不力，確實給人縱容的感覺。許惠祐則表示，兩岸不應只在政治議題上做文章，應就共同打擊走私、犯罪等事務性議題進行會商，而建立兩岸疫情通報系統也具有迫切性。

同日　台「國貿局」舉行「跨部會」大陸物品進口審查會議，同意開放甜菊、糖果等49項大陸物品的進口，但否決了台北市動物用藥會開放大陸「不活化口蹄疫疫苗」進口的建議。

同日　台「防檢局」要求台灣農民切勿使用大陸走私來的口蹄疫防治疫苗。

6月24日　在中美關係陷入低潮之際，美國有意支持台灣加入世界貿易組織及世界衛生組織，外交部發言人章啟月在例行記者會指出，台灣是中國不可分割的一部分，台灣問題是中國內政，其他國家不應對兩岸之間的問題說三道四，美國不要干涉中國內政。

同日　唐樹備在澳門表示，希望台灣方面盡快更改其駐澳門機構的名稱。將來澳門與台灣的民間往來，只要不違背一個中國原則，都可以繼續進行。

同日　鞍山市檢察院對去年涉入「林滴娟命案」的4名犯罪嫌疑人，以故意傷害、搶劫、非法拘禁罪等提起公訴。林家家屬求償4400萬元人民幣，創兩岸訴訟最高賠償金額申請。

同日　李登輝、連戰接受美國媒體道瓊斯集團國際部總裁華斯等專訪稱，台灣是否加入戰區導彈防禦系統，完全根據中國大陸的態度與動向決定，大陸若想表現出對台友好的態度，至少應撤除在福建沿海佈置的導彈。

　　同日　李登輝會見美國著名中國問題專家藍普頓等稱，如果台灣能建設自由、民主、繁榮與和平的社會，則中國大陸不可能永遠不變。在台灣經驗的啟發下，全中國可能「台灣化」。因此，台灣的存在，對中國大陸、對亞洲、甚至全世界的發展都具有重要意義。

　　同日　台灣工業總會促請香港總商會向香港政府提出建議，希望港府放寬台灣官員赴港限制，同時，準許具台灣官方身份的中華旅行社在香港機場內設立窗口，為大陸人民赴台簽證提供方便。

　　同日　台灣宜蘭縣警察局以妨害自由、妨害公務及恐嚇等罪，將在靖廬帶頭挾持保安警察的孫建樹等8名大陸人員，函送法辦。

　　同日　在美國參議院透過的「外交授權法案」中，有支持台灣的條文。對此，台「外交部北美司司長」沈呂巡表示，這項授權法案的範圍極其廣泛，有關台灣的部分只是眾多條文中的一條，而且，還要看美國眾議院與美國總統是否會同意該條文透過，因此，台美關係不會有大的變化。

　　同日　日本眾議院「美日安保新防衛指針特別委員會」委員長、自民黨前政調會長山崎拓，在外籍記者招待會稱，如果類似於1996年的台海危機再出現，將會是「美日安保新防衛指南」中「日本週邊事態」的應對範圍。

　　6月25日　近日，台商蔡正雄在遼寧省大連市遇害，大連市公安部門正積極偵辦。

　　同日　針對台商蔡正雄遇害一案，海基會致函海協，促請大陸重視在大陸投資台商的人身財產安全等問題，希望盡快查明真相，嚴懲兇手。

　　同日　遼寧省台辦主任王維夫表示，對台商蔡正雄遇害一案的案情有所瞭解，也看到了海基會致海協的信函，遼寧省台辦會提供必要的協助。

　　同日　辜振甫宣布，海基會副祕書長將在6月26日赴北京磋商。希望此行能敲定汪道涵訪台的行程，並且就最近兩岸交流中出現的一連串失序問題與大陸展開協商。如果「雙軌」磋商工作進展順利，將邀請唐樹備訪台，與許惠祐正式商定汪道涵訪台的所有安排。

6月26日　新華社發表文章，希望台灣方面本著人道精神，在偷渡人員被收容、關押期間給予他們應有的生活條件，禁止對他們打罵、虐待、體罰，同時改善遣返工作條件。文章批評了台方4個方面的不當舉措。①違反「金門協議」規定，隨意擴大遣返對象。據統計，僅僅今年4月以來，不符條件的被遣返者達69人；②有關人員缺乏人道主義精神，虐待偷渡人員；③馬祖接運場地缺乏安全保障；④對偷渡人員情況和數量、遣返人員名單，不準確不詳細。

同日　在兩名保警被挾持事件結束後，台灣當局從宜蘭靖廬遣返55名人員回大陸，另有46名人員被送到馬祖。

同日　美國在台協會理事主席卜睿哲發表演說稱，美中關係不好，對台灣並不利。他提醒台灣當局，不要在最敏感的事情上刺激大陸，對兩岸關係的處理，應展現創意。

6月27日　海基會副祕書長詹志宏抵達北京，與海協副祕書長李亞飛進行會談。

同日　連戰在「中國文化經濟發展協會」會員大會上指出，大陸已成為台灣第三大重要貿易夥伴，進一步協助台商在大陸的發展是台灣當局目前的要務。兩岸政策要確切保障台商利益，除給台商提供資訊與服務外，還要幫助他們經營正常化。

同日　海基會副祕書長詹志宏認為大陸積極推動的是政治對話，汪道涵訪台反而成為次要事務。他表示，有可能無法敲定汪道涵訪台的時程，但會努力推動兩會進行「雙軌對話」。

同日　6月25日，美國在台協會理事主席卜睿哲在北美台商協會發表演講，代表美國詮釋「中程協議」。對此，台外交部長胡志強回應稱，美國對台的態度保持不變。

同日　台灣方面從馬祖遣返大陸偷渡人員166名。

6月28日　經過磋商，李亞飛與詹志宏達成共識，確定汪道涵於9月或10月中旬訪台，汪辜將進行第三次對話。汪道涵等人的具體行動路線為：從中正機場入境至台北，經陸路轉往高雄，再離開。

同日　海協堅持將汪道涵訪台定位為兩岸兩會高層對話，而不是汪道涵的「認識台灣」之旅，因此，兩會應組建「兩岸關係論壇」，為汪道涵訪台做準備。副祕書長李亞飛稱，如果海基會不願意，海協可以自己辦。

同日　遼寧省鞍山市中級法院開庭審理高雄市議員林滴娟遇害案，除主犯在逃外，四個被告人全部認罪。

同日　兩岸兩會在遣返大陸偷渡人員問題上沒有取得共識。台方提出一份400多人的名單，希望大陸能予以專案處理，對此，海協未作明確回應。

6月29日　海協、海基會對李亞飛、詹志宏會商的結果都表示不滿意。李亞飛指稱，海基會對汪辜會晤的議題避而不談，沒有誠意；詹志宏則稱，海協得到的授權不夠，導致汪道涵訪台的具體月份都無法確定。

同日　詹志宏等人回到海基會，在辜振甫、許惠祐陪同下，向陸委會主委蘇起報告協商情形。隨後，海基會發佈新聞稿，指稱大陸方面誠意不夠，導致未能明確敲定汪道涵訪台的日期。

同日　北京故宮博物院副院長朱誠如與台北故宮博物院院長秦孝儀，就兩院訊息交流達成共識，兩岸故宮將交換出版物。

同日　台灣工業總會的調查報告顯示，64%受訪台商認為，汪道涵訪台有利於兩岸經貿。

6月30日　台灣媒體稱，汪道涵確定於10月份訪台。

同日　台「內政部出入境管理局」宣布，從7月1日起，除香港中華旅行社外，台「駐澳門辦事處」也可代為轉發大陸地區人民去台旅行證的正本。

同日　前民進黨主席許信良稱，美國已確定用「中程協議」的架構解決兩岸問題，台灣不應逆轉這個方向。

同日　美助理國務卿羅斯澄清說，他對「中程協議」的內容並無腹案，美國政府也沒有相關計劃。他提議兩岸簽訂「臨時協議」的著眼點，在於鼓勵雙方利用今秋汪道涵訪台的機會，嘗試尋找促進兩岸關係發展的新動力。

7月

7月1日　外經貿部副部長龍永圖表示，大陸必須在台灣之前加入世界貿易組織（WTO），否則，大陸將採取一切措施全力阻止台灣加入。

同日　台《中國時報》報導，「和統會」預定於7月10日在香港召開的「中國和平統一研討會」，海協常務副會長唐樹備將以貴賓身份出席。

同日　台總統府副祕書長林碧炤明確表示，海協會長汪道涵訪問台灣，雙方可以談「信心建立措施」，這是台方首次明確提出希望「汪辜會晤」討論的議題。

　　同日　多位民進黨「正義連線」系的「國大代表」，呼籲李登輝以「獨立國家元首」的身份接待汪道涵。

　　同日　民進黨「中國事務部」主任顏萬進表示，民進黨不會主動求見汪道涵，但歡迎汪道涵來拜會民進黨。

　　同日　美國眾議院國際關係委員會透過「支持台灣參與國際衛生組織（WHO）法案」。

　7月2日　台經濟部官員指出，大陸不先加入WTO，台灣加入的希望相當渺茫。

　　同日　台《中國時報》報導，台灣決策高層人士昨天表示，接待汪道涵訪台將以「開放」為基調。

　　同日　美國參議院透過「海外運作法案」，其中的「羅特條款」規定，美國對台「軍售」須先與國會諮商。

　7月3日　台陸委會主委蘇起表示，兩岸「三通」是項「高度政治性」議題，但不是目前最迫切的問題。

　　同日　宋楚瑜接受美《華盛頓郵報》專訪時主張與大陸「三通」，表示若當選總統，將重新考慮參加戰區導彈防禦系統（TMD）的問題，並傾向與大陸方面展開政治對話。

　7月4日　台《聯合報》報導，巴布亞新幾內亞總理比爾‧斯卡特日前祕密訪台，商談與台「建交」事宜。

　7月5日　外交部緊急向巴布亞新幾內亞政府提出交涉，指責台灣推行「金元外交」，製造「兩個中國」，「一中一台」。

　　同日　唐樹備表示，汪道涵在訪台期間將不會拒絕與李登輝會面，但不會接受李登輝以總統名義在總統府會見。

　　同日　台灣與巴布亞新幾內亞簽署「建交公報」，正式「建交」，台「邦交國」數目增至29個。

　　同日　連戰表示，儘管台灣在安全和國際發展上受大陸全面威脅和打壓，但台灣在兩岸關係上一定要有堅定、正確的信念與看法，不能「病急亂投醫」。

同日　台陸委會副主委吳安家強調，汪辜台北會晤將持續「建設性對話」，推動雙軌對話，陸委會的立場不變。

　　同日　國民黨立委陳學聖與民進黨立委蔡同榮抨擊台與巴布亞新幾內亞建交為「凱子外交」。台外交部長胡志強則表示台與巴「建交公報」中沒有談到任何條件。

　　7月6日　台《聯合報》報導，台行政院長蕭萬長日前強調，中華民國不會接受香港模式，「一國兩制」不能也無法適用於台灣，只有在確保民主制度前提下，台灣才接受中國統一。

　　同日　民進黨中央黨部舉行首次「中國政策會報」，海基會副董事長兼祕書長許惠祐受邀發表演說，指責大陸「談是一套，做是一套」。

　　7月7日　與台灣「建交」兩天后，巴布亞新幾內亞總理斯卡特辭職，代總理拉薩洛表示，巴內閣「既未認可也未授權承認台灣是中國之外的獨立國家。」

　　同日　民進黨前主席許信良表示，「政府」的「外交」行為應考慮國家整體利益，不應「為外交而外交」。民進黨立院黨團幹事長陳其邁也表示，外交部不該用押寶心態辦「外交」。

　　7月8日　外交部發言人章啟月表示，巴布亞新幾內亞應立即改正錯誤，不要與台「建交」，回到正確軌道。

　　同日　前台灣省省長宋楚瑜指出「亞太營運中心多年不成，關鍵在於『三通』」；對此，台行政院長蕭萬長駁斥宋楚瑜「不瞭解兩岸經貿。」

　　同日　連戰在接受美國有線電視新聞網（CNN）專訪時指出，「在兩岸政策上，有人躁進。」

　　同日　海基會副董事長兼祕書長許惠祐強調，2000年總統大選不管誰當選，「李登輝路線」的大陸政策不可能出現結構性的變動。

　　同日　台《中國時報》報導，美國參議院外交關係委員會主席赫爾姆斯表示，戰區導彈防禦系統（TMD）必須將台灣納入。

　　7月9日　唐樹備敦促台灣落實兩會對話安排。

　　同日　中國駐巴布亞新幾內亞大使張鵬翔強烈要求巴立即改正錯誤，將雙方關係帶回正常軌道。

同日　海基會正式發函邀請海協副會長兼祕書長張金成於8月底或9月初率團赴台磋商汪道涵訪台事宜。

同日　李登輝在接受「德國之聲」專訪時拋出「兩國論」，聲稱兩岸是「國家與國家」，至少是「特殊的國與國的關係」。

同日　連戰表示，「中華民國是一主權獨立的國家，這是歷史也是事實。」

同日　台總統府副祕書長林碧炤證實，台灣的兩岸定位已有重大變化，從「兩個對等的政治實體」進而發展到「兩個國家」，但「追求統一」的長遠目標沒變，大陸政策不變。

同日　巴布亞新幾內亞外交部長亞基聲稱，「一個中國」不是巴國家政策，希望同時與兩岸維持「外交」關係。

7月10日　針對李登輝的「兩國論」，唐樹備重申「一個中國」立場，反對任何形式的「兩個中國」，「一中一台」。

同日　「中國和平統一研討會」在香港舉行，此次會議的宗旨是聯合全球華人共同為緩和兩岸關係、促進國家統一盡力。

同日　林碧炤聲稱，李登輝對兩岸的新定位清楚之後，兩岸關係不但不會受到負面影響，反而有助於加速兩岸關係發展。

同日　國民黨陸工會主任張榮恭表示，李登輝對兩岸關係定位的新表述主要是針對國際訴求，希望喚起國際社會以兩德、兩韓模式看待兩岸「兩個主權國家」存在的事實。

同日　海基會董事長辜振甫聲稱，政治實體就是國家，兩岸會商就是「國與國」的對談。他表示，兩岸新定位不會影響辜汪會談。

7月11日　中台辦、國台辦針對李登輝的「兩國論」發表談話，嚴厲批評李登輝與台獨分裂勢力沆瀣一氣，警告台獨分裂勢力，要求他們放棄「玩火」行動，並重申大陸將一如既往地推動祖國和平統一的進程。

同日　唐樹備表示，希望汪道涵能按既定計劃如期訪台。

同日　「中國和平統一研討會」發表共同聲明，強調大陸與台灣同是中國領土，兩岸絕非「國與國」關係；台灣問題應採用和平方式解決，兩岸應盡速就結束敵對狀態進行政治談判。

同日　國民黨祕書長章孝嚴針對李登輝「兩國論」表示，這是對兩岸關係的「正名」。

同日　台陸委會主委蘇起強調，將繼續推動兩岸交流，統一政策沒有改變。

7月12日　外交部發言人朱邦造接受記者採訪時指出，李登輝的「兩國論」是對國際社會公認的「一個中國」原則的徹底否定和嚴重挑釁，進一步暴露了他蓄意分裂中國領土和主權，企圖把台灣從中國分割出去的政治本質。朱邦造正告李登輝和台灣當局必須認清形勢，懸崖勒馬，立即停止一切分裂祖國的活動。

同日　針對辜振甫稱兩岸會談是「國與國對談」，汪道涵指出，如此，兩會接觸、交流、對話基礎不復存在，並要求辜振甫予以澄清。

同日　唐樹備批評李登輝粗暴破壞「一個中國」原則，抨擊「兩國論」，不滿辜振甫呼應李登輝的言論，敦促台灣立即停止破壞兩會正常活動的基礎。

同日　國民黨祕書長章孝嚴表示，李登輝的「兩國論」與民進黨台獨主張有別，並未放棄兩岸未來和平統一，「只要大陸制度改變，就可討論統一。」

同日　台總統府副祕書長林碧炤表示願加快兩岸政治談判，不希望雙方關係倒退，若大陸務實、理性地予以回應，結束敵對狀態、「三通」等都可列入談判議題。

同日　台陸委會主委蘇起強調，要打破「一個中國」迷思，以「對等地位」進行政治談判。

同日　國民黨政策會主委洪昭男表示，如果汪道涵今秋不來，是大陸自己違背承諾。

同日　針對海協會常務副會長唐樹備的批評，海基會副董事長兼祕書長許惠祐表示，唯有承認兩岸現實，才能增加談判空間。

同日　民進黨總統候選人陳水扁表示，李登輝應該揚棄「國統綱領」。

同日　宋楚瑜的發言人秦金生表示，台灣不怕大陸，但不必刺激大陸，兩岸政策要考慮人民利益。

同日　美國國務院副發言人福利在新聞發佈會上表示，美國堅持「一個中國」的立場，美國在台灣問題上的這一「長期一貫、眾所周知」的政策沒有改變。

同日　美國國家安全委員會發言人克勞利表示，美國希望海峽兩岸開展對話，「從而使雙方的問題能夠透過和平方式得以解決」。

7月13日　由全國台聯會、台研會與中國社科院台灣研究所聯合主辦的「第八屆海峽兩岸關係學術研討會」在泉州召開。國務院發展研究中心副主任兼全國台聯副會長孫曉郁在開幕式上批評台灣方面在分裂的道路上越走越遠。廈門大學台研所陳孔立教授指出，在目前情勢下，汪道涵不太可能到台灣訪問。

同日　新華社發表評論員文章，對李登輝的「兩國論」嚴詞批判。文章認為，發展兩岸關係，推進祖國和平統一大業是中華民族共同的心願，也是歷史的必然，任何人想要阻止這一時代的潮流，只能是搬起石頭砸自己的腳。

同日　李登輝再度強調，「中華民國一直是一個主權獨立的國家，絕非地方政府。」他同時表示，面對兩岸情勢發展，台灣仍將持續推動兩岸間的交流，積極促進彼此的對話與協商。

同日　台外交部長胡志強認為李登輝的「兩國論」是「務實外交的務實說明」。

同日　台總統府公共事務室副主任丁遠超認為，先有中華民國後有中華人民共和國，指責是大陸「分裂國土」。

同日　台「海基會」、陸委會重申歡迎汪道涵如期訪台，大陸若對兩岸定位見解不同，可透過汪辜對話溝通。

同日　新黨抨擊李登輝的「兩國論」違背「憲法」及「一個中國」原則，要求李登輝收回錯誤主張。

同日　民進黨中央舉行「中國政策會報」，黨主席林義雄重申台灣與大陸是「國與國」關係，同時歡迎李登輝「接受」民進黨的理念。

同日　美國務院發言人魯賓重申了美國對台灣的「三不」政策，強調「一個中國」的政策符合美國的利益。

同日　日本外務省發言人沼田貞昭表示，日本在涉及台灣問題上的政策沒有改變。

7月14日　《人民日報》發表評論員文章指出，李登輝的分裂言論是妄圖把台灣從中國分割出去，其要害是否定「一個中國」原則。而任何挑戰「一個中國」原則，製造「兩個中國」、「一中一台」、「台灣獨立」的圖謀都是不能得逞的。一切逆全體中國人民的意志而動、一意孤行、執迷不悟的人必遭歷史唾棄，成為民族的罪人。

同日　中共中央軍委副主席、國防部長遲浩田在會見朝鮮軍事代表團時強調，台灣是中國的一個省，中國的主權和領土完整不容分割，誰想分裂中國，製造「一中一台」都是不會得逞的。中國人民解放軍將嚴陣以待，時刻準備捍衛祖國的領土完整，粉碎任何分裂祖國的圖謀。

　　同日　海協高層人士指出，如果辜振甫未能在短時間內澄清兩岸會談是「國與國對談」的說法，大陸決定在近期正式宣布取消海協會長汪道涵訪台計劃。

　　同日　李登輝向美國在台協會台北辦事處處長張戴佑表示，台灣的大陸政策沒變，重申歡迎汪道涵訪台。張戴佑表示美國盼兩岸進行對話交流，發展良性互動關係。

　　同日　台陸委會主委蘇起在國民黨中常會上再度對李登輝的「兩國論」提出具體詮釋。蘇起強調，為了迎接汪辜會晤的到來，兩岸將進入高度政治性議題的談判，因此必須調整兩岸關係新定位，只要大陸接受「兩國論」，兩岸什麼都可以談。

　　同日　美國務院發言人魯賓表示美國對台政策沒有任何變化，重申克林頓總統對台「三不」政策，即美國不支持台灣獨立、不支持「兩個中國」或「一中一台」、不支持台灣加入需以國家身份才能取得會籍的國際組織。

　　同日　美國親台資深參議員托裡西尼公開批評「兩國論」，認為這種政策改變無異「冒了自我孤立風險」。

　　7月15日　國家主席江澤民在會見蒙古總統巴嘎班迪時表示，中國在台灣問題上將一如既往採取「一國兩制、和平統一」的方針，並重申「一個中國」的原則。

　　同日　中台辦、國台辦主任陳雲林在中國和平統一促進會第六屆理事會上指出，李登輝的「兩國論」嚴重破壞了兩岸關係，使海協、海基會在「一個中國」原則下接觸、交流、對話的基礎不復存在。

　　同日　《解放軍報》發表題為《李登輝不要玩火》的評論員文章。文章表示，解放軍正密切注視海峽對岸的動向和事態發展，強調解放軍有堅強的決心和足夠的實力來保衛國家主權和領土的完整。

　　同日　中國社科院台研所所長許世銓在接受台《中國時報》專訪時，指責台灣片面改變「一個中國」遊戲規則，台灣在「兩國論」上如果不做出改變，今秋辜汪會談的取消責任將完全由台灣方面承擔。

同日　李登輝稱，兩岸之間的「國家與國家」關係，事實上已存在數十年，是理所當然的事。中華民國與中華人民共和國的共同存在，是一個事實。

同日　連戰接受日本《產經新聞》專訪時強調，李登輝提出的兩岸關係定位是「對症下藥」，大陸不要諱疾忌醫，否則無法解決「現實」問題。

同日　蕭萬長宣示大陸政策「三不變」，即「推動兩岸建設性對話與良性交流的政策不變」、「追求兩岸『雙贏』的決心不變」、「追求未來和平民主統一的新中國目標不變」，強調台灣對大陸政策並無任何改變。

同日　台灣當局發言人、行政院新聞局局長程建人表示，李登輝提出兩岸是「特殊的國與國關係」新定位後，政府將以「一個民族、兩個國家」，英文「two states in one nation」說明兩岸政策。

同日　蘇起在行政院會報告中表示，李登輝的「兩國論」並不是對兩岸關係提出新定位，而是更明確的定位。他強調，「這不是誰吃掉誰的問題」。

同日　民進黨籍總統參選人陳水扁重申，「兩國論」是「互利雙贏、開創兩岸良性互動新紀元」的務實宣示。

同日　繼美國國務院之後，白宮也針對李登輝「兩國論」表態，重申「一個中國」政策，支持兩岸對話。

同日　美《紐約時報》發表社論，要求李登輝放棄「兩國論」的主張，重申台灣與大陸和平統一的願望，以緩和目前兩岸「爆炸易燃」的局面。

7月16日　台海基會、陸委會研商，將於近日授權辜振甫致函汪道涵，重申台現階段大陸政策並未改變，同時再次表達歡迎汪道涵今秋訪台之意。

同日　香港特區行政長官董建華公開發言批評李登輝「兩國論」實屬不智。他說，「一個中國」是發展海峽兩岸關係的基礎，也都受到國際和兩岸人民的認同，希望兩岸局勢能盡快緩和。這是董建華擔任香港特區行政長官兩年以來，首次就兩岸關係問題正式表態。

同日　針對大陸宣稱早已擁有製造中子彈技術一事，美國務院發言人魯賓引述《台灣關係法》回應說，「任何以和平以外的方式來決定台灣未來的努力，將被視為對西太平洋地區和平與安全的威脅，引為美國最大的關切」。他呼籲兩岸推行實質對話，和平解決問題。

7月17日　新華社發表評論員文章，指出李登輝一意孤行搞分裂，正表明他本質上是一個專制的分裂主義者，12億中國人民統一祖國的願望沒有力量可

以阻擋，李登輝的分裂路線必將以失敗告終。希望對李登輝分裂言論隨聲附和的人，要三思，不要輕易跟著李登輝的指揮棒跳進泥坑。

同日　中台辦發表署名文章，強調「兩國論與『台獨』的政治本質完全是一致的」，李登輝推動「兩國論」真正目的是為實踐台獨預作準備。

同日　台陸委會副主委林中斌指出，美國在採取「戰略清晰，戰術模糊」的態度，不希望台海的發展情勢失控。

同日　台國防部作戰次長室執行官程士瑜證實，為因應「兩國論」引發的台海情勢緊張，台國防部已於7月13日成立「永安專案小組」，並提出13套完整的應變方案。鑒於目前解放軍無異常活動，台國防部尚未提升戰備。

同日　香港《明報》報導，數十位解放軍將領近日上書中央軍委，要求對李登輝提出的「兩國論」作出強硬回應。有人建議先打幾個外島，有人主張「只彎弓不射箭」。

7月18日　美國總統克林頓就「兩國論」與國家主席江澤民通電話。克林頓承諾堅守「一個中國」政策，強調美國在台灣問題上的政策沒有改變。江澤民重申「和平統一、一國兩制」的對台基本方針。

同日　新華社三度發表評論員文章，正告台灣台灣附和李登輝「兩國論」的人要「明辨忠奸」，並指出，對於未來兩岸關係的和平與發展，「寄希望於台灣人民」。

同日　全國政協港澳台僑委員會發表嚴正聲明，強烈譴責李登輝的分裂言論。

同日　台灣交通大學魏鏞、台灣大學張麟征等百餘位教授發表連署聲明，呼籲李登輝及蕭萬長停止推動「兩國論」，將「兩國論」定位為李登輝非正式談話，要求不對「憲法」、法律、「國統綱領」作任何修訂或更改。

同日　新黨舉辦演講會，強烈批判「兩國論」，並批評李登輝為台灣帶來災難，要求台灣回到「一個中國、各自表述」的定位。

同日　新黨立委鄭龍水委託民意調查基金會所做最新民調顯示，五成民眾認為「兩國論」等於是台獨，贊成台獨者升至43%，超過不贊成台獨者的38%，比率為歷年來最高。

7月19日　台《中國時報》報導，國務院副總理錢其琛日前要求外交部門「正確認清當前兩岸情勢，全面封殺台灣的『外交』空間，給予李登輝『兩國論』致命的打擊」。

同日　澳門特別行政區候任行政長官何厚鏵接受採訪時表示，李登輝的「兩國論」是與現實相背離，不能理解亦無法接受的。

同日　《泉州晚報》報導，泉州海警戰士成功援救因機械故障在海上漂流的台灣漁輪「裕富春一號」，使該輪順利抵達秀嶼港碼頭，船上人員和貨物安然無恙。

同日　台行政院召開專案會議，行政院長蕭萬長重申兩岸關係「三不變」。

同日　針對克林頓在與江澤民熱線電話中重申「一個中國」立場，台外交部長胡志強表示對此並不意外。他抱怨李登輝的「兩國論」被媒體過度簡單化，強調只要維持10至15年的和平，形勢將對台灣有利。

同日　台《中國時報》報導，為避免影響總統選情，民進黨中央開展「降溫」動作，一方面要求民進黨「國代」不要單獨提出「兩國論修憲案」，另一方面向美國表示，民進黨不會有「火上加油」動作。

同日　聯合國祕書長安南表示，兩岸關係陷入緊張令他「不安」。他呼籲兩岸盡快恢復談判，避免事態失控。

7月20日　中台辦、國台辦負責人發表談話，堅決反對台灣分裂勢力按照李登輝「兩國論」進行「修憲」的圖謀。

同日　針對李登輝再次闡述「兩國論」內涵，外交部發言人章啟月在例行記者會上重申，台灣方面在「兩國論」上不作改變，必將影響兩岸關係的改善，影響台海穩定，危害中國的和平與統一。她強調，無論李登輝在「兩國論」上具體措詞如何修改，它主要的內容還是「國與國」的關係，大陸對此堅決反對的態度並未改變。

同日　李登輝在接見國際扶輪社代表時重申「兩國論」，表示「一個中國」不是現在，而是將來民主統一之後，才會有「一個中國」的可能。

同日　蘇起強調，「民主統一的新中國」是「未來式」，台灣的大陸政策沒變，「國統綱領」精神繼續維持，呼籲兩岸在對等基礎上對話。

同日　新黨全委會召集人李慶華認為，李登輝應盡快澄清兩岸地位，不要再用閃爍的言辭推行其「愚民」政策。

同日　台《聯合報》發表社論指出，李登輝拋出「兩國論」是想借此作最後的演出，但現實的效應卻是「作繭自縛，自毀長城」。

同日　克林頓在回答美國媒體問題時表示，他在與江澤民通話中明確表示美國支持「一個中國政策」，包括《台灣關係法》在內，而任何破壞兩岸和平對話之舉，「美國會視為非常嚴重」。

同日　美國務卿奧爾布賴特宣布，派美國在台協會（AIT）理事主席卜睿哲前往台北，國務院助理國務卿羅斯前往北京，雙管齊下，進行深入而直接的溝通。

同日　俄羅斯外長伊萬諾夫在與中國外交部長唐家璇通電話時表示，俄羅斯堅持「一個中國」立場。

同日　日本《經濟新聞》發表社論，呼籲台海兩岸冷靜處理「兩國論」問題，同時也呼籲日本須對此事慎重其言，不要造成事態的惡化。

同日　歐盟表示，支持「一個中國」政策，同時強調大陸與台灣的爭執應和平解決。

7月21日　新華社發表評論員文章，指出世界主要國家都堅持「一個中國」立場，要求台灣收回「兩國論」。

同日　連戰接受《時代雜誌》專訪時，呼籲大陸領導人應該面對中華民國存在的事實，唯有和平理性方式才能解決兩岸問題。

同日　台總統參選人宋楚瑜針對李登輝對「兩國論」進一步的解釋表示，「大政取決於公意」，「國家大政」應該早點說清楚，才不會在國際上惹麻煩。

同日　台「新聞局長」程建人表示，李登輝選擇了較佳的時機來說明「兩國論」，「兩國論」與「修憲」沒有因果關係，目前尚無「修憲」計劃。

同日　克林頓召開記者會，明確表達美國對台海問題立場。他指出，美國對台海問題的三項原則：一個中國、兩岸對話、和平解決，都沒有改變。

同日　美國白宮宣布取消一個軍事代表團到台灣訪問的計劃，並警告勿使海峽兩岸關係趨於緊張。

同日　美國防部長科恩表示，他支持「一個中國」政策，呼籲台灣與大陸進行和平協商，大陸不應該對台發動大規模的軍事攻擊。他表示，此時美國沒有增派海軍到台海地區的計劃。

同日　美眾議院透過「對台安全承諾修正案」，促請美國總統要求大陸放棄對台使用武力，並在台灣面臨大陸武力威脅時給予援助。

　　同日　巴布亞新幾內亞政府新任總理莫勞塔發表聲明，強調巴新政府堅持「一個中國」政策，維護該國與大陸之外交關係，宣布其前政府與台灣當局簽署的所謂「建交公報」無效，不予承認。

　　7月22日　外交部發言人章啟月在例行記者會上指出，大陸與台灣當局政治上的分歧，不是要不要民主的爭議，而是「要不要維護國家主權以及領土完整、是分裂還是反分裂」的問題。

　　同日　台外交部長胡志強表示，美國向台駐美代表處保證，不會犧牲台灣的安全。

　　同日　台南縣長陳唐山發起的縣市長連署支持「兩國論」活動，已有18位縣市長連署。

　　同日　美國在台協會理事主席卜睿哲抵台，瞭解「兩國論」。

　　7月23日　外交部發言人朱邦造就美眾議院近日透過「敦促中國放棄對台動武修正案」表示，要求美國政府恪守中美三個「聯合公報」及有關承諾，阻止該修正案成為阻礙中美關係發展的美國法律。

　　同日　美國亞太助理國務卿羅斯在會見中國外交部官員時，重申了美國的「一個中國」政策，並表達了美國希望兩岸以和平方式解決歧見的立場。

　　同日　李登輝在接見卜睿哲時強調，台灣的大陸政策並沒有任何改變，至於「一個中國」，則是未來的目標。他還伴稱，「我是堅決反對『台獨』的」。

　　同日　連戰在會見卜睿哲時表示，台灣的大陸政策沒變，盼兩岸發展以務實、對等、進展、和平為主軸。

　　同日　蘇起在會見卜睿哲時表示，歡迎汪道涵如期訪台，大陸如對「特殊的國與國關係」有不同意見，可在汪辜會晤時商談。

　　同日　卜睿哲在會見台國防部長唐飛時強調，美國對《台灣關係法》立場與正進行的軍事合作，沒有任何改變。

　　同日　民進黨中央表示，台灣人民普遍對「國家地位」不滿，美應檢視「一個中國」政策，朝能維持長期穩定方向調整。

　　同日　台《中國時報》報導，美國總統克林頓否決了暫緩對台軍售提案。

同日　美《紐約時報》發表社論，促請李登輝放棄台灣和大陸是「不同國家」的說法，同時呼籲大陸放棄以軍事力量統一的想法。

　　7月24日　唐飛首度證實台軍方正在研發「反制武器」，強調台灣須建立嚇阻大陸力量。

　　同日　新黨舉行「和平反戰大遊行」，反對李登輝的「兩國論」主張。

　　7月25日　外交部長唐家璇在新加坡會見美國國務卿奧爾布賴特，闡明大陸對台問題的嚴正立場，要求美國以實際行動恪守對台問題上的承諾。奧爾布賴特重申不會改變「一個中國」及對台「三不」政策，希望兩岸問題透過和平方式予以解決。

　　同日　連戰接受美國《時代》雜誌專訪，強調台灣的大陸政策及追求國家統一目標並未改變，呼籲大陸放棄使用武力的政策。

　　同日　海基會董事長辜振甫在會見美在台協會理事主席卜睿哲時強調，海基會與海協「兩會對等互動的基礎如故」，並在李登輝拋出「兩國論」後，首度回應汪道涵，表示歡迎汪道涵今秋如期來訪。

　　同日　卜睿哲離台發表聲明指出，美國對台政策沒有任何改變，「一個中國」原則仍是美國政策的基石，美國依然承諾忠實執行《台灣關係法》。

　　7月26日　新華社發表評論員文章，指出李登輝不但本質上是台獨，而且是「政治變色龍」。詭辯挽救不了李登輝，唯一出路只能是懸崖勒馬，立即停止一切分裂活動，徹底放棄「兩國論」，回到「一個中國」立場上來。

　　同日　唐家璇在「東南亞區域論壇安全對話」中強烈暗示，如果有任何「外力」試圖幫助台灣尋求「獨立」，勢將引發「戰爭與衝突」。

　　同日　李登輝在接見台海和平與安全國際論壇日本訪問團時表示，和平統一是台灣「政府」與人民努力的長遠目標。他並沒有提「兩國論」，這是許多人將他的說法簡化的結果。

　　同日　蕭萬長表示，中華民國人民已無法再忍受現階段「國家定位」的模糊性，李登輝提出的「特殊兩國論」清楚反映了兩岸現狀、政治、法律層面因素。

　　同日　針對「國大」即將復會，國民黨明確決定，不支持將「兩國論」列入「修憲」範圍。

1999 年 / 7 月

　　同日　台灣教授協會及建國會、建國黨、長老教會等數十個色彩鮮明的「獨派」團體到台總統府、外交部遞陳情書，要求以「台灣共和國」名義申請加入聯合國。

　　同日　美國前駐中國大使李潔明表示，大陸對「兩國論」反應過度，若取消汪道涵訪台，將不利兩岸關係未來發展。

　　7 月 27 日　由於台灣方面迄今未對「兩岸會談，就是國與國會談」的說法提出正式澄清，海協已取消原定九月初在北京舉辦的大型「兩岸論壇」活動，同時取消將出席兩岸學術研討會的海協人員的赴台行程。

　　同日　李登輝表示，汪道涵訪台前必須明確將兩岸定位在平等、對等的關係上。他表示，兩岸定位模糊對台灣不利，強調「特殊的國與國關係」只是在陳述歷史與法律事實，兩岸唯有對等才能進一步談判與交流。

　　同日　美國國務卿奧爾布賴特強調，台海兩岸應直接對話，目前的緊張情勢應和平解決。若大陸動用武力，根據《台灣關係法》，美國必須援助台灣。

　　同日　美國白宮國安會顧問伯格表示，美國認為李登輝關於「兩岸國與國關係」的解釋不夠，「希望看到台灣當局進一步的澄清」。

　　同日　美國前國家安全顧問布熱津斯基在《華爾街日報》撰文指出，「一個中國」是美中關係的基石，李登輝的「兩國論」危害了美國長久以來所堅守的政策，也損害美國全球利益。

　　7 月 28 日　外交部長唐家璇重申，如果台灣宣布獨立，大陸將對台動武。

　　同日　李登輝再度澄清「兩國論」理念，強調「特殊的」是指兩岸中國人存在特殊的感情，彼此較能相互瞭解，更應彼此尊重。他表示，兩岸關係已成為兩個「對等實體」的交往問題。

　　同日　連戰指出，「一個統一的中國」是未來式。

　　同日　台陸委會最新民調稱，77% 的台灣民眾不贊成以「一國兩制」模式解決兩岸問題。

　　同日　聯合國祕書長安南在會見中國駐聯合國代表秦華孫時強調，聯合國始終堅持「一個中國」政策。

　　7 月 29 日　新華社發表《莫把兩岸關係當兒戲》的評論員文章，稱台灣不收回「兩國論」，對兩岸大局是「危險」的。

同日　《人民日報》發表評論員文章，繼續批判「兩國論」，警告台灣當局，「懸崖勒馬才是唯一出路」。

同日　台「國大」第四次會議復會，「兩國論」「修憲」提案被否決。

同日　蘇起在接受美國有線電視網（CNN）專訪時表示，「一個中國」的概念是未來式，而中國目前是分治的，李登輝的兩岸定位絕非走向台獨。

7月30日　海協發表聲明指出，「一個中國」原則是兩岸關係與和平統一的基礎，也是兩會交往的基礎。台灣方面至今仍沒有放棄「兩國論」的分裂主張，使兩會接觸、交流、對話的基礎不復存在。

同日　李登輝強調，台灣絕非大陸「叛離的一省」，兩岸之間也不是「中央與地方」或「老闆與員工」的關係。

同日　針對汪道涵對兩岸會談定位的質疑，辜振甫召開記者會並發表談話，為李登輝的「兩國論」辯護，強調未離開「一個中國、各自表述」的架構，兩會交流對話的基礎仍然存在，重申歡迎汪道涵訪台。

同日　海基會在辜振甫談話的同時，將談話稿傳給海協，海協在兩個小時內，即以辜振甫談話稿「嚴重違背一個中國原則」，將傳真退回給海基會。

同日　台外交部長胡志強就辜振甫所作聲明表示，希望大陸能夠面對「兩岸分治」的歷史事實，在國際社會上與台灣平等共存，追求有利於未來中國統一之國際環境。

同日　民進黨「中國事務部」主委顏萬進就辜振甫所作聲明表示，「國與國」的關係是台灣與大陸往來的基調。

7月31日　國防部長遲浩田再度對「兩國論」發表談話，強調不要低估解放軍「反分裂」、「反台獨」的勇氣和決心。

同日　中台辦負責人在接受香港《文匯報》的採訪時指出，海基會和辜振甫的談話稿，表明他們仍在追隨李登輝，破壞了兩會接觸的基礎，汪道涵當然不會訪台。

同日　針對辜振甫7月30日發表的談話，新華社發表特約評論員文章表示，辜的談話根本是「原封不動、一字不差的照搬李登輝的原話」，而且完全違背兩會在1992年達成的「一個中國」共識。

同日　美國防部公佈一項價值1.5億美元戰鬥機零件的對台「軍售案」。

8月

8月1日　《解放軍報》發表社論指出，世界並不太平，戰爭並不遙遠，當前統一與分裂的鬥爭「尖銳、複雜」。

同日　台陸委會發表書面說明表示，兩岸應該回到「一個中國、各自表述」的共識，台方始終認為「一個中國」不是現在，在統一前可以「特殊的國與國關係」定位。

同日　台《中國時報》報導，日前台國防部已完成《國防部組織法修正草案》，過去隸屬於參謀本部下的陸、海、空、聯勤總司令部、憲兵司令部等都將改為隸屬於國防部，國防部將新增威脅評估室、戰略規劃司、動員局等，以因應兩岸新局勢。

同日　根據一項最新民調，「兩國論」風波後，台灣78%民眾仍歡迎汪道涵訪台。

同日　美國防部公佈一項價值4億美元的對台軍售案，這批軍售包括兩架E-2T反潛偵察機及其配套支援系統。

8月2日　針對台陸委會就「特殊國與國關係」立場發表的書面說明，國台辦表示，這份說明並未脫「兩國論」框架，大陸無法接受。

同日　國台辦在北京邀集大陸各主要台資企業協會負責人舉行座談會，強調繼續貫徹《台灣同胞投資保護法》，加強保障台商權益。

同日　外交部副部長楊潔篪召見美國駐中國大使館臨時代辦麥克海，就美國政府宣布將「軍售」台灣一事，提出強烈抗議。他要求美方充分認識到售台先進武器的嚴重性、危害性和危險性，立即取消以上的對台「軍售」。

同日　台《中國時報》報導，李登輝日前指出，他提出「特殊國與國關係」是為了反制大陸的「一國兩制」，絕不是追求台獨。

同日　台外交部長胡志強接受《中國時報》專訪時表示，台方擔心美國的「一個中國」政策與大陸的「一個中國」政策越來越接近，希望美國與大陸修補關係不能以犧牲台灣為代價。

同日　大陸當天試射遠程彈道導彈，對此，台國防部軍事發言人孔繁定表示，該種導彈不會用於對台作戰，影響不大，大陸軍隊也未見異常調動。

同日　美在台協會理事主席卜睿哲表示，台灣與大陸面臨的挑戰是如何和睦相處，他呼籲台灣人民行使民主權利時要考慮到大陸的反應，重申希望汪道涵如期訪台。

8月3日　「第七屆中國現代化學術研討會」在台北舉行，海協常務副會長唐樹備委託大陸學者發表書面賀詞，表示海協願繼續推動兩岸交流。

同日　李登輝重申，「兩岸若不以平等地位對話，什麼都談不下去」。

同日　國民黨陸工會主任張榮恭表示，「特殊國與國關係」未入「憲法」，沒有以「法理」落實，大陸無理由對台動武。

同日　在參議院外交委員會就「強化台灣安全法案」舉行聽證前，美國務院發言人魯賓強調《台灣關係法》運作良好，不需要改變，表明了不支持該法案的立場。

8月4日　針對8月2日台陸委會就「特殊國與國關係」立場發表的書面說明，國台辦負責人正式作出回應稱，這份書面說明所謂「特殊兩國論」，只是用「特殊性」掩蓋「兩國論」的分裂本質，本質還是「兩國論」。

同日　海協會副祕書長李亞飛接受《朝日新聞》專訪時表示，「如果台灣將『兩國論』列入『憲法』，在中國看來便與『獨立』同義」。他表示，兩岸已失去對話基礎，汪道涵是否訪台「不重要了」。

同日　新華社報導，公安部和廣西公安廳聯手偵破一起海上武裝搶劫台灣貨輪案，14名緬甸籍嫌犯已被依法逮捕，被劫巴拿馬籍「海上主人」號貨輪駛回台灣。

同日　美國亞太事務助理國務卿羅斯在參議院「強化台灣安全法案」聽證會上作證時表示，兩岸關係現正處於不確定的時期，台海目前並無「立即敵對跡象」，但「升高的危險仍存在」。對於「強化台灣安全法案」，他表達了美國政府的反對立場。

8月5日　近日美國部分國會議員無視事實，提出支持「一中一台」和「台灣獨立」的議案，對此，外交部發言人朱邦造發表聲明，向美國政府提出嚴正交涉，對該議案表示極大的憤慨和堅決的反對。

同日　外經貿部部長石廣生重申要推動兩岸經貿交流不斷向前發展，強調「無論在什麼情況下，都將切實保護台商的一切合法權益」。

同日　針對昨日國台辦負責人發表的談話，海基會副會長兼祕書長許惠祐強調，「一個中國，各說各話」，就是要給雙方都有台階下。

同日　新黨「立院」黨團要求李登輝邀集各黨派召開緊急會議，呼籲李登輝放棄「兩國論」。

同日　美助理國務卿羅斯重申，美不排除對台提供戰區導彈防禦系統（TMD），強調美將視威脅的情況做出適當反映。

同日　美國防部主管亞太安全的副助理部長在參議院作證時指出，台海情勢已亮起黃燈，正處於潛在危險時機。

8月6日　台陸委會發言人許柯生強調，兩岸應該回到1992年「一個中國，各自表述」的共識，共同追求未來一個民主、和平、統一的中國。他重申，歡迎汪道涵到台灣訪問。

8月7日　台行政院長蕭萬長表示，兩岸緊張，關鍵在大陸，大陸應放棄對台使用武力。

同日　台國防部長唐飛在台立法院法制委員會表示，同意由海基會及海協協商確定台灣海峽中線問題。

同日　唐飛在接受台「中廣新聞網」專訪時表示，兩岸地位對等是台灣的生存之道，台灣必須建立導彈防禦能力，以有效制衡大陸。

同日　台陸委會舉行諮詢委員會議，多數委員贊成李登輝所提「特殊的國與國關係」的定位，建議成立危機處理小組因應局勢。

同日　新華社報導，台塑集團繼續加大對大陸投資，日前再投入3000萬美元，在重慶成立塑料工廠。

8月8日　外經貿部官員透露，《台商投資保護法實施細則》將於近日實施。

8月9日　李登輝會見美眾議院國際關係委員會主席吉爾曼時表示，兩岸是「特殊的國與國關係」，這是無可否認的。

同日　連戰表示，兩岸應和平解決分歧，明確定位兩岸關係，可使雙方對話開啟新的一頁。

同日　蘇起在會見吉爾曼時強調，「兩國論」不是要改變現狀，而是要更加保護現狀。

同日　台《中國時報》報導，台灣當局經過分析，認為現階段大陸對「特殊的國與國關係」施壓的重點在打擊台灣經濟，目前並無動武跡象。

同日　「中華兩岸旅行協會」在台北成立，其宗旨是促進兩岸旅遊業溝通往來，為兩岸旅行交流提供服務。

8月10日　香港《經濟日報》報導，近日結束的中共中央工作會議就台海問題制定了強硬政策，在保持軍事壓力前提下實行「一批二看三準備」的策略，一旦台灣實施台獨的具體步驟，便採取軍事行動。

同日　李登輝宣稱，「國與國關係」的主張越鬧越好，可以引起全世界對中華民國困難遭遇的關切，讓大家知道實情。

同日　蘇起表示，兩岸定位問題遲早要談，早談比晚談好。

同日　李登輝透露大陸戰鬥機7月25日和7月30日曾兩次飛越台灣海峽敏感海域。

同日　美眾議院國際關係委員會主席吉爾曼離台前，針對「兩國論」表示，他支持李登輝有權說出兩岸觀點，兩岸應在平等地位上對話，大陸應放棄對台使用武力，在轉為民主體制後再談統一。

同日　美《華爾街日報》發表評論指出，美國政府不要顯現出道德上的怯懦，免得讓大陸錯估形勢，進而對台使用武力。

8月11日　新華社引述大陸軍事專家彭光謙的話表示，台灣戰略地位重要，大陸絕不容許外國勢力的染指。

同日　《中國日報》指出，認為大陸為力保經濟發展而不敢攻打台灣，這種推論是「完全錯誤的」。

同日　李登輝重申，「特殊國與國關係」的說法只是要確立兩岸對等的地位，兩岸地位平等即可進行包括政治議題在內的任何議題的對話和談判。

同日　美國務院發言人魯賓再度呼籲兩岸保持克制，和平解決雙方分歧。

8月12日　國台辦新聞局再次針對台陸委會對「特殊國與國關係」的書面說明發表評論，指出，「兩國論」是對兩岸關係及亞太地區和平與穩定的蓄意破壞，台灣應該回到「一個中國」原則上來。評論重申，大陸將繼續堅持「和平統一、一國兩制」方針，貫徹執行「江八點」的主張。

同日　大陸《環球時報》發表文章指出，台灣若「修憲獨立」，解放軍「必定武力攻台」。

同日　李登輝在會見扶輪社代表時強調，「特殊國與國關係」不是亂講話，只有凸顯「『中華民國』存在的事實」，在國際社會才能發展。

同日　民進黨籍總統參選人陳水扁表示，兩岸絕不會發生任何進一步的武力衝突。

同日　民進黨前主席許信良批斥「兩國論」，表示和平、安定高過一切，「兩國論」只會越談越危險。

同日　岡比亞等12國聯名致函聯合國祕書長安南，支持台灣「加入聯合國」。

8月13日　國台辦主任陳雲林表示，李登輝最近拋出「兩國論」，使兩岸接觸、交流、對話的基礎不復存在，台灣海峽形勢持續緊張，兩岸關係嚴重倒退。

同日　大陸《環球時報》報導指出，「兩國論」已經造成兩岸關係的空前震盪，美國政府對台軍售和美國國會少數議員的親台反華舉動，使得「兩岸軍事衝突隨時可能引爆」。

同日　美白宮國家安全會議發言人利維重申，美「嚴重關切」任何以非和平方式解決台海兩岸爭議的企圖。

8月14日　汪道涵表示，李登輝若改變「兩國論」，還是會準備訪台。

同日　香港《文匯報》報導，大陸軍事科學院專家閻釗指出，兩岸隨時可能爆發戰爭，大陸不怕美國介入。

同日　李登輝表示，之所以在汪道涵訪台前提出「特殊的國與國關係」論，主要是要提升台灣的對等談判地位。

同日　連戰接受台《中國時報》專訪時強調，兩岸對話，對等是關鍵，不能把台灣地位模糊化，李登輝的「特殊國與國關係」是對台灣地位的澄清。

同日　美白宮召開記者會，敦促台灣依據「一個中國」模式與大陸對話。

同日　美國總統候選人喬治‧布希表示，如果當選總統，可能動用武力防禦台灣。

同日　美《紐約時報》發表社論認為，台海緊張局勢日益升高，兩岸均應自我克制，並慎思各自所冒風險。

8月15日　中共中央對台工作小組副組長、國務院副總理錢其琛表示，大陸等待辜振甫收回「特殊國與國關係」的言論。

同日　唐樹備在會見台灣「中國統一聯盟」代表團時表示，2000年3月的台灣總統大選是大陸決定是否調整對台政策的重要指標。他強調大陸對台「和平統一、一國兩制」的基本方針沒有改變，「和平不到最後關頭絕不放棄和平」。

8月16日　錢其琛副總理會見台灣「中國統一聯盟」代表團時，首度對李登輝的「兩國論」發表看法。錢其琛表示，李登輝的言論沒有法律依據，「兩國論」是一個「廢案」，希望兩岸就結束敵對狀態展開政治談判，目前大陸還在等待海基會董事長辜振甫收回「兩國論」。他強調，每當兩岸關係有進一步發展時，李登輝就要製造障礙，「兩國論」即是最近一例。他希望「兩岸同胞團結起來，反對李登輝的分裂圖謀」。

同日　國家統戰部部長王兆國表示，如果台灣方面繼續堅持兩岸為「特殊國與國關係」，繼續偏離「一個中國」原則，北京將會採取有力的措施，維護國家領土與主權完整。

同日　新華社報導，中國人民解放軍在批判李登輝「兩國論」的同時，宣示「堅決聽從以江澤民為核心的中共中央、中央軍委的指揮，密切關注海峽對岸的動向和事態發展」。

同日　針對錢其琛的談話，蘇起強調，「兩國論」並非辜汪會談的基礎，也不是要汪道涵來台接受「兩國論」觀點，雙方意見不同應見面商談。

8月17日　針對錢其琛副總理要求辜振甫收回「特殊國與國關係」的說法，蕭萬長表示，「兩國論」是敘述事實，沒必要收回。

同日　蘇起接受日《讀賣新聞》專訪時表示，大陸若接受「兩國論」，則高度政治問題包括「三通」亦均可談。

同日　台國防部長唐飛日前接受美《國防新聞》週刊訪問時表示，台灣目前迫切需要反導彈系統。

同日　民進黨籍總統參選人陳水扁對兩岸通商、通航發表看法指出，兩岸通航要「先海後空、先貨後人」，先期可採用「定點單向直航」。

8月18日　「全國台辦主任會議」就如何因應「兩國論」達成決議，確定將兩岸政治和經濟分開處理，繼續針對李登輝進行鬥爭，但不以政治分歧影響兩

岸經濟合作。會議聲明要求台灣當局放棄「兩國論」，大陸願就兩岸結束敵對狀態開展對話。

同日　李登輝重申，「中華民國是主權獨立國家」，兩岸不應分中央、地方。

同日　蘇起強調絕不收回「兩國論」，大陸如以大欺小，台灣不會屈服。

8月19日　江澤民在會見馬來西亞總理馬哈蒂爾時，重申大陸在台灣問題上的一貫立場，強調李登輝的「兩國論」是「注定要失敗的」。

同日　中國常駐聯合國代表秦華孫致函聯合國祕書長安南，駁斥「兩國論」並指出其注定要失敗，指出兩岸絕非兩個國家，台灣問題與德國有別，不適用平行代表權。

同日　中國駐美大使李肇星在美國召開記者會，批評李登輝是兩岸關係的「最大障礙」，是中美關係「最大的麻煩製造者」。他表示，大陸不排除以武力阻止台灣獨立，要求美國不要干涉中國內政。

同日　連戰重申全面推動兩岸交流對彼此皆有正面意義。他主張，兩岸如在對等基礎上，可以展開高層次政治協商，雙方可就終止敵對關係及「外交」問題加以談論。

同日　台總統府副祕書長林碧炤回應李肇星的批評，表示兩岸從「互不往來」發展到現在民間交流與投資貿易活躍以及兩岸會談等情形，證明李登輝是兩岸交流的最大「推手」。

同日　美國務院發言人魯賓重申，大陸若對台使用武力，美國將嚴重關切。

8月20日　《解放軍報》發表評論員文章指出，李登輝的「兩國論」迎合國際分裂逆流，目的只有一個，就是「想趁機把水攪渾，實現分裂祖國的圖謀」。

同日　外交部發言人朱邦造表示，大陸堅決反對任何國家將台灣納入戰區導彈防禦系統（TMD）。

同日　中國駐美大使李肇星表示，強烈反對美國提供任何戰區導彈防禦系統（TMD）給台灣，稱若美國持續對台軍售，將成兩岸不穩定因素。

同日　李登輝重申，台灣無法接受大陸以「中央政府」自居，而把「中華民國在台灣」視為「地方政府」；兩岸平等，才會有良性發展。

同日　陸委會發言人許柯生辯稱，「我們是和平安定的促進者」，不是「麻煩製造者」。

同日　美國務院發言人魯賓表示，美不排除向台灣提供戰區導彈防禦系統（TMD），將依《台灣關係法》繼續向台灣出售武器。

8月21日　外交部發言人朱邦造向美國提出嚴正警告，要求美國恪守中美三個「聯合公報」和停止對台軍售，特別是不向台灣提供戰區導彈防禦系統（TMD），避免破壞台海地區和平與穩定，損害中美關係。

同日　台總統參選人宋楚瑜接受《中國時報》專訪時表示，他堅持「中華民國是一個獨立主權國家」，不反對台灣加入聯合國和戰區導彈防禦系統（TMD）。

同日　具有防止農產品走私與維護「大選」前治安作用的台第二波「靖海專案」8月19日展開後，已驅趕大陸漁船33艘，查扣3艘。

8月22日　中國駐美大使李肇星表示，汪道涵今秋是否訪問台灣，要視李登輝如何動作而定，大陸的立場是「嚴正要求李登輝收回『兩國論』」。

同日　代表新黨參加台總統大選的李敖出席新黨六週年黨慶時發表演講，主張盡快與大陸談判，支持「一國兩制」。

同日　香港《文匯報》發表社論指出，美國若干涉中國的內政，「一定要付出沉重代價」，大陸有充分的準備應付台獨勢力和外國干涉者的挑釁。

8月23日　國台辦舉行「對台宣傳工作會議」，針對李登輝「兩國論」，討論並制訂今後對台宣傳工作方針。

同日　香港《文匯報》報導，目前海協已停止與海基會接觸，若海基會來函宣揚「兩國論」，海協將予退回。

同日　台《中國時報》報導，連戰日前表示，只要大陸承認中華民國，在兩岸平等基礎上，他願意以「中華民國副總統」的身份公開訪問大陸。

同日　美國尼克松中心國家安全計劃主任羅德曼發表文章，批評克林頓政府對台政策的軟弱與曖昧，指責李登輝「兩國論」不智，同時堅決反對大陸對台使用武力。

8月24日　《人民日報》發表署名文章，指出「一個中國」是兩岸談判最高準則，大陸不會和否定「一個中國」原則和分裂國家的人進行「任何層次對話」。

同日　連戰接受《紐約時報》專訪時指出，台灣從來都不會是「麻煩製造者」，只會是「改革製造者」。

8月25日　許惠祐表示，海基會仍在積極準備汪道涵訪台。

同日　由美保守派智庫「傳統基金會」負責人佛訥領銜的23位美國主要的保守派人士與外交政策專家共同發表聲明，批評克林頓政府的兩岸政策，主張美國應毫不含糊地宣示防衛台灣。

8月26日　澳門特別行政區候任行政長官何厚鏵表示，澳門回歸後，不會容許台灣方面在澳門從事不符合「一個中國」原則的活動。台灣駐澳門機構名稱具官方色彩，必須改名。

8月27日　台經濟部公佈最新兩岸貿易統計，1999年上半年台灣對大陸貿易順差達77.6億美元，大陸再度成為台灣外貿第一順差來源。

同日　民進黨籍總統參選人陳水扁接受《中國時報》專訪時表示，落實「兩國論」，須採用更彈性及務實的做法。

8月28日　錢其琛副總理再度抨擊「兩國論」破壞兩岸關係改善與台海局勢的穩定。他重申，「一國兩制」是和平解決統一問題的總方針。

同日　中國駐美大使李肇星指出，「李登輝是中美關係最大的破壞者」。他重申，反對美國出售先進武器給台灣或把台灣納入戰區導彈防禦系統（TMD）。

同日　剛結束大陸訪問返台的「中國統一聯盟」成員表示，汪道涵仍希望辜振甫澄清「兩國論」，回到1992年兩會達成的兩岸都堅持「一個中國」的原則。

8月29日　國民黨「十五全」正式透過將兩岸是「特殊的國與國關係」字眼納入政治提示案，作為國民黨的大陸政策指導方針。

同日　辜振甫表示，是否再次澄清「兩國論」並不重要，而大陸方面應務實看待兩岸分治的歷史事實與政治現實。

8月30日　《台灣同胞投資保護法實施細則草案》正式公佈。

同日　連戰在記者會上表示，「兩國論」不會入憲，強調他當選總統後，只要兩岸對等，將推動兩岸政治談判。

同日　美國務院副助理國務卿謝淑麗在美、中（大陸）與台「第二軌道」閉門會議上重申，美國支持「一個中國政策」，敦促兩岸恢復和平、理性對話以及官方交流。

同日　美前總統卡特接見中國駐美大使李肇星時強調，世界上只有一個中國，台灣是中國的一部分，中華人民共和國是代表中國的唯一合法政府。

8月31日　國家主席江澤民在接受《澳洲人報》專訪時，再度表示希望盡快解決台灣問題，並表示大陸有權使用武力統一台灣。

同日　針對國民黨十五全會二次會議將「兩國論」列入決議文件，中台辦負責人發表談話，稱此舉將把台灣人民推向戰爭深淵。

同日　李登輝表示，必須要在汪道涵訪台前確立兩岸定位，否認「特殊國與國關係」是搞台獨。

同日　蘇起重申歡迎汪道涵訪台，主張兩岸應積極擴展合作。

同日　美國在台協會（AIT）台北辦事處長薄瑞光抵台就職。

同日　美、中（大陸）與台「第二軌道」會議閉幕，與會人士均承認「兩國論」有引發戰爭的危險，美方代表呼籲兩岸言行要節制理性，不要挑釁。

9月

9月1日　針對國民黨將「兩國論」列入決議文件，新華社發表評論員文章指出，「兩國論」列入國民黨的決議文件並作為台灣今後施政的方向與重點，表明李登輝正在繼續肆意摧毀海峽兩岸交流、交往與合作的基礎，海峽兩岸和平統一的前景將不復存在。

同日　香港《文匯報》發表社論稱，大陸現在就要有武力統一的準備，準備越充分，就越能遏止台獨分子挑起的戰爭危機。

同日　台《中國時報》報導，台陸委會會議討論透過一項祕密議案，決定增修《台灣人民赴大陸地區許可辦法》相關條款，明確規定曾主管涉及國防、科技、情報等國家機密的公務員與涉及國家機密之退離職政務官，在退離職三年內不得赴大陸。

同日　美國務院助理國務卿羅斯在澳大利亞表示，美國的「一個中國」政策絕無改變，兩岸應直接談判，希望辜汪會談能夠如期進行。同時他也堅持台海問題必須和平解決，不能動武。

9月2日　外交部發言人孫玉璽表示，大陸不會對台灣同胞使用核武器，但如果台灣堅持「兩國論」，兩會對話的基礎將不復存在。

同日　李登輝表示，台灣的大陸政策未變，仍然依照「國統綱領」進程，持續推動兩岸交流。

9月3日　李登輝會見美國在台協會（AIT）台北辦事處新任處長薄瑞光時表示，他提出的「兩國論」，只是陳述一個事實而已。

同日　蕭萬長表示，「兩國論」不「入憲」，也沒有「修法」計劃，陸委會也無更名為「中國事務委員會」的必要。

同日　蘇起表示，「兩國論」只是為取得兩岸談判平等地位的政策宣示，現行大陸政策並未改變，也不涉及修法、「修憲」問題。

同日　台陸委會聲稱，其最新完成的民調顯示，台灣66%的民眾贊成「兩國論」，87%的民眾不贊成大陸以「一國兩制」發展兩岸關係的主張。

9月4日　江澤民主席在泰國會見華僑時指出，李登輝提出的「兩國論」使台灣在分裂的道路上走出十分危險的一步，同時也破壞了穩定發展兩岸關係與和平統一的基石。他表示，「一國兩制」是解決台灣問題的基本方針，而「一國兩制」的前提和基礎是「一個中國」原則。

9月5日　美國務院亞太副助理國務卿謝淑麗表示，大陸不應老調重彈「一國兩制」，應對台灣採取更有創意的政策，提出更多的誘因來吸引台灣，同時呼籲大陸不要使用武力，這必然會招致美國政治甚至軍事上的反應。

9月6日　中國駐聯合國副代表沈國放表示，若大陸動用武力解決台灣問題，不會違反任何國際法，聯合國將無權也不可能幹涉。

同日　針對美國務院副助理國務卿謝淑麗在演說時提及「一國三制」的說法，蘇起強調如果沒有兩岸對等的內涵，就沒有什麼好談的。

9月7日　針對美國務院副助理國務卿謝淑麗針對兩岸關係的談話，外交部表示強烈不滿，並表示如果台灣舉行「公民投票」決定統「獨」問題，將是一種「玩火」行為。發言人孫玉璽指出，台灣海峽的緊張局勢完全是李登輝造成的，美國個別政府官員對兩岸關係說三道四，是對中國內政的粗暴干涉，中方對此表示強烈不滿和堅決反對。

同日　在廈門舉行的「第三屆中國投資貿易洽談會」新聞發言人、外經貿部官員溫再興表示，雖然兩岸政治關係因「兩國論」惡化，但大陸將繼續推動鼓勵台商投資政策，推動兩岸經貿交流不斷向前發展。

同日　《人民日報》發表評論員文章，批判李登輝的「兩國論」，指出李登輝是「一個中國」原則的挑釁者。

同日　台行政院決定成立兩岸科技交流專責機構，將委託「李國鼎科技發展基金會」承辦交流合作工作，並簡化大陸科技人士來台手續，停留期限延為三年。

9月8日　國家主席江澤民在堪培拉會見澳大利亞總理霍華德時表示，解決台灣問題的方針是「和平統一、一國兩制」，如果出現台灣獨立或外國勢力幹涉的情況，大陸絕對不放棄使用武力。江澤民指出，要實現汪道涵訪台必須要有兩個條件，一是李登輝公開收回「兩國論」；二是李登輝只能以國民黨主席的身份，而不能以所謂總統的身份接待汪道涵。

同日　台陸委會發言人許柯生稱，歡迎汪道涵來台訪問，但兩會對話不應預設任何前提條件。他強調，「兩國論」只是針對兩岸政治現實的陳述，台灣的大陸政策沒變，更沒有「修憲」、「修法」、修改「國統綱領」的計劃，因此談不上收不收回「兩國論」的問題。

同日　美眾議院國際關係委員會主席吉爾曼致函克林頓，敦促他在「亞太經合組織會議」（APEC）上與江澤民會晤時，要求江澤民宣示放棄對台動武。

同日　美參議院外交委員會主席赫爾姆斯致函克林頓，警告克林頓不得在與江澤民會談時採取任何「進一步犧牲台灣」的動作，並再度強調美國有對台「軍售」的義務。

9月9日　國務委員吳儀在廈門舉行的「第三屆中國投資貿易洽談會」上向外商表示，海峽兩岸不會輕易打仗，即使（會打仗）也不會是大規模的戰爭，「只是會教訓幾個人」。

同日　外交部長唐家璇在與美國務卿奧爾布賴特會談後對媒體表示，台灣問題依然是中美關係中最敏感最重要的問題，美方對這個問題的嚴重性與對中美關係的危害應該有清楚的認識。唐家璇指出，李登輝是「麻煩製造者」，是中美關係能否進一步發展的最大「絆腳石」。奧爾布賴特重申美國支持「一個中國」政策，敦促兩岸對話，和平解決分歧。

同日　針對克林頓即將與國家主席江澤民舉行的會晤，外交部表示，台灣問題是兩國關係最關鍵、最重要和最敏感的問題，希望美國堅持「一個中國」的政策，恪守有關承諾。

同日　《人民日報》發表評論員文章，批判李登輝的「兩國論」，指出「兩國論」嚴重惡化兩岸關係，使台灣同胞和平安定的生存環境失去保障，並且嚴重影響台灣經濟發展，直接損害台灣人民的切身利益。事實證明，李登輝台灣人民利益的背叛者。

同日　連戰在會見美國在台協會（AIT）台北辦事處長薄瑞光時表示，台灣絕不會尋求「獨立」，現階段兩岸應以「和平、理性、對等、互惠」的原則來發展關係。

同日　針對江澤民提出的汪道涵訪台的兩條件，台「新聞局長」程建人表示，大陸為汪道涵訪台加上任何不必要的條件，對兩岸對話並無幫助。

同日　蘇起表示，江澤民公開提出汪道涵訪問台灣的兩項條件，是在製造人為障礙，障礙愈多，汪道涵訪台的可行性愈低。

同日　代表李登輝出席 APEC 會議的台「經建會主委」江丙坤重申，「兩國論」是陳述一個歷史事實，台灣不會主動提及，但也不可能收回。

同日　台陸委會副主委吳安家在東京發表論文表示，東、西德統一，值得兩岸借鑑。他提出兩岸簽訂「基礎條約」，這被認為是「兩國論」今後發展的方向。

同日　香港《明報》報導，廣西偵破一宗台灣間諜案，涉案的台灣特工頭目因開槍拒捕被擊斃。

9月10日　新華社報導，本月上旬南京軍區和廣州軍區舉行了一次聯合渡海登陸作戰演習，中共中央軍委副主席張萬年檢閱了部隊。張萬年表示，李登輝提出的「兩國論」，背棄「一個中國」的根本原則，這次演習顯示瞭解放軍捍衛國家主權和領土完整的立場與決心。

同日　唐樹備表示，只要李登輝一天不收回「兩國論」，汪道涵就一天不能去台灣。

同日　蘇起在拜會立法院民進黨團時，提出官方版本的「一個中國」三段論，即「一個中國，各自表述；一個中國是未來的；現階段則是特殊的國與國關係」，詮釋其大陸政策立場。

同日　台「經建會主委」江丙坤表示，「亞太經合組織會議」（APEC）是一個經濟性的組織，在會上不談兩岸問題。但他又說，「兩國論」只是敘述一個事實，目的也是希望促成兩岸和諧交流。

同日　美國總統克林頓啟程赴新西蘭參加 APEC 會議前表示，美國仍然支持「一個中國」政策，同時也認為台海爭議應由兩岸雙方以和平方式解決。

9月11日　國家主席江澤民與美國總統克林頓在新西蘭總督官邸舉行了會談。江澤民抨擊李登輝的「兩國論」，指出李登輝是破壞兩岸和平統一與中美關係發展的「麻煩製造者」。他強調，對台灣爭取實現「和平統一」與「一國兩制」，

但如果有別的「干涉主義勢力」與「台灣獨立勢力」，大陸絕不會放棄使用武力。克林頓表示，李登輝的「兩國論」對中美關係製造了很多麻煩，重申「一個中國」政策。

同日　江澤民與克林頓高峰會晤後，外交部發言人朱邦造召開記者會，闡述兩國元首會談內容。他表示，解決台灣問題要爭取和平統一，但不會放棄使用武力。李登輝的「兩國論」鼓勵「分裂主義」，不能容忍，事實證明，李登輝是「麻煩製造者」，是中美關係改善的最大絆腳石。

同日　中共中央軍委副主席遲浩田在「全國交通戰備會議」上要求，由於國際干涉主義和李登輝提出「兩國論」挑戰中國的統一政策，交通和通信業是保障軍隊作戰的生命線，必須加緊做好各項戰備工作。

同日　唐樹備在舊金山指出，以「兩國論」換「三通」根本行不通，抨擊李登輝是「搞民族分裂的民族敗類」，要防止李登輝將兩岸「拉入戰爭的深淵」。他希望海外華僑和台灣人民群起反對「兩國論」。

同日　《解放軍報》發表評論員文章，強調歷史上幾次解決台灣問題，都是選擇了武力方式，不過大陸之所以不承諾放棄使用武力，並不是針對台灣同胞，主要是防止外國勢力幹涉，真正目的是為了避免使用武力。

同日　連戰表示，中華民國是和平的參與者，大陸才是實際麻煩製造者。

同日　台陸委會主委蘇起表示，「兩國論」只是政治宣示，不是基本立場的改變，強調中華民國不是「麻煩製造者」，而是國際社會的「模範生」。

同日　台「經建會主委」江丙坤表示，克林頓與江澤民會談仍是「老調重彈」，強調李登輝是兩岸和諧的貢獻者而非「麻煩者」。

同日　江澤民與克林頓高峰會晤後，美白宮國家安全顧問伯格舉行記者會，闡述兩國元首會談內容。他表示，「兩國論」確使中美關係更加困難，美國將秉持「一個中國」政策，但美國也將繼續對台「軍售」，並執行《台灣關係法》。

9月12日　國務院副總理錢其琛與美國務卿奧爾布賴特舉行會晤。錢其琛強調，當前中國處理台灣問題仍按照「和平統一、一國兩制」的基本方針，並且將繼續朝這一方向努力。他要求美國政府必須「謹慎、妥善地處理好台灣問題」。奧爾布賴特表示美國對這一問題的重要性有「深刻理解」。

同日　外交部發言人朱邦造召開記者會再度強調，大陸堅決反對「兩國論」，李登輝必須公開收回「兩國論」，以國民黨主席身份而非總統身份接待汪道涵，否則汪道涵不會去台灣訪問。

同日　針對朱邦造的發言，江丙坤表示，「兩國論」只是對現況的陳述，而「現況不能撤回」，兩岸交流是為追求和平統一，談判不能預設條件，真正的問題是大陸要承認現況。

同日　克林頓對參與亞太企業領袖高峰會的企業家發表演說時重申，希望和平解決大陸與台灣的分歧，強調不能讓目前的困難惡化成衝突。

9月13日　外交部長唐家璇表示，中美關係已經得到改善，不過進一步改善還需要美國做更多的事。他強調，美國必須恪守中美三個「聯合公報」所作的各項承諾以及國際關係準則，這樣肯定能夠克服困難和障礙。

同日　海協常務副會長唐樹備在中國駐舊金山總領事館舉行記者會，繼續批判「兩國論」。他指出，如硬要將台灣分割出去，則和平統一就不可能，大陸就別無選擇了。

同日　《人民日報》發表評論員文章三評李登輝及其「兩國論」，指出李登輝是中華民族利益的出賣者，他的分裂行徑違背歷史潮流和民族利益，最終將為包括台灣同胞在內的所有中國人民所唾棄。

同日　台北市長馬英九在舊金山與華僑座談時，對於兩岸關係陷入緊張局面表示，兩岸談判應建立在對等地位上，如果大陸動輒以武力威脅，台灣人心當然思變。

同日　美國會特別委員會主席考克斯表示，美國不會坐視大陸對台灣使用武力，「清楚表達美方這一立場」是阻止大陸使用武力的最好策略。

9月14日　駐美大使李肇星再度抨擊李登輝的「兩國論」，並且強烈批評美國某些政客甚至官員「美國應武力幹涉」台海問題的言論。

同日　台國防部長唐飛接受《中國時報》專訪時指稱，兩岸軍事上的緊張，是大陸造成的。

同日　美副助理國務卿謝淑麗表示，台海兩岸之間缺乏互信，有導致軍事衝突的危險。她呼籲兩岸經由對話建立互信，而恢復「辜汪會談」很重要。

9月15日　第54屆聯合國大會總務委員會主席古里拉布宣布，不將由尼加拉瓜等少數國家提出的「邀請台灣參與聯合國」的提案列入本屆聯大議程，美、

英、法等國在會上紛紛發言反對此提案,台當局第七次「進入聯合國」的圖謀以失敗告終。

　　同日　中國駐聯合國代表秦華孫指出,台當局第七次圖謀進入聯合國遭失敗,顯示出李登輝的「兩國論」在國際上沒有市場,該結果是對李登輝「兩國論」和台當局分裂中國行徑的沉重打擊。

　　同日　《人民日報》發表評論員文章四評李登輝及其「兩國論」,指出李登輝是海峽兩岸關係的破壞者,但是李登輝不過是螳臂當車、蚍蜉撼樹。發展兩岸關係,是兩岸同胞的共同心願,是任何人都無法阻擋的歷史潮流。

　　同日　台「經建會主委」江丙坤在接受採訪時辯稱,李登輝提出「兩國論」的目的是為了進行兩岸對話,最終目的是實現兩岸的和平統一。

　　同日　台陸委會主委蘇起表示,台當局對「兩國論」將持「不修憲、不修法」的立場,同時也不會修改「國統綱領」,目前兩岸間的緊張關係完全是大陸造成的,大陸方面無權要求台當局收回「兩國論」。

　　同日　國民黨中央政策會執行長洪玉欽稱,「不修憲、不修法、不收回『兩國論』」是國民黨的「新三不政策」。

　　同日　陳水扁在接受美《華盛頓時報》專訪時稱,「台灣與中華人民共和國是互不隸屬、各自獨立的國家」,台灣的未來必須由2200萬台灣人決定。

　　同日　美國務院亞太副助理國務卿謝淑麗,在美國國會眾議院國際關係委員會亞太事務小組舉辦的「加強台灣安全法」聽證會上稱,美國政府認為「加強台灣安全法」立意良好,但將美、台關係提升為官方關係等舉動,將會對台灣安全及美國在亞太地區的安全和利益產生嚴重的負面效果,增加兩岸對話的困難,因此美國政府對該法案表示反對。

　　同日　美國會眾議院在其透過的「2000年度國防部授權法案協調案」中規定,美國防部必須每年就台海安全情勢及中國大陸的軍事策略、能力制定報告。

　　9月16日　新華社發表《值得嚴重注意的李登輝新動向》的評論員文章,指出李登輝是台當局最近一系列企圖將「兩國論入憲修法」等分裂行為的幕後「推手」,目的是最終實現所謂的「台獨憲法」,必須引起有識之士的高度警惕。

　　同日　《人民日報》發表評論員文章五評李登輝及其「兩國論」,指出李登輝是國際社會的「麻煩製造者」。他以為可以借助外國勢力達到目的,未免一廂

情願；他罔顧民意，置台灣人民的福祉和整個中華民族的利益於不顧，必將失去民心，結果只能是搬起石頭砸了自己的腳，給自己帶來更大的麻煩。

　　同日　江丙坤稱，李登輝認為台灣必須跳出大陸提出的「一國兩制」框架，繼續向國際社會表達台灣對「兩岸是特殊國與國關係」的堅定立場。

　　同日　美助理國務卿威爾奇稱，美國就台灣申請加入聯合國一事表態，是為了表明美國「一個中國」的政策沒有改變，美方支持台灣參與未硬性規定以國家為會員資格的國際組織，但不支持台灣加入諸如聯合國等規定須以國家為會員資格的國家組織。

　　9月17日　中國人民解放軍駐港部隊司令員熊自仁強調，解放軍駐港部隊有能力在兩岸發生軍事衝突時抵禦台軍對香港的軍事威脅。

　　同日　李登輝在會見塞內加爾外長波丹夫婦時表示，從歷史觀點看，國共內戰後中華民國一直在台灣存在著，中國大陸無論主權或治權都不及於台灣。

　　同日　蕭萬長在台立法院接受質詢時表示，美方表態反對台灣加入聯合國，值得台當局嚴肅對待，但正因為國際處境如此艱難，台當局才愈要積極走出去，而「兩國論」是對兩岸關係政治現實的陳述，是為了在國際上爭取對等地位的起碼尊嚴，並不代表台灣的大陸政策有所改變。

　　同日　台陸委會副主委許柯生稱，美方表態不支持台灣加入聯合國，但並未表態反對李登輝提出的「兩國論」。「兩國論」是一種事實陳述，台當局不會對「兩國論」作任何的調整與改變。

　　同日　台《聯合報》報導，該報進行的最新民調顯示，對於「兩國論」，台灣54%的民眾同意，47%的民眾認為不需收回，僅有34%民眾支持積極推動，同時有58%的民眾拒絕接受「一國兩制」方案。

　　9月18日　新華社發表評論員文章，指出李登輝是造成緊張局勢的罪魁禍首和台灣分裂勢力的總後台，是極其不得人心的。「慶父不死，魯難未已」，只要李登輝一日不收回「兩國論」，中國政府和人民就將同他鬥爭到底。

　　同日　蘇起表示，大陸方面在處理兩岸問題時有「政經分離」的趨勢，台方樂見這樣的情況，這也是台灣當局一貫的立場。

　　9月19日　中國人民解放軍駐港部隊熊自仁司令員對香港媒體表示，部隊隨時做好作戰準備，保證「一聲令下，立即行動」。

同日　台《聯合報》報導，因李登輝發表「兩國論」而暫緩行程的美軍事訪問團抵達台灣，此次行程包括評估台防空配置，提供對台軍售建議，美方不希望被解讀為支持或默認「兩國論」。

9月20日　前中共中央台辦主任楊斯德接受新華社專訪時猛烈抨擊「兩國論」，他表示，台灣問題不會無限期拖延下去，在澳門回歸後，大陸下一步就是集中全力解決台灣問題。

同日　陳水扁在黨內發表「中國政策」演講，宣示他的兩岸政策。他表示，歡迎就任何議題與大陸談判，在不「危害」台灣安全前提下，應開放兩岸「三通」，若當選總統，他希望在就職前組團前往大陸訪問。

同日　美國總統候選人布希在接受《華盛頓時報》專訪時表示，大陸如對台使用武力，美國會協防台灣。

9月21日　台灣花蓮西南發生裡氏7.9級地震，波及福建、廣東、浙江和江西的部分地區。

同日　江澤民主席對台灣發生強烈地震表示關切和慰問，並表示願為減輕地震災害損失提供一切可能的援助。

同日　海協會就台灣發生強烈地震向海基會發函，向受災地區同胞表示深切慰問，對遇難同胞表示沉痛哀悼。

同日　大陸紅十字總會決定向台灣地震災區捐款10萬美元和價值50萬元人民幣的救災物資。

同日　台陸委會主委蘇起在接受英國國家廣播電台訪問時表示，感謝大陸對台灣大地震的關切和提供人道援助，這是兩岸關係好的開始，希望盡快恢復正常化的兩岸協商管道。

9月22日　大陸紅十字會祕書長孫愛明表示，台灣已準備接受大陸的10萬美元救災款。他強調，根據國際紅十字會組織原則，一個國家只能有一個紅十字會組織，因此各國紅十字會對台灣的救援須得到大陸同意。

同日　蘇起表示，是否接受大陸方面的人道援助，還需評估，如確有需要則不排除接受，但對大陸代表台灣向國際救援致謝表示「嚴重不滿」與抗議。

同日　美國參議院透過一項法案，規定美國必須每年就台海安全情勢及中國大陸的軍事策略、能力制定報告。

9月23日　外交部長唐家璇在會見美國國務卿奧爾布賴特時再度批判李登輝的「兩國論」，指出李登輝不僅是中美關係的「麻煩製造者」，也是雙方關係發展的重大障礙，希望美國能正視並停止對台軍售。

同日　針對聯合國因大陸不主動同意而無法派員參與台灣地震救援一事，外交部發言人章啟月表示，大陸正和聯合國有關部門密切聯繫，討論赴台救災問題。

同日　海協致函海基會，希望能協調安排大陸的救援資金與物資、專家赴台。海基會回函表示同意接受大陸捐款，但婉拒物資與專家支持。

同日　台陸委會副主委許柯生稱，大陸的救援活動「泛政治化」，無助兩岸的良性互動。

9月24日　國台辦及海協表示，希望台灣方面盡快協助大陸救災人員和物資入台。

同日　海協致函海基會詢及台方是否需要透過大陸方面向聯合國申請救援，海基會回函表示拒絕。

同日　中國紅十字總會祕書長孫愛明表示，中國紅十字總會將主動聯繫國際紅十字組織及各國紅十字會，為台灣地震提供必要援助。

同日　台外交部長胡志強致函聯合國祕書長安南，抗議安南把台灣稱為「中國台灣省」的發言，並且批評大陸借「人道」行為在政治上「趁火打劫」。

同日　台灣紅十字組織表示絕非隸屬大陸紅十字組織，不能接受外國紅十字會的捐助必須透過大陸紅十字會的安排。

同日　台財政部決定準許來台的大陸民眾，開設外匯存款帳戶、定期存款帳戶及辦理匯款，但每筆結售金額不得超過5000美元，結購金額不得超過新台幣10萬元。

9月25日　唐家璇在接受美國《僑報》採訪時表示，如果台灣不收回「兩國論」，一意孤行，大陸將採取堅決措施，捍衛主權和領土。台灣問題不能無限期拖下去，大陸絕不承諾放棄使用武力。他要求美國恪守中美「八一七公報」，切實減少並停止對台「軍售」，明確承諾不向台灣出售戰區導彈防禦系統（TMD）。

9月26日　大陸地震專家指出，台灣應儘早建立一套緊急救災處理系統，並在各縣市設立常設性「救災倉庫」。

同日　台《中國時報》報導，社科院台研所研究員李家泉認為，台灣對外國救援來者不拒，唯獨排拒大陸，對未來兩岸關係發展是一個陰影。

9月27日　江澤民在上海「九九『財富』國際論壇」年會發表演說時，再次對台灣發生大地震表示慰問。

同日　國家地震局辦公室副主任兼發言人李強華接受《中國時報》專訪時指出，台灣在開挖倒塌建築物時要特別謹慎，並應及早噴灑藥物以免發生疫情。李強華透露，地震局獲悉台灣大地震消息後，立即組織六人專家小組，隨時準備赴台。

同日　辜振甫稱，大陸提出的兩個條件，無疑是為汪道涵訪台設下障礙。他表示，台灣正全力進行災後重建，海基會除依既定計劃準備汪道涵來訪，不會再有新舉措。

9月28日　外交部長唐家璇在為華僑舉行的「十一」國慶招待會上再次向受災的台灣民眾表示慰問。他同時重申，李登輝的「兩國論」破壞了兩岸關係的穩定與和平統一的基石，希望台灣重回「一個中國」立場維持兩岸關係和平穩定。

同日　外交部發言人章啟月在例行記者會上表示，希望台灣方面能從台灣人民的切身利益和減輕災難損失的角度，對大陸的救災意願做出積極回應。

同日　中國紅十字總會秘書長孫愛明證實，大陸紅十字會總會對台10萬美元捐款，已匯入台灣紅十字組織帳戶；至於其他各界的捐款將按這次匯款模式，源源匯入台灣。孫愛明表示，大陸紅十字總會已組成四支人數達40位的醫療救護隊，準備在台灣同意入境時隨時動身。

同日　台《中國時報》報導，汪道涵以個人名義向台灣地震災區捐贈一萬元人民幣，以表達他對台灣地震災區民眾的慰問和關切。

9月29日　唐樹備強調，在台灣民眾面臨最困難的時候，各方都不應再去提政治分歧的事，大陸方面的地震專家與醫療救護隊已做好準備，隨時可出發前往台灣提供協助。

同日　對於汪道涵近日持續對台灣受災民眾表達關切慰問並透過上海紅十字會捐助一萬元人民幣賑災，辜振甫表達他個人對汪道涵的謝意。

同日　前美國駐華大使李潔明指出，海峽兩岸在世界貿易組織（WTO）架構下處理通郵、通航，將有助於雙方建立互信。

9月30日　國務院總理朱鎔基在國慶50週年招待會上強調,將繼續貫徹「和平統一、一國兩制」的基本方針和「江八點」,進行反對「兩國論」、維護國家主權和領土完整的鬥爭。他表示,大陸對台灣的地震災情高度關切,對受災同胞表示親切慰問,願意繼續提供一切可能的援助。

同日　朱鎔基總理在會見美商時表示,除非美國放棄暗示協防台灣的承諾,否則台海兩岸爭端無可避免走上武裝解決這一步。

10月

10月1日　國家主席江澤民在國慶五十週年講話中強調,大陸將繼續堅持「和平統一、一國兩制」的基本方針,在實現香港和澳門順利回歸之後,最終完成台灣與大陸的統一。

同日　針對江澤民在國慶五十週年有關台灣問題的講話,台陸委會發言人許柯生表示,台當局的大陸政策並未改變,是在「國統綱領」的架構下追求未來兩岸的和平民主統一。

同日　國民黨陸工會主任張榮恭針對江澤民的講話表示,大陸對台「以戰逼和、以武促統」的策略並未改變。

同日　美國副國務卿皮克林在出席中國駐美大使館慶祝建國五十週年酒會上表示,希望海峽兩岸間的緊張局勢降溫。

同日　針對朱鎔基日前的談話,美國務院發言人魯賓認為沒有新意,重申兩岸對台海的和平與安定都有責任,強調兩岸應節制言論和行動。

10月2日　聯合國大會一般辯論結束,尼加拉瓜等25個台灣「邦交國」發言支持台灣加入聯合國。

10月3日　台外交部發佈新聞稿,呼籲大陸停止對台「文攻武嚇」,展現開創性與建設性思維,使兩岸能在國際間相互尊重,攜手合作,邁向屬於中華民族光榮的新世紀。新聞稿還聲稱,大地震後,大陸要求國際對台灣的援助要先取得其同意,違反國際人道救援原則,也顯示出聯合國排除台灣加入的不合理。

10月4日　外交部發言人朱邦造指出,大陸日前之所以表示目前對台灣的震災無需啟動國際救援行動,是因為海基會在給海協會的詢問回函中說無此需要;儘管聯合國沒有啟動救援行動,但並不影響國際社會透過適當渠道對台灣震

災提供援助。朱邦造重申，大陸願為減輕台灣震災損失提供一切可能援助，同時對國際上透過適當渠道進行的救援行動表示歡迎和感謝。

同日　新華社報導，大陸已組成了一支包括六位地震專家和數百人的搶險救災隊伍，隨時準備赴台參加抗震救災，但對台灣未同意大陸專家與救災人員赴台表示遺憾。

同日　台國防部長唐飛表示，美國如果同意出售外傳的許多先進防衛武器給台灣，預算上沒問題。

同日　美國務院官員警告，如果透過和實施「台灣安全加強法案」，勢必損害台海兩岸對話的前景，減少兩岸問題獲得和平解決的機會。

同日　美國會眾議院透過一項法案，支持台灣加入世界衛生組織（WHO）。

同日　台《聯合報》報導，克林頓政府已經動員商界與白宮官員，力求延後表決或修改會影響中美關係的「台灣安全加強法案」。

10月5日　克林頓簽署2000年度國防部授權法，今後美國防部必須每年製作台海安全情勢報告及中國大陸軍事策略和能力報告。

同日　美眾議院透過「海外運作法案」的參眾兩院協調案，其中規定美國對台「軍售」需先與國會諮商。

10月6日　美國白宮國家安全會議亞洲事務主任李侃如在霍普金斯大學的一個研討會上指出，未來十年，台海衝突將可能是亞洲最危險的事情，台海問題如果惡化，將會影響整個區域，到時沒有贏家。

同日　繼美眾議院之後，美參議院也透過了「海外運作法案」。

10月7日　台國防部長唐飛接受英國《金融時報》專訪時表示，大陸對台灣的「武力威脅」前所未有的強大，即使沒有外力協助，台灣也決意發展反導彈防禦系統。

同日　台行政院透過陸委會提出的放寬大陸地區配偶來台居留數額表，由1997年的1800人，提高到1999年起每年3600人，以消化龐大的等候名單。

同日　日本與中國外交部司長級的「日中安保對話協議」在日本外務省舉行，中方再度表明反對將台灣納入戰區導彈防禦系統（TMD）。

10月8日　大陸紅十字總會表示，該會已收到來自大陸各界對台灣震災捐獻的錢物將近1000萬元人民幣。

10月9日　李登輝發表「中華民國八十八週年國慶」祝詞，重提「特殊的國與國關係」，聲稱兩岸應正視事實，推動建設性對話，經由對等分治、和平競賽，追求未來的和平統一。希望大陸早日進行民主改革，為兩岸融合創造有利條件。

同日　李登輝重提「兩國論」，林碧炤表示，「兩國論」和過去「一個中國、各自表述」同義。

同日　美國防部副助理部長坎貝爾在接受台《中國時報》採訪時表示，「兩國論」造成兩岸關係倒退，台海目前的危機潛性的增加，台灣不要低估美國承諾，但也不宜拋棄與大陸的溝通管道。

10月10日　大陸紅十字總會表示，已再匯出20萬美元給台灣紅十字組織，以援助「九二一地震」災民。

10月12日　江澤民在會見台灣女企業家訪問團時對遭受地震災害的台灣同胞再次表示深切的慰問，他重申反對「兩國論」，強調鼓勵和歡迎台灣民眾到大陸投資的方針不變，依法保護台商的合法權益不變，大陸將繼續堅持「和平統一、一國兩制」方針處理兩岸關係。

10月13日　全國人大外事委員會主任曾建徽訪美時重申，台灣問題是中美關係最敏感和核心的問題，希望美方能夠在中美「三個公報」原則基礎上，處理好台灣問題。

10月14日　辜振甫在汪辜上海會晤一週年之際發表談話表示，竭誠歡迎海協會長汪道涵適時來台訪問；如果有必要，他願意再赴大陸邀請汪道涵訪台。他強調，只有持續推行兩會高層的建設性對話，兩岸問題才能和平解決。

同日　全國人大外事委員會副主任徐敦信在日本訪問時指出，李登輝公然提出「兩國論」，其分裂國家的圖謀已昭然若揭，中國政府希望日本政府和政治家慎重考慮，不要允許李登輝在卸任後訪問日本。

同日　英國外交部重申，英國遵循「一個中國」政策，希望兩岸可以和平解決目前存在的危機與分歧。

10月15日　全國人大常委會委員長李鵬在會見斯洛伐克議會議長米加斯時指出，大陸方面對台灣的災情十分關切，願意為減輕災難損失提供一切可能的援助，但中國政府堅決反對李登輝提出的「兩國論」。

同日　正在日本訪問的海協會副會長兼祕書長張金成在參加旅日華僑座談會時指出，「一個中國」原則是近年來兩岸兩會進行商談接觸和交流對話的基礎，兩會在1992年時對此已有共識，但李登輝提出的「兩國論」推翻了這一共識，使商談基礎不復存在。台當局必須收回「兩國論」，只有在此前提下，汪道涵會長才有可能赴台灣訪問。

　　同日　蘇起稱，海基會董事長辜振甫願再赴大陸訪問和邀請海協會長汪道涵訪台的建議是一種善意的表現，同時也是台當局相關決策部門共同的想法，代表了台當局希望打破兩岸談判僵局的意願，大陸方面不應繼續對台「文攻武嚇」。

　　同日　辜振甫表示，之所以提出願意再赴大陸訪問和邀請汪道涵會長訪台的建議，主要是出於保持兩岸兩會高層之間「建設性對話」的目的，避免被兩岸間的政治分歧所影響。兩岸兩會間制度化的協商機制應恢復正常運作，以有效化解雙方間的政治分歧。

　　同日　國民黨陸工會主任張榮恭表示，大陸方面明知李登輝不會收回其提出的「兩國論」，卻仍一再要求，目的在於推卸責任，將汪道涵會長不能訪台的責任推給台當局。

　　同日　據美國《華盛頓時報》報導，美國國防部在最近完成的一份報告中稱，大陸方面擁有的先進導彈和「先發制人」的戰略，將使之在未來與台灣方面的衝突中占據「絕對優勢」，同時大陸方面目前仍在加強發展導彈技術，以便在日後美軍介入台海衝突時，有攻擊美國的能力。

　　10月16日　正在敘利亞進行訪問的國防部長遲浩田在拜會敘總理和國防部長時重申，大陸方面將繼續堅持「和平統一、一國兩制」的方針，推動國家統一。但中國政府絕不容忍任何妄圖把台灣從中國分割出去的圖謀，並將不惜一切代價，堅決捍衛中國的國家主權和領土完整。

　　同日　國台辦新聞發言人在回答記者提問時指出，大陸方面對國際社會向台灣地震災區提供救援一直持積極的態度，對有關國家的救災飛機需要飛越大陸領空運送救災物資及人員予以積極配合。地震發生至今，大陸方面已先後提供了兩批共計30萬美元的現金援助，並組織了相應的救護救援隊伍準備赴台，但卻遭到台灣某些人的蓄意阻撓和抹黑，大陸方面從抗震救災的大局出發，對台灣某些人歪曲事實、製造謠言的破壞行為保持了最大限度的克制。

10月17日　台《中國時報》報導，國家主席江澤民在訪英前夕接受英國《泰晤士報》專訪時指出，要繼續以「和平統一、一國兩制」的方針，在順利實現香港、澳門回歸以後最終解決台灣問題。

10月18日　蘇起稱，兩岸統一的問題，不是誰吃掉誰，也不是一方吞併另一方，大陸方面與其制定兩岸「統一時間表」，不如制定大陸自身民主化時間表，一旦大陸民主化問題解決，兩岸統一將水到渠成。

同日　國民黨陸工會主任張榮恭稱，國民黨認為江澤民提出模糊的兩岸「統一時間表」是比較務實的說法，但仍未脫離「一國兩制」的概念範疇。他強調，只有大陸與台灣一樣實現民主自由，兩岸間才有進一步融合的可能性。

10月19日　外交部發言人章啟月表示，江澤民接受英國《泰晤士報》專訪時提出「50年完成統一」的時間表是外界誤解，但她重申統一大業不能無限期拖延下去。

同日　台行政院長蕭萬長在立法院重申，要依據「國統綱領」既定政策發展兩岸關係，希望兩岸在制度上融合，促成民主統一。

同日　台總統獨立參選人宋楚瑜表示，統一問題不能一廂情願，兩岸關係的發展，必須建立在雙方對等、互惠、誠意、尊重的基礎上。

同日　民進黨總統參選人陳水扁稱，台灣未來的走向，唯有2200萬住民才有權力決定。他主張兩岸彼此尊重，以對等地位和《聯合國憲章》精神以和平方式解決爭端。

同日　台《中國時報》報導，民進黨「中國事務部」主任顏萬進稱，現在提出兩岸「統一時間表」沒有意義，台灣的任何改變都必須聽取台灣民眾的意見。

同日　台《中國時報》報導，民進黨駐美代表邱義仁稱，誰都無法斷言50年後的兩岸形勢，兩岸與其談論50年後的事，不如現在就坐下來談。

10月20日　在英國訪問的國家主席江澤民會見當地華人代表時強調，大陸十分盼望與台灣實現統一的那一天，相信那一天一定會到來。

同日　外交部、國台辦、地震局邀請台灣記者在國台辦舉行聯合記者招待會，抨擊台灣當局要錢不要物，阻止大陸派地震專家組赴台，並不斷對大陸幫助台灣抗震救災的努力進行歪曲、造謠，同時抨擊台灣當局利用地震搞「兩國論」、「地震外交」。

同日　應海協之邀，新黨決定邀請各黨派代表與地震、建築等專家學者組團前往大陸考察唐山地震後的防震與重建工作。

10月21日　江澤民在會見英國首相布萊爾時重申了中國統一的決心，布萊爾表示台海問題應該以和平方式解決。

同日　針對辜振甫主動表示願再赴大陸邀請汪道涵訪台一事，海協副會長張金成在中國駐大阪總領事館舉行的記者會上表示，「兩國論」破壞了兩岸接觸、交流和對話的基礎，如果不收回，辜振甫就不能到中國大陸訪問。

同日　大陸紅十字會祕書長蘇菊香在北京的記者會上表示，中國紅十字會再匯出50萬美元捐款，並希望能與台灣紅十字組織商討災後重建救援事宜。

同日　日本前防衛廳次官西村真悟接受《中國時報》採訪時表示，如果大陸攻打台灣，日本不會袖手旁觀。

10月22日　江澤民在英國劍橋大學發表《中國的發展》為主題的演講，對解決台灣問題重申「和平統一、一國兩制」原則以及不承諾放棄使用武力的立場。

同日　台陸委會發言人林中斌表示，陸委會仍盼望大陸認真考慮辜振甫再訪大陸的建議。

同日　美國家安全顧問伯格指出，美國國會醞釀中的《台灣安全加強法案》具有挑釁性，它不能降低台灣海峽發生衝突的機會，反而會加劇這種機會。

10月23日　台陸委會主委蘇起稱，兩岸最終要統一在民主、自由、均富的制度之下，大陸如不進行政治改革，兩岸的距離會越來越遠。

10月24日　江澤民在接受法國《費加洛報》採訪時，重申了大陸「和平統一、一國兩制」的對台基本方針，強調對台不會放棄使用武力。

同日　美國防部副助理部長坎貝爾在日本「外交論壇」中表示，兩岸正處於微妙時期，美國支持兩岸和平對話，但對於武力解決，態度是相當嚴肅的。

10月25日　台行政院長蕭萬長會見美前國防部長卡斯柏‧溫博格時表示，台灣「國防」預算不會削減，希望美國繼續提供新型防禦性武器。

同日　蘇起表示，台灣不論哪個總統候選人上台，都不會接受「一國兩制」。

同日　美前國防部長溫博格表示，美國不能容忍台灣受到軍事攻擊，將繼續協助增強台灣的防衛能力。

1999 年 / 10 月

10 月 26 日　台國防部長唐飛表示，台灣若不持續提升軍事力量，大陸就可能在五年後取得台海軍力優勢。

同日　美眾議院國際關係委員會透過「台灣安全加強法案」，規定美國要確保台灣獲得充分的防禦所需。

10 月 27 日　李登輝在最新出版的美國《外交事務》雜誌中發表文章，重提「兩國論」，表示兩岸只有正視對等分治事實，才能維持和平穩定。

同日　台國防部長唐飛在立法院表示，台灣防衛的重點在於能否挺住第一擊，以及讓對方付出多少代價，對方是否負擔得起。針對美眾議院國際關係委員會透過「台灣安全加強法案」，唐飛表示歡迎任何有助於台灣防衛的方案與做法。

同日　台陸委會最新民調顯示，「九二一地震」後，仍有 60% 的民眾歡迎汪道涵來台訪問，近 50% 的民眾認為汪道涵訪台有助於兩岸關係的發展。

10 月 28 日　國家副主席胡錦濤接見日本自民黨前幹事長加藤紘一時表示，大陸想和平統一台灣，但是無法承諾放棄使用武力。

同日　外交部副部長楊潔篪在會見美國副國務卿皮克林時，嚴詞抨擊美眾議院國際關係委員會透過「台灣安全加強法案」。皮克林重申了「一個中國」的美國對華政策，強調美國希望加強與中國合作，而非對抗。

同日　外交部發言人章啟月表示，美眾議院國際關係委員會透過的「台灣安全加強法案」嚴重違反中美三個「聯合公報」，侵犯中國主權，粗暴干涉中國內政，中國對此表示強烈憤慨和堅決反對。她要求美方這一法案成為法律，並且指出李登輝接受美《外交事務》採訪時重提「兩國論」，顯示台灣當局仍在搞「兩國論」，嚴重挑釁「一個中國」。

同日　中國駐美公使劉曉明表示，如果美國國會透過「台灣安全加強法」，將會造成嚴重後果。他要求美國政府阻止這項法案成為法律。

同日　美國前駐華大使羅德稱「兩國論」是描述事實，除非大陸更自由，否則台灣不該與大陸統一。

10 月 29 日　台陸委會副主委林中斌強調要防範大陸發動「點穴戰」，台灣當務之急是要盡快建立危機處理機制。

同日　民進黨籍總統參選人陳水扁批評「戒急用忍」的大陸經貿政策只是消極管制，應轉化為積極輔導，根據市場法則、互惠互動檢討，逐步開放「三通」。

10月30日　李登輝表示，中華民國在台灣建立民主制度絕不是搞台獨，並未放棄「國家統一」，只有大陸民主化後才有國家的統一。

同日　民進黨將於11月公佈「大陸政策白皮書」。據初步透露的內容，此一「白皮書」顯示，民進黨的大陸政策有重大調整，將明確否定「戒急用忍」政策，並不反對現階段進行兩岸直航。

同日　台總統獨立參選人許信良表示，大陸已成為台灣最重要的貿易夥伴，「西進大陸」是台灣的生存之道。

同日　APEC中小企業人力資源管理國際會議在台灣中山大學圓滿閉幕，由山東科技大學與同濟大學組成的大陸代表團與會。

11月

11月1日　台灣「防震重建考察團」受到大陸的高度重視。陳雲林在晚上會見考察團時，再次轉達江澤民對台灣地震關懷之意，並強調兩岸關係不會永遠僵持，交流是必然的方向。

同日　台國防部長唐飛表示，為避免兩岸軍力落差擴大，2001年度的「國防」預算至少應調整為台灣生產毛額的3%，即必須比2000年度增列新台幣400餘億元。

同日　台「中央研究院院長」李遠哲在台北科技大學演講時特別強調，戰爭不應成為解決國際紛爭的手段，但目前在兩岸問題中卻常聽到大陸「不排除以武力解決台灣問題」的說法，令人遺憾，而台灣不斷提高「國防」預算也相當不智。

同日　台「總統府公共事務室副主任」丁遠超表示，李登輝所主張的「戒急用忍」有前提，當局現階段限制高科技及5000萬美元以上赴大陸投資，是為避免台灣廠商在無制度的大陸市場血本無歸。

同日　台總統獨立參選人許信良表示，如果民進黨政策調整代表陳水扁新的兩岸關係政策，那陳水扁的確已走出保守、恐慌的大框架，改以更務實而開放的態度看待台灣未來發展需要。

11月2日　在海基會第三屆董監事臨時聯席會議上，辜振甫強調，海基會與海協是兩岸各自授權的無可替代的唯一協商談判管道，兩會的溝通與協商功能，不應受到兩岸政治分歧的影響。

同日　民進黨籍總統參選人陳水扁表示,「亞太營運中心」喊了這麼久,卻無法成功,關鍵在於兩岸「三通」問題不能突破。在「對『戒急用忍』有意見」、「對『大膽西進』不放心」的情況下,陳水扁表示主張在台灣安全的前提下,有條件開放「三通」。

同日　在美國國務卿奧爾布賴特、國家安全顧問伯格等人遊說下,美國眾議院原訂明天審議的「台灣安全加強法案」將延到明年,以避免在 WTO 入會談判關鍵時刻刺激中國。

11月3日　國務院副總理溫家寶在會見台灣「防震重建考察團」時強調,「地震不分兩岸」,大陸方面願意「儘量幫忙」台灣防震及災後重建工作。

同日　台國防部一份報告指出,不論美國「台灣安全加強法案」透過與否,都將為台海形勢帶來一定程度的衝擊與變數,但預料中國大陸不至於採取不理性行為。

同日　美國參議院外交委員會透過一項支持台灣參與世界衛生組織的提案。

11月4日　海協會長汪道涵在會見台灣「防震重建考察團」時,除對地震表示關懷外,還廣泛觸及兩岸關係敏感話題,包括汪辜會晤的可能性、中國統一時間表等。他表示「重建家園重要,重建兩岸關係也很重要」,「只要障礙消除,隨時可到台灣進行商談」。

同日　台陸委會官員強調,汪道涵迄今無法訪台的根本障礙就是江澤民所提的兩項前提條件,這些前提是台灣絕對不能接受的。

11月5日　台「中央研究院院長」李遠哲在「第四屆亞洲地區領袖會議」中演講時,表示相信兩個民主國家之間是不會發生戰爭的,若大陸民主化之後,兩岸必能和平解決歧見,並表示或許兩岸最終會變成「中華聯邦」。

同日　台灣陸委會發言人林中斌強調,兩岸對政治爭議有不同意見,應透過海協與海基會持續進行溝通與協商,並應善用汪道涵來訪時機溝通,才有助於改善兩岸關係。

同日　針對美國參議院外交委員會透過一項支持台灣參與 WHO 的決議,全國人大外事委員會負責人要求美國政府嚴守雙方三個「聯合公報」和有關承諾,反對這一決議,以免干擾雙方關係的改善。

同日　前中國駐美大使及常駐聯合國代表李道豫在《澳洲金融評論報》刊出的專訪中表示，台海兩岸未來的關係是否惡化，緊張局勢是否升高，當視李登輝的態度而定。

　　11月6日　海基會祕書長許惠祐在紐約表示，中國大陸強調「一國兩制」，台灣強調對等談判，目前大陸與台灣均無太大讓步空間，期望未來兩岸能建立「和而不同、同而不和」的觀念，才能促使兩岸恢復辜汪會談。

　　同日　台總統獨立參選人宋楚瑜表示，民進黨「大陸政策白皮書」和他5月2日提出的主張有很多相似之處，都堅持台灣的「主體性」，堅持在台灣人民的尊嚴、安全與台灣的經濟利益之下，對現有大陸政策檢討。

　　同日　民進黨主席林義雄發表演說，首次以黨主席的身份對大陸拋出訊息。他強調唯有與中國大陸合作，台灣才能確保穩定和發展，台灣應以「共存共榮」作為建構兩岸關係的最高目標，以「兩個國家的特殊關係」界定自己與中國的關係。林義雄表示，只要中國領導人邀請，民進黨很願意與大陸進行更積極的交流。

　　11月7日　陳水扁以「跨世紀的兩岸經貿關係」為題發表演說指出，兩岸經貿關係不是只有「戒急用忍」或「大膽西進」可供選擇，台灣需要一套完整的經濟安全發展戰略。

　　11月8日　唐飛在立法院表示，站在「國防」立場，兩岸直航對台灣軍隊防務不利，只有兩岸良性互動且發展至通航階段，國防部會遵循政策配合，但希望能訂出配套措施，以利於維護台灣的安全。

　　同日　台「經濟部投審會」公佈最新統計，指出今年1至9月核準赴大陸間接投資案項目數及金額雙雙衰退。1至9月份核準台灣廠商對大陸間接投資案共360件，金額為8.675億美元，與去年相比，件數減少140，減幅28%；金額較去年同期減少2.848億，減幅24.72%。「投審會」指出，衰退主因是受兩岸關係不確定及大陸對台商查稅的影響。

　　11月9日　外交部發言人章啟月針對海基會副董事長許惠祐邀請汪道涵訪台表示，大陸方面一貫主張兩岸應在「一個中國」原則下盡快進行政治對話及政治談判，並為汪道涵訪台做出一系列積極努力，然而李登輝的「兩國論」使兩會交流、接觸、對話的基礎遭到破壞。如果台灣當局繼續鼓吹「兩國論」，就是繼續製造分裂的行為，也就絲毫談不上什麼解決分歧的誠意，只有台灣當局正式、公開的收回「兩國論」，汪道涵訪台才有可能。

11月11日　李登輝所著《台灣的主張》獲日本第八屆山本七平獎，李登輝以錄影帶致辭表示，國際社會不應該忽視台灣的存在。台灣的存在不僅對大陸產生正面示範效果，而且台灣與日本之間在政治、經濟和國際事務上還有很大的合作空間，希望日本及國際社會給台灣公平的評價。

11月12日　美太平洋軍區司令布萊爾在接受《華盛頓時報》專訪時表示，美國應該根據《台灣關係法》的規定，協助台灣建立導彈防禦系統，一旦大陸對台動武，美國將會協防台灣。

11月13日　陳水扁在參加由台灣教授協會與台灣基督教長老教會主辦的「海外台灣人國是會議」時表示，對於台灣「主權獨立」的堅持、台灣尊嚴與安全優先的大原則絕不會改變，但是為了生存，台灣不得不正視與對岸的關係。

同日　美國務院發言人魯賓在例行簡報中重申，美國將依據《台灣關係法》和與大陸簽署的《八一七公報》，繼續協助台灣取得合法的防禦能力。

同日　美國智庫蘭德公司近日公佈一份題為《圍堵、交往中國》的政策研究報告，檢討美國現行對大陸政策，強調未來美國的中國政策應「圍堵、交往」並重。報告指出，只要中國大陸具有成為美國敵對力量的潛在可能性，台灣與大陸的統一就不符合美國的利益，美國不應鼓勵，更不能壓迫台灣走向與大陸的統一。

11月14日　針對陳水扁即將發表的《跨世紀的中國政策》白皮書，台總統獨立參選人許信良表示，陳水扁的觀點是「一廂情願」的主張。

11月15日　中美就中國加入WTO達成協議，台「農委會主委」彭作奎表示，這對台灣加入WTO有幫助，台灣方面樂觀其成。

同日　陳水扁競選總部正式公佈《跨世紀的中國政策》白皮書，強調兩岸應可就簽訂「和平協定」的可行性長期對話，而在兩岸就最後的關係達成共識之前，應可建立一個過渡性的對話架構，來改善雙方的互動關係。民進黨重申，「台灣是主權獨立的國家，依目前憲法是中華民國，台灣與中華人民共和國的關係應比一般國家更為特殊與密切」。

同日　針對外界對民進黨拿「三通」來換得「台灣獨立」的質疑，陳水扁表示，「台灣是一個主權獨立國家」是民進黨和大陸來往的根本原則，這是不可能妥協、讓步的，他絕不會用「三通」去交換台灣「主權獨立」。

11月16日　香港《大公報》在社評中表示，大陸加入WTO將有助於兩岸統一，因為兩岸均為WTO成員後，台灣必須開放「三通」，台灣的「戒急用忍」政策也勢將被迫調整。

同日　美國務院發言人魯賓針對中美兩國達成「入世」協議表示，美國務院對協議的達成表示歡迎，美國希望上述進展能使中美關係有進一步的突破，尤其希望能夠改善兩岸間的緊張關係，希望大陸能夠更加願意用和平的方式解決兩岸關係。

11月17日　民航總局港澳辦主任顧鐵飛在接受專訪時表示，作為一條區域之間的航線，澳門與台灣的航空運輸有相當的需求量，不會由於澳門的回歸而發生變化。兩岸「直航」是大勢所趨，兩岸民航界應採取靈活多樣、循序漸進的方式，為最終實現「直航」鋪路。

同日　針對台灣加入世界貿易組織後兩岸勢必「三通」的輿論，蘇起表示，通航問題並不在世貿組織談判範圍內，因此，就算台灣加入世界貿易組織，也不意味著兩岸將全面「三通」。

同日　由哈佛大學費正清研究中心、亞洲研究中心與台灣基金會聯合舉辦的「民族主義與兩岸關係」研討會在哈佛大學舉行，來自兩岸三地的學者展開討論。

11月18日　台灣「陸委會經濟處長」傅棟成表示，加入WTO是改善兩岸關係的良好契機，大陸越開放，與世界經貿體系接軌的國際化程度愈高，兩岸經貿政策將愈開放。傅棟成強調，「戒急用忍，行穩致遠」的兩岸經貿政策並不是消極的，而是基於戰略平衡考慮，是積極進取的構想，是合理管理的決策思維。

11月19日　台塑集團董事長王永慶表示，兩岸加入WTO後，應該秉持平等互惠的原則，自然「三通」。

11月20日　宋楚瑜批判國民黨「戒急用忍」的大陸政策，認為該政策已無法面對新的形勢，同時，他也批判陳水扁的大陸政策一路搖擺。宋楚瑜強調，台灣現狀未經全體台灣人民同意，不可以有任何改變，中華民國對外是「主權獨立國家」，對內是「主權在民」的社會，「三通」要兼顧台灣安全、人民尊嚴與經濟利益。

同日　美總統候選人布希發表首次外交政策演說，表示了協助台灣擁有自衛能力的立場。

11月21日　朱鎔基總理重申，將按照「和平統一、一國兩制」的基本方針推動兩岸關係的穩定發展，尋求透過政治談判解決台灣問題，但不承諾放棄使用武力。

同日　美總統候選人布希在接受全美電視訪問時稱，若大陸攻打台灣，美國應執行《台灣關係法》，幫助台灣防衛。

11月22日　蘇起批評宋楚瑜的「超黨派」和陳水扁的「新中間路線」都只是「政策口號」，仍未形成政策體系，處理兩岸關係，經驗能力、人民信賴是很重要的。

同日　陳水扁公佈《國防政策白皮書》，主張在現有兩岸關係的基礎上建立主動式的信心建立措施，增強兩岸的互信基礎，以降低台海緊張。他認為兩岸現階段可設置熱線，相互邀請觀察員參觀軍事演習，長期而言，可簽訂兩岸和平協定、互不侵犯協議及實行軍事首長定期對話。

11月23日　蕭萬長在立法院表示，台當局原則同意開放「無特殊任務」的警察赴大陸探親、探病、奔喪。

11月24日　台《中國時報》報導，宋楚瑜將公佈其「大陸政策白皮書」。據稱，該「白皮書」把兩岸定位為「特殊關係，互不隸屬」，強調台灣不能接受兩岸為中央與地方的關係，「三通」必須要以台灣安全為前提。

同日　美國務院發言人魯賓稱，美國在維護台海的和平與穩定上有重大利益，美國不排除對台出售戰區導彈系統，最後的決定將根據台海的形勢而定。

11月25日　外交部發言人孫玉璽表示，兩岸加入WTO後一切交流活動，包括「三通」，都必須在「一個中國」的原則下進行，「兩國論」是行不通的。孫玉璽同時表示，澳門回歸後，台灣駐澳門機構可以適當名稱留下，但應遵守《基本法》與「一個中國」原則。

同日　李登輝在台灣工業總會舉辦的經營者大會上表示，對大陸加入WTO樂觀其成，若大陸表達足夠善意，台當局願在「特殊國與國關係」下，依WTO的規則檢討現行兩岸貿易政策，研究進一步開放市場。

同日　蕭萬長表示，「戒急用忍」政策並非兩岸經貿的束縛，只要大陸有善意回應，任何議題都可以談。

同日　台總統府副祕書長林碧炤表示，李登輝在經營者大會上的談話並非要調整「戒急用忍」政策，未來兩岸都成為WTO成員後，對話談判將在「特殊國與國關係」架構下進行。

同日　台「經濟部次長」林義夫表示，兩岸貿易政策的檢討包括對大陸採取間接貿易的行為以及對大陸貨物進口管制措施，但不包括投資及通航。

同日　台陸委會副主委林中斌表示願透過對話，協商兩岸經貿交流事宜。

11月26日　蕭萬長表示，只要大陸展現善意和尊重，現行大陸政策中的防衛性措施可以調整。

同日　台灣工業總會最新調查顯示，45%的企業對台灣台灣投資環境不滿意，64%的企業認為，大陸加入WTO有利於台商拓展大陸市場。

同日　香港《文匯報》發表社論，反對兩岸加入WTO後，台灣對大陸採取排除條款或防衛條款，指出兩岸入會後，目前台灣的「戒急用忍」和禁止「三通」將被迫調整。

11月27日　蕭萬長在台灣工業總會舉辦的經營者大會上表示，只要大陸展現對「兩岸分治」的尊重，消除台灣在安全上的顧慮，「三通」就有可能實現。

11月28日　中國駐美大使李肇星表示，大陸希望台灣儘早加入WTO，但須得在大陸之後加入。

11月29日　中國紅十字總會表示，該會已於11月26日將第四批救災款50萬美元匯給台灣紅十字組織。連同此次，大陸紅十會組織已匯給台灣紅十字組織總共130萬美元。

11月30日　朱鎔基總理表示，大陸肯定會在台灣前面加入世界貿易組織，大陸決不允許有人利用世界貿易組織製造「兩國論」。

同日　世界貿易組織部長會議在美國西雅圖舉行，與會的中國代表團副團長李肇星表示，大陸對台灣加入WTO的立場是台灣必須在「一個中國」原則下，以中國的一部分、一個省、一個區域或一個獨立關稅領域名義加入；大陸必須在台灣之前加入；大陸加入後，台灣應儘早加入。

同日　香港《南華早報》報導，外交部發言人朱邦造表示，大陸不反對台灣加入世界貿易組織，但台灣必須以中國單獨關稅區的身份加入，並使用「中國台北」（CHINESE TAIBEI）的名稱。

同日　台《中國時報》報導，上海台研所副所長章念馳近日在香港《中國評論》上撰文，建議大陸成立國家統一委員會，吸納兩岸人士參加。同時他認為兩岸關係首要任務之一，是兩岸簽署「終止敵對狀態條約」，並共同起草《台灣基本法》。

　　同日　蘇起表示，汪道涵在1998年二次「辜汪會談」時公佈的「86字方針」中，有些是務實的，如「平等協商，共議統一」，但也有些是台灣方面難以接受的。

　　同日　台陸委會副主委吳安家表示，為防止大陸配偶來台「假結婚、真打工」，台灣當局準備效仿西方國家，對大陸配偶赴台建立面談機制，確定雙方真有感情才允許入台。

　　同日　台「經建會副主委」薛琦表示，台灣當年是以「台澎金馬單獨關稅領域」的名稱申請加入WTO的前身「關貿總協定」的，當時因為英文名稱太長，後來才同意以「中華台北」（CHINESE TAI-BEI）作為簡稱。

12月

　　12月1日　海協會發函邀請台灣各界人士參加在澳門舉行的政權交接儀式，以及「中華人民共和國澳門特別行政區」成立大典暨特區政府宣誓就職儀式等相關活動。

　　同日　連戰表示，將以「三不」（不獨、不統、不對立）、「三要」（要和平、要交流、要雙贏），為台灣海峽問題提供解決之道。

　　同日　台行政院稱，兩岸將可以在WTO架構下，以WTO會員的身份進行實質、對等的通航談判，兩岸關係也將自然進入「國統綱領」的「中程階段」。

　　12月2日　針對台灣加入WTO的名稱「台澎金馬單獨關稅區」前面是否還要加上「中國」的問題，中國駐美大使李肇星表示，「一個中國」是最重要的，其他問題都不重要。

　　同日　中國駐美公使兼參贊於樹寧表示，「台灣安全加強法」一旦在美國國會透過，對中美關係將帶來嚴重後果。他還表示，如果台2000年總統選舉候選人中有台獨傾向的言行，將會使兩岸關係變得非常危險。

　　同日　台《中國時報》報導，南京軍區最近完成了一次大型的「紅藍軍」電腦對抗演習。演習把美國因素作為演習的攻防重點。

同日　辜振甫表示，兩岸加入世界貿易組織提供雙方協商合作的契機；而在入會之後，海基會也將調整功能，以因應兩岸關係的新局面。他表示，希望兩岸的入會能成為促成汪道涵來台的契機。

同日　海基會高層人事改選，辜振甫第四度獲得連任，許惠祐續兼祕書長。

同日　台「交通部長」林豐正表示，只要大陸承認台灣為一個獨立的政治實體，兩岸的海運和空運通航問題可以一起討論。

同日　民進黨「中國事務部」發表聲明，主張兩岸經貿或「三通」問題不應再與「國統綱領」掛鉤，兩岸要不要通航或通商，應主要考慮台灣經濟利益，與統「獨」問題毫無關聯。

12月3日　外經貿部部長石廣生表示，大陸方面不反對台灣以「台澎金門單獨關稅區」名義加入WTO，兩岸入世後是否需要開放「三通」，台灣方面應該好好閱讀世貿組織的規則。

同日　蕭萬長表示，台灣總統選舉中沒有所謂中資介入。

同日　台經濟部長王志剛表示，台灣加入WTO後，會遵守WTO規範來處理兩岸相關問題。

同日　台「經濟部次長」尹啟銘表示，兩岸加入WTO後，台灣對規劃很久的「經貿營運特區」概念將進行重新評估，未來發展方向要從競爭角度強化「營運特區」體質。

同日　陳水扁表示，台灣「主權獨立」是「美麗島事件」中許多民主前輩為之奮鬥的理想，也是民進黨的政治理念，他永遠不會改變這一政治立場。

12月4日　據《中國時報》報導，中國外交部軍控司司長沙祖康指出，美國把愛國者Ⅱ型導彈技術給台灣，幫助台灣興建戰區導彈防禦系統，大陸對此保持高度警惕。

同日　民進黨籍總統參選人陳水扁赴歐洲訪問。陳水扁表示，他此行的目的就是要「將台灣帶入世界，讓世界進入台灣」。

同日　民進黨「中國事務部」主委顏萬進表示，希望國民黨籍總統參選人連戰向陳水扁學習，履行自己的諾言，去大陸訪問。

12月5日　《中華人民共和國台灣同胞投資保護法實施細則》正式頒布實施。

同日　台《中國時報》報導，在第 11 屆「亞洲展望」研討會上，連戰代表李登輝在會上重申，兩岸是「特殊的國與國關係」。

同日　台經濟部長王志剛表示，世界貿易組織只規範通商問題，因此，兩岸入世後，台灣不會立即面臨「三通」壓力，但是，台灣的兩岸經貿政策還是需要作出一定的調整。

12 月 6 日　外經貿部副部長、中國首席入世談判代表龍永圖表示，大陸不反對台灣加入 WTO，但必須是在大陸之後加入，台灣入世之後的名稱問題早在 1992 年就已經解決，它的英文法律名稱是「台澎金馬關稅區」，簡稱「CHIANESE TAIBEI」。

同日　台《中國時報》報導，民進黨「中國事務部」提出一份 TMD 專案報告，希望台灣在建設 TMD 時要爭取技術轉讓，同時主張研製長程導彈反制措施。

12 月 7 日　全國人大常委會委員長李鵬在接見日本《讀賣新聞》訪問團時表示，香港、澳門的和平統一，「一國兩制」將對台灣有重大影響。由於 21 世紀的來臨，所以台灣和平統一的時期也將接近。

同日　台陸委會副主委吳安家表示，大陸習慣於從對抗性觀點看待兩岸關係，並以維護主權為藉口，堅持「一國兩制」，不放棄對台使用武力，致使兩岸之間的互信基礎非常薄弱。

同日　美國總統克林頓簽署了國會透過的 1794 號法案，該法案主張美國政府支持台灣以適當方式參與世界衛生組織（WHO）。

同日　美國在台協會理事主席卜睿哲訪問台灣。

12 月 8 日　連戰表示，為了使大陸不敢軍事侵犯台灣，台灣應該發展遠程導彈，堅持「積極防禦、有效嚇阻」的「國防戰略」。

同日　台灣前「參謀總長」、前行政院長郝柏村認為，台灣發展遠程導彈並不能達到「嚇阻」大陸的目的。

同日　台《華盛頓時報》報導，美國國防情報局發現，大陸在福建仙遊建造第二個短程導彈基地，加強對台灣本島的軍事威脅。

12 月 9 日　全國政協主席李瑞環在日本訪問時表示，台灣是中國領土不可分割的一部分。李登輝的「兩國論」是對中華民族的極大傷害，也是對祖國和平統一大業的嚴重破壞，因而遭到了全體中國人民的堅決反對。

同日　台「衛生署署長」詹啟賢表示，美國透過1794號法案，支持台灣參與世界衛生組織（WHO）的活動，這表明台灣有望在2000年成為世界衛生組織（WHO）的會員。

同日　蘇起強調，澳門即將回歸大陸，在澳門回歸後，台灣有關方面應該提防大陸民眾和大陸資本透過澳門進入台灣。

同日　新黨提名的總統參選人李敖在台灣中正大學演講時表示，台灣不是一個國家，他贊成鄧小平提出的「一國兩制，各自表述」，在大陸保證維持台海和平50年的前提下，透過與大陸的談判來為台灣爭取利益。

同日　美國在台協會理事主席卜睿哲會晤台總統獨立參選人宋楚瑜。

12月10日　台《中國時報》報導，美國總統克林頓表示，美國反對對台灣的暴力行動，呼籲兩岸透過對話解決爭端。

12月11日　蘇起表示，2000年5月以後台灣的大陸政策如何，要看誰當選總統才能確定。他認為，在台灣總統選舉後，海基會在兩岸間的功能與角色只會更重要，大陸方面刻意繞過海基會是不務實的。

同日　美國國務院武器管制暨國際安全主管官員霍倫表示，對台灣發展遠程導彈，美國既不鼓勵也不支持，台海兩岸的正確做法決不是發展軍事力量。

12月12日　美國國務院表示，美國堅持「一個中國」原則，不支持台灣加入世界衛生組織（WHO），也不支持台灣加入任何只有以主權國家身份才能加入的國際組織。

12月13日　在日本訪問的全國政協主席李瑞環表示，兩岸人民是同胞兄弟，在「一個中國」原則下，什麼問題都可以談；當前的兩岸關係如何發展，關鍵就在於台灣當局能否做到懸崖勒馬。

同日　李登輝在會見美國在台協會理事主席卜睿哲時表示，台灣承認大陸政權，但同時，台灣統治台澎金馬地區也是事實，「中華民國是一個主權獨立的國家」，兩岸是「特殊的國與國的關係」，台灣不能接受「大陸是中央，台灣是地方」的說法。

同日　針對大陸正式發佈《台灣同胞投資保護法實施細則》，台經濟部長王志剛表示，兩岸應透過正式協商管道，簽署投資保障協議，才能真正保障台商權益。

同日　台內政部修訂《台灣人民進入大陸地區許可辦法》草案，今後將開放「三線一星」以下級別的警察赴大陸探親或奔喪，涉及安全機密的公務人員，在經過審查以後也可以「登陸」。

12月14日　李登輝表示，自由與民主是台灣挑戰大陸的最大利器，只有台灣不斷繁榮和壯大，大陸才能被迫改革，轉向民主、自由的體制。

同日　連戰在接見來訪的美國在台協會理事主席卜睿哲時表示，他主張台灣發展遠程導彈，只是要提出一種積極防禦的戰略，但是，他更積極和長遠的觀點是，希望兩岸在和平交流中實現雙贏，而不是兩岸的軍事對立。

同日　連戰在俄羅斯聖彼得堡大學給他頒贈榮譽博士的儀式上表示，他希望看到俄國與大陸保持友好的關係，中俄的友好有助於國際和平與穩定，同時，台灣與俄國關係的發展也不會影響到大陸與俄國的交往。

同日　蘇起在會見到訪的卜睿哲時表示，兩岸即將加入世界貿易組織（WTO），WTO框架對兩岸而言，是溝通的橋樑，不是新的戰場。

同日　台《中國時報》報導，民進黨「中國事務部」主任顏萬進表示，陳水扁積極維護台灣的利益，同時也有足夠的善意推動與大陸的對話，因此，如果陳水扁當選，將來台灣和大陸展開對話的可能性很大。

同日　美國國務院表示，美國支持台灣「參與」世界衛生組織等國際組織，但並不支持台灣成為這些國際組織的會員。

12月15日　陳水扁表示，美國希望兩岸在未來幾個月內都能順利加入世界貿易組織（WTO）。

同日　民進黨「中國事務部」主任顏萬進表示，美國武器出口是行政部門負責的事，即使沒有「台灣安全加強法」，美國行政部門也可以依據《台灣關係法》向台灣出售武器。

同日　美國在台協會理事主席卜睿哲表示，希望台灣新當選的總統在台海政策上不要與美國有太大的衝突；他表示，反對美國眾議院正在討論的「台灣安全加強法案」。

12月16日　新華社駐澳門分社社長王啟人表示，澳門回歸後，澳門涉台問題處理的基本原則和政策是年初公佈的「澳門錢七條」；台灣駐澳門的機構名稱必須作出相應的改變。

同日　外經貿部台港澳司司長王暉表示，大陸在制定「台灣同胞投資保護法實施細則」時，首次聽取了台商的意見，這一法案必定有利於台商投資大陸，從而共創兩岸經濟繁榮。

　　同日　香港媒體盛傳羅馬教廷將與台灣斷交，與大陸建交。對此，羅馬教廷表示，大陸與教廷建交的談判並沒有新的進展。

　　同日　民進黨主席林義雄在民進黨舉辦的第六屆「外交使節」酒會上表示，民進黨希望促成兩岸關係正常化，降低兩岸衝突，也掃除台灣在與國際社會交往時的敏感度。

　　12月17日　中國駐美大使李肇星指出，美國國會和領導人公開支持台灣加入世界衛生組織（WHO），違背了中美三個「聯合公報」的精神和美國一貫堅持的「一個中國」原則。

　　同日　台國防部長唐飛表示，大陸自1980年代以來，不斷增加軍費開支，以阻撓美國對台海問題的軍事幹預，進而解決台灣問題，台灣發展導彈防禦能力完全是受大陸導彈威脅的結果。

　　同日　「亞太安全國際論壇」第二屆大會在台北舉行，來自五大洲的30餘位專家、學者就兩岸軍事競賽問題發表了自己的看法。

　　同日　美國在台協會台北辦事處處長薄瑞光表示，安全合作是台、美關係最重要的層面之一，安全合作也是美國在台協會台北辦事處存在的關鍵原因之一；美國行政當局會依據《台灣關係法》，堅持對台灣的安全承諾。

　　12月18日　蘇起在「亞太安全論壇」上表示，近年來，大陸對「一個中國」定義不斷作壓縮性解釋，對台獨的定義卻持續擴大。作為應對策略，台灣提出兩岸是「特殊的國與國關係」，這種提法既反映了一種現實，也是一種防禦手段。

　　同日　台「新聞局局長」趙怡代表台灣當局發表聲明，希望大陸政府和澳門特區政府展現誠意，以「互惠、持續、法制」原則，發展台澳關係，創造兩岸四地的互利共贏，從而構建民主統一的新中國。

　　同日　美國等待民主黨總統候選人提名的戈爾和布拉德利都表示，美國對兩岸應該維持對等的關係。

　　同日　美國在台協會台北辦事處處長薄瑞光表示，預計兩岸都將在2000年上半年加入世界貿易組織，美國願意協助兩岸在WTO平台下加強溝通協調，降低緊張關係。

12月20日　在澳門回歸政權交接儀式上，國家主席江澤民表示，澳門的回歸是中國人民在完成祖國統一大業的進程中取得的重大進展；澳門的實踐，將為中國最終解決台灣問題發揮重要的示範作用；中國政府和人民有信心有能力早日解決台灣問題，完成祖國的最終統一。

同日　連戰表示，台灣不能接受大陸以「一國兩制」模式來解決台灣問題，「中華民國是一個主權獨立的國家。」

同日　陳水扁發表「憲政白皮書」，主張台灣「憲法」應該確立台灣「主權獨立」，明確規定「中華民國領土」包括台澎金馬及其附屬島嶼，台灣「主權獨立」狀態的變更，應該透過台灣人民的「公投」決定。陳水扁表示，台灣人民決不接受「一國兩制」，「中華民國是一個主權獨立的國家，不是中國的一部分，更不是中國的一個省」。

同日　台總統獨立參選人許信良呼籲，台灣領導人應該從經濟全球化角度來看待兩岸發展，要漸漸揚棄以「主權」看待兩岸事務的舊思維，兩岸應該致力於簽訂50年不變的「中程協議」。

12月21日　江澤民表示，希望台灣方面不要背離統一的歷史潮流，不要為兩岸關係發展設置障礙，否則大陸方面不會坐視不理。

同日　朱鎔基總理指出，未來澳門必將保持長期的穩定發展和繁榮，澳門的回歸也將促進台灣問題的最終解決。

同日　澳門特別行政區行政長官何厚鏵表示，台灣民眾赴澳門旅遊，短期內還可以使用原來的旅遊證件，但應鼓勵他們使用台胞證。

同日　蕭萬長表示，未來的台灣領導需要經受兩方面的考驗：一是在世界經濟的劇烈變動中，保持台灣經濟的持續發展，二是面對大陸的「威脅與壓迫」，保障台灣的「安全與尊嚴」。

同日　陳水扁提出「新中間路線」主張。其主要內容包括：一、無責任就無權利；二、無民主就無真正的公權力；三、有自由就必須有自律；四、多元主義；五、社會正義、社會福利。在兩岸關係上，宣稱「兩岸打拚不打仗、兩岸開放不開戰、兩岸競爭不戰爭」。他特別強調，「新中間路線」的最高原則就是在統「獨」之外尋找台灣的最大公約數，這個最大公約數就是台灣安全。

同日　國民黨陸工會主任張榮恭指出，陳水扁在他的「憲政白皮書」中主張重新制定「憲法」，並變更中華民國領土範圍，這已經自毀了他的「新中間路線」的表面裝飾。他憑藉台獨思維處理兩岸關係，只會讓台海局勢變得動盪不安。

同日　台總統獨立參選人許信良表示，陳水扁的兩岸政策搖擺不定，他提出透過「憲改」來確定台灣的「領土主權」，這等於是要挑起兩岸的戰爭。

同日　美國白宮國家安全顧問伯格強調，美國的「一個中國」政策運作良好，如果要想打破這個政策，必須極為慎重。

同日　日本《讀賣新聞》發表社論稱，台灣問題不同於香港、澳門問題，如果大陸對台使用武力進行威脅，將會造成台灣方面的反彈，造成台海局勢的緊張。

同日　澳大利亞外長表示，大陸想用「一國兩制」模式解決台灣問題是不可能的。

12月22日　唐樹備表示，香港、澳門和台灣與大陸分離，雖然有不同的歷史原因，但卻同樣是中國的領土，因此，解決台灣問題大的框架還是「一國兩制」。

同日　外經貿部部長助理安民表示，兩岸都加入WTO後是否會實現「三通」，主要還是看台灣的態度，如果台灣方面拒絕「三通」，那他們就是兩岸的罪人。

12月23日　國務院副總理錢其琛表示，兩岸在加入世界貿易組織後，應該加強經貿合作，開放「三通」，以增強彼此的國際競爭力。

同日　海協會長汪道涵在會見「和統會」會長梁肅戎時重申了「86字」對台工作方針，促請台灣早日開啟兩岸政治談判，兩岸「平等協商，共議統一」。

同日　台「國防部副部長」伍世文表示，如果大陸在台灣總統選舉期間對台動武，台灣將宣布「戒嚴」，進行總動員。

同日　台國安局局長丁渝洲表示，經過「國安局」調查，目前為止，還沒有發現總統參選人接受大陸資助的現象。同時，台「國安局」判斷大陸在台灣總統選舉期間不會對台動武。

同日　日本慶應大學教授添谷芳秀表示，如果台海發生軍事衝突，根據美日安保聯盟，日本沒有選擇的餘地，必須要隨著美軍的介入而介入。

12月24日　全國台研會在北京舉行座談會。中國國際戰略學會研究院高級研究員王在希在座談會上表示，對兩岸關係不應該太樂觀，也不應該太悲觀，美國對台灣的支持是有限的，不會為了支持台獨而與大陸發生正面衝突。

12月26日　外經貿部部長石廣生表示，《台灣同胞投資保護法實施細則》的透過實施，表明中央政府承諾，不管在什麼條件下，都會保護在大陸投資的台商的利益。他還呼籲，台灣當局應該早日消除在兩岸經貿交流上的不合理限制。

同日　外經貿部條規法律司司長張玉卿表示，《台灣同胞投資保護法實施細則》的透過實施，是大陸政府保護在大陸投資的台商利益的一種決定性宣示。

同日　全國台研會召開會議，討論2000年兩岸關係的走向和大陸的因應對策。與會者認為，連戰和宋楚瑜的相互爭鬥導致陳水扁當選的機會增加，大陸需要做好民進黨「執政」的思想準備，重新思考對台政策。

同日　台陸委會決定把「駐澳門台北貿易旅遊辦事處」易名為「台北經濟文化中心」。

12月27日　大陸55個少數民族200餘人赴台，參加在台灣舉行的第一屆中華少數民族博覽會。

同日　陳水扁表示，民進黨現階段沒有將「兩國論」「入憲」的打算。

12月28日　台《中國時報》報導，美國前國防部主管亞太政策的助理部長、哈佛大學肯尼迪學院院長的約瑟夫‧奈（Joseph Nye）日前表示，自從李登輝「兩國論」實施後，兩岸關係就持續緊張，這種狀況大概只有等到總統選舉之後才有可能好轉；保持兩岸和平的唯一途徑就是堅持「大陸不武、台灣不獨」，台灣接受大陸提出的「一個中國」政策，大陸給台灣更大的國際空間。在此基礎上，兩岸展開互動和交流，逐步增強互信。

12月29日　台駐美代表陳錫蕃表示，李登輝發表的「兩國論」確實影響了美台間的互信，未來台灣在處理美台關係時，可能會遭到美國方面的消極抵制。

12月30日　外交部發表聲明，要求日本政府必須妥善處理與台灣的關係，防止台灣方面利用向日本購買「新幹線」、簽訂協議的機會，提升與日本的關係，達到其他政治目的。

12月31日　連戰強調，只要大陸宣布放棄使用武力，同時接受雙方在對等立場進行對話或政治協商談判，兩岸走向和平、達成雙贏的目標就可以期待；在安全、尊嚴、對等、互惠的前提下，兩岸之間任何議題包括國家統一，都可以談。

同日　蘇起表示，希望兩岸對等、和平與穩定地交流，應多講經濟，少談政治，更不要談軍事。

2000年

1月

1月1日　國家主席江澤民在全國政協新年茶話會上強調指出，「一個中國」原則是和平統一的基礎和前提。為了實現祖國的完全統一，對任何分裂中國主權和領土完整，進行所謂「台灣獨立」，損害兩岸中國人民根本利益的嚴重分裂活動，我們絕不會坐視不管。

同日　李登輝在元旦祝詞中聲稱，堅決主張兩岸應以對等立場，擴大建設性對話，共同增進兩岸良性互動。

同日　民進黨總統參選人陳水扁發表「莊嚴跨世紀，歡喜看未來」的千禧宣言，承諾完成千禧年的七大願景，其中包括「願台灣主權永久確保」、「願海峽兩岸和解雙贏，和平共存」。

同日　台總統參選人宋楚瑜向數萬名民眾承諾：如果當選，絕不亂做決定，讓台海處於戰亂之中。

1月2日　宋楚瑜在接受美國有線電視新聞網CNN專訪時，重申不接受「一國兩制」，並提出兩岸「互不隸屬、主權獨立」的基本立場，希望能在國際見證下簽署「兩岸互不侵犯協議」，尋求台海的安定與和平。他並將兩岸先後加入WTO的互動定位為「準國際關係」。

同日　澳門特別行政區行政長官何厚鏵表示，澳門將以「靈活措施」解決台灣民眾的入境問題，但他強調，在有關問題上澳門不會放棄原則。

1月3日　台行政院長蕭萬長表示，兩岸關係必須符合穩健、務實、可行、前瞻等四大主張，否則都是空談。他認為，李登輝所提的「特殊的國與國關係」比「準國際關係」更明確化。蘇起也質疑用「準國際關係」定位兩岸關係較為模糊。

1月4日　全國工商聯考察團拜會台灣工商企業聯合會理事長許勝發，許建議兩岸應加強金融交流，大陸可學習台灣在中小企業放款方面的經驗，以協助工商發展。

同日　台「行政院跨部會議」決定，大陸配偶在台灣停留期間，只要向勞委會提出申請許可後，即可在台灣受僱工作。

　　1月5日　台陸委會表示，台灣民眾赴澳門簽證問題，澳門當局應不會走回頭路，要求改持台胞證入境，但可能會另有變通辦法，以兼顧大陸的政策考慮，也不會令台灣民眾不方便。

　　同日　台「保護智慧財產權協會」和《經濟日報》共同舉辦兩岸專利商標法規比較說明會，邀請大陸知識產權專家與會，並與台灣同行專家座談，介紹大陸專利商標法修改的概要。

　　同日　宋楚瑜公佈大陸政策綱領，提實施海主體論、台灣安全論與台灣人權論，強調兩岸是互不隸屬的相對主權，增強台灣的防衛力量，並不表示要與大陸進行軍備競賽。兩岸問題不只是主權問題，也是人權問題。台灣不恐懼談判，但不在恐嚇下談判。他建議在美日及東盟等國家見證之下，兩岸簽訂30年互不侵犯和平協議，雙方再各以「主權獨立國家」身份，仿效「歐盟」模式，實現最終整合。兩岸最終整合過程及台灣前途應如何確定，交由台灣人民共同決定。他還提出在台灣成立「超黨派兩岸和平發展委員會」的構想。

　　同日　台總統參選人許信良稱，陳水扁對兩岸局勢認識不清，如果陳水扁當選，兩岸勢必要發生戰爭。他表示在國際現實情勢下，台灣應該擱置主權爭議問題，努力維持現狀，越久越好。

　　同日　台陸委會對宋楚瑜的「跨世紀國家綱領大陸政策」中將兩岸關係定位為「相對主權」的「準國際關係」做出回應，認為這並未超出現行大陸政策的基本格局。至於宋提出的「歐盟模式」、「國際見證兩岸簽署互不侵犯和平協議」，陸委會批評為不務實的主張。

　　1月6日　辜振甫表示，今年是台灣很重要的一年，也是兩岸關係重要的轉折點，希望汪道涵在今年來訪，而且越早越好。

　　同日　台海基會與陸委會為李登輝提出的「特殊的國與國關係」辯解，並批評宋楚瑜「相對主權的準國際關係」兩岸關係論，定義模糊，也不務實。

　　同日　台北市文化局編列了1000萬元新台幣的追加預算，實施兩岸華人文化藝術交流計劃。文化局長龍應台表示，台北市府將每年和兩個大陸省市的文化局或文化機構交流，以突破兩岸政治上的僵局。

1月7日　台陸委會副主委林中斌稱，台總統大選是「我們自己家裡的事，與大陸無關，大陸應尊重我們的民主制度」。

同日　許信良再度批評其他參選人連戰、宋楚瑜、陳水扁的兩岸政策缺乏深刻的思考，沒有新意。他指出，如果兩岸不先簽署「某種政治協議」，無論「互不侵犯條約」或是「信心建立措施」，都將不可行。

1月8日　陳水扁強調，如果他當選總統，一定會維持台海和平，不會把台灣帶入戰爭邊緣。他在接待蒙古「蒙台交流協會」訪問團時指出，該團歷史性訪台，已在實踐台灣與蒙古是「特殊的國與國關係」。

同日　美國主管東亞事務副國務卿羅斯與日本防衛廳長官瓦力舉行會談時，對台灣總統選舉中的台海緊張關係表示憂慮，並呼籲兩岸自制。

同日　美國務院助理國務卿巴巴拉・拉金覆函國會議員，解說美國的「一個中國」政策；強調美對台海兩岸政策的「三大支柱」，即繼續奉行的「一個中國」政策、堅持台海爭議和平化解，並堅持台海兩岸對話。

1月9日　《大公報》文章建議，大陸應學習美國以國內立法手段，訂立制裁辦法，表達大陸反對外國對台灣軍售的態度。

同日　宋楚瑜指國民黨提出所謂「兩國論」，使得台灣在國際社會眼中，成為最可能發生戰爭的地區。並稱如果自己當選，將以更負責任的態度，在維護台灣民眾尊嚴及安全的前提下，「對兩岸問題做出好的決定」。

1月10日　海協常務副會長唐樹備表示，歡迎台灣人民使用台胞證和身份證進出澳門。這意味著大陸實行沿用台灣居民使用「護照」進出葡治澳門的模式。

1月11日　江澤民在人民大會堂會見澳門特區籌委會委員時表示，按照「和平統一、一國兩制」的方針，必將能夠解決台灣問題，最終完成統一大業。

同日　江澤民會見美國眾議員代表團時說，只要中美三個聯合公報的原則以及美方的有關承諾得到嚴格遵守，只要台灣問題等兩國關係中的重大問題，得到妥善處理，中美關係就能不斷得到改善和發展。

同日　台陸委會副主委吳安家稱，兩岸應該採用「分裂國家模式」解決統一問題，除兩岸可共同加入國際組織外，也可在時機成熟時，簽訂「基礎條約」規範雙方關係。

1月12日　《解放軍報》文章指出，完成祖國統一大業是中國21世紀的重大戰略任務之一，隨著台獨勢力的膨脹，「兩國論」的提出和國際背景的複雜化，統一時間表越來越明確。

同日　宋楚瑜公佈「發揮競爭優勢、振興經濟景氣、追求均衡發展」經貿政策綱領，主張面對兩岸先後加入WTO國際經貿架構，應推動互惠互利的兩岸經貿政策，促進經濟自由的活力，尊重市場經濟機能，減少官方干預，以增加競爭力。

1月13日　美國總統克林頓向國會提出「新世紀國家安全策略報告」，把台灣放在「中國」項下，強調「為加強台海安定，必須維持『一個中國』政策，台海爭議和平化解，以及兩岸對話」。同時，美國要繼續切實履行「台灣關係法」，維持與台灣人民的非官方關係，以維持西太平洋的穩定與和平。

1月14日　林中斌表示，有關澳門特區政府考慮採用台胞證，或以台胞證和其他證件同時使用方式，處理台灣民眾入境澳門，將對台灣民眾造成不方便，也是一種倒退的做法。並稱台不接受以台胞證方式入境，至於改採身份證入境方式，則尚在評估中。

1月15日　陳水扁在競選總部成立大會講話稱，台灣是一個「主權獨立的國家」，目前沒有獨立與否的問題，也無須更改「國號」，只有如何確保台灣「國家安全」、維護「國家利益」的問題。

同日　美國共和黨參議員哈奇遜團抵達台灣活動，稱大陸上次介入台灣選舉已經證明沒有影響，希望大陸這次不要做任何影響選舉的動作。

1月16日　大陸涉台官員表示，台灣媒體稱錢其琛在全國台辦主任會議說對台灣選舉應對策略已準備了18套劇本的報導，「純屬謠言」，因為錢其琛根本就沒有出席台辦主任會議。

同日　李登輝接見美國參議員哈奇遜一行時指出，自他擔任總統以來，亟思改變兩岸軍事對峙的緊張關係，以和平交流來處理兩岸關係。台灣過去所做的種種努力，就是為兩岸將來統一做準備。而大陸人民享有自由、民主和均富的時候，就是國家統一成熟的時機。在統一條件未成熟之前，台灣也努力成為全體中國人的典範。

同日　海峽兩岸地震科技交流中心主任何永年將率團赴台灣參加研討會。據瞭解，這次地震研討會，是兩岸在「兩國論」引發爭執後，大陸首度派員赴台參加海基會舉辦的交流活動。

1月17日　蘇起強調，陸委會原則同意開放外籍輪船彎靠第三地經營兩岸客運間接通航業務，不涉及兩岸直航政策或兩岸定期班輪業務，也沒有牴觸現行法律。

同日　台交通部長林豐正表示，外籍客輪要直接航行兩岸或者以定期航線經營兩岸三地運輸業務，必須在「國統綱領」進入中程階段，或者是大陸基於平等互惠的原則，尊重台「主權」時，才可能開放。

同日　李登輝稱，兩岸必須要維持和平與安定，在這個原則下，兩岸才有良性發展。國家統一是我們追求的目標，但大陸也必須瞭解，把我們視為地方政府，處處打壓，貶抑我們，這種心態是極為不智也不當的。並重彈老調說，無論是從歷史、法律或事實層面看，「特殊的國與國關係」就是兩岸的現況。

同日　美國眾議員邵建隆在離台記者會說，他當面請李登輝談及台海兩岸關係時，「言詞要非常謹慎」。李登輝則詭稱，大陸對他提出的「特殊的國與國關係」說法有誤解，也反應過度。

同日　美國和兩岸學者上週在紐約舉行研討會，與會人士認為，此次台總統大選應不會再發生如1996年選舉時的「台海危機」。

1月18日　台國防部官員稱，台雷達1月16日在台海中線以西上空，發現17至18枚「不明空飄物」，分析為大陸施放氣球探測大氣層，但也不排除偵測台灣雷達性能的可能性，並請海基會向大陸查證，希望不要再發生同樣事情。

同日　陳水扁針對兩岸關係及台灣前途發表講話說：「阿扁做總統，沒有所謂兩國論入憲的問題，沒有片面更改國號的問題」。他重彈老調稱，台灣沒有「獨立」與否、或是否變更「國號」的問題，只有如何確保國家安全與利益的問題，台灣「主權獨立」是政治和歷史現實，任何現狀改變，只有台灣人民有權做決定。

同日　台陸委會經濟處長傅棟成表示，開放以外籍輪船彎靠第三地的方式經營兩岸客運間接航運業務「原則可行」，因為這項業務的經營方式並非兩岸直航，符合「兩岸人民關係條例」規範。

同日　台經濟部投審會召開委員會議，透過32件廠商赴大陸投資及增資案，投資金額高達2.71億美元，三分之二以上是電子產業。

1月19日　外交部發言人朱邦造重申，不論台灣選舉結果如何，大陸方面願意和台灣一切主張「一個中國」原則、發展兩岸關係的各黨派和團體人士接觸交往。

同日　連戰在促進工商發展座談會上表示,「戒急用忍」基本上是一種策略,不是最終目的,是一個過程,不是最後結果,是階段性政策,不是永久不變的原則。如果兩岸關係明顯改善,台商權益得到確切保障,「戒急用忍」當然就可以調整。

　　同日　蘇起響應連戰的談話表示,兩岸今年都可望加入世貿組織,台方希望加入世貿組織能成為今年兩岸關係發展的橋樑,兩岸應多談經濟,少談政治,「戒急用忍」是策略而非目的,是過程而非結果。

　　同日　陳水扁競選中心執行總幹事邱義仁表示,如果陳水扁當選,海基會、海協會溝通管道還是無法取代,但如果溝通管道功能不彰,民進黨將成立第二、第三甚至第四軌道,和北京全面交流,加強接觸。

　　1月20日　針對台國防部宣布發現18枚「不明空飄物」的問題,大陸對台部門表示,這些空飄物僅僅是廣告氣球,無須回應。

　　同日　李登輝在美國保守派行動聯盟大會上發表視訊講話稱,希望加強和大陸對話、穩定台海情勢,也希望與美國發展更密切的對話關係,強化亞太合作體制。

　　同日　台行政院透過「台灣與大陸地區人民關係條例」第17條之一修正草案:已依規定申請居留的大陸配偶,在許可居留前,得申請在台工作。

　　同日　蘇起再次表示,「戒急用忍」是階段性策略,只要大陸跳出政治談判的框框,多談經濟,少談政治,對兩岸關係多一點善意,在「一個中國、各自表述」的原則下,「戒急用忍」即可調整,調整幅度則可大可小。

　　1月21日　連戰在接受《紐約時報》專訪時稱,李登輝所提兩岸是「特殊的國與國關係」是一項事實的陳述,「我們所強調的是兩岸立足點的對等,這才是整個問題的核心。」他強調,「兩岸領導人必須要有宏觀、遠見,以新思維來看問題」。

　　同日　台國防部長唐飛表示,世界各地都很關心台海局勢,美國也不斷告誡大陸不要動武,但也希望我們不要用言語刺激大陸。他認為,這次台灣總統大選,台海間不會輕易動武。

　　1月22日　許信良在台灣成功大學與學者就「國際形勢下的兩岸關係」對談時,抨擊其他總統參選人的兩岸政策凸顯「主權」爭議,有引爆戰爭的危機。他主張,兩岸應該「擱置主權爭議,尋求新主權共識」。

同日　台「經建會主委」江丙坤表示，台灣以「台澎金馬關稅區」之名加入WTO已經定案，並表示這「不是名稱問題，而是政治問題」，兩岸所存在的問題非一朝一夕所能解決的。

　　1月23日　台「經建會」評估，台灣加入WTO後，資訊、石化業將直接受益，但鋼鐵、食品、紡織、汽車、家電等將受衝擊，產業結構將大幅改變。該會建議開放大陸原料及半成品進口，以利企業因應。

　　1月24日　海協會長汪道涵在新加坡表示，他和海基會董事長辜振甫已經建立起私人情誼，當然很願意與對方再見一次面，「不過這要與台灣方面的朋友商量一下，去除一些障礙」。

　　1月25日　台北歷史博物館與中國歷史博物館首度合作，推出「龍文化特展」，呈現新石器時代以來歷代以龍為主題有關的各式文物，借「龍」這個中國最早的圖騰，慶賀千禧年暨庚辰龍年。

　　同日　連戰、宋楚瑜分別接受美國有線新聞網（CNN）專訪。連戰強調，希望3月選舉在兩岸和平穩定的情況下順利完成，不願再看到1996年大陸對台文攻武嚇的情況再度發生。宋楚瑜則重申他的兩岸政策觀點：兩岸應降低緊張關係，台灣要加強「國防」，但不參與武器競賽，並希望兩岸在國際見證下，簽署互不侵犯的和平協議。

　　同日　陳水扁在接受《洛杉磯時報》的訪問稱，願意與大陸領導人討論各種議題，包括「一個中國」的意涵。

　　1月26日　台「國安局長」丁渝洲指出，以目前情勢分析，3月18日總統大選前，如果兩岸關係沒有重大意外，台海情勢應會「保持一個相當穩定度」，即使大陸在選前有小規模、針對性的演習，也不會影響兩岸穩定大局。

　　同日　陳水扁陣營表示，在不設定議題的情況下，兩岸領導人可以進行和平、理性的對話，內容當然不排斥所謂的「一個中國」，其內涵究竟是指政治的、文化的、經濟的、或地理的「一個中國」，兩岸都可以談。

　　同日　陳水扁接受日本7大媒體專訪時稱，國民黨這幾年的兩岸政策，不但未降低台海的緊張局勢，反而有惡化的趨勢。他相信，未來由他所領導的新「政府」，一定是更能與華盛頓、東京、北京溝通。

同日　熊光楷結束3天的訪美行程。期間，他向美表示強烈反對以戰區導彈系統（TMD）涵蓋台灣，美國則重申「台灣關係法」及中美三個聯合公報，並要求大陸自制，避免重演1996年台海危機。

1月27日　台行政院會透過「台灣人民進入大陸地區許可辦法」修正草案，明定薦任九職等（相當於三線一星）以下警察人員，在未涉及台灣安全或機密科學研究，且具有三親等血親者，得申請赴大陸地區探病或奔喪，退離職人員未滿3年的政務官必須經項目核準才能進入大陸地區。

同日　宋楚瑜成立競選總部，強調主權、人權、安全的大陸政策，表示要維持兩岸關係的穩定，促進族群和解，找回台灣的向心力，找回台灣的生命力，發揮台灣的競爭力，提升「政府」的公權力。

同日　美國助理國防部長史洛康表示，熊光楷訪美之行，給美國提供了說明在亞太地區戰略的機會，包括對台軍售政策在內。美方向熊光楷明確表達了將繼續依據「台灣關係法」，提供台灣足夠防禦能力的政策。

同日　國民黨祕書長黃昆輝批評陳水扁及宋楚瑜的兩岸政策讓台灣安全受到威脅，根本就是「束手就縛」，國民黨陸工會主任張榮恭也指陳水扁的兩岸政策搖擺不定。

同日　台經濟部預測，大陸今年加入WTO後，所遭受的經濟衝擊短期利弊互見，長期則一定有利，這將有助於大陸吸引外資帶動產業升級，與台灣競爭將更激烈。

1月28日　台灣博物館與北京的中國歷史博物館合作「天工開物——中國古代科技文物展」，今天起在台灣博物館專題展出，以展示中國古代科學的成就。

同日　錢其琛出席江澤民發表對台重要講話5週年的紀念大會，呼籲兩岸在「一個中國」原則下進行對話與談判。他指出，兩岸可以就「台灣當局的政治地位」進行談判，並表示願意和一切主張「一個中國」原則，發展兩岸關係的台灣各黨派、團體和人士進行接觸交往，增進瞭解，增強共識。

同日　台陸委會官員表示，大陸在「江八點」5週年所發表的對台政策，基本上仍以維持軟硬兩手策略，還帶有明顯的笑臉攻勢，這應是未來大陸對台工作的基調，不過，大陸對李登輝所提的「特殊的國與國關係」的兩岸定位，仍進行非理性的攻擊與批判，顯然無意正視兩岸分治50年的事實與現實。

同日　台行政院 2001 年度「施政方針」初稿出爐。該稿宣稱將以「特殊的國與國關係」明確定位，奠定兩岸對等交流與協商基礎，推動兩岸建設性對話。另打出「集體安全策略」牌，圖謀透過積極的「務實外交」，「區域國防」體系，全面拓展對外關係，彰顯「國家主權」。

同日　台灣「副總統辦公室」發言人丁遠超表示，錢其琛對李登輝採取非理性的無禮抨擊，真正傷害了全體中華民族人民的情感，也對追求兩岸未來統一無益。

同日　張榮恭稱，錢其琛的談話，比起江澤民的元旦講話更加強硬和趨緊，值得注意的是，錢其琛明確宣示「台獨即戰爭」。

同日　陳雲林在江澤民發表對台重要講話 5 週年紀念大會重申，希望在條件成熟時恢復兩岸政治對話與談判，實現海協會長汪道涵訪台計劃，並預計兩岸加入 WTO 後經貿將進一步發展，並對李登輝的「兩國論」再次提出批評。

同日　針對大陸涉台部門在江澤民重要講話 5 週年紀念大會的言論，林中斌在記者會表示，大陸只提「江八點」而忽略台方的「李六條」，凸顯大陸仍然只有「以我為主」的想法，令人遺憾。

同日　「三三會」訪問團團長辜振甫對日本新聞界表示，台灣「大選」結果並不會影響兩岸關係，大陸必須基於對台灣大多數民意的理解、兩岸分治的歷史及政治現實，與台進行對等的對話。如果基於此立場，兩岸隨時可以再舉行辜汪會談。

1 月 29 日　林中斌在臨時記者會稱，我們希望與大陸談兩岸的「相互定位」的問題，而不是只談台灣的「政治定位」問題，如果將台灣的地位視為兩岸談判的標的，我們決不接受，並稱「中華民國本來就是主權國家，與台獨毫不相干」。

同日　許信良表示，雖然錢其琛仍不斷強調中國民族主義，並批評李登輝搞分離運動，不過我方也應注意大陸第一次使用「對等」談判的概念，這極可能是目前大陸處理兩岸問題的共識，值得我方注意。

同日　連戰在連、蕭金門競選總部成立會上，再次提議兩岸應建立軍事互信機制。

同日　宋楚瑜稱，他勤走台灣基層 309 個鄉鎮，發現儘管民眾政治立場、宗教信仰及教育程度或許不同，但大家有兩個基本共識：一是不接受大陸的統治，

另一則是不希望打仗。他認為大陸視台灣為地方政府的心態，不可能獲得台灣民眾認同，台灣民眾有權利選擇自己喜歡的「政府」及自由的民主制度。

同日　中國駐美大使李肇星在華盛頓主持紀念江澤民重要講話發表 5 週年僑界座談會。他表示，「台灣問題再不能無限期拖延下去」，台獨只能意味著兩岸之間的戰爭，絕不是兩岸之間的和平。

1 月 30 日　台中縣議長顏清標抵達福建湄洲，就大甲鎮瀾宮信徒搭船赴大陸進香的首航事宜，與莆田市長陳少男等進行會商。

同日　陳水扁春節談話稱，只要能在「和平解決、平等對待」的前提下，願對任何兩岸協商議題保持開放性，例如一個中國定義，只要不是僵化前提，談談也無妨。除非北京對台動武，否則民進黨也沒必要，也絕不會片面宣布「台灣獨立」。

同日　陳水扁參加「亞太和平新世紀、兩岸歡喜看未來」活動，提出兩岸關係 7 項主張：一、堅持「善意和解、積極合作、永久和平」原則。二、台灣已經是「主權獨立的國家」，沒有宣告「獨立」或變更「國號」的問題，也沒有「兩國論入憲」的問題。三、推動兩岸關係全面正常化，建立全方位互動機制。四、在和平解決、平等協商的前提下，任何議題都可以協商與對話。五、台灣願意扮演積極角色，協助大陸現代化、民主化。六、以 WTO 模式，尋求兩岸平等參與國際會議，共存共榮。七、為了建立自信，增進瞭解，積極推動兩岸領導人互訪。

同日　張榮恭表示，陳水扁所提的兩岸政策，是大陸強烈宣示「台獨即戰爭」之後的退卻、怯懦表現，並非台獨本質的真正改變；一旦陳水扁當選，兩岸之間的衝突引爆點仍舊存在。

同日　針對陳水扁提出的大陸政策主張，包括「一個中國議題也可以談」的說法，宋楚瑜批評說，如果把「國號」拿來當成條件來談，不但不尊重「憲法」，也顯示個人意志凌駕於全民意志之上。他強調，任何台灣現狀的改變，都必須尊重 2300 萬人民意志的表達。

同日　許信良參加「總統參選人」系列演講，稱當前兩岸的情勢比任何時期都要危險和更具爆炸性，台海是世界上可能發生衝突最嚴重的地方。台灣應該以「一個中國」換取 50 年不變的承諾。

1 月 31 日　連戰提出構建「台海和平區」的「外交政策」，稱要增進大陸內部及國際間瞭解台海和平的重要性，進而強化包括大陸在內的區域成員維護和平的共識與責任感，使台海和平獲得進一步保障。

同日　蘇起稱,「台海和平區」的理念,應是一項政策概念,運作彈性很大,兩岸如能自行協商解決台海和平問題,如建立軍事互信機制,或簽訂兩岸和平協議,就不需要把台海和平問題拿到國際社會。

同日　針對錢其琛發表的對台政策談話,蘇起表示,「一個中國」的概念,我們是可以接受的,但其涵義與定義,要經由兩岸討論。台灣對「一個中國」的定義與大陸不同,如果連「各自表述」的權利都沒有,那就會成為兩岸談判的障礙。

同日　根據台陸委會歸納各種民調機構在1999年所做的31項民調結果顯示,七成以上的台灣民眾反對「一國兩制」。

2月

2月1日　在美國眾議院即將對《台灣安全加強法》表決之際,外交部發言人朱邦造警告說,此舉將威脅兩國的關係以及亞太地區的和平與穩定,因此,中國要求美方應採取有效措施,阻止《台灣安全加強法》成為法律。

同日　《紐約時報》報導,陳水扁公開表示,如果他當選,不會強求「台灣獨立」,也不會修改「憲法」明定台灣的「獨立國格」。

同日　美國眾議院以壓倒性多數透過「台灣安全加強法案」,要求美國加強與台灣的軍事關係,美行政部門再度表示強烈反對。

2月2日　《中國時報》報導,美國方面透過管道,明確告知台灣3位主要總統候選人,美國支持台灣並非無條件的。總統大選期間,如果台灣有任何挑釁的舉動造成兩岸緊張,台灣不能百分之百依賴美國支持,兩岸須自行負責後果。

同日　蘇起稱,台灣與美國政府之間的高層溝通管道,始終保持通暢,雙方對彼此關心的議題與台海發展情勢,也都保持密切的溝通與聯繫。

同日　台灣大甲鎮瀾宮董事長、台中縣議長顏清標召開記者會,指出兩岸宗教直航初步決定在5、6月間成行,估計將有兩三千人參加。

同日　國台辦新聞局原則決定,將開放台灣新興的「網絡新聞」記者按既定的採訪審批程序,申請赴大陸採訪,為兩岸新聞交流的形態與層次開闢新的一頁。

2月3日　對於眾議院透過《台灣安全加強法》，美國白宮發言人洛克特說，「我們已清楚表示我們反對該法，白宮將予否決，因為我們相信它有悖於中美之間的戰略關係」，「它對地區穩定無益」。

同日　外交部副部長楊潔篪召見美國駐華大使普理赫，就美國眾議院透過《台灣安全加強法》法案，向美國政府提出嚴正交涉。他表示，如果此法案透過後成為法律，將加劇台灣海峽兩岸緊張局勢。

同日　美國中央情報局局長泰納特在向國會作證時稱，隨著台灣總統大選帶來的緊張情勢，使得今年台海間發生軍事衝突的可能性大增。

2月4日　外交部發言人朱邦造呼籲美國總統克林頓信守承諾，阻止旨在加強與台灣軍事關係法案的透過。

同日　《人民日報》發表評論員文章，譴責美國眾議院透過《台灣安全加強法案》，是圖謀製造「一中一台」、「兩個中國」的嚴重事件。

2月5日　朱鎔基總理在人民大會堂春節團拜會上表示，港澳回歸祖國後，早日解決台灣問題，實現祖國統一的神聖使命，更加突出地擺在全國各族人民面前。將堅持貫徹「和平統一、一國兩制」的基本方針和江澤民同志的「八項主張」，繼續做好發展兩岸關係，推進祖國統一的各項工作。

同日　《解放軍報》發表社論，對美國眾議院透過《台灣安全加強法》表示憤慨，並警告美國不要錯把中國當成南斯拉夫，把台灣問題看做是科索沃問題。

2月6日　台「中央社」電，根據美國外交政策全國委員會的最新報告，中國正考慮出其不意地以導彈攻擊的方式對付台灣，瞄準台灣的導彈數目已增加，未來空中與海上的行動將持續進行，中國並構思如何反制任何來自大國支持台灣的力量。

2月7日　外交部副部長王光亞在慕尼黑舉辦的一場非正式安全論壇會議上警告說，任何國家都不應該和台灣進行軍事合作或有軍售交易，否則，都是對中國的安全和地區的和平穩定構成直接的威脅。

2月8日　美國國務卿奧爾布賴特在國會質疑「台灣安全加強法」，擔心該法會「改變台海均勢，破壞而非加強台灣的安全」。

2月9日　陳水扁大談新春三願，提及在中國大陸展現對等善意的前提下，開放大陸資本參與台灣經濟建設。

同日　蘇起針對陳水扁有關兩岸經濟交流主張，稱有關台資銀行赴大陸設立分行的根本障礙在大陸，並不是台方政策不開放。並批評陳水扁的大陸政策主張沒有完整體系。海基會祕書長許惠祐也指陳水扁的主張不切實際，對兩岸良性互動沒有幫助。

2月10日　中國自俄羅斯採購的現代級導彈驅逐艦中午透過台灣海峽，過程非常低調。

同日　連戰接受日本 NHK 電台採訪時稱，兩岸關係應本著務實、理性、和平與互惠的原則處理，才能真正有效解決彼此之間的問題，並進一步創造國家統一的契機。

同日　連戰接受《華盛頓郵報》駐北京分社主任專訪，稱如果大陸善意、務實地回應，台灣可考慮擴大與提升「境外航運中心」的內涵與功能，俟兩岸關係有明顯改善，台灣不排除設立經貿特區，進行兩岸定點直接經貿往來。

同日　連戰提出 12 項科技政策主張，首度明確表達放寬延攬包括雖有中國國籍但有歐美等國學歷的高科技人才來台工作的規定，使此類人士成為台灣高科技人才來源。

同日　宋楚瑜提出「預警、反擊、嚇阻」的「前進防衛策略」，主張針對福建、浙江、江西等對台灣有安全威脅的大陸軍事基地，建構近空防禦及攻擊力量。

同日　台總統府副祕書長林碧炤表示，大陸現代級導彈驅逐艦經過台海，應該不是一種針對台灣「大選」的恫嚇活動，但難免對台灣造成心理壓力。

同日　針對連戰「台海和平區」的建議，台外交部長程建人認為，兩岸關係改善將有助於台「外交」工作的推展，同時改善兩岸關係主要應從兩岸之間來進行，而不是由「外交」著手。

同日　克林頓向國會提出年度國防報告，強調「台海和平是美國的國際目標」之一。

同日　美國針對中國從俄羅斯購買現代級導彈驅逐艦表示，「不致改變區域均衡」，重申力主台海和平，並繼續善盡義務，提供台灣所需的防衛武器。

同日　在台灣總統大選之際，美國外交關係委員會就構建兩岸關係新秩序，邀集美國和海峽兩岸官學界重要人士，在紐約舉行會議，深入討論兩岸「主權」定義，國際定位及和平對話，以及產業合作潛力等議題。

2月12日　蘇起表示，台灣設立「境外航運中心」，推動兩岸貨物轉運業務已有明顯績效，在現行准許權宜籍船直接航行於兩岸港口之外，陸委會近期將會同經建會具體研商「經貿特區」的相關腹案，同時為擴大「境外航運中心」的適用範圍，將原則同意擴增「海空聯運」的轉運業務。

2月13日　宋楚瑜批評國民黨的大陸政策是「老年人喊動，讓年輕人打仗」，批陳水扁7條大陸政策是「獨缺中華民國這一條」，並強調兩岸問題不是民族問題，而是民主、人權、安全問題。

2月14日　李登輝會見「國際危機組織」代表團時說，台灣維持台海安定，追求亞太繁榮的努力從未停歇，希望大陸能務實面對台海兩岸「分治」的事實，以善意作為，與台灣共同開創和平、進步、繁榮的亞太新世紀。

同日　台超黨派立委聯盟召開記者會，主張兩岸立即開放直航，以高雄小港機場和台中清泉崗機場為初期通航機場，桃園中正機場為最終直航機場，設置「飛航安全特區」，進行兩岸直航簽證和安全檢查事宜。

同日　台「陸委會經濟處長」傅棟成指出，兩岸要談判解決直航問題，就必須先解決台灣的安全、尊嚴等前提問題，才可能處理技術層次的問題。

同日　台法務部調查局長王光宇透露，從1997年迄今，經由合法管道獲准來台的大陸人士多達14 000多人。期間，來台目的與申請內容不符、遣送出境者有376人。

2月15日　連戰向大陸台商代表發表政策演說，稱兩岸極有可能在近期內加入WTO，這是雙方發展兩岸關係的新契機，過去無法協商解決的問題，包括兩岸「三通」，都可以在新的情勢下進行協商，並做到合理解決。

同日　台總統、副總統參選人許信良、朱惠良說，為表示善意，展現人道關懷，兩岸應協商解決大陸台商子女教育問題，包括台灣官方應編列預算補助大陸台商學校，宣示承認學籍及教師年資，並呼籲兩岸學歷認證問題不應拖延。

同日　台「出入境管理局」已修訂「台灣人民進入大陸地區許可辦法」草案，增訂台灣人民的大陸配偶來台團聚規定。將來台灣人民的大陸配偶結婚滿2年，或有小孩者，可申請來台團聚。

2月16日　宋楚瑜抨擊國、民兩黨提出的兩岸政策不能帶給台灣安定。他質疑陳水扁的兩岸政策「沒有立場、搖擺不定」，至於李登輝要連戰繼續走「兩國論」道路，同樣走不通。即使連戰當選，台灣還是無法維持安定。

2月17日　連戰發表大陸政策主張稱，只要江澤民的具體行動展現和平誠意，他將依據「國統綱領」，推動兩岸進入中程——「互信」階段，促成雙方建立「和平競賽的兄弟關係」，並提出10項具體主張，包括盡快實現雙方領導階層晤面，建立對等官方溝通管道，協商「三通」，建立「兩岸經貿特區」，優先協商開放金馬與大陸沿海地區的商務、航運往來，進而建立「金馬、福建和平區」及簽署兩岸和平協議等。

同日　針對連戰的大陸政策主張，外交部發言人朱邦造在接受記者提問時表示，大陸願在「一個中國」原則與條件成熟的情況下，與台灣進行結束兩岸敵對狀態的談判。

同日　蘇起稱，台灣主動將兩岸協商的機制，從半官方的談判提升至官方層次的談判，我們等待大陸務實的響應。並指出，未來兩岸官方談判，不只是陸委會與大陸國台辦的管道，兩岸相關官方機構都將承擔談判業務。

同日　國民黨召開已停擺三年多的「陸指會」，與會委員皆表示，應遵守「國統綱領」循序漸進，而且一定要堅守對等定位，務實協商。海基會董事長辜振甫建議，應盡速讓大陸瞭解，台灣的兩岸政策是依據民意所制定，並強調兩岸關係已經到了官方接觸的門口。

同日　台教育部政務次長吳清基表示，台教育部認可台商於廣東東莞設立的第一所台商學校。未來北京、上海等台商聚集地區，也可比照申請設立台商學校。

2月18日　為配合連戰提出建立「兩岸經貿特區」的構想，台交通部提出在北、中、南各一處港口設立自由貿易區的規劃，初步則是擴大境外航運中心功能，並擴大台中港物流倉儲園區的功能。

同日　美國第七艦隊司令沃爾特‧多蘭稱，美國密切注意台海兩岸局勢的發展，第七艦隊有能力應付突發情況。但是以什麼方式介入，取決於美國政府最高層決定。

2月19日　台國防部長唐飛表示，若兩岸進入和平解決問題階段，兩岸軍事互信機制可先從雙方在台灣海峽海空災難救援合作為起步，再逐步進入建立軍事互信階段。

同日　蘇起表示，兩岸必須維持「一個中國、各自表述」，才能推動新世紀兩岸關係，現階段不需要立刻解決兩岸定位問題。

2月20日　台行政院高層官員透露，只要總統大選前大陸有善意表現，兩岸經貿投資限制將會大幅鬆綁。

同日　許信良發表競選政見，主張擱置兩岸「主權」爭議，無條件開放「三通」，取消「戒急用忍」，爭取兩岸維持現狀50年不變。

同日　根據台灣「意向調查研究中心」公佈的最新民調顯示，有40%受訪者認為陳水扁當選總統後，兩岸有可能爆發戰爭，遠高於宋楚瑜的8%和連戰的3%。此外，高達77%的受訪者支持兩岸簽署和平協議，正式結束敵對狀態，建立「台海和平區」。

同日　台塑集團董事長王永慶啟程，赴大陸考察該集團在大陸各項投資事業，為期一週。

2月21日　國台辦發佈《一個中國的原則與台灣問題》白皮書，進一步向國際社會闡述「一個中國」的原則立場，宣示中國人民早日解決台灣問題，實現祖國統一的決心，對李登輝的「兩國論」提出強烈批判，並重申對台不承諾放棄使用武力的立場。

同日　針對國台辦發佈的白皮書，民進黨表示，對陳水扁選情並無實質衝擊。宋楚瑜稱，大陸不應低估台灣追求自由、民主的決心，更不能誤判台灣人民堅持自由、民主的信念，大陸無法讓台灣屈就於特定條件下談判。國民黨官員稱，大陸是台灣「大選」的「不合格參與者」。

同日　針對國台辦白皮書，蘇起稱，這是大陸對台政策倒退，無助於兩岸關係的開展。台灣既定的大陸政策已有多次宣示，陸委會將在審慎研究後，在近日內予以正式回應。

2月22日　外交部發言人朱邦造表示中國將一如既往地堅持「和平統一、一國兩制」方針，並認為解決台灣問題更具緊迫感。

同日　針對國台辦白皮書，新黨總統候選人李敖表示，大陸的說法，顯示新黨的政策最務實。新黨全委會召集人李慶華指出，兩岸面臨嚴峻情勢，新黨的「一個中國」政策，不但是務實的主張，更是兩岸和平的關鍵。

同日　民進黨副總統候選人呂秀蓮稱，只有國民黨下台，民進黨執政，才能解決國共恩怨，讓兩岸關係重新開始，不必再以辜汪會談為前提。

同日　陸委會拒絕外國記者提出的任何有關國台辦白皮書的詢問，僅發表簡短聲明，重申過去 50 年來，兩岸「分治」、互不隸屬的認知立場，並指大陸對外宣稱享有和行使台灣的主權等說法，完全背離事實。

同日　針對國台辦白皮書，美國助理國防部長史洛康稱，對台用武將有「不可估計的後果」。針對大陸聲明若台灣無限期的延遲統一的談判，將採取包括武力在內的斷然措施完成統一，美國國會表示「無法接受」。

2 月 23 日　針對國台辦白皮書，美國白宮發表聲明，表示「反對任何動武或威脅行為」，並稱「任何對台灣的威脅或進犯，均為美國所嚴重關切」，美國促請台海兩岸彼此克制，並透過談判化解歧見。

同日　美國副國務卿斯特羅布‧塔爾博特會見中國駐美大使李肇星，討論台海兩岸情勢。助理國務卿羅斯表示，國台辦白皮書讓美國感到關切，呼籲台海兩岸避免任何會造成形勢惡化的言論或行動。

同日　台經濟部次長林義夫說，王永慶此刻赴大陸是進行中藥產業的考察，而非進行投資。若台塑集團有意赴大陸投資種植中藥材，須由「農委會」評核，「經濟部投審會」討論。

同日　《中國時報》報導，台灣當局高層連日密集研商如何回應國台辦白皮書，認為應該審慎評估後，再作理性的政策說明，不必做情緒化反應。

同日　台外交部長程建人表示，就美國白宮、國防部、國務院的陸續反應來看，大陸發表的對台政策白皮書已經使美國對此區域的情況感到憂心，對於美方的反應台灣應予肯定。他表示兩岸關係不應求急、求快，應要求對、求好，大陸如此做無益於兩岸關係。

同日　台國安局局長丁渝洲為李敖做簡報，認為大陸發表「一個中國對台白皮書」，是有軍事實力作後盾，不是空話。

同日　克林頓在華盛頓說，「北京與台灣之間的問題必須和平解決」，而且應獲得「台灣人民的同意」，「我們將繼續拒絕使用武力作為解決台灣問題的手段」。

2 月 25 日　外交部發言人朱邦造針對美國務院批評對台「白皮書」言論，回應說：中國政府對美國「嚴重侵犯中國主權，粗暴干涉中國內政，表示強烈不滿和堅決反對」，強調美國應遵守三個「聯合公報」及對台的「三個不支持」，並停止出售武器給台灣，停止「台灣安全加強法」立法。

同日　美國防部表示,航空母艦「小鷹號」從日本出海,航向南方,完全是事先排定的訓練課目,不會經過台灣海峽,與大陸發表對台白皮書無關,並強調台海和平,希望大陸不要傷害自身利益。

　　同日　李登輝重彈「兩國論」濫調,稱台灣與大陸的關係,就是「特殊的國與國關係」,這是一個基礎。

　　同日　台陸委會對國台辦「白皮書」發表聲明,稱在台灣總統大選正式開展之際,這項白皮書有意影響總統大選,並誤導國際社會的企圖十分明顯,大陸片面窄化「一個中國」的定義,而對台獨的認定卻過度擴大,兩岸各自表述的空間已被刻意壓縮。

　　同日　國台辦新聞局長張銘清表示,國台辦與新聞辦日前發表的白皮書,只是政策宣示,並不存在所謂對台「最後通牒」的問題,並表示兩岸兩會從來就沒有達成所謂「一個中國、各自表述」的共識,這是台灣方面的解釋。

　　同日　柯林頓認為大陸的白皮書是針對台灣的選舉,不見得會有「毀滅性的行動」繼之而來,再度表示他支持兩岸對話,台灣與大陸之間的分歧應和平解決。

　　同日　第45屆世界乒乓球錦標賽女子團體賽中,兩岸代表隊進入決賽,中國隊戰勝中華台北隊,獲得冠軍。

　　2月26日　張銘清在接受日本NHK訪問時表示,如果台灣對於邁向統一的政治談判無限期拖延,則形同獨立,大陸對此是否用武自有決定,並表示陳水扁與李登輝一樣是搞分裂,當選將不利於兩岸關係。

　　同日　李登輝妄言,「亞洲的智慧在台灣」,只有台灣才能夠走出來,中國大陸是沒有辦法的,應該要向台灣學習。

　　2月27日　王永慶結束大陸考察回台,表示此行主要目的是考察生化科技與中藥廠技術轉移相關事宜。並指出,兩岸應在保存和發揚光大中國悠久的文化傳統方面,加強合作交流。

　　同日　美國國家安全會議亞太資深主任李侃如強調,中國大陸與台灣之間的問題,如果沒有妥善處理,將會引起世界動亂。

　　同日　宋楚瑜抨擊李登輝關於兩岸問題「政府有十八般武藝」的談話,徒然製造兩岸緊張局勢,並再度批評某些政治人物對於兩岸問題不負責任的態度。

　　2月28日　根據台灣環球電視台委託山水民意公司的民調顯示,有83%的台灣民眾不會因為大陸最近發表白皮書,而改變原來支持的總統候選人。另外,

59.7%的受訪者不擔心大陸對台動武，37.2%的受訪者擔心大陸對台動武，而45.4%的受訪者表示兩岸應永遠保持現狀。

　　同日　台經濟部完成的對外投資調查報告指出，西進大陸投資仍是業者的最愛，目前所有對外投資的台商中近七成已在大陸進行投資，大陸仍是台商對外投資最密集的地區。

　　同日　台前監察院長陳履安公開表示支持連戰。他說大陸發表對台白皮書後，兩岸關係形勢更為嚴峻，兩岸間的談判問題越來越急迫，而連戰是兩岸談判的最佳人選。

　　同日　大陸公佈對台白皮書後，據一份最近民調顯示，對「台灣若無限期延緩統一談判，大陸將採取武力在內的一切可能措施來解決台灣問題」，高達七成六的台灣民眾表示「不能接受」或「非常不能接受」的立場。

　　2月29日　連戰走訪台前監察院長陳履安，稱李登輝所提「特殊的國與國關係論」，是對當前兩岸現況的描述，這與他「兩岸可回歸『一個中國、各自表述』原則，視大陸誠意，將『國統綱領』推進至中程階段」的主張，沒有衝突。

　　同日　李登輝詭稱，他並不反對兩岸談統一，但等（大陸）民主化再來談，最重要的是要對等、平等。我們也沒否認自己是中國人，但要先考慮好台灣，再考慮大陸。

　　同日　蘇起稱，連戰最近對大陸政策提出的10項主張，是推進「國統綱領」進入中程階段的最佳方案，而兩岸如能回歸「一個中國、各自表述」的共識基礎，適時恢復協商對話，應符合華盛頓、台北、北京的共同期待。

　　同日　錢其琛出席中國僑聯六屆二次全會發表談話指出，《一個中國的原則和台灣問題》白皮書發表以後，有些外國傳媒認為中國對解決台灣問題的政策有重大轉變，這種看法是不對的。他強調，「和平統一、一國兩制」的方針沒有變，「江八點」主張沒有變，這些都清楚地表述在白皮書裡，而「台灣問題不能無限期地拖下去」，也是大陸的一貫立場，不是新提法。

　　同日　針對李登輝日前關於對台「白皮書」的批評，外交部發言人朱邦造表示，台灣當局必須回到「一個中國」立場，兩岸關係才有發展，而台灣所謂「各自表述」是分裂的歪曲主張，大陸堅決反對。

　　同日　美軍太平洋總部司令布萊爾在會見國防部長遲浩田時，對國台辦白皮書中對台「三個如果」的對策表示關切。遲浩田強調，大陸對台方針仍以「和平

統一、一國兩制」為主,但不承諾放棄使用武力,白皮書只是反映大陸對台政策的一貫立場。

3月

　　3月1日　柯林頓第三度聲明,美國堅持「一個中國」的政策,兩岸應和平解決爭端,堅決反對任何對台武力的威脅。

　　同日　太平洋美軍總司令布萊爾向中國官員表示,美方嚴重關切大陸對台白皮書所引發的台海局勢緊張,呼籲中國領導人對台灣問題展現「耐心及自制」。

　　同日　江澤民在會見美國前總統布希時表示,大陸希望美方妥善處理台灣問題,避免中美關係再次受到挫折。

　　3月2日　全國政協九屆三次會議新聞發言人田曾佩表示,在香港、澳門相繼回歸祖國後,儘早解決台灣問題,實現中國的完全統一,已成為更加緊迫的問題。政協堅決支持和贊成國台辦日前發表的《一個中國的原則與台灣問題》白皮書。

　　同日　大陸發表《一個中國的原則與台灣問題》白皮書後,兩岸關係再度趨於緊繃,但兩岸學術交流並未受到影響,多位研究中美關係與兩岸問題的大陸學者近日相繼抵台訪問,並與台灣學術機構進行座談,就台灣「大選」後的兩岸關係交換意見。

　　同日　連戰表示,兩岸對於「一個中國」及主權看法雖然有分歧,但是不應該影響協商交流。台灣不期待大陸會接受「特殊的國與國關係」立場,但大陸也不能強迫台灣接受其「一個中國」的定義。雙方應該回到1992年對「一個中國、各自表述」的軌道上來。

　　同日　台行政院批準《台灣與大陸地區保險業務往來許可辦法》,並認可台商與廣東東莞設立的第一所台商學校。

　　同日　台總統府副祕書長林碧炤表示,大陸發表「一個中國」的白皮書,對這次大選已造成若干衝擊,李登輝很關心情勢的發展,認為現在最重要的是把總統大選辦好,讓「政權」轉移順利完成,至於對大陸白皮書更完整詳細的政策回應,要等新總統就職以後,提出新的政策宣示。

同日　奧爾布賴特警告，如果北京對台用武，美國認為會產生「最嚴重的後果」，兩岸和平統一是唯一可以接受的方式，並重申美國在《台灣關係法》中所承擔的義務。

3月3日　台陸委會在大陸發表對台白皮書之後所做的最新民調結果顯示，80.9%的台灣民眾認為台灣與大陸官方的談判與接觸，應堅持平等協商的原則。同時，有79.2%的台灣民眾贊成和大陸開展政治談判。

同日　台「經濟部投審會」指出，由於台商極看好中國大陸下半年加入WTO所將帶來的商機，因此1月份對大陸投資金額高達3.1億美元，比去年同期激增6.6倍。

同日　香港特區政府透過「有關管道」正式知會台陸委會，要求新任的台「香港事務局長」、即中華旅行社總經理張良任，應先承諾在赴港就職後，不會發表「兩國論」等分裂言論，特區政府才會處理張良任赴港的工作簽證。

同日　美國東亞事務助理國務卿羅斯在香港重申美國白宮反對國會透過「台灣安全加強法」的立場，因為一旦透過該法，反而會導致亞太區域不穩定，對台灣安全沒有幫助。

同日　《紐約時報》發表社論指出，即使美國對台提供先進的武器，台灣也無法持續抵抗大陸的攻擊。大陸的威脅和美國的軍售升高，只會使華盛頓、北京、台北三角關係更具爆炸性。

3月4日　江澤民表示，希望兩岸能在條件成熟時，在「一個中國」原則的基礎上恢復對話。但同時強調，白皮書中的「三個如果」是北京的一貫立場，絕不承諾放棄以武力解決台灣問題。

同日　台財政部保險司長沈臨龍表示，截至目前，已有國泰人壽等7家保險業者，申請前往大陸設置辦事處，只要符合近3年沒有違規、擁有良好財務能力的業者，都可向財政部申請，但辦事處不能夠在大陸當地受理核保、理賠等業務。

同日　台「出入境管理局」表示，自3月6日起，香港或澳門居民申請來台，「境管局」將增加核發一年期多次出入境許可的簽證。

3月5日　朱鎔基總理在九屆人大三次會議上作政府工作報告，強調對「兩國論」和台獨等嚴重損害中國主權和領土完整的分裂活動「絕不會坐視不管」，大陸「有決心，也完全有能力」早日解決台灣問題，完成祖國統一大業。重申大

陸仍寄望於台灣當局，更寄望於台灣人民，並願在「一個中國」的原則下進行海峽兩岸的對話與談判。

同日　軍委副主席張萬年參加解放軍代表團審議政府工作報告時表示，台獨就意味著戰爭，分裂就沒有和平，解放軍完全有決心、有信心、有能力、有辦法維護國家主權和領土完整，絕不容忍、絕不坐視任何分裂祖國的圖謀得逞。

同日　台中央研究院院長李遠哲稱，台灣民眾對兩岸關係衝擊台灣前途的嚴重性及警覺性還不夠。台灣問題如不能和平處理，不但影響亞洲穩定，也會對全球穩定造成衝擊。

3月6日　台經濟部表示，台商「台灣接單、大陸出貨」的比率逐年增加，其中化學、民生工業製品更高逾三成，而且台企製品內銷大陸也呈成長趨勢。

同日　台內政部發佈「台灣人民進入大陸地區許可辦法修正案」，警察人員進入大陸地區探親、探病或奔喪，自3月8日起即可申請，由服務機關審核後，經「警政署」轉內政部同意。

3月7日　日本自民黨正式成立「邀請李登輝訪日籌備委員會」，幫助李登輝在退休後早日訪問日本。對此，外交部發言人朱邦造強烈警告說，中國反對李登輝以任何名義、形式訪問日本。「李登輝訪日成行，將構成中日關係中的嚴重政治事態」。

同日　《解放軍報》發表題為「『台獨』即意味著戰爭」的評論文章，呼應張萬年的對台談話。

同日　外交部發言人朱邦造表示，大陸發表的對台白皮書是以政府文告發出的，絕不可能因台灣一些人所謂「善意」加以收回或修改。

同日　美國國防部宣布兩筆對台軍售，一筆是一百餘枚「鷹式」防空導彈，一筆是雷達更新設備，總值2.06億美元。

3月8日　江澤民回答兩岸之間是否可能爆發戰爭問題時表示：「我們沒有這個感覺」，對於兩岸未來就「一個中國」原則問題達成共識的機會說，「我是樂觀的」。又說，如果台灣走向「獨立」，就不能怪大陸「相煎何太急」了，因為兩岸「本是同根生」。江澤民表示，他願意在適當的時候去台灣看看，也歡迎台灣新領導人來大陸參訪。

同日　李登輝在國民黨中常會講話，呼籲大陸領導階層，要以新思維、新格局回應國民黨和台灣的誠意，積極展現善意，恢復兩岸對話，以推進兩岸關係進入建設性的新世紀。

同日　連戰表示，江澤民有關兩岸關係的講話，有相當的善意，「已經有好久沒有聽見這樣的話了」，「我相當重視」。連戰表示，江澤民表示歡迎台灣的新領導人到大陸訪問，他個人如有機會也可訪問台灣，這是「正面開始」，非常重要。

同日　針對江澤民的講話，蘇起回應稱，推動兩岸高層領導人互訪，訪問就是訪問，見面就是見面，氣氛可以輕鬆一點，不應設下不必要的先決條件。

同日　宋楚瑜陣營政策小組召集人邵宗海指出，宋從未公開表示在當選後將赴大陸訪問或展開「和平之旅」，不過，如果在維持對等、尊嚴的前提下，大陸領導人主動邀請，而且確定對促進兩岸和平、和諧有一定幫助，宋沒有理由排斥赴大陸訪問。

同日　宋楚瑜的搭檔、台副總統參選人張昭雄說，「兩岸先談一個中國」的立場，雙方應就此建立共識，在互信的原則下逐步交往。如果大陸領導人能有善意回應，如果當選，他很樂意到大陸訪問。

同日　陳水扁稱，美國最近對中國大陸提出了強烈警告，顯示美國認為台灣總統大選結果一定會政黨輪替，大陸已對民進黨「執政」，兩岸關係如何重新開始有心理準備。

同日　針對江澤民表示歡迎台灣新領導人訪問大陸一事，李敖指出，台灣的領導人以什麼樣的身份去大陸才是個關鍵問題。江澤民說法雖是善意表示，但台灣方面別高興得太早，江澤民願意來台訪問，表示兩岸關係將進入良性互動階段，他對此表示肯定。

同日　許信良表示，江澤民指目前兩岸關係並沒有「烽火連三月」的感覺，這對目前的兩岸關係是一件好事。又稱大陸處理問題的方法像是一個「在家裡囤積軍火庫準備跟你大幹一場的復仇集團」，大陸目前是以武逼和，當台灣不再擁有空軍、海軍優勢時，就不得不對大陸就範。

同日　大陸各地台商協會資深會長聯誼會在台北發表聲明，表示港澳主權回歸中國大陸，現行經由港澳中轉直航已失去實際意義，而且兩岸即將陸續加入WTO，強烈呼籲各組候選人當選後，盡速制定兩岸人、貨海空直航時間表。

3月9日　美國國務院發言人魯賓說，儘管中國反對，但是美國依據「台灣關係法」及三個公報行事，依據美國自己的判斷確保台灣安全，因此將繼續執行對台軍售。

3月10日　外交部長唐家璇在記者會上說，台灣新領導人必須沒有台獨色彩，且願意按照「一個中國」的原則和北京恢復會談，則兩岸自然可以重啟對話。同時警告和要求美、法兩國勿出售軍事裝備給台灣，因為在重大原則問題上，中國是無法妥協和讓步的。

同日　唐樹備接受記者訪問時表示，兩岸恢復協商的起點，應該回到1992年的共識，即堅持「一個中國」原則，但對「一個中國」原則的內涵則不予討論。他表示樂見台灣人民根據自己的意見選出領導人，只要這個領導人不搞台獨，中國大陸方面可以接受。

同日　台灣陸委會官員表示，兩岸對1992年所達成的共識有不同的解讀，但雙方如能回到「一個中國、各自表述」的共識，這是兩岸恢復對話的最佳切入點。

同日　美國國防部長科恩在香港表示，香港特別行政區模式，未必堪為中國解決台灣問題的模式，並強調美國對中國的政策沒有改變，美國希望兩岸能以和平的方式解決爭端。

3月11日　全國政協九屆三次會議閉幕，高票透過政治決議，完全贊同台灣問題白皮書，並支持中央對「兩國論」和台獨等分裂活動所採取的一切措施；表示將按「和平統一、一國兩制」的基本方針和「江八點」，與堅持「一個中國」原則，發展兩岸關係的台灣各黨派、團體和人士接觸交往。

同日　在台灣「大選」前夕，30位美國會眾議員聯名提出共同決議案，促請美國政府支持台灣的民主選舉和民選總統，免受大陸干擾。

3月12日　陳水扁稱，他已做好執政與兩岸談判的準備，將由李遠哲主導兩岸談判，同時繼續借重海基會董事長辜振甫，而民進黨大老施明德、張俊宏也會共同參與。

3月13日　對外經貿部部長石廣生說，中國大陸加入WTO已為期不遠，一旦入世，與台灣的經貿合作將更為密切，但從根本上看，如果台方違背「一個中國」原則，兩岸經貿關係一定會受到影響。

同日　近日宣布辭去中央研究院院長的李遠哲，在接受《中國時報》專訪時表示，只要處理得宜，兩岸可以爭取10年的和平相處，台灣則有更多改革餘地。他極力贊成「三通」，也會建議改組國統會，使這個大陸決策機制符合多元民意，並應更積極推動兩岸交流。

　　3月14日　因台總統選情劇變，外交部發言人孫玉璽在例行記者會警告說，如果台灣領導人選舉出現導致台獨的後果，大陸絕對不會「坐視不管」。

　　同日　台教育部長楊朝祥表示，即將於今年開學的東莞台商子弟學校採用台灣教材，師資制度比照台灣，學歷也可獲得台灣承認，部分建校經費由台當局協助籌措，往後每年比照東南亞台商學校，給予經費補助。

　　3月15日　朱鎔基在全國人大會議閉幕前的記者會上，對台灣發出嚴重警告說，任何形式的台獨都不允許，顯示對台獨的強硬態度，並期待台灣民眾做出「明智的歷史選擇」。

　　同日　蘇起強調，中華民國是「主權獨立的國家」，中華民國選舉新總統，朱鎔基沒有權利對大選指指點點，我們決不接受大陸對「一個中國」的定義，也決不接受大陸的武力威脅，並呼籲大陸理性克制，不要做出傷害兩岸人民感情的事。

　　同日　陳水扁表示，只有台灣人民才有權利選擇自己的領導人，大陸沒有資格替台灣決定，並稱台灣人民不能被國民黨和大陸聯手嚇唬。

　　3月16日　唐樹備指出，如果台灣總統選舉出現「台灣不是中國的一部分或兩岸是兩個國家」的結果，兩岸將無法恢復對話，如果未來台灣分裂勢力得逞，兩岸經貿和交流將受到「嚴重危害」。

　　同日　海基會副董事長兼祕書長許惠祐稱，總統大選是台灣民主選舉的進程，大陸近來持續發表談話，海協亦發言干預並威脅台灣「大選」，海基會對此感到遺憾，並表示不滿。

　　同日　美國國務卿奧爾布賴特說，大陸一連串對台灣的聲明是「無法接受的」，美國正根據「台灣關係法」做需要做的事。國防部長科恩，呼籲大陸在台灣舉行總統大選前夕，停止對台灣的恫嚇，並敦促兩岸以和平方式解決雙方的歧見。

　　3月17日　陳水扁在最後一場選舉造勢活動中，聲稱將追求台海兩岸永久和平，並確保台灣「主權」永遠不讓任何國家吞併。

同日　台財政部保險司完成「台灣與大陸地區保險業務往來許可辦法」修正條文的增訂，對最近 3 年有關健全業務經營績效及安全財務的認定方式做出了明確規定。

3月18日　台灣第十任「總統、副總統」選舉結果揭曉，民進黨提名的陳水扁、呂秀蓮獲得 497.7737 萬票，以 39.3% 的得票率當選。其他幾組參選人得票情況如下：宋楚瑜、張昭雄，獲票 466.4932 萬張，得票率為 36.84%；連戰、蕭萬長，獲票 292.5513 萬張，得票率為 23.10%；李敖、馮滬祥，獲票 1.6782 萬張，得票率為 0.13%；許信良、朱惠良，獲票 7.9249 萬張，得票率為 0.63%。

同日　中共中央台辦與國台辦就陳水扁當選發表聲明，重申「一個中國」原則與台灣是中國領土不可分割的一部分，並表示對台灣新領導人，「我們將聽其言，觀其行，對他將把兩岸關係引向何方，拭目以待」。

同日　柯林頓發表聲明，祝賀陳水扁贏得台灣總統大選的勝利，並表示美國將繼續依據「台灣關係法」維持和台灣密切的非官方關係，同時繼續遵守與中華人民共和國簽訂的三個「公報」所代表的「一個中國」政策。

同日　日本外務大臣河野洋平發表聲明，期待陳水扁能早日恢復兩岸對話，日台關係今後亦將在維持非政府間的務實關係，雙方民間、區域性往來不變。

3月19日　中國駐日本大使陳健接受專訪時表示，台灣領導人陳水扁若想訪問大陸，前提是必須接受「一個中國」原則。並警告日本，若允許卸任後的李登輝訪日，將可能破壞中國總理朱鎔基訪日的計劃。

同日　陳水扁選戰指揮中心執行總幹事邱義仁表示，新「政府」的兩岸政策，一方面是不刺激北京，另一方面擬具具體的善意措施，以免北京認為陳水扁當選後，就收回一切的善意承諾。

同日　民進黨「中國事務部主任」顏萬進稱，現行海基會與海協的互動機制不可能拋棄，辜汪互訪的持續推動，對恢復兩岸對話更具有高度意義，但兩岸兩會的協商功能已不足以涵蓋兩岸交流事務，兩岸官方對話角色將越來越重要。

同日　宋楚瑜表示，任何有助於兩岸和諧、維護台灣民眾福祉的事情，他和新台灣人服務團隊都願意去做。對於兩岸問題，宋表示不能結合民意，不能凝聚共識的任何舉動都是不可行、不穩定的做法。

3月20日　江澤民首次就台灣領導人選舉發表談話指出，台灣選舉已經結束，台灣新領導人必須承認「一個中國」原則，而在此前提下，大陸方面歡迎他來大陸談，同時大陸領導人也可到台灣去。

同日　陳水扁稱，兩岸未來談判，無話不可談，「一個中國」只要不是原則，都可以坐下來談。並表示，在確保台灣安全前提下，將全面研擬「三通」政策，就任後盡速展開談判，也對積極有效推展兩岸和平高峰會議表達誠意與善意，對兩岸的良性互動有堅定信心。

同日　針對陳水扁表示「一個中國」可以成為兩岸議題而非兩岸對話前提、原則的談話，大陸對台高層官員明確指出，主權和領土是不能談的，陳水扁不承認「一個中國」原則，則一切免談。

同日　美國白宮國家安全顧問博格表示，陳水扁過去的一兩天已發表和解的聲明，大陸方面的反應也是適度的，現在是抓住存在於台北與北京之間的恢復對話機會的時候。

3月21日　朱鎔基在會見剛果共和國總統薩蘇時表示，中國絕不會與任何主張台獨的政黨人士進行談判。

同日　針對李登輝卸任後可能訪日，外交部表示強烈的關注，要求「日方高度重視並妥善處理這個問題」，強調李登輝以任何名義和形式訪日，都會構成「中日關係的嚴重政治事態」。

同日　台國防部發言人孔繁定強調，台軍反台獨教育不會有任何改變，仍將加強教育官兵認識台獨對台灣的危害。

同日　為推動台灣離島建設開發，台立法院三讀透過「離島開發建設條例」。在台灣本島與大陸全面通航前，得先試辦金門、馬祖、澎湖與大陸通航，不受「兩岸人民關係條例」限制。

同日　對於台立法院透過在離島試行「三通」一事，交通部表示，大陸方面仍希望兩岸能夠盡快全面進行「三通」，至於台灣方面「小三通」的提議，必須不預設前提條件和人為障礙，大陸方面才會有具體的回應。

3月22日　陳水扁、呂秀蓮拜訪海基會董事長辜振甫。陳水扁指出，現有海基會、海協兩會仍將是兩岸對話的窗口，將繼續借重辜振甫的兩岸談判經驗，並邀請海協會長汪道涵參加總統就職典禮。

同日　陳水扁日前接受《洛杉磯時報》專訪時表示，兩岸和平相處是他施政的「最優先選擇」，也樂見中國加入WTO，並且和美國維持正常貿易關係。

同日　宋楚瑜領導的新台灣人服務團隊宣布，籌組中的新政黨名稱暫定為「新台灣人民黨」，簡稱「新民黨」。

3月23日　針對美國國會議員提議陳水扁在就職前到美國訪問一事，外交部向美方提出警告，並明確指出，中國不允許陳水扁以任何身份前往與中國有外交關係的國家訪問，這對雙方關係是至關重要的。

同日　美國特使漢密爾頓先後拜會陳水扁、李登輝等，表示美國的兩岸政策不會有所改變，兩岸應自制，盡速復談。

同日　美國眾議院國際關係委員會透過一項共同決議案，祝賀台灣成功舉辦總統大選及陳水扁、呂秀蓮勝選，並要求大陸自制，採取宣示放棄對台用武等有利於對話的步驟。

3月24日　錢其琛在全國台辦主任會議上表示，大陸絕不允許任何形式的「台灣獨立」，台灣領導人只要承認「一個中國」原則，什麼時候都可以來大陸談，大陸方面願意去台灣，海協與海基會也可以接觸往來，否則，一切都談不上。

同日　宋楚瑜領導的新台灣人服務團隊召開第二次組黨籌備會議，決意將「新台灣人民黨」易名為「親民黨」。

同日　香港行政長官特別助理葉國華表示，只要符合「一個中國」的原則，香港歡迎在台灣大選獲勝的陳水扁來訪。

3月25日　《中國國防報》文章表示，一旦「台灣獨立」，大陸只能採取斷然措施，先解除國家和民眾危機，再安心搞建設。

3月26日　民進黨駐美代表邱義仁稱，與李登輝相比較，民進黨當局與北京幾乎沒有緩衝期，因此處理兩岸關係沒有犯錯的空間，必須謹慎小心，避免各種可能的錯誤。

3月27日　陳雲林強調，當前兩岸關係的發展，當視陳水扁「5‧20就職聲明」中是否能夠明確表示接受「一個中國」原則，大陸方面是不會接受陳水扁一個中國當議題來談的說法。並指出，在陳水扁尚未明確表態前，大陸方面不會與陳水扁及相關人士進行接觸。

3月28日　國台辦官員表示，如果陳水扁要表達改善兩岸關係的善意，應該在「5‧20就職演說」中承認「一個中國」原則。

同日　陳水扁在拜會聯電董事長曹興誠時，以「台灣心、中國情」來形容兩岸關係，強調兩岸應用新思維、大格局來舒緩不必要的緊張關係。

同日　台灣最大的封裝測試集團日月光公司董事長張虔生呼籲，台灣移民政策應該調整，引進大陸人才來台提升台灣高科技水準，否則台灣科技優勢將會流失。

3月29日　朱鎔基、錢其琛及唐家璇分別會晤美國家安全顧問博格，要求美國不要支持台獨，中國不允許任何形式的台獨，中方並希望台灣新領導人盡快回到「一個中國」的原則。博格重申，美國遵守「一個中國」政策，履行對台的「三不」承諾。

同日　民進黨「中國事務部主任」顏萬進在第十次「台港經貿聯席會議」上稱，民進黨當局大陸政策的基本概念是「穩定壓倒一切」。並表示，雖然目前談判前提不同，不過可以尋求其他對話模式來解決問題。

同日　台陸委會表示，為協助大陸台商解決子女教育問題，該會已報請行政院參照「海外台北學校」模式，決定給予廣東省東莞台商協會籌辦的東莞台商子弟學校有關師資、教材的審定及經費補助等協助。

同日　台陸委會副主委鄭安國表示，民進黨上台後，台港官方互動模式，仍要視港方態度而定。

3月30日　江澤民會見博格時表示，兩岸對話談判必須以承認「一個中國」原則為基礎，主權問題不能談判，大陸絕不允許台灣分裂出去，大陸有決心、有信心、有能力完成中國統一。博格表示，美國將堅持「一個中國」政策，三個聯合公報，堅持「三不」承諾，希望穩定兩國戰略關係。

同日　國台辦表示，雖然兩岸談判已經中斷，但是兩岸交流，台商保護和接待台灣人士的功能，仍由海協負責，因此短期內不會裁撤。

3月31日　據《華盛頓郵報》報導，美國科學家史東祕密抵達北京，代表陳水扁與中國大陸領導人討論台灣問題。

同日　宋楚瑜籌組的「親民黨」正式成立，黨主席宋楚瑜表示兩岸和平、政治民主、社會公道、族群團結四大議題已經成為台灣社會的主流價值。

同日　可能負責「組閣」的台國防部長唐飛表示，兩岸問題攸關台灣的未來，願意為兩岸問題「粉身碎骨」，一旦擔任閣揆，第一要務是爭取處理兩岸問題的時間。

同日　台「財政部長」陳沖在立法院表示，短期內可以先開放銀行赴大陸設立辦事處，若要升格為分行，兩岸之間必須先就金融監理方面進行對談。

　　同日　台陸委會副主委吳安家在例行記者會稱，兩岸若能回到1992年兩會在香港會談所達成的「一個中國、各自表述」的共識基礎，兩岸關係應會出現良性互動的新格局。

　　同日　首次舉辦的兩岸科技博物館交流研討會，在台灣科學工藝博物館閉幕，雙方互約繼續定期交流。

4月

　　4月1日　國台辦新聞發言人張銘清在接受訪問時表示，「台灣不管派誰來，都必須在一個中國原則下」。陳水扁的就職演說是否回到「一個中國」原則，是兩岸關係發展的關鍵，在5·20之前，大陸方面不會與陳水扁指定的相關人士進行接觸。

　　同日　美國在台協會理事長卜睿哲指出，台灣海峽兩岸對「一個中國」原則定義的差異，肇因於彼此的不信任，兩岸應找出雙方均可接受的詞彙，進行對話。在此問題上，美國不會偏向任何一方。

　　4月2日　《紐約時報》報導，大陸以和緩的「聽其言、觀其行」，對待民進黨當局，有助於美國會批準給予中國永久正常貿易關係，讓柯林頓總統在卸任前了卻心願。

　　4月3日　香港《文匯報》報導，大陸官員明確表示，海協會長汪道涵不會參加陳水扁的就職典禮。

　　同日　民進黨主席林義雄表示，兩岸合作應從台商、通婚、漁權等事務性議題開始協商，其次才是政策性問題，希望大陸不要一直堅持「一個中國」的前提。他澄清，沒有所謂「密使」往來兩岸的事情。

　　同日　民進黨國際事務部主任蕭美琴表示，我們可以不排除接受「一個中國、各自表述」，但必須先瞭解「一個中國」的內涵為何。

　　4月4日　主祭黃帝陵的全國政協副主席王兆國表示，兩岸統一問題很急，不能久拖不決。

　　同日　外交部就陳水扁將邀請達賴喇嘛去台灣活動一事提出批評，指出若達賴喇嘛訪問台灣，就是從事分裂活動，是不可行的，大陸方面對此堅決反對。

2000 年 / 4 月

　　同日　邱義仁結束訪美行程回台，表示美方希望兩岸能在「三通」方面有所進展，也認為若要達成兩岸均可接受的共識，仍需要努力溝通。

　　4月5日　李登輝接受美國《華盛頓郵報》及《新聞週刊》專訪，首度坦承對大陸對台動武感到憂心，並稱大陸購買軍事武器明顯影響亞太安定。相信陳水扁任職後，對兩岸政策有持續性，強調兩岸關係中最重要的是保障人民權益及維持台海安全與安定。

　　4月6日　錢其琛重申「一個中國」原則是兩岸接觸、談判的前提，並表示大陸希望見到陳水扁「在這個問題上的整體回應，而不是對個別問題的回應」，只要陳水扁認同「一中」原則，「什麼具體的問題都可以談，都可以商量」。

　　同日　林義雄接受電台專訪時表示，台灣不應刺激大陸，也要用具體作法讓中國瞭解，台灣的存在不會威脅到中國，因此民進黨願意在「三通」政策上採取較為軟性的做法。並稱兩岸的交流，意識形態問題可以慢慢談，雙方可以先解決有關人民切身利益的事務性問題，等有了互信後，自然就可以提高問題的層次。

　　同日　海基會前祕書長陳榮杰在接受專訪時稱，「一個中國」作為談判議題，是「符合談判邏輯、很有道理的主張」，並認為大陸若在政治議題上硬扣「帽子」，預設立場，兩岸可能就沒什麼好談的。

　　4月7日　新華社發表評論員文章，首次點名批評呂秀蓮，指其為台獨分子，強調大陸不會跟主張台獨的個人和政黨談判，也不會用「一個中國」原則做交易。

　　同日　台國防部長唐飛宴請10餘位國民黨立委時，表示兩岸未來「是和是戰」，已迫在眉睫，稱兩岸問題與軍中安定是他同意出任閣揆的主要原因，並認為台獨沒有空間。

　　同日　台北市長馬英九表示，為緩和兩岸關係緊張，他建議陳水扁就職典禮時表示接受「一個中國、各自表述」，走出這一步，對兩岸關係幫助將非常大。

　　4月8日　國台辦副主任李炳才警告說，個別台灣工商界人士一方面在台灣公開支持台獨，另一方面在大陸的經濟活動中撈取好處，大陸方面絕對不允許這種做法。

　　4月9日　大陸批評呂秀蓮台獨主張，動作加大，繼新華社後，《人民日報》也刊文批判，民主黨派人士紛紛表態支持。

同日　陳水扁在接受美國《新聞週刊》訪問時表示，台灣的兩岸政策是朝和解與對話的方向發展，不要任何的武力衝突，如果大陸堅持台灣是大陸一個省的「一個中國」原則，那麼兩岸將很難重開對話。

　　同日　美國前國務卿基辛格接受德國媒體專訪時指出，兩岸軍事衝突是可以避免的，他強調，誰都不要挑戰「一個中國」原則，也不要製造軍事威脅，衝突要靠談判解決，誰都不能從戰爭中得到好處。

　　4月10日　陳水扁拜訪飛碟電台董事長趙少康時稱，只要兩岸都有善意和誠意，雙方關係一定能改善，他有堅定信心，一定會為海峽兩岸開創新局。趙少康表示，兩岸凝聚共識不容易，但相當重要。

　　同日　美國參議員洛克菲勒拜會陳水扁時表示，兩岸關係目前最重要的就是避免衝突以及任何會引起誤解及挑釁的動作。

　　同日　美國眾議院40位跨黨派議員聯名致函陳水扁，促請恢復兩岸對話，把改善兩岸關係，列為新「政府」的第一要務。

　　4月11日　江澤民在中南海會見來訪的新加坡總理吳作棟時重申，北京方面決不允許任何形式的台獨。

　　同日　北京《財經時報》在頭版頭條刊登《誰鬧台獨就端誰買賣》一文，報導宏碁、奇美、大陸工程、長榮等4家公司支持陳水扁的情形。

　　同日　陳水扁拜會新黨立法院黨團時表示，中國大陸要求他接受「一個中國」原則是強人所難。「一個中國」問題必須由「跨黨派小組」凝聚共識，不是他所能片面決定。並表示，兩岸長期以來的困局不可能靠就職演說一次解決，但保證不會帶出新問題，將減緩兩岸不必要的緊張、對立與誤會。

　　同日　陳水扁在會晤潤泰集團負責人尹衍梁時說，在開展兩岸互動關係上，除了繼續推動現有兩岸溝通管道之外，並不排斥「第一管道」或「第二管道」的溝通對話，希望透過雙方的接觸，逐步化解兩岸政治僵局。

　　同日　日本新任總理森喜朗在眾議院表示，深盼兩岸以和平方式解決問題，並期待兩岸早日恢復對話。

　　4月12日　辜振甫在「大選」後的第一次海基會董、監事會議上表示，在兩岸互信基礎仍待鞏固之際，海基會作為兩岸談判制度化及溝通管道的主體，在任何情形下都要維持暢通，應推動恢復兩岸建設性對話，以累計共識，逐步提升

彼此互動層次，回到「一個中國、各自表述」的基礎上，促進兩岸關係的和平發展。

　　同日　海基會祕書長許惠祐稱，大陸最近把所有問題的焦點，都放在如何回應「一個中國」原則的問題上，並把目光集中在5·20的就職演說，這並不是很好的期待，兩岸都應給雙方保留彈性的空間和時間。

　　4月13日　江澤民在以色列訪問時表示，大陸的對台政策是希望以和平方式進行，但仍將保留必要時使用武力的選擇。

　　同日　陳水扁與美國會參、眾兩院議員舉行國際越洋視訊會議，保證將以「改善兩岸關係，維持台海和平穩定」為施政的重要任務，並稱在他主政期間，台灣不會將「兩國論」入憲，不會舉行「統獨公投」，不會變更「國號」，除非中國大陸企圖對台動武，否則台灣不會宣布「獨立」。他呼籲兩岸會談不應侷限在單方面的利益，或預設任何前提與立場。

　　同日　呂秀蓮在演講時稱，我們承認一個中國，就像我們承認只有一個美國一樣，但重點不是一個中國的問題，而是台灣與中國的關係究竟為何，這點必須講清楚，她認為「遠親近鄰」的比喻是善意的表達，盼望與大陸開闢和平歷史新頁。

　　4月14日　陳水扁重申，在全民沒有形成共識前，他個人沒有資格，也沒有任何權力對所謂「一個中國」問題，作出正式的、完全的、令人滿意的回應。他無法解決50年來，或12年來都沒辦法解決的兩岸關係問題，但他絕不會製造更多的麻煩問題。

　　同日　連戰表示，他在5月20日卸任副總統後，將先走向國際，然後走進大陸「做和平之旅」，繼續為兩岸的和平奉獻心力。

　　同日　針對連戰表示願意訪問大陸一事，張銘清表示，只要連戰符合「身份適合」與「主張兩岸統一」兩項條件，大陸對他訪問大陸樂觀其成。

　　4月15日　《解放軍報》針對呂秀蓮日前的有關言論警告說，呂的台獨言論是一個極其危險的信號，動搖「一個中國」原則，就意味著突破和平解決台灣問題的底線，人民解放軍正密切關注台海局勢。

　　同日　陳水扁在參加國際獅子會分區年會時表示，兩岸擁有共同文化背景與血緣關係，兩岸人民就像兄弟姐妹一樣，應以智慧、創新來改善兩岸問題，開展良性互動，大家期待已久的兩岸協商機制才能重新開始。

同日　親民黨副主席張昭雄稱，親民黨將積極推動政黨「外交」，但絕不與中國大陸做政黨交流。只要陳水扁不是「暗獨」，為了維護台灣的安全、尊嚴與利益，親民黨會支持陳水扁。

　　同日　針對連戰不排除在卸任副總統職務之後，以國民黨主席身份訪問大陸的宣示，陸委會副主委吳安家表示樂觀其成，屆時主管部門應以特殊案例進行審查。

　　4月16日　陳水扁聲稱，老子和莊子是兩岸共同的老祖宗，老莊哲學是幾千年來重要的精神遺產，在處理兩岸關係上，新「政府」將以老莊哲學來處理，退一步海闊天空，以善意的方式減少兩岸對立和緊張，但這種柔弱並不是軟弱、投降，也不是屈服。

　　同日　台灣南方澳南興裡居民45人抵達湄洲媽祖廟進香，受到當地群眾熱烈歡迎。這是今年第一批以「宗教直航」方式到大陸遊覽的台灣同胞。

　　4月17日　呂秀蓮再對兩岸關係發表挑釁性言論，稱大陸好像漸漸失去耐性、理性，甚至訂出倒計時來處理台灣問題，「我們應加強全民心防，保衛自己的台灣」，並表示其言論並未超過陳水扁的說法。

　　同日　民進黨立委許榮淑獲準赴大陸參加廣州交易會活動，成為陳水扁當選後，首位獲準入境大陸的資深民進黨籍人士。

　　4月18日　陳水扁當局確定由蔡英文接任陸委會主委。蔡表示，兩岸關係應以經貿為主軸，兩岸關係越正常化，對兩岸長遠發展越有利；兩岸加入WTO，將提供雙方良性互動的契機。

　　同日　柯林頓決定，暫不出售神盾級驅逐艦給台灣，但同意出售「長程預警雷達」、「改良型小牛空對地紅外線導引導彈」等武器。

　　同日　外交部發言人孫玉璽表示，中國已注意到美國不售予台灣神盾級驅逐艦的有關報導，中國的一貫立場是反對美國軍售台灣任何先進武器。

　　4月19日　陳水扁在接受外國媒體聯合專訪時表示，他沒有想過廢除或更改「國統綱領」，況且國民黨當局也沒有依照「國統綱領」來推動兩岸關係發展。並稱兩岸關係發展，將由李遠哲擔任召集人的跨黨派小組凝聚朝野、全民共識，作為新「政府」的重要參考依據。

4月20日　李登輝會見加拿大國會議員訪問團時，稱台灣民主轉型與權力和平轉移是中國歷史上從未有過的事，有信心讓台灣民主成為明天中國大陸傚法的「典範」。

同日　蕭萬長表示「國統綱領」是兩岸交流的最高指導原則，只有朝此方向發展，兩岸才能建立穩定的和平互動關係。

4月21日　陳水扁拜訪總統府資政、前行政院長孫運璿時，稱孫提出以「邦聯制」取代「兩國論」的主張是具有突破性的新思維，是否可行，必須由朝野形成共識。

同日　陳水扁參加工商界謝票餐會時，再次詭稱「一個中國」只要不是原則，什麼都可以談，就連聯邦、邦聯或是國協，都有討論空間，但是最後都必須由台灣2300萬人民共同決定。

同日　呂秀蓮稱，中國如果堅持「一個中國」是指中華人民共和國，那我們當然不是中國人。但她不否認自己是華人。她說，兩岸是「遠親近鄰」的說法已經展現最大善意，兩岸沒有必要為了「一個中國」是前提還是議題打仗。

4月22日　正在希臘訪問的國家主席江澤民表示，我們願意同一切贊同「一個中國」原則的台灣各黨派、團體和人士交換有關兩岸關係與和平統一的意見，但我們絕不允許任何形式的台獨。

同日　國台辦發言人張銘清表示，大陸不可能接受陳水扁所言的兩岸走向「邦聯制」的提法，他強調，「邦聯制」是以主權國家為單位的結合，與大陸「一個中國」原則相衝突。

同日　陳水扁三度拜會長榮集團董事長張榮發。張再次建議陳水扁就任後應立即與大陸展開兩岸談判，並希望「三通」談判能夠早日達成協議，今年底前能開放「三通」。

同日　呂秀蓮在接受專訪時妄言，中國軍方正強烈要求江澤民對台動武，呼籲美國及世界其他大國進一步對中國施壓，阻止它軍事威脅台灣。同日　連戰在與媒體記者餐敘時首度公開表示，在卸任後，將以平民身份，在適當的時候，前往中國大陸西安清涼寺將祖母的遺骸移回台灣。

4月23日　宋楚瑜表示，台灣與美國對兩岸目前情勢的看法有明顯落差，國外看兩岸目前情勢已達劍拔弩張的程度。

同日　台陸委會及經濟部表示，民進黨執政後，「戒急用忍」的名詞不要再提，建立兩岸安全防護網卻刻不容緩。

　　4月24日　國防部長遲浩田及總參謀長傅全有在會見外賓時表示，「任何形式的『台獨』都是絕對不允許的，一個中國的原則絕不動搖」，「解放軍正密切關注台海局勢的發展和變化，絕不容忍、絕不坐視任何分裂的圖謀得逞」。

　　同日　唐樹備表示，大陸方面從未同意「一個中國、各自表述」的說法，這8個字也未見諸於正式的文件當中，強調台灣當局只有回到「一個中國」原則，兩會領導人今年才有機會見面。

　　同日　李登輝接見美國外交政策全國委員會訪問團時說，我們一直希望兩岸以民主、對等為基礎展開對話。

　　同日　陳水扁在接見美國訪客時表示，在既有的溝通軌道之外，如果第二、第三軌道有助於解決兩岸問題，他都願意支持。他強調，作為台灣新領導人，不能接受「台灣是中華人民共和國一部分」的說法。

　　4月25日　海協副會長兼祕書長張金成在深圳強調，「一個中國」只能是原則，絕不能作為議題討論，一個國家的領土與主權完整，是不能作為議題討論的。

　　同日　李登輝會見國民黨籍立委時說，新「政府」經驗不足，兩岸政策還沒有一貫性，沒有給台灣老百姓「安心感」。他認為，新「政府」應該依循「國統綱領」，按部就班一步步做。

　　同日　陳水扁說，台灣問題是敏感複雜的問題，但他有使命與責任解決兩岸問題。他不能接受台灣是中華人民共和國一省的說法，他做領導人一定要維護台灣人民的利益，任何人不能違背台灣人民意志。

　　同日　陳水扁在拜訪總統府資政李國鼎時表示，兩岸如果要有交集，就應該把有爭議、敏感的政治議題擺在一邊，在經貿、科技發展上分工合作，互補不足。

　　4月26日　江澤民在會見南非總統姆貝基時重申，中國解決台灣問題一貫堅持「和平統一、一國兩制」的方針，他強調，兩岸對話、談判的基礎是首先必須承認「一個中國」的原則。

　　4月27日　唐樹備指出，雖然台灣新領導人最近發表很多和緩的談話，表達和平、和諧善意，但假如他不承認「一個中國」原則，不承認台灣是中國的一

部分，最後的結果不是和平，而是災難；不是和諧，而是衝突；不是善意，而是敵意。越早承認「一個中國」原則，越能對兩岸穩定帶來契機。

同日　由海協統籌舉辦，台灣中國統一聯盟、海峽兩岸人民服務中心等單位共同協辦的「反獨促統研討會」閉幕，會議發表「反台獨，促和平，促統一」的共同聲明，促請台灣當局新領導人接受「一個中國」原則，承認台灣是中國的一部分。

同日　陳水扁表示，兩岸唯有相互信賴，才有真正的和平。

同日　台內定「國安會副祕書長」邱義仁辯稱，陳水扁絕非兩岸問題的「麻煩製造者」。陳水扁並不只是在現階段為了避免惹起爭端而有「暫時性」的角色調整，而是基於國家安全、政黨發展等作了長遠的考慮。

同日　美國前駐華大使尚慕杰在上海會見海協會長汪道涵，雙方就兩岸問題交換意見。

同日　美副國務卿皮克林對台海近況較為樂觀，稱沒有中國在台海進行軍事演習的資訊，而且兩岸領導階層最近謹言慎行，更期望兩岸能就「一個中國」歧義找到妥協之道而恢復對話。

4月28日　汪道涵在上海向美國客人表示，兩岸應經由對話、和平化解分歧。中國大陸希望與台灣對話，也希望和平解決兩岸目前的問題，並且正在努力與台灣對話。

同日　蘇起在「21世紀的台灣發展與兩岸關係」研討會上，建議以「回到九二共識」取代有關「一個中國」的爭執，至於「九二共識」的內容則各自解釋。

同日　台陸委會副主委林中斌稱，3月18日前後，大陸處理兩岸問題的聲勢已有調整。

同日　針對唐樹備「兩岸談判不是中央對地方」的說法，國民黨陸工會主任張榮恭稱，這樣的說法沒有新意。大陸一貫的手法，就是透過平等的形式來達成不平等的結局。而台灣政治大學教授邵宗海認為，這樣的做法有意義，對等談判的開始，就是要終止內戰狀態。

同日　陳水扁在感恩謝票會上強調會以最大誠意促進兩岸關係。

同日　據新黨「立院」黨團總召集人馮滬祥轉述，中國涉台部門的權威人士強調，台灣如果搞「獨立」，大陸絕對不會置之不理。並稱只要台灣搞「獨立」，大陸一定會有動作，只是時間、地點與動作程度大小的問題而已。

4月29日　辜振甫呼籲，兩岸應重回1992年辜汪會談時「一個中國、各自表述」共識，在「不設前提或預作結論」之下平等協商，重新啟動既有的對談機制，並稱台灣不能接受中國大陸版的「一個中國」。

同日　唐樹備會見馮滬祥時表示，海協非常重視辜振甫在「辜汪會談」7週年發表的談話內容，將加以研究回應，但要恢復接觸，還是要回到「一個中國」原則。

同日　據大陸涉台部門人士說，在3月18日陳水扁當選之後，北京隨即作出「聽其言，觀其行」的緩衝決定，並未將陳水扁的當選與「台灣獨立」畫上等號，這是對台灣方面的善意表示，希望陳水扁能認清形勢，審時度勢，務實地接受「一個中國」原則。

同日　陳水扁稱，兩岸過去多年無法解決的問題，各界不能期待他發表演說後就能全部解決，但他保證演說內容不會製造新問題。

同日　王永慶對陳水扁提出兩岸關係可以透過「邦聯制」解決的說法，表示肯定與支持，並稱兩岸的關係，應該要像兄弟，但兄弟之間也要彼此競爭，他引用台灣諺語「樹大要分枝，插秧要分距」來比喻兩岸微妙的互動關係。

4月30日　江澤民在全國勞動模範和先進工作者表彰會講話，指出解決台灣問題，實現祖國完全統一，是全中國人民的迫切願望和要求。

同日　福建湄洲島舉行媽祖誕辰1004週年祈福大典，共有3萬多位海內外嘉賓出席此次盛會。

同日　陳水扁在澎湖強調，台「新政府」一心一意維持兩岸和平，並引用《菜根譚》「路徑窄處，留一分與人行，滋味濃者，減三分讓人嘗」的句子，形容兩岸目前形勢，需要各讓一步。

同日　張榮恭接受記者訪問時表示，兩岸情勢「嚴峻、危機潛伏」，遠比國民黨執政期艱困，認為重返「一個中國、各自表述」是最中庸可行的方式，李登輝「是台灣人也是中國人」的態度，值得陳水扁學習。

5月

5月1日　陳水扁當局內定陸委會主委蔡英文稱，「一個中國」絕對是兩岸必須面對的問題，不能逃避，但「一個中國、各自表述」是否是唯一的解決方案，

還有討論空間。不可能期望在5‧20就職演說中，陳水扁一次解決兩岸問題，大陸方面應要有耐心、信心。

同日　陳水扁當局內定「經建會主委」陳博志稱，「戒急用忍」政策與三通應該不會矛盾，「戒急用忍」把較多資源留在台灣的精神，陳水扁當局應該不變。

5月2日　大陸對台部門表示，5月20日陳水扁發表的就職演說，並不是大陸對其「聽其言，觀其行」的唯一指標，大陸更注意陳對演說內容是否「言必行，行必果」。

同日　陳水扁會見日本客人時稱，由於大陸缺乏誠意與善意，使得兩岸對話機制中斷，他感到相當憂心。上任後，他自信能改善兩岸關係與建立對話機制。

同日　陳水扁在台北感恩晚會稱，總統選舉後，他對兩岸關係談話所釋出的善意和誠意，國際間都可以感受得到。然而大陸還是不滿意，兩岸問題的癥結不在我們，在對岸。

5月3日　陳水扁接見美國在台協會理事主席白樂崎時，提出5‧20就職演說中有關兩岸問題的三原則，並稱他至少會做到「讓美國方面一定滿意」，「讓國際社會一定肯定」，「即使大陸不滿意，但是至少要讓大陸找不到藉口說我們在挑釁，製造麻煩」。

同日　香港《文匯報》發表社論指出，「一個中國」原則是陳水扁就職的「憲制依據」，並指大陸在處理兩岸關係時，從來就沒有要求台灣先承認中華人民共和國才進行交往，也從來沒有說過兩岸談判是中央對地方的談判。

5月4日　蔡英文強調，兩岸關係現在雖然不是最緊張的時刻，但確是兩岸互動最微妙的時刻，新「政府」的大陸政策將以「確保國家安全，維持亞太和平穩定」，「兩岸交往正常化，擴大開放經貿交流」，「開啟全面性對話」，「檢討大陸政策決策體系，擴大全民參與決策」四大項目為政策主軸。

同日　蔡英文召開記者會，表示「特殊的國與國關係」不會再提，纏鬥「一中」原則使兩岸兩敗俱傷，而兩岸經貿聯結有助於政治問題解決，大陸政策依「跨黨派小組」凝聚共識執行，目前沒有廢除「國統綱領」的意圖。

同日　民進黨「中國事務部」主任顏萬進在一個座談會上稱，承認「一個中國」會有風險，可能使台海問題內政化，並提出兩岸可以在定位上以創造性的模糊，使歧見能夠擱置，讓兩岸關係趨於安定。

同日　台北市長馬英九表示,他願意到中國大陸訪問,而且將加強推動台北市與大陸城市間的經貿、文化交流,並呼籲兩岸應該回歸1992年的「一個中國、各自表述」,將主權問題暫時擱置,先致力於城市與城市間的文化、經貿交流。

　　5月5日　陳水扁在會見日本自民黨訪問團時表示,在兩岸尊重對等、和平方法解決爭端、對未來不預設方向等三原則下,台灣願意與大陸重新展開對話,並在這個基礎上簽訂任何協議與條約。

　　同日　陳水扁重申,只有2300萬台灣人民,才能決定台灣的前途及命運,因此他主張以「善意和解、積極合作、永久和平」來改善兩岸關係。他保證他的5.20就職演說一定會堅持台灣「主權」、台灣尊嚴、台灣安全、台灣利益,並堅持以台灣為主體的台灣優先精神。

　　同日　宋楚瑜就「一個中國」原則,提出6項主張,強調兩岸都是「整個中國」的一部分。一、兩岸間重大政治議題,不應由一方頤指氣使,專斷決定,必須雙方在相互尊重情況下,達成共識。二、兩岸都是「整個中國的一部分,各方應尊重當前兩岸的現況事實」。三、「中華民國是主權獨立國家」,兩岸現存的兩個「政治實體」是歷史造成的結果,這是無法否認的事實。四、兩岸應盡速就「和緩台海緊張情勢」及建構未來關係架構,展開平等協商。五、兩岸及早簽訂「和平協議」。六、兩岸問題未來的「終局安排」,必須尊重台灣全體人民的自由意願。

　　5月6日　陳水扁拜訪富邦集團總裁蔡萬才,稱如果兩岸領導人能有富國安邦的共同理念,就是改善兩岸關係的最好交集、共識和基礎。

　　5月7日　國台辦副主任李炳才指出,「一個中國」的原則是發展兩岸關係的基礎和前提。大陸將繼續遵循「江八點」,認真貫徹執行《台灣同胞投資保護法》及其「實施細則」,切實保護台胞在大陸投資的一切正當權益。

　　同日　唐家璇會見日本民主黨客人,重申台灣是否接受「一個中國」的原則關係到兩岸對話的恢復,將密切注意陳水扁在兩岸關係上所持的方向。

　　同日　蔡英文在接受日本《朝日新聞》記者訪問時表示,新「政府」將不再使用李登輝提出的「特殊的國與國關係」這個詞,並認為兩岸加強經貿交流,應可成為兩岸關係改善的突破口。

　　5月8日　唐樹備表示,蔡英文表示未來不提「兩國論」,不見得就是對大陸拋出的「善意球」,如果台灣當局心態未改,只是不提「兩國論」,沒有什麼意義。

同日　蔡英文在拜會民進黨立法院黨團時稱，「兩國論」是事實陳述，提或不提都不能改變事實，不提「兩國論」並非讓步，而是為緩和兩岸關係，為和平對話鋪路。

同日　許惠祐表示，民進黨執政後，如果繼續授權海基會推動汪辜會晤，該會將持續推動邀請汪道涵訪台計劃。

5月9日　由海協主辦的兩岸關係研討會在廈門召開，來自兩岸的105位重要人士、學者專家及民意代表出席。

同日　唐樹備出席廈門兩岸關係研討會，表示在不違背「一個中國」的原則下，大陸可以做出讓步，並指出沒有所謂「一個中國、各自表述」的共識，有人借「各自表述」把「兩國論」放進去。強調「一個中國」是兩岸和平的基礎，也是兩岸穩定發展的前提，也是維護台灣同胞切身權益的保障。

同日　蔡英文在台立法院稱，兩岸之間有關短期或終期的解決方案，都不是少數人的偏好或取向所能決定，而是要經過全民參與的機制來決定，排除任何可能的方案，都是不負責任的。她期待兩岸能讓「一個中國」與「特殊的國與國關係」有兼容的空間。

同日　陳水扁當局內定交通部長葉菊蘭強調，兩岸「三通」是無法避免的問題，交通部一定會做好相關準備工作，相信新「政府」一定會以全民利益作為「三通」問題的最後考慮因素。

同日　張榮恭表示，大陸在深圳和廈門舉辦研討會的目的，都是在向陳水扁傳遞同樣的訊息，就是所謂「一個中國原則是和平統一的前提和基礎」。

5月10日　蔡英文接受《華爾街日報》專訪，稱希望美國能扮演一個類似「促進者」而非「調查者」的積極角色，幫助兩岸減少彼此間的緊張情勢，希望美國能更積極幫助兩岸建立起雙邊對話機制。

同日　針對台灣宏仁集團有意在上海投資晶圓（芯片）廠，台經濟部次長林義夫表示，當局目前仍禁止企業赴大陸投資「矽晶圓廠」，「投審會」正在調查，並將依法處理。

同日　美國太平洋美軍總司令布萊爾稱，台海軍事狀況平靜是個好現象，因為兩岸問題要以和平方式解決，也就是透過增進兩岸關係、談判、政治及外交過程，而不能靠耀武揚威，尤其不應借使用武力取得上風。

5月11日　唐家璇與日本首相森喜朗會談時表示，如果陳水扁放棄台獨想法，並以行動表示承認一個中國，則兩岸關係得以平等對話，大陸靜觀陳水扁的言行。他強調說，中國希望和平統一，但是台灣如果有任何獨立的行動，則不得不斷然採取嚴厲的應對措施。

同日　台經濟部次長林義夫表示，依目前赴大陸投資規範，包括 SRAM、DRAM 都列在禁止類。但是依據經濟部規劃，未來對這類高科技產業有朝向放寬的趨勢，將在召集相關單位深入討論後，才會訂出明確的放寬標準。

同日　美國防部長科恩接受《朝日新聞》採訪，表示想就兩岸問題訪問中國，與中國領導人直接會談。他說，「希望兩岸問題和平解決，美國一直要求謹言慎行，台灣『總統』選舉後，一直如此，而期待能繼續維持此一狀態」。

5月12日　新華社發表社論指出，在民進黨當權之際，該黨主席林義雄卻大肆鼓吹台獨，使得最近有些人在兩岸關係上做的一些表面文章，一下子被林義雄戳得粉碎。林義雄的言行只是把兩岸推入深淵，絕不會為海峽兩岸帶來安全和穩定。

同日　唐家璇在東京表示，中國不會對「一個中國」原則有任何變更，並無所謂「新定義」，兩岸唯有以「一個中國」為前提，方有平等的談話。

同日　陳水扁稱，雖然目前兩岸關係看起來好像是「山窮水盡疑無路」，但是5.20就職演說之後，絕對可做到「柳暗花明又一村」。

同日　陳水扁當局內定經濟部長林信義稱，當局會由正面的角度思考調整兩岸經貿政策，開放台灣的優勢產業到大陸投資，包括測試封裝業及小寸數晶圓廠等高科技產業都可考慮開放，同時也將再放寬對大陸物品的進口限制。他表示，「戒急用忍」應隨環境改變而改變，經濟部等研擬開放台灣「優勢產業」到大陸尋求商機，並希望產業界將核心競爭力留在台灣。

同日　陳水扁當局內定外交部長田弘茂稱，美國聲稱不做兩岸調人，但若干與美國政府關係密切的美國人士，以「雙軌外交」模式希望啟動兩岸對話，實際上已在扮演「推動者」的角色。

5月13日　根據台陸委會在「大選」後的民調結果顯示，對於今後兩岸關係的發展，有二成七的民眾認為會比較緩和，有二成六四民眾認為沒有改變，有二成三民眾認為會比較緊張。近六成民眾同意先確定雙方平等地位有助於對談，有七成多民眾認為兩岸應有條件直航。

同日　根據台灣決策公關公司一份最新民調顯示，六成五民眾認為，新「政府」暫時不要回應「一個中國」原則，同時有五成三的民眾不接受「一個中國」原則下進行談判、兩岸關係就能改善的說法，也有三成的民眾對上述敘述持肯定態度。

　　同日　台「新同盟會」等政治團體，召開「一個中國、兩岸和平」座談會，呼籲陳水扁當局遵守「憲法」的「一個中國」原則，進行兩岸和談，促進終極的中國統一。

　　同日　美國白宮發言人表示，美國現在和將來都不會扮演兩岸調人，兩岸之間應進行直接對話，美方樂觀其成。

　　同日　美國在台協會理事主席卜睿哲表示，《華盛頓郵報》報導美國運用影響力影響陳水扁就職演說，並非事實。並稱 1982 年裡根政府對台灣提出的 6 項保證依然有效，美方不扮演兩岸間的調停人，也不迫使兩岸走上談判桌。

　　5 月 14 日　李登輝會見民進黨立委，稱「兩國論」的方向非常正確，是經過近 20 位學者專家約兩年的研究才完成的，絕非外傳是一夕之間提出。他希望陳水扁當局在處理兩岸關係上，把握「虛虛實實」的原則，只要不改「國號」就可以了，不要把底牌掀出來。

　　同日　呂秀蓮對新「內閣」成員講話，表示當局未來必須務實而不務虛，即使新「政府」成員過去在統「獨」光譜上有不同偏好，但是從 3 月 18 日開始必須承認，「中華民國是主權獨立國家」，中華人民共和國從來沒擁有過台灣，絕大多數台灣人民不贊成而且害怕統一。

　　同日　針對呂秀蓮提出「海洋立國」的說法，蔡英文表示，這是呂秀蓮個人的看法，與兩岸政策的相關性還有一段距離。

　　5 月 15 日　《人民日報》發表評論員文章，重申「一個中國」原則不容迴避、主權問題不能談判的立場，強調兩岸關係能否緩和、改善與發展，關鍵在於台灣當局是否承認「一個中國」原則。

　　同日　蔡英文稱，在兩岸信心不足的情況下，希望美國或其他國家搭起橋樑，但也不希望美國介入實質討論，並表示美方的反應與台灣期望有段距離，現階段可能只是較低層次的協助。

　　同日　台外交部長程建人指出，美國對華政策的立場一向是不做兩岸調人，美國大選期間對於台灣議題的討論，也並未脫離現行對兩岸政策的主軸。

同日　宋楚瑜呼籲民進黨新當局，應放棄過去偏激的意識形態爭議，以全民福祉為依據，致力推動兩岸和平並維護台海安定。

同日　台「行政院主計處」指出，台灣對大陸的投資以製造業為主，其中更以投資電子業的成長速度最為驚人，首季赴大陸投資電子金額達3.2億美元，較去年同期劇增3.3倍，台商對大陸投資逐漸轉向以電子業為重心。

同日　台灣裕隆汽車公司決定重提申請以公司淨值20%赴大陸投資投資案，投資方向為汽車相關及周邊產業、資訊科技、保險及財務管理等。

5月16日　江澤民會見美國前國務卿黑格一行，重申中國將以「和平統一、一個中國」的原則處理兩岸關係，並希望美方以實際行動恪守中美雙方三個「聯合公報」和美方有關承諾。

同日　外交部發言人章啟月在記者會上指出，台灣問題是中國內政，而且中國人民可以解決自己的問題，外界無權干涉。

同日　陳水扁稱，就職演說講稿中，有關兩岸關係部分，絕對會讓「國人接受、美國滿意、國際肯定，同時也讓對岸找不到任何藉口」，並相信5‧20後汪辜可重啟談判，兩岸「三通」很快就會有眉目。

同日　陳水扁拜會辜振甫時表示，海基會仍將是兩岸協商機制，新當局仍將仰仗辜振甫。

同日　蔡英文在立法院稱，陸委會、海基會將強化功能和專業導向，「5‧20」後，陸委會將優先推動金馬地區小「三通」和依個案核準宗教直航，用以試驗「三通」模式的可能性。

同日　田弘茂表示，他是現實主義者，台灣不可能在一兩年之內加入聯合國。他表示贊成建立兩岸「第二管道」。

5月17日　新華社發表評論員文章，警告台灣新領導人不得延續背離「一個中國」原則的李登輝路線，並且不點名批評台灣新領導人「不承認和接受一個中國原則，不承認台灣人是中國人的一部分，不承認台灣是中國的一部分，不承認自己是中國人，僅說一些和緩的字眼，對改善當前兩岸關係氣氛毫無意義」。

同日　連戰在國民黨中常會表示，兩岸的政黨有必要透過交流溝通，為促進兩岸貢獻心力，國民黨在推動兩岸關係上不會缺席。

同日　連戰接受《紐約時報》專訪時表示，新當局建議美國政府出面協調台海兩岸問題的做法並不可行。美國一直認為，兩岸問題應由台海雙方協調解決。

同日　蘇起表示，兩岸問題應由兩岸人民與官方共同解決，外力的介入可能不能避免，但是是否主動要求美國介入處理，必須審慎考慮。

　　同日　陳水扁在拜訪總統府資政謝東閔時表示，兩岸都是一家人，應該相互扶持，「家和才能萬事興」，但是如果兵戎相見，無形中距離就會拉開，讓一家人變成陌生人、敵人。

　　同日　蔡英文稱，陳水扁就職演說，有關兩岸政策內容將依循國家尊嚴、向對岸表示善意等兩大主軸，希望兩岸共同解決問題，因為兩岸是朋友、夥伴關係，而不是敵人關係。

　　5月18日　陳水扁說，處理兩岸關係要有地球村、全球化的戰略思維，大陸雖大，必須講道理，台灣雖小，卻擁有真理。台灣願意與大陸講道理。他將在就職演說中強調兩岸共同文化，相信雙方關係必會「柳暗花明」。

　　同日　呂秀蓮稱，兩岸關係的處理，台灣要爭取當主角，我們「寄希望於北京當局，更寄希望於廣大的中國人民」，期望兩岸領導人能相互尊重，相知相惜。由於兩岸關係相當特殊，北京不僅仍未放棄對台動武，並持續在國際社會上孤立台灣，因此台灣「國防」、「外交」與大陸政策必須「三位一體」，等同看待。

　　同日　蔡英文在立法院稱，依照「國統綱領」規定，如果要進行兩岸「三通」，大陸應承諾放棄使用武力。並說陳水扁的「三通」說法不會沒有前提，若繼續僵持就不具備「三通」條件。

　　5月19日　《人民日報》發表社論《「對談三原則」的實質就是「兩國論」》，不點名批評陳水扁。社論指出，台灣有人把「兩國論」進行包裝，提出所謂「兩岸對談三原則」，是意圖「分裂國家」。兩岸平等談判並不存在問題，台灣有人在拒絕接受一個中國原則的同時，提出「要大陸承認台灣的對等地位」，實質上是繼承李登輝的「兩國論」，是以要求對等談判為幌子，「意圖分裂領土」。

　　同日　陳水扁接受台灣民視專訪，稱兩岸人民具有共同的歷史背景、血緣、文化、宗教信仰，還要分彼此、兵戎相向嗎？在就職演說中，至少他有誠意與善意改善兩岸關係，讓大陸找不到藉口挑釁。

　　5月20日　陳水扁發表就職演說，稱海峽兩岸人民源自相同的血緣、文化和歷史背景，相信雙方的領導人一定有足夠的智慧與創意，秉持民主對等的原則，在既有的基礎上，以善意營造合作條件，共同處理未來「一個中國」的問題。陳提出「四不一沒有」的保證，表示只要大陸無意對台動武，他保證在任期內，

「不會宣布獨立，不會更改國號，不會推動兩國論入憲，不會推動改變現狀的統獨公投，也沒有廢除國統綱領與國統會的問題」。

同日　國台辦針對陳水扁的就職演說發表聲明指出，演說雖然提到「五不」，但在「一個中國」原則的關鍵問題上採取迴避、模糊態度，顯然陳水扁宣稱的善意和解是缺乏誠意的。聲明表示，只要台灣當局明確承諾不搞「兩國論」，堅持1992年達成的「海峽兩岸均堅持一個中國原則」的共識，大陸願授權海協與台灣授權的團體或人士接觸對話。

同日　辜振甫稱，陳水扁在就職演說提及在既有基礎上，以善意營造合作的條件，共同處理未來「一個中國」的問題，已明顯釋出兩岸對話的善意，如有必要，他願意再到大陸走一趟，與海協會長見面，促成兩岸恢復對話。

5月21日　新華社發表評論員文章，批評陳水扁就職演說對「一個中國」原則問題採取迴避、模糊的態度，缺乏改善、緩和兩岸關係的誠意，兩岸關係發展因此仍面臨著不穩定因素。台灣當局不接受「一個中國」原則，兩岸關係不僅無法改善，還會導致衝突，引發危機。

同日　陳水扁會見海外僑胞說，兩岸關係很敏感，很複雜，「阿扁的就職演說已盡了最大的善意與誠意，要來化解兩岸敵意，促進兩岸關係正常化，對岸如果不聽我也沒辦法」。

同日　陳水扁在金門聲稱，在台灣安全得到確保的前提下，當局將依靠市場法則，秉持互惠和比例原則，檢討「三通」原則，並稱兩岸都要加入WTO的此刻，「三通」議題無法迴避，將來一定要與大陸展開對談和協商。

同日　美國務院針對陳水扁就職演說發表聲明，稱台灣新領導人在恢復兩岸對話方面，一般而言採取了務實和建設性的步驟，美國對此感到鼓舞，並表示，「陳水扁先生的就職將會成為雙方直接溝通的一個基礎」。

5月22日　全國政協副主席張克輝表示，大陸將繼續對台灣當局新領導人「聽其言，觀其行」，拭目以待，看其落實，但不能無期限地拖延下去。

同日　陳水扁吹噓，他的就職演說已表現出最大的善意與誠意，台灣、美國、國際社會都很滿意，唯獨大陸不滿意，這是意料中事。

同日　台陸委會主委蔡英文稱，有關陳水扁所提共同處理未來「一個中國」的問題，絕非單方可以處理，而是雙方必須坐下來處理的「高難度問題」。她說，

海基會仍是當局授權處理兩岸溝通協商的主要管道，但也不排除其他「補充性的管道」。

5月23日　外交部發言人章啟月批評日本右翼政客石原慎太郎的「一中一台」論調，並警告日本政府，不能讓李登輝訪問日本，否則，日本將違反對「一個中國」原則的承諾。日本外相河野洋平也批評石原講話相當失禮，並表示李登輝不能以私人身份訪日。

同日　陳水扁會見各國「特使」團、慶賀團時稱，海峽兩岸應共同努力，彼此尊重人民自由意志的選擇，這才是民主自由真正的意義。雙方應在既有的基礎上，共同解決現有問題，而不是「單方面」來處理。

同日　蔡英文會見外籍記者時詭稱，「特殊的國與國關係」兩岸定位主張，原是希望開啟兩岸互動關係的新架構，應是具有善意的主張，招致大陸方面的誤解，令人遺憾。她說，即使不再提這項論述，但兩岸的現實狀態仍然存在，兩岸的各項交流，都必須定位在對等、尊嚴的基礎上。

5月24日　陳水扁稱，兩岸若要「三通」，一定要從「小三通」開始，「三通」雖然無可避免，但仍須視對方反應而定，兩岸復談才有機會討論。

同日　台國防部發言人稱，大陸軍方將於5月25日至31日白天時間，在福建泉州灣附近海域從事傳統火炮射擊，這是大陸每年例行性的射擊訓練，靠近大陸沿岸，對台灣外島並無影響。不過，為維護台灣股市免受影響，台行政院決定啟動護盤機制。

同日　國民黨代主席連戰在歐洲議會指出，在現階段兩岸問題上，民進黨當局可以從目標認知距離來緩和緊張，大陸則可以從角色地位認知距離來消解不安。並稱當前兩岸刻不容緩的工作就是尋求雙方領導階層會晤，若不能達到此目標，亦應建立多元化管道，直接交流。

5月25日　新華社發表署名文章指出，陳水扁提出「未來的『一個中國』問題」，說明他並未放棄台獨的既有立場，也沒有要創造兩岸「和解新時代」的誠意與善意。

同日　陸委會在陳水扁就職演說後的民調顯示，有九成受訪台灣民眾贊成陳水扁所提的「五不」主張，有八成三民眾認為陳水扁的就職演說對大陸表達了善意，並認為大陸也應有善意回應。

同日　台交通部長葉菊蘭在 APEC 電信部長會議中，主動與中國訊息產業部部長吳基傳握手。吳基傳表示，希望盡快解決兩岸互通電信問題，以符合兩岸人民的需要及發展。並呼籲為增進兩岸通信領域合作，兩岸應在「一個中國」原則下，儘早實現直接「三通」。葉菊蘭表示，在實質上，兩岸有任何可能合作的機會，台灣都願意努力，但在形式上，必須維護平等互惠原則。

　　同日　董建華會見記者時表示，香港特區政府對台灣駐港官員的要求和回歸前一樣，其中包括不得做令香港政府尷尬的事情，以及需要確認「一個中國」原則，還需要接受「一國兩制」。

　　5月26日　國務院副總理錢其琛在北京大學就「國際關係與台灣問題」發表演講，表示台灣當局新領導人當選後，已由「明獨」轉為「暗獨」，為和平統一起見，大陸希望盡快「三通」，大陸對「一個中國」原則絕不退讓，立場堅定。

　　同日　國台辦新聞局長張銘清、海協副祕書長李亞飛等各界人士，在北京出席香港《文匯報》舉辦的兩岸關係研討會。大家表示，兩岸關係能否從根本上出現「柳暗花明」的轉機，關鍵在於台灣新領導人能否明確表明堅持「一個中國」原則，而北京對台灣當局「聽其言，觀其行」的時間長短，將取決於台灣當局新領導人的表現。

　　同日　台經濟部長林信義指示，「工業局」在檢討現行兩岸分工方式時，應考慮是否投資金額過大等多項因素，審慎檢討赴大陸地區投資的項目類別。依「工業局」初步評估，目前專案類1715項中約五成可放寬為準許類，禁止類195項也約近半可放寬為專案類。

　　同日　台「陸委會企劃處長」兼海基會副祕書長稱，大陸不應拿兩會復談作為談判籌碼、工具，溝通談判是兩岸「兩會」的義務。並表示全世界都在關注兩岸的談判情勢，現在應是兩岸恢復溝通對話最有利與最佳時機。

　　同日　針對台灣歌手張惠妹在陳水扁就職典禮上唱「國歌」引發大陸媒體抗議，並被拒演一事，新黨立委郝龍斌、賴士葆舉行記者會聲援張惠妹，並批評大陸的做法已經傷害了兩岸人民的感情，大陸應盡快收回禁令。

　　同日　台灣中信商銀董事長辜濂松指出，兩岸「三通」是迴避不了的事，在美國給予中國貿易正常關係後，如果兩岸今年秋天都加入 WTO，「至少三年內非解決三通問題不可」。

　　同日　美國前國防部長佩裡證實，他將於6月中旬率團前往兩岸舉行「第二管道」會談，這也是陳水扁就任後，美國與兩岸首次啟動「第二管道」。

5月27日　新華社發表署名文章，促請台灣方面具體回應兩岸恢復對話的兩項條件，也就是承諾不搞「兩國論」，並承諾堅持九二年兩岸兩會達成的「兩岸均堅持一個中國原則」的共識。

同日　辜振甫指出，兩岸目前最大的問題和障礙，在彼此缺乏互信，彼此都不相信對方。他認為，必須先建立互信基礎，而且「安全無虞，尊嚴可得」，方可進行兩岸「三通」的談判，或進程到實務階段。

5月28日　據《華盛頓郵報》報導，江澤民與柯林頓通電話，在談到台灣問題時，各自重申了自己的立場，江澤民表示無意威脅台灣。

同日　美國家安全顧問博格表示，美國已經透過相關管道，告訴陳水扁和江澤民，「美國非常堅定相信，台海兩岸應該恢復對話」，也堅定相信兩岸歧見應該和平化解。

同日　呂秀蓮在其創辦的「國家展望文教基金會」召開的研討會講話，稱我們承認中華人民共和國有效統治中國，不必挑戰「世界上只有一個中國，中華人民共和國代表中國」的說法，但台灣2300萬人民絕對不會承認台灣是中國的一部分。並稱，我們不是要與中國對抗，但我們必須從「一個中國」的爭議中破繭而出，還援引《舊金山和約》重彈台灣「地位未定」濫調。與會的台陸委會副主委陳明通則詭稱九二年兩岸兩會在香港會談，究竟有沒有取得共識，一直存在爭議。海基會祕書長許惠祐則妄言，「一個中國」不是共識，「各說各話」才是共識，北京最近所提的兩岸都堅持一個中國原則的說法，則是「虛擬的共識」，其主要意圖是希望促成「一個中國實質化，中華民國無形化」。

同日　台灣媒體透露，台立法院國民黨e世代問政聯盟將於6月7日前往北京訪問，並計劃與海協會長汪道涵等大陸高層領導會面，這是大陸首度以立法院次級團體為邀訪單位，也是首度以國民黨本土派立委為邀訪對象。

5月29日　大陸涉台官員及學者指出，呂秀蓮援引國際歷史文件，反對「一個中國」，搞「台灣地位未定論」是漠視國際現實。這種歷史翻案企圖不僅徒勞，且將挑起兩岸新論戰，將更激化當前兩岸矛盾，更重要的是台灣當局不要把大陸對台克制的態度視為軟弱。如果一再挑釁，只能將兩岸情勢帶往更危險的方向。

同日　蔡英文在台立法院稱，陳水扁就職演說顯示，當局沒有廢除「國統綱領」與國統會的問題，並希望兩岸共同處理未來的「一個中國」問題。她說，「國統綱領」是大陸政策的指導原則，「一個中國」與「國統綱領」都是當局施

政的有效選項。並詭稱「台灣地位屬於中華民國所有，台灣並不屬於中華人民共和國」，因此，「兩國論」不能與台獨等量齊觀。

同日　連戰在波蘭訪問，稱大陸堅持要求陳水扁接受大陸「一個中國」原則，勢將使大陸與台灣成為中央與地方的關係，「中華民國政府」將不復存在。連戰呼籲大陸，應重視中華民國已經完全民主的事實，台灣的未來不論如何變化，都要尊重台灣人民的意願，大陸應學習尊重並瞭解台灣人民的感受。

同日　美國在台協會辦事處長薄瑞光首度在「5・20」後發表演講，稱有關「一中」的定義及實踐方式留待兩岸自行解決，但兩岸最終安排必須獲得台灣人民同意，美方不會強迫台灣的新領導階層接受大陸的談判條件。

5月30日　《人民日報》發表「和平統一的十大好處」署名文章，論述和平統一給國家、民族和兩岸同胞帶來的利益與福祉。

同日　中央軍委副主席張萬年在西班牙重申，兩岸對話談判的基礎必須是承認「一個中國」原則，「這個原則問題是不能模糊的」。

同日　陳水扁稱，兩岸「三通」是台灣必須面對的問題，但是一定要經由磋商、討論，才會有進一步的發展。並指出，過去兩岸接觸與協商所達成的共識，都是「既有基礎」，「我們堅持在『既有基礎』上處理兩岸問題，代表台灣有誠意、善意與負責的態度。」

同日　台國防部長伍世文稱，大陸軍方對台仍保持「緊繃」態度，但政界人士則是理性，希望和平處理兩岸問題。並指如果台當局決定「三通」，國防部會依據「兩岸互利」原則來因應和配合，一切以確保台灣「安全」為第一要務。

同日　對於江澤民致電柯林頓表示中國大陸無意威脅台灣一事，台外交部長田弘茂指出，江澤民的言論是大陸的一項善意回應，他期盼兩岸能用正面態度思考恢復對話，並借由這些善意回應，為兩岸互動與對話提供正面基礎。

同日　台陸委會、外交部官員和多位學者出席立法院公聽會，多數人同意，未來一年的兩岸關係應屬審慎樂觀，而且樂觀應該多於悲觀，但他們也同意，兩岸已進入長期性僵局，和也難，戰也難，無人能斷言「究竟將演變為穩定的僵局，抑或不安的僵局」。

同日　李登輝稱，大陸對台灣的威脅都只是「嚇嚇人」、「嘴巴大」而已，並沒有真正攻台的實力，台灣要維持現狀，等大陸變。

同日　王永慶說，「陳水扁最近的表現很努力」，「不說台獨，表現圓滿」，稱應該要正視陳水扁現在的改變，兩岸本是同根生，應該要和平相處。

5月31日　伍世文在台立法院接受質詢時稱，台國防部已針對當局開放「三通」政策，由專案小組就加強「偵搜」與目標辨識，以及「三通」後會遭遇到的狀況預作因應。至於兩岸是否可建立軍事熱線，他表示兩岸互信機制是多層面的，目前有許多退役將領前往大陸觀光或參加學術研討會，也許可以從兩岸退役將領交流開始。

同日　蔡英文稱，兩岸關係不是只有統一、「獨立」和維持現狀而已，統「獨」不是絕對對立的，兩岸目前最需要的是相互給予空間，並在「兩岸共存架構」下恢復溝通商談，兩岸才能在各種可能發展中尋求交集。兩岸過去太強調邏輯與架構，現在應強調的是「彈性、空間、容忍、耐心」。

同日　蔡英文會晤辜振甫時表示，當局將繼續授權海基會促成「汪辜會晤」，海基會與陸委會正積極評估重新邀請海協會長汪道涵訪台的具體做法。

6月

6月1日　針對台灣有關人士今年10月汪辜可舉行會談的說法，唐樹備持否定態度，表示目前雙方共識都沒有，恢復會談的基礎就不存在。

同日　呂秀蓮稱，她可以接受台灣屬於中華民國的說法，但台灣「絕對不屬於中華人民共和國」。

同日　台中央研究院院長李遠哲稱，基於台灣利益，他願意擔任兩岸調人，並宣布「跨黨派兩岸小組」將於月內成立。

同日　高雄市長謝長廷表示，無論哪一個黨壯大，最重要的是回歸人民福祉，此時兩岸應互相觀察、期待、學習，期待大陸讓兩岸人民享受和平與民主的成果，並表示對民進黨主席訪大陸一事「無預設成見」。

同日　親民黨立法院黨團決議，將在7月15日前往大陸訪問，由前「立法院長」劉松藩帶隊，並宣稱此行主要目的是為台商服務，在北京停留期間將刻意排除其他的安排。

同日　新加坡資政李光耀接受「遠方經濟論壇」專訪時稱，中國越來越堅持加速兩岸統一，這一趨勢造成亞洲國家的緊張。他擔心對台不安情緒的加深將促使中國擴張軍備，把亞洲從世界最大的市場，變成世界最危險的地區。

6月2日　新華社發表題為《台灣作為中國一部分的地位不容改變——駁呂秀蓮的「台灣地位未定論」》的署名文章，強調台灣作為中國一部分的地位不容改變，呂秀蓮的言論只是無視於歷史事實的鼓噪，將對兩岸關係發展產生惡劣影響，北京絕不會容忍這種將台灣從分割出去的圖謀。

同日　台行政院長唐飛在立法院表示，為了改善兩岸緊張關係，我方願在相互尊重的基礎上，化善意為行動，積極推動兩岸交流合作，展開包括政治議題在內的全面對話，全面檢討「三通」政策，並建立兩岸互信機制。期盼對岸也能「以善意回應善意」，以追求台海永久和平，以及兩岸人民的福祉。並稱兩岸今年可望加入WTO，這是改善兩岸關係的好機會，也是重要的轉折點，更是兩岸建立新經貿關係的立足點。

同日　蔡英文表示，在有關人員管制與治安考慮等技術問題都能克服的情況下，對於兩岸宗教直航的申請案件，陸委會原則同意朝「個案試辦、專案核準」的方式處理。

同日　為因應未來可能的兩岸「三通」，台交通部規劃三套「三通」準備方案，仍以海運為先，包括離島「小三通」、擴大境外航運中心及全面「三通」三套策略，均各有多項問題得協商解決。其中以擴大境外航運中心實施技術最為簡單、可行。台交通部相關官員指出，台灣將兩岸航線定位為「特殊航線」，未來仍須透過雙方協商，取得協議，才能展開航線、航管、通訊等實際的通航準備。

同日　連戰表示，兩岸開展「三通」的真正隱憂，來自於開放「三通」之後衍生的問題，包括非法移民、經貿糾紛等，因此開放「三通」，要以台灣安全做最重要考慮。

6月3日　《文匯報》報導，大陸對台工作部門表示，台行政院長唐飛在施政報告中，不提一個中國，卻侈談建立兩岸互信機制、全面對話、檢討兩岸「三通」政策，這是不切實際的。

同日　陳水扁在世界領袖教育基金會成立大會表示，兩岸事務急不得，必須靠時間、韌性和耐力，以智慧和創新來解決。

同日　台交通部長葉菊蘭稱，兩岸「三通」技術上沒有問題，相關作業準備也即將就緒，只要兩岸政策確定，今年底前「三通」是可行的。

同日　台陸委會副主委林中斌評估兩岸關係時表示，美國比四年前更積極穿梭兩岸，促進台灣與大陸友好。但希望美國改善中美關係時，基於台灣與美國共

同利益，一定要保障台灣安全，免受大陸威脅，台灣也會用耐心與誠意等待大陸善意回應，並研議從金馬地區開放「小三通」出發，向大陸展現台灣的誠意。

　　同日　謝長廷表示，兩岸「三通」應舍小異、取大同，高雄不論從海運或空運角度而言，都是試辦「三通」的最佳選擇。

　　6月4日　《人民日報》發表題為《一個中國的原則與國際法》文章，強調「一個中國」的原則不僅具有不可動搖的事實基礎，而且具有堅實的國際法根據。台灣當局作為控制中國領土一部分的地方政權，絕對沒有權利將台灣從中國領土分裂出去，如果台灣當局強行主張分裂並實際實施分裂，中國政府則有權使用國際法賦予的一切必要手段來維護領土的完整。

　　同日　為推動兩岸宗教直航活動，台中鎮瀾宮卜筊杯（占卜）決定7月16日（農曆六月十五日）起駕，由台中港直航大陸湄洲島。

　　同日　台中縣大甲鎮瀾宮準備直航大陸湄洲進香，金門縣全力爭取作為「中點站」，縣長陳水在希望這趟兩岸矚目的宗教直航成為「小三通」的「處女航」。

　　同日　針對媒體指陸委會已宣佈一個月內提出「宗教直航」解決方案的報導，台陸委會書面澄清表示，一、「宗教直航」案之可行性尚需作相關評估，陸委會並未宣布解決方案的時程；二、本項評估並非針對特定宗教組織；三、陸委會呼籲民眾，在當局未決定前，切勿過早進行相關籌劃工作。

　　同日　蔡英文抵達馬祖活動，重申全面「三通」前，將先實施「小三通」，希望最遲在今年底前開始實施。

　　同日　針對兩岸兩會1992年是否達成「一個中國、各自表述」的共識，曾擔任陸委會副主委的台北市長馬英九指出，兩岸當然有此共識，「這是很清楚的」，新「政府」說沒有共識，讓當時參與兩會談判的人看得眼花繚亂，也很意外。

　　6月5日　陳水扁在會見外賓時表示，兩岸應在既有基礎上，共同處理未來一個中國的問題。並稱「邦聯制」構想，是「新構想、新思路」，可作為人民凝聚共識的進一步思考。

　　同日　呂秀蓮會見美國訪客說，「台灣與大陸的確存在特殊的關係，在文化上台灣人確屬中國人」，但在政治上，兩岸仍存在很大的差異，並表示民進黨當局不希望與中國大陸對立，而是要彼此和平、友善。

同日　台「經建會主委」陳博志表示，將視產業結構、兩岸加入 WTO、大陸對台有無善意等因素調整「戒急用忍」政策。

　　同日　台交通部長葉菊蘭表示，由於「小三通」相關辦法尚未確定，大甲鎮瀾宮也未提出船舶、碼頭等營運計劃交交通部審查，作業時間不夠，因此 7 月 16 日宗教直航兩岸並不樂觀。

　　同日　台外交部長田弘茂稱，不排除在對岸釋出善意等條件下，與對岸「外交休兵」。

　　同日　台經濟部次長林義夫表示，未來赴大陸投資項目除考慮將專案審查得分較高部分改為準許類外，其餘仍將區分為準許類、禁止類及專案審查三類。重大基礎建設、高科技產業及產業核心技術仍在禁止對大陸投資範圍。

　　同日　針對兩岸「小三通」與宗教直航問題，台「陸委會經濟處長」傅棟成稱尚沒有時間表，外界不宜過度期待。

　　同日　連戰會見國民黨 e 世代問政聯盟立委時說，「小三通」不應是片面善意的開放，也不能單純從經濟考慮，將目前海上交易化暗為明，這樣的格局太小，必須有政治上的目的，透過協商、談判，期能建立起金馬福建和平區。

　　同日　宏碁集團董事長施振榮等資訊業代表向陳水扁建議，台灣應訂定赴大陸投資的「安全範圍」，告訴民間企業放多少比例資金在大陸，才可兼顧本身利益及台灣安全。

　　6 月 6 日　針對陳水扁提出的兩岸「邦聯制」及有關協商構想，外交部發言人章啟月表示，外交部不便對這些具體建議作出評論，但大陸一貫對台方針是「和平統一、一國兩制」。至於台灣提出的「外交休兵」說，她說，在「一個中國」原則下，不存在「外交休兵」的問題。

　　同日　呂秀蓮稱，對於部分人士假借「神」的旨意，要求當局配合宗教直航，這種做法太過激情，並不妥當。

　　同日　親民黨立法院黨團指出，真正影響台灣安全的是「兩國論」及台獨主張者。

　　同日　台奇美企業董事長許文龍表示，兩岸的中國人具有共同的血緣和文化背景，在經濟上有互補作用，實在沒有必要為了意識形態和統「獨」的爭議傷了和氣，「三通」與政治談判都是兩岸發展的必然趨勢，兩岸要在政治上尋求統一，最好的方法還是加強經濟合作。

6月7日　應海協邀請，新黨立法院黨團將於6月18日赴大陸訪問6天，會見海協會長汪道涵及相關高層人士。黨團召集人馮滬祥表示，此行希望能作為兩岸之間的補助管道，化解因「一個中國」而相持不下的兩岸僵局，尋找出兩岸都能接受的共識。

同日　由大陸各地台商組成的50個台商協會發表共同聲明，強烈譴責台內定「中央銀行副總裁」陳師孟提出的「國家安全捐」構想；並共同推選11人代表，就有關兩岸經貿議題與台灣當局溝通。

同日　陳水扁稱，中國大陸應從亞太地區領導者的角度認識自己的責任，而不是以打壓台灣的「國際生存空間」，製造台海情勢緊張，作為其實現「大國外交」的手段。

同日　呂秀蓮稱，「台灣人民沒有持中國護照，不向中國納稅，不受中國統治，說台灣是中國的一部分對我們不公平」。她妄言，所謂「一個中國」觀點，本身就很難讓人接受，但是如果北京說兩岸是「一個中華」，就沒有問題。

同日　台「國安會」召集「府院」高層首長開會研商，達成「不宜貿然在7月16日前進行兩岸宗教直航」的共識。

同日　蔡英文在與民進黨立委溝通時表示，宗教直航目前沒有法源依據，又缺乏處理原則，況且還需相關配套措施，必須有充分時間規劃，因此陸委會絕對無法在7月16日之前，同意大甲鎮瀾宮信眾直航到大陸進香。

同日　葉菊蘭表示，宗教直航是依據「離島建設條例」而行，在該「條例」施行細則尚未訂定或相關法源及配套措施未能確定前，台中縣大甲鎮瀾宮到大陸進香，必須以外籍船舶彎靠第三地前往大陸。

同日　台總統府資政、海基會名譽董事長孫運璿出席母校哈爾濱工業大學舉辦的學術研討會，9日將返回山東老家探親。

6月8日　國務院新聞辦主任趙啟正在日本經濟新聞社舉辦的「亞洲的未來」國際交流會議上，表示贊成中國大陸加入WTO後，台灣也加入，並警告台灣新領導人勿搞分裂。台灣與會代表吳榮義、辜濂松等人表示抗議，稱大陸不放棄動武，則不算和平統一，兩岸緊張將使外資撤退，不利於大陸經濟發展。

同日　台前立法院院長劉松藩率親民黨立委到北京訪問，為該黨在大陸設立台商服務處做準備工作。

同日　台行政院高層官員稱,當局決定「小三通」金門、馬祖先行,澎湖暫不納入,主要是從台灣安全考慮。

同日　蔡英文在台立法院稱,有關「小三通」之政策評估、規劃及實施方案時間表,若大陸有具體的善意回應,不排除就影響面低、可操之在我部分先付諸實施,而「小額貿易除罪化」,將列為「小三通」最優先的實施項目。

同日　台「立法院內政及民族委員會」透過決議,要求陸委會以專案特許方式,一個月內核準大甲鎮瀾宮信眾赴大陸進香。

6月9日　海協首次就廈門「銀鷺號」5名乘客被台灣當局扣留一事致函台「海峽兩岸人民服務中心」,請求該中心協助瞭解,並轉告台灣有關方面保證5名人員的安全,盡快讓他們駕船返回大陸。

同日　呂秀蓮稱,陳水扁找她在兩岸政策上扮「黑臉」。台總統府即發出新聞稿,駁斥所謂「黑臉白臉」的說法,並稱不論在軍事、兩岸及其他大政方針上,總統府的職權均完整而不容分割。這是總統府第二度針對呂秀蓮有關兩岸議題談話發佈的重要新聞稿。

同日　台陸委會表示,宗教直航必須在「離島建設條例」第十八條完成整體「小三通」及金馬地區通航大陸規劃後,再以「專案特許」方式處理。林中斌稱,本案的問題「不在宗教,而在航線」,明確拒絕「立法院內政委員會」的決議要求。

同日　由台在野黨主導、「立法院程序委員會」表決,確定將行政院應於1個月內專案特許鎮瀾宮信眾直航案及3個月內完成「小三通」案,列入下周「立法院院會」議程。行政院如果未能和在野黨協商取得共識,下周立法院將面臨宗教直航第一波攻防戰。

同日　連戰表示支持媽祖信眾進香宗教直航,希望台灣當局各部門的政策要相互一致。

同日　辜振甫接受《讀賣新聞》訪問時表示,汪道涵若能在今年秋天訪台較適當,並說,「如果他不能來,我也可以去大陸」。他還指稱,若以「一個中國」為前提,則無法取得共識。

6月10日　香港《文匯報》引述大陸對台部門官員談話,稱在海基會未對「一個中國」原則作出明確認同的表態之前,海協不會與之接觸。

2000 年 / 6 月

　　同日　台陸委會副主委陳明通表示，只要回到九二年共識，也就是對於一個中國能有各說各話的空間，兩岸應可復談。台灣仍會派海基會為代表，其他的二軌、三軌都是輔助性管道。

　　同日　台灣雲林縣北港朝天宮宣布，將以彎靠日本石垣島的方式，到福建湄洲等地進行宗教交流。

　　同日　台前「立法院長」梁肅戎表示，「一個中國」的原則如果不能確定，陳水扁的身段再怎麼柔軟，話講得再好聽，兩岸還是不可能重開對話窗口。

　　6月11日　台灣凌晨發生規模達 6.7 級的大地震，海協立即在上午致函海基會，對地震災民表示慰問。海基會副祕書長表示，該會已將海協的函件轉送陸委會，並對海協的慰問表示感謝。

　　同日　台行政院高層稱，當局並不反對「小三通」及宗教直航，但需要訂定辦法，有緩衝時間，以「台灣安全」為重。

　　同日　台灣雲林縣北港朝天宮上午主持法師以擲筊方式請示媽祖，決定 7 月 15 日由水路前往大陸宗教交流，出團日期比台中大甲鎮瀾宮早一天。

　　6月12日　陳水扁會見宏碁集團董事長施振榮等，稱改善兩岸關係及維持台海和平的最好方法之一，就是以資訊科技作為兩岸和平大使、媒介與橋樑，兩岸在資訊科技方面分工合作和交流，才能對台海和平帶來新的發展契機。

　　同日　陳水扁會見美國會參議員洛克菲勒，稱兩岸關係因中國大陸的教條、善意與誠意的不足，而有礙彼此協商大門的敞開。期盼美方在兩岸關係之間扮演更積極的角色，讓辜汪會談能於今年內順利恢復。

　　同日　蔡英文強調，現行法令看不到兩岸「宗教直航」的可能性，但陸委會對「離島建設條例」第十八條，有關先行試辦金馬澎湖與大陸地區通航的政策規劃作業已經開始啟動。

　　同日　經過朝野立委及行政部門多方面溝通協商，決議要求台中縣大甲鎮瀾宮、北港朝天宮媽祖信眾到大陸進香，都必須彎靠第三地方式進行。

　　6月13日　外交部發言人朱邦造回答新華社記者提問，表示「兩德模式」或「南北朝鮮模式」不適用於解決兩岸問題。台灣問題純屬中國內政遺留問題，性質完全不同於二戰後國際協議形成的德國與南北朝鮮問題，因此，不能相提並論。

同日　陳水扁稱其就任以來，一直懷著「戒慎小心」的態度，以新中間利益為主軸，處理兩岸事務，雖然有許多雜音，但是他保證，在其「主政」期間一定確保台海安全，改善兩岸關係。

　　同日　台「總統府祕書長」張俊雄稱，南北朝鮮分隔55年，卻能拋棄成見舉行高峰會，令他感到非常敬佩。南北朝鮮高峰會對緩和與改善兩岸關係，應會有正面影響。

　　同日　蔡英文會見新黨大陸訪問團時表示，台灣當局仍歡迎汪道涵訪台，並希望海基會、海協盡快恢複製度化的協商機制。

　　同日　台陸委會副主委林中斌表示，南北朝鮮領導人在平壤舉行首次高峰會，將為朝鮮半島永久和平，以及東亞地區的安全與穩定產生積極的影響。兩岸關係如果也能朝和解的方向發展，兩岸間的高層會晤，乃至於領導人的互訪也是指日可待。

　　同日　連戰表示，南北朝鮮領導人面對面談話，對兩岸關係有啟示作用，但對兩岸關係將有什麼牽動，還得再觀察。

　　同日　劉松藩表示，依他的感受，大陸相當堅持「一個中國」主張，因此不論陳水扁當局口頭上提出多少善意，對大陸來說，回到「一個中國」才是重點。

　　6月14日　新加坡資政李光耀在全國政協主辦的「21世紀論壇」發表演講，表示「只要最終完成統一的目標沒有受到威脅，中國大陸可以耐心地處理與台灣之間的問題」，並重申，為了因應經濟全球化的衝擊和確保大陸經濟持續成長，不應急於解決台灣問題。

　　同日　陳水扁表示，和解時代已經來臨，對立已久的南北朝鮮都可以和解，那我們與大陸也可以。

　　同日　台經濟部長林信義表示，為避免中國大陸加入WTO後，台灣廠商喪失在大陸市場競爭的商機，經濟部積極檢討開放企業赴大陸投資的限制項目，未來開放的比率極可能升至94%，剩下的6%屬於高科技的項目才列為專案審查或禁止類。

　　同日　美國前助理國防部長坎貝爾指出，兩岸未來的不確定性非常高，並非完全樂觀，台灣當局可以美國處理中國問題的手腕當作參考，運用民主政治或官僚體制中的制衡機製做微妙的搭配，借此緩和兩岸危機。

同日　坎貝爾與蔡英文會晤時，建議台灣透過第二軌道瞭解兩岸彼此想法，蔡英文肯定第二軌道的重要性，並表示可進一步強化現有第二軌道的溝通功能。

　　6月15日　國台辦副主任李炳才在與台灣大甲鎮瀾宮董事長顏清標餐敘時表示，大陸方面早就歡迎台灣信眾到大陸進香，台灣不應將宗教事務泛「政治化」。

　　同日　陳水扁表示，為了台灣海峽和平、亞太安全穩定以及早日使兩岸關係改善正常化，美國應扮演更積極角色，發揮「平衡者」與「穩定者」的功能。

　　同日　連戰在會見坎貝爾，批評陳水扁迄今對大陸政策只有「說『不』的政策」，在兩岸事務上只能以零星、即興的方式來應付，缺乏長遠整體的規劃。

　　同日　田弘茂稱，南北朝鮮問題並非如大陸所言，無法與兩岸問題相類比。南北朝鮮領導人在不預設任何前提下接觸，意義重大，這與台灣期盼兩岸對話不應預設前提是一樣的。

　　6月16日　天津青年京劇團訪台，將從21日起在台北「國家戲劇院」演出12場經典劇目。

　　同日　陳水扁在台灣陸軍官校76週年校慶致詞時稱，他自當選以來，對海峽兩岸緊繃的關係，一直採取善意的回應，期使兩岸人民能免於戰爭的危害。然而大陸從未承諾放棄武力犯台，因此必須加強台灣軍隊的武力建設。

　　同日　陳水扁以歐洲的統合為例說，憑藉武力絕對無法推動統合或達到統一的目的，只有借由和平的方式，才能開啟統合之路。

　　同日　台「國安會副祕書長」邱義仁表示，目前兩岸互信基礎薄弱，即使雙方勉強溝通、對話、協商，恐怕也無助於緩和緊張關係。在兩岸問題已日趨複雜之下，互信基礎僅能逐步建構，因此，當局對兩岸共同加入WTO後的經貿互動寄望甚殷。

　　同日　台「交通部航政司長」吳榮貴稱，在「小三通」實施辦法還沒有完成訂定前，所有宗教直航申請案審核要件仍須彎靠第三地。

　　同日　新當選民進黨主席的謝長廷接受專訪，稱「中華民國憲法」本就是「一中」體制，民進黨雖曾努力將「分離」的現況「入憲」，但在陳水扁提出「五不」政策後，兩岸關係已經走到了「停、聽、看」階段。在兩岸互動沒有出現大變數之前，「修憲」工作應該暫停。

同日　美國前國防部長佩裡分別拜會陳水扁、辜振甫、蔡英文等人，稱兩岸領導人若能會晤，將有助於掃除兩岸關係的枝節障礙，亦可促進兩岸人民推進兩岸關係的熱情，而透過外交避免衝突，遠比事後派遣航空母艦更為重要。

6月17日　台陸委會表示，離島「小三通」和兩岸「大三通」是兩個並行不悖的課題，「小三通」並非用來為「大三通」解套。「陸委會經濟處長」傅棟成說，「小三通」和「大三通」「不能相提並論」，「不應掛鉤」，「沒有相互關聯式先後順序」。

同日　新加坡內閣資政李光耀表示，台灣問題是中國領導人所面對的最緊要問題，而陳水扁就職演說中所提及的「未來的一個中國」裡面包括了很多智慧，是個精心撰寫的演講詞，因為這個提法足以避免一場可能即刻爆發的「衝突」，但卻並不足以恢復雙方的協商。他說，沒有「一個中國」，什麼談判都不可能。

同日　香港特首董建華的特別助理葉國華表示，張良任能否來港並非是香港單方面能處理的問題，因為這已牽涉一個大局勢。並稱儘管張良任未能到任，但港台之間的文化和經濟交流未受影響。

6月18日　謝長廷表示，民進黨依據「台灣目前的名字叫中華民國」的黨內決議界定，台灣目前停留在中華民國體制下，「國統綱領」依舊存在。並稱執政黨須帶領人民建立台灣價值，要有信心主導兩岸問題，主導兩岸談判，以確保台灣的安全。

同日　《大公報》報導，葉國華表示，相信兩岸領導人是願意見面的，至於如何以適當身份，要發揮中國人的智慧。不過，他以為兩岸關係的困難正在增加，並提醒台灣當局在兩岸問題上不要對美國有錯誤期待。

同日　台「國貿局」指出，由於中國大陸即將加入WTO，過去在大陸的實施經貿管制將大幅鬆綁。對台灣而言，短期內或將帶動另一波對大陸投資風潮。

6月19日　香港《文匯報》引述大陸對台部門官員講話稱，大陸方面對台灣政局近來的發展感到失望，如果這樣下去，對兩岸關係有不利的影響。大陸對台研究專家也指出，台灣新領導人在「一個中國」原則上採取拖延戰術，大陸方面有必要擬出解決台灣問題的切實可行的時間表。

同日　陳水扁稱，「新中間路線」就是要在各種不同的利益衝突之間，尋找大家都可能接受的最大利益。兩岸關係如果能夠做到「均衡」的地步，就有「分享」的可能。

同日　陳水扁上任近1個月，根據《中國時報》最新民意調查顯示，六成五的受訪者對當局處理兩岸關係的表現感到滿意。

6月20日　朱鎔基接受比利時記者訪問，表示南北朝鮮與中國情況是無法相提並論的，南北朝鮮領導人會晤模式不適用於中國。

同日　陳雲林就兩岸政黨交流表示，大陸歡迎台灣各黨派赴大陸進行交流，但他強調，兩岸政黨交流須秉持「一個中國」原則，「反台獨、求和平、促統一」。

同日　陳水扁召開就職滿月記者會，援引南北朝鮮領導人高峰會的和解精神，向大陸領導人喊話，稱希望誠摯地邀請江澤民攜手努力，共同創造像南北朝鮮一樣歷史性「握手的一刻」，並說，兩岸領導人可以「不拘形式、不限地點、不設前提」，坐下來握手和解。

同日　唐飛稱，「信心危機」才是兩岸問題的關鍵，應重新思考，從高層善意表達開始，兩岸決策幕僚以具有創意的策略作為互動，拋棄過去的條條框框，尋求共識，以實際的「合作成果」作誘因，帶動全面融合。

同日　海基會、陸委會相繼表示，陳水扁在就職滿月記者會關於大陸政策闡述，是持續表達5‧20以來的善意，並給大家一個和解的台階，而當前國際大氣候有利於兩岸坐下來談，期待北京善意回應。

同日　連戰說，目前兩岸關係相當緊張，執政者不能「粉飾太平」，應有責任讓全民瞭解實情。並表示將在對兩岸和平、安定、繁榮有貢獻的情況下，考慮赴大陸訪問。

同日　在台灣召開的「開放大陸人民來台觀光旅遊座談會」中，與會人士對開放大陸人士來台旅遊都持正面看法，唯一擔心的是台灣安全。

6月21日　錢其琛在台灣參訪團時表示，汪道涵訪台，「那是遲早的事，總有那麼一天」。並說，台灣應從兩岸加入WTO後的經貿交流來思考未來的互動關係，如此才能減少不確定因素。

同日　陳水扁稱，處理海峽兩岸問題，必須有信心和耐心，凡事急不得，這樣才能改善兩岸關係，才能維護台海永久和平。他表示兩岸「三通」，不管人、小「三通」，先決條件就是雙方要坐下來談，若無法做到，問題無法獲得進一步的解決。

同日　唐飛表示，台方從未抗拒建立兩岸領導人熱線、軍事交流、交換演習情報，但目前連海基會、海協會都無法復會，遑論要在兩岸拉熱線。將來只要兩

岸領導人能有正式高峰會議，一切就水到渠成了。他呼籲大陸無須在自我設定的「一個中國」框架中，劃地自限。

　　同日　台陸委會副主委陳明通以南北朝鮮會談的啟示說，只要有善意，兩岸領導人完全可以坐下來對一個中國的意涵談一談，身份問題絕對能妥善處理。

　　同日　針對陳水扁所稱兩岸對「一個中國」是「沒有共識的共識」，馬英九表示，兩岸在1992年對於「一個中國、各自表述」是有共識的，他呼籲陳水扁不應迴避「一個中國」的議題，不然將無法化解兩岸疑慮，也無法推動兩岸談判。

　　同日　台「立法院內政及民族委員會」初審透過「台灣與大陸地區人民關係條例部分條文修正案」，開放大陸配偶在台灣停留期間，得向主管機關申請許可，受僱在台灣工作。

　　同日　中華台北的國際奧委會委員吳經國表示，要促成2008年奧運會合作，仍有許多問題待克服。台「體委會主委」許義雄稱，為執行陳水扁支持北京申辦奧運的說法，「體委會」已成立對應工作小組。待大陸體育總局局長袁偉民今年11月率團來台訪問時，台方將主動表達支持北京申辦2008奧運的善意。

　　6月22日　江澤民會見美國務卿奧爾布賴特，表示台灣首先必須承認「一個中國」原則，才可商談。奧爾布賴特表示，美國將會奉行一個中國政策，遵守中美三個聯合公報和「三不承諾」，並建議大陸「把握時機」，與台灣和談。

　　同日　錢其琛會見美國外交政策全國委員會會長喬治‧施瓦布一行，強調美國應成為中國統一的促進者，而非妨礙者。

　　同日　陳水扁稱，台灣當局對於宗教界赴大陸進香活動理應無限制，「拜拜」、進香沒問題，但不能被大陸分化，成為「統戰工具」。

　　同日　海基會副祕書長顏萬進等人在日本東京說明台灣當局大陸政策，指責大陸以「一中」為藉口，拖延談判；表示只要中國大陸有善意，則不但可以有「三通」，亦可以有二十通、五十通或八十通。

　　同日　國民黨立法院黨團呼籲「立法院長」王金平出面召集朝野協商，由立法院成立跨黨派兩岸協談小組，讓兩岸政策回歸體制內監督。

　　同日　前民進黨主席許信良接受專訪時表示，兩岸問題的嚴重性並未因為陳水扁的善意言論而緩解，陳不應把兩岸問題當成表演政治，這不但解決不了問題，還可能加深兩岸的誤解。

6月23日　國民黨立法院黨團提議籌設「跨黨派兩岸小組」，未獲朝野協商認可。王金平表示，立法院有處理兩岸關係的權責，朝野政黨都樂觀其成，只是對程序枝節有不同意見。但立委參與兩岸事務「擋也擋不住」，「立法院跨黨派小組」應該能夠依法、依例成形運作。

同日　陳明通表示，陳水扁在就職演說中期待兩岸共同處理「未來一個中國的問題」，已有明確宣示。大陸如表示不瞭解，並不令人驚訝，可見兩岸加強溝通對話的重要性。

同日　台「國防部常務次長」孫韜玉稱，在政治歧見未解決前，兩岸軍事互信機制如果貿然先行成立，只會讓台灣安全冒更大風險。因此國防部建議，相關機制最好配合政治談判的進程，循序漸進，逐步推行。

同日　葉國華低調訪台，分別會晤台「國安部門」與大陸事務相關官員，並與國民黨、親民黨熟悉兩岸事務的人士進行廣泛晤談。

同日　美國防部《中華人民共和國軍力報告》出爐。該報告稱，在短中期來看，中國如果武力解決台灣問題，有諸多困難，至於長期看來，大陸將在2010年後取得相當優勢。

同日　美國外交政策委員會成員與中國現代國際關係研究所學者舉行座談，美方學者重申希望兩岸恢復對話。中國學者解釋說，大陸並非不想恢復與台灣的溝通管道，但是台灣一直拒絕回應「一個中國」的問題，以致對話遲遲無法恢復。

6月24日　大陸對台部門官員指出，由於陳水扁仍在「一個中國」原則問題上以模糊方式處理，大陸方面並未覺得當前兩岸關係有任何改善的跡象。台灣方面有關恢復「辜汪會談」、「三通」等所謂「善意」的提議，大陸方面不會作出任何回應。

同日　親民黨祕書長鐘榮吉針對台立法院籌設「跨黨派兩岸小組」一事表示，不是跨黨派就能解決所有問題，許多議題須經政黨協商、合作，尋求共識。他認為當局應先讓體制內的國統會發揮功能，至於其他臨時編組性質者，僅供決策參考。

6月25日　台灣工業總會（工總）大陸訪問團一行抵達北京。

同日　台行政院副院長游錫堃表示，面對內外的形勢，民進黨當局要有新的政策思維，對於兩岸關係未來走向，不堅持任何對話前提與條件，不排除兩岸關

係任何形式的未來走向，不排斥任何互動與交往模式，不受限於任何意識形態的框架。將以開放的政策思考，為兩岸關係的互動保留彈性空間。

同日　邱義仁出席兩岸關係前景研討會，稱解放軍近來積極發展和採購軍事武器，並與俄羅斯建立軍事結盟關係，並不只是針對台灣，而是針對美國而來。

同日　蔡英文表示，在全球化的趨勢中，兩岸政策必須配合台灣經濟發展，體現出積極自主的主體性，並且架構出一套類似「安全網」的台灣安全體系。

同日　台「經建會主委」陳博志認為，加入 WTO 是兩岸合作契機，兩岸未必一定要「三通」，但必須擴大交流。兩岸如果在 WTO 架構下坐下來談，以前的政治顧慮都不必管，相關的爭議都可循既有規範及慣例來處理。

同日　陳明通稱，民進黨當局的大陸政策是「開大路、走大路」，並將務實處理兩岸關係，「只搞陽謀，不搞陰謀」。「台灣最少不會變成國際反華的前哨站」。

同日　台「國安局長」丁渝洲稱，前「國安局」少將潘希賢6月1日退伍後數日就去大陸，「國安局」對此一事件感到非常遺憾，並已透過適當管道勸導，希望潘希賢盡速回台。

6月26日　江澤民在中南海會見台灣工總大陸經貿考察團時說，希望在加入 WTO 後兩岸能加強合作，以因應全球化的挑戰，並表示台商絕無受打壓的情形。

同日　李炳才明確指出，只有在堅持「一個中國」原則下，兩岸經濟交流與合作才能順利發展，若是違背「一個中國」原則，兩岸關係就會出現動盪，兩岸經濟交流與合作就會受到阻礙。

同日　陳水扁核定「跨黨派小組」設置要點，並指任李遠哲擔任召集人。台「總統府祕書長」張俊雄稱，該小組設置依據國統會模式，亦即「跨黨派小組」的位階與國統會一樣，但沒有國統會的存廢問題，國統會還是會繼續設置運作。

同日　民進黨新任祕書長吳乃仁稱，「台獨黨綱」是民進黨的長遠目標，黨內的「強本西進」共識、「台灣前途決議文」，都是因應不同時空環境的階段性手段，就連陳水扁提出的「五不」主張，也只是保證在總統任內做到「五不」，而不是永遠放棄台獨。

同日　宋楚瑜指出，如果陳水扁認為兩岸關係是民進黨的罩門，因而采拖延態度不去積極面對，長久而言，對台灣絕非有利。

同日　台灣居民陳新源因涉及販毒事件，於1998年在大陸福建省被判處死刑，今日執行。

6月27日　國民黨前投資事業管理委員會主委劉泰英訪問大陸，考察大陸網絡事業在海外上市的商機。

同日　香港《文匯報》報導，中央有關部門表示，大陸方面只能同一切主張堅持「一個中國」原則、發展兩岸關係的台灣團體接觸來往，目前不會與台灣「跨黨派小組」接觸。

同日　外經貿部部長石廣生與台灣工總人士座談時表示，根據世貿組織前身關貿總協定1992年的決定，中國大陸必須先於台灣加入WTO。當兩岸同時成為WTO成員後，在WTO的架構下，誰拒絕「三通」，誰就違反公約，誰就必須為此負責。

同日　針對陳水扁日前提出兩岸做法南北朝鮮模式舉行高峰會的說辭，外交部發言人朱邦造回應說，陳水扁若真有誠意和創意，就應該明確接受「一個中國」原則，明確承認自己是中國人，明確承諾追求統一目標，同時切實付諸實際行動。

同日　中國道教協會副會長、政協委員任法融率大陸道教團體道長共15人，抵達台灣高雄縣旗山鎮合天大道院「中國全真總廟」，進行為期14天的訪問。

同日　陳水扁會見美國亞洲基金會人士，首度對國民黨執政時的「一個中國、各自表述」的會談共識表達「蕭規曹隨」的立場。他說，新「政府」可以接受海基會、海協會之前會談的共識，那就是「一個中國、各自表述」，但大陸方面卻不承認，另提「一個中國」政策。

同日　呂秀蓮稱，歐洲國家歷經二戰大戰分合，創設一個「去國家主權化」兼具「免戰機制」的歐洲聯盟，透過貨幣統一逐漸稀釋主權，達成統合。台灣未來要避免被吞併，也可與週遭國家建立亞太聯盟，或以「一個中華」概念取代「一個中國」。

同日　呂秀蓮會見美國亞洲基金會人士時稱，自從陳水扁就任以來，不斷對大陸展現改善兩岸關係的誠意，但大陸方面並無任何善意回應。

同日　蔡英文拜會新黨「立院」黨團，稱「跨黨派小組」和國統會同為總統決策的諮詢機構，不影響國統會的運作。

同日　林中斌稱，陳水扁表明願意接受兩岸兩會有關「一個中國、各自表述」的會談共識，這是新「政府」最權威、最具善意與誠意的政策說明，期待大陸方面能積極回應，並盡速恢復兩岸兩會的協商機制。

　　同日　為突破兩岸僵局，促進和平交流，增進「三通」後高雄的發展契機，謝長廷宣布將以市長身份致函大陸，表達高雄市長與大陸重要港口城市首長互訪的意願。

　　同日　李登輝夫婦赴英國進行私人訪問，除了接受英國熊彼得學術基金會榮譽會員稱號、探訪孫女李坤儀外，也可能會見包括前首相撒切爾夫人在內的英國官員、國會議員與智庫學者。外交部對此提出嚴厲譴責。

　　同日　台「國貿局」公佈4月份兩岸貿易統計，1～4月台灣對大陸出超達57億美元，在大陸市場的占有率雖仍居第二。不過，由於大陸即將加入WTO，台灣許多產品在大陸市場的優勢地位，已有被韓國取代的趨勢。

　　6月28日　針對陳水扁願意接受「一個中國、各自表述」一事，大陸對台工作官員明確表示，由於大陸方面根本不會接受台灣方面所說的「一個中國、各自表述」的提法，因此，大陸官方不會作出回應。

　　同日　唐樹備在東莞重申，兩岸在一個中國原則下，什麼都可以談。他強調大陸並不會因民進黨上台，對台商採取不一樣的態度，也不會對台商進行打壓。

　　同日　蔡英文稱，陳水扁27日提到新「政府」願意接受兩岸兩會對「一個中國、各自表述」的會談共識，這是對九二共識「更明確、更進一步的說法」。但所謂「一個中國、各自表述」只是我方描述會談過程的用語，這是民進黨當局可以接受的描述方式，並不代表台方已接受北京的「一個中國」原則；並強調，有關「國統綱領」對於「一個中國」涵義所做的詮釋，仍是民進黨當局處理相關問題的有效選項與有效的綱領性文件。但這項文件有其時代背景，經過這麼多年是否還適用此一背景，必須兩岸共同協商。

　　同日　針對陳水扁表示願意接受「一個中國、各自表述」的共識，謝長廷表示，這個說法和民進黨的一貫主張並沒有矛盾，不是走回頭路。

　　同日　對陳水扁接受「一個中國、各自表述」的說法，國、親兩黨立委黨團雖然表示肯定，但都質疑陳水扁的基本態度。親民黨認為，兩岸問題應回歸體制，國民黨強調依「國統綱領」來運作，台灣安全才有保障。

同日　台立法院成立「大陸政策及兩岸事務因應對策小組」，並由王金平擔任小組召集人及會議當然主席。

　　同日　國民黨確定不參加李遠哲擔任召集人的「跨黨派兩岸小組」，該黨祕書長林豐正說，目前已有國統會和「國統綱領」，兩岸問題應尊重體制，循正常程序處理，不需要在體制外「疊床架屋」。

　　6月29日　外交部正式對陳水扁願意回到「一個中國、各自表述」的立場發表聲明，指台灣方面歪曲九二年兩岸兩會的共識，意圖在「各自表述」的名義下，「塞進分裂的主張」。希望台灣新領導人能夠明確的接受「一個中國」原則，明確承認自己是中國人，明確承諾追求統一的目標。

　　同日　新華社發表評論員文章，對於台灣新領導人上台1個多月來的種種表現感到失望。批評台灣當局除了對「一個中國」的原則躲躲閃閃，採取模糊、迴避的態度，用不能自圓其說的言辭否定海協會與海基會曾經達成的共識。這種善辯善變的手法，使其所標榜的改善兩岸關係的「誠意」與「善意」都化為烏有。

　　同日　謝長廷表示，陳水扁可以接受「一中各表」的說法，回到了國民黨的政策，所以民進黨人士才會抨擊。並稱「一中各表」可能有一百種解釋，兩岸問題是歷史造成的狀態，不可能用語言解決，而必須以具體善意行動，找到兩岸互動的最好模式。

　　同日　連戰批評陳水扁上任後主導的兩岸政策一直搖擺不定，不但引起支持者不滿，大陸方面也強烈質疑他的誠意。強調只有遵循國統會與「國統綱領」的機制運作，兩岸關係才會朝良性發展，對兩岸關係才最有利。

　　同日　宋楚瑜批評台灣民進黨執政以來，面對兩岸議題的處理態度，已是「一個政府，各自表述」。他說，再如此各說各話下去，國際間及對岸會搞不清楚在台灣誰講的話才算數。

　　同日　針對陳水扁27日發表同意「一個中國、各自表述」的談話，台灣南部多位「獨派」教授在中山大學聚集連署，醞釀發起全省學者串聯，聲稱絕不容許任何人危及台灣的「主權」及自由，要求陳水扁回歸併堅持「台灣主權獨立」的主張。

　　6月30日　台「國安局長」丁渝洲和該局前「人事處長」潘希賢的妻子梁美玲證實，潘希賢已被大陸國安部門及地方公安人員拘留詢問，並呼籲大陸儘早釋放潘希賢返台。

同日　陳水扁會見美國外交政策全國委員會訪問團,稱台灣人民堅持維護中華民國主權、尊嚴與安全,希望兩岸領導人應以誠心善意,發揮智慧的創意,秉持對等原則,在既有基礎上共同處理兩岸問題,試著尋找雙方都能接受的「一個中國」涵義。

　　同日　呂秀蓮在北美洲台灣人教授協會在台舉行的年會致詞,促請美國政府重新考慮台方高層官員無法到美訪問的不合理限制,更改台目前駐美機構名稱為「台灣在美協會」或「台灣聯絡辦事處」,呼籲美國政府莫以「一個中國」大框架為對台政策前提。

　　同日　林中斌稱,台方的善意表達已經接近飽和,希望大陸方面盡速作出善意回應,並表示台方所認知的「一個中國」就是指中華民國,與北京所認知的「一個中國」內涵並不相同。

7月

　　7月1日　江蘇無錫官員透露,由台灣半導體業資深人士在香港組成的上華公司,將斥資1.5億美元,赴無錫投資6吋晶圓(即芯片)廠,可望9月前定案。此外,華泰電子公司、宏仁、茂矽等半導體業赴大陸投資案也陸續曝光,顯示台灣半導體業急於在台積電、聯電兩大集團進軍大陸前「卡位」,爭取先發優勢。

　　同日　高雄市長謝長廷公開向台灣媒體表示,「台灣與大陸仍為同一個國家領土的基礎並未改變」,「廈門與高雄應該是同屬於一個國家的關係」。他將依程序向行政當局申請去廈門訪問。

　　同日　新黨立法院黨團舉辦一個中國原則公聽會。台陸委會和海基會官員再次辯解說,兩岸從來沒有「一個中國,各自表述」的所謂「共識」。

　　同日　新黨立法院黨團舉行記者會,宣布將組成「促進兩岸和解訪問團」,於7月9日前往大陸拜會汪道涵及國台辦高層官員。黨團表示,該團是台「政黨輪替」後第一個受邀訪問大陸的政治團體,雙方將就兩岸政治、經濟、建立軍事互信機制及加強台商服務等議題進行對談。

　　同日　國民黨次級團體「e世代問政聯盟」會長陳鴻基、副會長徐中雄將於下周赴大陸訪問,另一國民黨次級團體「台聯會」預定於7月16日赴大陸訪問。

　　同日　應陳水扁邀請,巴拿馬總統莫斯科索抵台。她是台「政黨輪替」後首位訪台的外國元首。台外交部透露將對巴所提3500萬美元貸款予以協助。

7月2日 台工業總會（簡稱「工總」）2000年大陸經貿考察團6月25日起考察了北京、上海、崑山及無錫等地，今日結束行程返台。「工總」在京拜會國家主席江澤民時，表示希望盡速促成兩岸「三通」以及兩岸在世界貿易組織（WTO）架構下擴大合作，都獲得江澤民認同。

同日 就陳水扁6月27日首度表明願意接受「一個中國，各自表述」的說辭，台灣中山大學公佈一項民調結果顯示：63%的受訪民眾對此表示認同，71%的民眾希望兩岸維持現狀。但是陳水扁的「6·27講話」引發「獨派」人士反彈。陳水扁亦於日前強調，當局政策並無改變。

同日 蔡英文表示，有關「小三通」的時程，是在今年底完成推動，而非實施，建議立法院暫緩審查新黨提出的《小三通暫行條例》草案。

同日 陳水扁最近提出將「決戰境外」作為台「建軍備戰的方向」，對此，台國防部高級官員稱，軍方在此問題上與陳水扁的理念一致。台軍方表示，「決戰境外」指一旦兩岸開戰，台駐外島的砲兵將對大陸進行炮擊，海軍潛艇將攻擊上海等主要港口，空軍F-16、「經國號」戰機等亦對大陸進行打擊等。這表明台當局和軍方正將「消極防禦戰略」轉變為「積極防禦戰略」。

同日 台經建會稱，台灣資訊業廠商在大陸的生產比率已由1995年的14%，提高至1999年的33.2%，高於廠商在海外其他地區的29.7%，顯示大陸仍是台灣資訊業廠商投資的首選之地。

同日 台「建國黨」妄稱：「當前最主要的課題是形成台灣主體意識，建立新而獨立的國家。」

同日 台中縣立港區藝術中心向中國歷史博物館商借249件一級國寶文物，舉辦「天工開物——中國古科技文物展」，展期3個月。

7月3日 由天津市台辦、共青團天津市委、天津市教委等6家單位主辦的天津市海峽兩岸青少年華夏文化研習營開營，80餘名台灣學生參加。

同日 陳水扁會見台中小企業「磐石獎」得主時表示，兩岸關係正常化應從經貿正常化開始，從推動「三通」及加入世界貿易組織做起。

同日 台總統府召開會議，稱為避免落入「一個國家，兩個地區」的誤解，將對兩岸合辦奧運會「踩煞車」。

同日　唐飛同立法院黨團代表溝通時稱，台工業總會理事長林坤鐘、商業總會理事長王又曾和另3位高科技產業領導人都拜訪過他，希望開放包括晶圓廠在內的產業到大陸投資，產業外移令其憂心。

　　同日　台經建會舉行協調會，決定將「亞太營運中心」擴大為「全球運籌管理中心」。

　　同日　台勞委會邀集陸委會、「法務部」及「入出境管理局」等代表研議，確定有條件開放大陸配偶來台工作，開放對象限定為已經許可在台停留並提出居留申請者。

　　同日　廈門市長朱亞衍日前正式函邀謝長廷以市長身份訪問廈門。國台辦發言人張銘清今日表示，謝長廷以高雄市長身份訪問大陸，是可能的。同樣，如果馬英九要以台北市長身份訪問大陸，也是可以的。

　　同日　台北市長馬英九表示，他從不排除赴大陸訪問，唯一的條件是要以台北市長的身份前往。

　　同日　台多位跨黨派立委呼籲「中央研究院」院長李遠哲，盡快辭去「兩岸跨黨派小組」召集人一職。

　　同日　海基會致函海協，促請瞭解台灣前「國安局」人事處長潘希賢在大陸遭留置的情況，並安排家屬前往探視、接回。

　　同日　據台媒體報導，3月29日下午2時許，台空軍新竹聯隊編號2051的幻影2000雙座戰機，在台島東部空域執行了一次「米卡」中程空對空導彈試射任務。此為1997年底台灣空軍第一個幻影機中隊成軍後，第二次實施「米卡」導彈試射，前一次是在1998年5月8日。

　　7月4日　江澤民主席與塔吉克斯坦總統拉赫莫洛夫、俄羅斯總統普京、哈薩克斯坦總統納扎爾巴耶夫、吉爾吉斯斯坦總統阿卡耶夫在杜尚別舉行「上合組織」5國元首第五次會晤，各方支持中國關於反對任何國家、以任何形式將台灣納入戰區導彈防禦系統的立場。

　　同日　外交部發言人孫玉璽在記者會強調，祖國大陸一貫努力以「和平統一、一國兩制」解決台灣問題，不放棄使用武力主要是針對台獨的。如果台灣當局或任何人要搞台獨，都會把台灣引向戰爭的災難，台獨就意味著戰爭。

同日　針對台灣7月3日發行新版新台幣鈔票一事，國台辦新聞發言人發表談話表示：台灣是中國領土不可分割的一部分，新台幣是台灣流通的區域性貨幣，發行新台幣活動改變不了台灣作為中國領土一部分的地位。

　　同日　國家體育總局局長袁偉民在北京會見中華台北國際奧委會委員吳經國。

　　同日　廈門市政府發言人就高雄市長謝長廷來訪一事發表談話稱，謝長廷確已致函邀請廈門市市長朱亞衍訪問高雄市，也期待有機會訪問廈門。廈門市有關部門正在對兩市市長互訪的問題進行研究，尚未給謝長廷發出邀請函。

　　同日　唐飛在立法院答詢稱，隨著時空變化，「國統綱領」中「中華民國主權及於中國大陸」等部分文字在法律上已有瑕疵，須重新檢討。他認為，兩岸應該討論「一個中國」的內涵，尋找雙方都能接受的共識。

　　同日　台立法院民進黨團召開行政、「立法」協調會議，決定在大陸對陳水扁釋放的善意沒有明確回應之前，民進黨團將反對立法院設立「大陸政策及兩岸問題因應對策小組」。

　　同日　台軍在金門以南海域實施重炮射擊演習。

　　7月5日　廈門市長朱亞衍發函正式邀請高雄市長謝長廷於7月10日至13日訪廈。

　　同日　陳水扁與巴拿馬總統莫斯科索簽署「聯合公報」。

　　同日　台立法院副院長饒穎奇在國民黨中常會提出一項綜合美國智庫意見的建議：以「一個中國架構下邦聯制」的方式解決兩岸歧見。曾在總統大選期間提出類似構想的連戰，指示國民黨智庫加速研究此案。

　　同日　據《華盛頓郵報》報導，美國卡西迪公關公司與劉泰英主持的台灣綜合研究院的合約於6月30日期滿，由於「政黨輪替」，不再續約。台方轉而由台灣研究所（TSI）和卡西迪公司簽訂了每年200萬美元的遊說合約。

　　7月6日　陳水扁稱，台已做好準備，隨時可與大陸坐下來談，任何議題都可以談。

　　同日　蔡英文答覆立委質詢時稱，台方采「各自表述一個中國」的立場。

　　7月7日　中央軍委委員、總參謀長傅全有在北京會見來訪的古巴食糖工業部長烏利塞斯·羅薩萊斯·德爾托羅。傅強調，中國政府解決台灣問題的基本方

針是「和平統一、一國兩制」，但不承諾放棄使用武力；承認和接受「一個中國」原則，是和平解決台灣問題的前提和基礎。

同日　唐飛答覆立委質詢稱，兩岸必須拋棄自己的「一個中國」，朝和平「分治」、和平競合的「虛擬的一個中國」發展，最後再走向實質的中國。

同日　台參謀總長湯曜明首次召開記者會，就陳水扁日前提出「決戰境外」構想做出解釋。他表示，台軍現有戰力只能實現「防衛固守」，但希望戰力的組建能朝向「決戰境外」的目標與願景規劃。

同日　高雄市長謝長廷宣布，因陸委會未及時批准申請，為避免對高雄市議會與廈門市失禮，決定取消「廈門行」。

同日　金門縣政府宣布成立大陸事務推動小組，以因應「小三通」。

同日　北美洲台灣商會聯合總會決定，邀請李登輝訪美，擬向美國會展開強力遊說，盼美方安排李登輝以「在野」身份訪美。

7月8日　台「經建會主委」陳博志表示，歐盟合作的某些起點，值得兩岸參考。兩岸或可研究以漸進方式建立自由貿易區，作為兩岸合作的開始。

7月9日　連戰稱，「新政府」及國民黨籍立委都應尊重「國統綱領」。

同日　應海協邀請，新黨訪問團抵達北京。馮滬祥表示，這是50年來兩岸第一次「政黨對政黨」的接觸。

7月10日　海協祕書長李亞飛會見新黨訪問團，雙方認為，堅持「一個中國」原則是重開兩岸對話與談判的基礎。新黨訪問團表示，1992年兩會曾經對「一個中國」原則達成共識，即「海峽兩岸都堅持一個中國原則」。李亞飛指出，大陸方面願意在一個中國原則下與台灣各黨派進行交流接觸，不過未修改「台獨黨綱」的民進黨，不在此列。廈門市邀請謝長廷來訪，邀請的對像是高雄市長，而非民進黨主席；謝長廷未能成行，則是民進黨當局阻撓所致。

同日　陳水扁稱，應對「北京熱」、「中國熱」踩煞車。

同日　台總統府副祕書長簡又新稱，總統府希望能夠凝聚全民對兩岸政策主流意識的共識，目前以「跨黨派小組」為優先，下一步就是國統會開會，國統會並沒有停擺，民進黨當局也沒有修改「國統綱領」的意思。並表示，在沒有前提、不預設立場，不拘時間、地點的情形下，陳水扁很願意和江澤民主席見面，任何問題包括「三通」與政治性議題都可以談。

同日　台交通部邀集相關單位召開「小三通」評估規劃會議。與會者達成先試辦金門料羅港及馬祖福澳港與對岸通航的共識，第二階段再擴及澎湖馬公港。

　　同日　連戰再度批評民進黨當局的兩岸政策搖搖擺擺，強調「國統綱領」不容任何改變。

　　同日　國民黨立委徐中雄批評陳水扁當局的兩岸政策顛三倒四，說法不一。為兩岸和平互動著想，他主張將「國統綱領」法制化。在《陸委會組織法》或《兩岸人民關係條例》中，明定「國統綱領」為兩岸政策的最高指導原則，讓海基會、陸委會有所依據。國民黨黨團已決定將徐的主張送交中央政策會研究，民進黨則強烈反對。

　　7月11日　傅全有在會見印度尼西亞海軍參謀長阿其沙德‧蘇吉普托時說，實現中國統一是包括台灣同胞在內的全體中國人民的共同願望，解決台灣問題的關鍵在於台灣當局必須遵守一個中國原則，任何人搞任何形式的台獨都是沒有出路的。

　　同日　國台辦常務副主任李炳才會見新黨訪問團指出，大陸對兩岸「三通」的政策有三項原則，即「一個中國、直接雙向、互惠互利」。

　　同日　由中華炎黃文化研究會與台「中華倫理教育學會」共同主辦的海峽兩岸中華書畫聯合大展在台北國父紀念堂揭幕。隨後將陸續移往高雄、北京、西安等地舉行。

　　同日　陳水扁會見美國前參議員多爾稱，台海安全攸關美國在西太平洋的利益，呼籲美國繼續提供必要的防禦性武器給台灣。

　　同日　唐飛在立法院說，兩岸問題並非家務事或國際事，是「特殊的現象與關係」。

　　同日　馬英九表示，民進黨當局對於兩岸政策雖然應審慎，但也應具前瞻性。在兩岸關係目前沒有突破的著力點的情況下，陸委會應開放地方首長赴大陸訪問，如運用得宜，未嘗不是「破冰之旅」。

　　同日　台海軍編列完成「假想敵艦隊」，專責研究解放軍戰術、戰法。

　　同日　新加坡前總理李光耀表示，「民族主義」在台海兩岸的危機過程中扮演相當重要的角色。民進黨當局的「民族主義」政策造成台海兩岸的衝突，將會升高大陸攻打台灣的危險，進而可能在遠東地區引發戰爭。

7月12日　國家副主席、中央軍委副主席胡錦濤會見美國國防部長科恩指出，保持中美關係健康穩定地發展，最根本的就是美國要嚴格遵守中美三個「聯合公報」的原則，妥善處理台灣問題。科恩表示，美國政府堅持「一個中國」政策和中美三個「聯合公報」的原則。

同日　錢其琛會見新黨訪問團時強調，「一個中國」是原則、概念、基礎，並不涉及相關細節及兩岸具體問題，兩岸可以進行城市互訪，甚至縣與縣的交流。並表示，改善兩岸關係、恢復兩會對話、實現兩岸直接「三通」是兩岸同胞的共同願望。我們願意與台灣各黨派、各團體和各界人士接觸對話，積累共識，為改善和發展兩岸關係共同努力。不管什麼人，只要贊成一個中國原則，我們都願意與之接觸對話。我們充分尊重台灣同胞的生活方式和當家做主的願望，願意傾聽台灣同胞對發展兩岸關係、推進和平統一進程的意見和建議，繼續努力維護台灣同胞包括在大陸投資的台商的一切合法權益。

同日　中央軍委副主席、國務委員兼國防部長遲浩田與美國國防部長科恩舉行會談。遲浩田指實施灣問題是中美關係中最重要、最敏感的核心問題。美方多次重申堅持「一個中國」政策，遵守中美三個「聯合公報」和「三不」承諾，希望美方言而有信，不要向台灣當局發出錯誤的信號。並強調，堅持統一、反對分裂是大勢所向，是包括台灣同胞在內的全體中國人民的共同心聲。迴避「一個中國」原則沒有出路，台灣問題不能也不會無限期地拖延下去。

同日　第九屆海峽兩岸關係學術研討會在杭州開幕，來自祖國大陸、台港澳及海外的學者120餘人參加了本屆研討會。

同日　以「親情、友情、世紀情」為主題的大型京、台交流活動——「二〇〇〇年京台青年交流周」開幕，參加交流周的京、台兩地青年學生共計400多人。

同日　蔡英文稱，有必要檢討「國統綱領」，將努力建構兩岸在國際間「共存共容」體系，先以國際經貿組織為主，在國際社會開啟更廣闊的互動空間。

同日　連戰強調，民進黨當局應先建立內部共識，才能進而建立朝野共識。當局應有誠意妥為運用國統會，並依照「國統綱領」推動兩岸政策。

同日　台灣前陸委會主委蘇起批評民進黨當局大陸政策，呈現「遠離中國、依賴外國；形進實退，似拒還迎、『台獨』黨綱不修不刪，『國統綱領』可質可疑」的亂象，加深兩岸疑慮，短期不利兩岸復談，長期傷害兩岸互信。他認為，

「國統綱領」是直接促成兩岸關係穩定的樞紐性文件，應該強化跨黨派性質的國統會的功能。

同日　宋楚瑜接受記者專訪表示，他是「台灣人，也是中國人」。

同日　台「建國黨」稱已草擬「獨立宣言」，在3個月內成立「台灣共和國臨時政府」，並將以此名義申請加入聯合國。

7月13日　江澤民會見美國國防部長科恩一行，指實施灣問題是中國的內政，一個中國原則是和平解決台灣問題的基礎和前提，只要台灣新領導人接受一個中國原則，兩岸對話和談判就可以恢復，而且什麼都可以談。並強調，中美關係最重要、最敏感的核心問題是台灣問題。美國政府和有遠見的美國政治家應從中美關係的大局出發，嚴格遵守中美三個「聯合公報」和美方有關承諾，作出明智的抉擇。

同日　錢其琛表示，兩岸對於「一個中國」的內涵可以不討論，兩岸各自體認究竟是中華民國代表中國，或是中華人民共和國代表中國，都可以理解，「非此即彼」的爭論並不好。希望擱下政治障礙，海基會、海協兩會可以談「三通」。

同日　《人民日報》社長白克明、錢其琛副總理先後會見以成嘉玲女士為團長的台灣新聞界負責人訪問團。

同日　汪道涵會見新黨訪問團時強調，恢復兩會接觸對話的關鍵，是台灣方面明確承諾不搞「兩國論」、承諾兩會1992年達成的各自以口頭方式表述「海峽兩岸均堅持一個中國」的共識。

同日　廈門市長朱亞衍致函高雄市政府，表示願意接受邀請，於18～20日訪問高雄市。但台陸委會要求必須以專業人士名義申請，而且由於不符台灣法定時限，難以批準。

同日　北京市第二中級人民法院對三起台灣間諜案作出一審判決，楊銘中、姚嘉珍、張瑋等三名犯罪分子分別被判處死緩、無期徒刑、有期徒刑15年。

同日　針對錢其琛「一個中國」不涉及具體問題、遲浩田「無意攻台」的說法，唐飛在立法院表示，中共方面近來已三度釋出善意，顯示兩岸都在設法跳脫「一個中國」的框框。

同日　唐飛稱，為了強化防衛能力，有必要推動台灣自己的戰區導彈防禦系統（TMD）。

同日　美國防部長科恩稱，如果台海局勢仍舊緊張，美國將考慮答應台灣的要求，出售更多先進的武器給台灣。

同日　美「國家利益委員會」報告稱，台海問題和平解決，是美國的「底線」。

7月14日　外交部長唐家璇同法國外長於貝爾·韋德里納在釣魚台國賓館舉行會談。唐家璇重申中國政府在台灣問題上的原則立場。強調中國政府堅決反對任何國家向台灣出售武器裝備及相關技術。韋德里納說，法中關係有著廣闊的發展前景，法國政府將繼續堅持一個中國政策。

同日　汪道涵會見美國國防部長科恩時指出，我們希望在「一個中國」的前提下與台灣共議統一，合作發展。美國政府應堅持自己的承諾，這對亞太地區的安全、中美關係的發展乃至世界和平都有重要意義。科恩表示，美國政府將信守一個中國原則，美國十分重視同中國的關係，並將積極推動這種關係的發展。

同日　唐飛稱，台灣不是國家，是中華民國最大的一個省，但他同時表示，台與大陸是「特殊國與國的關係」。

同日　馬英九表示，民進黨當局應盡速開放台灣的縣市長赴大陸訪問。他支持高雄市長與廈門市長互訪，並呼籲當局要抓住「破冰的機會」，「不要太保守」。

同日　謝長廷回函廈門市長朱亞衍表示，因提出申請的行政作業時間太急，恐難依其所提時間赴台訪問，希望朱亞衍另擇到訪日期。

同日　為呼應陳水扁「對中國熱降溫」的呼籲，民進黨「主流聯盟」決定取消訪問大陸的計劃。

7月15日　唐飛稱，歡迎兩岸縣市長在「對等、尊嚴」下互訪，但互訪許可審查的時間不會縮短。

同日　台陸委會稱，將循序漸進開放大陸人士訪台。

同日　台經濟部公佈今年上半年對外投資統計資料顯示，台商上半年對大陸投資金額逾11億美元，較去年同期大幅增長129%，其中電子產業投資占64%，位居首位。

同日　親民黨主席宋楚瑜在泰國表示，台灣在全球化趨勢中，應積極爭取以非官方或非主權國家身份加入國際組織，成為國際社會的一分子。

同日　新黨全委會決議，由全委會召集人郝龍斌代表新黨參加「跨黨派小組」會議。郝龍斌表示，新黨對於兩岸事務會積極參與，不預設任何立場，但希望「跨黨派小組」應該有跨黨派的精神，也不應該以「表決」的方式取得結論。

　　同日　馮滬祥在結束對大陸訪問後表示，這次拜會達成對「一個中國」的新解，那就是將「一個中國」視為原則、觀念、基礎，不牽涉實質、細節、內涵問題。

　　同日　台總統府資政、前民進黨主席許信良表示，民進黨當局以「兩國論」為主軸的決策思維無益於緩解兩岸僵局。國民黨在「兩國論」之前的大陸政策基調，是相對務實的方案。而連戰是目前最能發揮積極作用的領導者，應該更有氣魄地跨越海峽，扮演積極性的角色。

　　7月16日　國家體育總局一行16人，應「中華台北滑冰協會」的邀請，赴台進行交流活動。

　　同日　台「行政院祕書長」魏啟林表示，已指示陸委會，就「民選首長」赴大陸訪問事宜制定辦法。

　　同日　為期兩天的民進黨「九屆一次全代會」結束。會議透過「陽光政府、綠色台灣」宣言，稱不論「執政」與否，民進黨對於台灣「主權獨立自主」的主張絕對不會改變；台灣全體人民是台灣命運最終的決定者的主張絕不動搖。

　　同日　由國民黨立委組成的「台聯會推動兩岸和平交流訪問團」抵達北京，這是國民黨首次大規模參訪大陸。海協副會長孫亞夫在歡迎宴會上致詞表示，海協願意同台灣各黨派、各界人士就共同反對台獨，促進兩岸關係發展，增進祖國和平統一進程交換意見，積累共識。

　　同日　台中大甲鎮瀾宮媽祖凌晨零時起駕，前往福建湄洲謁祖。

　　同日　據《中國時報》報導，面對兩岸經貿交流日益密切的趨勢，台「國安會」已著手編制「國家安全網」機制，加強對兩岸的人流、資金流、訊息流和物流，進行風險評估管理。

　　7月17日　國台辦常務副主任李炳才與國民黨「台聯會訪問團」座談。李炳才表示，只要合乎商業規範，大陸的銀行也可以對台商融資。發展兩岸經貿和實現「三通」符合雙方的共同利益，大陸方面將繼續堅持不以政治分歧影響或干擾兩岸交流合作，也希望民進黨當局能順應民意，儘早放棄不合理的限制，實現兩岸「三通」。

同日　海協與國民黨「台聯會訪問團」舉行會談。海協強調，台灣當局務實地接受一個中國原則是打破兩岸關係僵局的唯一途徑。雙方應堅持1992年海基會、海協兩會取得的共識，並盡快在此基礎上恢復協商、重啟對話。

　　同日　連戰批評民進黨當局，在兩岸關係上，只有「即興式的演出」，沒有「有效規劃」。

　　同日　民進黨前主席施明德在日本參議員會館發表演說稱，台灣已是「主權獨立」的國家，呼籲國際社會承認台「主權國家」的地位。

　　7月18日　江澤民在北京和俄羅斯總統普京舉行高峰會談。雙方簽署「北京宣言」及「反導彈聲明」，反對以任何形式將台灣納入戰區導彈防禦系統（TMD）。

　　同日　錢其琛會見國民黨「台聯會訪問團」表示，「一個中國」的範圍是完整的，大陸和台灣都是中國，「台灣要稱為中華民國，那是台灣這麼稱呼」，兩岸對等，沒有誰大誰小，也不存在誰吃掉誰的問題。只要台灣方面回到1992年兩會均堅持「一中」原則的共識，就什麼都可以談，如果台灣對「一國兩制」有意見，也可以提出來討論。

　　同日　新華社記者發表文章，譴責台灣台灣一小撮台獨分子成立所謂「台灣共和國臨時政府」無恥行徑，並指出，等待「台獨建國」的將是歷史和人民的無情審判。

　　同日　台灣學生20人和在大陸就讀的台生40人，共同參加在廣西舉行的「第五屆全國青年台胞傳統文化愛國主義教育夏令營」。

　　同日　陳水扁會晤民進黨立委時稱，「未來的一個中國」是兩岸政策底線，「不能再讓了，球現在在大陸那邊，一切就看大陸的反應。」

　　同日　台「立法院大陸政策及兩岸事務因應小組設置要點」協商版出爐。該小組的人員組成由立法院正副「院長」擔任正副召集人，國民黨、民進黨、親民黨、新黨和無黨籍依13：9：5：3：1比例參加。

　　7月19日　福建省莆田市官員接受記者採訪時表示，莆田將進一步加大對湄洲島的投資，力爭在2010年前，把湄洲島建成為媽祖文化研究中心和媽祖信眾朝拜中心。

　　同日　唐飛稱，盼兩岸盡速透過現有正式管道，恢復協商與對話機制。

同日　台「總統府祕書長」張俊雄稱，民進黨當局絕不會有兩岸「密使」做法，呼籲兩岸盡快恢復對話。但前總統府祕書室主任蘇志誠及前「文建會主委」鄭淑敏證實「密使」之說，表示自 1994 年以來，江澤民、李登輝間確有直接溝通的管道。蘇並稱，他曾與中共代表會面，且不只 9 次。

7 月 20 日　因受到台灣有關方面的阻撓，廈門市長朱亞衍決定取消前往高雄市訪問的計劃。

同日　《人民日報》發表評論員文章指出，頑固堅持台獨立場沒有出路。

同日　呂秀蓮稱，民進黨當局希望能終止國、共兩黨歷史恩怨，努力改善兩岸關係。

同日　唐飛稱目前台灣的兩岸政策分短、中、長期三個階段，短期為降低兩岸緊張，中期為恢復正常對話，長期為建立交流秩序，構建長期互動的架構。並表示，兩岸關係穩定的短期目標在「5‧20」之後已經達到，下階段重點是恢復兩岸正常對話，對話不一定借兩會進行，也可仿效南北韓模式，「由高層來談」。

同日　唐飛表示，現階段沒有改組海基會的計劃，辜振甫仍是兩岸重啟對話最適合的人選。

同日　台外交部長田弘茂稱，「參與國際社會是台不變的目標，加入聯合國更具有主權宣示作用」。

同日　蔡英文首度證實，台將建立「國家安全網」，以對兩岸往來的各層面進行管理。

同日　台「金防指」發佈公告，將從 23 日起在金門料羅灣海面進行導彈射擊訓練，為期 3 天。

7 月 21 日　陳水扁指責某些立委前往大陸訪問的言行，說他們不顧國家安全，有如「中共的駐台代表」。

同日　唐飛在立法院聲稱，「眼前大陸有 2000 枚飛彈對我們構成威脅，飛彈防禦系統勢必要做。」對於台灣是否加入戰區導彈防禦系統（TMD）的問題，他說，「這是政治問題，操之在人，不在我。」

同日　民進黨主席林義雄表示，兩岸互動必須建立在善意與相互瞭解的基礎上，因此，他卸任後願意去大陸訪問。針對李登輝提出的「第二共和」的說法，林表示，台灣目前已經有明確的主體意識，那就是不願意接受中國統治，每個人都可以用自己的文字來描述現狀，但並不會改變事實。

7月22日　《人民日報》發表文章指出，從廈、高兩市市長互訪擱淺，再聯繫到有關台灣當局要對兩岸交流「踩煞車」的種種說法，人們不難看清，台灣當局所謂改善兩岸關係的「誠意」、「善意」，只不過是騙人的話而已。

同日　蔡英文稱，民進黨當局的兩岸政策不是「開快車」，而是「騎腳踏車」，快慢須視「路況」而定。並表示，當局有責任控制局勢，不讓戰爭發生，眼前兩岸的首要工作，就是建立互信。

同日　民進黨第九任黨主席謝長廷就職。謝在就職典禮上提出民進黨的「三不變」，即「民進黨對台灣安全及人民幸福的承諾絕不改變；民進黨對於台灣主權獨立自主的主張絕不改變；民進黨對於前途由台灣人民決定的信念絕不改變。」

同日　台「國安會」稱，兩岸任何溝通渠道均納入「國安會」監督機制，表示陳水扁無意採取「密使」模式。

同日　據《中國時報》報導，李登輝與日本右翼學者中嶋嶺雄合著《亞洲的智略》稱，「台灣是一個主權國家，台灣的認同問題，已經從『中華民國在台灣』達到『台灣中華民國』的階段，中華民國已不再是以往的民國，而是新的共和，也就是第二共和」。

7月23日　陳水扁稱，對兩岸「密使」問題完全不知情。

同日　呂秀蓮在台灣中山大學演講，鼓吹「台灣問題國際化」，並說，應在短時間內針對「國家定位」問題，訴諸民主理性程序，讓全民形成共識，然後形成國家認同的一致性。鼓吹台應「以海洋立國，防範中共霸權及海權擴張」。

同日　新黨立委賴士葆呼籲，台灣當局應該跳脫「戒急用忍」框架，以「專案直航」的方式為兩岸關係「破冰」。

7月24日　中國藝術研究院組織戲劇界學者代表團和天津市人民藝術劇院演出團，應台灣「中華戲劇學會」邀請，赴台參加「第三屆華人戲劇節」學術研討會及有關交流活動。

同日　中國核學會一行34人，應台灣核能科技協進會邀請，赴台參加「跨世紀兩岸大學生核科技夏令營」。

7月25日　陳水扁會晤民進黨立委，再次表示台灣的「大陸熱」要降溫，並妄言，「中共的勢力已經滲透到我們的國會及海外僑團，令人憂心」。當前兩岸問題的關鍵不在中國大陸或是美國，而是在台灣內部沒有任何共識，希望在野黨能夠加入「跨黨派小組」，以凝聚共識。

同日　台「中央健保局」稱，大陸配偶赴台居留滿 4 個月可參加「全民健保」。

7 月 26 日　《人民日報》發表評論員文章《搞分裂者終將碰壁》，批駁台陸委會主委蔡英文的分裂言行。

同日　台經濟部說，台商自行在海外籌資赴大陸投資，經濟部難以監管。

同日　台塑集團主管表示，數月前，台塑高層已赴浙江寧波考察，評估興建石化工業區事宜。據瞭解，只要民進黨當局不再阻撓，這項大型工程便可依計劃動土興建。

7 月 27 日　國家民族事務委員會文化宣傳司司長方鶴春等一行 5 人到達台東縣，考察當地高山族同胞的民俗風情。

同日　香港《大公報》報導，今年 1～6 月，上海市共批準台資企業 123 項，總投資 1.2 億美元，分別占全市同期外資企業總數及投資總額的 13.1% 和 20.9%。自 1984 年第一家台資企業落戶上海市嘉定區以來，上海共有台資企業 3722 家，合約台資 40 億美元，總投資額逾 80 億美元。

同日　唐飛在立法院答詢時表示，自 7 月中旬以後，大陸已有較為善意的表現，兩岸恢復協商已有一些曙光。他已責成陸委會、海基會主動與大陸方面聯繫，希望兩岸盡快展開事務性或政治性的對話。

同日　台「建國黨」透過「台灣共和國臨時政府籌備委員會」議案。

同日　李登輝稱，「中華民國經過 6 次修憲，政府結構已經完全改變，台灣當然進入第二共和，成為一個主權獨立的國家」，並妄言，這比「兩國論」還向前進一步，台灣在中華民國，代表的是一個「主權獨立的國家」。

7 月 28 日　外經貿部官員重申，大陸方面樂見台灣以「中國的一個單獨關稅區」名義加入世界貿易組織（WTO），但台灣的入會必須按照 1992 年世貿組織的前身「關稅及貿易總協定」（GATT）理事會做出的決議和 GATT 理事會主席聲明，即在「一個中國」的原則下，大陸先於台灣加入 WTO，這是大陸的一貫立場。

同日　陳水扁表示，目前兩岸關係維持著一定程度的穩定，中共即將召開的北戴河會議，不會影響兩岸關係的發展；並稱「外交是宣示主權的一種方式」，為了穩定「邦交國」，他必須走出去鞏固邦誼，因此，「出訪」計劃不會改變。

同日　唐飛稱，在海協、海基會兩會沒有恢復談判前，不會開放小規模來台觀光；「在中共沒有放棄武力犯台前」，不會開放大規模來台觀光，一切以「國家安全」為考慮重點。

　　7月29日　唐飛表示，兩岸應在追求「未來一個新的中國」的架構下，坐下來談判，才能建立互信、解決問題。

　　同日　台陸委會副主委陳明通在洛杉磯宣稱，民進黨當局所提的「未來的一個中國」以及釋放出諸多的和解善意，若未獲對岸的支持，也未獲台灣老百姓之支持，則可能導致民進黨當局「越走越獨」，戰爭亦將無法避免。

　　同日　民進黨創辦的《中國事務》季刊出刊，目的在宣傳該黨的台獨理念，討論和研究大陸情勢和對策。

　　7月30日　由中國和平統一促進會與台灣中國統一聯盟共同主辦、台灣15所大學的17名學生參加的「情系中華」夏令營結束。

　　同日　旅居澳大利亞的500多名華人華僑在悉尼舉行「澳洲中國和平統一促進會」成立慶祝會。

　　同日　台外交部長田弘茂接受《中國時報》採訪表示，台「外交政策不能離開兩岸和解的方向，不能讓外交政策的執行，使兩岸問題更加惡化，外交政策是要追求國家的安全、生存及發展」。又稱，「作為一個主權獨立國家，我們在國際社會上所追求的目標、所採取的行為和動作，就必須像個主權獨立國家」。

　　同日　台「中央社」報導，台商界一項調查顯示，台商在大陸最滿意的投資地區為長江三角洲。

　　7月31日　遲浩田在慶祝建軍73週年招待會上說，解決台灣問題，實現祖國的完全統一，是大勢所趨，人心所向。我們將繼續執行「和平統一、一國兩制」的基本方針，貫徹發展兩岸關係、推進祖國和平統一進程的「八項主張」。台灣當局應當審時度勢，順應人心，承認「一個中國」原則，走和平統一的光明大道。解放軍堅決反對任何形式的分裂祖國的圖謀，祖國的完全統一一定能夠早日實現。

　　同日　科技部中國生產力中心協會一行14人，應台灣生產力中心邀請，赴台參加「海峽兩岸中小企業訊息化論壇」。

　　同日　陳水扁召開就職後的第二次記者會，聲稱「兩岸從沒有共識的共識開始，本著九二年的對話、交流及擱置爭議的精神，重啟對話」。台灣「政黨輪替」

後，海峽兩岸的海基會、海協，應該是目前最好的、也是他仰仗、倚賴的最佳對話窗口與機制。「三通與小三通是非常重要的兩岸議題，無可迴避，必須面對。」

同日　台陸委會副主委鄧振中說，在台灣廠商面臨全球競爭壓力下，當局應針對「戒急用忍」政策進行檢討。並表示，陳水扁強調兩岸應本著「九二年精神」，在既有基礎上恢復兩岸兩會對話，凸顯陳有意超越1992年協商結果的爭議，希望大陸正面回應，並儘早恢復對話。

同日　據《中國時報》報導，台經貿官員表示，為防止兩岸加入WTO後，台灣異常地大量進口大陸物品，台「國貿局」計劃建立一套「大陸物品進口監測指標」，作為台官方兩岸貿易政策的決策參考指標。

同日　據《中國時報》報導，台「警政署」依據勞委會解釋從寬決議，大陸配偶去台停留期間，如其配偶有自營事業者，可在該自營事業協助工作，並不違反「兩岸人民關係條例」的有關禁令。

同日　辜振甫稱，「九二年精神」，意指不談「一中」爭議，擱置有爭議的問題，先就事務性的問題溝通，以務實的態度處理兩岸事務。

同日　據《中國時報》報導，台「跨黨派小組」非政黨名單敲定，其中包括學界沈君山等6人，企業界曹興誠等4人，社會賢達梁丹豐等5人。

8月

8月1日　台經濟部、陸委會就「戒急用忍」政策的修訂方向進行首次非正式諮商。

同日　台「中央銀行」副總裁陳師孟表示，可以考慮開放「陸資」來台投資，但是，為避免「陸資」擾亂台灣金融秩序，應以大陸地方政府和個體戶或個人資金為主，至於大陸國營事業的資金，則不宜開放。

同日　海基會、陸委會負責人對陳水扁的「九二精神」作出新的詮釋，認為經由談判解決問題，應是「九二精神」的根本所在。海基會秘書長許惠祐表示，陳水扁這項說法是尊重海基會、海協兩會過去會談「共識」的善意表達，而這項共識就是對「一個中國」各說各話的「共識」。陸委會副主委陳明通說，兩岸兩會當時確曾討論「一個中國」的問題，也各自提出方案，但沒有簽署協議文件，當時的結論就是「各說各話」。

同日　台「中央社」報導，台民調顯示，超過四成的民眾認為當局「推動參與聯合國，動作應更積極」。

同日　台「中央社」報導，美國太平洋艦隊司令法戈稱，如果大陸「未經挑釁」即採取對台軍事行動，「美軍不可能坐視不管。」

8月2日　台「中央社」報導，民進黨主席謝長廷接受日本《每日新聞》訪問時稱，「台灣主權獨立這一主張不變」。

同日　陳明通表示，台陸委會正在積極建構「國家安全網」。並稱，「國家安全」不僅存在於軍事領域，也存在於經濟領域。

同日　許惠祐稱，兩岸關係是長期的，不能走「短線」，兩岸復談要透過「實際接觸」慢慢展開。台灣應正視談判籌碼逐步流失的問題，大陸以「一個中國」為前提，並向「一國兩制」過渡，這是台灣「朝野」應警惕的發展趨向。

8月2日　以王升為團長的台灣學者代表團一行60餘人，赴遼寧參加「第八屆中國現代化學術研討會」，為期6天。

同日　蔡英文稱，「一個中國」問題無可逃避，但「一個中國」並不是兩岸「一切的一切」，兩岸應增加克制能力，避免誤判形勢。「九二年精神」旨在與大陸共同找出「一個中國」的表述方式。對於民進黨當局提出的「統獨與維持現狀都是選項」，蔡英文解釋說，所謂台獨，應是指兩岸未來永遠沒有關係；而「維持現狀」則是指可以自己管理自己，兩岸將來走向更有意義的政治關係，或可能沒有關係；至於「統一」，則是指與大陸建立一個有意義的政治關係，但這種「政治關係」，不要以狹隘的主權觀來看待。

同日　辜振甫表示，兩岸交流對話、擱置爭議是「九二共識」重要精神。

同日　連戰抵達舊金山訪問，這是中國國民黨主席首次訪問美加地區。

8月4日　塞內加爾、格林納達、岡比亞等12國向聯合國祕書長安南提交議案，要求聯大成立工作小組，審視台灣特殊處境與民主成就，確保台灣能參與聯合國及其相關組織。對此，外交部發言人朱邦造表示，北京對提案表示嚴重不滿和憤怒，並譴責提案嚴重違反了《聯合國憲章》及其原則和精神，是對中國內政的嚴重干涉，中國將堅決反對。

同日　中國常駐聯合國代表王英凡強烈譴責塞內加爾等極少數國家致函聯合國祕書長，提出所謂台灣「參與聯合國問題」，指出聯合國是由主權國家組成的

政府間國際組織，台灣作為中國的一個省，根本沒有資格以任何名義和藉口參與聯合國及其所有專門機構的工作和活動。

同日　美國《商業週刊》發表7月27日對陳水扁的專訪。陳在專訪中表示，台灣重返聯合國困難重重，但是絕不放棄；希望美國在亞太地區扮演平衡與穩定者的角色，與台灣合作，共同維護亞太和平。並稱兩岸重啟談判，不能帶有任何偏見，應該把彼此的歧見放一邊，追求雙方能夠接受的基礎。

同日　呂秀蓮對「自由亞洲」電台記者稱，台將維持兩岸關係的現狀，不會有重大改變。

同日　台陸委會副主委鄧振中表示，兩岸記者常駐採訪須透過海基會、海協兩會管道商談。

同日　台灣電機電子公會理事長吳思鐘拜會蔡英文，要求蔡盡速解決台灣高科技產業人才不足問題，並且希望就早日開放兩岸「三通」、允許台灣銀行赴大陸設立分行，以及設立台商法庭、處理台商投資糾紛等事宜與大陸方面談判。

8月5日　李遠哲公佈台「兩岸跨黨派小組」成員名單，包括游錫堃、沈君山、郝龍斌等25人。李遠哲稱，該小組的定位是凝聚全民共識、促進族群和諧與兩岸和平發展，是總統的諮詢機構，並非「政府」的執行、決策單位，不會在兩岸談判上扮演角色。

同日　國民黨副祕書長邵玉銘重申，該黨不參加「跨黨派小組」，因為國統會、「國統綱領」等機制都存在，不需要再成立一個體制外、疊床架屋的組織。

同日　親民黨發言人孫大千表示，兩岸「跨黨派小組」組織、定位及功能皆不明確，且有疊床架屋之慮，親民黨不派代表參加。

同日　加入「跨黨派小組」的新黨全委會召集人郝龍斌表示，兩岸問題是台灣最迫切面對的議題，新黨珍惜任何一個可以化解各黨派歧見的機會，所以願意加入「跨黨派小組」。但他強調，「跨黨派小組」只有「共識決」，沒有「多數決」，新黨絕不會變成替「跨黨派小組」「背書」的棋子。

同日　田弘茂稱，台灣要利用大國在戰略上的矛盾，維持「台灣是永不沉沒的航空母艦」地位。台灣跟美國保持良好的關係，是現實的必要。

8月6日　由國台辦、農業部、外經貿部和黑龍江省政府聯合舉辦的黑龍江海峽兩岸農業合作研討會在哈爾濱開幕，200多位台灣學術界、企業界人士與會。

同日　國台辦常務副主任李炳才出席在瀋陽召開的第八屆「兩岸中國現代化學術研討會」致詞說：「我們將堅持『同等優先、適當放寬』的原則，支持和鼓勵台灣同胞在祖國大陸投資，特別鼓勵台胞投資高科技產業、鼓勵台胞參與西部大開發和老工業基地的改造、鼓勵台胞參與國有企業的改革，我們將認真貫徹《台灣同胞投資保護法》及其實施細則，不斷改善投資環境，給台灣同胞到大陸投資提供更加切實有效的保護。」

　　8月7日　外交部發言人朱邦造就美國政府同意陳水扁「過境」洛杉磯一事指出，中國政府已就此事向美國政府提出嚴正交涉，表示強烈不滿和堅決反對。中方要求美國政府言行一致，恪守中美三個「聯合公報」和美方有關承諾，以免使中美關係受到嚴重損害。他說，民進黨當局以「過境」為藉口進行製造「兩個中國」、「一中一台」的分裂活動，這是世人皆知的伎倆。中國政府一貫反對美國與民進黨當局進行任何具有官方性質的往來和接觸，反對美方允許台灣政要「過境」美國。

　　同日　陳水扁表示，台灣加入WTO後，大陸資本（陸資）進入台灣勢所難免，屆時「戒急用忍」的大陸政策必須調整，當局會在重視「國家安全」的考慮下，以平等、互惠的方式，重新建構與大陸的經貿關係。

　　同日　台「陸委會經濟處處長」傅棟成稱，「將逐漸開放陸資到台」。

　　同日　連戰在洛杉磯稱，兩岸不能幹戈相向，更不能讓民族感情日漸式微。

　　同日　民進黨「主流聯盟」訪日，希望日本製訂日本版「台灣關係法」。

　　8月8日　規模盛大的「四川—台灣經濟科技合作洽談會」在成都舉行，來自台灣的270餘位台商參加洽談會。

　　同日　台行政院召開政務會議，確定開放銀行業赴大陸設辦事處，對高科技業，尤其是晶圓廠登陸案，仍持高度保留態度。

　　同日　台「立法院副院長」饒穎奇稱，解決兩岸問題最好方式是朝「邦聯制」方向努力。

　　同日　台國防部正式發佈2000年版台灣「國防報告書」，指稱大陸目前約有400多枚導彈射程涵蓋台灣，預計5年後可增至600多枚，對台安全威脅增大。但台軍戰力目前已大幅提升，具備「主動戰略條件」。並表示，兩岸仍應在互信基礎上，共同處理「未來一個中國」的問題。

　　同日　台「經濟部政務次長」林義夫稱，「戒急用忍」將朝放寬方向規劃。

8月9日　台「財政部長」許嘉棟表示，相關「部會」對開放台灣銀行赴大陸設立辦事處已取得共識，財政部將在兩週內訂定操作辦法。

同日　台「中央銀行副總裁」陳師孟稱，對開放銀行赴大陸設據點持保留態度。

同日　台經濟部次長尹啟銘表示，「高科技赴大陸投資，應考慮政治風險及國家安全」，大陸必須有具體善意回應，台灣才能考慮開放IC及石化上游產業，目前時機不成熟。

同日　台「外交部北美司副司長」高碩泰稱，陳水扁出訪中美洲時將先過境美國洛杉磯，但不會安排公開活動，也不會接觸媒體。

同日　民進黨主席謝長廷拜會親民黨主席宋楚瑜，共同強調，過去兩岸協商的結果，民進黨當局應接受，政策須有延續性。

8月10日　中國人民銀行新聞處官員說，台灣銀行業在大陸開設分支機構基本上沒有法律障礙，央行會將台灣銀行業與香港、澳門銀行業同等對待，適用於1996年發佈的《外資金融機構管理條例》。

同日　陳水扁會見美國聯邦參議員時稱，大陸「『一中』不一定指中華人民共和國」的說法，是說給台灣人民聽的。在外交上，中共宣揚「三段論」，鼓吹「一國兩制」，要把台灣變成中華人民共和國的一部分，這是無法接受的，也違背台灣人民的意志。

同日　台經濟部長林信義表示，經濟部會調整企業赴大陸投資專案審查的範圍，但目前列為禁止投資的項目不會完全解禁，包括港口、機場等基礎設施建設以及8英吋、12英吋晶圓廠等仍將列在「禁止類」。

同日　台前「財政部長」邱正雄表示，民進黨當局在此時考慮開放台灣銀行赴大陸設立辦事處是適當的做法。他認為台灣銀行業赴大陸投資，的確要考慮資金外流、安全性等問題，以吸收當地人民幣存款、承做當地放款業務較為安全。

8月11日　中共中央北戴河會議結束。關於台灣問題，會議認為，將切實加強「寄希望於台灣人民」的做法，爭取台灣人民對大陸觀感的改變，以正本清源，消除台獨議題對兩岸關係發展的困擾。

同日　歷時4天的「四川—台灣經濟科技合作洽談會」在綿陽降下帷幕。此次洽談會彙集了來自港澳台地區及海外客商近300人。據統計，共簽訂協議26個，協議投資總額達人民幣23億元。

同日　北京京劇院張和平等一行104人，應台灣紅劇團邀請，赴台進行為期20天的演出。

同日　台「僑委會委員長」張富美稱，在「民主」和「人權」前提下，民進黨當局可接受統一。

同日　陳明通稱，1992年兩岸沒有簽署文件，也無「一個中國、各自表述」的共識。他說，民進黨當局將努力使「未來一個中國」成為有效選項，並營造兩岸良性互動的有利環境。「你不打我，我不宣布獨立」。

同日　宋楚瑜在柏林召開的第26屆歐洲華僑團體聯誼會年會表示，完全同意連戰對民進黨當局的建設性建議，願意在兩岸議題上與國民黨結合，反映社會對兩岸問題的意願。他說，根據他的瞭解與查訪，1992年，國民黨當局的主張是「一個中國，台灣和大陸都是中國的一部分」，兩岸對這部分都沒有異議，但是究竟誰代表中國，雙方認知則仍有衝突。

8月12日　《中國時報》報導，陳水扁日前拜訪李登輝，徵詢由國民黨人士擔任國統會主委，但未獲支持。李登輝認為，如果由總統以外的人士出任國統會主委，可能會降低國統會級別，使得已經不太穩定的兩岸關係再生變數。

同日　台向美國採購的最新式通信系統「戰術區域通信系統」（IMSE）已完成戰術測評，正式成軍，並將在「漢光16號」演習中試用。

8月13日　由全國台聯和全國少工委聯合舉辦、雲南省台聯和省少工委協辦的第五屆祖國大陸「和平小天使」訪問團，從昆明啟程赴台訪問、交流。

同日　陳水扁啟程赴中美洲和西非6國參訪。

同日　陳水扁在洛杉磯會見美國在台協會主席卜睿哲，呼籲美國在兩岸間扮演更積極的穩定者和平衡者。卜睿哲表示，不論誰當選下屆美國總統，美國的對台政策，仍然會保持延續性和穩定性。

同日　前「經建會副主委」薛琦和前「行政院主計長」韋端抵達哈爾濱，參加由社科院與中華經濟研究院共同舉辦的「海峽兩岸企業改革與發展研討會」，成為民進黨執政以來，首批順利訪問大陸的卸任高級「政務官」。

同日　由「美國外交政策關係全國委員會」所主辦的美、中（大陸）、台「第二軌道」圓桌會議，在紐約揭幕。

8月14日　江澤民在北戴河會見美國眾議員比爾·阿徹時表示，我們一再重申，堅持「和平統一、一國兩制」的方針沒有改變。我們一再說過，只要台灣

當局承認「一個中國」原則，兩岸對話就可以恢復，什麼都可以談。美國政府多次重申堅持「一個中國」政策，遵守中美三個「聯合公報」和有關承諾，我們希望美國政府能以實際行動履行承諾。

　　同日　呂秀蓮會晤台灣基督教長老教會總會代表時表示，台灣的前途應尊重台灣人民自由意志的選擇；並針對美國政府兩年前提出的「三不」政策，相應提出「三 yes」政策：第一，應以和平方式化解兩岸爭端；第二，有關改變台灣現狀的承諾應透過民主的機制解決；第三，有關台灣前途的談判應讓台灣有公平參與的機會。

　　同日　正在美國訪問的台北市長馬英九，批評民進黨當局對大陸政策的講法不一致，「令人一頭霧水，搞不清楚」，呼籲陳水扁對兩岸關係要拿出更多善意，「面對問題，不要逃避」。

　　同日　台總統府透露，陳水扁回台後，將籌劃國統會的運作事宜。

　　同日　國民黨祕書長林豐正表示，陳水扁如果召開國統會，回到體制內運作兩岸關係，國民黨願意共襄盛舉，推派代表參加。

　　同日　台「中央社」報導，台灣銀行業近年來紛紛到香港設立據點，伺機前往大陸投資。

　　8月15日　陳水扁出席北美洲台商聯合會理事會，再次鼓吹台灣是「主權獨立國家」。

　　同日　蔡英文表示，經貿關係是未來兩岸互動架構的主軸，如果大陸經濟建設的改革成功，則兩岸關係發展的時間是「站在他們那一邊」。

　　同日　台「經濟部政務次長」林義夫表示，「小三通」將允許大陸貨品在金馬地區加工後轉銷台灣台灣。

　　同日　陳水扁是否接任國統會主委，在民進黨內引發爭議。新潮流系立委李文忠表示，基於不惡化兩岸關係及引發台灣政爭的考慮，他支持陳水扁接任此職。

　　8月16日　呂秀蓮會見日議員小林興起時聲稱，應該在日本的領導下成立「東北亞聯盟組織」。

　　同日　台「總統府代祕書長」陳哲男說，在陳水扁的施政優先順序中，兩岸關係最為重要，「為讓對岸感受我方的善意與真誠互動訊息，『國統會主委』必

須由權威代表出任,在沒有合適人選的情況下,最後很可能回到『國統會』設置要點,」由陳兼任主委。

同日　謝長廷表示,民進黨在創黨時期雖明確主張「制憲」、建立「主權獨立國家」,把「獨立」視為唯一的奮鬥目標,但現在「台灣主權已經獨立,重要的是如何確保與發展」。他說,對民進黨來說,「統一」也是一個選擇,但不是唯一選擇,否則違反民進黨「黨綱」。如果陳水扁能把「統一不是『國統會』的唯一選項」說清楚,那陳接任「國統會主委」並不違背民進黨「黨綱」。

同日　民進黨祕書長吳乃仁表示,民進黨「台灣前途決議文」並沒有排除「統一」的可能性,但強調「任何對現狀的改變皆需要經過公投」,因此陳水扁只要遵守「台灣前途決議文」的精神,或是在「國統綱領」加上「任何對現狀的改變皆需經過公投」的程序要求,則未嘗不能擔任「國統會主委」。

同日　《中國時報》報導,台內政部近日會同陸委會、「國安局」等相關「部會」,審查透過多位退休政務官赴大陸訪問、探親的申請。曾任陸軍「總司令」、後轉任「退輔會主委」退休的上將李楨林申請探親獲準,此為民進黨當局首次同意台灣重要退役將領「登陸」。

同日　長榮集團總裁張榮發表示,民進黨當局首要之務應加速全面開放「三通」。

同日　新加坡內閣資政李光耀在馬來西亞發表演講,認為台灣問題是亞洲「最不可預測的危機」。

8月17日　陳水扁在多米尼加舉行記者會,對是否接任「國統會主委」閃爍其詞,稱國統會改組是當前首要任務,而「國統綱領」是否必須以「統一」為唯一及最後的選項,也值得進一步探討。

同日　呂秀蓮明確表示她不會參加國統會。

同日　台財政部核定「台灣銀行業赴大陸設立辦事處許可辦法草案」。該部官員表示,將比照開放保險業到大陸設置辦事處的模式,訂定台灣銀行到大陸設立辦事處的基本規範,呈報行政院實施。

同日　對陳水扁是否接任「國統會主委」一事,民進黨內分歧較大。民進黨立委周伯倫表示,根據國統會設置要點,陳水扁當上總統後,本來就是「國統會主委」。民進黨政策會執行長沈富雄表示,他一向反對成立「跨黨派小組」,陳

水扁不但應該接國統會，還必須積極運作，讓國統會真正成為凝聚兩岸共識的機構。但是，洪奇昌表示，新潮流反對陳水扁在此刻接任「國統會主委」。

8月18日　「第五屆海峽兩岸地理關係與自然環境保育研討會」在北京舉行，台灣35位代表與會。

同日　《中國時報》報導，大陸對台官員日前提出「在處理兩岸關係中，雙方都必須堅持世界上只有一個中國，台灣與大陸都屬於中國，國家的主權和領土不可分割」的表述方式。此前大陸官方的表述為「世界上只有一個中國，台灣是中國的一部分，國家的主權和領土不可分割」。該官員解釋說，這樣的表述更明確說明兩岸交往並非「大吃小」，兩岸的對話、談判也不是「中央」對「地方」，更加明確表達大陸對透過兩岸平等談判完成和平統一的願望，更能夠照顧台灣人民的感情。中共對台政策仍堅持「和平統一、一國兩制」方針，仍然堅持「江八點」；當前要特別強調，「一個中國」是兩岸接觸、對話、談判的基礎和前提，台灣方面只要承認「一個中國」原則，什麼都可以談。

同日　台陸委會原則同意台北市副市長白秀雄9月初赴大陸訪問。

同日　林中斌表示，統一是否為唯一或最後的選項，應有很多討論的空間。兩岸關係的演變，最後的決定權、選擇權，兩岸都應尊重人民自由意志的選擇。

同日　民進黨祕書長吳乃仁稱，「統一不是唯一的選項」的說法符合民進黨一貫主張。

同日　連戰批評陳水扁「統一不是唯一選項」的說法。他指出，「少數人存在狹隘的地域觀念，隱性或顯性地在搞『台獨』分裂運動，這不是我們期盼發展的途徑。兩岸良性互動，一步步走向國家未來的整合。兩岸關係要和平穩定，求同存異，發展共同的利益，達到雙贏互利」。

同日　新黨立法院黨團召集人賴士葆指出，除非陳水扁將國統會改為「國家是否統一委員會」，否則「國家統一」應是國統會的唯一主張。

同日　《中國時報》報導，「歐洲中國和平統一促進會」會長張曼新，日前邀請海協和海基會共同出席即將在德國柏林召開的「全球華僑華人推動中國和平統一大會」。由於兩岸政治對峙情勢仍未緩和，而受邀的海基會副董事長許惠祐不支持「一個中國」，海協方面為避免造成「兩岸復談」的假象，日前已向歐洲僑界主辦單位表明無意與許惠祐碰面。

8月19日　陳水扁在哥斯達黎加叫囂說，「除非中華民國在地球上消失，否則中華民國必然要走出去」；沒有「外交休兵」，只有「外交加油」。

同日　謝長廷稱，民進黨認為「維持現狀」就是「獨立」，「統一不是唯一選項」。

同日　台「陸委會文教處長」趙杰夫稱，陸委會諮詢委員大多贊成開放大陸記者去台常駐採訪，但因為涉及「國家安全」，大陸記者又大多負有「情報蒐集」的任務，應先就可能發生的狀況建立一套管理機制，再考慮開放的時機。

8月20日　台灣區電機電子公會理事長吳思鐘，率領40人的訪問團抵達北京訪問。

同日　陳水扁稱，希望兩岸能以智慧和創意、在既有基礎上盡快重啟協商大門。

同日　呂秀蓮稱，「目前的憲法是50年前在大陸制定的，現應重新考慮憲政問題」。

同日　《中國時報》消息稱，由李遠哲召集的「跨黨派小組」準備在9月1日、2日舉行「會前會」。有關人士表示，希望能經由討論，從不同政治立場和論述中，找到彼此能接受的共同點。只要能架起橋樑，讓兩岸兩會重啟制度化協商談判管道，「跨黨派小組」的階段性任務就可以告一段落。

同日　《中國時報》報導，台灣在野黨對「跨黨派小組」的批評主要有：一、「跨黨派小組」是陳水扁混亂的大陸政策的一部分。二、「跨黨派小組」是取代國統會的「國家諮詢機構」。三、「跨黨派小組」是用李遠哲的聲望，來玩「民粹政治」，壓抑「政黨政治」。

同日　前陸委會主委蘇起批評陳水扁大陸政策「放空擋，完全失去方向感，已使台灣民眾更加沒有安全感」。

8月21日　國台辦主任陳雲林會見台電機電子公會訪問團表示，關於「一個中國」的內涵，兩岸可以不討論，不用指明誰代表中國。只要台灣承認「一個中國」，不是「兩個華人國家」，大陸方面就可以接受。他說，大陸將降低台商赴大陸投資銀行的門檻，且會根據「同等優先」的原則，給予台商一定的優惠政策。國台辦常務副主任李炳才進一步說明，台灣銀行在大陸設立分行，可以經營地區性的人民幣業務。

同日　台灣區電機電子公會大陸訪問團拜會科技部、訊息產業部及國台辦等與高科技產業投資有關的部會，均得到允諾，儘量協助台灣高科技業者排除投資障礙。

　　同日　陳水扁說，兩岸關係需要改善，同時，並不影響台當局和人民在國際社會扮演積極角色，做出更多的貢獻。

　　同日　呂秀蓮表示，台海兩岸雖然血源相同，屬於同一民族，但政治上卻互不隸屬。希望台海兩岸問題能受到國際社會的重視，亞洲各國能學習歐盟模式，實現整合。她認為日、韓、台可率先成立「東北亞聯盟」，由此帶動「亞洲聯盟」的成立。

　　同日　台「總統府代祕書長」陳哲男稱，「國統綱領」是七八年前所制定，有修改的必要。

　　同日　台「中央銀行」與陸委會達成共識，將分階段開放台灣銀行業赴大陸設立辦事處。

　　同日　台經濟部將「小三通」中有關貿易的規劃案送至陸委會，規劃開放工業品5209項，同時建議金馬離島可以「直接貿易」的方式與大陸進行雙邊貿易，以達到「除罪化」的目的。

　　同日　國民黨陸工會主任張榮恭說，目前修改「國統綱領」恐將造成台灣「統、獨」論戰，也不利於台海穩定。

　　同日　新黨全委會召集人郝龍斌表示，兩岸統一的時間與方式可以商量，但統一的目標不能改變。

　　8月22日　錢其琛在中南海紫光閣會見台灣電機電子工業公會大陸參訪團。他指出祖國大陸經濟持續健康發展，電子訊息產業的發展很快，兩岸同胞加強在這一領域的合作，我們就能夠在世界電子訊息產業中占有重要一席之地。我們始終堅持鼓勵台商來祖國大陸投資，推動兩岸經貿關係不斷發展的方針，制定了相關的法令法規，以保護台商投資的正當權益。儘管兩岸關係出現曲折，但兩岸經濟合作是穩定的，是不斷向前發展的。希望台灣同胞和工商企業界人士共同努力，推動兩岸直接「三通」早日實現。他說，面對21世紀世界經濟發展和經濟一體化趨勢的加快，兩岸同胞完全有理由攜手合作，迎接挑戰，實現中華民族的偉大復興。

同日　台參謀總長湯曜明稱，兩岸關係緊繃狀況未化解，台軍應加強戰備訓練。

同日　台「財政部次長」顏慶章表示，將考慮開放大陸銀行業到台設立辦事處。

同日　宋楚瑜提出「采歐盟精神建立兩岸共同體」的構想，稱兩岸應朝向多元化、階段性的整合，擱置政治上敵我對立的意識形態衝突，以符合兩岸民眾的最大福祉。並表示，儘管兩岸政治對立一時恐難化解，但不妨從經濟層面開始整合，建立符合兩岸人民福祉的機制，采階段性、多元化方式加強交流。

8月23日　應新華社邀請，台灣聯合報系訪問團一行7人，從8月23日至9月2日訪問大陸，錢其琛在中南海會見台灣聯合報系訪問團，表示我們對兩岸關係的發展前景是樂觀的，但兩岸間也存在一些政治障礙，關鍵是台灣當局領導人至今不承認自己是中國人，一味迴避和模糊「一個中國」原則，搞文字遊戲，致使兩岸對話、談判無法進行。就兩岸關係而言，我們主張的「一個中國」原則是：世界上只有一個中國，大陸和台灣同屬於一個中國，中國的主權和領土完整不容分割。關於「三通」問題，他說，只要台灣方面認同是一個國家內部的航線，兩岸通航的具體問題可以迎刃而解，辦法可以儘可能簡化。

同日　根據大陸的規定，外資銀行在大陸設立分行，必須符合資產規模在200億美元以上，以及先設置辦事處3年的兩項條件。不過，中國人民銀行行長助理李若谷表示，只要台灣銀行業提出申請，大陸願意考慮允許台資銀行繞過3年辦事處資格的限制，直接在大陸設立分行。但是他強調，台資銀行若要在大陸設立分行，最好在大陸加入WTO前完成。如果台灣等到大陸加入WTO以後才開始申請，大陸給予台灣的優惠條件，別的WTO成員也將要求比照辦理，事情會很複雜。

同日　台灣因「碧利斯」台風造成死傷、損失，海協致函海基會，表達哀悼與慰問之情。

同日　新華社消息，由國台辦主辦的「2000年海峽兩岸開發西部經濟投資洽談會」9月1日將在烏魯木齊召開，台灣方面將有100多人與會。這次洽談，旨在配合國家西部大開發戰略的實施，促進台灣與新疆的經濟貿易合作。

同日　馬英九表示，「國統綱領」並非《聖經》，完全不能改，但也不宜輕率修改，不然將引起台灣外不必要的疑慮。他強調，若要修改「國統綱領」，

一定要先確定是否能帶給台灣更安定以及更大的國際空間，同時也要使兩岸更和平。

同日　繼高雄市長謝長廷「大陸行」告吹後，台中市長張溫鷹申請參加在大陸舉行的水利會議，也遭台陸委會駁回。

同日　國民黨中常委章孝嚴攜家人赴浙江奉化祭祖。

同日　陳水扁在布基納法索國會演講稱，台海兩岸目前處於「分治」狀態，由兩個對等的政治實體行使排他性管轄權。中華民國的存在與發展是不容否定的事實，兩岸目前在國際上具有相同地位，各國應該支持民主、自由、繁榮的中華民國參與國際社會。

同日　布基納法索總統稱，布國不會也不應參加「中非合作論壇」，將繼續協助台灣加入聯合國。

8月24日　陳水扁與乍得總統簽署「聯合公報」，乍得總統表示支持台灣加入聯合國。

同日　國民黨副主席王金平在舊金山說，陳水扁不僅應出任「國統會主委」，更應主導國統會，以求兩岸關係之正常發展。

同日　海基會副董事長許惠祐表示，陳水扁是否接任「國統會主委」，必須審慎考慮。如果要兼任，就應同時兼任「跨黨派小組」負責人，以免造成「頭重腳輕」。

8月25日　汪道涵會見美國參議員時表示，大陸希望與台灣一起談走向統一的問題，共同研究有關統一的步驟和原則。海峽兩岸需要有統一的中國，共同締造中國的未來。

同日　新華社消息：自今年9月1日起，國務院台辦將授權重慶市台辦受理、審批台灣記者到該市採訪。這是自1997年1月1日國台辦授權天津等12個省、市台辦受理、審批台灣記者採訪後，再次擴大授權範圍。

同日　林中斌表示，「國統綱領」制定至今已有10年，時空背景變化很大，兩岸互動所產生問題更為複雜，「國統綱領」是否能解決所有問題，有待官方與民間進一步研討。

同日　馬英九表示，陳水扁應該接受「國統會主委」的職務，因為他在宣誓就任總統時曾表示要維護「憲法」，而「憲法」就是「一個中國的憲法」。他說，如果陳水扁接任「國統會主委」，有助於突破兩岸目前的僵局。

同日　高雄市副市長侯和雄計劃以政務官身份申請赴大陸參加「第二屆公共事務跨世紀發展研討會」，被台陸委會駁回。

　　同日　親民黨提出「兩岸政治基本綱領」，主要內容有：兩岸應在「九二年共識」的基本原則下建立一套「和平架構」、建立兩岸的「信心與安全建立措施」、建立兩岸直接對話窗口、籌設「兩岸精英論壇」、積極規劃、推動兩岸「三通」、發展兩岸經貿合作關係、共同發展互利互惠的「兩岸三地 3C 產業共同體」等。該黨還提出，台灣可以提供傳統產業資金與技術，協助大陸進行「西部大開發」，但大陸不應阻撓台灣加入諸如 WTO、WHO 及相關財經、文化、體育等國際性組織。

　　同日　宋楚瑜提出「整個中國」概念，聲稱兩岸各自存在一個有效管轄且合法的「政府」，彼此對內擁有絕對的「治權」，在國際事務上則各自享有相關的權利與義務。

　　同日　國民黨主席辦公室主任丁遠超表示，民進黨當局對國統會及「國統綱領」的許多發言，都是混淆視聽的遁詞，真正的問題，是不願意接受「國家統一」四個字。

　　8月26日　「全球華僑華人推動中國和平統一大會」在德國柏林開幕。受邀與會的有全國政協副主席、中國和平統一促進會會長萬國權、國務院僑辦副主任劉澤彭和駐德國大使盧秋田，海協副會長張金成、孫亞夫。台「和統會」會長梁肅戎發表了「統一永保和平，獨立必招戰爭」的演講。

　　同日　陳水扁稱，目前兩岸關係的發展面臨關鍵時刻，他將以穩健的態度來處理。

　　同日　謝長廷呼籲兩岸主政者能有「給對方占一點便宜」的寬大心胸，如此兩岸交流才容易推動。

　　8月27日　許惠祐說，2000年總統選舉後，海峽局勢曾出現「難以想像」的緊張，但現在已穩定下來。

　　同日　民進黨公佈的一項民調顯示，87%的受訪者希望兩岸目前維持現狀。

　　8月28日　全國婦聯書記處書記李秋芳率大陸女企業家訪問團，應台灣女企業家協會的邀請，赴台參加「兩岸四地婦女經貿合作研討會」。

　　同日　陳水扁會見美國北卡羅來納州州長時表示，美國雖不做兩岸問題調人，但可以扮演更積極的角色，扮演兩岸和平大使，發揮穩定者與平衡者的功能。

2000 年 / 8 月

　　同日　陳水扁在返台記者會上稱，國統會與「國統綱領」絕不是兩岸政策的最後決定單位與機構，其所設定的「國家統一」目標也根本未取得台灣人民的認同與支持。他說，「當務之急是『跨黨派小組』的有效運作，而不是回到有爭議的『國統會』」。

　　同日　針對錢其琛副總理對「一中」的定義，陳水扁稱，「中共的既有政策並沒有改變，不能聽信一面之言」。

　　同日　金門縣政府召開「因應小三通」會議，將爭取有利發展機會。

　　同日　民進黨祕書長吳乃仁強調，陳水扁在記者會的談話，顯示他並不急著處理國統會問題，而在民進黨中常會沒有形成新的決議之前，民進黨反對黨員加入國統會的立場仍然不變。

　　同日　國民黨副祕書長邵玉銘說，國統會和「國統綱領」對維持兩岸和平穩定有積極意義，任何有損國統會及「國統綱領」地位、權威與功能的事，國民黨基於對兩岸和平穩定關係的重視，都不會參加。此外，對「國統綱領」的任何修改，國民黨也不能同意。

　　同日　蘇起強調，「國統綱領」並不是純粹法律文件，不是「急統文件」，是高度政治性的文件，也是台灣內部被接受程度最高的文件，確實具有維持、穩定台海現狀的功能。

　　同日　親民黨表示，陳水扁一方面貶抑國統會功能定位，凸顯「跨黨派小組」價值，但又不肯明確理清「跨黨派小組」定位，親民黨很難相信陳水扁尋求朝野共識的誠意。

　　同日　由劉松藩率領的親民黨「兩岸關係與台商服務訪問團」抵達北京訪問。

　　同日　新黨全委會召集人郝龍斌表示，陳水扁曲解了國統會設置要點的真正意涵，而他對錢其琛談話的批評，幾乎把他這 4 個月以來對中共釋放的「善意」消耗殆盡，這種倒退實在令人遺憾。

　　同日　兩岸宗教界人士共同出席聯合國「世界和平宗教與精神領袖高峰會議」。台灣心道法師強調，兩岸宗教界都是在為整個社會安定、國際和諧而努力，大家都是真誠地推動同樣的目標。

　　同日　台獨勢力組織的所謂「台灣國臨時政府」在高雄市宣布成立。

8月29日　海協與親民黨大陸訪問團就兩岸關係交換意見，雙方達成了三點共識：兩岸應盡速以恢復1992年兩會共識為原則，重開談判及溝通；雙方均主動釋出有利兩岸關係的建設性意見，擴大兩岸人民交流，以縮短兩岸認知差距；經濟交流為現階段兩岸互利的基礎，應盡速直接「三通」，進一步加強政策及制度實施，以保障台商投資權益，加速擴大經濟合作的成果。

同日　錢其琛在釣魚台賓館會見以劉松藩為團長的親民黨參訪團，對參訪團來訪表示歡迎，對海協與親民黨參訪團達成的三點共識表示肯定。

同日　田弘茂聲稱，台為「主權獨立國家」，當然要「走出去」。

同日　台內政部同「法務部」、陸委會、「國安局」審查透過台北市政務副市長白秀雄、台北市社會局長陳皎眉及台北市民政局長林正修等台北市政府官員，赴大陸訪問行程。白秀雄成為民進黨執政後，赴大陸訪問層級最高的台灣「政務官」。

同日　謝長廷稱，陳水扁如果接任「國統會主委」，民進黨尊重陳水扁的決定。

同日　吳乃仁稱，為達到「根留台灣，產業生存」的雙贏目標，政府可以考慮對台商規範「投資配額」，以代替現行的「戒急用忍」政策。

同日　宋楚瑜指出，「國統綱領」沒有修改的必要。

同日　台軍今天起分別以「兵棋推演」與「局部實兵驗證」等方式實施「漢光16號」演習。

8月30日　呂秀蓮表示，如果大陸沒有善意及誠意，她對推動兩岸科技交流持保留態度，因為，科技交流絕不能危及台灣「安全」。

同日　台「總統府代祕書長」陳哲男表示，陳水扁沒有修改「國統綱領」的計劃，也絕無廢除「國統綱領」和國統會的問題。成立「跨黨派小組」，目的在於凝聚全民共識，絕無弱化國統會的問題，在野黨不應缺席。

同日　國民黨嚴詞抨擊「跨黨派小組」只是陳水扁運用的「權術」，意圖弱化、取代國統會，並為其拒絕出任「國統會主委」及廢除國統會製造藉口。國民黨主張恢復並加強國統會運作。

8月31日　上海市長徐匡迪會見親民黨大陸訪問團，再度強調一個中國原則的重要性，並批評台灣新領導人近來的說法不但很危險，更在政治上「不很誠

實」。他透露，目前上海航空公司已有16架波音767飛機，沒有任何國旗字樣，就是為「三通」作準備。

　　同日　唐飛表示，現在不是探討「國統會主委」人選或修改「國統綱領」的適當時機，早日促使兩岸回到體制內協商才是正途，但這扇門有待中國大陸開放。

　　同日　台「中央社」報導，台行政院2001年度施政計劃以「強化國防與外交」、推動兩岸對話、確保「國家安全」等為重點。

　　同日　蔡英文聲稱，陳水扁上任3個多月以來，兩岸關係相當平穩；並說，如果「國家安全」得以確保，兩岸交流就有擴大的空間。

9月

　　9月1日　全國人大常委會委員長李鵬在紐約出席千年議長大會期間，接受美國《僑報》記者的採訪。李鵬說，台灣是中國不可分割的一部分，這是國際社會所公認的。解決台灣問題的前提是台灣當局必須承認一個中國原則。如果台灣當局能鄭重、明確地表示承認一個中國原則，兩岸之間就可以不拘形式地討論任何問題。他強調，台灣問題的解決，不僅在大陸有迫切感，台灣民眾也有迫切感，因為祖國的統一將有利於兩岸人民安居樂業，有利於兩岸的共同發展，有利於祖國的強大和繁榮。

　　同日　全國政協副主席張克輝會見以顏樹洋為團長的海外知名台灣企業家經貿考察團，向企業家們介紹了國內的有關情況。此前，中國貿促會會長俞曉松、國台辦副主任周明偉、全國台聯副會長陳貴州等有關負責人與考察團的台灣企業家進行了座談。

　　同日　70多名台灣企業家赴新疆烏魯木齊市，參加2000年海峽兩岸開發西部投資洽談會。

　　同日　2000年海峽兩岸土地學術研討會在成都市舉行，台灣23位學者與會。

　　同日　陳水扁接受《紐約時報》專訪時聲稱，「統一併不是台灣未來的唯一出路」。

同日　「跨黨派小組」召開第一次會議。陳水扁與會講話，稱國統會與「跨黨派小組」同是總統的諮詢機構，兩者並行不悖。「跨黨派小組」的成立，是落實「國發會」的共識。

　　同日　李遠哲在「跨黨派小組」會議稱，當家做主是台灣人的心願，「統、獨」爭議實為對立階層的爭執。台方應該繼續表達和平的善意與決心，在尊重台灣 2300 萬人民的國際尊嚴與根本利益的前提下，回到 1992 年「各自以口頭聲明的方式表述一中原則」的共識，承認在此共識下達成的協議與結論，並在既有基礎上恢復協商，以共同建設一個和平、繁榮、民主的中國。他承認除了原住民外，大多數居民或他們的祖先都來自中國大陸，從文化血緣上是不折不扣的中國人。

　　同日　台「國安局」局長丁渝洲出席「跨黨派小組」會議，並公佈一份報告稱，「目前中共不斷增加我方『外壓內拉』的壓力，對於國內政治勢力，則以『分化民進黨、爭取國民黨、滲透親民黨』為最高指導原則」。

　　同日　針對陳水扁在「跨黨派小組」會議上的講話，國民黨陸工會主任張榮恭表示，希望陳水扁盡速恢復及加強運作國統會。

　　同日　民進黨前主席施明德表示，「中華民國主權獨立」已是既成「共識」，「跨黨派小組」此刻開會，只會激化矛盾，多此一舉。

　　同日　台「中央社」報導，台行政院「施政報告」稱，建立兩岸「軍事互信機制」實有必要。

　　同日　蔡英文表示，兩岸通航涉及問題複雜，台方願在確保「國家安全」的前提下，積極檢討。

　　同日　台「經濟部部長」林信義表示，台灣企業急於規劃赴大陸投資石化、半導體等一些尚未被允許的行業可以理解。他說「若台灣石化上游、晶圓廠不去大陸投資，一旦歐美在大陸大量生產，台灣的石化、晶圓競爭力將備受威脅，對台灣整體經濟也會有極大的衝擊」。

　　9 月 2 日　大陸第一所台商子弟學校——東莞台商子弟學校舉行開學典禮，國台辦副主任王富卿、新聞局處長李維一、教育部港澳台辦公室副主任張棟以及廣東省台辦、教育部門負責人參加典禮。

2000 年 / 9 月

　　同日　由台灣遠東集團自海外集資3.88億美元興建的亞東水泥江西瑞昌廠，由遠東集團董事長徐旭東、江西省委書記舒惠國、國台辦常務副主任李炳才等共同主持啟用。

　　同日　陳水扁稱，國民黨政府將統一設定為台灣前途唯一的可能終局、兩岸關係僅有的解決方案，這樣的處理方式悖反了民意。他表示，有關直接通商、通航的談判，不能與更廣泛的政治議題分開來處理。

　　同日　陳水扁在台「軍人節」書面賀詞中指稱，「中共一方面繼續加強對我內部各階層的和平統戰，企圖模糊我方的敵我意識，但對外活動方面，卻仍採取一貫策略，持續打壓中國際活動空間。面對當前兩岸情勢，全體官兵應建立正確的敵情警覺與憂患意識，國人尤須具備全民國防的觀念，確保國家安全是2300萬同胞的共同責任。」

　　同日　台參謀總長湯曜明在台「軍人節」慶祝大會稱，「中共近期在對外宣傳上，已透過不同管道表露和平假象，企圖改變國人觀點，這種『和、戰兩手』、『軟、硬兼施』的手法，更將值得大家提高警覺」。

　　同日　唐飛指出，民進黨當局不排除透過「第二管道」或「第三管道」與大陸溝通或接觸，但是當務之急是促成「辜汪會談」的實現。

　　同日　辜振甫會見蔡英文時表示，汪道涵不願意訪台，主要是因為「特殊兩國論」的提出以及汪不願意會見李登輝，現在兩項因素已經不存在，汪先生如能訪台，將是兩岸關係的重要進程。陸委會則重申，台當局歡迎汪道涵訪台的立場不變。

　　同日　「千禧年世界宗教及精神領袖和平高峰會」在紐約聯合國總部舉行，台灣法鼓山聖嚴法師與會。返台後，他在記者會上表示，兩岸宗教代表在會中沒有隔閡，彼此尊重，宗教沒有衝突的理由。

　　9月3日　《中國時報》稱，自8月中下旬中共中央北戴河會議結束後，大陸的對台政策已有所調整，在堅持一個中國原則下，放棄了公開的、主動的與強勢的對台施壓，而是以靜制動，靜觀台灣形勢演變。

　　同日　對於李遠哲在「跨黨派小組」首次會議呼籲兩岸回到「九二年共識」的基礎恢復談判，國民黨立委趙永清以及新黨全委會召集人郝龍斌表示肯定與支持，認為李遠哲的說法可為陳水扁解套。民進黨立委蔡同榮則反對李遠哲現在就提出「一中各表」作為「跨黨派小組」的底線。

同日　馬英九呼籲兩岸回到1992年「一個中國，各自表述」的共識，並表示，從未排除過訪問大陸，希望明後年成行。

同日　台北市副市長白秀雄啟程赴大陸訪問。

9月4日　國防部長遲浩田表示，大陸堅持「和平統一、一國兩制」的方針來解決台灣問題。大陸既有爭取和平統一的最大誠意，又有堅決阻止台獨及一切分裂活動的必要準備。

同日　在北京訪問的台北副市長白秀雄表示，將向大陸有關方面表達台灣民眾高度希望兩岸關係能夠改善的願望，並希望透過兩岸城市交流，增進相互之間的瞭解。

同日　台總統府副祕書長簡又新表示，在「跨黨派小組」有方向性的共識前，不會召開國統會。

同日　台經濟部長林信義邀集「經建會主委」陳博志、陸委會主委蔡英文和相關「部會」官員，就「戒急用忍」政策舉行首次跨「部會」官員會議。會議確認「戒急用忍」政策所彰顯的「根留台灣」、「行穩致遠」精神，應是當局與工商界的共識。並認為，有必要針對政策調整後對產業發展及兩岸出口競爭力、台灣資金供需及兩岸資金流向，以及台灣經濟對大陸經濟依賴程度等方面的衝擊與影響，做進一步評估。

同日　田弘茂宣稱未來將以「民主、民祉、民意」三原則推動「全民外交」。

同日　馬英九表示，「中華民國憲法」是一個中國「憲法」，陳水扁宣示就職時表明尊重「憲法」，現在卻提出「統一不是唯一的路」的說法，對改善兩岸關係沒有幫助。

同日　國民黨祕書長林豐正指出，李遠哲「回到九二年共識」的談話十分符合國民黨一貫的大陸政策，因此，國民黨特別呼籲，鑒於兩岸關係的重要性，陳水扁應該盡速召開國統會，以兌現其所謂「國統會和跨黨派小組並行不悖」的承諾。

同日　針對李遠哲呼籲「回歸九二共識」的談話，民進黨前主席施明德表示，談判必須雙方互利，否則無異於投降，台灣頻頻對大陸釋放善意的做法，已達到「讓步」、「退卻」的地步，他不贊成。

9月5日　江澤民在美國下榻的華爾道夫飯店會見了美國一些主流媒體的負責人。他說，我們發出的訊息很簡單，就是只要台灣領導人承認一個中國原則，

我們就可以談。並指出，台灣問題已成為中美關係中一個極為敏感和重要的核心問題。我們希望美國政府遵守諾言，明確支持中國的和平統一大業。

　　同日　國台辦首次舉行對台記者會，港澳台及大陸記者參加。發言人張銘清說，大陸仍將堅持「和平統一、一國兩制」的方針，以及「江八點」的主張解決台灣問題。我們有最大誠意爭取和平統一的前景，也有堅決阻止台獨及一切分裂勢力的決心和必要的準備，並重申大陸方面新提出的「大陸和台灣同屬一個中國」的「三段論」主張，強調兩岸的問題，是「統一」和台獨的鬥爭，絕不是所謂的「自由」和「民主」之爭，也不是兩岸的社會制度問題。大陸方面主張在一個中國原則下，盡快進行兩岸的對話和談判。大陸將進一步採取措施，繼續加強兩岸的經濟交流與合作，努力促進兩岸「三通」，推動兩岸文化和各個領域交流。他表示，只要認同一個中國原則的個人、團體或黨派，大陸方面都願意進行接觸。只要民進黨不修改「台獨黨綱」，大陸方面就不會與民進黨有任何的接觸與對話，包括堅持台獨立場的個人。

　　同日　針對國台辦發言人張銘清在首次對台記者會的講話，台「總統府代祕書長」陳哲男認為，國台辦的言辭「並不是很理想」，對民進黨當局有誤解。

　　同日　台陸委會指派台「陸委會企劃處長」、海基會副祕書長詹志宏回應國台辦的對台記者會。詹表示，張銘清的講話沒有建設性的意見。對於大陸方面對一個中國的解釋，他表示無法判斷哪一個是真正的「官方版本」。希望大陸方面循正式管道，即海基會與海協的協商對話管道表達意見。

　　同日　台「行政院新聞局長」、「行政院發言人」鐘琴表示，兩岸新聞交流是未來協商的重要議題，台方已有構想與細部規劃，希望能增加擴大交流機會，讓兩岸媒體在某種形式上可以互相常駐。

　　同日　《中國時報》報導，日前陳水扁在境外陷入是否接任「國統會主委」兩難考慮時，台「國安會」副祕書長層級以上的部分高層官員，曾以不尋常的聯名建言方式，緊急傳真到境外，勸告陳水扁不要立即宣布接任「國統會主委」。

　　同日　民進黨主席謝長廷表示，「統一」並非台灣人民的唯一選項，兩岸領導人應加強制度與生活環境的改善，若兩岸制度與生活環境很接近，他認為台灣人民也不會反對「統一」。

　　同日　張榮恭表示，國台辦再度宣示「一個中國內涵三段論」，主要在向國際社會表現中共處理一個中國原則的彈性和合理性，也符合美國的期待，台灣必須要有更好的因應。

同日　《中國時報》報導，台灣 2001 年度「國防機密預算報告」已送達立法院。該「報告」稱，為因應大陸導彈與電子戰威脅，民進黨當局將投入新台幣 580 多億元強化台軍電子戰（含資訊戰）、反導彈及通訊電子裝備。

同日　美國總統柯林頓回函給參議院外交委員會稱，美國政府以「中國及台灣在同一會期取得世貿會籍」為目標，「中方主張把台灣列為中國的單獨關稅區……美國不會接受」。

9月6日　海峽兩岸關係研究中心成立，汪道涵任名譽主任，唐樹備任主任。海研中心的宗旨是：堅持「一個中國」原則，反對分裂，發展兩岸關係，促進祖國統一。

同日　簡又新表示，陳水扁希望在沒有預設前提、條件、結論立場下，重啟辜汪會談，同時又指責大陸對台政策「內外有別」，「讓人難以理解」。

同日　蔡英文表示，民進黨對大陸政策的說法，從「台獨黨綱」，到「統一不是唯一選項」，是「很大的進步」。關於謝長廷所說「不排除統一」和陳水扁「統一不是唯一選項」的說法，她認為在邏輯上是一樣的，不覺得有什麼程度差異。關於李遠哲強調，兩岸應回到「九二年共識」的會談基礎並恢復商談，蔡認為，這是李遠哲的個人意見。蔡表示，兩岸亟待建立一套遊戲規則，建立互信機制，希望能回歸九二年兩岸「擱置爭議，展開交流與對話之精神」，使兩岸重啟對話。

同日　謝長廷稱，透過「台灣前途決議文」，民進黨確認台灣已經「獨立」，國名叫中華民國，民進黨將來「並不排除統一」。

同日　謝長廷「民進黨不排除統一」的講話在民進黨內引發爭論。民進黨祕書長吳乃仁承認，民進黨偏好「獨立」，但是，如果台灣人民透過「公投」的程序選擇「統一」，民進黨也會接受。立委蔡同榮表示，民進黨並未放棄「台獨黨綱」，黨內人士多數不接受「統一」，民進黨只有「獨立」主張，沒有「統一」選項，謝長廷的發言混淆國際視聽。新潮流系領導人洪奇昌表示，「中華民國在台灣」現在是「主權獨立國家」，大多數台灣人民主張維持現狀，民進黨主席不需要在此時談論「統一」問題。

同日　台前行政院長郝柏村表示，陳水扁日前說「統一不是唯一選項」，對兩岸關係衝擊非常嚴重，他認為兩岸關係短期內不可能好轉。

9月7日　外交部發言人孫玉璽在例行的記者會上表示，台灣可以作為中國的一個「單獨關稅區」加入世貿組織；反對民進黨當局利用世貿組織，在多邊和雙邊領域搞任何形式的「兩個中國」或「一中一台」的活動。

同日　謝長廷表示，希望給予「統獨」議題「歸零思考」的空間，兩岸問題應儘量拉近與主流價值的距離。他說，過去追逐台灣「獨立」，現在他認為台灣已經「獨立」，不必「公投」或宣布，但未來怎麼走，就是用「公民投票」決定。他主張「不應排除統一」，是因為對「公投」的結果有信心。

同日　少數國家要求將所謂台灣「參與」聯合國問題列入本屆聯大議程，被第55屆聯大總務委員會拒絕。

9月8日　江澤民上午在紐約同美國總統柯林頓舉行正式會晤，闡述了中國政府關於台灣問題的原則立場。他說：只要台灣當局承認「一個中國」原則，兩岸的接觸與對話就可以恢復。台灣領導人可以到大陸來，我們也可以到台灣去，而且什麼問題都可以談。柯林頓表示，美國一定會繼續奉行一個中國的政策，並希望海峽兩岸的問題得到和平解決。

同日　江澤民在紐約出席由美中關係全國委員會等友好團體舉行的午餐會，並就中美關係發表了重要演講。他指出，眾所周知，台灣問題是中美關係中最重要、最敏感的問題。幾十年來，中美關係經歷過的波折起伏，大多因台灣問題而起。無論是美國民主黨政府還是共和黨政府，在台灣問題上都是做了明確承諾的，這就是奉行一個中國政策，遵守中美三個「聯合公報」，中美相互尊重主權和領土完整，互不干涉內政。台灣與祖國大陸統一後，仍然可以同美國保持經濟、文化的交流聯繫。台灣問題早日得到解決，不僅有利於中美關係的正常發展，也有利於亞太及世界的和平與穩定。

同日　外交部發言人孫玉璽說，第55屆聯大總務委員會再次拒絕將所謂台灣「參與」聯合國問題列入本屆聯大議程的提案，充分反映了絕大多數會員國捍衛《聯合國憲章》的宗旨和原則、維護聯大第2758號決議和堅持「一個中國」原則的堅定立場。他說，事實再次說明，不管台灣當局如何變換手法，其在聯合國製造「兩個中國」或「一中一台」的分裂企圖都是徒勞和不得人心的，改變不了必然失敗的命運。

同日　台外交部譴責大陸對台參與聯合國的「霸權」作風，對於美、英、法等不支持此案，表示遺憾。

同日　台經濟部長林信義表示，經濟部已成立專案小組，檢討「戒急用忍」政策，調整個別產業對大陸投資限制，未來投資大陸將採取總量管制原則，只要對產業發展有利，現行單一企業投資金額「不能超過5000萬美元」的上限，應能適度放寬。

同日　「中華航空」新任總經理宗才怡首次承認，「華航」上一任董事會曾透過對大陸中國航空貨運公司的投資案，擬以4.68億港元買下大陸東方航空公司的子公司——中國貨運航空公司50%的股權。新董事會正在審議該案。

9月9日　據外交部發言人朱邦造轉述，柯林頓向江澤民表示，陳水扁最近的言論立場向後退，已經引起了海峽兩岸的緊張，美國對此表示關注。他說，陳水扁最近關於「統一」不是唯一的選項，以及台灣是「一個主權獨立的國家」的言論，對兩岸關係是很危險的。

同日　針對柯林頓、江澤民在會談中批評陳水扁「立場後退」的說法，台總統府副祕書長簡又新表示，陳水扁的兩岸政策立場未變。希望兩岸在沒有預設前提、立場、結論之下，盡速復談。台「新聞局長」鐘琴表示，兩岸對一個中國原則毫無共識，「一中」可視為議題，但是台灣不可能接受「一中」作為兩岸談判的前提。台陸委會副主委林中斌表示，歡迎任何國家給兩岸關係提供正面的協助，歡迎江澤民訪問台灣，也願意就一個中國議題，同大陸進行談判，但不希望在談判之前預設立場和前提。

同日　蔡英文表示，「小三通」的評估已經完成，將在近日公佈，年底提出具體規劃。並稱「戒急用忍」無論如何修正，「根留台灣」的精神不變。

同日　謝長廷表示，在「統獨」議題上，台灣對外應表現出善意，內部應該異中求同。民進黨在維持台灣現狀及台灣「獨立」主張的前提下，也應該包容「統一」的選項。

同日　「跨黨派小組」召集人李遠哲表示，台灣面對中國大陸一定要非常理性，才能促成兩岸關係的良性互動，謝長廷的「不排除統一」說法，兼具理性與善意的互動訊息。

同日　《中國時報》報導，前民進黨主席林義雄堅決反對陳水扁接任「國統會主委」。林指稱，這不但違反民進黨的精神，也違背陳自己向來的主張，陳水扁堅守「5·20演說」的底線即可，民進黨無「統一」選項。

9月10日　《中國時報》報導，錢其琛日前在紐約接受香港鳳凰衛視專訪指出，「大陸和台灣同屬於一個中國」的說法包容性很大，秉持這個原則，兩岸談判、交流就有好的基礎。

同日　全國政協副主席萬國權在人民大會堂親切會見以台灣「中華青年交流協會」理事長李鐘桂女士為團長的2000年中秋聯歡台灣青年團一行。共青團中央書記處處常務書記、全國青聯主席巴音朝魯和國務院台辦副主任王富卿等會見時在座。

9月11日　錢其琛出席國務院僑辦舉行的僑界中秋茶話會，對海外僑胞反對台獨分裂活動予以充分肯定。

同日　《人民日報》（海外版）報導，廈門市已開始籌備第五屆廈門對台出口商品交易會（簡稱「台交會」），主題正式確定為「海峽兩岸機電專業展」。

同日　台經濟部官員表示，現行「大陸地區專業人士來台從事專業活動許可辦法」，所定義的「科技人才」偏重學術科技，為協助台灣產業科技的研發，該部已建議在15類「專業人才」中再增加「產業科技人才」一項，希望將這些專業人才在台停留時間由2年放寬至3年以上，以因應對大陸產業科技人才的需求。

同日　台「陸委會經濟處長」傅棟成表示，陸委會已完成兩岸「小三通」評估報告，初步認定「小三通」確實可行，預計年底將優先試辦小額貿易「除罪化」及「可操之在我部分」項目。其他像通關、檢疫、貨物和人員進出，還需透過兩岸協商才能實施。他強調，「小三通」不是「大三通」的前提。

同日　《中國時報》報導，李登輝日前證實前「總統府辦公室主任」蘇志誠和前「文建會主委」鄭淑敏扮演的「密使」，是他個人的代理。

9月12日　新加坡內閣資政李光耀將在本月底訪台，對此，外交部發言人孫玉璽表示，台灣問題純屬中國的內政，但是我們也歡迎堅持一個中國原則的各界朋友積極地推動兩岸統一的早日實現。

同日　在廈門舉行的第四屆中國投資貿易洽談會新聞發佈會上，外經貿部辦公廳副主任、組委會新聞發言人溫再興表示，截至1999年底，大陸台資企業已達43945家，合約台資金額446.7億美元，實際使用台資金額240億美元。台商投資占大陸吸收境外投資總量的7.8%，居香港、美國、日本之後列第4位。他說，祖國大陸和台灣加入世貿組織（WTO），將給兩岸經貿發展帶來巨大影響，也將非常有利於兩岸經貿合作，希望台灣當局採取實際步驟和行動，盡快開放兩

岸直接「三通」，使兩岸經貿交流由過去的「單向、間接」朝「雙向、直接」的方向發展。

同日　台北縣長、民進黨中常委蘇貞昌稱，民進黨主席不適合講「不排除統一」的話，民進黨應該強調「獨立也是選項」。

9月13日　交通部台辦官員表示，大陸方面並未要求台灣必須承認一個中國原則後，才與之談「小三通」問題。大陸方面將由交通部下屬的「海峽兩岸航運交流協會」與台灣的「台灣海峽兩岸航運協會」來討論這一問題。

同日　以文化部社會文化圖書館司副司長周小璞和部分省市圖書館長組成的代表團一行20人，應台灣政治大學的邀請，赴台參加為期一週的「海峽兩岸公共圖書館基礎建設研討會。」

同日　呂秀蓮稱，民進黨當局不必再談「九二年共識」，民進黨當局必須從「一個中國陷阱」脫困而出。並妄言，從「兩個中國」到「一個中國」，等於是要台灣2300萬人民向北京投降。

同日　海基會祕書長許惠祐稱，兩岸曾於1992年香港會談期間，討論「一個中國」問題，但是並沒有達成具體共識，海基會當時建議「各說各話，保留彈性」，大陸方面也同意。

同日　100多位大陸各地台商協會負責人在台灣桃園大溪發表聯合聲明，指出大陸台資企業目前每年為台灣創造高達150億至160億美元的貿易順差，在兩岸即將加入WTO之際，台商不希望民進黨當局只是規劃小格局的兩岸「小三通」，要求民進黨當局在年底能開放「大三通」。

9月14日　全國人大外事委員會主委曾建徽在華盛頓表示，陳水扁不但迴避「一個中國」，並且拒絕「一個中國」，儘管話說得漂亮，但言行不一，因此台海兩岸恢復對話的前景並不樂觀。

同日　中國駐日大使陳健拜訪日本民主黨黨魁鳩山由紀夫。陳健表示，日本民主黨擔任要職的人對台灣及李登輝訪日的發言令人「非常憂慮」。鳩山稱，「中國非常理解一個中國原則，但是中國人與台灣人的率直交換意見也很重要。李登輝以個人身份訪日沒有問題」。

同日　陳水扁接受英國《金融時報》專訪，稱兩岸人民並無尋求長久對立的意願，兩岸關係仍有樂觀的前景。並呼籲兩岸儘早恢復對話，透過交流與溝通，討論現存的爭議與分歧，台北方面無意對「一個中國」問題預設立場。

2000 年 / 9 月

　　同日　陳水扁會見大陸各地台商協會負責人，呼籲大陸恢復兩岸兩會的對話，並盡快就台商投資保障協議的簽訂、兩岸知識產權的保護、兩岸經貿糾紛的仲裁等展開協商，以期早日促進雙方經貿關係正常化。

　　同日　蔡英文對大陸各地台商協會負責人表示，兩岸「小三通」的經驗積累，將是未來開放「大三通」的重要經驗，並可讓「大三通」的風險減至最低。她說，希望大陸能敞開心胸，合作推動經貿交流，建立彼此新的互動模式，而恢復兩岸對話與溝通應是當務之急。

　　同日　台行政院初步透過陸委會提交的兩岸「小三通」評估報告，確認在保障「國家安全」的前提下，以漸進、局部方式開放金門、馬祖「小三通」，第一階段優先實施「除罪化」、「可操之在我」的部分，預計 12 月中旬實施。

　　同日　台行政院副院長張俊雄表示，在兩岸加入 WTO 之後，希望能建構正常化的兩岸經貿關係；同時台灣也將在 WTO 的規範下，適時調整兩岸經貿政策，達到雙贏目的。

　　同日　台經濟部長林信義表示，民進黨當局將利用手中的資源支持台商在大陸的發展。在兩岸加入 WTO 以後，必要時可以調派經濟部的駐外商務人員到大陸進行台商服務工作。

　　同日　台北市副市長白秀雄一行結束在大陸的訪問返台。白表示，他已經邀請上海市副市長馮國勤訪台，馮已接受邀請，並希望能盡快成行。白已向馬英九轉達了中共中央歡迎馬英九以「台北市長」身份赴上海、北京市訪問的訊息，馬表示並不排除到大陸訪問，但是一定要得到台灣當局的批準。

　　同日　台立法院成立跨黨派的「大陸台商權益促進聯盟」，前國民黨祕書長章孝嚴出席。與會者表示，該聯盟不談政治，只關心台商權益。

　　同日　新黨立委馮滬祥表示，陸委會借由「小三通」過程中的兩岸協議打破兩岸僵局，無異於倒果為因，不但無法順利達成「小三通」的目的，未來兩岸局勢依舊停滯不前。新黨「國代」曹原彰批評陸委會的評估報告，依據規劃中的「小三通」只針對「貨」，不及於「人」，為德不卒。

　　同日　20 位美國眾議員提出跨黨派議案，要求美國行政部門放寬台灣高層官員訪美限制。不過，這項共同決議案不具法律約束力。

　　同日　新加坡內閣資政李光耀表示，他將以私人身份非正式訪問台灣。他說，「我從來沒有說過自己是兩岸問題的調解人」。

9月15日　大陸交通部台辦官員表示，雖然大陸並不反對兩岸可先就「小三通」問題進行談判，但由於台灣不願意回到一個中國原則上來，海協不會就此與海基會進行接觸的，大陸仍屬意由地方政府（福建省）或非官方團體與台灣方面就此問題進行談判。

同日　外經貿部官員透露，大陸正在嚴密防範台灣利用加入 WTO 機會，搞「兩個中國」、「一中一台」的分裂活動，仍將堅持台灣以「中國的一個單獨關稅區」的名義加入。

同日　正在紐約出席聯合國大會的外交部長唐家璇，接受美國《僑報》專訪，重申海峽兩岸應該根據 1992 年關貿總協定（世貿組織的前身）理事會主席聲明的原則，解決兩岸加入世貿組織的問題，台灣必須以「台澎金馬單獨關稅區」的名義，在大陸之後加入。

同日　在上海舉行的「第六屆滬台經貿法律研討會」有統計資料稱，目前台灣排名前 100 大的企業集團中，已有近 50 家在上海投資 100 多個項目。

同日　黑龍江省中醫藥學會會長盧芳等一行 13 人，應台南市藥用植物學會的邀請，赴台進行中醫藥交流。

同日　英國《金融時報》刊文引述陳水扁的話，稱兩岸如能恢復對話，台北有可能在年底之前同意與大陸建立直接海空航線。

同日　台總統府副祕書長簡又新宣稱，美國已經拒絕呂秀蓮在出訪中美洲時過境紐約的要求。

同日　唐飛在立法院指出，兩岸可以「一個未來的民主、自由、均富的中國」，作為兩岸談判的基礎。並稱台方決心以維護「中華民國主權」為前提，秉持安全、和平、對等原則，建立兩岸穩定的關係架構，而建立兩岸「軍事互信機制」實有必要。

同日　台「跨部會大陸投資規範專案小組」決定放寬企業赴大陸投資個案的投資金額，原 5000 萬美元的上限不變，但經主管機關特殊考慮者，可超過 5000 萬美元；個人及中小企業投資金額，可望放寬為新台幣 8000 萬元；上市及非上市公司對大陸的投資累計金額或比例上限，將修改為以資本額為單一標準。

同日　台財政部邀集「中央銀行」、陸委會召開台資銀行赴大陸設辦事處專案小組會議，討論申請赴大陸設辦事處的銀行資格審核等相關事宜。召集人、「財政部次長」顏慶章表示，會中各「部會」已對討論事項有初步共識。與會的「陸

委會經濟處長」傅棟成稱，即將到來的兩岸「小三通」，如有貿易行為，仍將以美元為主的外幣作為交易的幣種。

　　同日　蔡英文表示，即使兩岸在未來3個月未展開協商，台灣方面仍可於12月中旬進行「小三通」。

　　同日　台陸委會向金馬地區立委說明「小三通」規劃報告稱，根據「一區一港」原則，金門將開放料羅港、馬祖開放福澳港進行兩岸「小三通」。「小三通」開放後，將對大陸人員進出金門、馬祖採取總量管制，每日開放700名大陸人到金門、100名到馬祖，金馬地區人民進出大陸不受限制，但台灣本島人則不得經此進出大陸。

　　同日　台《中國時報》報導，兩岸「小三通」可望年底實施，金門縣政府積極擴建料羅港，作為兩岸初期通航的港口。連江縣政府則盼望台財經「部會」能盡快公佈開放貨物的種類以及免稅商品的項目，認為「小三通」應考慮「多點開放」。澎湖縣政府希望當局在澎湖馬公港設置出入境管理機構，以現有的碼頭設備經營「馬公—廈門」或「馬公—香港」間的航運。

　　同日　金門縣長陳水在批評說，現階段行政院不考慮兩岸來往由金馬地區「中轉」和「彎靠」，是「鴕鳥心態」，希望當局不要自我設限。

　　9月16日　陳水扁表示，兩岸關係正常化必須要從經貿關係正常化開始，在推動「小三通」的同時，也要有信心面對「大三通」，「兩岸通航是時候了」。

　　同日　台「軍情局」稱，中共中央北戴河會議後，對台政策有明顯變化。「談話上放軟，行動上放硬。如果台灣宣布獨立，中共百分之一百立即攻台」。

　　同日　台《中國時報》報導，金馬「小三通」預計在12月實施，台「農委會」已初步規劃未來農產品直接貿易及漁船往來業務。「農委會」指出，由於大陸屬於多種動植物疫區，未來除加工品外，各類禽畜肉品必須能提出「非疫區證明」，且須赴生產廠家實地查看證實，否則均不得輸入，而水果也大多無法輸入，將以乾貨為大宗物品輸入。

　　同日　連戰在台北舉辦的「兩岸關係圓桌論壇」發表演講，嚴詞批評民進黨當局自「5‧20」以來的大陸政策，頻頻釋出各種不同甚至矛盾的訊息，令人完全沒有方向。他強調，兩岸若要突破「一個中國」的僵局，關鍵要回到1992年的「一個中國，各自表述」的共識。

同日　針對民進黨主席謝長廷日前提出「民進黨不排除統一論」，引起民進黨內部爭議一事，陳水扁表示支持謝長廷。

同日　蘇起表示，1992年海峽兩岸的確有過共識，否則之後就不可能有「辜汪會談」，陳水扁願意接受「九二精神」，但精神和共識的意涵不一樣。1992年任陸委會副主委的馬英九也證實，1992年兩岸有共識。

9月17日　蔡英文指出，兩岸通航涉及的船舶懸掛旗幟問題，台方並不希望把問題複雜化，但也不宜簡化，兩岸直接「三通」問題，民進黨當局主管部門將採取分階段方式規劃。

同日　馬英九表示，以現在的趨勢來說，「大三通」已經不是台灣的政治籌碼，民進黨當局必須盡快規劃。

9月18日　司法部、國防科工委、交通部、訊息產業部、中國電子訊息產業集團公司、人民日報社等部門以及上海等7省市專家、學者30人，應台灣政治大學的邀請，赴台參加為期5天的「第六屆海峽兩岸資訊管理策略研討會」。

同日　台立法院聽取陸委會「小三通」報告，金馬地區立委認為「小三通」開放格局太小，對於「大三通」的突破難有幫助。

同日　唐飛稱，如果要進行「大三通」，大陸必須放棄「武力統一」。

同日　正在大陸訪問的台灣前「經建會主委」江丙坤，對當前中國大陸的經濟發展給予極高的評價，對台商在大陸的投資和發展充滿信心。

同日　美國防部長科恩表示，不管誰擔任美國新總統，美國的對華政策都是致力於促使中國大陸和台灣和平解決統一問題。

9月19日　外交部發言人孫玉璽指出，大陸方面願意積極推動兩岸「三通」，但必須在一個中國原則下進行。至於台灣領導人到大陸訪問的問題，他重申，「我們歡迎他們來，我們的領導人也可以去，但關鍵是要堅持一個中國原則。」

同日　馬英九在答覆立委質詢時重申，大陸邀請他赴上海訪問一事，他絕對會以台北市長的身份及平等互惠的原則進行交流。

同日　台「陸委會經濟處長」傅棟成表示，陸委會將儘可能在12月13日完成「小三通」規劃，配套的軟硬體設施可儘早實施。暫不開放兩岸人員與貨物在金馬地區中轉的業務，否則就是實質「三通」，造成對當局「三通」政策的衝擊。

同日　台各政黨對陸委會「小三通」報告看法不一。民進黨希望陸委會在「三通」議題上不要釋出太多籌碼，不能忽視「國家安全」。親民黨認為「小三通」規模太小，充其量只能稱為「迷你三通」。國民黨對陸委會的方向較為認同，但認為這是「保守的承認現狀」。

9月20日　北京市台港澳交流促進會成立大會暨第一屆理事會在京隆重舉行。國台辦、國務院港澳辦、全國台聯、海協、全國台研會等有關方面負責人及北京市副市長張茅到會視賀。該會是由北京地區從事與台港澳地區人民進行文化經濟交流的機關團體、學術機構及各界人士共同發起組成的民間社團。

同日　美國參議院表決透過給予中國大陸永久正常貿易關係（PNTR）案，台方對此表示肯定，但同時希望美國幫助台灣在不受政治力幹擾的情況下，順利加入世界貿易組織（WTO）。

同日　有熟悉台海及亞太事務的美國官員表示，美國對兩岸恢復對話的前景感到樂觀，並希望對話早日恢復。同時，美國政府仍然主張兩岸在達成全面或正式協議之前，能夠先行訂定若干臨時協議。

9月21日　教育部組派中國礦業大學、南京大學、南京理工大學、南京師範大學、南京航空航天大學等29名師生，應台灣「中華兩岸制度學會」的邀請，赴台參加為期10天的「跨世紀兩岸青年學生研習營」。

同日　江丙坤轉述錢其琛的講話，稱兩岸通航可比照台港航權模式，由雙方航空公司和輪船公司協商，也希望台灣能比照大陸做法，開放大陸媒體去台「長期蹲點」採訪。錢允諾，會持續不斷推動大陸經濟開放及改革，保障台商權益。

同日　民進黨當局公佈首批「中國政策顧問團」名單，成員囊括42位不同黨派傾向的學者專家，分為國際情勢、兩岸軍事、中國政情、兩岸經貿、兩岸談判與對話等5個小組。民進黨「中國事務部主任」顏建發稱，「中國政策顧問團」重新改組後的最大特色，在於延攬了多位被認為較具「統派色彩」的學者加入。

同日　陳明通表示，兩岸年底可望加入WTO，「三通」無法迴避，台方應審慎評估大陸想法，以免到時措手不及。

9月22日　外交部官員表示，大陸不反對李光耀與台灣領導階層進行溝通，李光耀此行對當前兩岸僵局的化解不會產生實質的作用。

同日　王永慶結束在廈門的訪問返台。廈門官員引述王的談話，稱王很後悔沒有早日來海滄投資，但現在還來得及。

同日　陳水扁接受美國 CNN 專訪，重彈「統一不是唯一選項」，台灣是「主權獨立的國家」，「任何現狀的改變都必須尊重台灣 2300 萬人民自由意志的選擇」等濫調。

　　同日　呂秀蓮前往中美洲薩爾瓦多、洪都拉斯、危地馬拉、伯利 4 國進行所謂「柔性外交之旅」。呂秀蓮去程將過境美國洛杉磯和邁阿密，回程則經墨西哥、舊金山返台。

　　同日　唐飛表示，開放金馬「小三通」，有助於金、馬發展。

　　同日　陳明通稱，兩岸通航與「台港航運」模式的本質與法律依據都不相同，兩者不能相提並論。兩岸通航必須定位於兩岸關係，「香港模式」並不必然被引用。

　　同日　台「中央社」消息，李光耀認為，兩岸加入 WTO 後，將能打開台灣海峽兩岸目前存在「不統不獨」的局面，促使兩岸關係進一步發展。他不認為有「兩個中國」存在，呼籲雙方勿陷入「一中」文字遊戲。而大陸目前並不急於統一，發生軍事衝突是沒有必要的，應開始會談以緩和緊張局面。

　　9 月 23 日　台參謀總長湯曜明稱，美售台的第一批「復仇者」導彈系統已於在 3 月中旬運到。

　　同日　陳明通表示，台陸委會歡迎李光耀訪台，樂見任何關心兩岸關係發展的國家或個人，為兩岸搭建溝通的橋樑，但兩岸問題還是應由兩岸坐下來談。

　　同日　李光耀伉儷抵台訪問，並將與陳水扁、連戰、宋楚瑜等見面，就當前兩岸局勢交換意見。

　　9 月 24 日　海內外黃埔同學舉行的反台獨、促統一座談會，全國政協副主席萬國權等出席。

　　同日　國台辦經濟局長何世忠在第三次大陸台資企業協會會長座談會上，向台商表示，大陸方面在兩岸「三通」上已經進行了許多規劃，且多數都已經完成，如果台方回到一個中國原則，兩岸「三通」將很快可以實現。

　　同日　李光耀與陳水扁舉行祕密會談，「總統府代祕書長」陳哲男表示，陳、李二人會談氣氛融洽。

　　同日　李登輝稱，李光耀訪台對兩岸關係沒有幫助。

同日　馬英九表示，李光耀當兩岸「調解人」的可能性已被排除，他沒有與李光耀會面的打算。

　　同日　因懷疑李光耀以台海兩岸「調解人」的角色訪台，台「建國黨」動員20多位黨員，由祕書長黃玉炎率領，前往李光耀下榻的賓館抗議。

　　9月25日　陳雲林表示，民進黨當局新領導人最近的言行令人憂慮，兩岸關係飄搖不定，將拖垮台灣經濟，兩岸戰與和的選擇權在民進黨當局手中。並再次強調，大陸有最大誠意爭取和平統一的前景，也有堅決阻止台獨及一切分裂活動的堅定決心和必要準備。

　　同日　外交部發言人孫玉璽對李光耀到台灣訪問表示遺憾和不滿。他說，「我們一貫反對與我建交國同台灣進行任何具有官方性質的往來。我們要求新方恪守承諾，堅持一個中國政策，不做有損兩國關係的事」。

　　同日　中國國際貿易促進會表示，該會正積極規劃以「書面方式」，向台灣申請在台設置代表處，並以對等原則歡迎台灣的外貿協會在大陸設點，以便為加入世貿組織後兩岸的直接通商作準備。

　　同日　陳水扁稱，民進黨當局將推動台灣成為「全球運籌管理中心」。並表示，為配合加入WTO的進程，當局將積極規劃、漸進推動兩岸經貿關係，今年年底推動的「小三通」，將是一個起步，象徵兩岸經貿關係的新局面。

　　同日　呂秀蓮在薩爾瓦多發表演說稱，「台灣人民不能接受中共的『一個中國三段論』說法，我們可以接受中國只有一個，但這是指中華人民共和國，『2300萬人民在台灣』也是一個國家，我們絕不屬於中國所有，台灣和中國是兩個國家」。

　　同日　田弘茂結束對歐洲11天半的祕密訪問。他坦言，此行是以「強化與歐盟的關係為主，以及預防中共試圖借兩岸加入世界貿易組織（WTO）矮化台灣」。

　　同日　台《中國時報》報導，前行政院長蕭萬長近來積極倡議，在開放貿易與投資後，台灣應與大陸一起推動「兩岸共同市場」合作模式。

　　同日　台前「經建會副主委」、台灣金融研訓院院長薛琦表示，為把台灣建成為全球運籌中心，台灣製造業必須走出去，分散製造。

同日　台「中央社」報導，美國國會研究處一份新的報告說，台海兩岸的官員都希望美國從有利於他們各自利益的角度介入兩岸問題，但美國任何敦促兩岸達成妥協的努力，都將被說成外力幹預，並將有損華盛頓與北京或台北的關係。

　　9月26日　外交部發言人孫玉璽指出，呂秀蓮長期頑固堅持台獨立場，不斷發表台獨謬論，公然挑戰國際社會公認的一個中國原則。所以，她不管以任何形式、任何身份到國際上任何場所，從事分裂國家的活動，大陸都將堅決反對。

　　同日　外經貿部長石廣生與世貿組織祕書長會談表示，台灣問題是一個非常重要的政治問題，必須得到謹慎處理。

　　同日　唐飛在立法院表示，行政院基本上不反對大陸國際貿易促進會在台設代表處，但應先透過兩會管道協商。台經濟部長林信義則表示，如果大陸國際貿易促進會提出申請在台設代表處，經濟部與陸委會將專案審查，原則上不反對。

　　同日　海基會副祕書長稱，海基會仍在積極準備兩岸復談事宜，但復談時機無法確定。

　　同日　海基會監事邵玉銘批評海基會、陸委會對「九二共識」的說法混淆不清，連海基會董、監事都無法理解。

　　9月27日　陳水扁稱，李光耀根本不是兩岸關係所謂「調解人」，不是要做說客，也沒有任何的傳話。

　　同日　呂秀蓮「海外版兩國論」引發「在野立委」的強烈批評。台外交部長田弘茂說，呂秀蓮所表達的是個人意見，與外交部的政策執行方向不一致，呂秀蓮此次海外演講內容事前也未知會外交部。

　　9月28日　錢其琛在中南海會見歐洲「中國和平統一之旅」訪問團成員，指出中國政府解決台灣問題的基本方針仍然是「和平統一、一國兩制」。我們盡一切可能爭取和平統一，但不承諾放棄使用武力。目前兩岸之間存在一些分歧，透過溝通總能找到解決的辦法，但要把台灣從中國分裂出去是絕對不能允許的。

　　同日　全國政協辦公廳、中共中央統戰部在人民大會堂舉行國慶招待會。中共中央政治局常委、全國政協主席李瑞環等與來自香港、澳門特別行政區、台灣的同胞和海外僑胞以及各族各界人士代表900多人歡聚一堂，熱烈慶祝中華人民共和國成立51週年。全國政協副主席、中共中央統戰部部長王兆國致辭指出，解決台灣問題，早日實現祖國的完全統一，是包括台灣同胞在內的所有中華兒女的崇高願望和歷史責任。承認一個中國原則，是解決台灣問題的前提條件。我們

將繼續貫徹「和平統一、一國兩制」的方針，在一個中國原則下發展同台灣各黨派、團體和各界人士的聯繫，增進共識，促進交流，為早日完成祖國和平統一大業而不懈奮鬥。

同日　陳水扁接受日本《讀賣新聞》採訪時，呼籲在確保「台灣安全」的大前提下，以「民間對話」和「經濟」兩大主軸來推動兩岸關係的改善。

同日　台陸委會修正透過「大陸地區專業人士來台從事專業活動邀請單位及應備具之申請文件表修正草案」，放寬大陸產業等技術性科技人士訪台條件。

同日　台陸委會表示，希望香港立法會扮演促進台港關係角色。

同日　美國防部宣布 4 筆對台「軍售」案，包括 F-16 戰機使用的先進中程空對空導彈 200 枚、艦對艦魚叉導彈 71 枚、155 自走炮 146 門、高性能保密通信系統等，範圍涵蓋陸、海、空三軍，總價值達 13.08 億美元，也使得今年美國對台軍售總額達到 18.66 億美元。

9 月 29 日　國務院僑辦、國務院港澳辦和國台辦在人民大會堂舉行國慶招待會。李鵬、李瑞環、胡錦濤同 1000 多位海外僑胞、港澳同胞、台灣同胞和外籍華人歡聚一堂，慶祝中華人民共和國成立 51 週年。錢其琛在招待會上發表講話，指出早日解決台灣問題，實現中國的完全統一，是海內外全體中華兒女的共同願望。今年 3 月，台灣局勢發生了重大變化，但是，它改變不了台灣是中國領土一部分的事實，也改變不了國際社會普遍堅持「一個中國」政策的事實。世界上只有一個中國，大陸和台灣同屬於一個中國，中國的主權和領土完整不容分割。

同日　外交部對美國「軍售案」提出強烈抗議。發言人孫玉璽表示，美方此舉嚴重違反三個「聯合公報」，特別是「八一七公報」的規定，嚴重侵犯中國的主權，粗暴干涉中國內政。

同日　台《中國時報》報導，蔡英文日前祕密向民進黨中央作報告，稱李光耀訪問台灣時曾明確建議：兩岸之間，早談比晚談好，最好是今年談，明年再談會增加許多變數。陳水扁應該「回到 5‧20 就職演說，對兩岸關係才有正面幫助」。李光耀認為，沒有「九二年共識」，就沒有新加坡「辜汪會談」，既有這個基礎，兩岸須承認遵守。

同日　台陸委會副主委林中斌聲稱，「中華民國是主權獨立國家」，「與大陸是兩岸關係」。

同日　台「內政部入出境管理局」宣布，自10月1日起，放寬「大陸地區人民台灣定居或居留許可」相關規定。

同日　蕭萬長在紐約哈佛俱樂部演說表示，兩岸若能「多一分經濟考慮，少一分政治計算」，則存在的許多問題都能獲得解決。台灣與大陸如果考慮到共同利益，接受「兩岸共同市場」的觀念，則「三通」與「戒急用忍」等問題自然可以解決。

同日　王永慶證實與廈門市政府簽訂海滄投資意向書。

同日　美國參議院8位共和黨籍議員連署提案，要求美國政府解除對台灣總統等高層官員訪美的限制。

9月30日　國務院今晚在人民大會堂舉行國慶招待會，熱烈慶祝中華人民共和國成立51週年。江澤民、李鵬、朱鎔基、李瑞環、胡錦濤、尉健行、李嵐清等黨和國家領導人同1000多名中外人士歡聚一堂，共慶佳節。朱鎔基總理在講話中指出，實現祖國完全統一，是包括台灣同胞在內的全體中國人的共同願望。台灣問題不能無限期拖延下去。台灣當局新領導人應當審時度勢，順應歷史潮流，摒棄分裂主張，走和平統一的光明大道。我們有爭取實現和平統一的最大誠意，也有堅決阻止台獨及一切分裂活動的堅定決心和必要準備。我們相信，按照「和平統一、一國兩制」基本方針和江澤民主席「八項主張」，在包括台灣同胞在內的全中國人民的共同努力和廣大愛國僑胞的大力支持下，祖國的完全統一一定能夠早日實現。

同日　錢其琛出席中國僑聯國慶招待會，指出僑聯組織要利用「僑中有台，台中有僑」的特點，開展形式多樣的僑務對台工作，維護和促進祖國統一大業。

同日　台《中國時報》報導，王永慶將同時在寧波梅山島與廈門海滄投資建設石化基地，並簽署在福州設立長庚醫院、在重慶投資中藥材生產基地的意向書。

同日　李光耀接受台《中國時報》書面專訪，表示台灣人民希望避免衝突，希望民進黨當局能夠創造出有利於經濟發展的兩岸環境。李登輝的「兩國論」縮短了兩岸維持現狀的「引信」，引發衝突的可能性增大。兩岸如能回到「九二共識」，沒有理由不能恢復對話，而且只要雙方瞭解儘早復談的必要性，不難找到共同的基礎。

10月

10月1日　呂秀蓮稱，台灣2300萬人民不能接受「一國兩制」模式，「一國兩制」不適用於台灣。

10月2日　台陸委會正式公佈「兩岸小三通影響評估及規劃方向」政策文件，稱兩岸實施「小三通」初期將開放金馬與福建地區的海運通航，並以「一區一港」為原則，採取「定點、定期、定線」方式進行，「先貨後人，先海後空」。初期航線為「金門—廈門」、「馬祖—福州」，不開放中轉及彎靠，但可考慮專案核準宗教直航或探親、就醫等人道需要。

同日　美國防部長科恩表示，中國大陸領導人最近有關台海形勢的談話，不論語調或內容都明顯較前緩和。美國認為，兩岸發揮善意及創意，可望縮小分歧。美國也將繼續現行的台海政策，主張「一個中國」，遵守三個「聯合公報」及《台灣關係法》。

10月3日　唐飛宣布辭去台行政院長的職務。

同日　台陸委會副主委鄧振中稱，「戒急用忍」政策有促進兩岸經貿關係「行穩致遠」的意義，但所產生的負面影響也要注意消除。

同日　台「蒙藏委員會委員長」徐正光稱，民進黨當局將拋開過去的意識形態與誤會，改善與西藏「流亡政府」的關係。

同日　美國會眾議院透過390號決議案，支持台灣適當且有意義地參與聯合國及世界衛生組織等國際機構，同時要求美國政府履行1994年的承諾，積極協助台灣在適當的國際組織取得會員資格。

10月4日　連戰接受《中國時報》專訪時表示，兩岸問題，一個中國原則是關鍵。由於民進黨本身沒有共識，台灣當局的政策非常不明確，無法同大陸溝通，因此，兩岸問題「卡在台灣方面」。他指出，兩岸關係基本上是制度之爭，而不是統「獨」問題。

10月5日　香港《文匯報》發表社論指出，台灣當局如要擺脫唐飛辭職之後的困境，就應從根本上解決問題，必須首先承認一個中國原則，發展兩岸關係，才能增強台灣民眾安居樂業的信心，然後才談得上搞建設。

同日　中國天主教愛國會指控台灣天主教勢力在背後「操控」梵蒂岡對大陸120名教徒封聖的事件，並指責羅馬教廷企圖分裂中國。

同日　法國《費加羅報》刊登對陳水扁的專訪。陳宣稱，絕不會接受北京「一國兩制」的方程式，台灣絕不接受變成第二個香港或澳門，更不願成為中華人民共和國的一部分。他否認 1992 年兩岸會談達成「一個中國，各自表述」的結論，而主張依 1992 年談判的基礎，雙方透過對話，努力尋求「未來一個中國」的定義。

同日　張俊雄接任行政院長後，國民黨指出，陳水扁當局新「內閣」重要成員都是信奉台獨黨綱的民進黨員，會使兩岸關係產生新的危機。

同日　張俊雄稱，他「認同中華民國，遵守中華民國憲法，兩岸政策不會改變，也希望兩岸能維持和平穩定立場」。

同日　第五屆美台次長級經濟對話在華盛頓舉行。美國及歐盟等主要國家仍然主張按照當初協議，台灣以「台澎金馬單獨關稅區」名義加入 WTO。

10 月 6 日　張俊雄稱，「希望對大陸政策能找到共同點，兩岸能建立正常和平的關係」。

同日　林中斌表示，「新內閣的大陸政策仍持續以穩定兩岸關係為主要目標，不受人事調整的影響」。

10 月 7 日　陳明通辯稱，大陸政策完全掌握在陳水扁手中，無論「內閣」如何變動，建立穩定的兩岸關係都是台灣當局努力的目標。

同日　田弘茂稱，「美國對台政策有延續性，不會因哪一黨候選人當選而出現急轉彎」。

同日　台「教育部國語推行委員會」稱，台將採用「通用拼音」為中文譯音，廢棄目前漢語拼音的「注音符號」方式，遭到輿論的普遍反對。

10 月 8 日　「親情‧友情‧世紀情——2000 年桂台民族民俗交流週」在廣西舉行，50 多名台胞赴桂參加。

同日　田弘茂稱，台將爭取成為經濟合作與發展組織（OECD）的觀察員。

同日　台財經高層官員稱，據經建會統計，台資流入大陸約 600 億美元。

10 月 9 日　全國政協副主席馬萬祺出席澳門各界紀念辛亥革命 89 週年集會，指出孫中山主張「統一是中國全體國民的希望。能夠統一，全國人民便享福」，兩岸同胞都應遵循這一教導，共同完成祖國統一大業。

同日　蔡英文稱，維持台海和平與安全是台新「政府」努力的目標，台灣的大陸政策是「動態的維持現狀」。

同日　台「中央銀行總裁」彭淮南表示，按大陸官方統計，台商在大陸投資金額總計已超過245億美元，簽訂意向書協議的金額則有454億美元，若加上透過第三地投資，台商實際對大陸投資應不只254億美元，可能有400億～500億美元。

同日　據台「中央社」報導，謝長廷接受美國之音訪問時重申，民進黨「不排除統一」，但要由人民決定。他說，「如果大陸宣布放棄武力，幫助台灣在聯合國或其他國際組織取得會籍，那麼贊成統一的人會增加」。

同日　台「建國黨」發佈聲明稱，應建立「台灣共和國」。

同日　台前行政院副院長劉兆玄表示，因政治因素捨棄全球通用的漢語拼音，是很沒有出息的想法。台灣要與國際接軌，一定要採用漢語拼音。

同日　台《中國時報》報導，由於電腦需求增長，台灣一線主機板業深感生產能力不足，業者不但擴充台灣生產線，也到大陸設廠。多數業者表示，基於成本考慮，採用的是「根留台灣」策略，研發、銷售以台灣為中心，而製造中心則移往大陸。

10月10日　交通部台辦副主任李建生表示，只要台灣當局是在「一個中國」基礎上辦理「小三通」，兩岸隨時可以商量「小三通」問題。

同日　陳水扁發表「國慶致詞」，表示台灣要扮演「民主制度的實現者」、「亞太和平的維護者」以及「國際社會的參與者」角色，還虛構所謂「源自漢文化與南島文化交匯包容的『台灣精神』」，「創造21世紀最璀璨的福爾摩沙」。

同日　陳水扁再度呼籲兩岸領導人回到「九二年精神」，擱置爭議，盡速恢復談判，宣稱要秉持最大的誠意和耐心「追求善意和解、積極合作與永久和平」。

同日　台《中國時報》報導，台北市民政局長林正修代表台北市政府強調，如果因為中國大陸使用漢語拼音，台灣就不採用，這樣的理由，無法說服別人，呼籲當局重新考慮。

同日　美國在台協會理事主席卜睿哲表示，美國一直希望兩岸重啟對話，因此與陳水扁在「國慶」表達的看法完全契合。白宮方面也表示，美國樂見兩岸對話，也堅持台海兩岸歧見和平解決，但美國不會扮演「調解人」的角色。

10月11日　國台辦發表書面聲明，希望台灣領導人明確承認1992年海協與海基會達成的「海峽兩岸均堅持一個中國原則」的共識，以實際行動為改善兩岸關係創造條件。

同日　蘭州大學、西安交通大學、陝西師範大學、新疆大學、內蒙古大學各所高校的35名師生，應台北市新生代社會福利事業董事會的邀請，赴台參加為期10天的「跨世紀兩岸大學生文化交流營」。

10月12日　蔡英文表示，台灣將分階段調整「戒急用忍」政策，以「不限管道，有效溝通」為原則規劃與準備兩岸協商工作，海基會仍是台灣當局授權處理兩岸談判的唯一管道。

同日　林信義表示，台經濟部考慮設置類似經濟特區的隔離式「加工專區」，以留住大陸勞工、資金和產業。

10月13日　衛生部、天津、山東、西藏、江蘇、廣西、北京、寧夏、雲南、河南、總後政治部等單位共43人，應台灣「華裔骨科學會」的邀請，赴台參加「華裔骨科會第一屆學術會議」，為期一週。

同日　陳水扁正式指派具有財經工作經歷的台行政院副院長賴英照，代表台灣出席11月中旬在文萊舉行的APEC第八次非正式首腦會議。

同日　陳水扁會見訪台的日本眾議員鳩山邦夫，稱中華民國的存在是事實，不容否定，兩岸關係的發展應尊重台灣2300多萬人自由意志的選擇。

10月14日　朱鎔基在東京拜會日本朝野各政黨黨魁，表示大陸將會以最慎重的態度和平解決台灣問題，但強調，台灣問題不能無限期拖延下去，中國關注日本政府在台灣問題上的態度。

同日　跨黨派小組召開第二次會議，對兩岸「兩會」是否有「一中各表」共識展開激烈討論，最終決定兩週後將此作為「核心議題」優先處理。

同日　海基會祕書長許惠祐在跨黨派小組第二次會議上做有關1992年兩岸兩會會談經過與結果之說明，提出三點結論：1.協商中，「一個中國」從未是議題；2.香港協商後，兩岸兩會再也未談過「一個中國」，也未就各自表述的方案內容加以協商；3.兩岸未就「一個中國」問題討論，逕行舉行新加坡「辜汪會談」，顯見並無共識。沒有訴諸文字，就是沒有共識。

同日　新黨召集人郝龍斌表示，新黨參加「跨黨派小組」的最大目的是為解決兩岸關係與政黨理念的爭議，但如果一再地、持續地迴避爭議，朝野甚至兩岸

根本無從和解。他說，若「跨黨派小組」兩週後仍無法進入實質討論，新黨將正式退出該小組運作。

　　同日　國民黨陸工會主任張榮恭稱，大陸最近舉行36年來範圍最廣的軍事演習，「用意是向國際展示軍事大國地位，並非刻意針對台灣」。

　　同日　台前「立法院長」劉松藩表示，台灣當前經濟危機不全然是經濟問題造成的，主要是兩岸關係不穩定，人民一直存在潛在壓力，再加上「核四」問題成為導火線，造成外資恐慌。他認為，根本解決之道，就是陳水扁回到「一個中國原則下」，穩定兩岸關係，否則，任何措施都是炒短線而已。

　　同日　蘇起表示，陳水扁想以「九二精神」迴避「九二共識」，這不是理想的做法。「一個中國，各自表述」的共識是政治問題，民進黨當局必須作出「政治決定」。

　　10月15日　上海國際問題研究所一行13人，應台灣淡江大學邀請，赴台參加為期10天的「兩岸經貿合作前景研討會」。

　　同日　南京大學理學院院長龔昌德等一行30位學者，應台灣大學理工學院邀請，赴台參加「第二屆尖端科學研討會」，為期一週。與此同時，20名台灣學者，赴祖國大陸參加為期一週的「第三屆兩岸高能物理研討會」。

　　同日　呂秀蓮稱，大陸軍事演習對台灣充滿警訊和敵意，警告台灣企業要認清敵、友，儘量停止到大陸投資，轉往與台灣有「邦交」的國家發展。她說，所謂「九二年共識」根本就是自欺欺人，國民黨與共產黨都承認「一個中國」，大家不要中了「一個中國」的圈套。

　　同日　張俊雄表示，兩岸應擱置爭議，沒有必要太計較1992年會談究竟有沒有獲得共識，台方將為建立雙方的友好關係而努力，希望實質關係能有所進展。

　　同日　台國防部長伍世文表示，解放軍此次在華北大練兵，主要是結合年度訓練和兵種協同訓練，基本上仍是例行演訓，並無特別意義。

　　同日　台經濟部長林信義指出，台灣部分產業面對國際化的競爭壓力，「走出去」也是必然的，也應該允許產業去大陸，但如何將產業的核心價值，諸如行銷、研發、財務等留在台灣卻更為重要。他希望「戒急用忍」政策能朝更務實的態度放寬。

同日　張榮恭指出，在執政當局已推翻「九二年共識」的政治指導原則下，「跨黨派小組」難有創意空間，無助於兩岸重啟復談，使得兩岸間的模糊地帶日益縮小，當局只能空喊和平、復談等空泛的概念。

　　10月16日　國務院新聞辦公室發表《2000年中國的國防》白皮書，認為台灣海峽局勢複雜、嚴峻。解決台灣問題，實現中國完全統一，是中華民族的根本利益。中國政府解決台灣問題的基本方針是「和平統一、一國兩制」，並貫徹發展兩岸關係、推進祖國和平統一進程的「八項主張」。但是，如果出現台灣被以任何名義從中國分割出去的重大事變，如果外國侵占台灣，如果台灣當局無限期地拒絕透過談判和平解決兩岸統一問題，中國政府只能被迫採取一切可能的斷然措施，包括使用武力，來維護中國的主權和領土完整，實現國家的統一大業。「台灣獨立」就意味著重新挑起戰爭，製造分裂就意味著不要兩岸和平。解放軍堅定不移地以國家意志為最高意志，以民族利益為最高利益，完全有決心、有信心、有能力、有辦法捍衛國家主權和領土完整，決不容忍、決不姑息、決不坐視任何分裂祖國的圖謀得逞。

　　同日　陳水扁以視頻方式，對美國外交關係委員會發表演講，表示台灣有誠心、更有善意跟大陸展開全面關係正常化。並呼籲兩岸回到「九二年精神」，以打開兩岸僵局，共謀雙贏結局。

　　同日　陳水扁接受德國《明鏡週刊》專訪，稱台灣願意就「一個中國」的定義與對岸共同尋求解決方案，但「武嚇只會使雙方愈離愈遠」。

　　同日　田弘茂稱，南北韓以分裂國家加入聯合國的模式不一定適用台灣，台灣將「繼續朝兩岸分治的事實規劃」。

　　同日　跨黨派小組召集人李遠哲在台立法院明確表示，兩岸兩會1992年確有「一中各表」共識，但只是口頭宣示，未形諸文字，這是歷史事實。

　　同日　蔡英文稱，有關「跨黨派小組」召集人李遠哲對1992年兩岸兩會香港會談共識的認知，各方對會談結論本來就存在不同的理解，陸委會並未否定。

　　同日　台交通部長葉菊蘭在立法院稱，她個人對開放大陸人士來台旅遊，有很大的「安全」疑慮，故交通部尚未規劃開放大陸人士來台旅遊相關事宜。

　　同日　李光耀接受台灣TVBS專訪，呼籲台灣及早與大陸恢復協商，回到兩岸在1992年的共識。他認為台獨意味著嚴重衝突，盼兩岸問題能和平解決。

10月17日　《人民日報》（海外版）報導，全國政協副主席、台盟中央主席張克輝表示，要警惕台灣有人利用語言文化分裂祖國。他說，近年來，台灣有人在加緊對台灣文化、教育的改造，如修改中小學教材，試圖把「台語」變為「國語」以代替普通話，削弱台胞特別是青少年的中華民族意識，切斷台灣同胞同祖國歷史與文化的血脈關係。台灣的分離傾向已不只限於意識，而日益明顯地表現為行動了。

同日　陳水扁訪視基隆市，他說，「三通」是必然趨勢。

同日　台行政院長張俊雄在答覆立委質詢，呼籲兩岸不如暫時擱置目前的「一中」爭議，在既有的基礎上坐下來談。他說，中華民國是「主權獨立國家」，台灣屬於中華民國，台灣不會宣布「獨立」。

同日　民進黨祕書長吳乃仁表示，民進黨的認知是：兩岸在1992年並沒有達成所謂的「共識」，而只有「擱置爭議、進行對話交流的精神」。他反駁李光耀認為「時間在中共一邊」的說法，而強調「時間是站在台灣這一邊」，只要台灣不挑釁，現狀就可以繼續維持下去。

10月18日　國台辦常務副主任李炳才表示，兩岸「入世」必須秉持1992年世界貿易組織（WTO）前身關貿總協定（GATT）聲明的原則。

同日　由全國工商聯、台灣工商企業聯合會和香港特別行政區聯合舉辦的海峽兩岸三地經貿合作研討會在北京召開。

同日　應江蘇省南京市長王宏民邀請，新竹市長蔡仁堅啟程赴南京參加第二屆世界科技城市會議。蔡強調，此行將不涉及任何意識形態，完全以科技、文化交流為主要目的。

同日　陳水扁會晤「跨黨派小組」召集人李遠哲。據台灣高層透露，陳水扁對「跨黨派小組」在兩岸問題上盡速形成「朝野共識」及全民共識，「寄予厚望」。

同日　陳水扁接受美國之音專訪，呼籲大陸以「陽光政策」代替「武力恫嚇」。他重申「四不一沒有」，並稱在民主對等的原則下，兩岸應該坐下來進行對話，求同存異，建立交集，化解歧見，一定能夠獲致共同的結論。

同日　台「蒙藏委員會委員長」徐正光宣稱，台灣願意與達賴及西藏流亡組織建構新關係。

同日　台「經濟部國貿局長」吳文雅表示，是否對大陸援引「不適用條款」，按照 WTO 規定，不必在入會過程中提出，要等申請案到了 WTO 總理事會後才會宣告。

同日　連戰批評陳水扁所謂的「九二精神」，是罔顧全民利益、大玩文字遊戲的口號政治。並呼籲執政者放棄意識形態，以實事求是的態度，在「一個中國，各自表述」的「九二共識」的基礎上，恢復兩岸的良性協商對話。

同日　宋楚瑜首度表示，如果「小三通」的障礙出在對岸，他不排除「親自走一趟」，協助金馬代表一起解決問題。

同日　前陸委會副主委高孔廉在國民黨中常會詳述 1992 年兩會協商和文件往來，證實確有「九二年共識」存在。他說，1992 年香港會談時，台方建議，以各自口頭聲明方式，表述一個中國原則，提出的具體文字內容為：「在海峽兩岸共同努力謀求國家統一的過程中，雙方雖均堅持一個中國的原則，但對於一個中國的涵義，認知各有不同。惟鑒於兩岸民間交流日益頻繁，為保障兩岸人民權利，對於文書查證，應加以妥善解決。」海協於 11 月 16 日致函正式通知，接受海基會建議，並將海協擬作口頭表述的要點函告海基會：「海峽兩岸都堅持一個中國的原則，努力謀求國家的統一。但在海峽兩岸事務性商談中，不涉及『一個中國』的政治涵義。」海基會也在同年 12 月 3 日函覆海協會指出，「兩岸事務性之商談，應與政治性之議題無關，且兩岸對『一個中國』之涵義，認知顯有不同。我方為謀求問題之解決，爰建議以口頭各自說明。」高孔廉說，兩岸據此共識，才能進一步就事務性議題進行協商，進而在 1993 年新加坡「辜汪會談」達成 4 項協議。

同日　海基會前祕書長、「僑委會副委員長」陳榮杰表示，「九二共識」是指兩岸兩會當年對如何處理兩岸人民權益的事務性商談，確實曾達成一定程度的合作默契與共識。兩會在 1992 年交換的「口頭聲明表述方案」中，雙方確實都曾提到「兩岸均堅持一個中國原則」這段文字，但雙方對「一個中國」的內涵沒有取得具體共識。

10 月 19 日　王兆國在人民大會堂會見出席第六屆海峽兩岸及香港特別行政區經貿研討會的台港工商界人士。

同日　宋楚瑜會見陳水扁。據相關人士稱，陳水扁堅持民進黨當局的兩岸政策，是以他個人「5‧20 就職演講」為基調。但宋楚瑜表示，包括陸委會在內的部分行政官員的對外說法，顯然與陳水扁所謂的「基調」不同，也未見總統府澄

清。他建議陳透過適當的管道，向台灣民眾及國際社會「講清楚」當前官方的兩岸基本立場。

　　同日　張俊雄宣布：兩岸「小三通」最遲於明年元月 1 日起實施，表示相信「小三通」實施後，「大三通」也會盡快到來。

　　同日　蔡英文表示，「國家統一綱領」仍然存在，它是一項重要的指導文件，但不是兩岸未來的政策。有關陸委會對「九二共識」與「九二精神」的認知，蔡英文稱，「精神」只是單方面的解釋、註腳；「共識」則是指必須經由雙方同意的意見。從雙方的談判文件看來，的確沒有出現「共識」或「精神」等字眼，也沒有提到「一個中國，各自表述」等文字。

　　同日　台塑集團總經理王永在赴寧波考察，瞭解寧波市政府提供台塑公司梅山島預訂地概況。隨後，將前往廈門，考察南亞塑膠。

　　同日　李光耀表示，兩岸原本有希望開啟談判，但是陳水扁公開說 1992 年「辜汪會談」只有「九二精神」，雙方沒有共識，因而使得可能的談判機會宣告流產，雙方無法為未來談判找出路。

10 月 20 日　中國航天科技集團公司一行 11 人，應台灣「中華地理資訊會」的邀請，赴台參加「海峽兩岸小型空間技術應用研討會」。

　　同日　陳水扁接受新加坡報業控股公司採訪團專訪稱，台灣方面已經作好一切準備，在既有基礎上，隨時與中國大陸展開對話、談判，共同處理「未來一個中國」的問題。

　　同日　張俊雄表示，明年 6 月間，可望試辦開放大陸人士組團去台旅遊，但是仍需限量。蔡英文稱，開放大陸人士赴台旅遊的模式將比照「小三通」，一天以 700 人取得入台「簽證」為限。

　　同日　蔡英文在立法院再次否認「九二共識」的存在，並稱，在現階段，「我沒有看到足夠的民眾支持『一中』原則。」

10 月 21 日　「2000 年中國西部論壇」在四川成都開幕，台前監察院長、中華台海兩岸和平發展策進會理事長林洋港，前民進黨主席許信良，以及前法務部長廖正豪等率台灣代表團與會。中共四川省委書記周永康在論壇第一次記者會表示，歡迎台灣的工商界人士到四川、到大陸西部投資，加強川、台兩地交流與合作。

同日　陳水扁在與郝龍斌等人會面時表示，他將依照「市場法則」來面對兩岸經貿問題，也願意就「三通」議題中「可操之在我的部分」儘量去做，只要大陸有誠意，兩岸「三通」的時間會快到出乎大家的預料之外。他再次辯稱，兩岸在1992年會談時沒有「一個中國」的共識。

同日　台陸委會經濟處長傅棟成表示，陸委會已完成的「小三通」評估報告，暫不考慮開放中轉業務，即大陸人士仍須經第三地去台。

同日　台《中國時報》報導，台北市旅行商業同業公會理事長曾海盛表示，針對開放大陸人民去台旅遊事宜，該公會已擬好配合措施，將採取高額保證金、短天數停留、定線旅遊等措施。

10月22日　國台辦副主任王在希在「2000年中國西部論壇」講話表示，目前，台灣已成為祖國大陸第5大貿易夥伴，第3大進口市場；祖國大陸也已成為台灣第2大進口市場和最大的貿易順差來源地。據王在希介紹，截至1999年底，累計兩岸貿易總額達1604億美元，其中祖國大陸對台出口260億美元，從台灣進口1344億美元。在此期間，祖國大陸批准台資企業4萬多家，協議投資金額446億美元，實際利用台資金額240億美元，在祖國大陸吸收海外投資總額中列第4位。

同日　2000年海峽兩岸生物材料學術研討會在天津舉行，30位台灣學者與會，為期6天。

同日　謝長廷表示，兩岸應該「意識形態放一邊，無條件復談」，台灣內部也應該更加一致，才能爭取到對台灣更好的條件。

10月23日　蔡英文詭稱，陳水扁「5·20就職演講」立場，是兩岸關係穩定的主要因素。

同日　民進黨立委蘇煥智以「一位台獨信仰者」的名義，力促台交通部長葉菊蘭，放棄意識形態，盡速開放兩岸「三通」直航。葉堅稱，兩岸「三通」直航對台「國家安全」不利，不宜開放。

同日　國民黨中常委、立委潘維剛透露，她正尋求黨籍立委連署啟動「國共和談」。

同日　美國馬里蘭大學教授、台國統會前委員丘宏達指出，1992年兩岸確曾就一個中國原則達成共識，甚至連一個中國內涵也很清楚。

10月24日　外交部發言人強烈譴責美眾參兩院先後透過「支持台灣參與聯合國」議案，要求美國以實際行動恪守一個中國原則。

同日　由中華文化聯誼會組派的「祖國大陸京劇藝術家演出團」一行24人，應台灣「中華國劇協會」等團體邀請，赴台參加「國劇文物200年大展——兩岸國劇大聯演」活動，為期20天。

同日　為期兩天的第四屆海峽兩岸廣播事業研討會在上海閉幕。

同日　澳門方面通知台灣相關單位，原定於明天舉行的澳台航權談判延期舉行，但未說明原因。

同日　張俊雄提出「九三年精神」，以取代「九二年精神」的說法。他說，所謂「九三年精神」，就是兩岸1993年在新加坡舉行辜汪會談時「交流、對話、暫時擱置爭議」的精神。

同日　多位民進黨立委共同召開記者會，要求當局宣布立即推動規劃兩岸直航及「三通」事宜，以「搶救經濟危機，確保台灣主權」。

同日　台「經濟部投審會」指出，今年前三季台商對大陸投資17.8億美元，較去年同期增加106%，投資規模之大，創歷史新高。

同日　台「經濟部投審會」召開會議，透過18件赴大陸投資案，其中有一半是電子產業。

同日　從大陸考察返台的台塑集團總經理王永在表示，台塑預計投資1億美元的聚氯乙烯（PVC）大陸建廠計劃，明年將正式執行。他強調，為了台塑的永續經營，赴大陸投資絕對有必要。

10月25日　王在希出席清華大學台灣研究所成立大會，表示海峽兩岸間的「三通」完全是一個國家內部的「三通」，所以一定要在一個中國原則下進行。

同日　台經濟部長林信義接受立委質詢時表示，大陸土地、市場、勞工、水電等條件比台灣好很多，對台商的確有「磁吸作用」。

同日　台「立法院資訊及科技委員會」邀請「國科會」、經濟部、陸委會等「部會」，提出「放寬大陸科技人才來台」專案報告。相關「部會」均認為，放寬大陸科技人才赴台十分有必要，並要求研擬配套措施。

同日　台陸委會副主委鄧振中表示，延攬大陸產業科技人才來台，應采漸進原則，且以大陸旅居海外科學研究及產業技術人才為第一優先。

同日　國民黨籍立委潘維剛日前提出「國共會談」建議，希望連戰與江澤民舉行「江連會」，對此，連戰表示「不排斥」國共兩黨協商交流。

　　同日　台《中國時報》報導，台塑集團總經理王永在表示，大陸投資環境比以前有大幅進步，確實比台灣好。而台灣政策不明，公權力不彰，感慨台灣「再這樣下去，企業一定走光光」。

　　同日　台灣裕隆汽車公司大陸投資案提請董事會透過，準備近期正式向台「經濟部投審會」提出申請。

　　同日　台《中國時報》報導，美國外交政策全國委員會經過長達4年的反覆研討，發表一項關於兩岸關係的報告，指出目前兩岸之間的僵局極為危險，嚴重威脅美國的利益，建議在大選後，美國新總統應親自主導政府對兩岸的政策，並與國會取得協議，採取兩黨一致的政策。

　　10月26日　林信義密訪台塑集團董事長王永慶。據台塑高層人士表示，林信義主要是說服王永慶勿再赴大陸投資，並希望台塑今後對外投資，能夠排除大陸地區。

　　同日　面對裕隆汽車赴大陸投資的決定，林信義表示，台灣汽車市場確實面臨萎縮，但企業「走出去」不代表「出走」。

　　同日　台《中國時報》報導，鑒於大陸即將加入WTO，市場前景備受期待，在台塑集團確定到大陸投資1億美元建立石化專區後，台灣資訊產業紛紛表示跟進，宏碁集團內部已決定，將赴華北設立在大陸的第二生產基地。廣達、大眾便攜式電腦事業群、倫飛電腦以及藍天電腦等公司都表示將赴大陸投資。

　　同日　台積電董事長張忠謀表示，兩岸關係的緊張已是台灣產業長期競爭力不足的重要因素之一。應該全面開放赴大陸投資，否則將扼殺台灣企業的生機。

　　同日　台灣統一企業集團總裁高清願指出，兩岸政策應以開放代替防堵；在開放台商到大陸投資的同時，也應開放「陸資」到台灣投資。

　　同日　台灣廣達電腦公佈大陸投資計劃，將在上海松江加工出口區設廠。

　　10月27日　270多位台港澳僑婦女界人士，赴京參加第二屆海峽兩岸婦女發展交流研討會。

　　同日　陳水扁在「扁連會」上稱，「兩岸跨黨派小組」是由連戰所主導的「國發會」的共同意見，也是連戰的主張，希望國民黨不要缺席。連戰則表示，陳水扁應依據「憲法」擬定兩岸政策，如果陳水扁召開「國統會議」，他願意代表國

民黨參加。連戰以當年參與者的身份表示，確實存在以「一中各表」為核心內容的「九二共識」。

　　同日　陸委會公佈「小三通」的具體規劃，希望大陸盡快與台方協商「小三通」事宜。

　　同日　海基會副祕書長顏萬進稱，「三通」若與「一個中國」問題掛鉤，「就太昧於現實」。

10月28日　國家副主席胡錦濤在北京會見參加第二屆海峽兩岸婦女發展交流研討會的台港澳僑婦女界人士。他強調，香港、澳門回歸之後，解決台灣問題、實現完全統一的神聖使命，更加突出地擺在包括台灣同胞、海外僑胞在內的全國各族人民面前。在台灣問題上，大陸始終堅持「和平統一、一國兩制」的基本方針和「江八點」主張。並指出，「我們將盡最大努力，爭取以和平方式解決台灣問題。只要台灣當局承認一個中國原則，我們就可以坐下來談，而且什麼問題都可以談」，「我們絕不允許任何人以任何名義把台灣從中國分割出去」。

　　同日　陳明通表示，兩岸「大三通」是無可避免的問題，也是必然趨勢。

　　同日　「兩岸跨黨派小組」召開第三次會議，取得所謂「一個中國問題，無法迴避，必須面對和處理」的「共識」。但對如何處理、「一中」涵義等問題未獲具體結論，決定另行成立「一個中國」的10人小組專案研究。

10月29日　汪道涵表示，對兩岸恢復政治協商、重回談判桌，感到「悲觀」。

10月30日　海協副祕書長張金成表示，「跨黨派小組」只是諮詢機構，並不是決策機構，「李遠哲不是決策者，沒有多大幫助」。至於「小三通」，他說，不能以「小三通」迴避「大三通」，以「小三通」迴避「一個中國」原則。「小三通」解決不了問題，大陸一貫主張的是「大三通」，雙向直航，互惠互利，但如果一個中國原則問題不能解決，一切都不好談。

　　同日　第六屆兩岸金融學術研討會在北京舉行，80餘位台灣金融及證券、票券界人士與會。

　　同日　陳水扁表示，在確保「國家安全」的大前提下，台灣願意依照市場法則，秉持比例原則、互惠原則，全面檢討台灣對中國大陸的財經政策。而兩岸要不要「三通」，跟兩岸加入WTO沒有必然的聯繫。

同日　台陸委會放寬兩岸文教與科技交流的相關規定，大陸科技人才在台停留時間，最長可達 3 年。同時規定，邀請單位業務主管或承辦職員的擔保對象，每次不得超過 20 人。

　　10 月 31 日　國台辦副主任王富卿在第六屆海峽兩岸金融研討會表示，希望台灣當局放棄「戒急用忍」政策，開放台灣金融業赴大陸設分支機構，以早日實現兩岸通匯，將兩岸的經貿合作推向實質階段。中國人民銀行副行長李若谷表示，希望兩岸能直接通匯，對兩岸都有好處。台灣「中華金融業務研究發展協會」理事長陸潤康表示，台灣民間要求開放金融業赴大陸投資的呼聲越來越高，呼籲台灣當局能開放金融業到大陸設分支機構。

11 月

　　11 月 1 日　中國人民銀行行長戴相龍會見參加第六屆兩岸金融研討會的台灣金融代表團時稱，大陸加入世貿組織前，基於兩岸都是中國人的立場，對台資銀行赴大陸設立分支機構的審批，「仍給予特殊考慮」。

　　同日　台「財政部長」顏慶章表示，已組成專案小組，研究開放台灣金融業赴大陸設點事宜。

　　同日　台灣長榮集團總裁張榮發表示，「小三通」是多此一舉，不如直接「大三通」。

　　11 月 2 日　海協致電海基會，對在「象神」台風中受災的台灣同胞表示慰問。

　　11 月 3 日　朱鎔基總理和俄羅斯總理卡西亞諾夫在北京舉行會談。卡西亞諾夫重申俄在台灣問題上的一貫原則立場，不支持任何形式的「台灣獨立」、支持中華人民共和國不接受「兩個中國」、「一中一台」的立場，不向台灣出售武器。雙方認為，台灣問題純屬中國內政，不允許外部勢力對解決台灣問題加以干涉。

　　同日　中央軍委副主席張萬年會見美國參謀長聯席會議主席亨利‧謝爾頓一行指出，台灣當局應該認識到，搞台獨絕對沒有好下場。台獨意味著戰爭，分裂就沒有和平。

　　同日　遲浩田會見亨利‧謝爾頓一行，指實施灣當局新領導人對一個中國原則採取迴避和模糊的態度，台灣分裂勢力圖謀以各種形式把台灣從中國分割出

去，嚴重破壞了海峽兩岸和平統一的前提和基礎，這是造成台灣海峽局勢緊張的根本原因。我們將盡最大努力實現祖國和平統一，但是決不允許台灣從中國分裂出去。並批評美國對台軍售不斷升級不僅無助於台灣問題的和平解決，不利於台海局勢的穩定，而且損害了中美關係的發展。希望美方嚴格遵守中美三個「聯合公報」的原則，以避免給兩國、兩軍關係的發展帶來不利因素。

同日　總參謀長傅全有會見亨利‧謝爾頓一行，表示解放軍堅決支持中國政府「和平統一、一國兩制」的基本方針，但絕不承諾放棄使用武力。中華民族熱愛和平，珍視和平，但在關係中國主權和領土完整的根本問題上，我們沒有妥協的餘地。

11月4日　「兩岸跨黨派小組」舉行第四次會議。小組召集人李遠哲指出，台灣當局不要有太多政策管制，以免影響兩岸經貿互動。

同日　蔡英文稱，台當局正在檢討對港澳政策，希望加強與港澳的關係。

同日　台陸委會副主委鄧振中稱，台灣希望兩岸將來在 WTO 架構下，以會員對會員方式談經貿問題。

同日　台《中國時報》報導，美國同意出售 AIM-120 先進空對空導彈給台灣。美台雙方簽訂的協議書規定，導彈暫由美方保管，如果台海空中均勢發生變化，美方必須在 48 小時內運交導彈；若有重大軍事衝突，美方負責將導彈運交台灣。

11月6日　陳明通宣布，今後大陸記者申請赴台採訪時間以 1 個月為限。

11月8日　國家海洋局、中科院、衛生部、中國石油天然氣集團公司和廣東、山東、四川、福建、上海等部門和地方的專家、學者一行 35 人，應高雄中山大學的邀請，赴台參加為期 5 天的海峽兩岸海洋資源環境學術研討會。

同日　台陸委會發表聲明，促請美國新政府在兩岸關係發展過程中，扮演平衡者與促進者角色。

11月9日　台總統府宣布，陳水扁指派台「中央銀行」總裁彭淮南出席 APEC 非正式首腦會議。

同日　台灣「中央銀行金融檢查處長」陳上程表示，歷年來台商投資大陸地區的資金累計已逾 700 億美元，民間估計更高達上千億美元，總量直逼台灣的外匯存底額。台「中央銀行」已發函 103 家金融機構，全面清查企業貸款流向大陸的情況。

11月10日　全國人大外事委員會、外交部分別就美國行政當局簽署「2001財政年度對外行動撥款法」發表談話，譴責美方不顧中方堅決反對，變本加厲地向台灣出售先進武器，不僅嚴重侵犯了中國的主權，而且助長了台灣台獨勢力的囂張氣焰，導致台海局勢的緊張，阻撓中國的和平統一。

同日　台陸委會與新聞局舉行聯合記者會，共同發佈「大陸地區新聞人員來台駐點採訪相關規則」，並自即日起開放大陸新聞記者申請去台「駐點採訪」。

同日　對台灣新實施的「大陸地區新聞人員來台駐點採訪相關規則」，正在申請赴台採訪的新華社港台部副主任範麗青感到「失望」，認為「新規定還不如以前沒有規定」。

同日　台《中國時報》報導，根據現行法律，大陸對於台商盈餘匯出沒有限制，只要合法繳稅，都可以匯出大陸。但台商若將大陸廠盈餘匯回台灣，將面臨重複課稅的問題，因此，多數台商僅將盈餘匯入海外控股公司，造成投資盈餘滯留海外，形成台灣資金空洞化的危機。

11月11日　前國民黨副主席邱創煥呼籲台灣當局，立即放棄「戒急用忍」的政策，開放「三通」。

11月12日　外交部長唐家璇在文萊表示，大陸將會依規章，透過APEC祕書處，邀請台灣參加明年在上海召開的APEC經濟領袖年會。

同日　李遠哲在「跨黨派小組會議」第五次會議指出，如果明年春天之前，兩岸僵局仍未能打開，對台灣不利。雖然與會代表的統「獨」立場仍然分明，但「一個中國問題不能迴避」的主張獲得大多數人的支持。

同日　郝龍斌宣布，因為對「跨黨派小組」兩個多月來的表現失望，他和新黨立委賴士葆正式退出「跨黨派小組」。

同日　蕭萬長再次呼籲兩岸成立「經濟共同市場」。他認為，兩岸關係最大的公約數就是經濟議題，若能基於互利、互惠原則，從經濟合作開始到建立共同市場，達到「中國人幫中國人」，將是「一加一大於十一的相乘效果」。

同日　「中華經濟研究院」常務董事於宗先指出，兩岸三地的政治統一，尚不是最迫切的問題，經濟合作才是亟需落實的課題，希望兩岸消除不合時宜的意識形態，齊心努力建立「大中華經濟圈」。

11月13日　海峽兩岸及香港光電子學術研討會在廈門市舉行，20位台灣專家代表與會參加研討。

同日　台總統府祕書長游錫堃稱，陳水扁「5·20就職演講」明確宣示「沒有廢除國統綱領與國統會的問題」，這個立場沒有任何改變。但目前沒有必要召開國統會。

　　同日　蔡英文表示，民進黨當局的大陸政策是以積極交往為出發點，而不是圍堵與管制。在方向上，要推動以台灣為主體的經濟發展架構，建立全民信心，與大陸進一步交往。並指出，當局建構「國家安全網」，是要在推動兩岸經貿交往過程中，防範貨品、人員、資金及資訊等往來，對台灣經濟安全、社會秩序、政治發展及「國防部署」所可能產生的危害。

　　同日　連戰表示，民進黨當局應盡快召開國統會，「國統會主委」應由總統擔任。

　　同日　美國蘭德公司發表報告建議，美國新的總統當選人應該考慮修改以往的「建設性模糊」策略，採取「戰略清晰」策略，即接受一個中國政策，同時，不要對台灣防務作出明確的保證。

　　11月14日　海峽兩岸關係研究中心在珠海舉辦「兩岸關係論壇」。國台辦副主任、海研中心顧問王在希指出，台灣當局以為不承認「一個中國」原則，也可以維持兩岸關係穩定，是極其危險的想法。該中心主任唐樹備表示，台灣當局新領導人必須鄭重、明確地承認一個中國原則，承認1992年兩會共識。如此，兩岸可以很快恢復對話與談判，還可以討論政治、經濟甚至台灣對外活動空間等問題。

　　同日　台《中國時報》報導，台灣當局預訂明年6月份開放大陸人士赴台旅遊，台灣旅遊業者表示歡迎。

　　同日　台立法院決議透過成立「立法院兩岸事務因應對策小組」，由院長王金平擔任召集人，副院長饒穎奇擔任副召集人，各黨派依比例推派代表參加，共計24人。民進黨立委拒絕參加。

　　同日　台經濟部長林信義表示，台灣加入WTO與是否與大陸「三通」是兩回事，也和調整「戒急用忍」政策無關。

　　同日　對於「一中」的涵義，「跨黨派小組」已提出3個版本，分別是：民進黨立委沈富雄所提「一個廣義的中國」、小組發言人範光群所提「一個未來的中國」以及台灣前清華大學校長沈君山所提「一個分治的中國」。三個版本均認為，改變兩岸現狀需經民主程序由人民決定。

11月15日　王在希、唐樹備在珠海「兩岸關係論壇」上一致表示，大陸希望繼續推動兩岸「三通」，不只是「小三通」，而是「大三通」。1997年港台通航模式可以作為兩岸「三通」模式依據，亦即「三通」可以不必經過政府授權的海基會與海協商談，由兩會授權機構商談即可，從而迴避「一個中國」在內的政治問題。唐樹備並指出，兩岸「三通」可以先不談政治問題，但台灣不能背離一個中國原則，因為兩岸「三通」是「一國之內的三通」。

同日　王在希在珠海接受台灣記者採訪表示，台灣「國統綱領」的有關主張其實和錢其琛副總理所提「一個中國」精神一致。並指出，台灣真要進行「統一公投」的話，在大陸的中國人也有份。

同日　中國氣象學會一行17人，應台灣大學的邀請，赴台參加兩岸災害天氣監測與預報學術研討會。

同日　台行政院長張俊雄表示，在確保台「國家安全」的前提下，當局將儘量對「三通」、「戒急用忍」採取較寬鬆的態度，各項兩岸經貿政策已交由經濟部、陸委會討論。

同日　林信義稱，台經濟部建議將開放的項目與資金分開處理，對石化上游及半導體產業等金額較大的投資案，應予以「個案審查」，除允許從台灣匯出部分資金外，其餘資金必須在國外募集。

同日　台「中央銀行副總裁」陳師孟稱，大陸經濟發展已經對台灣形成「黑洞效應」，如果完全拿掉「戒急用忍」，台灣就會有金融危機。如果全面開放產業到大陸，可能會引發嚴重的產業危機。因此，他支持「戒急用忍」政策。

11月16日　江澤民在文萊與美國總統柯林頓會晤，警告台灣當局，要搞「獨立」或幻想長期維持兩岸的分裂狀態是不行的。重申只要台灣當局接受一個中國原則，兩岸即可就任何問題進行平等協商。希望美國政府恪守中美三個「聯合公報」，承諾支持一個中國原則。柯林頓表示，美國政府將繼續奉行一個中國原則。

同日　陪同江澤民出席APEC會議的錢其琛副總理會見美國務卿奧爾布賴特、總統國家安全事務助理伯杰。錢其琛指出，我們將繼續按照「和平統一、一國兩制」的基本方針和江澤民主席提出的推進祖國和平統一的「八項主張」解決台灣問題。我們不會在一個中國原則問題上作出妥協，不會容忍任何分裂中國的活動。我們多次表示，只要台灣當局領導人明確承認一個中國原則，兩岸即可就一切問題進行平等協商。希望美國政府切實履行在台灣問題上向中方作出的明確

承諾，妥善處理台灣問題。伯杰說，美國堅定地遵守一個中國政策。無論誰擔任美國下屆總統，在重要的問題上會繼續保持政策的連續性。

　　同日　唐家璇在記者會表示，根本不存在為「中華台北」參與 APEC 活動討論制定新規定的問題，大陸將會按照 APEC 的規定與慣例處理「中華台北」的參與問題，「以禮相待」。

　　同日　蔡英文在台灣工商協進會發表演講，表示兩岸加入 WTO 後，台灣的戰略思考並不是對大陸進行圍堵，而是如何強化台灣經濟的基礎和信心，拓展台灣經濟發展的空間，擴大到全球性的戰略思考，而非應侷限在兩岸關係。她主張台當局不要倉促實行「三通」和放鬆「戒急用忍」政策。

　　同日　蔡英文表示，台當局檢討「戒急用忍」政策，除了檢討產業面外，還要考慮資金面，要考慮建立資金雙向流動體系，讓台商赴大陸投資賺取的利潤及短期不用的資金回流。

　　同日　出席 APEC 非正式首腦會議的台灣代表彭淮南稱，在會議期間，江澤民主席當面邀請台灣參加明年在上海召開的 APEC 會議。

　　同日　蕭萬長呼籲，台灣當局應開放官員到中國大陸訪問，充分掌握大陸形勢。他自己不排除在適當時機訪問大陸。

　　同日　國民黨副主席吳伯雄表示，陳水扁對「九二共識」模糊不清，是兩岸僵局無法打開的原因之一。

　　同日　台灣金融研訓院院長薛琦表示，中國大陸電子資訊業的成長超過台灣，若是當局仍堅持「戒急用忍」政策，不僅對全球運籌中心的推動帶來很大的考驗，還有可能迫使台商放棄在台灣的營運。

　　同日　第八屆 APEC 非正式首腦會議發表共同宣言，支持兩岸盡快加入世界貿易組織（WTO）。同日　中國駐韓國大使武大偉表示，台北與漢城間的復航，因為牽涉主權問題，所以，韓國政府必須與中國大陸磋商。

　　11 月 17 日　中華全國新聞工作者協會負責人接受新華社專訪，表示目前已有 7 家台灣新聞機構，獲准不間斷地輪派記者來大陸蹲點採訪，但大陸新聞單位還沒有一家獲准輪派記者赴台採訪。幾年來，到大陸採訪的台灣記者已達 5000 多人次，而大陸記者赴台採訪的只有約 200 人次。他說，「造成目前兩岸新聞交流嚴重失衡的主要原因，正是台灣當局的諸多不合理限制」，希望台灣當局改變不合理限制，為大陸記者赴台採訪提供方便。

同日　蔡英文抵達金門，實地瞭解「小三通」準備情況，並表示希望「小三通」能在明年元旦如期實施。

同日　台陸委會副主委鄧振中表示，未來大陸人士去台如遇糾紛，仍宜由海基會協助處理。同時，為因應「小三通」實施，海基會、陸委會正研擬在金馬成立「小三通」糾紛調解中心。

同日　台立法院交通、諮詢和科技委員會部分在野黨立委，出海進行「小三通」試航，計劃勘查大擔、二擔水域之後，順道「直航」廈門。但由於天氣不佳、船隻拋錨，且有金門第九海巡隊沿途跟蹤，不得不折返。

同日　國民黨副主席吳伯雄、民進黨前主席許信良等啟程赴大陸參加世界客屬懇親大會。吳伯雄是國民黨遷台以來，訪問大陸層級最高的人士。

11月18日　全國政協副主席張克輝、廈門市長朱亞衍及福建省多位官員宴請新竹縣長林光華、議長黃煥吉一行。林光華希望經由這次訪問，開啟兩岸交流的第一步，未來兩岸多做交流。他強調只有良性互動，才能減少不必要的誤會。

同日　「跨黨派小組」召開第六次會議，繼續討論「一個中國」的涵義問題，但未能形成共識。

同日　謝長廷表示，「中華民國憲法」本身就是「一個中國」的架構，民進黨參與「修憲」就是接受了這套「憲法」，不敢不遵守或否定它。因而，在與大陸談判時，不能排除「統一」的前提。

同日　台《中國時報》報導，台商的海外投資，近年明顯從東南亞地區向中國大陸集中。

同日　台灣宏仁集團負責人王文洋主導的、投資額達16.3億美元的宏力半導體公司，在上海張江工業園區舉行奠基儀式。這是大陸第一家8英吋晶圓（芯片）代工廠。

11月19日　福建省長習近平指出，大陸為實現「三通」準備了很久，港口和設備等已經準備好。但是，「三通」要在一個中國的基礎上全面的談，不要分「小三通」和「大三通」。

同日　台《中國時報》報導，由於大陸即將加入WTO，台商掀起赴大陸投資熱潮。

11月20日　第十六屆世界客屬懇親大會在福建龍岩召開。國民黨副主席吳伯雄說，希望「中國人不打中國人」，同時要創造「中國人幫助中國人」的共贏

局面。全國政協副主席張克輝則呼籲，包括台灣同胞在內的炎黃子孫，特別是在台灣占四分之一的客家人，對促進祖國統一的完成盡一份力量。

同日　李遠哲稱，在保障人民根本利益與國際尊嚴前提下，他主張「一個中國，自表述」。

同日　謝長廷表示，解決兩岸「一中」問題，唯有回歸「憲法」去討論。

同日　民進黨祕書長吳乃仁表示，謝長廷「一中問題回歸憲法」的說法「不代表黨的立場」，目前民進黨對於「一個中國」問題的態度，以「台灣前途決議文」及陳水扁「5·20就職演說」這兩份正式文件為依據。

11月21日　民進黨立委蘇煥智要求行政院立即推動兩岸直航的提案，已有160位立委連署。蘇強調，兩岸直航可採取「台港模式」，無須觸碰「一個中國」問題。

同日　吳乃仁表示，除非民進黨修改「台灣前途決議文」，否則，該黨不可能接受「跨黨派小組」關於「一個中國」的任何方案。

同日　「跨黨派小組」發言人蕭新煌指出，該小組處理的是如何回應「一個中國」挑戰的問題，而非接受「一個中國」原則。並強調，「跨黨派小組」提出的意見供總統參考，民進黨若有任何不同見解，是民進黨自己要處理的事。

同日　福利國連線、新潮流系、新世紀辦公室等民進黨派系紛紛表示，「不能接受」謝長廷有關「憲法一中架構問題」的說法。

同日　李光耀在悉尼表示，民進黨的台獨立場，將會進一步增加兩岸潛在的危險，如果台海發生軍事衝突，戰火將波及整個亞太地區。

11月22日　國台辦主任陳雲林、常務副主任李炳才、主任助理孫亞夫及聯絡局長袁祖德在釣魚台會見吳伯雄一行。李炳才表示，大陸有最大誠意爭取「和平統一」，同時絕不允許任何把中國分裂出去的行動。他希望兩岸早日直接「三通」，中共願意和台灣各黨派團體進行交流、合作。吳伯雄表明國民黨依據「國統綱領」支持「一個中國、各自表述」的立場，並表示將和大陸進行政黨學術交流。陳雲林表示，大陸方面理解國民黨的「一中」立場，並警告台灣當局，如果斷然宣布「獨立」，和平局面就很難維持。

同日　台駐美代表程建人指出，美國兩黨的一個中國政策大同小異，區別有限。無論布希或戈爾，均鼓勵兩岸恢復對話、台海問題和平解決，均主張遵守《台

灣關係法》，給台灣提供防禦武器。不論誰當選，均將維持台海地區的和平與穩定。

同日　台塑集團董事長王永慶、台積電董事長張忠謀、富邦集團總裁蔡萬才、廣達電腦董事長林百里等多位台灣企業界領袖一致呼籲，希望台灣朝野政黨立即停止政爭，給企業提供永續經營的投資環境，放寬企業對赴大陸投資的限制。

同日　李遠哲在英國劍橋大學發表演講稱，目前台灣和中國大陸尚存有不同處，化解這些歧異需要時間。他說，如果兩岸不能在百年後統合，在千年後也會聯合在一起。

11月23日　中共中央政治局委員錢其琛在中南海會見中國國民黨副主席吳伯雄，表示我們堅持一個中國原則，絕不會動搖。我們要求台灣當局領導人承認一個中國原則、放棄分裂主張的立場，絕不會改變。他說，世界上只有一個中國，大陸和台灣同屬一個中國，中國的主權和領土完整不容分割。我們說大陸和台灣同屬於一個中國，是強調中國的主權和領土完整沒有分割、也不容許分割，同時也體現我們在堅持一個中國原則的問題上是務實的，是有包容性的，相信台灣同胞和各界有識之士能夠理解我們的誠意。

同日　針對王永慶等企業界人士「朝野停止政爭，政策回歸經濟面」的呼籲，張俊雄表示非常認同。並稱只要能確保國家安全，包括「戒急用忍」、「大三通」在內的大陸經貿政策，都可以檢討。

同日　台經濟部長林信義表示，「戒急用忍」政策確實有調整、鬆綁的必要，「行政院各部會」已經在討論，預計12月底會有結論。

同日　王永慶發表萬言書表示，兩岸必須重回「九二共識」，開放「三通」，以強化台灣產業的競爭力。他說，大陸對於「一中」議題，已經釋出多次善意，只要台灣能回歸「九二共識」，承認「一中」原則，兩岸一切平等對待。

同日　針對王永慶「盡速開放三通，以提振經濟景氣」的呼籲，民進黨祕書長吳乃仁表示，產業界考慮成本問題，但是台當局不能只考慮經濟層面，也要顧及安全問題。台灣產業對外投資不宜過度集中在對台灣充滿敵意的地區，如果貿然開放就是「失職」。

11月24日　文化部、國家廣電總局一行17人，應高雄市實驗國樂團的邀請，赴台參加兩岸國樂交響研討會。

同日　台澳航權談判達成共識，雙方代表在澳門草簽為期5年的新航約。雙方同意，台澳航線客運每週增加8000個座位，並開放貨運，每週運量400噸。

　　同日　呂秀蓮稱，接受「一個中國」，就等於投降。

　　同日　台「行政院祕書長」邱義仁表示，陸委會、經濟部、交通部等單位已經成立專案小組，就開放「大三通」政策進行評估，預計年底前可以完成報告，送交行政院討論。如果一切順利，最快在明年初，「大三通」即可逐步推動，「戒急用忍」政策也可望有所調整。

　　同日　吳乃仁表示，兩岸關係如果套在「一個中國」帽子下，問題就談不下去，希望能找到替代「一中」的文字。

　　同日　連戰在國民黨第106次黨慶會議上強調，民進黨當局應誠實面對「憲法」、誠懇面對兩岸關係。兩岸之間已有初步共識，不必另起爐灶，製造僵局。

　　同日　宋楚瑜呼籲，民進黨當局應回歸1992年「一個中國，各自表述」的基礎，處理兩岸關係。

　　同日　新黨重要人物許歷農、郁慕明、王建煊、陳葵淼、趙少康等，共同召開記者會，呼籲「朝野」回歸「一個中國」共識，用以制定大陸政策及相關「立法」的基礎。

　　同日　台「經濟部投審會」透過22件、共計1.89億美元對大陸間接投資案，其中電子業占63.1%。

　　11月25日　朱鎔基總理在新加坡會見李光耀。李光耀表示，台灣應該回到1992年有關「一個中國」共識的基礎上來。

　　同日　外交部部長助理王毅指出，海峽兩岸儘早「三通」，不但有利於實現和平統一，也可以增進兩岸人民的相互瞭解，符合兩岸人民的共同願望。任何阻礙「三通」的言行，都是不得人心的。

　　同日　第二屆全球華人反「獨」促統大會召開，並透過了反台獨宣言。

　　同日　以全國青聯副主席吉狄馬加為團長的青聯訪問團一行27人，應台灣青年商會總會邀請，赴台參加海峽兩岸暨港澳地區青年企業家經貿研討會。

　　同日　陳水扁會見台塑集團董事長王永慶、富邦集團總裁蔡萬才等4位台灣企業界人士。企業領袖們建議陳水扁回歸1992年「一中各表」的共識，開放

「三通」，調整「戒急用忍」政策。並希望兩岸除盡速恢復經貿談判外，也應朝「政治對談」方向思考。陳水扁未作明確回應。

同日　陳明通表示，兩岸合辦奧運仍然「言之過早」。

同日　馬英九對謝長廷關於台灣「憲法」是「一中」架構的說法表示肯定，並呼籲陳水扁回歸1992年的「一中」共識。

同日　宋楚瑜表示，台當局是主導目前兩岸政策的基本單位，但也樂見政黨在加強兩岸溝通上發揮作用。

同日　台經濟部委託「中華民國管理科學學會」所做的研究報告指出，在大陸優惠政策的吸引下，台灣高科技產業界赴大陸投資，已出現「群聚效應」。

同日　台「總統府國策顧問」、「陸委會諮詢委員」許文彬，呼籲陳水扁盡速宣示接受「中華民國憲政架構下的一個中國」的立場。

11月26日　上海市委書記黃菊會見吳伯雄，表示大陸方面歡迎馬英九訪問上海，有機會他也想訪問台北。吳伯雄稱，台灣主流民意不贊成台獨，但也不急著統一。國民黨依照「國統綱領」推動兩岸關係，主張回到1992年兩會共識，承認「一中」，但內涵各自表述。

同日　跨黨派小組召開第七次會議，達成所謂「三個認知、四個建議」共識。三個認知是：1.兩岸現狀是歷史推展演變的結果。2.中華民國與中華人民共和國互不隸屬、互不代表。中華民國已經建立民主體制，改變現狀必須經由民主程序取得人民的同意。3.人民是國家的主體，國家的目的在保障人民的安全與福祉，兩岸地緣近便，語文近同，兩岸人民應可享有長遠共同的利益。跨黨派小組建議陳水扁：1.依據「中華民國憲法」增進兩岸關係，處理兩岸爭議及回應大陸「一個中國」的主張。2.建立新機制或調整現有機制以持續整合台灣各政黨及社會各方面對台灣發展與兩岸關係之意見。3.呼籲中國大陸，尊重台灣的國際尊嚴與生存空間，放棄武力威脅，共商和平協議，以爭取台灣人民信心，從而創造兩岸雙贏。4.昭告世界，台灣當局與人民堅持和平、民主、繁榮的信念，貢獻國際社會，並基於同一信念，以最大誠意與耐心建構兩岸新關係。

同日　台教育部長曾志朗表示，實施漢語拼音是對的政策，教育部會堅持此目標。

同日　對上海市委書記黃菊的邀請，馬英九認為是「善意」的表現，對此感到欣慰，他也一直沒排除訪問上海。

同日　台灣海洋大學和青島海洋大學、湛江海洋大學聯合辦學簽字儀式在廣東湛江舉行。三校合作的主要內容包括：交換學生、教師科學研究交流和資料共享等。

　　11月27日　汪道涵會見吳伯雄一行，重申錢其琛所提「一個中國」的三段論，強調台獨將損及台灣民眾利益及傷害中國大陸12億人民的感情。吳伯雄表示，國民黨以「國統綱領」推動兩岸關係，並希望汪道涵能去台灣訪問。

　　同日　四川省女子足球隊一行27人，應台北足球協會的邀請，赴台進行為期10天的比賽交流。

　　同日　陳水扁表示，兩岸關係在半年到一年內不會惡化，並再次呼籲美國在兩岸間扮演更積極的穩定者與平衡者的角色。

　　同日　謝長廷表示，「跨黨派小組」體會民之所欲，為維持現狀，在文字上保持某種程度的模糊是必然的，小組共識對於兩岸局勢有正面幫助。

　　同日　民進黨「中國事務部主任」顏建發代表黨中央表示，「跨黨派小組」的共識並未違背該黨「台灣前途決議文」精神，因此，民進黨可以接受這項共識。

　　同日　宋楚瑜強調，兩岸關係應回到「九二共識」的「一中」架構，和平解決問題。「跨黨派小組」的結論未觸及實質問題，只是在玩文字遊戲。

　　同日　台「經濟部國貿局」發佈前3季兩岸貿易統計數據指出，台灣對大陸出口已呈現連續12個月的兩位數增長，在前3季對大陸的出口大幅增長28%的帶動下，台灣對大陸的貿易順差高達148億美元，創下歷年同期最高紀錄，台灣已成為大陸第二大進口地區，占大陸進口市場比重達11.4%。累計前3季對大陸出口194.4億美元，年增長率為28.2%，自大陸進口46.2億美元，增長45%。

　　11月28日　外交部發言人章啟月指出，大陸在「一中」原則問題上不會有任何改變，台灣領導人不應迴避一個中國原則，必須採取實際行動，以改善兩岸關係。

　　同日　北京奧申委副主席兼宣傳部長蔣效愚表示，如果北京獲選為2008年奧運會主辦城市，中國奧委會和台北奧委會，在一個中國原則下，會就某些比賽項目移師台北舉辦的可能性進行磋商。

　　同日　跨黨派小組「依憲法回應對岸一個中國主張」的「共識」出爐，立法院在野聯盟同聲批判，國民黨要求陳水扁盡速召開國統會；親民黨認為該「共識」過於模糊，只會製造新問題；新黨要求陳水扁應提出具體詮釋。在野聯盟表示將

共同推動「立法院兩岸事務因應對策小組」，盡快於下周開展運作，「做出具有民意基礎的決議」。

同日　蔡英文表示，「跨黨派小組」的「一中共識」既有底線，也有空間，相當具有包容性，朝野應該珍惜。

同日　吳乃仁表示，現在不談「一中」比較好，等到兩岸加入WTO後，在國際架構下談對台灣最有利。

同日　張俊雄表示，希望在善意、對等條件下，兩岸早日就「大三通」、加入WTO後農產品貿易等事宜進行談判。

同日　台經濟部次長陳瑞隆表示，有關「戒急用忍」專案小組的檢討，目的在於如何創造一個有利於資金回流的環境。

同日　台灣工商協進會理事長辜濓松指出，在兩岸加入WTO後，應調整「戒急用忍」政策，也必須開放「三通」。

同日　台「農委會」完成「對大陸戒急用忍政策評估」，現有700多項列為「專案審查」的農產品投資項目，將有500多項改列為「準許類」，其中以台灣最不具競爭力的漁、畜產品為主。至於大陸出口到台灣的農產品項目，台灣仍將採取「正面表列」嚴格審查。

11月29日　海協官員表示，台灣方面必須明確承認「九二共識」，不要玩弄文字遊戲。台灣方面只有表明堅持一個中國原則、謀求國家統一的態度，兩會復談與兩岸關係改善才有穩定發展的基礎。

同日　林信義表示，兩岸電子科技產業的差距逐漸縮小，如果台灣不能掌握整合者的優勢與主導地位，等到大陸發展起來，台灣會很吃虧，「時不我予」。

同日　民進黨中常會發表聲明，肯定「跨黨派小組」達成「三個認知、四個建議」結論的用心與努力，並請陳水扁將此列為兩岸政策之重要參考。

同日　連戰批評陳水扁「兩岸關係一年內不會惡化」的說法是「消極避戰」，沒有積極營造兩岸和平、互惠互利。

11月30日　國台辦舉行新聞發佈會，並就當前兩岸關係和台灣台灣局勢回答中外記者的提問。發言人張銘清表示，只要台灣當局明確承諾不搞「兩國論」、明確承諾堅持海協與台灣海基會1992年達成的各自以口頭方式表述「海峽兩岸均堅持一個中國」的共識，我們願意授權海協與台灣方面授權的團體與人士接觸

對話。而台灣「跨黨派小組」達成的所謂「三個認知、四個建議」的「共識」，完全是「文字遊戲」。

　　同日　台國防部長伍世文稱，兩岸因加入世貿組織必須開放兩岸「三通」，相關安全配套措施，必須周密規劃，避免影響「國家安全」。他強調，唯有兩岸良性發展，才能保障台灣安全。

　　同日　蔡英文稱，陸委會可以不提「兩國論」，但不能否定這種現狀的存在。

12月

　　12月1日　新華社發表署名文章，指台灣「跨黨派小組」的「三個認知、四個建議」，對「一個中國」原則採取迴避、模糊、甚至否定的態度，對改善兩岸關係毫無幫助。

　　同日　陳水扁、張俊雄、伍世文等會見美眾議院軍事委員會主席斯彭斯一行。斯彭斯表示，不論誰當選美國總統，美國政府對台的承諾「堅定不變」，一定會給予台灣「必要的」支持與協助。

　　同日　台法務部長陳定南表示，兩岸「小三通」之後，如果大陸人士在金、馬地區犯罪，在偵查、起訴和判刑之後，可用「驅逐出境」方式處理。他強調，司法管轄權的擁有和行使，涉及「國家主權」的維護，一定要堅持。

　　同日　台「國安會副祕書長」張榮豐、「國安會諮詢委員」林佳龍稱，「大三通」的前提是建立完整的「國家安全網」。

　　同日　台海峽兩岸航運協會董事長陳庭輝結束對大陸的海峽兩岸航運交流協會的訪問，今日返台。

　　12月2日　台經濟部官員表示，將來引進大陸人才來台，只能引進「補充性」大陸科技人才，禁止引進「替代性」人才。

　　同日　連戰強調國民黨不是台灣黨，也不是外省黨，而是中華民國全民支持的政黨，是由全中國人組成的政黨。國民黨堅定地排拒台獨和狹隘、偏激的地域族群觀念。

　　同日　台工業總會調查結果顯示，多數台商認為「小三通」的實際影響很小。受訪台商中，認為「小三通」對推動兩岸關係的發展很有利以及有利者，只占比重的 4.1% 和 37.9%；認為沒有影響或很難說者，分別占 32.4% 和 25.5%。調查結果還顯示，台商對大陸投資有大型化的趨勢，贏利的比例也在增加，超過

57%的受訪台商表示贏利。台商最希望台灣當局做的三件事分別是：盡速開放「三通」、準許台灣銀行到大陸設立分行、簽訂兩岸投資保障協定。

同日　美國眾議院軍事委員會主席斯彭斯發表聲明表示，深信台灣的安全對亞洲的穩定十分重要，也符合美國的國家利益。維持東亞的和平與穩定、努力以和平方式解決台灣問題均極為重要。台灣現狀的任何改變，只有獲得台灣人民的同意才可行。

12月3日　王在希在北京聯合大學台灣研究所成立儀式上表示，兩岸「三通」必須在一個中國原則下進行，兩岸最好早日實現全面「三通」。

12月4日　陳水扁會晤「總統府資政」。與會人士稱，陳正考慮將國統會與跨黨派小組合併為「國家統一發展委員會」或「國家發展委員會」，但仍以「跨黨派小組」的結論為主軸進行運作。

同日　張俊雄表示，希望「小三通」的實施，能開啟兩岸制度性對話和協商。

同日　台經濟部次長陳瑞隆稱，在加入 WTO 後，台灣將取消現行的「大陸進口物品審查機制」，對大陸進口物品的管理將回歸 WTO 規範。

同日　台交通部表示，兩岸持有駕照的居民，只要向居住地縣市公證處申辦駕照公證書，再分別向海協或海基會申請驗證公證書，海協或海基會將其與公證處寄交的同字號公證書副本比對、核驗後，出具證明。民眾持有該證明，即可向對方監管機關辦理駕照換發手續，無需重新體檢或考領駕照。

同日　台「交通部政務次長」賀陳旦表示，「小三通」實施後，大陸船舶進入台灣港口不得懸掛五星紅旗，是否懸掛「青天白日旗」，則有很大的彈性空間。

同日　台「空軍總司令」陳肇敏表示，基於安全原因，「三通」後，應限定大陸民航飛機，只能由北部桃園中正國際機場和南部高雄小港機場進入台灣，而且必須採取迂迴航線進入，不能直飛台灣。

同日　蕭萬長表示，兩岸政治僵局很難打開，不如先從經濟面切入，兩岸共同面對未來加入 WTO 的關係，建立經濟合作，實現經貿正常化，朝「兩岸共同市場」的方向發展，互利互惠。

12月5日　江澤民出席全國統戰工作會議，就做好新世紀黨的統戰工作發表重要講話。他說，解決台灣問題，實現祖國完全統一，是大勢所趨，人心所向。我們要按照「和平統一、一國兩制」方針，充分調動和發揮各階層、各黨派、各團體和各界人士的愛國熱情，廣泛團結和聯合大陸同胞、港澳同胞、台灣同胞和

海外僑胞，共同反對台獨、反對分裂，促進祖國早日完成統一。台灣同胞和海外僑胞，只要堅持一個中國原則，擁護祖國統一，不論什麼階層、什麼黨派、什麼團體、什麼人，我們都要同他們加強聯繫，廣泛團結，努力形成全體中華兒女共同致力於實現祖國完全統一的政治局面。

　　同日　陳水扁表示，「小三通」將採取階段性實施，先推動「可操之在我」、「除罪化」部分，希望「小三通」能在安全、穩定的大方向上推動。

　　同日　對於陳水扁考慮將「跨黨派小組」與國統會合併運作一事，張俊雄表示，這是「跨黨派小組」的共識之一，是很好的建議。吳乃仁表示，民進黨無法接受任何以「統一」為預設立場的機構，「新機構的名稱不是問題，國統綱領要不要廢除或改名才是問題」。

　　同日　呂秀蓮稱，兩岸加入 WTO 後，將可透過此一國際機制，解決兩岸談判、對話等問題，因而「不必急著靠辜汪會談」，而應讓新領導人借由新機制解決問題。

　　同日　針對呂秀蓮指稱「不必急著靠辜汪會談」的說法，蔡英文表示，「辜汪會談」是多年來促使兩岸關係發展的重要機制，目前仍是台當局授權處理涉及兩岸公權力業務的唯一管道。

　　同日　蔡英文稱，突破兩岸僵局的唯一途徑，就是要以開放的思維與態度來處理兩岸問題。台灣當局的基本立場是：不排除兩岸關係未來走向的任何可能、不排斥雙方任何互動與交往的模式、不堅持任何的對話前提與條件、不自限於任何的意識形態。

　　同日　蔡英文明確表示，一定會在明年 6 月如期開放大陸人士去台旅遊，但初期以不超過 30 萬人次為限。

　　同日　台立法院三讀透過「台灣與大陸地區人民關係條例部分條文修正案」，規定在台設有戶籍 10 年的大陸人民，可以在台灣擔任大學教職、學術機構研究人員或社會教育機構專業人員，但不得擔任涉及「國家安全」或機密科技研究職務。

　　同日　國民黨祕書長林豐正批評將國統會改名或與「跨黨派小組」合併，是「多此一舉」，國民黨不考慮參加；並稱恢復和召開國統會，是全民的期盼。

　　同日　王永慶稱，將在不動用該集團在台資金的原則下，籌募新台幣 150 億元資金，在北京、福州及廈門興建獨資的長庚醫院。

12月6日　唐樹備指出，一個中國原則是台海兩岸既有共識，同時也是雙邊對話與談判的基礎。台灣當局不接受一個中國原則，導致兩岸關係處於不穩定狀態。

12月7日　吳伯雄表示，「小三通」若能如期實施，有助於兩岸關係的緩解。

12月8日　訊息產業部電子訊息產品管理司司長張琪帶領中國訊息產業商會訪問團赴台，展開了對10多家台灣資訊公司參觀行程。

同日　陳明通表示，在「小三通」中，如兩岸協商決定互不懸掛旗幟，是非常好的實施方案。

同日　陳明通以台大教授的身份抵達澳門特別行政區，參加於12月9日召開的第六屆台澳關係研討會。

12月9日　訊息產業部司長張琪表示，她此行的目的在於加強兩岸訊息技術交流及產業合作。兩岸應該在重點科技產業、戰略性技術方面攜手，也可以共同制定訊息規格或標準。

同日　民進黨新潮流系領導人洪奇昌表示，希望能推動兩岸大學相互承認學位。

12月10日　赴台參加淡江大學舉辦的「經濟國際化——兩岸經濟合作研討會」的大陸學者，都主張兩岸應該進一步加強經濟合作。

同日　邱義仁表示，台方堅持一定要經過談判才能對開兩岸定期航線。如果元旦前未完成談判，將暫時擱置定期航線。以後，台方將只接受類似宗教直航的「包船」申請，也不排除以「受理大陸專案包船申請」的方式，讓一定數量的大陸人民進入金馬地區。

同日　蘇起表示，「九二共識」是兩岸50年來政治妥協唯一的成果，也是當前打破兩岸僵局的最佳選擇。台灣應該模糊地接受「九二共識」，化解兩岸的緊張關係。

12月11日　新華社發表署名文章，批評陳水扁認為目前兩岸關係是「樂觀」的說法，不僅僅是自欺欺人，而且將會使兩岸關係陷於更加危險的境地。

同日　林信義表示，對大陸投資將採取「項目開放、資金風險管理」原則。

同日　台行政院完成「試辦金門馬祖與大陸地區通航實施辦法草案」審查。

12月12日　國務院宗教局長葉小文在南京會晤星雲法師，希望爭取大陸國寶「佛指舍利」到台灣展出，也盼望星雲能來大陸興辦大學。星雲法師認為，「中國人不打中國人」，「一個中國，各自表述」，是不錯的論點。

同日　陳水扁稱，台灣目前最重要的工作，是如何回應大陸「一個中國」的主張，以及建構一個新的兩岸關係。而兩岸關係要有所改善與突破，要從經貿關係正常化開始。

同日　蔡英文表示，實質比名詞重要，可以不提「戒急用忍」，但一定要做到「根留台灣」，最重要的就是建立資金回流機制。

同日　民進黨政策會執行長沈富雄建議重組國統會。新國統會人員組成由各政黨依「國會」席次比例，自行提名人選；同時，兼顧社會上的統「獨」民意，由總統提名部分無黨派人士，經各黨一致同意後任命，但總額不得超過政黨代表的50%。

同日　王永慶批評說，「民進黨政府的確比不上國民黨政府」，民進黨當局如果不努力，台灣一定會「完蛋」。對陳水扁不願承認「一個中國」，他「百思不解」。

12月13日　台行政院透過「試辦金門馬祖與大陸地區通航實施辦法」。台陸委會並原則同意，由「立法院交通委員會」與金門縣政府於本月26日左右共同組團試航金門至廈門航線，藉以瞭解大陸的態度。

12月14日　王在希表示，台灣當局推動「小三通」只是為了對台灣民眾有所交代，並非在「三通」問題上有誠意。大陸方面一貫主張兩岸盡快全面「三通」，並在各方面都做了充分準備。

同日　蔡英文表示，「小三通」初期，只允許在金、馬當地的台灣銀行或土地銀行分行透過第三地從事與大陸的通匯業務。

同日　台「農委會」召開會議，決定對大陸蔬菜、山藥等農產品及魚干、活龍蝦等漁產品開放進口。

同日　金門縣長陳水在表示，行政院透過的「試辦金馬與大陸地區通航實施辦法」，將適用對象限定在當地設籍6個月以上者，對旅居台灣本島和東南亞50多萬金門鄉親，極不公平和不人道。他建議早日放寬限制，授權縣政府認定金門人身份。

12月15日　吳邦國會見台灣遠東集團董事長徐旭東一行時表示，兩岸經濟交流與合作，符合兩岸同胞的根本利益，有利於兩岸的經濟發展和共同繁榮。

同日　唐家璇會見美國前國務卿勞倫斯‧伊格爾伯格時表示，希望美國新一屆政府恪守有關承諾，妥善處理台灣問題，明確支持中國和平統一。

同日　唐樹備表示，以「一國兩制」模式和平統一，台灣人民得到的利益最大，「邦聯制」並不適用於兩岸統一。

同日　金門縣政府指派觀光局長林振查及建設局長陳朝金擔任「特使」，啟程赴大陸與廈門市政府協商「小三通」事宜。

同日　台灣宏仁集團董事長王文洋表示，大陸是發展半導體產業良好的基地、企業進軍全球市場的跳板。

12月16日　台陸委會召開諮詢委員會議。委員們一致認為應以特殊學術領域類別、從嚴審核、採認大陸學歷，並建議當局以4項標準推動採認大陸學歷工作，即理工重於人文、系所重於院校、沿海重於內地、重點大學重於一般大學。

同日　台「總統府資政」辜寬敏表示，陳水扁台獨的決心不會改變，絕不可能接受「一中」。

12月18日　美國國防部首次公開表示，萬一大陸與台灣發生戰事，美國無法估計結果。美國的戰略目標是使台灣有足夠能力「自衛」，或者有能力撐到外力介入。

12月19日　陳水扁約見台灣「中華經濟研究院」院長麥朝成。麥建議：一、適度放鬆對大陸投資的限制；二、兩岸經貿政策宜由「兩岸產業分工」，朝「兩岸科技分工」方向規劃；三、積極規劃兩岸「三通」。

同日　台「入出境管理局」自今天起，受理金馬居民申請進入大陸地區的「入出境證」、大陸地區人民申請進入金馬的「旅行證」。

12月20日　陳水扁會見日本眾議員訪問團，感謝日本政府在「美日安全防衛新指針」中對台海周邊事態的關注。

同日　金門、馬祖試辦「小三通」將於明年元旦正式施行。張俊雄在「行政院院會」指出，「小三通」是台灣當局重要的大陸政策，也是未來台灣加入WTO後兩岸「大三通」的前奏曲，期盼「小三通」是恢復兩岸制度性對話協商的契機，對改善兩岸關係有正面幫助。

同日　在澳門回歸祖國、澳門特別行政區成立一週年之際，台陸委會發表評估報告指出，台灣與澳門特區政府間有著良性的溝通、聯繫，台澳交流日趨密切，台澳關係在穩定中發展。

12月21日　新華社發表署名文章指出，是否接受「一個中國」原則，已成為台灣政爭的焦點。台灣在野黨、工商界，甚至民進黨內部的部分意見都主張回到「一個中國」架構，但台灣當局仍企圖用迴避的方式，拒絕接受「一個中國」。目前大陸對陳水扁「聽其言、觀其行」政策，並不是無所作為的政策，大陸關於反分裂的鬥爭，已經作了「最壞的打算」。

同日　陳明通出席台「國家發展文教基金會」舉辦的兩岸「小三通」座談會稱，兩岸可望在明年第二季前加入WTO，屆時應對台灣外科技產業的發展進行有效的「垂直整合」，即協助科技產業將勞動力密集的項目移往大陸，高科技項目仍留在台灣。不過，如果通航問題無法解決，將可能迫使產業界整廠移到大陸發展。

12月22日　張銘清表示，台灣當局想以「小三通」取代「大三通」，並不能滿足當前兩岸經貿交流的現狀，是台灣當局應對其台灣處境的做法，並非向大陸表達善意。因此，對於台灣方面推動的「小三通」，大陸官方是不會做出回應的。

同日　張俊雄要求台「行政院各部會」對「小三通」貨物中轉嚴格把關，避免大陸農產品經由金、馬兩地進入台灣本島，對台灣農產品造成衝擊。

同日　蔡英文表示，境外金融中心（OBU）在讓資金由大陸回流台灣的過程中，有其階段性的功能。至於兩岸通匯問題，牽涉到整體大陸政策與兩岸經貿結構，必須分階段、漸進地實施。

同日　台交通部公告《試辦金門、馬祖與大陸地區通航相關航政作業事項》稱，自2001年1月1日起，試辦通航一年，原則上限定為金門—廈門、馬祖—福州航線。

12月23日　美國的中國問題專家沈大偉指出，兩岸僵局充滿危險，美國政府應積極尋求把兩岸帶回談判桌，「邦聯」的概念為兩岸問題的最終解決帶來了最佳的希望。台灣應回到一個中國原則，與大陸簽署各種臨時協議，「大陸不動武，台灣不獨立」，達到雙贏目標。

12月24日　台交通部向陸委會提報《開放大陸地區人民來台觀光——規範旅行業接待作業規範報告》稱，台將以三階段開放大陸人士赴台旅遊，近程以大

陸政府機關、公營事業人員為開放對象，中程開放大陸特定省市人民，長程則開放大陸一般人民來台。開放的時間和人數，由陸委會全權決定。

同日　台前「司法院長」林洋港對陳水扁當局在兩岸關係上的處理表示失望，他主張開放「大三通」，並成立兩岸統一協商談判機構與大陸對談。

同日　由台灣新同盟會、海峽兩岸和平統一促進會及中國統一聯盟等團體舉辦的「堅持一個中國」演講會在台北國際會議中心舉行，並發表《承認一個中國原則，放棄台獨，永保兩岸和平》的宣言。

12月25日　汪道涵在上海會見章孝嚴，指出陳水扁已就職7個多月，但仍看不到台灣當局有任何回到一個中國原則的具體動作，大陸方面將繼續對陳水扁「聽其言、觀其行」。章孝嚴表示，兩岸從1949年以來就是「一個中國、各自表述」的狀態，台灣對外稱中華民國，大陸對外稱中華人民共和國，雙方並爭取各自認同，這是兩岸的現實。

同日　張俊雄在金門視察「小三通」準備工作時，稱台當局推動「小三通」的善意、誠心與行動絕不改變，希望能以「小三通」結束兩岸近半世紀的對立，建立和平、穩定、對話的友好關係。

同日　民進黨新潮流系初步擬定《兩岸經貿評估報告》，希望調整「戒急用忍」政策，主張在經濟全球化趨勢下，參考「港台模式」，進行兩岸直航及取消台灣到大陸投資的項目管制。

12月26日　全國台灣研究會舉辦2000台灣政局和兩岸關係回顧與展望座談會，分析台灣政局和兩岸關係。

同日　陳水扁稱，「小三通」並非在野黨立委所說的只是「除罪化」，而對兩岸關係有積極作用。「小三通」雖然是很小的一步，但的確是具體的一步，台灣以具體行動展示了善意。

12月27日　國台辦副主任周明偉表示，「小三通」是台灣當局的一個計謀，目的是阻礙「三通」，這是沒有誠意的做法，可能會適得其反。海協秘書長李亞飛表示，台灣當局搞「小三通」，是意識形態在作祟，沒有善意，兩岸「三通」的關鍵仍在於一個中國原則。

同日　福建省台辦負責人發表談話指出，「小三通」並不是兩岸民眾盼望已久的兩岸直接「三通」，只是對原來一直在進行的兩岸民眾交往和小額貿易進行

所謂的「除罪化」，不能滿足日益增長的兩岸人員往來和經貿交流的需求。台灣當局應在實現兩岸直接「三通」上，採取實實在在的步驟。

同日　科技部長朱麗蘭在國務院新聞辦舉行的記者會表示，兩岸科技產業有很多方面可以合作，尤其是在訊息技術產業合作方面，可以進一步加強。

同日　中國常駐聯合國副代表沈國放接受《北京青年報》記者訪問，表示台灣問題只能在中美三個「聯合公報」的基礎上解決，美國不要干涉中國的內政，不要干涉中國解決台灣問題的進程。

同日　陳水扁會見日本日華關係研究會代表，稱台灣當局會在確保「國家安全」的大前提下，尊重市場法則，以互惠互利原則來檢討兩岸的貿易政策。在加入世界貿易組織之後，兩岸也應依 WTO 的遊戲規則，進一步調整開放市場。並詭稱，《日美安保防衛新指針》針對周邊事態所作「創造性模糊」，適用於台灣安全與「國防」，是確保台海安全、穩定最重要的基礎。

同日　台財政部公告《金門馬祖與大陸福建地區金融業務往來作業規定》，稱只有金馬地區的居民、公司、行號、團體和其他機構，可辦理對大陸福建地區的匯款和進出口外匯業務，而且，金融機構辦理通匯業務，只能以美元等台灣和大陸地區以外的貨幣進行，不得使用新台幣或人民幣。

12 月 28 日　中共福建省委副書記趙學敏在「閩台緣，世紀情——台胞台屬新年聯歡會」表示，「小三通」解決不了兩岸交流中的問題，兩岸應在一個中國原則下，逐步實現全面直接「三通」。

同日　台陸委會副主委林中斌表示，「小三通」與「大三通」是同步規劃的，並沒有借「小三通」促進「大三通」的意圖。

12 月 29 日　外經貿部發佈《對台灣貿易管理辦法》，規範了對台貿易的管理、解決糾紛的方式等問題。

同日　張俊雄在年終記者會稱，將以「從和解，到和平與和好」，作為台灣當局兩岸政策轉型的基調。

同日　海基會祕書長許惠祐稱，「跨黨派小組」最近提出了「三個認知、四個建議」的共識，大陸與美國的關係也趨於穩定，使得兩岸復談的氛圍正朝有利方向發展，大陸應認真考慮兩岸恢復協商對話的問題。

12 月 30 日　蔡英文稱，兩岸「小三通」如果運行順利，其實施範圍會擴大，兩岸協商已勢所難免。台灣當局處理「小三通」有兩項基本原則：一是堅持對等、

尊嚴；二是凡涉及兩岸公權力事項的談判，當局授權處理兩岸談判的唯一管道仍是海基會。

同日　20多位國民黨立委將組團前往大陸考察兩岸「三通」相關事宜，希望台灣當局在兩岸「三通」談判前，回到「九二共識」，擱置政治性議題，先就技術性問題與大陸協商。

12月31日　江澤民發表新年賀詞，向台灣同胞及港澳同胞賀新年。他表示，中國進入新世紀的主要任務之一就是完成祖國統一，我們將繼續堅定不移地貫徹「和平統一、一國兩制」的方針，實現祖國完全統一。

同日　陳水扁發表「跨世紀元旦祝詞」，稱相信海峽兩岸領導人有足夠的智慧和創意，秉持民主、對等的原則，在既有的基礎之上，以善意營造合作的條件，共同來處理「未來」一個中國的問題。他說，「依據中華民國憲法，一個中國不是問題」，要打破兩岸關係目前的僵局，應「從兩岸經貿與文化統合開始著手，逐步建立兩岸間的信任，進而共同尋求兩岸永久和平、政治統合新架構」。

同日　張俊雄稱，陳水扁的「元旦祝詞」再次對兩岸關係釋出善意，大陸應盡快恢復與台灣的溝通、對話與協商。要解決「一個中國」問題，兩岸必須先坐下來談，才能討論兩岸未來可能發展的各種模式。

同日　針對陳水扁所謂「統合論」，國民黨發言人胡志強表示，這項談話的最大意義在於回歸「憲法」，這不但是在野聯盟一再的呼籲，也是解決當前台灣政局混亂局面的基本原則。

同日　針對陳水扁所謂「統合論」，親民黨發言人孫大千肯定其對全球化的遠見及打開兩岸僵局的善意，但認為徒有口號不行，陳水扁應盡快展開行動。

同日　針對陳水扁所謂「統合論」，新黨全委會召集人郝龍斌認為其中包含了「一個中國」的涵義，是一項進步的主張，但內容還不清晰，需要更清楚的表達。

2001 年

1 月

1月1日　江澤民主席在全國政協新年茶話會上發表講話。他指出，進入新世紀，我們必須抓好的三大任務，就是繼續推進現代化建設，完成祖國統一，維護世界和平與促進共同發展。我們要繼續堅持「和平統一、一國兩制」方針，推進兩岸經濟合作、人員往來和各項交流，促進台灣問題的早日解決。

同日　台行政院長張俊雄表示，「小三通」雖然是小小的一步，但也是兩岸告別對立，營造共存共榮的一個新契機，一個新的進步。

同日　台行政院祕書長邱義仁和陸委會副主委陳明通等到馬祖察看「小三通」業務。邱義仁稱，馬祖民眾要求大陸貨品經馬祖中轉至台灣，行政院絕不可能答應，如果同意，就形同「大三通」了。

同日　蔡英文稱，現在實行的「小三通」政策是「杜絕貨物中轉」，因為在「大三通」還沒有完全準備前，中轉將對台灣產業造成一定衝擊。

同日　台立法院長王金平稱，陳水扁「元旦祝詞」有關兩岸關係的談話內容，已向大陸釋出相當大的善意，當務之急是在此一方向下，促成兩岸交流及兩會會談。

同日　台行政院研考會主委林嘉誠表示，陳水扁在「元旦祝詞」中提出「一中」，回歸「憲法」，可以作為朝野處理兩岸問題的公分母，對改善朝野關係，恢復人民信心，澄清外界質疑民進黨以意識形態「治國」等等，都有正面幫助。

同日　中國國民黨舉辦元旦慶祝大會，黨主席連戰致詞時提出「新年三願」，其中第二項為：希望兩岸都能在「九二共識」的基礎上，恢復對話協商，共同把21世紀創造建設為屬於全體中國人自由、民主、繁榮、進步的世紀。

同日　針對陳水扁的「元旦祝詞」，國民黨發言人胡志強表示，陳水扁談話的最大意義在於回歸「憲法」，國民黨歡迎當局領導人回歸「憲法」處理兩岸及台灣政局的各項問題。不過，對陳水扁要「共同尋求兩岸永久和平、政治統合的新架構」的說法，胡認為，其含義有待進一步釐清。

同日　台北市長馬英九指出,「中華民國總統」認同「一個中國」的「憲法」,是理所當然的事。同日　台「建國黨」舉行黨主席暨決策委員會交接典禮。新任黨主席何文杞表示,該黨反對「躁進的三通」及「強本西進的中國政策」。

　　1月2日　金馬「小三通」正式啟航。由金門縣長陳水在率領的194人「小三通」參訪團早晨7：30分從金門料羅港出發,分乘「太武號」及「浯江號」兩船直航廈門,11：45分,抵達廈門和平碼頭,受到廈門金門同胞聯誼會的熱烈歡迎。馬祖方面,以劉立群為總領隊、曹爾忠為副總領隊、陳振清為總顧問、馬祖天后宮主委曾林官為團長的「馬祖—馬尾—湄洲平安進香團」的507名進香客,早晨乘「台馬輪」從馬祖福澳港起航,11：30分抵達福州馬尾港。這是台灣方面首次正式批准台灣民眾由金門、馬祖直航福建沿海,開啟了兩岸隔絕52年後首次正式通航。

　　同日　中國駐美國大使館公使劉曉明接受美國有線電視C—SPAN專訪表示,台灣啟動的「小三通」是正面的做法,並呼籲台灣當局盡快進行「大三通」。

　　同日　羅馬尼亞華文週報《歐洲僑報》發表題為《企盼祖國和平統一盛世,開創中華偉大復興紀元》的元旦社論,強調祖國的日益富強是廣大華僑華人「昂首挺胸的憑藉」,祖國的早日統一是廣大華僑華人「夢寐以求的心願」。

　　同日　王永慶發表「萬言書」指出,兩岸政治和解,經濟才能合作。

　　同日　台灣企業界廣泛關注兩岸「小三通」。統一集團總裁高清願認為「小三通」沒有意義,建議當局盡快推動「大三通」;奇美集團董事長許文龍則表示,陳水扁真的想推動「大三通」及鬆綁「戒急用忍」政策,各界要有信心。

　　同日　張俊雄稱,「小三通」對貨物中轉仍完全禁止,而「大三通」及鬆綁「戒急用忍」政策都還沒有實施時間表。

　　1月3日　蔡英文在立法院稱,兩岸「大三通」已被陳水扁、張俊雄列為重要施政項目,兩岸關係朝「大三通」的方向發展,「絕對是既定政策」。

　　同日　連戰出版新著《新藍圖、新動力——連戰的主張》稱,「邦聯制」是值得考慮的構想,是未來兩岸融合的方向。並指出,要突破兩岸當前僵局,就必須堅持一個理想、認清「兩個現實」、依循三條軌道。一個理想是大陸政策的最高目標,在於追求中國最終能在民主、自由、均富的前提下達成統一;兩個現實是兩岸關係的對等和民主;三條軌道是和平、發展、交流。

同日　宋楚瑜在親民黨立法院黨團新舊幹部交接典禮上表示，陳水扁以「兩岸生活在一個屋簷下」及歐盟的統合概念來發展兩岸關係，值得肯定。建議當局廢除「戒急用忍」政策，依經濟整合—社會互動—政治統合的步驟處理兩岸關係。兩岸加入世界貿易組織後，應站在全球化的戰略角度看待兩岸問題，盡快建立兩岸直接對話的窗口，積極推動「三通」。

同日　謝長廷在民進黨中常會上說，「統合」指的「並不是主權的消滅」，這是個好名詞，讓各政黨都有台階下。

同日　民進黨中常會發表書面聲明稱，「小三通」是發展離島經濟、開啟兩岸善意互動的重要一步，呼籲大陸能有適當回應，避免增加兩岸間的誤解及敵意，以迎接新世紀兩岸關係的新契機。

1月4日　錢其琛副總理接受《華盛頓郵報》專訪表示，大陸願對台採取更靈活的政策，只要不談分裂，什麼問題都可以討論。他對「一個中國」的真實含義進行了說明，即「一個中國」不僅包括大陸，也包括台灣，這個中國是一個整體，主權和領土不可分割。

同日　針對陳水扁元旦講話，外交部發言人朱邦造表示，希望台灣當局領導人盡快回到一個中國原則，為兩岸能在一個中國原則下進行平等對話，創造條件。

同日　張俊雄聽取「對大陸投資『戒急用忍』調整方案」簡報。該「方案」希望進一步開放台灣對大陸經貿政策，將個人電腦組裝業、半導體晶圓製造業、石化上游產業等三大產業由「禁止類」改列為「專案審查類」；資金方面，則將強化動態管理機制，搭配鼓勵資金回流制度，以取代現行5000萬美元為投資上限的管制方案。

同日　王金平稱，國民黨堅持以「智庫對智庫」，而非「黨對黨」的方式與大陸方面接觸。

同日　國民黨和新黨籍立委分別組團訪問大陸。新黨立委馮滬祥透露，在民進黨當局遲遲不肯重回1992年一個中國共識的情況下，大陸方面考慮「就一個中國問題，進行某種安排」後，參考「台港航權模式」，由兩岸授權的民間團體磋商「三通」事宜。

1月5日　錢其琛向國、新立委表示，「三通」是一個國家的內部事務，可以採取簡單易行的方式，一國之內的船隻往來可以不掛旗幟，飛機往來也可以透

過航空公司來談。並指出「小三通」不是「三通」，金廈通航而不能通關入境毫無意義，但考慮到金馬民眾的需要，大陸仍然對到岸的民眾待之以禮。

同日　張俊雄在兩岸「小三通」船隻順利返回金、馬後，召開記者會稱，「好的開始是成功的一半」，呼籲兩岸恢複製度化協商。

同日　台外交部長田弘茂以及工商協進會理事長辜濂松指出，大陸積極參加和推動東亞經濟整合，台灣卻一直未能被納入相關合作機制，將陷於孤立地位。

1月6日　外交部發言人朱邦造接受香港《大公報》專訪表示，新一年的外交方針之一是在國際上進一步開展反台獨、反分裂鬥爭，推進祖國統一大業。

同日　國家民航總局與交通部將兩岸航線定位為「特殊管理的國內航線」，並據此訂出4項空中直航具體規範，不需與台灣方面簽訂航空協定。

同日　陳水扁接受日本媒體專訪稱，兩岸應儘早復談，並說「我已在談判桌上準備就緒」。

同日　張俊雄在全台經濟發展會議開幕式致詞說，台灣當局仍以務實觀點推動「小三通」，並評估「三通」政策，促進兩岸經貿合作，建構新的兩岸關係，將大陸納入台灣產業分工的全球體系，以因應兩岸加入世界貿易組織與全球化趨勢。

同日　謝長廷提出「境內香港」的概念，聲稱，為吸引大陸資金，可讓台灣與大陸以「特區對特區」方式交流。

1月7日　呂秀蓮稱，「統合論」是陳水扁拋出的一個中性名詞，她個人不掌握任何的解釋權。

同日　台經濟發展會議分組討論透過決議，稱兩岸經貿必須尊重市場法則，尊重企業自主空間，分階段推動「三通」，在平等互惠原則下，與大陸方面展開通航協商。

同日　張俊雄表示，「戒急用忍」政策將鬆綁，並將評估大陸資本來台的時機與條件。

同日　謝長廷近日接受台灣《自立晚報》專訪表示，所謂「政治統合」一詞，意指「主體並未消滅」，既然主體並未消滅，就不違反民進黨「確保現狀」的一貫主張，因此，他認為「統合」與民進黨「追求維持現狀的目標並不牴觸」。

1月8日　陳水扁指出，50幾年來無法解決的兩岸僵局，在民進黨執政後，可能出現新的契機，希望兩岸關係走向「更民主、更進步、更和平」的境界。

同日　連戰會晤歐洲商務協會代表指出，兩岸今年將分別加入世界貿易組織，這是兩岸關係發展的關鍵時刻，重要的是要以「一中各表」的「九二共識」為基礎，盡快重開兩岸協商大門。

1月9日　上海市副市長馮國勤搭機抵台訪問，為期10天。

同日　美國在台協會理事主席卜睿哲拜會連戰，稱台灣、大陸兩「政治實體」應融和發展。

同日　馬英九會晤卜睿哲，雙方就台灣政局及兩岸關係交換意見。馬英九指出，陳水扁若回到「九二共識」，至少可以凝聚台灣內部共識。

1月10日　陳水扁會見美國眾議院訪問團稱，台灣當局將以「積極開放，有效管理」的新視野，檢討調整「三通」政策，並從兩岸經貿與文化的「統合」開始著手，逐步建立兩岸之間的信任關係，進而尋求兩岸永久和平的「政治統合」新架構。

同日　張俊雄宣稱，將考慮採用人貨分離方式，優先開放台灣貨物經金、馬轉進大陸，兩岸加入世界貿易組織後，將很快實施「大三通」。

同日　李遠哲提出「經濟統合論」，主張台灣應透過經濟上的優勢來進行兩岸經濟「統合」。

同日　國民黨中常會對金、馬「小三通」實施成效進行討論，前陸委會主委蘇起批評現在的「小三通」只是「除罪大於創新，國際多於國內，局部大於全面」，多位中常委強調，兩岸應透過協商、推動通航，才是務實做法。

同日　馬英九與上海市副市長馮國勤會晤。雙方約定，兩市將建立制度化交流機制，包括輪流主辦年會、加強市政交流等。

同日　謝長廷與卜睿哲會面稱，「台灣人民有權利選擇與大陸的關係，但絕不是在壓力或恐嚇下由別人決定」。

1月11日　陳水扁稱，兩岸問題關係到台海和平、亞太安全與穩定，不過，民進黨當局已站穩腳步。

同日　張俊雄分別與卜睿哲、歐洲商務協會主席鄧慕華會面稱，他期盼兩岸能務實展開協商，在雙方加入WTO後進行「大三通」，唯一顧慮的是台灣的「國家安全」。

　　同日　蔡英文會見卜睿哲稱，希望美國在兩岸間扮演更積極角色，促進區域的和平與穩定，並希望海基會、海協兩會協商機制能夠盡快恢復。

　　同日　台交通部長葉菊蘭稱，兩岸通航可定義為「特殊國際航線」。

　　同日　李遠哲表示，他希望大陸跟民進黨當局對話，而不只是和「在野黨」接觸。

　　同日　國民黨發表聲明，主張召開國統會，並由總統擔任「國統會主委」。

　　同日　台灣基督教長老會召開常務委員會議，批判陳水扁「政治統合新架構」的主張，質疑陳水扁善變。

　　同日　美國防部長科恩在卸任前發表演說，重申對台軍售承諾不變。

　　1月12日　陳水扁會見卜睿哲時表示，從2000年5‧20「就職演說」到元旦的「跨世紀談話」，他的目的就在於顯示改善兩岸關係的「誠意」和「決心」。他希望透過和平方式解決兩岸問題，盼能重啟協商大門，並已經做好恢復對話的準備，正耐心地等待大陸的回應。他也希望美國扮演兩岸間和平使者、平衡者與穩定者等角色。

　　同日　田弘茂表示，兩岸若能繞過一個中國的原則來討論「大三通」問題，比較實際。

　　同日　卜睿哲拜會親民黨主席宋楚瑜。宋表示，不希望美國官員在與民進黨當局官員交談時，釋出讓民眾混淆的訊息，如美國會介入兩岸問題等，這會給台灣「過度的自信」，導致兩岸失去和平的契機。

　　1月13日　台「總統府資政」彭明敏稱，「統合」至少和統派所謂的「統一」不一樣，陳水扁堅定地認為「台灣是一個主權國家」。

　　同日　民進黨新潮流系領導人洪奇昌稱，大陸及台灣「在野黨」都沒有對陳水扁的「統合論」釋放善意，「統合論」可以「到此為止」。

　　同日　台《工商時報》報導，受台商增加對大陸投資的影響，2000年港、台貿易總額高達336億美元，比1999年增長19%。

1月14日　連戰在新世紀兩岸關係研討會表示，國民黨的新世紀兩岸願景是「內去統獨、外造和解、兩岸共榮、迎向世界」，強調「分裂的房子不能久立」，兩岸關係的發展須自感性上「同情的理解」和理性上「重回九二共識」入手。

同日　第一屆兩岸名流圍棋交流賽在台北市體育館開戰。

1月15日　為促進兩岸農業合作的發展，海峽兩岸農業交流協會在北京成立，首任會長由農業部副部長萬寶瑞擔任。

同日　田弘茂表示，陳水扁提出「政治統合」概念，目的在於處理兩岸關係，對台「外交工作」沒有直接影響。

同日　台「出入境管理局局長」曾文昌表示，台灣當局預定於6月份開放大陸人士來台旅遊，初期以公、教等「高水準」人員為主，採用「團進團出」方式實施。

1月16日　邱義仁表示，台灣當局「九人決策小組」支持開放大陸人士來台旅遊的政策。

同日　陳明通在立法院表示，為爭取海外台商資金回流，當局考慮開放台灣銀行的國際金融業務分行（OBU）與大陸的金融機構直接往來，並擬開放台灣銀行在大陸地區設立辦事處。

同日　台灣和澳門草簽航約續約協議，並承諾互相給予著作權保護。

1月17日　陳水扁去金門外島活動稱，深信兩岸和平指日可待，從兩岸經貿與文化統合著手，逐步建立兩岸之間的信任關係，進而共同尋求兩岸永久和平及「政治統合」的新架構。

同日　美國務卿提名人鮑威爾在參議院聽證會表示，台灣是中國的一部分。他指出，美國堅持台海歧見應和平化解，解決之道應得到兩岸人民的同意。

1月18日　外交部發言人朱邦造重申，中國堅決反對美國將台灣納入戰區導彈防禦系統。

同日　呂秀蓮在台2001年財經高峰會議致詞稱，台商積極進軍大陸，嚴重衝擊台灣經濟，「戒急用忍」執行雖然困難，但「盲從不知身陷險境非智者所為。」

1月19日　錢其琛副總理在全國台辦主任會議上指出，今年對台工作重點是：對台灣當局領導人繼續「聽其言，觀其行」。在堅持一個中國的原則基礎

上，推動兩岸經貿發展。各有關部門在具體工作上應多協助到大陸參觀、投資的台商，並全力保護台商的財產安全和合法利益。

同日　全國台辦主任會議決定今年制定「大陸人民赴台旅遊管理辦法」及「兩岸城市交流辦法」，以應對台灣當局開放大陸人民赴台旅遊的計劃。

同日　陳水扁會見哈佛大學副校長範恩伯格等表示，兩岸形勢要先穩定，再求突破。雖然大陸對其兩岸政策仍處於「聽其言，觀其行」階段，但兩岸關係已不像1999年7月至2000年3月18日間那樣緊張和對立。他對兩岸關係的改善有堅定的信心。

同日　蔡英文稱，陳水扁的「統合論」展現了「實質善意與政策彈性」，希望大陸方面能夠做出一定程度的回應。

同日　台陸委會召開諮詢委員會議。蔡英文表示，在其兩岸「三通」規劃方案中，將以兩岸加入WTO作為實施兩岸通航的時間點。她呼籲海協、海基會「兩會」盡速恢復商談，共同處理龐雜的兩岸「三通」議題。

同日　台交通部長葉菊蘭稱，決不接受兩岸航線被定位為「特殊的國內航線」。

同日　馬英九批評陳水扁在兩岸關係方面「指導教授太多」，難「放手一搏」。

1月20日　陳水扁致函祝賀布希就任美國總統，並希望美國出售「宙斯盾級」驅逐艦給台灣，「以確保台海和平與安全」。

同日　民進黨「中國事務部主任」顏建發表示，兩岸關係「解套」應從經貿著手。

1月21日　新任美國家安全顧問賴斯接受日本NHK記者訪問，稱美國在兩岸問題上的政策是：不同意任何一方改變現狀，如果一方試圖改變，美國絕對會介入，美國在這一點上的態度將不再曖昧。

1月22日　江澤民參加黨外人士迎春座談會時再度強調，繼續推動現代化建設、完成祖國統一大業、維護世界和平和促進共同發展是進入新世紀必須抓好的三大歷史任務。

同日　錢其琛在紀念「江八點」發表6週年時指出，繼續做好台灣人民工作，努力爭取包括支持一個中國原則的人士和願意改變台獨主張的人士。並表示，大陸主張的「一個中國」是包括大陸和台灣在內的「一個中國」，只要承認我們同

屬一個國家,那麼任何問題都可以討論。他敦促台灣當局承認「九二共識」,並接受一個中國原則,推動兩岸「三通」。

同日　陳雲林表示,大陸希望台灣當局領導人盡快地明確承認一個中國原則,並在此原則基礎上進行兩岸對話與談判,才能消除兩岸關係緊張根源,增進兩岸各項關係發展。

同日　針對錢其琛紀念「江八點」發表6週年的談話,台陸委會發表聲明稱,樂見大陸做出善意回應,願同大陸「坐下來談」,但「彼此不預設前提與立場,才能針對兩岸共同及各自關心的問題展開溝通和對話」。

同日　蔡英文在美國舊金山台灣商會發表大陸政策專題演說強調,台灣無意也不會刻意迴避「一個中國」的爭議,只是長久以來,大陸「片面」解釋一個中國原則,漠視中華民國存在的事實,令人無法接受。

1月23日　中共中央、國務院在北京舉行春節團拜會。朱鎔基總理發表講話指出,將繼續貫徹「和平統一、一國兩制」的基本方針,以及江澤民主席提出的「八項主張」,堅持在一個中國原則基礎上促進兩岸談判,盡一切可能早日實現祖國的完全統一。

同日　陳水扁發表除夕談話,表示盼望兩岸能夠繼續以「和」為貴,重啟對話,為兩岸未來創造「民主、自由、繁榮」的新契機。

1月24日　美國務卿鮑威爾會晤中國駐美大使李肇星,重申美國遵循一個中國原則,同時也要履行義務,給台灣提供防衛所需武器。

1月25日　台前駐美代表陳錫蕃在洛杉磯僑社演說時指出,大陸與台灣雙雙加入WTO,並不表示兩岸將因此開啟「大三通」的大門,因為世貿組織處理的是經貿問題,而非交通運輸事宜。

1月26日　鮑威爾會見到訪的日本外相河野洋平,表示日本應和美國共同努力,要求台海兩岸自我克制,維護區域安定。

1月27日　蔡英文表示,只要有助於兩岸關係的良性互動,台灣當局將考慮主動尋求與大陸商談「三通」事宜。

同日　台前行政院長蕭萬長表示將籌設兩岸共同市場基金會,推動「兩岸共同市場」架構。

1月28日　馬祖地區立委曹爾忠及陳振清、劉德全等,和福州馬尾經濟文化交流合作中心理事長張秋、常務副理事長雷成才簽訂「福州馬尾—馬祖關於加

強民間交流與合作的協議」，標誌著在一個中國原則的立場上，「兩馬」民間經濟文化交流合作正式啟動。

1月29日　陳水扁會見赴美參加「全國祈禱早餐會」的台灣代表團稱，美國新政府應重視台灣民意，支持台灣在國際舞台上扮演更積極角色，協助台灣加入國際組織。

同日　蔡英文稱，曹爾忠等人和大陸福州相關人士簽署兩地《加強民間交流與合作的協議》，系民間人士自發行為，台當局並沒有授權，不具備任何法律效力。

1月30日　台交通部規劃，大陸人士來台旅遊不限對象。

同日　台灣新任「駐港代表」（中華旅行社總經理）張良任抵港就職。

同日　台經濟部發佈統計資料顯示，2000年台灣當局核準台灣企業赴大陸投資的金額為26.0714億美元，比去年增長108.1%。

1月31日　蔡英文赴馬祖瞭解「小三通」的相關業務情況。

2月

2月1日　台陸委會以專案特許的方式，核準黃鐵榮等10名大陸地方台商協會負責人從金門直航廈門。這是第一批透過「小三通」方式渡海登陸的台商。蔡英文表示，台商若試航成功，當局將考慮將其形成通案。

同日　台北市政府確定參加「上海—台北城市論壇」，兩市可能在2月28日簽訂相關備忘錄。

同日　謝長廷在華盛頓表示，陳水扁提出的「統合」說法，只是對兩岸關係表達善意的一種方式，並不等於「統一」，外界對此項說法過於重視。

2月2日　外交部國際司副司長吳海龍表示，台灣可以依歷年參加APEC的模式，參加2001年10月在上海舉行的部長級會議，大陸方面將給予妥善安排。

同日　蔡英文在金門向大陸地方台商協會負責人表示，台灣當局將繼續推動以經貿為主軸的大陸政策，全面檢討「戒急用忍」政策。目前已重點、積極地對「三通」進行評估，原則上以加入世界貿易組織的時間作為推動廣義「三通」的時間點。

同日　李光耀日前接受英國《金融時報》訪問時表示，他認為中國不大可能出現「國家分裂」的問題，但是台海兩岸關係如果處理不當，可能會演變成戰爭。

2月3日　謝長廷在接受媒體採訪時明確表示，「統合論」提出後，在總統府九人小組會議、民進黨中常會及行政院會中，陳水扁從來都沒有討論這個概念，因此，「外界是過分重視了」。

同日　台經濟部次長尹啟銘啟程赴大陸訪問。

同日　蕭萬長積極籌組的「兩岸共同市場基金會」可望在近期成立。他表示，基金會將致力於推動兩岸經貿關係正常化，促進經濟制度調和，以實現全面經濟整合、帶動政治關係改善為目標。

同日　台灣留學大陸同學聯誼會成立，該會表示，將爭取台灣當局承認大陸學歷。

2月4日　台灣當局將默許台胞擁有「大陸居民」與「台灣居民」雙重身份。

同日　台陸委會副主委鄧振中認為，蕭萬長積極籌組的兩岸共同市場基金會，是台海兩岸未來共同長期奮鬥的目標，雙方可以共同考慮。並稱必須雙方在穩定與和平的環境中逐步推動交流和對話，增進兩岸互信和瞭解，才能為兩岸關係正常化、乃至為共同處理「一個中國」鋪路，達成兩岸關係的最終解決。

2月5日　美國務卿鮑威爾接受美國廣播公司電視專訪時表示，美國新政府信守《台灣關係法》，向台灣出售防禦性武器，並有義務確保台灣的軍力足以抵抗任何威脅。

2月6日　呂秀蓮會見美國猶太裔國家安全事務協會訪問團稱，陳水扁對大陸審慎、友善的態度，已使兩岸關係穩定下來。大陸今年將擔任APEC會議東道國，極力爭取2008年奧運會主辦權。大陸新領導人上台後，勢必專注於「權力鞏固」和內政問題，兩岸關係應可維持穩定、和平發展。

同日　台「立法院財政委員會」召集委員羅明才率大陸訪問團抵達上海。他表示，此行主要是考察上海及北京的金融、證券和保險業的發展情況，以推動兩岸加入世界貿易組織後，在這些領域的合作。

2月7日　為協助大陸台商解決子女就學問題，台行政院會透過《台灣與大陸地區人民關係條例》修正草案，適度開放台灣人民、法人、團體或其他機構在大陸地區設立「國民中學」、「國民小學」和附屬幼兒園。

同日　連戰建議民進黨當局，盡快擴大「境外航運中心」的功能，並建立兩岸經貿特區，以更積極和開放的作為，促進兩岸在經貿交流領域的良性互動。

同日　在眾議院情報委員會「未來對美威脅」聽證會上，美國中央情報局局長特尼特發表書面證詞指出，中美關係最棘手的，依舊是台灣問題。

2月8日　外交部發言人朱邦造在例行記者會表示，美國如果同意李登輝再次前往康奈爾大學訪問，將嚴重損害中美關係。

同日　新華社記者範麗青、陳斌華赴台進行駐點採訪。

同日　香港特首董建華出席立法會「答問大會」表示，雖然去年沒有台灣「代表」駐港，但港台關係沒有倒退，兩地貿易、旅遊和台灣居港人數，均呈大幅度增長。他透露，下週會與訪港的台北市長馬英九會面，「希望大家能夠為了國家的最後統一做出貢獻」。

同日　陳水扁會見美國猶太裔國家安全事務協會訪問團稱，他的義務和責任就是「維護國家主權、尊嚴與安全」，並確保全體人民的福祉，所以，對兩岸關係進一步的正常化，提出許多善意與創意，也希望這份用心和「苦心」能獲得國際社會的肯定與支持。

同日　美國外交政策全國委員會在紐約召開美中政策與兩岸關係研討會，馬英九應邀與會，並發表題為《處於十字路口之兩岸關係——僵局或突破》的演說，建議台灣當局回到「九二共識」，恢復國統會運作和兩岸協商，準備「三通」談判。

2月9日　董建華特別顧問葉國華說，台灣「駐港代表」張良任上月底到港就任新職務時已明確表示，他明白中華旅行社的作用和地位只是促進兩地文化經濟交流。葉國華指出，香港回歸後，港台關係成為兩岸關係一個特殊組成部分，港台交往應遵守一個中國原則。在一個中國原則下，港台關係可以比大陸與台灣的關係更靈活、更寬鬆、更柔順。

同日　台「外交部國際組織司司長」沈斯淳率領的 APEC 代表團抵達北京，並和本屆 APEC 高官會議主席、外交部副部長王光亞舉行雙邊會談，雙方就 APEC 會議內容交換意見。

2月10日　民進黨台北市黨部舉辦「兩岸定位與發展」座談會。陳明通與會稱，陳水扁所提的「統合」（integration）概念是一個過程，最後的目標是要

達成建立一個「兩岸不互相毀滅，要相互尊重共存共榮」的新架構，以走向「未來的一個中國」。

2月11日　外交部副部長、APEC高官會議主席王光亞指出，台灣主辦APEC會議的問題至今並未提上日程，即使台灣提出申請，APEC各成員也將按1991年達成的諒解和協議處理。今年10月在上海舉行的APEC領導人非正式會議，台灣以什麼名義，派出什麼級別的官員參加，均應按多年來形成的慣例辦理。

同日　馬英九赴香港進行為期5天的非官方訪問，在香格里拉飯店發表題為《台北願景與台港交流》的演講指出，「一國兩制」對香港人民是有保障的，對「一國兩制」在香港的成功，他樂觀其成，但台灣的歷史條件、政治情況和香港不同，如果勉強對台灣推動「一國兩制」，將引起台灣人民的反感。並稱兩岸統一要具備很多條件，台灣願在「自由、民主、均富」的前提下追求統一，而「維持現狀」是台灣人民最好的選擇。

同日　美國智庫亞洲基金會在一份向布希政府提出的報告稱，美國在「一個中國」政策下，除繼續反對大陸以武力解決台灣問題外，也應向台灣當局表明不會支持台獨，台灣若宣布「獨立」或挑釁大陸，美國未必會保衛台灣。

2月12日　朱鎔基總理與加拿大總理克雷蒂安舉行會談。朱鎔基強調，台灣問題是關係到中國主權、領土完整和統一大業的原則問題，希望加方繼續恪守一個中國原則和有關承諾。

同日　全國政協常委、全國青年聯合會主席巴音朝魯會見台灣「中華青年交流協會」理事長李鐘桂一行。他表示，兩岸青年交流近年來得以持續開展，對增進兩岸青年的相互理解已產生積極幫助。李鐘桂說，兩岸經貿與高科技等交流，如能透過兩岸青年交流，通力合作，相輔相成，必能相得益彰。

2月13日　外交部發言人朱邦造在記者會指出，中方一貫堅持反對美國對台出售武器，或以任何形式將台灣納入戰區導彈防禦系統，並堅決反對美國對台出售「愛國者3」型及有關的導彈。中方要求美方認識到對台出售上述武器所帶來的嚴重危害性。

同日　陳水扁約見辜振甫，就兩岸關係與國際形勢交換意見。陳表示，現行大陸決策體系應繼續維持運作，海基會仍是台灣當局授權處理兩岸協商事務的唯一管道，當局將繼續借重辜振甫的談判經驗與專長。

同日　陳水扁在台軍 2001 年「高級幹部研習會」致詞稱,「大陸始終未放棄武力犯台企圖,這是國家生存發展的最大威脅」,因此,須有作戰準備,防止「大陸武力蠢動」。

　　同日　蔡英文透露,目前陸委會和「經濟建設委員會」已計劃引進大陸科技人才,以解決台灣軟件業人才缺乏的窘境,基於管理考慮,引進地點暫定為花蓮、澎湖兩地。

　　同日　董建華在香港禮賓府會晤台北市長馬英九。馬英九提議,將來台北、香港、上海可成立三城論壇,共同推動三個城市的交流。董建華表示支持,並稱在適當時機將在台灣設立香港辦事處。董表示「一國兩制」在香港的實施是成功的,馬稱台灣人民對「一國兩制」「沒有興趣」,「『一國兩制』與台灣沒有關係」,並認為城市交流是當前兩岸關係解凍的關鍵,台港關係的改善將為兩岸關係的發展提供有利的環境。

　　2 月 14 日　蔡英文在台工業總會午餐會演講稱,開放金門、馬祖地區作為兩岸人、貨轉運中繼站,對金馬地區的確有利,但只是短暫利益,當局並不考慮大規模開放中轉,但會考慮以貨物為主、單向中轉的可能性。

　　同日　馬英九在香港呼籲大陸方面應檢討「逢扁必反」的心態,也不要粗率地認為陳水扁「還在台獨」。他稱陳水扁「四不一沒有」和「統合論」均是「善意表示」,在必要時,陳水扁處理兩岸問題一定會有足夠的彈性。

　　同日　馬英九表示,香港之行不只是「破冰之旅」,更為台港關係建立了新的里程碑,台港關係將正常化,進入「官方接觸階段」。

　　2 月 15 日　陳水扁會見美國前助理國務卿斯坦利‧羅斯等人稱,「對話、交流、擱置爭議」是改善兩岸關係的關鍵,兩岸問題的責任「不在台灣」。

　　同日　羅斯拜會連戰,指責大陸「搞統戰伎倆」,只與台灣「在野政黨」及民間人士接觸,不與台灣當局及執政黨接觸。連戰表示,國民黨雖然是「在野黨」,為幫助化解兩岸分歧,將持續與大陸接觸,但不會介入實質談判。

　　同日　羅斯與宋楚瑜就台海兩岸關係及台灣政局交換意見。宋楚瑜強調,若不能回歸「九二共識」,重返「國統綱領」,兩岸關係難有進展。

　　同日　連戰會見自香港返台的馬英九,高度肯定他的香港行,還以高雄市長謝長廷 2000 年曾申請到廈門訪問為例,希望民進黨執政縣市也能積極推動兩岸城市交流。

同日　蔡英文會見馬英九，認為港台城市交流的經驗，應有助於改善兩岸關係，但城市交流牽涉相當大的政治性，希望馬英九能降低政治敏感度。

　　同日　台陸委會稱，馬祖地區民意代表、官員與福州黨政官員簽訂《馬尾—馬祖關於加強民間交往與合資協議》的行為，觸犯了台「公務員非經授權與許可擅自與大陸簽訂協議」的法令。蔡英文表示，已採取行動遏制地方官員的「違法行為」，將本案函送「人事行政局」、內政部等機關處理。

　　同日　由美國前總統國家安全顧問托尼·雷克所主持的民間智庫「智力橋」，在台灣舉行一場國際研討會。雷克表示，雖然布希新政府上台，但美國的中國政策有一貫性，美國支持兩岸問題和平解決的立場不會改變。

　　2月16日　錢其琛在中南海親切會見以胡元紹為團長的歐洲華僑華人社團聯合會僑領訪問團。他說，海外華僑是一支強大的愛國力量，廣大僑胞十分關注祖國的建設和發展，希望早日解決台灣問題，完成祖國統一大業。希望廣大海外華僑華人緊密團結起來，互相支持，形成一股強大的力量，繼續為推動兩岸關係發展和最終實現祖國統一大業做出貢獻。

　　同日　陳水扁會見美國前國家安全副助理詹姆士·史坦伯格稱，改善兩岸關係最好的辦法是和平與對話，希望重啟協商大門，與對岸坐下來，就大、小「三通」或加入世界貿易組織後的市場開放等議題進行協商。但改善兩岸關係的關鍵並非在於台灣方面的誠意或善意不足，而是在於大陸的信心不足，希望美國能為兩岸搭起友誼及和平的橋樑，促成兩岸領導人對話，並繼續向台灣供應必要的防衛性武器。

　　同日　陳水扁會見美國眾議員索拉時表示，「對話、交流與擱置爭議」是台灣當局處理兩岸問題重要的思考方向與基調，台灣已做好準備與大陸復談，也不設議題，無論大、小「三通」，甚至任何政治議題皆不排斥。

　　同日　陳明通在台灣綜合研究院舉辦的座談會表示，陳水扁所提「統合論」（integration）的概念是指一個過程，最終目標是要建立一個「共榮共存」的新架構，「是要創造一個『公共空間』，藉著由下而上、從社會到政府、從台灣到大陸，大家思考兩岸如何共榮共存，如何確保中華民國的國際空間等」。

　　同日　基辛格、斯考克羅夫特等4位美國前國家安全顧問在紐約美國外交關係協會表示，台灣問題是布希政府絕對不可掉以輕心的外交事務議題，美國應該延續「一個中國」和「不允許軍事解決兩岸問題」兩大原則的中國政策。

2月17日　陳明通呼籲大陸尊重中華民國的存在，讓兩岸「多一分合作，少一分對抗」，才能走向「未來的一個中國」。

2月18日　中央軍委副主席張萬年與來訪的德國國防部長魯道夫‧沙爾平舉行會談，指出中國政府堅持「和平統一、一國兩制」的原則，堅持「一個中國」的原則不會改變。我們有和平解決祖國統一問題的最大誠意，也有在必要情況下採取斷然措施解決台灣問題的信心、決心和能力。

同日　陳水扁致函教皇保羅二世，希望教皇繼續支持台北與北京和解。

同日　謝長廷接受台《中國時報》專訪時透露，他多次私下建議陳水扁盡快實施「大三通」，並在加入WTO前宣布實施「大三通」。並稱以兩岸關係密切發展的程度來說，擋不住「大三通」的趨勢。

2月19日　正在美國訪問的國台辦副主任周明偉表示，海外華人華僑在統一的旗幟下團結起來，開展制止分裂、促進統一的活動，是對祖國和平統一事業的極大支持。

同日　張俊雄稱，目前兩岸的失衡狀況，不僅表現在軍事上，也表現在關鍵國際組織的參與上，希望美國新政府能夠重視，協助維持兩岸力量的平衡。

同日　蔡英文向來訪的巴拉圭副總統佛朗哥表示，現階段的兩岸關係面臨很多問題，台灣當局希望這些問題都能透過兩岸和平對話來溝通解決，台灣方面從未停頓恢復對話、展開協商的準備工作，不過，任何兩岸問題的解決，都必須符合「民主、對等」的原則。

同日　馬英九會晤美國傳統基金會會長福伊爾納時稱，兩岸關係停滯，對台灣不見得有利。

同日　王永慶表示，大陸官方已開始有選擇性吸引台商投資，而且，大陸在快速發展後，台灣的競爭力已無法與之相比。

2月20日　正在美國訪問的國台辦副主任周明偉指出，堅持一個中國原則和用「一國兩制」解決台灣問題對台灣有利，一個中國原則可以避免戰爭，「一國兩制」可以使台灣保持現狀。

同日　呂秀蓮在金門聽取金門縣長陳水在和陸委會副主委鄧振中的報告，提醒陳水在「敵我意識不能模糊」。

同日　張俊雄在立法院作施政報告，宣稱落實陳水扁的「統合論」，並將鬆綁「戒急用忍」政策。

同日　張俊雄接受英國國家廣播公司電子新聞網（BBC News Online）專訪時承認，台灣經濟目前的確過於依賴大陸。並表示，將建立一個經濟安全機制，以確保兩岸經貿發展不影響台灣的安全。

　　同日　蔡英文接受立委質詢時表示，兩岸在經貿上的「統合」互動，最終目標就是協助台灣產業的發展，在此前提下，任何政策都可加以配合。

　　同日　謝長廷表示，「戒急用忍」政策鬆綁後，他如果能到大陸訪問，首站將是廈門。並稱他呼籲台灣當局盡快開放「大三通」，是基於高雄市發展的「南方觀點」，強調高雄發展系於「三通」，否則沒有前途。

　　同日　民進黨「中國事務部主任」顏建發稱，若中國大陸仍然預設「一個中國」的前提，民進黨當局不可能接受復談。

　　2月21日　台《國家統一綱領》透過並頒布將滿10週年。連戰呼籲民進黨當局正視「國統綱領」，盡快召開國統會，以應對新形勢下的兩岸關係。希望民進黨當局體認主流民意，回歸「九二共識」，促成兩岸恢復協商。

　　同日　陳水扁會見俄羅斯聯邦杜馬議員卡列林時稱，近年來，俄羅斯向大陸出售的武器在質與量方面都有提升，台灣方面甚表關切。俄羅斯應對此慎重考慮，以免危及東亞及亞太地區的和平、安全及穩定。

　　同日　台陸委會發表聲明稱，《國家統一綱領》的制定有其時代背景，在兩岸關係發展上有其階段性的意義，因此，陳水扁在2000年5月20日的「就職演說」中明確宣示「現階段並無廢除『國統綱領』及『國統會』的問題」。至於「國統綱領」未來的定位，必須以整體民意的趨勢為依歸。

　　2月22日　外交部發言人朱邦造出席記者招待會，針對陳水扁計劃出訪中南美洲國家以及可能過境美國一事，重申「世界上只有一個中國」，堅決反對台灣新領導人和政要「過境美國」。

　　同日　陳水扁表示，兩岸應逐步尋求「永久和平、政治統合」的新架構，而不論是邦聯、聯邦、國協或歐盟模式，都必須依照「遵守中華民國憲法、維護主權尊嚴及台灣安全與和平」的原則，尋求穩定的兩岸關係。

　　同日　陳水扁會見歐洲議會自由黨團暨社會黨團議員訪問團時稱，歐盟形成的歷史及統合模式，值得進一步沉思。在歐洲歷史演變的過程中，各會員國在保持各自的主體性的前提下，志願、平等地尋求統合，「由經貿開始，再邁向政治統合的精神及原則，值得借鑑」。

同日　馬英九稱，《國家統一綱領》是一項具有戰略性、法理性和現實性的綱領性文件，兼顧「憲法精神」與兩岸政治現狀，對10年來的兩岸關係發揮了承前啟後的政策指導作用。陳水扁應回歸「國統綱領」，才能穩定兩岸關係，並儘早促成兩岸復談。並認為，陳水扁所提「統合論」與「國統綱領」中程階段一致，已間接承認「一中憲法」，但他懷疑陳水扁是否有能力整合民進黨派系和「朝野」的共識，以更務實的態度與大陸開展對話協商。

　　同日　宋楚瑜呼籲民進黨當局盡快恢復國統會的運作，按照「國統綱領」依序穩定地推動兩岸關係。並指出，過去10年兩岸關係能維持穩定，在於台灣方面不挑釁「一中」原則，大陸也承認與台灣並存的現實。

　　2月23日　海協批評台灣當局製造「已做好準備與大陸復談」，「我們的位子及待客的茶皆已準備好，就等對方坐下來展開對話」等欺騙性輿論。並表示，大陸和台灣同屬一個中國，中國的主權和領土完整不容分割，海峽兩岸的商談與對話理應在一個中國的原則和基礎上進行。台灣當局至今對一個中國原則採取模糊和迴避的態度，否定海協和海基會兩會共識，完全破壞了10年來兩會商談的基礎和架構。

　　同日　張俊雄在立法院稱，「國統綱領」應有所調整或修改，但目前沒有急迫性。

　　同日　陳明通出席新黨主辦的「國統綱領」10週年座談會，否認有「九二共識」，稱民進黨當局對兩岸關係發展有一套完整的想法，兩岸應跳出「一中各表」的爭議，才能真正坐下來談。

　　同日　馬英九在「國統綱領」10週年座談會表示，「國統綱領」的確值得肯定，因為它追求一個民主、自由、均富的中國，明確大陸和台灣都是中國的一部分，在首先尊重台灣人民的權益與福祉的前提下，以理性、和平、對等、互惠、交流的方式，推動兩岸關係的發展，在時機成熟時逐漸走向統一。

　　同日　連戰批評民進黨執政以來，一再提到沒有廢除「國統綱領」的問題，但實際上卻將「國統綱領」束之高閣。

　　同日　宋楚瑜指出，民進黨當局不宜再以「體制外機制」去解決「體制內問題」，陳水扁應立即召開國統會，以凝聚「朝野」對兩岸關係的共識，務實面對兩岸僵局。

　　同日　台前行政院長郝柏村表示，可以對「國統綱領」進行修正，但「中國統一、一個中國、民主自由統一中國」等三原則不能廢除。

同日　民進黨「新世紀國會辦公室」發表新聞稿稱，由於形勢變遷，民進黨當局應將「國統綱領」丟入歷史的灰燼之中，而國統會也必須解散，代之以「兩岸和平綱領」及「兩岸和平委員會」。

　　2月24日　國際奧委會評估團結束在北京4天的考察，評估團主席維爾布魯根指出，北京奧申委的陳述報告，沒有提到在台灣舉辦比賽項目和奧運聖火經過台灣等內容。他認為，奧運會比賽項目若能在台灣舉辦，將有助於緩和兩岸關係。

　　同日　陳明通在台灣新世紀文教基金會舉辦的「國家主權與統合模式的比較」研討會稱，「『統合論』是一個過程，藉著由下而上、從社會到政府、從台灣到大陸，超越族群與意識形態，兩岸一起思考如何共同存在，共同獲利」，「兩岸未來的統合模式包括國協、邦聯、聯邦、歐盟等，有很大的討論空間，但都必須在堅持中華民國是一個主權國家的原則下進行」，「如果大陸能成為一個真正的民主國家，兩岸的『統合』才有可能實現」。

　　同日　前海基會祕書長邱進益認為，「國統綱領」本身就是「統合論」，統合可以是個過程，統合也可以是個目標。但陳水扁的意思，統合只是一個過程，不是目標。如果把統合解釋為既是過程也是目標，「對岸接受的程度可能比較高一些」。

　　2月25日　國台辦副主任周明偉在華盛頓「北美中國論壇」指出，中美關係的核心是台灣問題，美國對台軍售是中美關係正常化中遺留下來的問題。目前，美國對台軍售問題非常嚴峻，如果美方不慎重處理，將會影響中美關係。

　　同日　上海市長徐匡迪會見台北市副市長白秀雄一行。徐匡迪邀請台北市長馬英九訪問上海，白秀雄也代表馬英九邀請徐匡迪訪問台北。徐匡迪高興地接受邀請，並認為在一個中國原則下，市長互訪應該可以多次進行。白秀雄強調希望在「一中各表」的「九二共識」下推動兩岸城市交流。

　　同日　蔡英文稱，陸委會以更積極開放的務實態度，同意台北市與上海市舉辦城市論壇活動，這已是「現行法令許可範圍的極限」。

　　同日　馬英九表示，他願在兩岸尊重「九二共識」即「一個中國，各自表述」的立場下到上海市進行訪問。

　　2月26日　周明偉在華盛頓表示，中國希望和美國新政府維持良好關係，也希望美國從長遠著眼，審慎處理美國對台軍售等議題。

同日　田弘茂以「布希新政府的亞太安全政策」為題在台國防部發表演說稱，在兩岸關係上，柯林頓政府採取戰略模糊策略，不會對台海假設事態的發展表明立場；但布希政府可能會在台灣不挑釁的前提下，有條件支持台灣，即美國可能逐漸傾向戰略清晰策略，維持目前「台灣不獨，大陸不武」的現狀。

同日　田弘茂在台灣歐洲商會午餐會演講稱，歐洲歷經 55 年的統合經驗，為兩岸建構統合模式提供了重要參考。

2月27日　第二屆「台北－上海城市論壇」在上海市舉行，上海市副市長周慕堯和台北市副市長白秀雄共同宣示，將致力推動兩城市間的交流。白秀雄表示，台北市支持北京市主辦 2008 年奧運會，同時也希望大陸支持台北市爭辦東亞運動會。

2月28日　周明偉在舊金山接受台《中國時報》專訪指出，沒有統一的和平不是真正的和平。只談和平，不談統一，希望這個現狀幾十年、幾百年地保持下去，是不切實際、一廂情願的想法。

同日　周明偉在中國駐美國大使館舉行記者會表示，台灣的主權屬於包括台灣同胞在內的全體中國人，如果以公民投票的方式決定台灣未來，看似民主與合理，其實過於天真，也會產生誤導，甚至有些不負責任。周明偉說，如果「公投」結果不是統一，大陸同胞會說「你要這麼說，我就得這麼做」，勢必將兩岸關係壓縮至一種選擇，而這種選擇「當然不是和平」。

3月

3月1日　周明偉在舊金山指出：海協和海基會要重啟對話，關鍵在於台灣當局領導人是否接受一個中國原則，大陸方面有最大的誠意和最大的空間來等候台灣方面的回應。

同日　外交部發言人章啟月出席例行記者會，針對美國對台出售武器問題表示，台灣問題是中美關係中最重要、最敏感、最核心的問題，台灣問題能否處理得好，直接關係到兩國關係發展的大局。中方堅決反對美國政府以任何方式向台灣提供武器，因為美國向台灣提供大量先進武器，不僅對兩岸安全造成危害，而且對整個亞太地區局勢的穩定構成非常嚴重的威脅。

同日　辜振甫表示，開誠相見、持續對話、遵守協議、相互尊重是改善兩岸關係的「不二法門」，希望能在今年上半年創造重新開啟兩岸兩會復談的契機。

同日　台北市副市長白秀雄率領的台北市參訪團，前往江蘇省崑山市訪問。

　　3月2日　全國政協九屆四次會議召開記者會。新聞發言人齊懷遠表示，台灣局勢發生重大變化，給兩岸關係帶來新的複雜因素，但這個變化改變不了台灣是中國一部分的地位以及國際社會承認「一個中國」的大方向，我們將繼續執行「和平統一、一國兩制」的基本方針，貫徹江澤民的「八項主張」，在一個中國的原則基礎上進行兩岸對話、談判，在有關部門的積極推動下，繼續保持兩岸經濟合作、人員往來和多項交流的勢頭。

　　同日　張俊雄稱，為應對兩岸「經濟戰」，台灣當局將設立「國家安全網」，一旦外匯、資金、貨物貿易等方面出現反常現象，立即處理。

　　同日　蔡英文答覆立委質詢稱，在兩岸加入 WTO 後，台灣會在國際規範下處理兩岸「經濟戰」，做到有效管理，讓資金回流，根留台灣。

　　同日　白秀雄一行拜會南京市政府，並赴中山陵謁陵，代表馬英九獻花圈。

　　同日　美國副總統切尼說，台灣和大陸之間的局面，最終必須以和平而非武力的方式解決。

　　3月3日　全國政協副主席葉選平在政協九屆四次會議《工作報告》中，將繼續按照「和平統一、一國兩制」的方針和江澤民主席提出的「八項主張」，運用政協聯繫廣泛的有利條件，促進兩岸經濟文化交流和人員往來，廣泛團結和爭取擁護祖國統一、贊成發展兩岸關係的力量，堅決反對任何分裂的圖謀。

　　3月4日　針對連戰所提出的「邦聯制」，全國人大九屆四次會議新聞發言人曾建徽在記者會表示，對台灣問題，我們的立場是「和平統一、一國兩制」，不贊成「邦聯制」。

　　3月5日　全國人大九屆四次會議開幕。朱鎔基總理在《政府工作報告》有關對台工作部分指出，我們將繼續執行「和平統一、一國兩制」的基本方針和江澤民主席提出的「八項主張」，與廣大台灣同胞一道，盡一切可能爭取和平統一；堅持一個中國原則，在此基礎上繼續推動兩岸對話與談判，發展兩岸經濟文化交流和人員往來，堅決制止任何製造分裂的圖謀。

　　同日　外交部長唐家璇在人民大會堂舉行記者招待會，在談到美國對台「軍售」問題時表示，如果美國繼續言行不一，堅持向台灣出售武器，特別是出售「宙斯盾」級導彈驅逐艦、愛國者3型導彈等先進武器，將給台灣當局發出極為錯誤的信號，助長台獨分子的氣焰，鼓勵台獨分子繼續從事分裂國家的活動，也會危

害中美關係，加劇台海地區局勢的緊張。中方強烈要求美方懸崖勒馬，清楚地認識到此事的危害性。

同日　台陸委會稱，如果大陸將處理兩岸關係當作現階段的重大問題，就必須先務實地開展兩岸交流，才有機會進一步尋求解決兩岸問題的空間。大陸堅持以特定的政治前提作為兩岸交流對話的基礎，無助於兩岸開展協商。

同日　針對中國2001年度國防預算比上年度增加17.7%，美國務卿鮑威爾在記者會稱，中美兩國是貿易夥伴，美國不把中國視為敵人，但是，美國密切關注此舉是否可能「對台灣構成新的威脅」。

同日　美國駐華大使普里赫接受「鳳凰衛視」專訪時稱，目前美國在對台軍售問題上「還沒有答案」，美國希望兩岸爭取在政治上和經濟上和解，而不是在軍事領域上競爭，希望海峽兩岸人民能夠和平解決台海問題。

3月6日　錢其琛在全國政協九屆四次會議港澳委員聯席會議上表示，要改變美國的立場是不可能的，中美雙方在此問題上存在矛盾，但基於共同利益，要把矛盾控制在一定範圍內。

3月7日　國家發展計劃委員會主任曾培炎表示，中國加入世界貿易組織後，會進一步推動兩岸在經濟、貿易上的合作。

同日　澎湖縣長賴峰偉批評第一階段的「小三通」將澎湖排除在外，表示將積極爭取讓澎湖成為兩岸專案通航的中轉地區。

同日　台「中央銀行」總裁彭淮南在立法院答詢指出，對在大陸投資的台商，應鼓勵其在當地上市，就地籌措資金，以免對台灣企業產生資金排擠效用。

同日　鮑威爾出席美眾議院國際關係委員會聽證會時表示，美國承認一個中國原則，對任何片面改變台灣地位的舉動，美國決不容忍。如果要改變台灣的地位，必須經由台海兩岸以公開、自由、平衡的談判達成。對台灣參加世界衛生組織（WHO）一事，美國一直是支持台灣「參與但不取得會員資格」。

同日　美軍太平洋地區總司令布萊爾稱，大陸軍事現代化的主要目標之一是針對台海問題，不過，目前尚未危及台海軍事平衡。

3月8日　錢其琛在參加全國人大台灣代表團討論時指出，世界上只有一個中國，大陸和台灣同屬一個中國，中國的主權和領土完整不容分割。我們主張的「一個中國」是大陸和台灣都是中國的領土，我們理解台灣同胞希望維持現狀的願望，而「和平統一、一國兩制」就是維護台灣同胞利益和現狀最好的方法。台

灣當局只要承認一個中國原則，什麼問題都可以談，台灣當局領導人越早承認一個中國原則，越有利於兩岸關係的發展。

同日 福建省長習近平指出，金、馬「小三通」根本無法滿足兩岸人民經濟、貿易和人員往來的需要，希望能早日推動、實現「大三通」。

同日 辜振甫在海基會成立10週年前夕重申，「開誠相見、持續對話、遵守協議、相互尊重」是恢復兩岸兩會互動的「不二法門」，盼望兩岸能夠超越過去，以更宏大的格局看待兩岸關係，為兩岸關係互惠共榮展開新的一頁。

同日 鮑威爾在美參議院外交委員會聽證會作證表示，裡根政府對台灣的「六項保證」，依然是美國的政策，有關對台「軍售」，布希政府不會與大陸協商。

3月9日 李鵬委員長在全國人大常委會工作報告中表示，人大去年的外事工作，為成功遏制台灣當局「務實外交」的圖謀做出了重要的貢獻。

同日 陳水扁會見日本學者稱，他對兩岸軍備可能在2005年失去平衡表示憂心。

同日 張俊雄表示，台灣向美國購買的是防禦性武器，不會引起軍備競賽，台灣無意與大陸搞軍備競賽。對於外傳以色列重新考慮向大陸出售空中預警機一事，台灣當局已向美國及以色列方面表示關切。

同日 台陸委會副主委陳明通稱，海基會一直是台灣當局授權處理兩岸涉及公權力事宜的唯一管道，在過去10年裡，海基會充分發揮了功能，希望海基會在既有成果和基礎上，為兩岸交流服務與協商，繼續貢獻心力。

3月10日 台灣奇美集團總裁許文龍在2000年台灣「大選」中支持陳水扁，最近又借日本右翼漫畫作家小林善紀的《台灣論》炒作「文化台獨」，引發大陸的嚴重不滿。國台辦新聞局發表聲明指出，我們反對有人在大陸賺錢，又在台灣搞台獨，我們將依法保護台商的合法權益，但是對於違紀違法的行為，也會採取相應措施。

同日 台「國安局」在新完成的一份兩岸形勢分析報告中指出，雖然兩岸目前處於互動交流最冷淡的階段，卻也是戰爭發生幾率最低的階段。而如果大陸取得2008年奧運會主辦權，對兩岸和平有利。

3月11日 針對奇美集團鎮江廠可能被下令關閉的傳聞，台總統府官員表示，如果大陸下令關閉奇美工廠，對兩岸經貿是一個嚴重的政治警告，勢必會影響到台灣「戒急用忍」政策的鬆綁和開放「大三通」政策。

同日　針對奇美鎮江廠可能被下令關閉的傳聞，呂秀蓮呼籲大陸領導人「發揮高度智慧」，不要打壓「不同言論」的台商，否則，會導致大陸的國際形象及地位嚴重受損。

同日　台「新聞局長」蘇正平稱，張俊雄高度關切「奇美大陸鎮江工廠可能被下令關閉」一事，要求陸委會盡快就此事提出報告，研擬對應政策。

3月12日　全國政協九屆四次會議閉幕。政協決議指出，在香港、澳門相繼回歸祖國之後，盡早解決台灣問題，實現祖國完全統一，更加突出地擺在包括台灣同胞在內的全體中華兒女面前。堅持一個中國原則是發展兩岸關係、實現祖國和平統一的基礎。政協各級組織要繼續貫徹「和平統一、一國兩制」的基本方針和江澤民提出的「八項主張」，積極促進兩岸經濟、文化交流和人員往來，努力團結海內外一切可以團結的力量，堅決反對任何形式的分裂祖國的圖謀，為完成祖國統一大業做出貢獻。

同日　福建省軍區政委陸鳳彬在接受《中國日報》訪問時表示，大陸增加軍費主要是為了增強防禦能力和提高軍人待遇，並不是針對台灣，與解決台灣問題沒有直接關聯。

同日　田弘茂在立法院報告台灣當前的「外交施政」時表示，對美關係是台灣對外關係中最重要的一環。台外交部將繼續維持台美高層溝通管道的暢通，加強台美互信關係，促請美方信守《台灣關係法》及「六項保證」等相關承諾。

3月13日　外經貿部長石廣生正式澄清奇美鎮江廠可能被下令關閉的傳聞，表示「沒有這回事」，「我們會依法保護台商的正常投資」。他同時指出，我們絕不允許奇美集團董事長許文龍等人在大陸撈取經濟實惠的同時，又在台灣搞台獨撈取政治資本。

同日　石廣生指出，台灣必須按照1992年關貿總協定理事會主席聲明所確定的原則，即台灣採用「台、澎、金、馬」（簡稱「中華台北」）的名義，以及中國大陸在前、台灣在後的方式加入世貿組織。相信兩岸先後加入世界貿易組織，將會為雙方的經濟發展和合作創造新機遇。

同日　外交部發言人朱邦造在例行記者招待會指出，中方堅決反對美國向台灣出售武器，特別是向台灣出售「宙斯盾」級導彈驅逐艦和愛國者3型導彈等先進武器。如果美方向台灣出售上述先進武器裝備，將嚴重地侵犯中國的主權，威脅中國的國家安全，加劇台海緊張局勢，並將會給中美關係造成破壞性後果。針

對兩岸共同舉辦奧運會的問題，朱邦造表示，如果北京取得 2008 年奧運會主辦權，在一個中國原則下，兩岸奧委會可就舉辦奧運會項目等問題進行討論。

同日　深圳市長於幼軍率領的深圳市經貿考察團赴台進行經貿交流。他表示，許文龍的談話傷害了中國人民的感情，但合法經營的台商不會受到限制，奇美關廠案是個誤傳。

同日　在台灣進行經貿考察的寧波市副市長邵占維拜會王永慶，爭取包括台塑集團在內的台灣企業赴大陸投資。

同日　張俊雄在立法院表示，台行政院調整「戒急用忍」政策的計劃一直沒有改變；蔡英文補充說，各「部會」有關鬆綁「戒急用忍」政策的報告，將在 3 月底前向行政院提出。

同日　為控制台灣流向大陸資金攀升的現象，台陸委會、財政部、「中央銀行」已正式擬定大陸台商資金流向機制，並要求所有銀行反饋意見。

同日　美國總統布希接受中國新任駐美大使楊潔篪遞交國書。他表示，美國十分重視和中國的關係，將努力推動雙方關係向前發展。楊潔篪強調，在中美三個「聯合公報」的基礎上妥善處理台灣問題，是兩國關係穩定、健康發展的關鍵。

同日　鮑威爾澄清，稱台灣為中華民國是「口誤」，並不代表美國政策改變。

同日　美國駐華大使普里赫在北京大學與學生對話時表示，美國承認台灣是中國領土的一部分，支持台灣與大陸的統一。但強調，這個過程必須是和平的。

3 月 14 日　解放軍總參謀長傅全有在北京會見美軍駐太平洋地區總司令布萊爾時表示，解放軍決不允許台灣從中國分裂出去，並將採取一切措施捍衛領土和主權完整。希望美國立即停止對台軍售，以免損害中美關係。

同日　國台辦副主任周明偉與台灣記者會面表示，當前兩岸關係形勢仍十分嚴峻，大陸方面目前仍在仔細觀察陳水扁，並不是看陳「說什麼」，關鍵還是看他「做什麼」。

同日　外交部軍控司司長沙祖康在參加駐北京外國記者聯誼會時，針對 4 月份將召開的台美軍售會議表示，中國不喜歡美國對台軍售的主張，更譴責這項主張。如果美國向台灣出售「宙斯盾」級導彈驅逐艦和愛國者 3 型導彈等先進武器，將產生嚴重後果。

同日　陳水扁會見第二屆台灣建築金獎及第一屆企業金獎得獎人稱,台灣當局的施政目標是「速度優先」,即投資優先、經驗優先、台灣優先。他提醒台灣建築業界和企業界,不要一味地說大陸的好而詆毀台灣。

　　同日　陳水扁會晤德國柏林自由大學校長彼德‧格特根斯時稱,兩德統一所產生的問題和經驗彌足珍貴,值得兩岸借鑑。

　　同日　謝長廷與記者茶敘指出,「戒急用忍」政策的調整已是必然,當局應該務實思考未來幾年大陸和世界的發展趨勢,主動、務實地調整政策,才能掌握兩岸關係的主動權。

　　同日　台經濟部次長尹啟銘在「立法院預算委員會」備詢時表示,在經濟部已送出的「戒急用忍」檢討報告中,仍保留了赴大陸投資上限不得超過5000萬美元的「數字門檻」。但對超過限額的投資案,可能會採用「專案審查」方式審查、透過。

　　3月15日　朱鎔基總理在全國人大閉幕後的記者會上再次呼籲,希望台灣當局回到一個中國的立場上來,如果台灣當局承認一個中國,兩岸什麼都可以談。我們將繼續以「一個中國、直接雙向、互惠互利」的方式,推動兩岸「三通」。並表示,中美雙方高層都保持密切的聯繫,相信台灣問題會得到妥善的解決。

　　同日　國防部長遲浩田在北京會見美軍駐太平洋地區總司令布萊爾時表示,中方關注美國新政府在售台武器和國家導彈防禦系統問題上的態度,呼籲美方能從中美關係大局出發,恪守中美三個「聯合公報」的各項原則,謹慎行事。

　　同日　王金平表示希望能促進兩岸關係和解,為兩岸人民謀福利,並重申訪問大陸的四個前提,即「國家需要、人民同意、立法院決議和尊嚴對等」,不過,「現在時機未到」。

　　同日　台行政院副院長賴英照表示,將採取循序漸進方式開放「戒急用忍」政策。第一階段先推出比較成熟的部分,第二階段再處理其他事項。

　　同日　美國副國務卿提名人阿米蒂奇在美參議院外交委員會舉行的聽證會作證時表示,台灣不是中美之間的問題,而是機會,美國主張「一個中國」,但有關台灣前途的協議必須得到台灣人民的同意和接受。

　　3月16日　國台辦主任助理、海協副會長孫亞夫指出,我們有最大的誠意盡一切可能爭取和平統一,但是現實告訴我們,必須為制止台獨等分裂活動做好必要的準備。

同日　國台辦綜合局局長兼海協祕書長李亞飛在記者會表示，1.在民進黨放棄「台獨黨綱」之前，大陸是不會與其接觸和交流的。2.大陸將以一個國家內部事務來處理兩岸「三通」問題。如果台灣當局同意，雙方可以不經過兩岸兩會而直接由「民間對民間」談判的方式來實現。3.一個中國的政治含義有分歧，可以隨著兩岸交流、理解的深入，以及雙方互信的加深，慢慢地討論。但最核心、最關鍵的問題是，兩岸都要承認、堅持一個中國的原則。

　　同日　呂秀蓮會見美國訪客時稱，大陸正致力於加入 WTO、爭取 2008 年奧運會主辦權及籌辦 2001 年 APEC 領導人非正式會議，台海形勢應會維持穩定、和平。不過，令人擔心的是，台灣在大陸的投資越來越多，除了傳統產業外，許多高科技產業也前往大陸設廠，資金外流的情形應予重視。

　　同日　張俊雄在立法院回答立委質詢稱，兩岸和平建立在雙方軍事的平衡上，台灣如果沒有足夠的自衛性武器，兩岸不會有真正的和平。他對台資大量流入大陸表示關切，表示應把兩岸經貿視為全球貿易中的一環，以產業經濟的發展為前提，一方面協助台商進行風險管理，另一方面要建立資金回流機制。

　　同日　蔡英文稱，一年來的兩岸關係發展相對穩定，希望兩岸在不預設政治前提的情況下，盡快恢複製度化的協商和對話。

　　同日　連戰接受英國路透社專訪，嚴詞批評民進黨當局的兩岸政策，並指出，「國統綱領」和「九二共識」是穩定兩岸關係最好的政策，但民進黨當局卻棄而不用，「統合論」只有口號，沒有內容，讓整個台灣在黑暗中摸索，令人擔憂。

　　同日　多位大陸地方官員最近相繼來台招商，對此，馬英九表示，大陸的地方官員可以自由穿梭兩岸，台灣方面反而處處受限，實在讓人懷疑到底哪邊更加自由。他呼籲台灣當局檢討現行制度，開放地方縣、市長赴大陸招商。

　　同日　台「總統府資政」彭明敏接受美國有線電視新聞網（CNN）專訪稱，國際間的談判不能設定任何先決條件，大陸堅持一個中國原則只會製造爭議，無助於兩岸關係的改善。台灣願意在不預設前提、對等的情況下，開展兩岸對話和協商。

　　3 月 17 日　台獨團體「世界台灣人大會」首次在台北舉行年會，陳水扁應邀致詞。他將「當選中華民國第十任總統」的文字，改為「當選台灣總統」，並高喊「台灣站起來、台灣人民站出來」。

同日　日本《讀賣新聞》報導，美國政府有關人士表示，布希政府已經非正式地向大陸領導人傳達了放棄柯林頓新「三不」政策的訊息。

3月18日　錢其琛訪美前表示，布希上任後和江澤民主席一直保持聯繫和溝通，雙方達成了一些重要共識，他此行就是要落實兩位元首達成的共識。

3月19日　《解放軍報》發表中國軍事科學院研究員題為《美國對台軍售——阻撓中國統一、危害地區和平》的文章。文章指出美國對台軍售不僅構成了中國和平統一的最大障礙，同時也對地區和平造成了極大的危害。

同日　美國智庫戰略暨國際研究中心（CSIS）代表團來台參加2001年「台北圓桌會議」，陳水扁會見該代表團時表示，兩岸問題的關鍵在大陸。如果大陸延宕對話，而且運用「統戰伎倆」對台灣內部進行分化，則台灣表達再多善意與誠意都沒有用。並稱他將秉持老莊哲學中「柔弱勝剛強」的理念，在堅持理想和原則的前提下，有所讓，有所不讓，務實面對現實的處境。

同日　張俊雄會見香港台灣商會訪問團稱，民進黨當局的大陸政策主軸包括：致力維持台海和平與安全；促使兩岸恢復對話，積極推動經貿、文化等各層面的交流；在雙方加入世界貿易組織後，在共同的規範下，開展更為廣泛的經貿往來與合作。並稱將根據各項客觀條件，分階段推動「大三通」。

同日　蔡英文會見美國戰略暨國際研究中心代表團稱，大陸最近在對台政策言論上有趨於緩和的情形，兩岸各項經貿政策也正在做必要的檢討與修訂，希望兩岸在相對穩定的情況下，逐步建立善意與互信關係，在不久的將來重啟協商大門，展開全面對話。

同日　民進黨「中國事務部主任」顏建發表示，陳水扁提出的「統合論」接近於兩德統一的「屋頂理論」，與強調個別主權的「歐盟模式」則有較大的差異。「統合」應該是兩岸關係發展的方向和過程。

同日　連戰會見美國戰略暨國際研究中心代表團時表示，國民黨一向致力於以政治方法來推動海峽兩岸的和平、穩定，極力避免兩岸發生軍事衝突，但為保障台灣安全，台灣方面也應擁有足夠的防衛性武器，因此，國民黨全力支持當局在台美軍售會議中向美國爭取武器配備，以確保台灣防衛能力。

同日　親民黨「立法院黨團」發表《現階段大陸政策主張》，呼籲兩岸回到1992年「一個中國，各自表述」的共識，以和平與合作的精神，推動兩岸互動關係，以「外交休兵」、停止軍備競賽等多種形式，促進兩岸的和平與繁榮。

同日　美國總統布希會晤日本首相森喜朗時，重申美國支持「一個中國」的政策。他歡迎中國早日加入世界貿易組織，但也關切中國的國防預算提高以及人權問題。森喜朗表示，對日本而言，台灣不是問題而是敏感事項。

　　同日　美國白宮發言人弗萊舍稱，有關美國對台軍售事務，是美國總統依據《台灣關係法》，並與台灣方面協商後作出的決定，美國不會與中國協商對台軍售事務。

　　3月20日　正在紐約訪問的錢其琛在美國亞洲協會午餐會演講時指出，台灣問題一直是中美關係中最敏感、最核心的部分，必須妥善處理好。我們主張以「一國兩制」實現國家的統一，在統一後，會照顧到台灣的歷史情況，尊重台灣同胞當家作主的願望。台灣現有的社會制度、生活方式、經濟制度，司法獨立，終審權在台北，都保持不變。

　　同日　針對美國新政府可能放棄柯林頓對台「三不政策」的報導，外交部發言人朱邦造在記者招待會表示，「三不政策」是美國對中國的嚴肅承諾，美國新政府有責任和義務履行這些承諾。為了台灣的和平與安定和中美關係穩定發展，美國必須堅持對台「三不政策」。

　　同日　國台辦經濟局長何世忠率團抵台訪問。他表示，大陸在兩岸「三通」方面已經做好了各種準備，萬事俱備，只欠台灣方面的善意，即對一個中國原則的態度。並重申，大陸的一貫主張就是回到「九二共識」，即「各自以口頭方式表述，海峽兩岸均堅持一個中國的原則」。現階段台灣當局應該明確承認一個中國的原則，明確承認海協、海基會兩會1992年達成的共識。

　　同日　張俊雄稱，陳水扁的「統合論」，主要是向大陸表達善意，沒有預設立場，希望能透過開放討論的形式凝聚全民共識，因此「統合論」是「一個過程」。蔡英文補充說，「統合論」是台灣人民尋求共識的一個過程，儘管人民有不同的看法，但希望能找出共同點來。

　　同日　馬英九赴新加坡拜會李光耀，雙方就台海兩岸關係以及台灣內部問題廣泛地交換了意見。李光耀認為美國對台軍售不利於區域的和平穩定，馬英九則強調，在安全沒有獲得適當的保障之前，台灣不可能停止從境外取得防衛性武器。

　　3月21日　錢其琛副總理在華盛頓與美國務卿鮑威爾舉行會談。他強調，台灣問題一直是中美關係中最敏感、最核心的部分，中方希望美方按照中美三個

「聯合公報」，特別是《八一七公報》，慎重處理售台武器問題，以免嚴重損害中美關係。鮑威爾重申美國堅持一個中國原則，呼籲和平化解台海爭議。

同日　外交部軍控司司長沙祖康接受《解放軍報》專訪明確指出，如果美國同意向台灣出售「宙斯盾」驅逐艦，將形成事實上的美台「軍事同盟」或「準軍事同盟」，危害嚴重。

同日　張俊雄表示，台灣要有足以保衛自己的防衛性武器，才是兩岸和平的基礎。並辯稱，「宙斯盾」驅逐艦「並非進攻性武器」，台灣也無意與大陸進行軍備競賽。

同日　正在新加坡訪問的馬英九稱，陳水扁提出「統合論」是善意表現，也是正面、務實的做法，大陸不應該忽視。

同日　宋楚瑜稱，他樂見美國政府持續向台灣提供防禦性武器，但擔心國際社會誤判台灣與美國之間已建立軍事同盟關係，反而引發兩岸軍備競賽，形成另一場東西對抗的局面。

3月22日　錢其琛在美國會大廈早餐會發表講話指出，中美建交後，美國兩黨歷屆政府都承認世界上只有一個中國，台灣是中國的一部分，都表示堅持一個中國政策，遵守中美三個「聯合公報」，而切實履行上述承諾是中美關係健康發展的關鍵。並強調，美方應按中美《八一七公報》的原則，妥善處理售台武器問題。

同日　美國總統布希會見錢其琛副總理時表示，美中雙方應以相互尊重的方式處理分歧。並稱美國要信守《台灣關係法》，遵守其中的義務，對台軍售事宜，會考慮中美「台」三邊的最大利益。

3月23日　錢其琛在美中關係全國委員會等機構聯合舉辦的午餐會指出，妥善處理台灣問題是中美關係健康發展的關鍵，我們解決台灣問題的基本方針是「和平統一、一國兩制」。只要台灣當局承認一個中國原則，兩岸就可以恢復談判，什麼都可以談。早日實現和平統一，對台灣人民有百利而無一害，對全體中國人民有百利而無一害。導致台灣海峽局勢緊張的根源是有人要搞台獨，要把台灣從中國分裂出去，這當然是不能允許的。中國早日實現統一，有利於中美關係的健康發展，有利於中國，有利於美國，也有利於亞太地區的和平、穩定、繁榮。

同日　美國副總統切尼在白宮會見錢其琛副總理。錢其琛指出，台灣問題一直是中美關係中最敏感、最核心的問題，這一問題處理得好壞，直接關係到兩國關係在新世紀的發展，中方希望美方慎重、妥善處理台灣問題。

同日　連戰接受台灣東森電視台專訪時表示，基於「台灣優先、國家優先、保障人民生命財產的安全」的原則，國民黨在「軍售」問題上的立場與「執政黨」一致，並無「朝野」之分。

　　3月24日　江澤民主席接受《華盛頓郵報》專訪指出，我們將堅持以「和平統一、一國兩制」的政策解決台灣問題，不排除使用武力，但這絕不是針對台灣同胞的，而是針對反對中國統一的任何外國勢力和台獨勢力的。並明確指出，「邦聯制」是兩個或兩個以上主權國家的結合，在本質上並不是一個統一的國家，而「聯邦制」並不符合中國的歷史傳統和國情，對此，我們不能接受。

　　同日　陳水扁召集當局相關首長高層會議，主要內容有：1.如何借台灣加入世界貿易組織的機會，整體調整、規劃政策，搭建一個兩岸經貿關係「正常化」的架構。2.對台商在大陸投資及經營所面臨的問題，當局各相關部門都應積極予以關心和協助，確實保障人民切身利益。

　　3月25日　錢其琛接受美國《僑報》專訪時強調，台灣問題是中國內政，應由中國人自己解決，外國不能干涉。中方堅決反對任何國家對台灣提供任何形式的戰區導彈防禦系統。

　　3月26日　由國民黨副主席、台前行政院長蕭萬長與台積電、統一、台泥、國泰、裕隆等20家重量級企業集團負責人共同發起組織的「財團法人兩岸共同市場基金會」正式成立，蕭萬長任董事長。

　　同日　陳水扁出席「兩岸共同市場基金會」成立茶會時稱，兩岸關係的發展，應該從擱置爭議、加強經貿合作入手，進而建構永久和平及穩定的兩岸關係。

　　同日　台經濟部長林信義在立法院表示，他將以「中華台北經濟部長」的身份出席今年6月在上海舉行的APEC部長會議。

　　同日　台中央研究院院長李遠哲表示，區域合作已逐步取代政治對抗，全球化是不可避免的大趨勢，兩岸在此大趨勢下，將可找到寬廣的合作之路。

　　同日　連戰出席「兩岸共同市場」成立茶會時表示，世界貿易組織可能很快就會接納兩岸為會員，兩岸經貿關係將更為密切，但兩岸目前在基本看法上仍存在分歧，如何在彼此都能接受的共識上進行良性互動相當重要，「九二共識」就是促進兩岸關係發展的重要基礎。

3月27日　海基會緊急致函海協，請求海協協助廣東省公安機關全力偵辦東莞台商徐金源命案，並再次呼籲，兩岸應早日就保障台商人身與財產安全問題展開協商。

同日　蔡英文稱，在兩岸尚未坐下來談判之前，江澤民即表態不接受「邦聯」或「聯邦」是「滿可惜的」，並表示台灣處理兩岸關係的最高指導原則是「確保人民主權，凝聚國人共識」，而「統合論」只是凝聚共識的過程及輔助工具，並非終極定論，台灣人民對兩岸關係的走向有最後決定權。

3月28日　蔡英文稱，陸委會已完成了對「戒急用忍」政策的調整工作，制訂了新的方案。

同日　為加強兩岸交流，國民黨挑選20位大專院校學生和研究生，首次組成中國國民黨青年交流訪問團前往大陸訪問8天，將和北京大學、南京大學、中山大學、復旦大學的研究生座談。

3月29日　美國務院主管武器控制及國際安全事務的副國務卿提名人博爾頓在國會聽證會稱，台灣具有「國家資格」，給予台灣「外交承認」或支持台灣加入聯合國，並不違反一個中國原則。並表示，美國要依據《台灣關係法》，繼續向台灣提供防衛所需武器。

3月30日　辜振甫表示，2001年上半年應是兩岸復談的最好時機。並稱他所認知的「九二共識」即「一個中國，各自以口頭聲明方式表示」。

3月31日　達賴抵台活動。《香港商報》發表評論指出，台灣當局再次公然同意達賴訪台，暴露其支持達賴集團從事分裂祖國活動的立場，也再次表明民進黨當局無意改善兩岸關係，而是在蓄意破壞兩岸關係。

4月

4月1日　國台辦主任助理、海協會副會長孫亞夫表示，歡迎中國國民黨主席連戰、親民黨主席宋楚瑜來大陸參訪，如果他們願意，應該主動聯繫。

同日　新華社發表署名文章指出，達賴訪台懷有高度的政治目的。不管達賴在台灣舉行多少場「弘法灌頂」法會，都掩蓋不了他們同台獨分裂勢力同流合汙、從事分裂祖國活動的目的。

同日　陳水扁出席台灣2001年「世界公民大會」稱，台海形勢攸關亞太地區的和平、穩定與繁榮，台灣當局一向以務實政策持續推動兩岸關係，希望為亞

太安全提供穩定的助力,也期盼大陸能務實面對兩岸「分治」的事實,秉持善意,在平等互惠、合作共榮的基礎上,創造雙贏的局面。

同日　由台前立法院長劉松藩率領的親民黨立委訪問團抵達北京。劉松藩表示,「三通」符合兩岸人民的利益與權益,希望能儘早解決。

4月2日　朱鎔基總理在人民大會堂與來訪的卡塔爾首相阿卜杜拉‧本‧哈利法‧阿勒薩尼舉行正式會談。朱鎔基高度評價並感謝卡塔爾政府堅持「一個中國」原則、不和台灣發展官方關係的立場,並表示,我們對與中國建交的國家同台灣進行民間性質的經濟、文化往來不持異議,但堅決反對與我建交國同台灣建立官方關係或進行任何具有官方性質的往來。

同日　中央軍委副主席張萬年在澳大利亞首都堪培拉會見澳大利亞國防部長裡思。張萬年闡述了中國政府在台灣問題上的原則立場,指出解決台灣問題、實現祖國完全統一是中國人民在新世紀的三大任務之一。我們解決台灣問題的基本方針是「和平統一、一國兩制」,但決不承諾放棄使用武力,我們有和平解決台灣問題的最大誠意,也有粉碎任何分裂圖謀的堅定決心和必要準備。

同日　親民黨立委訪問團在北京與海協副會長孫亞夫等就如何排除「三通」障礙舉行座談。親民黨提出「政治擺一邊」,兩岸盡快「三通」及恢復談判。孫亞夫表示,雙方都認為兩岸直接「三通」是大勢所趨,但台灣當局領導人始終不承認一個中國原則,造成「三通」障礙,因此問題在台灣這邊。

4月3日　錢其琛會見親民黨立委訪問團表示,我們主張按照「一個中國、直接雙向、互惠互利」的原則實現「三通」。為了迴避當前關於一個中國原則的爭議,可以依循港澳航權談判的模式進行,這種談判模式,雖然是「民間對民間」的形式,但政府官員可以民間身份參與談判。並強調,大陸決不會同意把兩岸航線定位為「國際航線」。

同日　連戰會見達賴時稱,他對西藏的未來表示樂觀;對於兩岸關係,連戰呼籲民進黨當局回到「九二共識」,重啟兩岸對話機制。

4月4日　台「內政部長」張博雅表示,在勞委會尚未實施《大陸地區配偶在台灣停留期間聘僱許可及管理辦法》前,將暫時對大陸配偶在台灣工作的行為從寬處理,不予取締。

同日　馬英九在市議會答詢時表示,民進黨當局不要一天到晚擔心他被「統戰」。

4月5日　陳水扁會見達賴時稱，感謝達賴多次公開肯定台灣人民用愛、和平及非暴力方式完成「政黨輪替」。達賴說，在國際局勢瞬息萬變的同時，中國大陸內部也隨之變化，大陸領導人的想法也應該會跟隨世界潮流，因此，就整體形勢而言，西藏仍是有希望的。

同日　針對陳水扁與達賴會面一事，外交部發言人孫玉璽指出，台灣和西藏都是中國領土不可分割的一部分，我們從來不承認所謂的「西藏流亡政府」，我們也堅決反對台獨和「藏獨」勢力相互勾結，破壞祖國的統一。

同日　台陸委會已將「戒急用忍」政策調整方案報送行政院。陸委會研擬的資金回流機制主要有：1.開放銀行國際金融業務分行（OBU）與大陸地區銀行海外分支機構、外商銀行在大陸分支機構之間業務往來；2.強制赴大陸投資的上市上櫃台商企業，發放一定比例的現金股利；3.建立信用狀額度比例連接制；4.強化風險控管系統。

4月6日　台立法院跨黨派台商權益促進會和中國台商發展促進協會，舉辦「解決大陸台商經營困難八大訴求」公聽會。跨黨派立委聯署提案，呼籲當局正視台商「八大訴求」。「總統府資政」許信良表示，當局是台商投資的最大風險，他鼓勵台商「以商逼政」，爭取權益。台陸委會副主委鄧振中強調，當局肯定台商的貢獻，但仍希望台商將多餘資金回流台灣，只有台灣經濟增長，台商才能真正獲利。

同日　張俊雄在立法院表示，調整「戒急用忍」政策、讓資金回流台灣等4項機制是陸委會的意見，行政院仍未核定。產業、資金是調整「戒急用忍」政策時的兩大支柱，將朝「積極開放、有效管理」的大方向走。

4月7日　2001年4月29日是清華大學建校90週年紀念日，海峽兩岸的清華大學校長將率團互訪、首次共同慶祝校慶。

同日　蔡英文發表題為《兩岸關係新作為》的演講表示，民進黨當局對台商毫無負面看法，也不會走「戒急用忍」的回頭路。不過，台商在大陸面臨的人身、財產安全問題，外國廠商也有，必須借助國際的整體力量對大陸施壓，提升大陸對外商的保護才是有效的辦法。

4月8日　美國國務卿鮑威爾接受美國哥倫比亞廣播公司電視訪問時稱，對台軍售是獨立、無關聯的作業，美國純粹根據台灣的需要來考慮。

4月9日　台勞委會正式公佈「大陸地區配偶在台灣停留期間工作許可及管理辦法」，規定凡是已在台灣合法居留2年以上或未滿2年、但有小孩的弱勢家庭之大陸地區配偶，可以攜帶相關文件向「勞委會職業訓練局」申請工作許可。

4月10日　張俊雄答覆立委有關台灣農業如何面對WTO的衝擊問題時稱，非常歡迎、贊成兩岸交流、對話，但是要建立安全機制。

4月11日　國民黨智庫「國家安全組」副召集人、前駐美代表陳錫蕃，在國民黨中常會作題為《美國新政府亞洲政策之探討》的報告，指出雖然美國始終堅持一個中國的對華政策，但在具體做法上，會隨著美國國家利益及外在大環境的變化有所調整。

4月12日　外交部發言人章啟月在記者招待會重申，台灣問題是中美關係中最敏感、最核心的問題。關於美國對台軍售問題，中方已經多次向美方表達立場，希望美方恪守中美三個「聯合公報」的承諾，以免中美關係受到影響。美國如果向台灣出售先進武器裝備，將嚴重侵犯中國主權，威脅中國國家安全，加劇台海緊張局勢，並將給中美關係帶來破壞性後果。

同日　廈門第五屆台商交易會正式開幕。受到大陸即將加入WTO的影響，台商進軍大陸市場的態度更加積極，台商呼籲台灣當局盡快對「戒急用忍」政策鬆綁，恢復兩岸會談，實現兩岸直接「三通」。

同日　台陸委會副主委鄧振中稱，台灣當局評估大陸政策，除了考慮對台灣經濟發展有所幫助外，另一個重要因素是台灣的就業形勢。台灣經濟增長速度趨緩已導致失業率增加，因此，就業情況的變動，將是當局調整大陸投資政策的因素之一。

4月13日　張俊雄在立法院接受施政總質詢稱，調整「戒急用忍」政策及開放「三通」是當局既定政策，但不能單從經濟面看，還要考慮台灣的「國家安全」、產業競爭力等。以台灣目前的政治經濟形勢，當局不敢輕易鬆綁。台經濟部長林信義補充說，為避免外界質疑「錢進大陸、債留台灣」，即使調整「戒急用忍」政策，當局也會採取總量管制措施。

同日　台前監察院長王作榮直言，李登輝想去日本，與治病無關，百分之百是為了政治目的，以此凸顯台灣是一個「獨立國家」。

4月14日　陳水扁會見美國參議院銀行委員會人士稱，台灣安全不僅是台灣的利益，也攸關美國在西太平洋的共同利益，因此，希望在美國協助下，建立

兩岸軍事互信機制。同時，美國政府也有必要依據《台灣關係法》，向台灣提供先進的防衛性武器，以維持台海和平與穩定。

同日　民進黨金馬地區「小三通」問題專案小組召集人陳昭南，在金門縣政府召開的一項討論會明確表示，「金門也可以是香港」。他建議民進黨中央採取「政經分離」的做法，讓兩岸人員、貨物在金門中轉進出，創造金門的區域優勢。

4月15日　外交部軍控司司長沙祖康向《紐約時報》表示，對台軍售是中美關係中最大的問題，出售「宙斯盾」驅逐艦或「愛國者3型」導彈系統給台灣，意味著美台恢復準軍事同盟的關係，將損及中美建交的基礎。

4月16日　針對李登輝欲赴日本訪問一事，外交部發言人章啟月指出，李登輝決不是「一介平民」，希望日方遵守雙方的「聯合宣言」和「聯合聲明」，以明確的態度阻止李登輝訪日，不要做損害雙方關係的事情。

同日　陳水扁會見美國聯邦眾議員吳振偉時稱，民主是台灣安全最大的保障。美國如能透過「台灣安全加強法案」或根據《台灣關係法》給台灣提供必要的武器，就能確保台灣的民主成果，進一步保障亞太地區的安全。

4月17日　中國駐日大使陳健在東京舉行的記者會強調，中國政府堅決反對李登輝以任何藉口，圖謀透過訪日來達到分裂中國、破壞中日關係的目的。李登輝絕非平民，他和陳水扁政權一開始就有密不可分的關係，李登輝仍在利用一切機會從事分裂中國的活動，此次圖謀訪日也是其中一環，目的是尋求突破，擴大台獨影響。

同日　台行政院副院長賴英照稱，台財政部與「中央銀行」已完成《台灣與大陸地區金融業務往來許可辦法》的研擬，準備開放國際金融業務分行辦理兩岸金融業務往來，同時開放台灣銀行赴大陸地區設立代表辦事處。

4月18日　針對李登輝「赴日就醫」一事，張俊雄表示，台灣當局靜待日本政府做出最後決定。對於李登輝赴日所需的協助，當局將全力配合。

同日　台「外交部發言人」張小月稱，李登輝「赴日就醫」是「很單純」的事，希望日本政府從人道主義考慮，盡快做出最後決定，讓李登輝能夠早日成行。

4月19日　外交部發言人章啟月針對李登輝申請「赴日就醫」一事表示，台灣問題事關中日關係的政治基礎，堅持「一個中國」是日本政府應當履行的義務。中方希望日方遵守雙方的「聯合宣言」和「聯合聲明」的原則，以明確的態度阻止李登輝訪日，不再做損害中日關係、傷害中國人民感情的事。

同日　中國駐日大使陳健會見日本內閣官房長官福田康夫，強調中方堅決不能同意李登輝訪日，在這個問題上，中方沒有任何討價還價的餘地。

4月20日　日本政府正式宣布，核發李登輝赴日簽證。外交部副部長王毅奉命緊急約見日本駐華大使阿南惟茂，表明中方的嚴正立場。王毅強調，日本政府在《中日聯合聲明》中明確承諾「充分理解和尊重中國政府關於台灣問題的立場」，此後又多次表示堅持一個中國的原則，不支持台獨，日方允許炮製「兩國論」、大搞分裂活動的李登輝赴日，嚴重違背了《中日聯合聲明》的原則，背棄了自己做出的鄭重承諾，損害了中日關係的政治基礎，中方對此表示強烈抗議。

同日　美國政府同意發給李登輝為期5年的入美旅遊簽證。

4月21日　外交部發言人朱邦造表示，美國同意發給李登輝簽證是美國在台灣問題上採取的又一個錯誤行動，不但違反了中美三個「聯合公報」和美方的有關承諾，還干涉了中國內政，只會助長台獨勢力分裂中國的氣焰，加劇台海緊張局勢，破壞海峽兩岸關係和中美關係。中方強烈要求美方認清李登輝訪美的嚴重性和危害性，糾正錯誤，適時制止李登輝透過訪美從事分裂中國的活動。

同日　連戰對日本政府發給李登輝赴日簽證表示歡迎，辯稱李登輝訪日純粹是「醫療、人道之旅」，不應和兩岸關係混為一談。

4月22日　蔡英文稱，「戒急用忍」政策將依照三個原則進行調整：1.讓投資大陸之法規合理化、機制化、透明化，有利於掌握流向大陸之資金；2.在體制內創造資金回流誘因，讓資金回流本土，作為短、中、長期的運用；3.促進兩岸資金雙向流動，吸引「陸資」來台，開放觀光服務業，以使兩岸貿易平衡。

同日　針對李登輝即將赴日一事，民進黨「中國事務部主任」顏建發稱，民進黨當局此次表現「相當低調」，大陸即使想要遷怒台灣，也不容易找到著力點，因此，兩岸關係不至於惡化。

同日　內定出任美國在台協會台北辦事處處長的包道格預測，由於中國共產黨領導人換屆，明年台海兩岸緊張局勢將會升高。關於美國對台軍售問題，包道格支持布希總統做出向台灣出售「宙斯盾」級導彈驅逐艦的決定。

4月23日　台「行政院發言人」蘇正平召開記者會，無理指責新華社駐台記者報導「偏頗、片面」，「愈來愈離譜」。並表示，台灣當局不會因此使兩岸新聞交流後退，但大陸新聞記者應秉持客觀、中立的立場進行報導。

同日　美國總統布希決定年度對台軍售項目，同意出售4艘「基德級」驅逐艦、8艘常規柴油動力潛艇、12架P-3反潛巡邏攻擊機，以及導彈、魚雷、自行火炮等多種武器給台灣，總金額可能達40億～50億美元，規模之大為近年罕見。同時，美國宣稱暫緩、但不排除將來根據情況出售「宙斯盾」級驅逐艦給台灣。

4月24日　外交部發言人章啟月表示，美國政府如果不顧中方的反對，執意向台灣出售武器裝備，將嚴重違反雙方三個「聯合公報」特別是《八一七公報》的有關規定，嚴重侵犯中國主權，粗暴干涉中國內政，加劇台海地區緊張局勢，危害亞太地區的和平與穩定，中方強烈要求美國切實履行有關承諾，在售台武器問題上慎重行事，以免給中美關係帶來新的傷害。

同日　美國總統布希接受美國廣播公司和《華盛頓郵報》採訪表示，美國在防衛台灣的問題上與中方有分歧，但美國有義務防衛台灣。

4月25日　外交部副部長李肇星緊急召見美國駐華大使普理赫，奉命就美國政府宣布向台灣出售武器向美國政府提出嚴正交涉和強烈抗議。李肇星指出，美方這一錯誤決定是美國對台軍售的升級，是對中美三個「聯合公報」特別是《八一七公報》的粗暴踐踏，是對中國主權和領土完整的公然挑釁。美方的行徑只會進一步助長台獨勢力分裂中國的囂張氣焰，加劇台海地區的緊張局勢，危害亞太地區的和平與穩定，並將嚴重損害中美在防擴散領域的合作，對中美關係造成破壞性損害，中國政府和人民對美國政府的決定表示極大的憤慨和堅決反對，並保留對此做出進一步反應的權利。

同日　《解放軍報》發表題為《洋武器救不了台灣》的署名文章，指實施灣當局透過購買「洋武器」，圖謀達到「以武拒統」、實現台獨的做法，只能使台海形勢變得更加動盪，地區和平與安全面臨更大的威脅，台灣當局是在玩一種「危險的遊戲」。

同日　陳水扁會晤著名作家金庸時稱，美國正式決定的對台軍售清單是有史以來最豐富、突破最大的一次，但美國對台軍售不是要兩岸軍備競賽，而是為確保台灣的民主，使兩岸形勢穩定，希望使世界和平曙光真正到來。

同日　張俊雄稱，台灣無意與大陸進行軍備競賽，深深瞭解軍事採購不是保障台灣防衛的唯一途徑，兩岸只有透過建設性對話和實現關係正常化，才能確保真正永久的和平。

同日　蔡英文接受台《中國時報》專訪稱，1993年海基會與海協在新加坡舉行的「辜汪會談」，開啟了兩岸授權中介機構進行政策性對話的新頁。回顧兩岸談判的歷程，展望兩岸的未來，新加坡「辜汪會談」具有啟示作用。

　　同日　美國公佈對台軍售清單後，連戰稱，維護「國家安全」是朝野一致的立場，但不能「唯武器論」，獲得武器不一定等於「國防安全」，真正的「國家安全」必須有政治上的支柱，也就是穩定的兩岸關係。

　　同日　宋楚瑜稱，台灣安全的關鍵，在於人們對民主制度的信心以及美國政府信守《台灣關係法》的承諾，軍備競賽不能完全保障安全，台灣決不能成為美國對抗大陸的「棋子」。

　　同日　美國總統布希接受美國有線電視新聞網（CNN）等3家媒體訪問時稱，美國政府強力支持「一個中國」政策，希望兩岸分歧能夠和平解決，希望台灣繼續遵循「一個中國」政策。

　　4月26日　布希日前接受媒體訪問時，明確表示美國有義務防衛台灣。外交部發言人章啟月今天對此表示強烈抗議，指出世界上只有一個中國，台灣是中國的一部分，不是任何外國的保護地，這是國際社會人所共知的事實，美國繼日前宣布對台灣出售大量先進武器後，又緊接著發表上述錯誤言論，是在危險的道路上越走越遠，中方對此嚴重關切。

　　同日　台「經建會主委」陳博志稱，「戒急用忍」走向自由化是趨勢，何時放寬「戒急用忍」政策是時間選擇的問題。在當前台灣經濟形勢不佳、失業率攀高的情況下，應考慮政策對總體經濟面的影響。

　　同日　台陸委會副主委林中斌稱，在大陸與美日兩國關係出現摩擦之際，台灣希望看到各方關係的改善。台灣在兩岸關係的互動過程中，追求的不是「零和」，而是「雙贏」、甚至是「多贏」的發展方向。

　　4月27日　今日是新加坡「辜汪會談」8週年的紀念日。汪道涵發表談話指出，大陸珍惜1992年兩會共識，並要求在此基礎上重開談判，是維護「辜汪會談」的既有協商基礎和豐富成果，大陸對兩會復談並沒有提出任何超出「辜汪會談」之外的要求。一年多來，台灣當局新領導人始終不承認「一中」原則，一再否認「九二共識」，在此情況下，兩岸對話與商談難以在「辜汪會談」的框架內繼續進行。

　　同日　國台辦發言人張銘清指出，大陸在2000年5月20日即發表聲明，只要台灣當局明確承認一個中國原則，回到「九二共識」，兩岸就可以談，但台

灣當局領導人到現在為止,沒有接受「一中」原則,而且不斷否認「九二共識」,甚至不承認自己是中國人,大陸仍將持續地對他「聽其言、觀其行」。

同日　陳水扁日前接受香港《信報》執行總編輯陳景祥專訪稱,香港是香港,台灣是台灣,香港再怎樣繁榮進步,也不能強壓2300萬台灣人民接受所謂「港澳模式」的「一國兩制」,因為「『中華民國在台灣』是一個主權獨立的國家」,跟香港、澳門殖民地的地位完全不一樣,兩者不能畫等號。

同日　張俊雄在立法院答覆立委質詢表示,當局全力維持兩岸和平穩定的關係,如果雙方能在對等、尊嚴的原則下對話,求之不得。只要不預設前提,他非常歡迎朱鎔基總理或錢其琛副總理赴台訪問。

同日　辜振甫表示,他願意再度邀請汪道涵會長訪台,並願再到上海與汪會長會晤,共同探求兩岸關係的發展契機。

同日　台陸委會發言人林中斌稱,新加坡「辜汪會談」標誌著兩岸進入以談判代替對抗的里程碑,也像徵著兩岸願意擱置爭議,繼續交流對話。兩岸復談需雙方共同努力,台灣當局已做好各項準備,只等大陸「移除談判障礙」。

同日　美國副總統切尼接受美國有線電視新聞網(CNN)專訪時稱,越來越多的趨勢顯示,大陸對台海的和平進程已不如過去那樣堅定。布希總統日前對台軍售的決定和「協防台灣」的講話,用意都在於抑制大陸愈來愈強的「威脅性」,因此,正確的解讀應該是,美國堅決主張大陸不得以武力達成統一,如果大陸這樣做的話,美國也顯然有能力協助台灣自衛。

4月28日　外交部以書面傳真方式答覆法新社詢問,表示中方堅決反對陳水扁過境美國,堅決反對美國和台灣當局進行任何方式的交流或接觸。我們希望美方切實遵守一個中國原則和所做過的有關承諾,不要允許陳水扁過境美國,以免給中美關係帶來嚴重傷害。

同日　布希近日接受美國《時代雜誌》專訪時,為自己批準對台軍售的行為辯護,稱他這麼做是為了維護《台灣關係法》,他相信台灣人民會感激的。

同日　日本新任外相田中真紀子接受日本《產經新聞》專訪表示,她不贊成再度發出簽證給李登輝,因為會把問題「政治化」。如果李登輝病情惡化,可以到美國或新加坡治療。

4月29日　連戰就台灣終止「動員戡亂時期」10週年發表專文指出，兩岸應朝向和平競賽的兄弟關係發展，盡快延續「一個中國、各自表述」的「九二共識」，恢復對話機制。

同日　田中真紀子接受日本《朝日新聞》專訪，再度表示反對李登輝再次訪日。因為李登輝即使不做政治性發言，也企圖帶來政治上的影響力。

4月30日　美國總統布希決定提名熟悉國際經貿及法律事務的雷德，接替軍人出身的普理赫，出任美國駐中國大使。

同日　美國尼克松研究中心主任戴維‧蘭普頓在高雄就「美國是否支持台灣公投『台獨』」的議題發表意見，認為美國沒有必要維護「台灣人所做的任何決定」，美國需考慮事件發生前後的形勢及對美國家安全戰略的影響等諸多因素，才會決定是否採取支持台灣的具體行動。

5月

5月1日　陳水扁為《2001年大英國際年鑑》日文版撰寫序言表示，兩岸關係應該要正常化，不應該經常處於緊張的狀態，應積極進行復談，透過協商而漸進式地解決彼此的分歧，才有助於亞太地區的和平。

同日　美國國務院新任負責亞太事務的助理國務卿凱利稱，美國與台灣間的非官方關係是美國「一個中國」政策的根本要項，而依照《台灣關係法》，美國對台灣自衛有所承諾也符合美國利益。

5月2日　陳水扁會見德國聯邦議會外交委員會副主席施普蘭格爾時稱，美國雖已同意出售8艘潛艇給台灣，但美國已不再生產常規動力潛艇，他希望由德國提供製造圖紙，美國提供技術協助，讓台灣自己製造。

同日　張俊雄會見施普蘭格爾時稱，民進黨當局上台近一年，兩岸關係不如過去緊張，反而逐漸趨於穩定。台灣方面願意在三個前提之下與大陸坐下來談所有的議題，這三個前提是：1.台灣方面不做任何挑釁；2.在對等的原則下以協商方式解決問題；3.反對以武力解決爭端。

同日　台灣當局對大陸學歷政策尚未鬆綁之際，台灣元智大學宣布，已與上海交通大學及蘇州大學簽訂合作計劃，在大陸合開台商及台籍幹部EMBA（高級經營管理人員碩士課程）班。

5月3日　陳水扁會晤台灣工商建研會理事稱,他就任將滿一週年,最欣慰的就是穩定了兩岸關係,在「外交」及美國對台軍售方面也交出了「成績單」。

同日　呂秀蓮會見日本參議員矢野哲郎和山內俊夫時,鼓吹日本、韓國與台灣聯合建立「東北亞聯盟」。

同日　蔡英文稱,台灣要有足夠自衛能力,兩岸競爭才可不受「強勢」與「弱勢」的影響,美國對台軍售可保證兩岸在平穩的環境下競爭。

5月4日　兩岸共同市場基金會董事長蕭萬長日前向陳水扁報告其即將率團赴大陸訪問一事,台總統府表示尊重行政院的決定。但作為最高級別「政務官」,蕭萬長在卸任不到一年的時間內即赴大陸訪問,總統府感到遺憾。

5月5日　蕭萬長強調,他率團訪問大陸,目的相當單純,一定會秉持公開化、透明化的原則,按既定行程公開所有活動。他不代表當局,不代表政黨,也絕不會扮演「傳話者」的角色。

5月6日　美國總統國家安全事務助理賴斯稱,布希總統已經非常明白地表示,他決心履行《台灣關係法》中的義務,畢竟它是美國的法律。美國有責任確保台灣的和平生活不受干擾。

5月7日　外交部長唐家璇和日本外相田中真紀子通電話。田中表示,對李登輝訪日問題,日本將堅持以「一個中國」,不參與「一中一台」、「兩個中國」及不支持台獨的原則處理。

同日　台「中華奧委會主席」黃大洲接待來訪的中國奧委會主席袁偉民時,公開表示支持北京申辦2008年奧運會。

5月8日　蕭萬長率領的兩岸共同市場基金會董、監事訪問團取道澳門飛往北京。蕭萬長表示,他此行的目的純粹是為了推廣「兩岸共同市場」理念,是「溝通之旅」,希望兩岸經貿關係能共創互利互惠的合作新局。

同日　陳雲林在釣魚台國賓館宴請蕭萬長一行時表示,如果沒有政治上的障礙,兩岸其實就是一個市場。兩岸可在共同市場的架構下進行經貿交流與合作,但前提必須是沒有任何政治干預與障礙。

同日　國台辦常務副主任李炳才出席北京舉行的第四屆京台科技論壇暨京台科技合作研討洽談會開幕式,表示國家將繼續執行「同等優先、適當放寬」的政策,鼓勵台商來大陸投資及從事其他經濟活動,依法保護台商的一切合法權益。

5月9日　蔡英文與台商負責人餐敘稱，陸委會已經制訂了協助台商經營的方案，希望透過當局的力量來輔導台商在大陸的投資，改變目前台商在大陸經營人單勢孤的不利局面。

同日　蕭萬長在北京發表公開演說強調，建立「兩岸共同市場」應該有一個共同的政治基礎，那就是兩岸雙方都回到1992年「各自以口頭方式表述一個中國」的共識，在這個共識上擱置目前的政治爭議，雙方全力推動共同市場的建立，以循序漸進、分階段的方式進行經濟合作。

同日　王永慶呼籲台灣當局盡快開放對大陸投資，認為「戒急用忍」政策的調整不能再拖了。

5月10日　陳水扁主持幻影—2000戰機換裝成軍典禮，呼籲大陸放棄武力威脅，以談判代替衝突來處理兩岸關係。

同日　陳水扁與台灣媒體主管座談指出，兩岸經貿政策應採取「積極開放、有效管理」的新思維，在確保「國家安全」的大前提下，依照市場法則，秉持互惠原則來檢討「戒急用忍」政策。

同日　《亞洲華爾街日報》刊登對陳水扁的專訪。陳水扁稱，「大陸拒絕和台灣對話，北京不瞭解台灣，不瞭解民進黨」，也不認識他本人。他希望大陸不要利用台灣對大陸的大量投資來試圖影響台灣當局的政策。

同日　美國商會新發表的《2001年台灣白皮書》指稱，民進黨當局上台後，台灣多方面的經濟表現都讓人失望。台北美國商會會長白沛德表示，兩岸關係對台灣的商業環境極為重要，台灣應盡快確立自己的赴大陸投資「跳板」的戰略性地位。如果兩岸實現「三通」，一定會吸引更多外商來台投資。

5月11日　錢其琛副總理會見蕭萬長時強調，只有台灣當局領導人接受一個中國原則，承認1992年兩會共識，恢復對話與談判，兩岸關係才會穩定和發展。蕭萬長表示，「九二共識」是海基會與海協達成的共識，雙方誠實遵守兩會簽署的協議至為重要，兩岸談判在哪裡中斷，就應從哪裡接續。

同日　蔡英文發表題為《兩岸關係新思維》的演講，認為兩岸關係癥結在於長久以來，兩岸間對若干敏感的政治問題一直有不同的看法，這是雙方關係陷入僵局的主要因素。

同日　連戰強調，兩岸要解決目前彼此對立的困境，必須以「九二共識」為基礎。在此基礎上，可以按「國統綱領」的遠、中、近程目標的安排，一步一步推動兩岸關係。他表示，從未排拒在適當時機到大陸訪問的計劃。

5月12日　陳水扁接見日本學者大前研一稱，知識經濟是兩岸經貿的共同語言，台灣要將大陸市場納入全球市場規則中，以「積極開放、有效管理」的新視野，在發展知識經濟的既定方針下，為台灣新世紀的經貿版圖做出宏觀規劃，逐步加以落實。

同日　蕭萬長在上海表示，兩岸共同利益的最大基礎在於經濟合作，推動兩岸經貿交流則是最重要的步驟。

同日　台前陸委會主委蘇起指稱，民進黨當局大陸政策的主軸就是只做不說的「兩國論」。

5月13日　呂秀蓮接受英國路透社專訪時稱，時機不對，條件也未成熟，而且大陸還懷著「不良意圖」，因此，關於「共同市場」的討論是「一個笑話」。

同日　蕭萬長會見上海市委書記黃菊時表示，兩岸要以開放思想、實事求是的精神，推動雙方經濟的合作交流。兩岸要創造和平穩定的交流環境，雙方就必須相互尊重，共同排除非經濟因素的交流障礙。

同日　蕭萬長在復旦大學表示，兩岸在經濟上「和則兩利」，在政治上「和則雙贏」。誰能創造兩岸「雙贏互利」的境界，誰就是兩岸人民期待的角色。兩岸經濟合作若能以學術交流為基礎，可以找到更密切的合作機制。

5月14日　陳水扁接受美國《時代》雜誌亞洲版的專訪稱，大陸領導人對台灣民眾及他個人很不瞭解，台灣的民主化及自由，是大陸要多花心思接觸的。

同日　台「經建會主委」陳博志在北京APEC部長級會議上，與國務院人事部部長張學忠進行雙邊會談，雙方都希望加強兩岸人才交流合作。張學忠還表示，大陸將調整有關政策，解除相關限制，以促進兩岸人才交流及優勢互補。

同日　美國國務卿鮑威爾接受美國有線電視新聞網（CNN）專訪時宣布，美國同意陳水扁在出訪中美洲途中，去程及回程在美國紐約及休士頓過境。不過，「陳水扁必須瞭解美中關係的性質」。同時，美國保證，這件事不會對北京構成困擾，美國的中國政策沒有任何改變或修正，外界不必疑惑。

5月15日　外交部發言人孫玉璽重申，不管陳水扁以什麼名義訪問美國，中方都堅決反對。中方希望美方恪守中美之間三個「聯合公報」的精神，堅守「一個中國」的原則，不要與台灣進行官方接觸。

同日　連戰在台灣海洋大學發表題為《從亞太區域形勢論台灣未來前途》的專題演說，指出美國新政府的中國政策已經向台灣傾斜，但兩岸關係的主導權仍應掌握在台灣的手上，不應寄託在國際形勢的緊張上，或成為別人的「馬前卒」。台灣應回歸「中華民國憲法」、「國統綱領」機制及以「一中各表」為內涵的「九二共識」來處理兩岸問題。

同日　蕭萬長在深圳與深圳市委書記張高麗會晤時表示，廣東和深圳是最接近市場經濟開放思想的地區，有利於台商投資。眾多台商選擇在深圳投資的決定是正確的，這是互利互惠的雙贏戰略。

同日　美國科學家協會前會長史東拜會親民黨主席宋楚瑜，就台海形勢交換意見。宋楚瑜重申兩岸關係應回歸「九二共識」的一貫立場，促請民進黨當局應採取務實做法，推動兩岸關係，但任何改變台海現狀的決定都必須得到台灣人民的同意。

5月16日　陳水扁會見香港台灣工商協會訪問團時稱，港澳政府在回歸後處理涉台事務時有保守的傾向，在有些方面甚至還有不如兩岸間的情形，令人遺憾，希望大陸方面及特區政府能以更務實的態度處理台港、台澳關係。

同日　陳水扁以越洋視訊方式，參加美國外交關係協會在華盛頓舉行的會議，稱大陸如果希望改善現況，唯有直接和他及民進黨當局打交道，別無他途，希望能以「民主、對等、和平」的三原則找出「一個中國」的含義。

同日　在北京參加APEC部長級會議的台「經建會主委」陳博志稱，過去一年的兩岸關係相對穩定，未來一年會更加穩定。並表示，兩岸應該多互動，最後總能消除誤解和分歧，達成共識，並進行更多的良性互動。

同日　美國聯邦眾議院透過《2002暨2003年外交關係授權法案》，仍然把台灣視為主要盟友，有關對台軍售安排繼續維持現行的年度談判模式，並希望美國在台協會能懸掛美國國旗。

5月17日　外交部發言人孫玉璽表示，APEC各成員對台灣參加會議的問題已經達成諒解，即台灣作為一個經濟體，只能派負責經濟工作的官員參加APEC領導人非正式會議。他明確指出，陳水扁不能出席2001年10月在上海舉行的APEC領導人非正式會議。

同日　陳水扁在台灣第三屆「全球僑務會議」上稱，台灣期盼的不是兩岸競賽的誰輸誰贏，而是打開兩岸僵局，共謀「雙贏」。蔡英文則對錢其琛近期提出的「世界上只有一個中國，大陸和台灣同屬一個中國，中國的主權和領土完整不容分割」的新「三段論」提出看法，認為大陸只是語氣上的緩和，「迄今未有行動體現這些說辭」。

　　同日　台「中國台商促進協會理事長」章孝嚴和前民進黨主席許信良再度率領台商訪問大陸。章孝嚴表示，此行將到重慶、西安、北京等地深入瞭解西部開發情形，探求有無商機。

　　同日　美國副國務卿阿米蒂奇稱，美國給予陳水扁過境「禮遇」，是基於美國的待客之道，也是對朋友合理的安排，不必牽扯到中美關係。

　　5月18日　陳水扁發表電視談話稱，今年APEC領導人非正式會議將在上海舉行，基於成員的權利和義務，他要慎重表達親自前去參加的意願。除了經貿議題之外，他也願意就兩岸人民關心的其他議題，包括「三通」的問題與江澤民主席進行直接的對話。

　　同日　台「經建會主委」陳博志表示，此次北京之行，他與江澤民主席會面氣氛融洽，顯示兩岸有良性互動，未來應建立互信基礎。如果陳水扁能出席APEC領導人非正式會議，更可顯示出兩岸間的良性互動。

　　同日　台「行政院金馬『小三通』指導委員會」邀集陸委會、交通部等相關機構，舉行金馬試辦「小三通」檢討會議，決定在兼顧安全與有效管理的前提下，有條件放寬「一港一區」的限制，在金門料羅港、馬祖福澳港之外，陸續開放金門水頭港、馬祖東引中柱港作為試辦金馬「小三通」的指定港口。

　　5月19日　蔡英文稱，陳水扁所宣示的「積極開放、有效管理」一直是政策主軸，當局也一直以正面方式來處理「戒急用忍」政策。但企業界對「三通」，尤其是全面「三通」不用過度期待，短期內不太可能實現。

　　同日　王永慶表示，台灣是個小地方，早在第二次世界大戰結束時就已承認是中國的一部分，現在，台灣當局只要承認「一中」，和大陸就什麼都好談。

　　同日　統一集團總裁高清願表示，台灣當局應該拿掉「戒急用忍」的大陸政策。許信良認為，兩岸「三通」是解決當前台灣經濟困境的良方，只有台灣徹底開放，企業才會「根留台灣」。

5月20日　呂秀蓮出席全台醫師公會聯合會會員代表大會稱，兩岸關係不如想像中的平穩，可以用暗潮洶湧形容。她指責有些台商「人去了、錢去了、心也去了」，一小部分人忠誠度動搖，長此以往，對台灣安全不利。

5月21日　陳水扁在紐約會見美國聯邦眾議員時稱，他絕對有「誠意和善意」改善兩岸關係，希望能在10月份到上海參加APEC領導人非正式會議，與江澤民會面，除了經濟問題，也可以討論政治議題，希望美國能支持。

同日　日本民主、自由、社民等在野三黨在東京開會，認為外相田中真紀子對中國外交部長唐家璇「擅自承諾」不發給李登輝簽證一事，問題重大，將在國會中一起追究此問題。

5月22日　外交部發言人朱邦造在記者招待會上表示，中方強烈要求美方認真對待中方的嚴肅交涉，恪守「一個中國」政策和中美三個「聯合公報」，糾正錯誤，慎重處理陳水扁過境問題，不與其進行任何形式的官方接觸，不允許其在美國從事分裂中國的活動，以免中美關係受到進一步損害。

同日　呂秀蓮會見美國智庫訪問團一行時稱，大陸「一個中國」的說法把台灣視為地方政府，「我們決不會接受」。兩岸人民同文同種，皆屬中華民族，也都是中華兒女，因此她建議以「一個中華」來代替「一個中國」，較能真實反映兩岸關係的現況。

同日　台陸委會已開始對《兩岸人民關係條例》進行全面修訂，這是該法制定近10年來最大幅度的修改行動。陸委會負責人表示，在避免引爆統「獨」爭議的政治考慮下，將遵循《「中華民國憲法」增修條文》的規定進行「修法」，有關兩岸關係的法律定位，仍將為「一國兩區」。

同日　第二所大陸台商子弟學校——江蘇崑山市華東台商子女學校預定9月開學，該校已得到台行政院專案的核準。

5月23日　外交部部長助理周文重緊急約見美國駐華臨時代辦馬林，奉命就美國政府允許陳水扁過境美國一事向美方提出嚴正交涉。周文重指出，美方的錯誤做法，嚴重違反了中美三個「聯合公報」和美方向中方所做的有關承諾，助長了台獨勢力分裂中國的氣焰，粗暴干涉了中國內政，中方對此表示強烈憤慨和堅決反對。

同日　國台辦主任陳雲林會見到訪的「中國台商發展促進會理事長」章孝嚴時表示，兩岸「三通」可由民間單位先談，再由官方認可。

同日　陳水扁在紐約會見美國智庫學者時表示，民進黨當局不會推翻過去國民黨執政所做的任何協商和承諾，包括1993年新加坡協議和「一個中國，各自表述」。希望兩岸能夠透過經濟貿易及文化的方式，達到某種程度的「統合」。

同日　張俊雄稱，行政院還在對調整「戒急用忍」政策一事進行評估。

5月24日　錢其琛副總理會見「中國台商發展促進會理事長」章孝嚴一行，雙方就共同關心的問題交換意見。章孝嚴表示，目前兩岸關係發展是「七分經貿、三分政治」，大陸應重視台商，解決台商遇到的問題。

同日　由中台辦、中央外事辦公室共同召開、為期3天的對台宣傳工作會議在北京結束。錢其琛出席，指出要積極宣傳「和平統一、一國兩制」的基本方針和江澤民主席「八項主張」，提高對台宣傳工作的緊迫感，加強和改進對台宣傳工作，為完成統一創造有利的輿論環境。

同日　馬英九在台北市議會表示，陳水扁在美國提出不會推翻「一中各表」的說法，而總統府副祕書長簡又新又立即澄清說陳水扁不認為「一中各表」是「九二共識」，當局這種反反覆覆的態度，讓人民無所適從。陳水扁當局的大陸政策曖昧不明，使大家對兩岸事務沒信心。

同日　台前監察院長、經濟學家王作榮表示，台灣的產業轉型應以大型化、國際化為目標，其中資訊電子與服務業應朝國際化發展，傳統產業則要到大陸才有發展為大型企業的可能，當局不應限制廠商到大陸投資。

5月25日　錢其琛副總理會見出席第三屆亞歐外長會議的各國外長，闡述中國政府關於台灣問題的政策。他指出，「和平統一、一國兩制」是中國解決台灣問題的基本方針，台灣一些人企圖搞「獨立」，國際上有些人企圖支持台灣「獨立」，這是很危險的，也只能是徒勞的。

同日　陳水扁在薩爾多瓦稱，台灣不是任何國家的「棋子」，而是「下棋的人」。

同日　蔡英文在記者會稱，國民黨「執政」時在兩岸互動過程中所產生的結果和共識，民進黨當局已經詳細評估與檢查，兩岸之間曾達成的協議，或曾以口頭方式相互承認的共識，民進黨當局都會遵守。

同日　王永慶接受新華社專訪表示，解決台灣目前的經濟問題的方法很簡單，就是承認「一中」原則。假如台灣的政治家懂得這一點，和大陸的政治關係有轉機，問題就統統解決了。

5月26日　應「中華台商研究會」邀請，蔡英文在中興大學以《當前兩岸政策》為題發表演講稱，台商在大陸的投資可能接近1000億美元，兩岸關係必然影響台灣未來經濟發展。台灣當局在檢討「戒急用忍」政策的過程中沒有政治意圖，也沒有意識形態，而是著眼於如何讓台灣產業繼續往前走。

同日　海基會副祕書長顏萬進在台灣綜合研究院舉辦的座談會稱，假如美國的亞洲戰略走向是將中國大陸視為長期競爭的對手，而將日本列為優先的合作對象，他判斷，美國在處理兩岸關係時，「一個中國」政策將會走向「表面化」和「空洞化」，而台灣和美國的關係會更為「正常化」和「官方化」。

5月27日　陳水扁在危地馬拉與隨行的台灣記者團茶敘，對民進黨當局處理兩岸關係的基本思路和方向提出「新五不政策」：1.對台「軍售」和過境美國絕不是對大陸的挑釁；2.台灣當局絕不會錯估與誤判兩岸形勢；3.台灣絕不是任何國家的「棋子」；4.台灣絕不放棄改善兩岸關係的誠意與努力；5.兩岸關係絕對不是「零和」遊戲。

同日　有效期5年的台港航約即將在6月12日到期。台灣方面，由陸委會替代「交通部民航局」全權主導簽訂新約談判。台交通部官員表示，若台港航約在6月12日前無法就新約達成協議，將延長舊約以便應對，不會讓兩地空中交通中斷。

5月28日　台陸委會發言人林中斌稱，陳水扁宣示的處理兩岸關係「新五不政策」，雖然並非新內容，而是當局一直在做的事，但是，陳水扁此次以比較清楚的說法，對大陸表達了極大的「善意」，深信兩岸關係會有雙贏的走向。

5月29日　外交部發言人朱邦造指出，最近陳水扁在海外發表了不少言論，玩弄辭藻，蠱惑人心，但是掩蓋不了一個基本的客觀事實，就是台灣當局到目前為止仍然拒絕承認一個中國的原則，而且大量購買外國先進武器，抗拒和平統一，以所謂「出訪外交」、「過境外交」在國際上大搞分裂活動。如果台灣當局真要改善兩岸關係，只要明確承認一個中國原則，回到「九二共識」的立場上來，就什麼都可以談。

同日　陳水扁在巴拿馬議會演說詭稱，所謂「一國兩制」的含義是「在台灣的中華民國必須被消滅，而變成中華人民共和國的一部分」，絕大多數台灣人民無法接受。

5月30日　國台辦發言人張銘清指出，台灣當局新領導人至今不接受一個中國原則，不承認「九二共識」，甚至不承認自己是中國人，所謂「新五不」、「舊五不」本質上就是不承認一個中國原則，「新五不」無法打破兩岸關係僵局。

同日　台行政院會透過《台灣與大陸地區金融業務往來許可辦法》部分條文修正案，開放國際金融機構分行辦理兩岸金融業務直接往來，並允許台灣金融機構赴大陸設立代表辦事處。

同日　台行政院祕書長邱義仁稱，「戒急用忍」政策可分為廣義與狹義兩種。對金額、特定產業的規範應屬狹義的「戒急用忍」，由於涉及層面較複雜，暫時還不會開放；至於廣義的「戒急用忍」政策，則一直處於陸續開放中，開放兩岸金融業務往來也是一種開放行為。

5月31日　陳水扁在巴拉圭議會發表演說稱，大陸繼續排除中華民國參與國際社會的基本權利，企圖透過「一國兩制」，刻意忽視中華民國自1912年成立以來即為「主權國家」的事實，這種僵固心態是造成兩岸關係緊張的基本原因。

同日　陳水扁接受美國有線電視新聞網駐亞松森市特派員專訪稱，台灣重返聯合國是台灣2300萬人民的心聲，這樣的聲音應該被聽到；世界上有192個國家，只有中華民國被排除在外，違反了聯合國會籍普遍性原則。

同日　宋楚瑜表示，陳水扁有關兩岸問題的談話，找不到問題的核心，兩岸問題「不是講些話就可以解決」。

同日　台積電董事長張忠謀在香港表示，台灣資訊科技界到大陸投資設廠，短期內會對台灣造成負面影響，但長期而言，反而會刺激台灣科技更上一層樓。

6月

6月1日　張俊雄對在台歐洲廠商發表演說稱，加強對歐關係是當局重要的「外交」政策，會鼓勵台商加強對歐投資，同時台灣也願意借鑑歐洲統合經驗，逐步建立「政治統合」架構。歐洲商會會長鄧慕華則表示，兩岸經貿隨著「三通」的發展，愈來愈密切，希望台灣能成為大中華市場的中心。

同日　美國總統布希致信國會，決定給予中國正常貿易待遇。國務卿鮑威爾在《華盛頓郵報》發表文章，強調此為三贏之舉：美國受益，中國大陸的改革開放受益，台灣和香港也受益。

6月2日　陳水扁接受洪都拉斯《前鋒報》社長專訪稱，港澳模式不是解決台灣問題的方法，台灣也絕對不能接受「一國兩制」。

同日　台前「經建會主委」江丙坤認為，台灣當局應開放銀行赴大陸設點，並在租稅與航運問題上與大陸對話，才能保障台商在大陸投資的利益。

6月3日　解放軍近期在東山島舉行軍事演習。民進黨主席謝長廷稱，若大陸欲以「軍事武力脅迫台灣」，結果將適得其反，更令台灣人民反感。

6月4日　台交通部高層官員指出，為維持兩岸三地空中交通正常往來，台港雙方的民航主管單位同意將「台港航空協定」的有效期延長至2001年12月31日。

6月5日　外經貿部長石廣生與台經濟部長林信義會面時表示，由於兩岸經貿交流頻繁，更凸顯「三通」應盡快進行；林信義表示，台灣目前也正在積極規劃「三通」，但是必須找出一個機制，坐下來談，才能推得下去。

同日　台「體育委員會主委」許義雄重申，台灣當局對北京申辦2008年奧運會的一貫立場是「樂觀其成」，從未改變。

6月6日　陳雲林在福州出席海峽兩岸訊息技術與微電子產業發展研討會指出，兩岸經濟交流與合作發展的歷程證明，兩岸經濟具有很強的互補性，大力發展兩岸經濟交流與合作，盡快實現兩岸全面、直接的「三通」，符合客觀經濟規律，符合兩岸同胞的共同利益。台灣當局的極少數人頑固地堅持「戒急用忍」政策，不斷以種種藉口阻撓兩岸直接「三通」。這種做法不僅損害了兩岸關係，而且直接損害了台灣工商業者的利益。

同日　日前，美國貿易代表佐利克曾對陳水扁爭取參加10月底的APEC領導人非正式會議持肯定的看法。對此，外交部副部長王光亞表示，兩岸三地在1991年加入APEC時，即由APEC共同透過一份諒解備忘錄，對台灣參加APEC會議有所規範，若讓陳水扁參加APEC領導人非正式會議，將違反這份備忘錄精神。

同日　外經貿部副部長龍永圖指出，兩岸的經貿問題可在既有的渠道協商解決，沒有必要在APEC這個多邊場合討論。

同日　美國總統國家安全顧問賴斯、國務院發言人鮑徹相繼指出，長久以來，不論是部長會議還是領導人非正式會議，有關台灣出席APEC一事都安排得很妥善。美國政府希望台灣今年一如既往，由適當的高層官員代表出席。

6月7日　外交部發言人孫玉璽表示，大陸的基本主張是和平統一，不願見到任何可能引起台灣海峽局勢緊張的事件發生，但當大陸遇到挑釁活動時，就必須有所準備。兩岸要緩和局勢或建立信任措施，台灣當局必須先接受一個中國原則。台灣當局若接受這一點，關於撤離福建地區的導彈等議題，兩岸都可以坐下來談。

6月8日　錢其琛會見以台灣前「陸軍總司令」黃幸強為團長的台灣「中華黃埔四海同心會訪問團」，高度讚揚了黃埔軍校可貴的愛國精神，希望海內外黃埔同學繼續發揚愛國傳統，為祖國和平統一事業多作貢獻。兩岸目前的僵局之所以無法打破，主要是因為台灣當局不願承認一個中國原則和「九二共識」。

同日　國台辦常務副主任李炳才指出，台灣當局中極少數人無視台灣同胞的強烈願望，頑固堅持「戒急用忍」政策，不斷用種種藉口阻撓兩岸全面「三通」，這不僅損害了兩岸關係，影響了兩岸經濟合作，而且直接損害了台灣工商業的切身利益。他呼籲台灣當局回到1992年海協、海基會兩會達成的「各自以口頭方式表述海峽兩岸均堅持一個中國原則」的共識。

同日　日本自民黨幹事長山崎拓表示，日本雖然支持「一個中國」政策，但希望大陸避免行使武力來實現這一目標，中國大陸或許認為此種想法是干涉內政，但這是周邊各國的願望。並指稱，大陸近年「大舉擴軍，尤其是在面對台灣的沿岸部署導彈等，令人擔憂」。

6月9日　台經濟部長林信義稱，將在近期內與相關單位重新檢討，準備放寬引進大陸產業科技人才的程序及期限，協助台灣產業發展。

6月10日　在山東省對台經貿洽談會上，多位台商表示，中國大陸加入世界貿易組織，將意味著台商享受的優惠政策逐步取消，與所有外商處於平等的地位，未來難免陷入激烈的競爭之中，但總體投資環境的提高對台商仍是一樁好事。

6月11日　香港《文匯報》引述大陸官員談話指出，兩岸在世界貿易組織中，是有本質區別的：大陸是以國家主體加入，台灣只是作為一個單獨關稅區加入。不過，發展兩岸間的經貿交流與合作是大陸的一貫政策，對於 WTO 的規定，會遵照執行。至於兩岸間的其他問題，如「三通」等，應由兩岸透過既有的渠道協商談判。中國大陸一貫反對台灣問題國際化，反對將涉及兩岸的問題拿到國際機構中進行談判。

2001 年 / 6 月

6月12日　外交部發言人孫玉璽表示，10月在上海舉行的第九屆 APEC 領導人非正式會議，作為東道國的中國將嚴格執行已達成的諒解備忘錄，台灣代表也應該按此諒解備忘錄產生。並強調，在此國際會議場合，中方不會討論涉及兩岸關係方面的問題。

同日　連戰在英國牛津大學發表專題演講，批評陳水扁當局的大陸政策「懸空」，導致兩岸關係不但不穩定，而且處於「冷和」僵局，相當嚴峻。

同日　美國國務院負責亞太事務的助理國務卿凱利在眾議院國際關係委員會聽證會表示，美國處理台海兩岸關係的核心意圖，在於如何從「聚焦軍事平衡」轉移到「聚焦化解分歧」上來，答案在三方面：第一，兩岸應恢復直接對話；第二，政治對話開始前，先從經濟著手；第三，加強瞭解以增進互信。

同日　新加坡內閣資政李光耀表示，他不認為中美會為台灣而發生戰爭。

6月13日　香港特區政府為了面對主權回歸後的政治現實，建議修訂中學四年級和五年級的歷史課程，首次將台灣的近代史包括在內。新修訂的課程選取了八個專題，其中之一是確認台灣是中國的一部分。

同日　美國前常駐聯合國代表柯克帕特里克表示，台灣不可能加入聯合國，除非北京同意。美國也不會在聯合國內支持「第二個中國」。

6月14日　新加坡總理吳作棟在華盛頓稱，布希總統告訴他，美國要和中國維持良好的關係。吳作棟還轉述，布希支持一個中國原則，認為台灣不應該「獨立」。

6月15日　參加上海合作組織會議的中、俄、哈、吉、塔 6 國國防部長重申，中華人民共和國是中國唯一合法政府，台灣是中國領土不可分割的一部分，台灣問題屬於中國內政，不允許外部勢力對解決台灣問題加以干涉。

同日　台行政院在採用何種中文拼音方案問題上延宕不決。馬英九決定台北市採用漢語拼音，並表示就算台灣當局最後決定採用通用拼音，台北市也不會接受。

同日　連戰在法國巴黎大學發表題為《和平不能分割》的專題演講指出，雖然台灣當前經濟衰退，政治陷入「憲政危機」，但國民黨積極和所有理念相同的政治力量合作，希望能早日解決內部危機，振興經濟，推動兩岸經貿，透過經濟分工合作，構建兩岸和平基礎。

同日　台「國營會副主委」林文淵表示，「國營會」將建議陸委會開放「國營事業」赴大陸「間接投資」。

同日　台灣師範大學舉行兩岸報告文學的發展與未來研討會，受邀的9位大陸報告文學作家，與陳映真、黃春明、古蒙仁等台灣報告文學工作者數十人齊聚一堂，暢談1970年代以來兩岸報告文學的發展。

同日　布希政府向台灣保證，台灣將緊接著中國大陸加入世界貿易組織（WTO）。如果中國大陸阻撓台灣加入WTO，美國絕不接受。

6月16日　台經濟部公佈的調查數據顯示，逾六成製造業者認為兩岸直接「三通」可以降低人員、貨物往來的運輸成本，有利於利潤率的提高。其中，資訊通訊業、精密儀器業、玩具業認為利潤率將因此提高的廠商比例高達七成。

6月17日　馬其頓外交部長伊琳卡·米特雷娃啟程前往北京。她在行前表示，馬其頓將斷絕與台灣所謂的「外交關係」，並與中國（大陸）復交。

6月18日　陳水扁詭稱，「中華民國護照」加注「台灣」字樣，讓國外瞭解中華民國與中華人民共和國的「區別」，「已獲得高比例民意的支持」，勢在必行。他會促請「行政部門」尋求立法院的支持與諒解，早日實現。

同日　陳水扁會見美中關係全國委員會主席何立強時稱，台灣對外採購軍事武器的目的是力求自保，並不是要與大陸進行軍備競賽。

同日　台外交部宣布自即日起中止與馬其頓的「外交關係」，下令關閉其駐馬其頓「大使館」，停止一切合作計劃並撤回專家技術團，台、馬為期兩年五個月的「邦交」，正式宣告結束。

同日　辜振甫表示，「九二共識」就是「一個中國、各自表述」，呼籲兩岸要多溝通、多瞭解，求同存異。

6月19日　張俊雄稱，大陸所講的「一中」，從根本上否定了中華民國的存在。台灣方面已一再表明，對兩岸問題維持彈性，兩岸可以「一個中國」為議題，對等地坐下來談，任何有爭議的問題都可以談，以找出雙方都能接受的解決途徑。

同日　台外交部發言人張小月稱，將來台灣護照上的「中文國名」，還是中華民國，但在英文呈現方式上，可能傾向在「Republic of China」之後加注「Taiwan」。她辯稱，此舉並無「政治考慮」。

2001年 / 6月

　　同日　王永慶出席台「2001年生技醫療保健系列活動啟動暨開幕論壇」指出,對台灣當前的困境,只有坦然接受大陸一個中國原則的主張方能化解。

　　6月20日　陳水扁在馬祖活動,一方面強調加強戰備,確保「國家安全」;另一方面不忘釋放所謂「善意」,表示要在互惠共榮的基礎上,建構穩定的兩岸關係。

　　同日　連戰在紐約接受美國有線電視新聞網(CNN)採訪表示,國民黨過去制定了《國家統一綱領》,並和大陸達成「九二共識」,即「一個中國、各自表述」,以此為基礎,兩岸開展協商,維持了好幾年的穩定局面。民進黨當局不遵守這個基礎,導致兩岸關係惡化。

　　同日　民進黨籍立委王拓、邱垂貞、陳其邁及國民黨立委陳鴻基、王昱婷等朝野立委,舉行「鬆開掐住台灣觀光產業發展的那雙手」公聽會,強烈批評台行政院長張俊雄,認為他關於7月1日落實開放大陸人士來台觀光政策的宣示是「信口開河」,事實上,台陸委會在6月底才完成規劃報告,這項承諾肯定要「跳票」。

　　6月21日　新黨立委賴士葆在立法院舉辦「大陸政策鬆綁對緩解台灣經濟困境是利多還是利空」公聽會,蔡英文在會上表示,陸委會下階段將考慮放寬台灣廠商赴大陸投資上限及開放直接投資,但她不願確定開放直接投資的時間。

　　同日　對於蔡英文表示考慮開放台商赴大陸直接投資的說法,台經濟部長林信義稱,直接投資固然可以增加資金進出透明度,但在兩岸還沒有簽訂投資保障協定的情況下,直接投資也可能增加投資風險。

　　同日　台交通會議旅遊觀光組以「兩岸觀光推動的策略」為主題,對大陸人士來台旅遊對台灣社會救濟、「國家安全」、社會安定以及台灣旅遊業發展的影響等進行探討。台灣廣告協會會長嚴長壽呼籲台灣當局,勿將開放大陸人士來台當成談判籌碼,要求陸委會適時公佈大陸人士來台旅遊的配套措施,以利兩岸互動。

　　6月22日　據香港《明報》報導,兩岸三地一批高層智囊及學者近日在香港舉行名為「新世紀兩岸關係發展與中國前途」的研討會。與會者主要討論了一個中國原則、「九二共識」、兩岸經濟發展的互動關係、台灣年底選舉等問題。

　　同日　台「財政部長」顏慶章透露,已正式核定台灣銀行赴大陸設立辦事處的作業細則,財政部自下周起即可受理台灣銀行赴大陸設立辦事處的申請。

6月23日　連戰在美國丹佛召開的世界論壇「美國與亞洲的交往」分組演講時指出,「九二共識」是兩岸同意彼此對「一個中國」可以有不同的解釋,是兩岸協商的基礎,因此「九二共識」已成為兩岸對話的敲門磚。

6月24日　據中新社報導,從1995年開始,兩地婚姻走向正常化:年齡相仿,且多是年輕夫婦。而近年來,隨著海峽兩岸交流的增多,兩岸通婚一改十幾年前單向的「大陸女配台灣郎」的狀況,「台灣女嫁大陸郎」的個案正在逐漸增多。

6月25日　朱鎔基總理會見美國前總統國家安全事務助理伯杰,肯定伯杰對促進中美關係的貢獻。伯杰表示將繼續為推動雙方關係的發展努力。

同日　錢其琛副總理會見伯杰,說明中國統一、西部大開發等情況及政策,伯杰則強調中美關係至為重要,雙方應致力改善、發展此一關係。

6月26日　外交部發言人章啟月針對李登輝再度訪美指出,雖然李登輝已經下台,但他一直致力於分裂中國的活動,仍然是台獨分裂勢力的總代表,他的訪美只會破壞中美關係。中方已經對美國發給李登輝簽證一事表達不滿,並提出嚴正交涉,希望美國政府恪守三個「聯合公報」,以免中美關係受到進一步損害。

同日　海峽兩岸關係研究中心在廈門舉辦中華文化與兩岸關係論壇。唐樹備指出,台灣當局執政一年多來,製造和縱容「文化台獨」,為實現台獨製造思想、社會基礎,將帶來嚴重破壞性後果,必須及早採取措施予以堅決的打擊。

同日　台行政院祕書長邱義仁在東京外國特派員俱樂部,就兩岸關係與日本的角色發表演講稱,日本在地理上、文化上比較接近兩岸,應該在兩岸間扮演積極角色。

同日　台「陸委會經濟處長」傅棟成稱,雖然大陸方面未積極回應,但「小三通」對金、馬離島建設有正面的幫助,當局仍將繼續試辦。

6月27日　國台辦副主任王在希表示,大陸注意到李登輝的「退而不休」,但是李登輝再次出山也實現不了其分裂陰謀。他指出,台灣需要安全和穩定,關鍵是要承認而不是挑戰一個中國原則。如果在一個中國上雙方能達成共識,台灣海峽局勢就能從根本上穩定下來;如果要搞分裂,挑戰一個中國原則,購買再多先進武器也不能解決問題。

同日　針對李登輝訪問康奈爾大學一事,中國駐美國大使楊潔篪在5月間特地致函康奈爾大學校方,表達強烈不滿,認為康奈爾大學校方未正視中國與美

國的外交關係。康奈爾大學副校長杜利表示，該校已回函表示感謝中方對此事的關切，校方瞭解中方的立場。

同日　陳水扁出席2001年大陸台商負責人端午節聯誼活動致詞稱，在台灣永續發展過程中，兩岸關係是各界關注的焦點，但兩岸關係的發展需要兩岸共同努力，互相調整，積極互動，才能有效改善整體形勢。兩岸若能持續交流，秉持「善意和解、積極合作、永久和平」的原則，尊重人民意志的選擇，排除不必要的障礙，海峽兩岸必能成為亞太地區繁榮與穩定的基礎。

同日　民進黨前主席許信良表示，李登輝和民進黨的兩岸政策都很保守，這兩股力量結合，所採取的兩岸政策將是最保守的，但兩岸政策是台灣未來經濟發展的關鍵，因此，親李登輝政團和民進黨結合最不利於台灣未來的發展。

同日　美國新任駐中國大使提名人雷德在參議院外交委員會提名聽證會上表示，美國一貫信守《台灣關係法》和中美三個「聯合公報」，美國主張「一個中國」，不支持台灣「獨立」，同時堅持台海爭議應和平化解。

6月28日　國台辦發言人張銘清指出，外界報導香港特區政府同意民進黨主席、高雄市長謝長廷訪問香港一事，缺乏事實依據。大陸不會拒絕和民進黨打交道，只要民進黨接受一個中國原則及「九二共識」，雙方馬上可以接觸，現在是民進黨自己關閉了接觸的大門。

同日　原定於6月27日訪問香港的民進黨主席、高雄市長謝長廷，因一直沒有獲得簽證，28日宣布取消訪港行程。

同日　針對謝長廷取消訪港一事，民進黨祕書長吳乃仁稱，台灣在兩岸交流中要有尊嚴，大陸若想與民進黨接觸，就必須尊重民進黨。

同日　國民黨政策委員會舉行「十六全」大會政策綱領草案座談會。在草案中，國民黨主張，依循「國統綱領」，在「一中各表」的基礎上，建立兩岸軍事互信機制，建構台海和平區，邁向階段性的「邦聯」；鬆綁「戒急用忍」政策，開放「三通」；推動兩岸政黨交流、高層互訪。這是連戰倡議的「邦聯」主張，首次被納入國民黨大會政策綱領草案。

6月29日　陳水扁出席「陸海空軍將官晉任暨授銜典禮」稱，兩岸經貿活動及民間交流已趨於頻繁，但台海形勢並未緩和，在大陸一再宣稱不承諾放棄使用武力的「威脅」下，台灣必須要有「忘戰必危」的憂患意識。

同日　台外交部長田弘茂對台灣護照上加注「Taiwan」辯稱，外交部基於實際需要考慮，並不涉及意識形態，「沒有陰謀」。

同日　台陸委會副主委林中斌提實施灣當局應對一個中國原則的三項基本立場：一、「中華民國是一個主權獨立的國家，與以黨領政的中華人民共和國互不隸屬」。二、和平解決爭端與台灣人民同意是處理台海問題的基本規範。三、雙方應透過對話協商，促進關係正常化，並處理「未來一個中國」的問題。

同日　國民黨要將兩岸「邦聯制」列入「十六全」大會政策綱領。對此，馬英九表示，「邦聯制」在國際上並沒有清楚的概念，將「邦聯制」視為兩岸未來整合的各種可能性之一，沒有什麼不好，這或許可以作為兩岸未來談判、討論的起點，因為這代表一種「合」的方向，而不是「分」的方向。

6月30日　陳水扁在「政府團隊研習營」致詞稱，雖然台灣和中國大陸的經濟關係越來越密切，但是大陸仍然不承諾放棄對台使用武力，台灣始終面臨著「武力威脅」。此外，台灣還面臨著大陸市場對台灣資金的磁吸現象，進而產生「安全問題」，這是當前兩岸關係最值得注意的課題。

同日　民進黨前主席許信良表示，就他所瞭解，中國大陸對國民黨先前「一個中國」、「九二共識」等兩岸政策，基本上是接受的。而國民黨將「邦聯制」納入政策綱領作為過渡的主張，大陸應不會反對，但如果要作為最終的主張，大陸大概不會接受。

7月

7月1日　江澤民總書記在中國共產黨建黨80週年慶祝大會上發表長篇講話。他強調，台灣作為中國領土一部分的地位，不允許改變。完成祖國的統一大業是人心所向，是任何人任何勢力也阻擋不了的歷史潮流。中國共產黨人維護國家主權和領土完整的立場是堅定不移的，結束祖國大陸同台灣分離的局面，實現祖國的完全統一，是中國共產黨人義不容辭的使命。我們有最大的誠意努力實現和平統一，但不能承諾放棄使用武力，我們完全有能力制止任何台獨分裂圖謀。並呼籲，海峽兩岸同胞和海外僑胞團結起來，反對分裂，為推動兩岸關係發展和祖國和平統一進程而繼續奮鬥。

同日　台總統府高層透露，當局已決定召開「經濟發展諮詢委員會會議」（經發會）並對5大議題進行討論，其中包括「兩岸經貿」議題。

同日　台行政院祕書長邱義仁表示，兩岸應該建立穩定的官方溝通渠道，從而改變目前兩岸溝通民間化的趨勢。台灣當局將不排除由陸委會與大陸國台辦直接接觸。

同日　台《聯合報》的民意調查顯示，有大約33%的台灣民眾能接受「一國兩制」，這個比例比過去有大幅增加。

7月2日　針對邱義仁「不排除由『陸委會』與國台辦直接接觸」的說法，台陸委會發表聲明稱，兩岸官方接觸是台灣當局努力的目標，但能否落實，要看兩岸形勢的發展，尤其要根據大陸能否正視中華民國存在的事實而定。

同日　台《經濟日報》報導，台交通部有關官員表示，為配合開放大陸人士來台旅遊的政策，該部相關部門已經制訂旅行社接待大陸人士資格標準。

7月3日　陳雲林稱，完成祖國的統一大業，是中國共產黨進入新世紀所肩負的三大任務之一。中國人民維護國家主權和領土完整的立場是堅定不移的，完成祖國統一大業是人心所向，是任何人任何勢力也阻擋不了的歷史潮流。

同日　國台辦有關人士表示，大陸方面不會與台灣官方機構直接接觸。兩岸協商談判應透過海協和海基會進行，但由於台灣當局推翻「九二共識」，導致這個溝通渠道中斷。

同日　由中國科協和台灣海峽兩岸學術交流協會共同主辦的第3屆海峽兩岸青年科學家學術研討會在北京科技會堂開幕。

同日　國民黨邀請中評委座談，討論是否將「邦聯制」納入該黨「十六全」政策綱領草案事宜。前行政院長李煥等人表示反對。

同日　台「主計處」發佈報告指出，近10年來，台灣對大陸出口年均增長14.3%，2000年台灣對大陸的出口依存度高達16.9%。

同日　台前經建會主委、國民黨智庫執行長江丙坤，肯定「經發會」是「朝野」各黨建立互信合作的機制，表示國民黨將參與「經發會」，並將提出包括發展兩岸經貿等13條主張。

7月4日　台《聯合報》報導，對謝長廷訪問香港被拒一事，民進黨內出現不滿聲浪。有人主張，今後該黨人士須以「黨職」身份訪問大陸和香港。

同日　連戰提出的「邦聯制」引來各方不同反響。新黨精神領袖許歷農表示，「邦聯制」有「兩國論」的影子，他對此持保留態度。

同日　針對連戰提出的「邦聯制」主張，民進黨中央舉行辯論會以求形成黨內共識，多數人士認為「邦聯制」應該是「特殊國與國關係」，也是陳水扁提出的「統合論」表現方式之一。

　　同日　民進黨新潮流系領導人洪奇昌稱，兩岸經貿問題攸關台灣未來發展，因此，該派系有意「兵分兩路」，除成立「產經建研社」為當局提供經貿政策建議外，還將於2001年中秋節前後，成立一個為台商服務的單位，作為該派系處理兩岸經貿問題的窗口。

　　同日　新黨「全委會」召集人謝啟大、祕書長李炳南及許歷農召開記者會宣布，將組團前往北京，與大陸有關部門就兩岸問題進行協商。

　　7月5日　江澤民在全國外資工作會議發表講話表示，歡迎台商到大陸投資，並依法保護台商的合法權益。

　　同日　陳雲林接受新華社專訪，抨擊李登輝近來的出書、出訪等活動，並指李登輝為「台灣分裂勢力的總代表」，斥責他執意要把台灣從中國分裂出去。他指出，李登輝想把台灣從中國分裂出去的圖謀，是不可能得逞的，任何人任何勢力想借助李登輝的支持把台灣分裂出去，也是絕對不可能得逞的。

　　同日　陳水扁接見哈佛大學甘迺迪學院院長約瑟夫·奈時稱，台灣當局歡迎美國與大陸交往，因為這不僅符合美國利益，也符合台灣利益。

　　同日　陳水扁接見美國傳統基金會會長佛訥時稱，布希總統10月下旬訪問大陸將有正面意義，但希望這次訪問不會造成兩岸關係的任何變化和退化。他期盼布希總統能夠堅持上任以來處理兩岸事務的思維和作法，並盡力促成兩岸重啟協商。

　　同日　台陸委會指出，台灣當局已完成《大陸地區人民來台從事觀光活動許可辦法》草案的起草工作，「草案」規定大陸人士來台旅遊將採取「總量管理」方式，循序漸進，以「團進團出」模式進行。

　　同日　台陸委會發表「開放大陸人民來台觀光政策之規則推動」的說帖，稱開放旅遊是跨出兩岸人民自由往來的重要門檻，也是兩岸關係走向正常化的關鍵一步。

　　同日　應中共中央台辦的邀請，新黨大陸事務委員會將於7月10日至13日前往大陸參訪，這將是兩岸政黨工作單位之間的首次訪談。

同日　近來，台灣民間多次民調結果顯示，台灣民眾對於「一國兩制」主張的支持度有升高趨勢。對此，台陸委會表示，民調結果出現變化，主要是問卷方式及民眾認知基礎不同造成了差異。

同日　美國務院負責亞太事務的副助理國務卿張戴佑表示，布希政府上台後，並未對美國對台政策進行任何調整，事實上，美國並未改變對台灣的「三不」政策。

7月6日　邱義仁表示，「經發會」若就鬆綁「戒急用忍」政策達成共識，台行政院將予以全力推動。

同日　田弘茂表示，台灣能夠加入WTO是「非常好的事情」，不僅將對台灣參與國際活動是一大「利好」，也為兩岸的交流互動提供了一個「新概念」。

同日　林中斌表示，中國大陸與美國維系穩定的雙邊關係，有利於兩岸關係的改善。

7月7日　國民黨智庫公佈「邦聯制」主張說帖，稱「邦聯制」是國民黨中長期大陸政策中的一個環節，並要求將「邦聯制」列入黨綱。

同日　台《聯合報》報導，日本今天公佈2001年度「防禦白皮書」，妄言中國軍力大幅擴張，已經超出了防禦所必要的範圍。並首度對台海兩岸的軍力進行了比較，稱大陸軍力以「量」取勝，而台灣軍力在「質」方面仍占上風。

7月8日　台商赴江西投資出現喜人局面。截止2001年6月，全省台資企業累計達1193家，合約投資金額近20億美元，實際利用金額達14億美元。

同日　針對國民黨提出「邦聯制」主張，大陸學者認為，大陸方面相信國民黨會堅持統一的目標，但是「邦聯制」涉及主權分割，實際形成「先獨後統」的局面，大陸不可能接受。

同日　台「經發會」籌備會舉行第一次會議，確定「經發會」將分3個階段進行，並將討論「健全兩岸經貿交流」等5大議題。

同日　民進黨文宣部主任鄭運鵬稱，因受大陸壓力，民進黨與MTV音樂電視頻道合作的「唱音世代」節目在大陸停播，這表明大陸方面「遇到民進黨則進行打壓」。

同日　台「總統府人權諮詢委員」楊惠宏稱，台灣不應該也不能夠為了兩岸「虛假的和平」，而容許中國大陸對「法輪功」成員的「人權迫害」。

7月9日　台行政院召開「小三通」指導委員會會議，透過《「小三通」政策調整意見細則》。

同日　台《經濟日報》報導，台灣當局擬在兩岸加入 WTO 後，先維持兩岸經貿的現狀，再依形勢的發展決定開放程度。

7月10日　江澤民接受俄羅斯媒體採訪表示，如果台灣當局承認「一國兩制」原則，他就願意到台灣訪問。

同日　新黨大陸事務委員會代表團啟程前往大陸參訪4天。該黨人士表示，此行將和中台辦主任陳雲林會晤，議題包括兩岸和平統一的方式、「一個中國」的內涵以及如何推動兩岸交流等。

同日　陳雲林宴請新黨大陸事務委員會代表團一行表示，希望借此建立中國共產黨與新黨黨際間的對話機制，並希望此次對話能夠引起台灣其他政黨的重視。

同日　外交部發言人章啟月表示，大陸不贊成「邦聯制」模式，「一國兩制」才是統一的最好途徑。

同日　張俊雄要求台陸委會應秉持4項原則增進兩岸瞭解，反對大步實施各種開放措施。

同日　蔡英文稱，台灣當局重視兩岸制度化的協商渠道，願意就任何議題與大陸展開全方位的協商與談判。

7月11日　中共中央台辦與新黨大陸事務委員會代表團舉行「黨對黨」對話，就兩岸關係交換意見，雙方達成共同主張「一個中國」、建立兩黨對話機制等6點共識。

同日　王在希表示，大陸方面一貫主張以「一國兩制」解決台灣問題，因此，既不同意國民黨提出的「邦聯制」，也不贊同新黨提出的「一國三制」。

同日　正在美國訪問的香港特首董建華與布希總統會晤。布希強調兩岸問題和平解決的重要性，但未提及「一國兩制」是否適用於解決台灣問題。

同日　陳水扁在《詹氏防務週刊》撰文稱，台灣方面希望與大陸建立安全互信機制，但是，大陸方面必須先擱置「主權爭議」，兩岸才可能重啟談判。

同日　台總統府高層官員表示，2001年底前，兩岸「三通」及開放大陸人士來台旅遊等事務難有進一步進展。

2001年 / 7月

　　同日　美國新任貿易代表助理貝德在美國會稱，預期兩岸將在2001年11月加入WTO。他支持台灣享有更大的「國際空間」。

　　7月12日　錢其琛副總理會見新黨大陸事務委員會一行表示，我們一貫致力於同堅持一個中國原則、反對台獨的台灣各界人士交換發展兩岸關係的意見。新黨大陸事務委員會代表團與中共中央台辦的對話，是一種很好的嘗試。大陸方面對兩岸關係堅持「一個中國，兩岸談判，盡速三通」，他同時提出在「一國兩制」下，大陸將對台灣採取的7項具體政策，包括保留台幣、軍隊和政府機構等。

　　同日　蔡英文稱，不管兩岸關係的走向是「邦聯」、「聯邦」還是「兩國論」，台灣人民要的是對未來前途的選擇權。

　　同日　錢其琛提出了「一國兩制」的7項具體做法，對此，台陸委會高層官員稱，所謂7項做法是台灣人民已有的權利，大陸方面沒有權力決定台灣人民的生活方式。

　　同日　新黨立委賴士葆和立委候選人高惠宇表示，台灣當局應該思考兩岸經濟互助的比較利益，全面開放包括兩岸「大三通」、大陸高科技人才來台工作、大陸人士來台旅遊在內的多方面交流。

　　7月13日　針對錢其琛關於「一國兩制」的談話，陳水扁接受媒體專訪時妄稱，大陸方面的所謂「一國兩制」，對台灣人民來說是「匪夷所思」，大陸當局完全不理解台灣2300萬人民真正的想法。

　　同日　台「新聞局長」蘇正平對大陸申奧成功表示祝賀，盼望大陸以公平、合理的規則舉辦奧運，並以追求世界和平為目標，放棄對台動武。

　　同日　宋楚瑜表示，錢其琛提出的「一國兩制」的7項做法，是維持現狀，是靜態的，並不符合兩岸未來的利益。

　　7月14日　針對錢其琛提出「一國兩制」的7項做法，民進黨發表聲明回應。該黨副祕書長許陽明稱，台灣人民無法接受這種低規格的條件，大陸政府的政策沒有誠意。

　　同日　台經濟部長林信義稱，大陸獲得2008年奧運會的舉辦權，並不一定會立即增加兩岸的商機。

　　同日　台「陸委會前副主委」鄭安國稱，大陸申奧成功，固然對兩岸關係有正面影響，但大陸對台灣的政策也可能因此更加強硬。

　　同日　由呂秀蓮主導的「世界和平台灣聯盟」成立。

7月15日　邱義仁稱，大陸申奧成功只是單一事件，不至於對台灣的兩岸政策構成太大壓力。

同日　台經建會主委陳博志稱，舉辦奧運對北京經濟有幫助，但對大陸經濟和台灣經濟影響不大，不必因此調整對大陸的經貿政策。

同日　馬英九表示，外界不必對大陸申奧成功「太政治化」，也不應期待台海在此後七年就十分「安全」。

7月16日　台陸委會發表官方聲明稱，由於北京申奧成功，未來七年，兩岸武力衝突可能性將下降，復談的可能性將上升。

同日　巴拿馬議會外委會主席埃克托·阿萊曼率團在北京訪問時，表示希望兩國關係正常化，對此，台駐巴大使胡正堯稱，將予以密切關注。

同日　由日本僑界主辦的「全球華僑華人推動中國和平統一大會——新世紀東京大會」隆重舉行。各地代表就「一國兩制」、反對台獨、中國和平統一與國際關係等議題進行了探討和交流。

7月17日　台經發會籌備會提綱小組召集人、立法院副院長饒穎奇表示，兩岸關係是攸關台灣經濟的根本問題，經發會應該首先重點討論兩岸關係。

同日　台陸委會公佈本年度第二次以「一國兩制」為主題的民調結果稱，台灣民眾對「一國兩制」的支持度下降為13.3%，較上月下降2.8%；而反對者增加為70.4%。

同日　台經濟部發佈統計報告顯示，今年上半年台商對大陸投資金額為13.6億美元，同比增長23.5%，其中對江蘇投資7.23億，長江三角洲已成為台商投資最主要地區。赴大陸投資的金額中，46%投資電子電器業，6.5%投資精密器械業，5.7%投資非金屬製品業，5.4%投資基本金屬業，5.1%投資塑膠製品業。

同日　據台《中國時報》報導，應澳洲台商會之邀，台前行政院長蕭萬長將於下周訪問悉尼等城市，並將就建立海峽兩岸共同市場發表專題演講。

同日　美國防部稱，針對台海等地區形勢，美國訂有各種緊急應變計劃。如果美國總統下令協防台灣，美軍將全力完成任務。

7月18日　國台辦新聞局有關負責人接受採訪時，抨擊台灣當局拒絕新華社記者駐台採訪申請的行為，希望台有關部門盡快糾正錯誤的做法，切實採取有效措施，保障兩岸新聞交流的健康發展。

2001 年 / 7 月

　　同日　台經發會議題及提綱專案小組舉行會議，將開放「三通」、放鬆「戒急用忍」政策等列進經發會討論提綱。

　　同日　「全球華僑華人推動中國和平統一大會——新世紀東京大會」下午閉幕。大會透過宣言，宣示「中國只有一個，大陸和台灣同屬一個中國，中國的主權和領土完整不容分割」，呼籲台灣領導人尊重民意，盡快接受一個中國原則，為兩岸恢復談判創造條件。

　　7月19日　台經建會主委陳博志表示歡迎王永慶擔任經發會副主委，並稱不論開放兩岸「三通」，還是鬆綁「戒急用忍」政策，都必須達成共識才會實施。

　　7月20日　台「總統府國策顧問」許文彬、林誠一、柏楊等14人，聯名向陳水扁提出「國是建言書」，建議陳水扁在「中華民國憲法架構下的一個中國」的認知基礎上，回歸「一個中國，各自表述」。

　　同日　剛剛訪問大陸的民進黨立委張俊宏，呼籲建立兩岸和平架構，並把環保交流作為和平架構的一環。

　　同日　由台灣「朝野」不同黨派12名立委發起的「海峽兩岸合作發展基金會」成立。

　　同日　美國務卿鮑威爾表示，美國可以和大陸建立良好關係，但大陸方面在台灣問題上存有誤判的潛在危險，美國對此表示關注。

　　7月21日　台灣當局最近試圖加強與美國軍事合作，對此，國台辦有關官員警告說，如果台灣當局圖謀與美國結成軍事同盟來保障安全，大陸方面將採取強硬手段。

　　同日　新黨透過「一國三制」的大陸政策新主張，稱「一國三制」是實踐兩岸和平統一的辦法，同時必須做到「台灣優先」。

　　7月22日　第十屆海峽兩岸學術研討會在成都舉行，主題是「新世紀的兩岸交流展望」。在為期3天的會議中，來自兩岸的130多位知名學者和各界人士，將就新世紀兩岸政治、經濟、文化關係的前景進行廣泛深入的探討。

　　同日　北加州中國和平統一促進會名譽會長李邦琴率領「全美中國和平統一促進會」聯合參訪團一行，於7月18日至23日訪問北京和上海。陳雲林等會見了參訪團一行。

　　同日　台經發會兩岸組舉行第一次分組會議，透過「積極開放兩岸經貿」等5項討論提綱，並正式確立主要議題。

同日　新黨立委賴士葆稱，新黨參與經發會的目標在於推動制定「三通」、開放「戒急用忍」政策及大陸資本來台的具體時程。

7月23日　呂秀蓮在亞洲台商總會第八次年會妄言，台灣經濟不景氣，是大陸有計劃的「經濟戰爭」造成的結果。

同日　台陸委會召開諮詢委員會議，討論如何對待大陸統戰問題。部分諮詢委員稱，由於各方環境的變化，大陸統戰政策在台灣社會逐漸「有市場」。

同日　台《工商時報》報導，經大陸核準，台灣航業公司的兩岸三地航線，將於8月下旬正式開航。

7月24日　台參謀總長湯曜明稱，部分台灣民眾對大陸的本質認識不清，這十分危險。

同日　由台前內政部長黃主文等人籌組的親李登輝政黨，正式命名為「台灣團結聯盟」，簡稱「台聯黨」，預計8月成立。

7月25日　台總統府副祕書長陳哲男稱，陳水扁對兩岸「三通」問題極為重視，希望經發會能對此形成共識。

同日　前民進黨主席許信良稱，解決台灣經濟困境的唯一做法，就是完全開放台灣的大陸政策。

同日　民進黨政策會執行長沈富雄提出「兩岸共組國協，台琉（指駐沖繩美軍，編者注）同時廢武」新模式，並稱這是目前解決兩岸問題最可行的方案。

同日　台國策顧問黃亦麟稱，他對開放兩岸「三通」持保留態度，相反，「戒急用忍」政策應該更嚴格。

7月26日　台經建會主委陳博志表示，「戒急用忍」政策不是不準台灣廠商去大陸投資，只是不希望台灣產業外移過快，以降低台灣經濟所受到的衝擊。

同日　台新聞局長蘇正平接受美國芝加哥電台採訪稱，台灣無法接受大陸的一個中國原則，因為一旦接受此原則，在台灣的中華民國就不復存在。

同日　陳明通稱，台灣當局積極推動兩岸「三通」政策，從未停止相關評估規劃的工作。

7月27日　台行政院為展現落實經發會共識的決心，決定將目前完成評估的「開放大陸地區人民來台觀光規劃方案」，作為優先推動實施的項目。

同日　蔡英文稱，台灣應該注意大陸資本來台投資可能帶來的風險。

7月28日　江澤民主席會見美國務卿鮑威爾時表示，在台灣問題上，我們將繼續堅持鄧小平制定的「和平統一、一國兩制」的基本方針。海峽兩岸人民同為中國人，沒有人會比中國政府更希望以和平方式解決台灣問題。只要台灣當局接受一個中國原則，什麼問題都可以談。中美三個「聯合公報」是處理兩國關係和台灣問題的基本框架，堅持「三個公報」，中美關係就能健康發展。鮑威爾表示，在台灣問題上，布希政府會堅定奉行「一個中國」的政策。

同日　蔡英文稱，處理「一個中國」問題，應先確立「主權」。兩岸不能處於敵對狀態，應該加強交流。

同日　美國務卿鮑威爾在北京舉行記者招待會稱，美國有義務給台灣提供防禦性武器，並對大陸在東南沿海擴建導彈基地表示關切。

7月29日　錢其琛副總理與鮑威爾會晤時重申，中國政府堅持按照「和平統一、一國兩制」的方針解決台灣問題。只要台灣當局接受一個中國原則，我們就可以進行和平談判，什麼都可以談。希望美方按照中美三個「聯合公報」的原則慎重處理台灣問題。鮑威爾則重申，美國政府堅定奉行「一個中國」的政策。

同日　唐家璇會見鮑威爾。他表示，中國重視布希總統關於台灣問題的承諾，並呼籲美方以實際行動履行這些承諾。

7月30日　陳雲林會見新黨精神領袖、台灣退役「上將」許歷農率領的「台灣退役將領參訪團」。

同日　汪道涵表示，台灣當局若接受一個中國原則，兩岸就有共同語言。

同日　由中國社科院台灣研究所主辦的中美關係與台灣問題研討會在上海舉行。

7月31日　國防部長遲浩田在慶祝建軍74週年招待會發表講話表示，解決台灣問題，實現祖國統一，是中華民族的根本利益。我們將繼續堅持「和平統一、一國兩制」的基本方針和江澤民主席提出的「八項主張」，盡最大努力，爭取用和平方式解決台灣問題，但絕不承諾放棄使用武力，也絕不允許外部勢力插手台灣事務。任何阻撓中國實現統一的圖謀都不可能得逞。

同日　香港特別行政區政府宣布，將對台灣旅客實施「網上快證」入境措施，並允許台灣當局於香港設立辦事處，以便大陸居民來台。

同日　台經發會兩岸組進行第二次分組會議，與會代表對是否應前往大陸辦理座談會進行討論，未達成一致意見。

同日　美國智庫外交政策全國委員會公佈最新的兩岸關係研究報告，認為兩岸僵局今年內將無法突破，在當前情況下，大陸不可能與台灣當局重啟對話，因為這將提高陳水扁的政治威望。大陸將繼續以一個中國原則對台灣當局施壓，但雙邊經濟整合將更加密切。報告提醒美國政府，將來在提高對台灣軍售數量、提升其軍力時，不僅要考慮台灣的安全需求，也應該考慮大陸可能做出的反應。

8月

　　8月1日　陳水扁視察台軍時稱，台灣當局從事「國防」建設，主要在於自我防衛，並無意與大陸開展軍備競賽，更不會主動挑起事端。

　　同日　民進黨前主席許信良建議，連戰應以行動表達善意，主動前往大陸進行訪問。

　　同日　台《中央日報》董事長邵玉銘稱，大陸方面沒有公開接受「邦聯制」，不代表大陸拒絕「邦聯制」。

　　8月2日　連戰會見美國柯林頓政府卸任官員訪問團時表示，兩岸關係發展，關鍵在於堅持「一個中國，各自表述」的「九二共識」，重啟溝通管道，以促進兩岸關係的和平發展。兩岸關係問題，應該由兩岸雙方共同解決，即「自己人解決自己人的問題」，美國不必扮演任何推動的角色。

　　同日　上午，應馬祖地區代表的邀請，福州馬尾經濟文化交流中心理事成員11人，由理事長張秋率領，乘坐福建客輪「曙光」號，從馬尾港出發，直航到馬祖進行為期3天的交流考察活動，「兩馬」交流邁出了實質性的步伐。這是大陸船隻首次成功直航馬祖。

　　8月3日　據台《聯合報》報導，國台辦官員透露，由於兩岸政治關係僵持，大陸不會同意辜振甫參加在上海舉行的APEC非正式首腦會議及部長級會議，以免造成兩會復談的假象。

　　同日　針對大陸拒絕辜振甫參加APEC會議的說法，陳明通稱，APEC是區域性經濟合作組織，作為「會員國」，台灣有權指派參加會議人選，希望大陸方面尊重規則。

　　同日　據台《中國時報》報導，由10多個大陸台資企業協會出資，2001年初在深圳成立的「中國台商網」，最近開始在各地設立分站，表明大陸對台商活動有放寬的趨勢。

2001年／8月

同日 美國參議院外交委員會主席拜登將於下周訪台，對此，台總統府有關官員表示，拜登此次來訪很重要，應該讓他瞭解台灣方面維護兩岸關係穩定的決心。

同日 拜登在啟程前往東亞訪問前夕表示，美國歷任政府對兩岸的「戰略模糊」策略，其實包括兩個明確訊息，即不支持台獨，不支持大陸對台動武。

8月4日 邱義仁在經發會兩岸組第三次會議稱，台灣當局不希望兩岸協商民間化。

同日 台經發會兩岸組討論「兩岸三通的時機與條件」等議題。有代表批評陸委會在開放「三通」及檢討「戒急用忍」政策工作上「原地踏步」，對此，蔡英文表示，這是對台灣安全進行整體評估後採取的措施。

同日 陳明通稱，大陸為辦好2008年奧運會，不會對台灣輕啟戰端。因此，他對未來七年的兩岸關係持「謹慎樂觀」的態度。

同日 新黨立委賴士葆批評台灣當局總是以「國家安全」為由，遲遲不肯開放兩岸「三通」與鬆綁「戒急用忍」政策。

8月5日 台經發會兩岸組召開分區座談會。多數代表呼籲，應鬆綁「戒急用忍」政策，盡快「三通」。蔡英文表示，開放要步步謹慎，將風險減至最低。

同日 台參謀總長湯曜明應邀於下周出訪美國。據稱，他將就台灣下一代兵力建構、台海兩岸形勢、台美情報交流等議題，與美方交換意見。

8月6日 陳水扁稱，兩岸關係陷入僵局，問題不在台灣，而在大陸，因為台灣很多的積極做法，都因大陸以意識形態阻撓而效果不彰。

同日 馬英九表示，只要不斷加強良性交流，兩岸會在時機成熟時實現統一，叫嚷「台灣獨立」的人士，既昧於歷史常識，更是居心叵測。

同日 陳水扁會見美國參議院外交委員會主席拜登。拜登認為，陳水扁以積極、理性、負責的態度處理兩岸關係，值得肯定。並稱只要台灣以和平方式處理兩岸爭端，美國就會兌現其依據《台灣關係法》所做出的承諾。

8月7日 陳雲林會晤台灣媒體負責人代表團表示，在一個中國原則下，大陸可以理解台灣有關方面提出「邦聯制」主張的原因。並重申，台灣當局阻撓新華社記者赴台駐點採訪，將不利於兩岸新聞交流的健康發展。

同日　台財政部修改「境外航運中心關務作業要點」，規定大陸地區對台出口貨物，以海運運至其「境外航運中心」後，可以運出「管制區」，以「海空聯運」形式出口，同時採行一段式自動化通關。並稱這有利於台灣「全球運籌中心」目標的實現。

同日　國民黨政策會副執行長張榮恭表示，大陸不接受「邦聯制」，但並沒有「強烈的反對」，只是「低調的」表示「不贊成」。

8月8日　江澤民接受美國《紐約時報》董事長兼發行人蘇　伯格採訪，就中美關係和台灣問題發表看法。他表示，台灣是中國的領土，解決台灣問題，關係全中國人民的感情，關係中國的主權和領土完整，關係中國的發展，任何將台灣從中國分裂出去的圖謀都不會得逞，中國必將實現完全統一。我們提出並堅持「和平統一、一國兩制」的基本方針，就是要最大限度地維護台灣同胞的利益，但我們不能承諾放棄使用武力。中美之間有三個「聯合公報」，美方明確承諾奉行一個中國政策，將逐步減少對台軍售，並最後解決這個問題。但美方長期向台灣出售先進武器，這傷害了中國人民的感情，也干涉了中國的內政，增加了和平解決台灣問題的難度。美國這樣做，不僅會影響台灣的穩定和中美關係的改善，最終也不符合美國自身的利益。

同日　江澤民主席會見美國參議院外交委員會主席小約瑟夫‧拜登，表示中美兩國應加強對話，增進雙方瞭解。

同日　遲浩田下午會見拜登一行。在談到台灣問題時，遲浩田表示，中國的政策是「和平統一、一國兩制」和江主席提出的八項主張。在一個中國原則的基礎上，什麼問題都可以談。但台灣領導人不承認一個中國原則，反而變本加厲地鼓吹台獨。我們希望美方恪守中美三個「聯合公報」的原則，不要向台獨勢力發出錯誤訊息。

同日　陳水扁稱，無法實現大陸人士來台旅遊的目標，原因在於大陸方面不願協商。對此，國台辦有關官員表示相當不滿。

同日　台陸委會稱，如果台商到大陸任職，依照《兩岸人民關係條例》，將處以10萬以上50萬以下新台幣的罰款。

同日　宋楚瑜質疑新黨的大陸政策在矮化、蔑視台灣人民。

同日　針對宋楚瑜的質疑，新黨新聞發言人高新五表示，新黨的兩岸政策很清楚，就是「一國三制」，而親民黨的兩岸政策模糊，並未提及兩岸統一的具體思維與方法。

8月9日　外交部發言人章啟月表示,聯合國是由主權國家組成的政府間的國際組織,台灣作為中國的一個省,根本沒有資格「參與」聯合國及其專門機構。極少數國家提出所謂「台灣參與聯合國」提案,中方對此表示強烈憤慨和堅決反對。

同日　中國常駐聯合國代表王英凡針對岡比亞等極少數國家8日提出所謂「台灣參與聯合國」問題,致函聯合國祕書長安南,重申了一個中國的原則立場。

同日　親民黨提出兩岸「三階段整合論」,主張兩岸應從經貿互惠合作開始,再進行社會整合,最後實現政治整合。

同日　「台聯黨」召集人黃主文稱,兩岸關係是「特殊的民族關係」。

8月10日　陳水扁稱,必須按照「中華民國憲法」運作,才可能化解兩岸歧見,這是對「一個中國」問題最好的回答。

同日　大陸學者認為,陳水扁有關「憲法一中」的講話,並不表示他真想解決兩岸問題,只不過是有意借助國際場合凸顯「兩國論」。

同日　台「總統府資政」辜寬敏稱,陳水扁的談話只是強調了中華民國,絕不是要回歸「憲法一中」。姚嘉文等人都表示,陳水扁未提「憲法一中」。

同日　張榮恭表示,依「中華民國憲法」處理「一個中國」問題,是國民黨的一貫立場,希望陳水扁能真心接受「憲法一中」,不要反反覆覆。

同日　親民黨中央表示,對陳水扁傾向「憲法一中」的相關言論,「絕對歡迎,鼓勵」。

同日　台經發會兩岸組舉行會議,完成5項討論提綱初稿,提議以「積極開放,有效管理」取代「戒急用忍」的兩岸經貿政策。

同日　台國防部有關人士稱,台軍能有效掌握大陸的軍事演習訊息,希望台灣民眾相信台軍。

8月11日　呂秀蓮接受台「中央社」專訪提出,可以澎湖作為兩岸直航地點。

同日　台經濟部長林信義表示,他主張在台灣加入WTO後,開放兩岸直接貿易,推動兩岸通航協商,擴大開放大陸產品進口。

8月12日　台經發會兩岸組就兩岸經貿政策達成多項重大共識,確定秉持「台灣優先、全球佈局、互惠雙贏、風險管理」等4項基本原則,以「積極開放,

有效管理」取代施行長達5年的「戒急用忍」政策，建議當局放寬大陸投資資金限制、循序開放大陸資本來台、配合WTO進程開放兩岸直接貿易、整體規劃兩岸通航，並評估建立經貿特區與開放大陸人民來台旅遊。

　　同日　台高層官員表示，台行政院已經決定，大幅開放兩岸經貿範疇，比經發會兩岸組的提議更廣泛。

　　同日　台國安局長丁渝洲向經發會兩岸組作「三通與國家安全」的祕密報告，稱大陸對於「三通」中的通航協商，傾向由民間來處理，口頭上可以不談一個中國原則，但前提是必須依據「一中」架構的「內部事務」原則進行協商談判。並指大陸對台政策，逐漸從以「武力統一」的手段，調整為透過經濟手段實現統一。

　　同日　新黨立委馮滬祥表示，「一國兩制」優於國民黨所提出的「邦聯制」，是實現兩岸統一的最可行方案。

　　同日　台灣團結聯盟召開黨員大會，宣布正式成立，並推舉黃主文擔任主席。

8月13日　台行政院表示，鬆綁「戒急用忍」政策。對此，陳水扁表示支持，呂秀蓮則表示強烈反對，批評陳水扁「沒有良心」。

　　同日　蔡英文表示，台灣當局對兩岸經貿政策的調整，將以經發會的結論為主軸，朝開放的方向發展。

　　同日　國民黨立委何智輝發起成立「台灣海峽兩岸聯合經貿協會」，表示將協助台商和兩岸人民處理糾紛。

　　同日　台灣航運界人士表示，當局宣布開放境外航運中心貨物通關後，大陸方面應該予以善意回應，對台開放廣州、大連、上海、青島、天津等5大港口。

8月14日　陳水扁稱，發展兩岸經貿關係是必走的路，以「積極開放，有效管理」取代「戒急用忍」政策，是明智選擇。只要秉持「台灣優先、全球佈局、互惠雙贏、風險管理」的原則，「台灣絕對安全」。

　　同日　連戰會見中華兩岸文化經濟協會代表時表示，在目前的大環境中，台灣只有「識時務」，掌握形勢，才能使兩岸經貿互惠互利，創造雙贏的局面。

　　同日　張榮恭表示，陳水扁根本不承認「九二共識」，台灣當局的保守心態顯而易見。

同日　親民黨政策中心主任張顯耀表示，雖然台灣各界早就對「戒急用忍」政策鬆綁、開放「三通」、開放大陸人士來台旅遊等問題形成共識，但是當局心態保守，根本就是「只開不放，看得到，吃不到」。

同日　新黨立委賴士葆召開記者會，希望台灣當局提出時間表，落實兩岸事務中「可操之在我」部分的主張，回歸「九二共識」，展開兩岸協商，落實經發會共識。

同日　台內政部公佈《大陸地區專業人士來台從事專業活動許可辦法》修正草案，規定大陸人士在台停留期間最長為 3 年，預定於 8 月 16 日生效。

8 月 15 日　陳水扁會見 5 位諾貝爾和平獎得主一行稱，希望大陸方面能「放下衝突，締造和平」，兩岸要對話而不是喊話。

同日　呂秀蓮就兩岸關係發表看法，妄稱接受「一個中國」或是「九二共識」，都會落入大陸「一國兩制」的陷阱中。

同日　針對呂秀蓮接受「九二共識」是陷阱的說法，張榮恭表示，此論調不僅是自己嚇自己，而且違背事實。

同日　台「國防部副部長」陳必照稱，建立兩岸軍事互信機制，可從雙方退役軍官建立溝通渠道開始做起。

8 月 16 日　廈門國際航空集團有限公司與台灣航勤（澳門）有限公司合資建設的空運貨站奠基，開啟了兩岸在航空領域的合作。

同日　美國在台協會台北辦事處長薄瑞光表示，兩岸經貿交流對建立兩岸互信相當重要，兩岸經貿往來不應因政治原因而擱置。

8 月 17 日　國台辦新聞局負責人發表談話，揭露呂秀蓮一直試圖把台灣從中國分割出去，她現在打著「和平」的幌子，遮掩其推行台獨分裂主張、破壞兩岸關係和平發展的行徑。並指出，實現國家統一，是海峽兩岸中國人的共同願望，是不可阻擋的歷史潮流，任何勢力任何人進行分裂國家的活動，都是不得人心的，也是不可能得逞的。

同日　北京市衛生局長朱宗涵在台北與台塑集團董事長王永慶會商後宣布，北京長庚醫院將於 2002 年元月與廈門、福州長庚醫院同時動工興建。

同日　經發會兩岸組達成鬆綁「戒急用忍」政策的共識，對此，民進黨祕書長吳乃仁表示，經發會兩岸組的結論是「一套平衡的辦法」，應該把「戒急用忍」政策的鬆綁與國家安全分開來討論。

同日　台陸委會召開諮詢委員會議，對台灣應否接受「一中」原則與「九二共識」等政治問題，未達成共識。

8月18日　呂秀蓮接受「美國之音」採訪稱，她並不反對鬆綁「戒急用忍」政策，但反對台灣商人以特權或不當程序從銀行貸款到大陸投資。

同日　謝長廷稱，「戒急用忍」是國民黨的政策，一直沒有取得大的成果，所以，在兩岸經貿上必須採用「積極開放，有效管理」新政策，讓台商的資金與產品回流。

同日　美國戰略與國際研究中心（CSIS）最近公佈一份關於兩岸關係的研究報告稱，大陸對台政策並未改變，但國民黨人士有意阻撓大陸與民進黨的對話。張榮恭對此予以否認，並表示陳水扁若真有意與大陸恢復協商，誰也阻擋不住。

8月19日　即將接任聯合國副祕書長的中國前駐日大使陳健表示，台灣第九次要求「參與聯合國」的提案是不會成功的。

同日　連戰對美國智庫指稱國民黨阻撓兩岸對話的說辭表示強烈不滿，嚴詞批判這份報告「荒謬、無知」。

同日　《文匯報》報導，為增加兩岸醫務人員的相互瞭解，台灣醫事聯盟協會計劃於本月28日訪問大陸，與大陸同行進行交流，並探討台灣醫生赴大陸巡迴義診的可行性。

8月20日　參加APEC婦女領袖會議的台內政部長張博雅一行，下午抵達北京。

同日　張俊雄稱，為了落實經發會共識，他已要求相關「部會」全盤檢討經發會提出的300余項共同意見。

同日　針對經發會研討鬆綁「戒急用忍」政策，林信義稱，台經濟部擬提出「台灣經濟地位的國際化，即是『國家』安全最佳保障」的新思維。

同日　連戰表示，他不同意大陸的崛起是世界和平主要威脅的說法。

同日　台前經濟部長、現大華證券董事長邱正雄表示，兩岸加入WTO後，必然要在金融領域進行合作，台灣應先修改相關法令，建立監督檢查制度。

8月21日　國台辦副主任王富卿指出，兩岸經濟具有很強的互補性，全面「三通」符合客觀規律要求和共同利益，只要台灣當局承認「一中」原則，兩岸緊張根源即可消除。

同日　國民黨將在經發會全體委員會議上，提出包括落實鬆綁「戒急用忍」政策、開放兩岸「三通」等 10 項主張，並提出回歸「九二共識」等 3 項非經濟層面的改革建議。

　　同日　台灣《中央日報》社論指出，台獨是造成兩岸僵局遲遲不能打破的主要原因。

　　同日　台北中天民調中心公佈一份最新民調，結果顯示，有 27.82% 的台灣民眾支持「一國兩制」。最近的多項民調顯示，由於經濟每況愈下，支持「一國兩制」的台灣民眾越來越多。

　　8 月 22 日　外經貿部副部長龍永圖表示，希望台灣當局在大陸兌現 WTO 協議承諾前，建構好有利的兩岸經貿環境。

　　同日　陳水扁會見美國眾議院國際關係委員會主席海德稱，兩岸必須基於民主、對等、和平的原則進行對話，不能為了和解、對話而失去原則。

　　同日　蔡英文稱，如大陸方面有意在 WTO 架構下，就兩岸「三通」問題進行協商，台灣方面表示歡迎，但經濟、金融問題不應涉及「一個中國」的爭議。

　　8 月 23 日　經發會兩岸組委員、新黨立委賴士葆約見蔡英文，希望在經發會共識中明確宣示，以「九二共識」作為兩岸恢復談判的基礎。

　　8 月 24 日　針對經發會有關鬆綁「戒急用忍」政策和開放「三通」的共識，國台辦高層官員表示，只有在「九二共識」和一個中國原則下，兩岸才能真正「三通」。

　　同日　陳水扁稱，台灣應以擴大「境外航運中心」的功能與範圍，作為兩岸直航談判前的過渡措施。

　　同日　林中斌表示，大陸有意在世貿組織的規劃下協商兩岸「三通」，台灣方面對此表示讚賞，也不排除透過兩岸間或國際組織，來安排兩岸正式協商。同時，也不希望把一個中國原則政治議題，放到經濟性或功能性的討論中。

　　同日　對於「九二共識」應否列入經發會共識，經發會副主委辜振甫認為，「一個中國」的問題不在經發會討論的範圍內，但若有人提議，可以加以討論。

　　8 月 25 日　台灣各在野黨決定就「九二共識」問題，在經發會兩岸組進行最後提案，民進黨代表則揚言抵制。

　　同日　台灣經發會工商組對鬆綁「戒急用忍」政策表示歡迎。

8月26日　經發會全體委員會議閉幕。經過3天的討論，透過了「投資」、「產業」、「就業」、「財金」、「兩岸」5個組共322項「共識意見」，36項「多數意見」及12項「其他意見」。其中涉及兩岸方面的共識主要有：確定兩岸經貿發展的基本原則為「台灣優先、全球佈局、互惠雙贏、風險管理」；大陸投資「戒急用忍」政策改為「積極開放，有效管理」；建立兩岸資金流動的靈活機制；配合加入世貿組織進程，開放兩岸直接貿易及兩岸直接通郵、通訊業務，並適度擴大開放大陸物品進口，整體規劃兩岸通航；開放大陸地區人民來台旅遊等。

同日　張俊雄表示，台行政院已經要求陸委會在2周內提出鬆綁「戒急用忍」政策的具體時間表。

同日　蔡英文在經發會後的記者會稱，有關開放大陸人民來台旅遊的政策，在與大陸方面協商之前，台灣當局將在必要時「以實驗方式先行推動」。

同日　蔡英文稱，香港特區政府同意台灣在香港設立辦事處，是為了配合台方開放大陸人士來台旅遊的身份認證需要。

同日　辜振甫表示，經發會最後達成的系列協議，是對大陸方面「有力的呼聲」。兩岸的政治爭議，必須進行商談才能化解。

8月27日　「晉江商展」將在金門舉辦，這次活動開啟了兩岸人貨實質交往的新里程。

同日　針對經發會達成「戒急用忍」政策鬆綁共識的說法，民進黨祕書長吳乃仁稱，民進黨沒有看到「戒急用忍鬆綁」6個字，而只看到了「積極開放，有效管理」。

同日　台經濟部長林信義表示，台灣當局已經同意「國營企業」產品銷往大陸，但是否同意它們赴大陸設廠，仍需再評估。

同日　台《中國時報》報導，由於經發會已經對「戒急用忍」政策鬆綁達成共識，台經濟部將於近期召開產官學專案小組會議，以決定開放赴大陸投資的具體項目。

同日　台經濟部依據經發會兩岸組達成的「積極開放」共識，放寬赴大陸投資項目約1400項。

同日　台陸委會在2002年度預算總說明中，將推動兩岸「三通」，列為規劃兩岸經濟政策的首要重點。

同日　台灣團結聯盟（「台聯黨」）主席黃主文稱，以「積極開放，有效管理」來鬆綁「戒急用忍」政策，是李登輝政策的再延續。該黨主張，在鬆綁的過程中，應該兼顧到 3 項原則，即「國家安全、經濟安全和台商保障」。

　　8 月 28 日　王在希表示，對台灣經發會所達成的鬆綁「戒急用忍」政策及其他共識，繼續進行觀察，要看台灣當局是否在實際行動中付諸實現。

　　同日　連戰表示，美國對台灣的支持和軍售不應成為製造問題的「許可證」，海峽兩岸應在「九二共識」的基礎上，重啟協商大門，積極對話和交流，才能穩定台海情勢。

　　同日　台灣當局決定放寬對大陸的經貿投資限制，對此，美國政府表示歡迎，認為這符合台海兩岸的利益。

　　8 月 29 日　國台辦首次對台灣經發會作出正式回應，認為經發會共識仍存在限制兩岸經貿交流發展的障礙。並強調，大陸方面在「三通」的問題上仍堅持一個中國原則，台灣當局妄圖以只談經濟的辦法迴避一個中國則是不可能的。

　　同日　全國政協常委蔡子民表示，經發會的結論，對於促進兩岸經貿交流很有意義，他希望台灣方面開放的步伐能更大一些。

　　同日　陳水扁稱，兩岸經貿問題是兩岸關係正常化的第一步，經發會的結論能否落實，關鍵在於台灣民眾的接受程度，而不是為了讓大陸滿意。

　　8 月 30 日　王在希表示，希望台灣當局領導人認真聽取台灣工商業人士的意見和建議，不要再拖延兩岸直接「三通」。

　　同日　中央政府駐香港聯絡辦公室台灣事務部主任邢魁山赴台訪問，與多位台灣政界人士會談，就兩岸關係等問題交換意見。

　　同日　陳明通在台立法院表示，兩岸「三通」問題，應該由台灣當局與大陸政府談，不能透過民間商談的方式解決。

　　同日　美國務院發言人包潤石表示，兩岸恢復對話的條件，應該由兩岸自行決定，美國對此並無明確的意見。

　　8 月 31 日　王在希在新加坡接受媒體採訪表示，大陸方面的「一國兩制」政策會繼續發展，不會一成不變，但他強調，台灣問題不能無限期拖延下去，統一不能沒有「時間表」。

　　同日　新華社記者赴台駐點採訪中斷 1 個半月之後，今日恢復。

同日　陳水扁會見日本眾議員加藤弘一稱，改善兩岸關係是必走的路，台灣對大陸要採取「先經濟，後政治」的策略。

同日　陳水扁會晤美國智庫代表團時，暗批國民黨有意阻擋台灣當局與大陸對話。

同日　針對陳水扁的批評，連戰表示「我們哪有那麼大本事」，並再次批評美國智庫的報告內容「非常荒謬」。

9月

9月1日　海峽經濟科技中心主辦的「台資企業經營管理暨發展論壇」，將於9月下旬在杭州舉行。

同日　連戰表示，兩岸關係出現僵局的原因，歸根到底是台灣執政者搞台獨，不認同自己是中國人，也不尊重「九二共識」。

同日　李登輝嚴詞批判鬆綁「戒急用忍」政策，認為這是「一項錯誤的決定」。

9月3日　陳水扁和湯曜明出席台「建軍節」大會，妄言大陸想要消滅中華民國的本質始終沒有改變，要求台軍加強備戰，不可存有「北京辦奧運、台海不打仗」的想法。

同日　台經濟部公告修正「兩岸貿易許可辦法」，準許台灣保稅工廠、加工出口區及科學工業園區廠商進口未公告開放的大陸物品，以供外銷。

9月4日　外交部發言人朱邦造表示，按照APEC有關的諒解備忘錄和以往的慣例，台灣方面只能派出主管經貿事務的部長級官員參加APEC會議，大陸方面不會同意陳水扁出席會議。

同日　中國證監會主席周小川表示，外商投資銀行為台灣當局招商，犯了「政治性的錯誤」，對此，大陸方面必須「表達某種程度的不滿」。

同日　美國政府表示，美國絕不會同意中國大陸擴張核武器能力，也反對大陸以短程導彈威脅台灣。

同日　王永慶發表長達4萬多字的建言書，嚴厲批評李登輝所主張的「戒急用忍」政策，並強調，若當局一意主張台獨，將給台灣帶來巨大災難。

同日　台積電董事長張忠謀稱，台積電將準備在上海設立辦事處。

2001 年 / 9 月

9月5日　由中國世貿組織研究會和西安市政府共同發起、台灣海峽兩岸商務發展基金會、台灣中華國際貿易協會等6家單位共同主辦的「入世與西部大開發——海峽兩岸暨港澳經貿發展高層研討會」在西安召開。

同日　台行政院透過「試辦金、馬與大陸地區通航實施辦法修正案」和「台灣與大陸地區人民關係條例修正案」，允許台灣船舶經專案核準後，由澎湖進入大陸地區，同時開放大陸資金赴台購買不動產。

同日　美國政府決定由包道格出任美國在台協會台北辦事處處長。

9月6日　美國可能出售先進的空對地「小牛」導彈給台灣。對此，外交部發言人朱邦造表示，該項軍售是對中國內政的粗暴干涉，對台獨勢力而言是一種鼓勵，大陸方面表示「嚴重關切」。

同日　台灣當局不甘心連續8次受挫，仍然妄圖把所謂「台灣加入聯合國提案」塞入聯合國總務委員會的議程，並開始舉行有組織的宣傳、造勢活動。

同日　為落實經發會共識，台內政部研擬修改「大陸地區專業人士來台從事專業活動許可辦法」，計劃在9月底公佈實施。根據該「辦法」，大陸科技人士來台總停留期間將由3年放寬為6年，入境後經台內政部或相關事業主管機構許可者，可申請換發6年期多次旅行證。

同日　呂秀蓮質疑將大陸高科技人才與其他國籍人才等同開放的政策，認為會對台灣的國家安全產生威脅。

9月7日　錢其琛表示，「入世」後，將全面開放台灣農產品進入大陸市場。

同日　陳雲林在北京會見國民黨立委許書博、朱鳳芝等。雙方就海基會、海協兩會復談、兩岸「三通」及大陸加入WTO後如何確保台商權益等議題，廣泛交流意見。

同日　財政部長項懷誠與台「財政部長」顏慶章在蘇州舉行會晤，雙方就兩岸經濟問題交換了看法。

同日　台外交部發言人張小月稱，大陸沒有任何理由干預或插手台灣與歐盟互設「辦事處」的事宜。

同日　在台陸委會的例行記者會上，林中斌與新華社駐台記者陳斌華就大陸是否借兩岸經貿交流「掏空」台灣，展開激烈爭論。

同日　張榮恭表示，為了給在大陸投資的台商提供服務，國民黨政策會考慮在大陸設置台商服務處。

　　9月8日　錢其琛副總理會見國民黨立委許書博、朱鳳芝等表示，由於海基會、海協兩會的運作效果不佳，大陸允許國民黨在照顧台商權益的前提下，設置台商服務處。並指出，兩岸復談或進行「大三通」，必須回到一個中國和「九二共識」的立場。如果擱置分歧進行「三通」，可以參照現成的台灣與港澳通航的模式。

　　同日　廈門台商會館今日舉行落成典禮，這是台商在大陸建立的第一家台商會館。

　　同日　全球華人反獨促統聯盟發表聲明，敦促台灣當局放棄「參與聯合國」的徒勞舉動。

　　同日　兩岸交流日趨頻繁，台灣積極延攬大陸優秀科技人才。據統計，目前在台灣工作的大陸科技人才約有 1000 名，比 1999 年增長 3 倍以上。

　　同日　台經濟部長林信義出席「華航」與全球第二大飛機引擎製造公司、法國 SNECMA 公司的合作備忘錄的簽約儀式，遭到大陸方面的抗議，林對此表示不滿。

　　同日　台「財政部長」顏慶章稱，要想解決兩岸經貿金融業務往來、引導台商資金回流等問題，兩岸一定要進行協商，而關鍵又在於大陸方面的態度。

　　同日　瑞士信貸第一波士頓公司因協助台灣招商而遭到大陸處罰。對此，陳明通稱，在兩岸即將加入 WTO 前夕，大陸的做法讓人感到「諷刺」。

　　9月9日　財政部長項懷誠發表談話，歡迎台資銀行到大陸設立辦事處，以及台灣保險公司到大陸發展，但必須以台灣當局承認一個中國，支持「九二共識」為前提。

　　9月10日　錢其琛出席 21 世紀的中國與世界國際論壇開幕式，闡述中國解決台灣問題、完成祖國統一大業的方針政策。他表示，完成祖國統一，是中國人民堅定不移的決心，是我們神聖的歷史使命。世界上只有一個中國，大陸與台灣同屬於一個中國，中國的主權和領土完整不容分割。在發展兩岸關係問題上，我們堅持「一個中國，兩岸談判，迅速三通」，只有堅持一個中國才能實現和平統一。我們有最大的誠意努力實現和平統一，但是不能承諾放棄使用武力，因為承

諾放棄使用武力意味著鼓勵台獨勢力。希望台灣當局同意在一個中國的原則下解決台灣問題，我們可以耐心等待。

同日　停辦4年的海峽兩岸海上通航學術研討會在深圳舉行。交通部副部長洪善祥出席開幕式表示，大陸對任何符合一個中國原則，符合台灣同胞利益，有利於促進兩岸關係發展的事情都會感到高興。兩岸海上直接通航，是實施特殊管理的國內航線。只要在一個中國原則下，大陸任何港口都可以對台灣開放。

同日　呂秀蓮會見台灣婦女創業優質獎獲獎人時妄稱，目前大陸正有計劃地吸收台灣資金，台灣人民應該看清其中的陷阱，並誣衊台商赴大陸投資後，棄家庭及子女教育於不顧，教唆台商妻子「與先生討論」，權衡利弊得失，對台商赴大陸投資使用「否決權」。

同日　台「陸委會企劃處處長」詹志宏稱，兩岸與其持續爭論「一個中國」問題，不如排除各項不必要的前提，務實坐下來商談。

同日　美國參議院外交委員會主席拜登表示，台灣不是「獨立國家」，兩岸統一必須透過和平方式。他主張美國繼續維持對台海問題的模糊策略。

9月11日　錢其琛副總理在中南海會見美國華人知名人士訪問團，就中美關係和台灣問題發表談話。他表示，解決台灣問題，目前最迫切要做的有三點：一是認同一個中國、兩岸都是中國人；二是兩岸談判；三是盡快實現「三通」。兩岸經濟交往和人民之間的往來已經不可分隔，台灣當局搞台獨是絕對行不通的。

同日　出席第五次海峽兩岸通航學術研討會的專家表示，兩岸將先後加入WTO，為兩岸實現直接「三通」帶來新的機遇，兩岸航運界應以此為契機，積極推動海上直航的早日實現。

同日　陳水扁會見「歐非地區重要新興僑團負責人回國訪問團」稱，大陸方面應該尊重台灣人民的意願和選擇，盡快恢複製度化協商，用對話來消除分歧，共同維護台海的和平。

同日　邱義仁稱，兩岸重複表達政治立場，無助於雙方關係的改善。只有在「不預設立場」的基礎上，坐下來談，才可能找出雙方都可接受的中間點。

同日　台「農委會」透露，台灣方面已決定不對大陸農產品採取「排除條款」。

同日　美國遭受恐怖分子襲擊，全球震驚，是為「911事件」。

同日　美國前助理國防部長傅立民稱，錢其琛有關「只要台北同意在一個中國原則下解決台灣問題，我們可以耐心等待」的講話，有這樣一層含義，那就是「如果台灣當局繼續拒絕接受一個中國原則，中國大陸將不會再長久等待下去」。如果台灣頑固地拒絕一個中國原則，大陸最終將會訴諸武力。

9月12日　王在希接受東南亞華文媒體訪華團的採訪表示，美國遭受恐怖襲擊事件，不會改變美國政府對中國的態度，對海峽兩岸關係也不會產生直接影響。並指出，我們要求台灣當局明確承認一個中國原則，明確承認「九二共識」，在一個中國原則下，什麼都可以談。「一國兩制」是兩岸和平統一的最佳途徑。但是，如果台灣當局公開宣布台獨，如果台灣台灣出現大規模的動亂，外部干預勢力乘機介入，如果台灣當局長期拒絕就和平統一問題與我們談判，我們將迫不得已使用武力。

同日　來自兩岸的記者聚集烏魯木齊，開始長達半個月的海峽兩岸記者大西北聯合採訪活動。

同日　「911事件」發生後，連戰表示，台灣所處的環境嚴峻，當局應盡一切努力降低兩岸危機，化解衝突，達到良性互動、和平交流與互惠的目的。

同日　國民黨智庫研究員、台退役「中將」帥化民表示，現階段大陸應該不會對台灣發動全面襲擊行動，但有可能發動有限的襲擊行動。

9月15日　聯合國總務委員會討論決定，不把所謂「台灣參與聯合國」提案列入聯合國大會議程，這是台灣當局企圖把該議題列入聯大議程第九次遭到挫敗。

同日　中國常駐聯合國代表王英凡表示，聯合國總務委員會的決定，表明了廣大聯合國會員國捍衛一個中國的原則和《聯合國憲章》宗旨與原則堅定不移的決心。如果台灣當局今後再搞這樣的提案，必然會再次遭到失敗。

同日　外交部發言人朱邦造就再次挫敗台灣「參與聯合國」提案發表談話。他表示，台灣當局今年費盡心機，採取多種手法，竭力推動所謂台灣「參與聯合國」提案，但仍未逃脫失敗的下場。事實說明，任何違反《聯合國憲章》宗旨和原則以及廣大會員國意願的圖謀都是徒勞的，是不得人心的。台灣當局在聯合國製造「兩個中國」或「一中一台」的分裂企圖是注定要失敗的。

同日　國民黨倡議的台灣「朝野」政黨協商會議召開，台灣「朝野」四黨二派領導人發表共同聲明，呼籲兩岸當局依照兩岸兩會1992年會談和1993年辜汪協議的成果，盡速化解爭端，恢復兩岸兩會協商機制。

9月17日　台工業局軟五工作室、台北縣電腦公會及10多家台灣軟件生產廠商，將於10月21日至28日赴北京、上海、蘇州等地，分別與中國軟件行業協會、上海軟件出口聯盟簽訂協議，以建立兩岸軟件業新的分工模式。

9月20日　張俊雄稱，兩岸加入WTO與「大三通」沒有必然聯繫，兩岸談判的問題也不會因此就迎刃而解。

9月21日　蔡英文在台立法院答詢稱，兩岸通航或開放大陸人士來台旅遊等政策，涉及公權力行使的問題，不能由民間機構代表與大陸方面進行協商。

同日　林中斌稱，兩岸關係與反恐怖主義是性質截然不同的兩個問題，不應掛鉤處理。兩岸問題應由海峽兩岸雙方在對等的基礎上協商解決。

同日　李登輝透過「台聯黨」發表書面聲明，批評國民黨在連戰一派的領導下，路線偏移，逐漸走上「聯共反台」的道路。

同日　針對李登輝指責國民黨「聯共反台」的說法，國民黨考紀會主委陳庚金嚴詞反駁說，開啟兩岸兩會協商、與大陸高層接觸等舉動正是李登輝在任期間的作為。

同日　宋楚瑜稱，「反共」並不等於「反中國」，大家既是中國人，同時也是台灣人。

9月22日　國台辦有關官員表示，如果兩岸實現和平統一，大陸方面將允許台灣選總統、保持五權「政府」架構。但台灣當局遲遲不承認一個中國原則一事，大陸不可能無限期地等待。

9月24日　台陸委會透過「台灣與大陸地區人民關係條例施行細則部分條文修正案」，規定經常前往大陸的台灣民眾，只要仍保留台灣戶籍，就可以保留「台灣人民」的身份。

9月26日　全國政協副主席、台盟中央主席張克輝表示，一個中國原則是兩岸關係穩定發展與和平統一的基礎和前提，是解決台灣問題的最佳途徑。

同日　國台辦發言人張銘清表示，兩岸2001年底先後加入WTO，將有助於兩岸經貿和直接「三通」，大陸方面將會進一步鼓勵台商到大陸投資。

同日　蔡英文表示，最近大陸在一個中國原則問題上，似乎稍有彈性，但這並不代表大陸的態度有根本性的改變。她還表示，解決一個中國原則的難題，需要雙方靈活處理。

同日　辜振甫表示，兩岸即將同時加入世界貿易組織，「和平、安全、繁榮」是兩岸當前現代化建設最迫切的要求，所以，兩岸應盡快商談，共同謀求雙方的發展才是最重要的。

　　9月27日　國台辦新聞發言人張銘清在新聞發佈會上，就人們關心的兩岸關係問題回答記者的提問，主要內容有：1.台灣各界人士提出的「積極開放兩岸經貿及投資」、「積極推動兩岸通航」等要求，在經發會上作為共識得到確認，但台灣當局能否認真落實這些共識，我們將拭目以待。2.在大陸加入WTO後，台灣將以台、澎、金、馬單獨關稅區（簡稱「中華台北」）的名義加入。兩岸同為世界貿易組織的成員，將有助於兩岸經貿關係的進一步發展，也為兩岸直接「三通」的儘早實現提供了契機。兩岸雙方加入WTO後，我們將繼續堅持鼓勵和保護台商到祖國大陸投資的政策。3.錢其琛副總理9月10日的講話體現了我們堅持在一個中國原則下解決台灣問題的決心和誠意，同時也體現了我們不能容忍台灣問題無限期拖延下去的一貫立場。

　　同日　台經濟部長林信義表示，加入WTO後，台灣是否要對大陸產品動用「排除條款」，將會在10月底WTO部長會議召開前定案。

　　9月28日　國台辦主任助理、海協會副會長孫亞夫表示，當前台海局勢和兩岸關係仍然處於複雜的變動之中，堅持一個中國與背棄一個中國的鬥爭、統一與分裂的鬥爭將長期尖銳而複雜。

　　同日　台行政院長張俊雄稱，加入WTO後，台灣對大陸可以直接貿易、投資和通匯，通郵也可能得到改善，但通航部分必須透過協商才能解決。

　　同日　民進黨前主席許信良稱，經發會在兩岸政策上達成的共識，實際上不可能被落實，因為台灣當局始終不會接受一個中國原則。

　　同日　台財政部宣布，世華、「中國商銀」、土銀、一銀、合庫、華南、彰銀及「中國信託」等8家商業銀行透過審核，可以赴大陸設立辦事處。

　　9月29日　錢其琛副總理在國台辦舉行的國慶招待會上重申，當前只要把兩岸「三通」視作一個國家內部的事務，即可用「民間對民間」、「行業對行業」、「公司對公司」的辦法，盡快加速實現「三通」。

　　同日　全國政協副主席葉選平在全國政協辦公廳、中央統戰部舉行的國慶52週年招待會就台灣問題發表看法。他表示，解決台灣問題、實現祖國的完全統一，是中華民族的根本利益所在，是所有中華兒女的共同願望。我們將繼續堅持「和平統一、一國兩制」的基本方針和江澤民主席提出的發展兩岸關係、推進

祖國和平統一進程的 8 項主張，堅決反對任何勢力以任何方式改變台灣是中國一部分的圖謀。在一個中國的原則下，我們將繼續發展同台灣各黨派、團體和各界人士的聯繫，擴大交流，增進共識，積極促進台灣問題的早日解決。我們堅信，在兩岸同胞和海外僑胞的積極參與和共同努力下，祖國完全統一和民族全面振興的偉大目標，一定能夠實現。

  同日 台經濟部長林信義表示，如果失去「尊嚴」，台灣可能不參加今年在上海舉行的 APEC 非正式領導人會議。

  9 月 30 日 朱鎔基總理在國慶 52 週年招待會講話指出，早日解決台灣問題，實現祖國完全統一，是中華兒女的共同心願。我們將繼續貫徹「和平統一、一國兩制」的基本方針和江澤民主席提出的 8 項主張，努力推動祖國和平統一進程。中國的完全統一是大勢所趨。我們完全有信心、有能力制止任何分裂祖國的圖謀。

  同日 台灣當局高層官員稱，美國在遭受「911 恐怖襲擊」後，會尋求大陸方面的支持和幫助，但不至於影響到台灣的利益。

  同日 台新聞局長蘇正平稱，台灣方面仍然在努力爭取讓陳水扁出席上海舉辦的 APEC 非正式領導人會議，如果得不到大陸方面應有的尊重，台灣有可能不參加此次會議。

10 月

  10 月 2 日 中國人民銀行相關官員表示，歡迎台灣當局開放台灣銀行赴大陸設辦事處和分行，大陸會在政策上給予這些銀行特殊照顧。

  同日 蔡英文表示，面對恐怖主義對全球經濟形勢的威脅，台灣當局應該重新建立台商赴大陸投資的管理機制。

  同日 民進黨中常會透過「開創台灣經濟新局決議文」草案，稱「戒急用忍」政策已經成為台灣「再進步」的阻礙，主張實行「積極開放，有效管理」的大陸經貿政策，將大陸市場及資源納入台灣產業的全球化佈局中。

  同日 多位台灣學者和大陸台商表示，大陸加入世貿組織，中小型台商將面臨淘汰的危險，如果不懂得策略聯盟和推陳出新，許多台商可能會被淘汰。

同日　美國中國問題研究專家何漢理表示，打擊恐怖主義與美國的中國政策，是兩件完全不同的事情，美中關係和美國的台海政策，都不會因為新情勢而發生改變。

　　10月3日　陳水扁稱，海峽兩岸和平相處、共存共榮是兩岸人民的福祉所繫，也是亞太地區整體安全的重要因素，大陸方面應該積極開拓良性的兩岸關係，促進亞太與全球的和平與穩定。

　　同日　林信義呼籲台灣與日本結成「戰略夥伴」，共同進軍大陸市場。海基會稱，台商在大陸的相對優勢已經逐漸喪失，可以考慮與外資結合共同進軍大陸。

　　10月4日　陳水扁稱，兩岸應在WTO的架構下，恢復對話和協商「三通」。

　　同日　台陸委會經濟處副處長周慶生在台「外貿協會」舉辦的迎接WTO新世紀大陸市場研討會稱，台灣對大陸出口依存度已經達到24.5%，海外投資集中在大陸的比重，也高達40%至50%。

　　10月5日　陳水扁接受日本《每日新聞》專訪，繼續迴避一個中國原則、稱台海兩岸應該在世貿組織的架構內，尋求兩岸重新對話。

　　同日　陳水扁吹噓，台灣方面將「戒急用忍」政策改為「積極開放，有效管理」，是兩岸經貿政策的分水嶺和新的里程碑。

　　同日　連戰在國民黨大陸台商服務中心中秋節餐會表示，應該以冷靜客觀的態度，在國際經貿發展的大格局下，給兩岸關係定位。

　　10月8日　台外交部長田弘茂稱，台灣當局會密切關注大陸的反恐動機，因為大陸可能會在支持反恐的同時，採取另一套戰略對付台灣。

　　10月9日　江澤民在紀念辛亥革命90週年大會發表講話，希望台灣當局明確接受一個中國原則，在此原則上開放兩岸「三通」和恢復對話。對一個中國原則，台灣當局「不能迴避，也不能模糊」。

　　同日　為促進海峽兩岸民間文化藝術交流，台北華漢票房與中國京劇院將於10月11日～14日在北京人民劇場舉辦4場海峽兩岸名票名家聯合演出。

　　同日　台陸委會稱，台灣一向主張和平解決兩岸問題，希望大陸方面在處理兩岸問題時，不要過度政治化。

10月10日　陳水扁在「雙十節」致詞，呼籲大陸方面以宏觀佈局，拋棄僵化的思維模式，重新審視兩岸關係。

同日　台外交部長田弘茂表示，陳水扁已正式提名「總統府資政」、前副總統李元簇為台灣代表，參加APEC非正式領導人會議，希望大陸能給予善意回應。

同日　台前陸委會副主委吳安家認為，兩岸關係的緊張是現有的結構性矛盾衝突所致，非任何政黨所能左右。國民黨政策會副執行長張榮恭則認為，兩岸關係緊張，是民進黨拒絕承認一個中國原則所致。

10月12日　陳雲林會見新黨立委馮滬祥率領的台灣兩岸空運直航訪問團一行時表示，兩岸加入WTO後，應該聯手面對競爭。兩岸直航可以大幅提高兩岸競爭力，台灣當局沒有理由再拒絕。

同日　海峽兩岸的民間航空業者在北京達成共識，同意將來實現空中直航後，兩岸的航空器都不掛旗。

同日　台灣當局決定派李元簇出席上海APEC非正式領導人會議，對此，外交部相關人士表示，大陸方面將按照APEC慣例來處理，台灣方面只能由經濟部門的領導人參加。

同日　蔡英文稱，兩岸直航涉及的問題相當廣泛，也涉及「政府」的公權力事項，並非兩岸業者商談所能解決，應該透過兩岸當局授權的談判機構協商處理。

同日　台灣公佈的一項民意調查顯示，有68%的受訪民眾認為，李登輝的政治立場就是台獨。

10月13日　為了應對「911恐怖事件」對兩岸航空業的衝擊，國家民航總局原則同意，只要台灣方面提出申請，並經過雙方協商，台灣民航飛機可以飛越大陸航區，以保障飛行安全和節省成本與時間。

10月15日　外交部副部長王光亞表示，只要台灣有代表參與APEC非正式領導人高峰會議，即可參與討論反恐問題。

同日　海峽兩岸高新科技園區發展研討會暨西安科技論壇今日舉行，兩岸高科技產業界的80多位專家學者、企業界人士等參加研討會。

同日　台立法院內政委員會初步同意，將「小三通」的實施範圍擴及台灣。

10月16日　林信義在上海稱，兩岸加入WTO後，在經貿交流方面會有很多合作機會，雙方應在WTO的架構下建立兩岸貿易諮商管道。

同日　台「經濟部投審會」公佈的統計資料顯示，今年1至9月，「投審會」核準對大陸投資項目4214項，合約利用台資金額69.14億美元，比去年同期增長73.1%；實際利用台資29.8億美元，比去年同期增長32.82%。

10月17日　陳水扁接受瑞士《新蘇黎世日報》專訪稱，有跡象顯示，大陸現在對民進黨執政的態度已有所改變。

同日　APEC上海會議籌委會祕書處發言人章啟月表示，大陸將不邀請台灣當局參加次日召開的APEC外長工作會議，因為台灣方面並無外交部長與會。

10月18日　外經貿部長石廣生表示，兩岸應該利用加入WTO這個契機，在一個中國原則下進行「三通」。對此，台經濟部長林信義回應稱，兩岸加入WTO，與兩岸「三通」不能畫等號。要實現「三通」，兩岸必須協商。

同日　陳水扁稱，大陸方面迄今尚未依照APEC的慣例，向台灣送達會議邀請函，令人非常遺憾。

同日　台外交部長田弘茂召開新聞發佈會，抗議大陸打壓台灣參加APEC非正式領導人會議。

10月19日　江澤民在上海與美國總統布希舉行會談。江澤民表示，台灣問題始終是中美關係中最敏感的問題，希望美方恪守一個中國政策，遵守中美三個「聯合公報」。布希重申，美國政府奉行一個中國的政策，遵守美中三個「聯合公報」。

同日　外交部發言人朱邦造澄清說，大陸方面曾經向台灣方面發出邀請，但台灣未能提出符合APEC慣例和規定的與會人選。並表示，如果台灣缺席此次APEC非正式領導人會議，大陸方面將感到遺憾。

同日　陳水扁誣稱大陸不遵守APEC慣例，並表示遺憾和強烈不滿。

同日　呂秀蓮稱，中國大陸在APEC會議問題上，對台灣的態度和做法粗暴無禮，嚴重傷害了台灣人民的情感，這種「霸權主義」的心態和行為，令人非常遺憾。

同日　台總統府祕書長游錫堃稱，台灣缺席APEC非正式領導人會議，必然會對兩岸關係的正常化有影響，但台灣方面不會將這件事情與其他兩岸經貿政策掛鉤。

同日　台外交部長田弘茂召開新聞發佈會，宣布台灣不出席今年的上海APEC非正式領導人會議。

同日　民進黨祕書長吳乃仁誣指大陸在APEC事務上「打壓台灣」，甚至已經成為一種「惡例」。並稱，今後在民進黨中央的正式文件、公文及新聞稿中，都必須把「中共」改稱為「中華人民共和國」。

同日　李登輝稱，台海兩岸關係的發展，要以「兩國論」為基礎，不可以後退。

同日　「台聯黨」主席黃主文稱，支持台灣缺席本次APEC非正式領導人會議的決定，以強烈抗議大陸的「蠻橫無理」。

10月20日　陳水扁致函敦請APEC成員共同譴責中國大陸刻意歧視台灣的行徑，並希望避免類似情況再度發生。

同日　針對唐家璇「中共已成為歷史名詞」的說法，呂秀蓮在民進黨「全代會」稱，如果「中共是歷史名詞」，那麼「一個中國」就是「歷史神話」。

同日　張俊雄稱，雖然中國大陸在APEC事務上對待台灣的做法令人遺憾，但建立境外航運中心、鬆綁「戒急用忍」政策和推動兩岸「三通」等事務，都將按原計劃進行，不會改變。

同日　民進黨主席謝長廷稱，中國大陸拒絕台灣代表參加APEC非正式領袖會議，兩岸關係難免會冷卻一段時間。

10月21日　陳水扁在花蓮縣長補選造勢會上稱，他之所以不接受「一國兩制」、「九二共識」，是因為不希望中華民國被消滅，從而變成「香港第二」。

同日　李登輝再度妄稱，兩岸是「特殊的國與國關係」，強調「這是台灣處理兩岸問題的最後底線」。

10月22日　針對陳水扁在花蓮縣的講話，台灣各「在野黨」紛紛回應，痛批陳水扁為了選票，不惜在兩岸關係上製造對立。

同日　宋楚瑜稱，回歸「中華民國憲法」架構下的一個中國原則、應是台灣「朝野」最大的共識。而回歸「九二共識」、盡快恢復兩岸協商，是「朝野」廣泛討論的議題，不應被扭曲為「賣台」。

10月23日　國台辦官員表示，將在2001年底或2002年初，開放台灣新聞機構在大陸設立記者站和派駐常駐記者。

同日　張俊雄在台立法院備詢時詭稱，如果把「九二共識」解釋為「一中各表」，就是接受一個中國原則，中華民國就沒有了。

同日　張俊雄稱，台灣航空器是否可以飛越大陸領空，不是台灣單方面可以決定的，應由兩岸協商決定。

同日　蔡英文稱，陸委會可能透過決議，允許在福建的台商透過「小三通」的途徑、經金馬地區進入大陸。

同日　國民黨副主席蕭萬長指出，「九二共識」和「一中各表」，不能被扭曲為「一國兩制」。

10月24日　台經建會主委陳博志在立法院接受質詢時稱，如果有人持「台灣的發展要依靠大陸市場」的觀點，那麼，他不是無知，就是歪曲事實。

同日　台交通部長葉菊蘭在台行政院會表示，當局對台灣航空器飛越大陸領空一事，「持高度保留態度」。

同日　台立法院初審透過《華僑回國投資條例》及《外國人投資條例》的修正草案，以阻止大陸資金經第三地赴台投資。

10月26日　陳水扁妄稱，大陸領導人對台灣社會不瞭解，很容易對形勢做出誤判，因此，他有責任促進兩岸關係正常化，為台海帶來和平。

同日　陳水扁再次就台灣今年未能參加APEC非正式領導人會議指責大陸，認為大陸無權決定台灣出席會議的人選。

同日　蔡英文在台立法院答詢時宣稱，將逐漸放寬、開放基層官員赴大陸旅遊。

10月28日　民航總局官員宣布，台灣航空業者可以直接向大陸相關管理部門提出飛越大陸領空的申請，大陸方面不會設置障礙。

10月29日　國台辦官員表示，在兩岸加入WTO後，兩岸經貿問題仍應由兩岸雙邊解決，不適用於世貿組織架構下的爭端解決機制。

同日　由中國和平統一促進會和台灣「中國統一聯盟」共同舉辦的堅持一個中國原則，積極推動中國統一座談會在北京舉行。

同日　陳水扁宣稱，一定會百分之百地落實「積極開放，有效管理」政策，以取代「戒急用忍」。

同日　台經濟部已正式呈報行政院，不要對大陸引用「排除條款」，以利兩岸經濟交往，並希望在 WTO 架構下開展兩岸「三通」及經貿協商。

　　10月30日　江澤民在中南海會見由王津平率領的台灣「中國統一聯盟」訪問團，對「統聯」多年來為推動兩岸關係發展與祖國統一進程所做的不懈努力表示肯定，並強調，解決台灣問題、實現祖國完全統一，是人心所向，是任何人、任何勢力也阻擋不了的歷史潮流。

　　同日　針對陳水扁10月21日有關反對「一國兩制」、「九二共識」的談話，國台辦新聞發言人張銘清指出，陳水扁的做法不僅無法打破兩岸目前的僵局，而且有可能引發新的緊張和衝突。

　　同日　為了鼓勵台商資金回流，台「中央銀行」決定，大幅放寬企業赴大陸資金匯出限制。

　　同日　美國政府首次公開聲明，希望台海兩岸在加入 WTO 過程中，不要援引「排除條款」對付對方，這樣不符合任何一方的利益。

　　10月31日　國台辦發言人張銘清在例行新聞發佈會上，針對目前兩岸間的主要問題以及記者的提問發表了以下看法，主要有：1. 海峽兩岸共同打擊恐怖主義，符合兩岸同胞的利益，同時也是兩岸雙方義不容辭的義務。2. 一個中國原則在事實和法理上都是無可爭辯的，「九二共識」的基本內容也是無可爭辯的。台灣當局領導人否認「九二共識」，拒絕接受一個中國原則，這不但不能打破兩岸關係的僵局，還會給兩岸關係製造新的緊張和衝突，損害台灣廣大同胞的利益。3. 兩岸的「三通」問題和經貿問題，都應該在一個中國框架之內進行協商，即由中國人自己進行協商，不需要借助其他的國際場合。兩岸入世後，大陸方面對台商「同等優先，適當放寬」的優惠政策不會改變。4. 在大陸學校就讀後畢業的台灣學生，只要具備相應條件，符合用人單位需要，就允許他們在大陸就業。5. 中國民航總局已以「特案」方式，批準了台灣航空公司飛越「三亞飛行責任區」的申請。

　　同日　為落實鬆綁兩岸經貿的政策承諾，台行政院正式透過「擴大境外航運中心功能及範圍」方案。

　　同日　宋楚瑜稱，即使兩岸當年沒有「九二共識」，現在也要說有，因為兩岸必須要有共同的政治基礎。陳水扁的所作所為，使兩岸沒有迴旋的餘地，實屬不智。

11 月

11月1日　江澤民會見「中國統一聯盟」副主席、台灣大學教授王曉波時表示，只要台灣當局領導人承認一個中國原則，就隨時可以訪問大陸，他本人也願意到台灣訪問。

同日　台灣方面建議，兩岸可以透過 WTO 機制來解決相關問題，對此，國台辦明確表示反對。

同日　陳水扁會見美國前國防部長科恩稱，大陸方面認為 1992 年的兩岸共識就是承認一個中國原則，並以此作為兩岸復談的前提條件，這實際上是變相地拒絕對話。

11月2日　外交部發言人朱邦造在例行記者會上表示，在一個中國原則下，兩岸可以商談合辦 2008 年奧運會事宜。

同日　張俊雄與奧地利國會議員訪問團會談時稱，台灣基於 3 個原則制訂兩岸政策，即建構和平關係、以對話協商而非武力解決分歧、不斷開放兩岸交流以表達善意。

同日　宋楚瑜稱，台灣面臨的最大危險是「美台共治」，陳水扁當局對此應負主要責任。

11月3日　陳水扁再度表示無法接受「九二共識」，並詭稱，「九二共識」就是一個中國原則，一個中國原則其實就是「一國兩制」，就是要把台灣「香港化、特區化、地方化」。

同日　蔡英文稱，加入 WTO 後，兩岸的經貿關係將更加緊密，但台灣必須維持自主性。

11月4日　張俊雄稱，如果大陸對台灣方面開放的港口足夠多，那麼，台灣的基隆、花蓮、台中、高雄等 4 大國際商港都可對大陸開放。

11月5日　國台辦官員稱，只要台灣方面承認一個中國原則，兩岸就什麼問題都可以討論，包括一個中國的內涵，甚至於國號、國旗、國歌等。

同日　台「總統府公共事務室主任」郭　琪稱，陳水扁處理兩岸關係的態度一向清楚，那就是：願意接受 1992 年以來兩岸間所有的建設性對話成果，並在此基礎上繼續開展對話。但是，大陸方面拒絕「一個中國，各自表述」，而堅持「一個中國」就是「中華人民共和國」，對此，台灣方面絕對無法接受。

同日　張榮恭指出，「九二共識」的真正意涵，就是兩岸「互不承認、但互有共識」，這種「創造性模糊」，對台灣是最有利的。

11月6日　台行政院透過《落實大陸投資「積極開放，有效管理」執行計劃》，宣稱從2002年1月1日起正式鬆綁「戒急用忍」政策。

同日　針對台灣朝野關於「九二共識」的爭議，謝長廷表示，在「憲法」基礎上商談「全民共識」，比有沒有「九二共識」更為重要。

同日　台前陸委會主委蘇起出示海基會、海協1992年的往來函電，證實兩會確曾達成各自以口頭聲明表述一個中國原則的共識，這就是被簡稱為「一個中國，各自表述」的「九二共識」。

11月7日　針對台灣朝野對「九二共識」的爭論，蔡英文表示，「無論我方怎麼定義，大陸方面都不會承認」，因此沒有必要。

同日　曾任台「陸委會第一副主委」兼發言人的馬英九指出，當年的共識，是由海協、海基會的會談以及會後函電往來共同組成，雖沒有正式文件，但確已形成「九二共識」。

同日　台經濟部官員稱，如果台灣能夠在本月11日順利「入世」，將不會考慮對大陸援引「排除條款」。這是近8年來，台灣方面首次明確表達不對大陸援引「排除條款」的立場。

同日　李登輝稱，面對加入WTO後的新情勢，台灣不僅要研究如何鬆綁「戒急用忍」政策，而且要進一步強化「有效管理」。

11月8日　宋楚瑜指出，鬆綁「戒急用忍」政策，如果僅僅調整貿易限制，是不夠的。處理兩岸關係的關鍵，在於開放直航，加強兩岸往來。他認為，陳水扁正在搞「兩國論」的變種「B型兩國論」，這很難化解兩岸的僵局。

同日　蔡英文稱，鬆綁「戒急用忍」政策的主要目的，在於實現兩岸經貿關係正常化。「入世」後，兩岸應依循世貿組織的多邊體制，解決雙方之間的爭端和問題。

同日　台陸委會副主委陳明通認為，加入WTO之後，兩岸的經貿交流將日益頻繁，兩岸經濟整合的趨勢也會愈加明顯。

11月9日　陳水扁稱，希望兩岸運用WTO的談判機制，就兩岸經貿議題進行接觸和對話，為兩岸經貿開創新格局，實現兩岸經貿關係的正常化。

同日　宋楚瑜宣稱，親民黨將在一個中國原則的前提下，在未來 5 年的時間內，重新定位兩岸關係。

11 月 10 日　在卡塔爾首都多哈舉行的世界貿易組織第四屆部長級會議上，中國被接納為世貿組織第 143 個成員。

同日　陳水扁再次詭稱，他可以接受「九二過程或精神」，卻無法接受「九二共識」，因為，「九二共識」根本就不存在。

11 月 11 日　世界貿易組織第四屆部長級會議今晚審議透過了台灣加入 WTO 的決定，台灣以「台、澎、金、馬單獨關稅區」（簡稱為「中華台北」，英語名為 Separate Customs Territory of Taiwan, Pen-ghu, Kinmen and Matsu）的名義成為 WTO 的第 144 個成員。

同日　外經貿部發言人高燕和國台辦發言人張銘清就台灣加入 WTO 發表談話表示，我們歡迎台灣方面在祖國大陸加入 WTO 之後，以「中華台北」的名義加入世貿組織。我們認為，台灣加入世貿組織，有利於台灣經濟的發展，也有利於兩岸經貿關係的發展，有利於台灣民眾的根本利益。特別需要指出的是，兩岸加入世貿組織後，兩岸經貿關係仍屬中國主體與單獨關稅區之間的經貿關係，只有在一個中國框架內才能得到發展。

同日　外經貿部長石廣生對台灣「入世」表示歡迎，並希望兩岸在一個中國原則下，盡速直接「三通」。

同日　蔡英文表示，兩岸相繼「入世」將是一個「新的起點」，對改善兩岸政經關係，將造成重大的作用。

同日　台新聞局長蘇正平稱，兩岸「入世」，並不意味著兩岸此後在經貿交流上就沒有障礙，台灣方面希望與大陸在 WTO 架構下解決問題。

同日　台立法院新黨黨團副召集人馮滬祥稱，兩岸加入 WTO，相互開放市場是一件好事，但「三通」是兩岸間的事情，不是兩國間的事情，不宜也不能放在 WTO 架構下談。

11 月 12 日　外經貿部副部長安民明確指出，由於 WTO 是主權國家組成的組織，因此，台灣不能承辦任何 WTO 主辦的會議。

同日　外經貿部和國台辦官員發表談話指出，台灣「入世」有利於兩岸經貿關係的進一步發展，並強調，兩岸經貿關係仍屬於中國主體與其單屬關稅區之間的關係。

同日　陳水扁稱，兩岸加入 WTO，有助兩岸經貿關係的正常化，可以讓兩岸在全球多邊貿易架構下，進行更密切的交往與合作。

同日　台陸委會聲稱，兩岸「入世」後，不再需要預設任何政治立場和前提，即可依據 WTO 的規範與架構進行對話協商。

同日　台經濟部次長林義夫稱，台灣入世後，仍把大陸視為特殊地區，其農工產品非經許可輸入，不屬於開放和降低關稅適用的對象。

11 月 13 日　外交部發言人朱邦造表示，兩岸「入世」後，都應嚴格遵守世貿組織的原則。並指出，根據非歧視性和貿易便利化的原則，台灣應開放兩岸直接「三通」，並取消一切對兩岸經貿交流不合理的限制。

11 月 15 日　陳水扁首度接受中央人民廣播電台專訪時稱，兩岸領導人直接對話，才是改善兩岸關係的關鍵。

同日　蔡英文稱，有沒有「九二共識」並不重要，台灣當局發表的一系列談話才應該被重視。

同日　台經濟部長林信義稱，台灣當局將依據經發會共識，配合 WTO 規範，調整「操之在我」部分的兩岸經貿政策。並表示，不接受「台灣不能舉辦 WTO 會議」的說法。

同日　台灣朝野對「九二共識」的態度截然相反，對此，辜振甫呼籲，不宜用簡化的口號解讀 1992 年辜汪會談所取得的共識，以避免引發不必要的政治爭議。

同日　國民黨智庫執行長江丙坤指出，目前，世界各國紛紛組成經濟集團，大陸也與東盟結盟，世界經濟處於新的發展趨勢中。台灣雖然即將正式加入 WTO，但在未來的談判中，台灣可能處於不利的地位。

11 月 16 日　台總統府辦公室宣稱，陳水扁願意到大陸「尋根」。

同日　台財政部修正發佈《台灣與大陸地區金融業務往來許可辦法》，規定自即日起，台灣銀行海外分支機構與國際金融業務分行，可直接與大陸當地的金融機構通匯。

同日　台灣航業公司決定於 12 月上旬推出兩岸三地間接定期新航線，並表示，現在是開放兩岸新航線的最佳時機。

11月17日　台灣中時人力萬象網公佈的一項民意調查結果顯示，66.4%的民眾期待台灣當局「逐步開放兩岸三通」，76%的民眾認為兩岸「入世」後，開放「三通」將給台灣帶來商機，緩解台島經濟困境。

11月18日　宋楚瑜稱，親民黨的大陸政策很明確，就是「台灣人民要自己當家做主，在中共沒有實施自由民主之前，決不談合併的事情，我們還要選出我們自己的總統和議員，並且在不向中共投降的前提下，兩岸和平相處。」

11月19日　台經濟部次長陳瑞隆稱，該部擬在本週內召開兩場「產官學專案小組」會議，以確定開放赴大陸投資的項目。

同日　美國主管東亞事務的助理國務卿凱利表示，WTO只是經貿機制，並不適用於用以推動兩岸政治談判。

同日　針對台灣方面對「九二共識」的種種說法，美國務院有關官員明確指出，台海兩岸在1992年當然有最基本的共識，這樣才會有後來的「辜汪會談」。

11月20日　蔡英文稱，台灣當局現階段的大陸政策，就是維持兩岸關係的永久和平與穩定發展，並與大陸建立良性互動關係。

同日　台「農委會」宣稱，台灣對大陸農產品的進口，將不會比照WTO其他成員體，而是採取「維持現狀」模式。

11月21日　美國國務院稱，美國希望台海兩岸恢復對話，不過，對話基礎應由兩岸自行商討、決定，美國並無定見。

11月22日　台行政院依經發會決議，透過了新階段的赴大陸投資政策。

同日　台陸委會稱，希望兩岸在「入世」後，能建立正常的互動關係，並在WTO架構下建立雙邊協商機制，以解決兩岸的經貿問題。

11月23日　台行政院透過並公佈了《開放大陸地區人民來台觀光推動方案》，將大陸人士分為三類，即「第二類大陸人士」是指「赴國外旅遊或商務考察轉來台灣觀光之大陸地區人民」。「第三類大陸人士」是指「赴國外留學、旅居國外取得當地永久居留權或旅居國外四年以上且領有工作證明者及其隨行的旅居國外配偶或直系血親；赴香港、澳門留學、旅港澳取得當地永久居留權或旅居港澳四年以上且領有工作證明者及其行的旅居港、澳配偶或直系血親者」。「第一類大陸人士」則指「第二、三類以外之大陸地區人民」。該「方案」稱將於2002年1月1日試辦開放「第三類大陸地區人民」來台旅遊，2002年5月1日

擴大開放「第二類大陸地區人民」、「第三類大陸人士」之配偶及直系血親赴台旅遊。

同日　國台辦有關人士指出，如果台灣只是開放旅外大陸人士赴台旅遊，意義不大。

同日　台經濟部大陸投資產官學專案小組召開會議，決定將此前禁止赴大陸投資的高級個人電腦、筆記本電腦等122項電子產品，全部列入「一般類產品」，允許其赴大陸投資。

11月24日　台「政務委員」胡勝正稱，大陸的科技產業和台灣仍有3～5年的差距，兩岸若能合理分工，對雙方都有好處。

11月26日　台陸委會與「體委會」等相關部門研議決定，正式開放台灣體育人士前往大陸開展新的運動生涯。

11月27日　連戰指出，陳水扁的基本理念就是台獨。

同日　台「財政部長」顏慶章稱，只要大陸不同意台灣當局對在大陸設立的台資金融機構進行檢查，該部就不會放鬆台資銀行赴大陸設立金融機構的限制。

同日　台「經濟部國貿局」稱，今年第三季度台灣對外出口總額358.4億美元，其中對大陸出口總額為74.9億美元，台灣對大陸的出口依存度首次突破20%，達到20.9%，創下近年來最高值，未來台灣對大陸市場的依存度仍有不斷升高的趨勢。

11月28日　美國白宮國家安全會議發言人麥考馬克在記者招待會上表示，美國的兩岸政策沒有改變，美國一向主張兩岸應以和平方式解決爭端。

同日　美國在台協會（AIT）的資深官員稱，美國對究竟有沒有「九二共識」一事，並沒有特定的態度。

11月30日　台行政院公告開放122項產品赴大陸投資，即日生效。這是「戒急用忍」政策出籠後，台灣當局首次新增開放赴大陸投資產品項目。

同日　台經濟部產官學專案小組研究決定，準予台商赴大陸投資、生產金屬機械、紡織品及檢測醫療儀器等1004項產品。

12月

12月1日　台灣第五屆立委選舉結果揭曉，在225個席次中，民進黨贏得87席，成為台立法院第一大黨，其他各黨席次如下：國民黨68席，親民黨46席，台灣團結聯盟13席，新黨1席，無黨籍10席。

同日　大陸學者認為，民進黨成為台立法院第一大黨後，會繼續堅持否定一個中國原則和「九二共識」的兩岸政策，兩岸關係的發展不容樂觀。

同日　台《中國時報》報導，據台灣官方人士透露，在過去20年裡，有超過4萬家台商赴大陸投資約600億美元。僅僅在2001年，台商赴大陸投資金額已達20億美元，同比增長2%。

12月2日　謝長廷稱，此次立委選舉結果表明，民進黨在過去2年裡推動兩岸關係的努力獲得了台灣民眾的支持，大陸應該透過這次選舉瞭解台灣的主流民意。

同日　蔡英文稱，在這次立委選舉後，台灣當局仍然維持「四不一沒有」的大陸政策，不會改變。

12月3日　香港《文匯報》報導，大陸官方首次表示，不會因為台灣此次選舉結果而改變對台政策，也不會與民進黨打交道。

同日　陳水扁稱，不會因為民進黨在此次選舉中獲勝而改變台灣的大陸政策，他本人將繼續致力於改善和發展兩岸關係。

同日　蔡英文與大陸主要城市台商協會會長會晤時稱，台灣當局推動兩岸經貿關係正常化的政策，不會因政黨政治的發展情勢變化而變化。

12月4日　外交部發言人章啟月針對台灣立委、縣市長選舉表示，台灣政局發生任何變化，都改變不了「台灣是中國不可分割的一部分」的事實，大陸對台政策不會發生改變。

12月5日　國台辦發言人張銘清針對台灣立委、縣市長選舉發表談話指出，台灣的主流民意並沒有改變，反對台獨、支持「一國兩制」和發展兩岸關係是台灣絕大多數民眾的意願。因此，大陸的對台政策不變，只要台灣當局承認一個中國、「九二共識」，大陸就願意與之展開協商對話。並表示，大陸入世後，將繼續鼓勵和保護台商赴大陸投資。

同日　針對國台辦發言人的談話，呂秀蓮稱，希望大陸領導人看清歷史潮流及台灣人民的意願，以創新思維重新營造新時代的兩岸關係。

同日　張俊雄稱，台灣人民用選票展現出主流民意，那就是拒絕接受「一國兩制」，盼望大陸能體會台灣真正的主流民意，不要再傷害台灣人民的感情。

同日　蔡英文再次宣稱，2002年繼續試辦「金馬小三通」，並局部試辦開放大陸旅外人士來台旅遊。

同日　針對國台辦發言人關於台灣主流民意支持「一國兩制」的說法，謝長廷稱，台灣的主流民意是「反對一國兩制」，並期待政局安定和自己決定自己的命運。

同日　民進黨祕書長吳乃仁稱，大陸若不在 WTO 架構下與台灣談判，就不要指望大陸農產品能夠進入台灣市場。

12月6日　外交部發言人章啟月對《華盛頓郵報》鼓吹放棄一個中國政策的言論予以嚴詞批駁。她表示，任何鼓吹放棄一個中國政策的言行都是與事實和歷史潮流相違背的，不會得逞。

同日　台灣工業總會公佈的最新問卷調查結果顯示，超過92%的台商認為開放「三通」有利於兩岸經貿，另外，超過56%的受訪者表示，台灣若開放「三通」，他們將增加赴大陸投資的金額。

12月7日　台新任金門縣長李炷峰（新黨籍）稱，希望得到台灣當局的允許，讓金門成為兩岸往來的窗口。

同日　為了進一步推動「小三通」，振興金馬地區經濟，馬祖立委曹原彰等人擬於本月9日赴大陸訪問。

12月8日　連戰在選後台灣政局新走向研討會表示，國民黨堅持以「九二共識」改善兩岸關係，堅決反對台獨。

同日　台「刑事警察局長」鄭清松將於本月10日率團到大陸訪問，兩岸共同打擊犯罪將有新的合作舉措。

12月10日　陳水扁會見美國華裔社團「百人會」訪問團時稱，台灣方面改善兩岸關係的誠意不變。他表示，「一個中國」是可以談的議題，但不應設定為前提，從而影響兩岸的對話。發展兩岸關係，應遵循「三多三少」的原則，即「多經濟少政治、多接觸少誤會、多信任少打壓」。兩岸應暫時擱置有爭議的部分，先從經貿、文化的統合開始談起。

同日　「小三通」試辦將滿一年，對此，蔡英文表示，希望大陸採取相應的配合措施，使「小三通」在新的一年邁向正常化，成為有商業價值的經常性交流。

同日　台「經濟部政務次長」林義夫稱，台灣在2002年元旦正式加入WTO後，將會主動研討擴大開放大陸貨品進口事宜，但仍會保留對大陸貨品進口的審查機制。

同日　馬英九會見美國華裔社團「百人會」訪問團時稱，他希望能有機會到大陸招商，但台灣當局尚未開放縣市長前往大陸的政策，所以他無法成行。

同日　美國主管情報暨研究工作的助理國務卿福特稱，大陸方面仍然把「動用武力」看作是解決台灣問題的最後手段，但不會對台使用核武器。

12月11日　國台辦常務副主任李炳才會見馬祖立委曹原彰等人，雙方就「小三通」事宜達成數項初步成果。

同日　蔡英文稱，兩岸加入WTO，是兩岸良性互動的重要契機，WTO將給兩岸協商對話提供管道，並表示兩岸2002年將有機會恢復談判。

同日　台內政部發佈公告，自本月23日起，旅居海外的大陸人士可向台灣相關部門申請赴台旅遊。

同日　宋楚瑜會見來訪的美國「百人會」代表團時稱，台灣不能成為美國的籌碼，美方不能為了自身的利益，而忽略了台灣民眾的感情。

12月12日　中國統一促進會在北京召開「堅持一個中國原則，發展兩岸關係」座談會。與會人士普遍認為，求和平、求發展、反對台獨、主張發展兩岸關係是台灣的主流民意。

同日　台行政院透過《2002年起每年大陸地區人民在台灣居留數額表》，從2002年起實施。該表將符合赴台居留條件的大陸地區人民劃分為四類，第一類：1949年12月31日前結婚的大陸配偶，定居數額不受限制。第二類：1950年1月1日後結婚滿2年，或已生有子女的大陸配偶，每年限制3600人。第三類：第二類大陸配偶等待配額超過4年，婚後累計在台合法停留2年以上，明年起數額不限。第四類：基於政治、經濟、社會、教育、科技、文化考量項目居留，每年60人。台「境管局」依資料推估，實施新的規定後，明年可往台灣定居的大陸配偶為9500人，2003年為9300人，2004年為11000人，比現行每年的3600人放寬了不少。

12月13日　台經濟部召開產官學專案會議，決定解除LED、LCD後段模組製造等52個項目赴大陸投資的禁令，但8英吋晶圓體仍然屬於「禁止類」。

同日　美國白宮國家安全會議發言人重申，美國堅持一個中國的政策，希望兩岸和平對話，避免出現武力衝突的局面。

12月14日　全國台灣研究會在北京召開2001年台灣政局及兩岸關係回顧與展望座談會。

同日　台行政院祕書長邱義仁在華盛頓發表演講稱，民進黨希望透過「修憲」建立三權分立的「總統制」。對此，大陸學者指出，民進黨此舉是借「修憲」之名，行「制憲」之實，兩岸關係將橫生變數。

同日　蔡英文在華盛頓「傳統基金會」發表演說稱，WTO可以作為兩岸討論經貿議題的場所，亦可作為討論更廣泛議題的場所。

同日　海基會發函祝賀海協成立10週年，並希望兩會能盡快恢復協商，以利於兩岸良性互動。

同日　美國喬治 華盛頓大學中國問題專家何漢理認為，兩岸要想打破僵局，應該從經濟整合開始。

12月15日　台灣當局宣稱，在過去3周裡，台灣共解除1814項產品赴大陸生產的禁令。

同日　台經濟部長林信義表示，應務實面對大陸經濟崛起的事實。

同日　伍世文將於16日過境紐約，這是「政黨輪替」後，台國防部長首次訪問紐約。

同日　蕭萬長稱，兩岸「入世」，是兩岸關係和解的新契機。

12月16日　陳雲林在海協成立10週年酒會重申，台灣當局應該承認「九二共識」和一個中國原則，兩岸應該在「一中」基礎上恢復對話與談判。

同日　汪道涵在海協成立10週年酒會指出，兩岸應早日進行直接「三通」，並加強經濟合作，而兩岸相繼「入世」，為「三通」創造了有利條件。

同日　台行政院最近修正《管制物品項目及其數額》，對私運大陸物品來台價值不超過10萬元新台幣者，只進行行政處罰，不以走私定罪。

12月17日　蔡英文稱，台灣不可能離開大陸獨自發展，因此，必須妥善處理兩岸所存在的歧見。

12月19日　大陸最大台資企業之一、鴻海旗下的富士通企業集團深圳公司，上週成立中國共產黨支部，這是大陸首家成立中共黨組織的台資企業。

同日　台「陸委會法政處長」劉德勛稱，台灣鴻海電子集團在深圳的分公司內部成立中共黨組織，尚屬特殊「個案」，並不能因此認為很多台商企業出現了中共黨組織。

同日　就鴻海旗下的富士通集團深圳公司成立中共黨組織一事，台立委蔡同榮稱，這是中共勢力直接滲入台商企業的警訊，台灣對於大陸「以經促統」的戰略目標，應有高度警覺和防備。

同日　針對台資企業內部成立中共黨組織的問題，多數台商會長表示，兩岸政治敏感，自己知道迴避。

12月20日　陳水扁會見美眾議員韋克斯勒時稱，改善兩岸關係，完成兩岸關係正常化，是台灣當局的既定政策，不會有任何的改變。

同日　蔡英文表示，鴻海電子公司成立共產黨支部只是「個案」，台灣當局將密切觀察事態的後續發展並研討對策，希望大陸方面讓台商有其自主運作的空間，不要以政治手段干預台資企業的運作。但是，如果有台商加入共產黨，則屬嚴重情況，當局會在審查台商對大陸投資案時予以懲罰。

同日　台「衛生署」決定，自2002年元月起，全面開放大陸產西藥製劑及原料藥的進口。

同日　台灣「觀光局」公佈，共有165家旅行社取得接待大陸遊客的資格，從即日起，這些旅行社便可向「入出境管理局」提出接待申請。

同日　宋楚瑜提出「修憲」三條件，其中之一是必須在「一個中華民國的架構下」進行。

12月21日　中華全國台灣同胞聯誼會成立20週年慶祝大會在北京隆重舉行，錢其琛出席並發表講話。他說，雖然台灣局勢變化，但是希望和平、希望發展、希望交流仍是廣大台灣同胞最大的願望。兩岸「和則有利、分則有害」，只要懷著統一的願望，朝著祖國統一的方向發展，兩岸許多問題都可以進行討論。

同日　蔡英文稱，兩岸關係所面臨的總體環境與格局，正在發生本質性的變化，希望大陸方面以務實的態度，面對台灣的新民意。

同日　就鴻海旗下的富士通企業集團深圳公司內部成立中共黨組織一事，台經濟部次長陳瑞隆態度強硬地表示，若真有此事，一定會處分相關責任人。

同日　台經濟部產官學專案會議研究決定,將禁止赴大陸投資的農業項目從原有的 13 項大幅增加到 436 項。

同日　台「經濟部投審會」公佈的資料表明,2001 年前 11 個月,「投審會」核準對大陸投資金額為 25.17 億美元,同比增長 9.25%。

12 月 22 日　張俊雄稱,台灣當局的大陸政策,是逐步開放兩岸互動中「操之在我」的部分。

同日　台經建會主委陳博志稱,台灣在制定和執行兩岸政策前,必須先認清全球化的事實與後果,並在「積極開放」與「有效管理」間尋求平衡點。

12 月 23 日　首部由兩岸學者共同撰寫的《台灣新文學思潮史綱》出版座談會在北京舉行。

同日　國家統計總局公佈的統計資料顯示,4 家台資企業進入 2000 年度大陸外資企業納稅百強。

同日　日本外相田中真紀子接受日本《經濟新聞》採訪時稱,台灣將會以「一國兩制」的方式回歸中國,但這需要相當長的時間。並承諾,不會同意李登輝再度訪日。

12 月 24 日　113 位居住於閩廈各地的高齡金門老人,中午搭乘「鼓浪嶼號」自廈門直航金門,踏上闊別半個世紀之久的故鄉,展開為期 4 天的返鄉探親之旅。

12 月 25 日　台行政院祕書長邱義仁稱,開放「小三通」人員、貨物中轉,是台灣未來必然要走的路,但在兩岸沒有正式協商前,片面開放是否合適,有待於進一步評估。

12 月 26 日　張銘清在記者招待會表示,大陸對台政策不會改變,台灣不要幻想大陸會放棄一個中國原則。只要台灣承認「九二共識」及一個中國原則,兩岸隨時可以進行對話。他指出,大陸對民進黨當局有意主導「修憲」一事表示關注,並有所警惕。

同日　台陸委會決定,將「小三通」試辦期延長一年。

同日　台「農委會主委」陳希煌稱,為避免「入世」後大陸農產品威脅台灣農業市場,將對大陸農產品進口設置預警制度。

同日　台「證期會」修正有關規定,將上市、上櫃公司赴大陸投資資金的限額,由最高不得超過實收資本額或淨值的 20% 放寬為 40%。

12月27日　外交部發言人章啟月在例行記者會表示，中方已經注意到田中真紀子外相關於台灣問題的談話，這表明中國在台灣問題上的原則立場，得到了國際社會普遍的贊同和支持。

同日　台陸委會副主委鄧振中稱，依據《兩岸人民關係條例》的規定，台商加入中國共產黨，就應被罰款。

同日　辜振甫在海基會董、監事聯席會議發表書面講話表示，在兩岸「入世」的歷史時刻，兩岸之間的相關難題需要雙方以新的思維去面對。

12月28日　台外交部發言人張小月稱，絕大多數台灣人不贊成「一國兩制」。

同日　日本外相田中真紀子在記者招待會上表示，希望台海兩岸以和平談判而非武力衝突的方式，解決雙方存在的分歧。

12月29日　台灣當局高層官員稱，短期內，台灣不會在 WTO 架構下對大陸開放市場。

同日　台灣《天下》雜誌的年度調查結果顯示，由於台灣台灣政局不安定和經濟不景氣，超過 20% 的台灣民眾考慮移民，其中考慮移居大陸的人數比去年大幅上升。

12月30日　呂秀蓮妄稱，「一國兩制」的政治色彩太濃，應該代之以「一個中華」的概念。

12月31日　江蘇省台辦主任趙順盤透露，目前，江蘇吸引台資總額已位列大陸所有省份首位，江蘇已經成為台商投資興業的一方熱土。

同日　台《中國時報》報導，台經濟部委託台灣經濟研究院所作的研究報告顯示，兩岸入世後，台灣對大陸的外貿依存度會進一步升高。

2002 年

1 月

　　1月1日　江澤民主席在全國政協新年茶話會發表講話指出，解決台灣問題，實現祖國完全統一是中華民族的根本利益所在，兩岸間合則兩利、分則兩害，兩岸統一是大勢所趨，是任何力量也改變不了的。進入新世紀以來，海峽兩岸經濟合作、人員往來和各項交流加強，「和平統一、一國兩制」方針得到越來越多的台灣人民的歡迎和認同。兩岸相繼加入世界貿易組織（WTO），為發展兩岸經貿關係提供了新的機遇，祖國大陸將在一個中國的原則基礎上，繼續推動兩岸關係的改善，加強與台灣人民的聯繫和往來。

　　同日　陳水扁在「元旦祝詞」中稱，願以合作的思維來看待兩岸關係，樂於看到兩岸先後加入WTO，願以更積極的作為來推動兩岸經貿的發展，使之邁向「建設性合作關係」，為兩岸人民謀求最大利益和福祉。

　　同日　台灣以「台、澎、金、馬單獨關稅區」（簡稱「中華台北」）的名義正式加入世界貿易組織（WTO）。

　　同日　台行政院宣布，自當日起，「局部試辦」大陸人士赴台旅遊，但開放範圍僅限於「第三類大陸人士」。

　　同日　台「財政部關稅總局」官員宣稱，大陸物品進口不適用於當日生效的關稅配額方式，尚未開放進口的大陸商品項目，仍將不予進口，兩岸間的貿易，在尚未正式展開協商談判或進行雙邊貿易諮詢前，仍將維持「間接貿易」形態。

　　同日　台「農委會主委」陳希煌稱，在兩岸檢驗檢疫認證問題得到解決前，無法開放大陸農產品入台。但該會將討論在WTO規則和「國家政策」兩大原則下，是否允許部分大陸農產品進口。

　　1月2日　台行政院會決定將進一步開放兩岸經貿措施，包括兩岸商品直接交易，並分三階段擴大開放大陸農工產品進口。在本月15日前，初步完成第一階段擴大開放進口項目、放寬大陸人士來台從事經貿活動政策的計劃。

　　同日　台行政院長張俊雄稱，台灣會在WTO規則允許的範圍內設立一定過渡期，逐步建立正常化、健康的兩岸經貿關係。在過渡期內，台灣將堅持三大原

則：一、在穩定、安全的基礎上循序漸進地促進兩岸經貿的發展。二、積極推動兩岸協商，以降低兩岸經貿的不確定性。三、優先推動台灣可自行操作的部分。

同日　蔡英文稱，希望在 WTO 框架內，努力使兩岸貿易關係正常化。但鑒於 WTO 防禦機制的不足，或在運用上的有難度，台灣當局將在過渡期內，強化兩岸貿易間的特殊防禦機制，賦予專門的項目主管機構一定的權限，以便在大陸入台貨物對台灣市場秩序產生重大衝擊時，採取相應措施。

同日　台「農委會副主委」李健全稱，該會現擬定的農業因應措施已涵蓋了應對大陸農產品進口的衝擊。大陸為多種動植物疫區，在兩岸未解決檢驗檢疫問題之前，無法開放相關產品入台。

同日　國民黨主席連戰稱，國民黨的當務之急是堅持一貫信念與作為，在「中華民國憲法」定位下維「國家尊嚴」與「國家認同」，堅持台灣優先、族群融合，堅決「反共保台」。

同日　台「中國石油公司」將同大陸「中國海洋石油總公司」簽署一項共同開採台灣海峽石油和天然氣的合約。

同日　廣東省警方宣布偵破了上週發生在東莞市的台商徐柏源被害案，兩名犯罪嫌疑人被全部抓獲。

同日　台《聯合報》報導，台灣當局正與印度祕密發展軍事關係，雙方已進行情報交換，且台軍方派有校級軍官擔任駐印武官。

1月3日　台「經建會副主委」何美玥稱，必須在有配套管理措施的情況下，才會開放相關企業赴大陸投資 8 英吋晶圓（芯片）廠，不會採取設定金額上限的總量管理作為評估標準，而是要看業者提出的全球佈局方案，能否在大陸廠發生狀況時給予支援。

同日　荷蘭外交部官員表示，荷蘭不會介入美國向台灣出售潛艇一事。如果美國為台灣建造潛艇需使用荷蘭技術，荷蘭政府也不會同意。

1月4日　國家宗教局等單位組團赴台，與台灣相關機構商討「恭迎『佛指舍利』赴台巡展」事宜。

同日　台經濟部長林信義稱，當局已原則上決定允許台灣半導體業赴大陸投資。

1月5日　大陸首次對台灣開放「保險經紀從業人員證照考試」，台灣共有 5 人透過考試。

同日　台經濟部長林信義稱，不反對台灣石化上游業者赴大陸投資，但投資資金必須由「產官學專案會議」最後決定。

同日　台郵政總局副局長鄭征男稱，為了因應加入 WTO 後的競爭，該局打算在取得當局政策許可及兩岸相關單位進行協商後，開展兩岸間的匯兌、通匯業務。

同日　台「香港事務局局長」張良任稱，香港特區政府已原則同意台中華旅行社在香港國際機場增設辦事處，並從即日起運行，為赴台旅客提供旅行服務。

同日　澳門特別行政區政府宣布，為方便澳門居民赴台及方便內地居民、外國人士經澳來往台灣，特區政府允許澳門「台北經濟文化中心」為澳門居民及經澳門赴台的大陸居民、外國人辦理入台證件和提供旅行服務。

1月6日　呂秀蓮啟程赴中南美洲國家尼加拉瓜和巴拉圭活動，並參加兩國新任總統的就職儀式。

同日　台灣佛教界恭迎「佛指舍利」來台委員會在高雄佛光山召開會議，商討「佛指舍利」赴台的時間及行程安排。

同日　台北美國商會會長何順稱，台灣經濟的長期持續發展，一定要透過區域經濟的成長來實現，大部分在台投資的外商希望兩岸「三通」。

1月7日　國防部長遲浩田在京會見美國退役將領訪問團時表示，希望美國政府恪守中美三個「聯合公報」的原則，不要向台灣當局發出錯誤信號，以免加劇台海緊張局勢，損害中美建設性合作關係的健康、穩定發展。

同日　陳水扁會見美中安全檢討委員會訪問團稱，將謀求「政治平衡、經濟平衡、軍事平衡」的兩岸關係，並建立「建設性的合作而非排他性的對抗關係」。

同日　國民黨智庫「國安組召集人」，前陸委會主委蘇起稱，國民黨一直以來的路線都是站在中間，「反共」是「反對共產制度」，但並不反中國，過去執政的50年就是在堅持「反共保台」。

同日　香港地區中國和平統一促進會組團訪問台灣，這是全球第一個正式以「和統會」名義組團訪台的統一促進會組織。

1月8日　海峽兩岸關係研究中心主任唐樹備出席《海峽》雜誌社和《兩岸關係》雜誌社合辦的研討會，呼籲台灣當局在兩岸加入 WTO 之後，認真考慮大陸方面的建議，將「三通」和兩岸經貿關係方面的事務，視作中國內部的事務，儘早由兩岸民間對民間、行業對行業、公司對公司協商解決。

同日　呂秀蓮在紐約稱,「統」、「獨」已成為歷史,兩岸應以新思維建立夥伴關係,以「一個中華」取代「一個中國」。

同日　張俊雄會見美國眾議員歐斯稱,台灣當局不會對兩岸關係採取挑釁的態度,希望構建兩岸和平穩定的對話關係。

1月9日　江澤民與來訪的南斯拉夫聯盟共和國總統沃伊斯拉夫·科什圖尼察舉行會談。科什圖尼察表示,南斯拉夫將繼續堅持「一個中國」的立場,認為世界上只有一個中國,即中華人民共和國,台灣是中國的一部分,南支持中國為實現國家統一所做的努力。會後,兩國發表《聯合聲明》,南方確認不與台灣建立任何形式的官方關係或進行任何官方性質的往來,不支持台灣加入只有主權國家才能參加的國際組織。

同日　陳水扁會見「台灣國防安全與海權發展國際研討會」代表稱,台海安全絕不只是海峽兩岸的事務,因為台灣是日本、新加坡與歐洲間海上必經要沖,台灣海峽的和平與穩定對亞太及世界的安全都有密切聯繫。

同日　台行政院祕書長邱義仁稱,台灣當局不可能接受唐樹備日前將「三通」和兩岸經貿關係方面的事務視作「中國內部的事務」的說法。

1月10日　陳水扁會見美國大西洋理事會訪問團稱,完成兩岸關係的正常化是兩岸領導人、「政府」和人民責無旁貸的使命。只有雙方擱置爭議、加強接觸和對話,才能改善兩岸關係。而大陸拒絕與台灣當局對話與接觸,有害兩岸關係發展。

同日　台「立法院內政委員會」審查透過由行政院提交的「大陸地區人民在台灣居留數額表」,把大陸配偶赴台居留的人數放寬到每年3600人,另外增加一定的4年「等待配額時間」的數額。

同日　台「經濟部投審會」公佈的一份報告表明,在赴大陸投資的台灣企業中,有76.04%仍持續擴大在台灣經營規模;台商大陸投資企業已逐漸從「台灣接單,大陸出貨」發展成為「大陸接單,大陸出貨」的模式。

同日　海峽兩岸出版界專家及企業代表在台北舉行座談會,就入世之後,兩岸出版業如何加強合作和交流以求共同發展進行研討。

1月11日　台陸委會副主委陳明通稱,將採取循序漸進的方式處理大陸旅客赴台旅遊問題,希望能盡快就此問題同大陸方面進行協商。

同日　金門縣旅行商業同業公會理事長王添洲率考察團從金門抵達廈門，就「小三通」實施一年來的成果與廈門方面交換意見。

同日　台積電董事長張忠謀在一次午餐演講會上，呼籲台灣當局儘早開放廠商赴大陸投資建設 8 英吋晶圓廠。

1月12日　赴台訪問的美國聯邦眾議員謝羅德‧布朗稱，將繼續督促美國政府協助台灣成為世界衛生大會（WHA）觀察員。

1月13日　國台辦主任助理兼新聞發言人張銘清指出，台灣當局領導人正往台獨和「去中國化」的方向走，在護照上加注「Issued in Taiwan」字樣的舉動，對兩岸關係的發展沒有正面作用。

同日　海外台獨組織「台灣人公共事務協會」首度返台，在台灣舉辦成立20週年慶祝大會。陳水扁、李登輝、張俊雄、田弘茂以及近 500 位會員出席。

同日　陳水扁在「台灣人公共事務協會」成立20週年慶祝大會稱，他已於1月11日正式批准在中華民國護照上加注「Issued in Taiwan」（「台灣簽注」之意，作者注）字樣，並稱這是其送給「FA-PA」成立20週年的最重要禮物。

同日　台外交部長田弘茂詭稱，在護照上加注「Issued in Taiwan」並不涉及更改「國號」。

1月14日　世界衛生大會（WHA）執委會以 20 票反對、8 票棄權、3 票贊成的結果，否決了由乍得、危地馬拉、格林納達 3 國提交的所謂「台灣爭取成為世界衛生大會（WHA）觀察員」一案。

同日　張俊雄正式核定在新版中華民國護照封面上加注「Issued in Taiwan」字樣。

同日　在由國民黨、親民黨、新黨等政黨組成的「在野聯盟」推動下，台立法院透過「中華民國國號的英文官方名字為『Republic of China』，護照封面的中、英文國號應維護其正確性，不得增減任何文字」的決議。

同日　蔡英文稱，應透過兩岸官方或相關權責單位進行協商的方式，解決台灣航空公司飛機飛越大陸空域問題。

1月15日　外交部新聞發言人孫玉璽重申，台灣是中國領土不可分割的一部分，這是國際社會公認的，也是無可爭辯的事實。台灣當局以任何形式把台灣從祖國分裂出去的圖謀，都是不會得逞的，必然會遭到包括台灣同胞在內全體中國人民的反對。

同日　國台辦副主任周明偉指出，過去一年來，台灣的「台獨基本教義派」不斷以各種方式、手段推進其台獨理念，包括更改教科書、護照加注「Issued in Taiwan」字樣等行為，由「暗獨」走向「明獨」，嚴重危害了兩岸關係的穩定與發展。

同日　張銘清指出，台灣當局領導人在上台之初，曾作出不會宣布台獨等「四不一沒有」的承諾，但事態的發展表明，他不僅沒有放棄台獨立場，而且不斷以蠶食的手法推行「漸進式的台獨」活動。台灣是中國領土不可分割的一部分，任何形式的台獨都是絕對不允許的。如果台灣當局誤判形勢，一意孤行，繼續推進「漸進式台獨」的分裂步驟，只會加劇兩岸關係緊張，必將自食惡果。

同日　台陸委會發表聲明稱，大陸必須正視中華民國存在的事實，只要兩岸面對現實，互相尊重，兩岸關係自然會有進一步發展的空間。

同日　台外交部領事事務局長詹憲卿辯解說，台灣方面是根據「兩岸人民關係條例」在護照封面上加注「Issued in Taiwan」字樣的，其指涉意義為「台灣」。

同日　台「建國黨」發言人黃玉炎稱，台外交部將護照加注「Issued in Taiwan」字樣是多此一舉，應該直接把護照上的中華民國去掉，改為台灣。

同日　「台灣人公共事務協會」會長吳明基稱，將護照封面加注「Issued in Taiwan」，是將護照「香港化」，自降「國格」。他要求取消護照上的「國民黨黨徽」，而只加注「TAIWAN」。

1月16日　日前，美軍駐太平洋地區總司令丹尼斯·布萊爾稱，中國等國的軍事力量是進攻性的，且中國一直在威脅台灣。對此，外交部新聞發言人孫玉璽指出，中國是促進亞太和世界和平與穩定的堅定力量，中國政府在台灣問題上的立場是一貫的。希望美國方面恪守一個中國的政策和中美三個「聯合公報」的原則，妥善處理台灣問題，以利中美關係的健康、穩定發展。

同日　台行政院透過「加入WTO兩岸經貿政策調整執行計劃」。第一階段計劃將開放大陸農工產品以及服務業入台，其中包括901項農產品，1225項工業產品和58項服務業，同時還開放兩岸貿易商直接交易、直接通匯。但又規定將強化兩岸貿易特殊防禦機制，要求相關單位在大陸物品進口對台灣市場有重大不良影響時，報請行政院下令停止輸入。至於服務業項目的具體開放時間，須在台立法院完成「兩岸人民關係條例」及「港澳關係條例」修正草案的審議之後，付諸實施。

同日　台行政院透過8項與開放兩岸經貿政策有關的法律和行政命令的修正草案。包括「台灣與大陸地區貿易許可辦法」、「貨品進口救濟案件處理辦法」、「紡織品進口救濟案件處理辦法」、「台灣銀行辦理大陸地區間接進口外匯業務作業準則」、「台灣金融機構辦理大陸地區間接匯款作業準則」、「台灣與大陸地區人民關係條例」、「台灣與大陸地區人民關係條例實施細則」、「與香港、澳門關係條例」。另外，還將制定「大陸人民來台投資許可辦法」，將允許外匯指定銀行在向台財政部與「央行」申請直接通匯並獲批準後，進行兩岸直接通匯，但匯款幣種必須採用第三地貨幣，且僅限「辦法」規定的項目。

　　1月17日　江澤民與來訪的約旦國王阿卜杜拉二世會談時指出，台灣問題涉及中國的主權和領土完整，牽掛著包括台灣同胞在內的13億中國人民的感情，我們實現祖國最終統一是任何人也改變不了的政治目標。

　　同日　台立法院透過「離島建設條例」部分條文修正案，將允許台灣居民在獲得許可後，憑相關證件經金門、馬祖、澎湖等離島「中轉」進出大陸。

　　1月18日　國台辦副主任周明偉在中國駐美使館舉行的記者招待會指出，一個中國原則是兩岸對話與談判、改善關係、促進交流、最終解決台灣問題和實現和平統一的基礎和前提。大陸方面希望在一個中國原則基礎上，早日恢復兩岸對話與談判。只要台灣當局在承認「九二共識」問題上採取積極的實際步驟，大陸將表示歡迎。

　　同日　台內政部公佈「大陸地區專業人士來台從事專業活動許可辦法」修正案，規定從當日起，大陸科技人士赴台參與科技研究的總停留期限，由3年延長為6年，同時，大陸經貿專業人士將可獲1年至3年逐次加簽旅行證或多次旅行證。

　　同日　美國在台協會理事主席卜睿哲抵台訪問。

　　1月19日　周明偉在與美國副國務卿理查德‧阿米蒂奇會晤時指出，台灣當局「護照加注」的行為是對兩岸關係穩定的挑戰。並表示，歡迎部分民進黨黨員以「適當名義」訪問祖國大陸。

　　1月20日　周明偉指出，大陸的對台政策將把握「減少爭議、務實、雙贏、穩定」的四項原則。

　　同日　唐樹備出席南非召開的「全非洲中國和平統一促進會」成立大會指出，雖然海協與海基會在1992年是以各自口頭表述的方式達成「九二共識」，但達成共識的過程及各自表述的內容，都有白紙黑字的記錄。

1月21日　陳水扁中午召開記者會，宣布由游錫堃取代張俊雄，出任台灣當局新一任行政院長。這是陳水扁上台以來第三度「內閣」改組。

同日　台「陸委會企劃處處長」詹志宏稱，「聽其言、觀其行」仍是近期大陸對台政策的核心。兩岸關係若要重新啟動，雙方必須做到互信，但大陸堅持「去『中華民國』化」，已使兩岸關係更為複雜。

同日　美國駐華大使雷德稱，台灣問題是中美間必須明確處理的問題。美國希望大陸和台灣採取兩岸人民均可接受的方式，以「和平途徑」化解雙方分歧。

1月22日　台陸委會官員稱，台灣當局對大陸商品進口設立防禦措施的做法，在相關貿易法規中已有規定。這是兩岸經貿交流尚未完全正常化之前，必須採取的預防、過渡措施，並未違反 WTO 的相關精神或規則。

1月23日　陳水扁在台會見美國商務部助理部長威廉·拉什時稱，希望美國進一步協助台灣成為 WHO 的觀察員，同時希望就「台美自由貿易協定」繼續磋商。

1月24日　錢其琛副總理出席「首都各界紀念江澤民主席《為促進祖國統一大業的完成而繼續奮鬥》重要講話發表 7 週年座談會」重申，世界上只有一個中國，大陸和台灣同屬一個中國，中國的主權和領土完整不容分割。大陸方面將一如既往地與堅持一個中國原則、主張發展兩岸關係的台灣各黨派、各界人士加強交流和對話。他說，民進黨應該更多地為台灣人民的福祉著想，徹底拋棄「台獨黨綱」，以真誠的態度發展兩岸關係。廣大民進黨成員與極少數頑固的台獨分子是有區別的。大陸方面歡迎他們以適當的身份前來參觀、訪問、增進瞭解。祖國大陸對台灣分裂勢力的台獨活動始終保持高度警惕，台灣分裂勢力企圖在國際上製造「兩個中國」、「一中一台」，是沒有出路的。為推動兩岸經濟關係上升到一個新的水平，大陸方面願聽取台灣各界人士關於建立兩岸經濟合作機制、密切兩岸經濟關係的意見和建議。

同日　陳水扁稱，台海兩岸應和平相處，共存共榮，願意借兩岸相繼加入 WTO 之機，推動兩岸經貿交流。

同日　針對錢其琛的講話，台陸委會官員稱，樂見大陸方面發出的相關政策訊息，兩岸應共同努力把握復談的契機。

同日　民進黨祕書長吳乃仁稱，只要大陸方面能以比較善意的方式促成兩岸相互往來，民進黨都表示歡迎。兩岸互訪一向是民進黨的基本態度，但民進黨認為「中國」、台灣社會有本質不同。

同日　兩岸共同市場基金會董事長蕭萬長表示，兩岸兩會應盡速恢復會談機制，以推動兩岸經貿正常化及制度化的發展，尋求兩岸經貿「雙贏」的最大公約數。

　　同日　本年度報考大陸相關高校與科學研究院所研究生的台灣考生達 1369 名，比去年增長一倍，報考科目中以法學和商學居多。

　　同日　在台訪問的美國商務部助理部長威廉‧拉什表示，台灣未來仍有許多經濟上的挑戰，最主要的挑戰之一是解決台灣和大陸的經濟關係。

　　1 月 25 日　台經濟部長林義夫稱，錢其琛的談話是「兩岸交流的新契機」，兩岸的政治溝通需要時間，但兩岸間的經貿合作可以先行。

　　同日　台「中央銀行行長」彭淮南稱，兩岸間達成並建立新台幣與人民幣結算機制，是台灣當局開放台灣銀行兌換人民幣業務的前提。

　　同日　台教育部宣布，台行政院已原則同意台灣大學赴大陸開辦台商 EMBA 班，預計 9 月份可正式開課。

　　同日　美國務院發言人稱，樂見台海形勢舒緩，歡迎任何有助於緩解兩岸緊張局勢的行動，美國政府鼓勵兩岸恢復對話。

　　同日　吳乃仁稱，在現階段，民進黨並不急於組團訪問大陸，但只要大陸方面接受民進黨的黨職身份，民進黨的黨務人員可以用公假與公費訪問大陸。他強調，民進黨的大陸政策是前後一致的，即台灣是「主權獨立的國家」，依據「憲法」，名稱是中華民國，不需要再宣布「台灣獨立」。

　　1 月 26 日　辜振甫稱，錢其琛的談話顯示大陸方面對台政策有一定程度的調整，雙方都應以「新思維」來看待兩岸關係的發展。

　　同日　「中華恐龍大展」在台北開幕，這是迄今亞洲規模最大、恐龍化石最豐富、真品最多、最具現代性的恐龍展覽。展品全部來自重慶自然博物館、成都理工大學博物館和內蒙古自治區博物館，開展首日即有過萬民眾前往參觀。

　　1 月 27 日　蔡英文稱，台灣當局將透過適當管道對錢其琛的談話予以回應，但對兩岸是否復談的問題，應持勿悲觀、勿樂觀的態度。

　　同日　馬來西亞總理馬哈蒂爾接受記者訪問表示，非常希望加強馬來西亞與台灣間的雙邊貿易，但目前不會與台灣簽訂雙邊自由貿易協定。他認為，解決台海問題的前提是，台灣不要走向「獨立」。

1月28日　陳水扁會見美國在台協會理事主席卜睿哲時稱，歡迎任何有助於兩岸關係穩定及改善的做法和談話。

同日　海基會副董事長兼祕書長許惠祐稱，兩岸關係目前正朝好的方向發展，海基會期待在今年春天恢復兩岸商談。

同日　卜睿哲在台灣政治大學國際關係中心發表演講，就美國政府的台海政策提出五點聲明，即強調和平的基本原則、繼續遵循一個中國政策、台灣是一個「民主政體」、台海問題如何解決是兩岸雙方的事、美國支持台灣「參與」世界衛生組織（WHO）一類的國際組織。並表示，美國認為兩岸談判不應預設任何前提。美國不會做兩岸爭議的調解人，也不會強迫台灣參加談判。

1月29日　國台辦新聞發言人張銘清強調，台灣當局迄今為止仍沒有對「一個中國」和「九二共識」有進一步的表態，因此，大陸方面看不到任何有關海協、海基會兩會可以恢復談判的跡象。

同日　台「駐美副代表」李應元稱，美方保證布希總統即將對大陸的訪問不會改變現有的對台政策。

同日　台「中央銀行副總裁」陳師孟稱，不能完全脫離政治因素來看待台商赴大陸投資的問題，開放8英吋晶圓廠等高科技產業投資大陸的問題，還有待再思考。

同日　連戰會見美國在台協會理事主席卜睿哲稱，對台海安全有「兩點擔心」，一是在台灣沒有挑釁的情況下，大陸會低估美國維護台海安全的決心；二是民進黨當局會高估美國政府支持台灣的決心而冒險「做任何事」。

同日　台積電董事長張忠謀強烈批評台灣當局繼續實行「戒急用忍」政策，認為台灣當局以「國家安全」為藉口，對企業運作進行不當干預，將影響台灣整體經濟的發展。

1月30日　錢其琛指出，大陸各部門要重視對台工作，必須對「漸進式台獨」提高警惕，同時要落實「更寄希望於台灣人民」的方針。

同日　國台辦新聞發言人張銘清重申，「一個中國」是大陸對台政策的底線，絕不會有任何鬆動。台灣方面所謂「一個中華」的提議，本質上在製造「兩個中國」，大陸方面不能接受，民進黨只有徹底拋棄其「台獨黨綱」，才能消除與大陸方面接觸的障礙，也才能夠在兩岸關係中有所作為。並表示，大陸方面將在聽

取台灣各界人士對「兩岸經濟合作機制」的意見後，擬定並實施可行性方案。同時希望台灣方面能依據 WTO 相關規則，撤銷對大陸商品的限制。

　　同日　宋楚瑜稱，當前兩岸關係正面臨重要轉折階段，台灣當局應對大陸方面的善意有所回應。

　　同日　兩岸佛教界領袖在香港佛教協會簽署陝西扶風法門寺「佛指舍利」赴台的合作協議，確定台灣佛教界人士將於下月 21 日以包租專機方式前往法門寺迎接「佛指舍利」，並於 23 日抵台供民眾瞻仰，為期 1 個月。

　　1 月 31 日　外經貿部副部長安民表示，大陸方面將繼續推動兩岸經貿交流，鼓勵台商到大陸投資和從事其他經濟活動，並依法保護台商的正當權益。台灣當局應徹底取消對兩岸經貿交流的一切不合理限制。

　　同日　山東姑娘董國女不幸身患「肝豆狀核變性」，必須做肝移植手術。今日，北京協和醫院與台灣高雄長庚醫院的 50 名醫護人員，連續奮戰 14 個小時，把她母親的部分肝臟成功地移植到她體內，母女皆報平安。這是北京首例成人親體肝移植手術。

　　同日　台「陸委會經濟處長」傅棟成稱，兩岸經濟合作的最大障礙是大陸方面仍將兩岸經貿議題政治化，希望大陸方面擱置爭議，重新審視台灣的現狀。

　　同日　台灣工業總會副會長蔡宏明表示，現階段兩岸間距成立自由貿易區仍有一段距離，但可將簽訂「自由貿易區協定」作為兩岸未來共同努力的目標。

2 月

　　2 月 1 日　台新任行政院長游錫堃稱，希望從經濟議題，如建立兩岸經濟合作機制等著手，與大陸進行溝通，奠定兩岸重啟對話的基礎。台灣方面願意派人赴大陸訪問，就有關兩岸投資保障協議、「小三通」對 1992 年海協、海基會兩會會談過程及結果的爭議等事項，與大陸方面進行廣泛討論。大陸方面如有意願派員赴台訪問，台灣方面也誠摯歡迎。

　　同日　蔡英文稱，維持兩岸關係的穩定與發展是兩岸共同的需求，但台灣方面目前並沒有派遣人員赴大陸訪問的具體計劃。

　　同日　台「財政部長」李庸三稱，台灣當局將採取「按部就班」的原則，開放銀行業赴大陸設立辦事處，先核準部分大型銀行登陸，有成果後再進一步開放。

同日　蔡英文稱，台有關主管部門從積極正面的方面考慮，核準了300餘位廈門台商經「金廈航線」返台過節的申請。她強調，這是一項特殊個案，是否形成通案，要依需要而定。

同日　久負盛名的四川自貢花燈在台北市展出。

同日　美國貿易代表羅伯特‧佐立克表示，海峽兩岸相繼加入WTO後，關係更加密切，希望兩岸發揮先人的智慧與勇氣，把握機遇，創造繁榮。

同日　台軍方人士稱，美台「軍售新模式」已大致確立，即今後台灣向美國採購武器，不再由「美台軍事會議」研究決定，而改為向美國在台協會申請，按照美國與其邦交國的程序進行。

2月2日　中央政府駐澳門聯絡辦公室台灣事務部部長劉剛奇表示，澳門在兩岸關係的發展中起著橋樑作用。

2月3日　台立法院長王金平稱，在「統獨」、「族群」、「黨派對立」三大議題沒有解決前，不但台灣的發展面臨瓶頸，兩岸兩會恢復協商的機會也不大。他表示，願在國家需要、人民同意、「立院」決議、對等尊嚴等四條件下，率領「立院兩岸小組」成員赴大陸訪問，協助突破兩岸僵局。

同日　台「財政部長」李庸三稱，希望與大陸方面就金融監管等問題進行協商。若大陸銀行業要來台設立辦事處，台灣方面也表示歡迎。

同日　台交通部長林陵三稱，開放「三通」對台灣經濟的復甦有正面效果，因此，交通部將向相關部門提議，在維護台灣「國家尊嚴及安全」的原則下，彈性放寬兩岸通航政策，並指示業務單位做好相關準備。

2月4日　外交部副部長李肇星在美國出席由美中貿易全國委員會舉辦的午餐會時表示，兩岸應以加入WTO為契機，迅速實現「三通」。並指出，台灣問題依然是中美關係中最重要、最敏感的核心問題，妥善處理台灣問題是推動中美兩國發展建設性合作關係的關鍵。

同日　海協副會長孫亞夫表示，海協、海基會若要恢復聯繫，首先必須解決雙方接觸對話談判的基礎；現階段民進黨人士如果要來大陸訪問，應符合一個中國原則，不能以民進黨黨員的身份來訪。

同日　海協駐澳門特別行政區辦事處正式成立，海協副祕書長張曉布任辦事處首任主任。

同日　游錫堃向台立法院提交「施政報告」稱,將在兼顧「台灣安全」與兩岸整體互動的情勢下,循序推動兩岸「三通」政策,並強化兩岸交流管理機制,維護交流秩序及社會安全。並表示,台灣將繼續致力參與聯合國及其他國際組織。

同日　有台灣官員稱,台灣在與相關國家和地區簽訂「自由貿易協定(FTA)」時,將爭取以使用「台灣」的名義為最高目標,不考慮使用加入WTO時的「台、澎、金、馬單獨關稅區」的名稱。

2月5日　許惠祐稱,海協在澳門設立辦事處,台灣樂見其成,但現階段兩岸間最重要的是恢復海協、海基會的互動。

同日　首批「第三類大陸人士」赴台觀光考察團共計13人乘機抵達台灣桃園機場。據悉,該觀光考察團成員均為在日本擁有居留權的大陸籍人士。

同日　香港《文匯報》報導,美國已同意向台灣當局出售名為「鋪路爪」(Pavepaws)的長程預警雷達,以「加強台灣對抗大陸導彈攻擊」的能力。

2月6日　國台辦官員指出,大陸的對台政策沒有改變,所有關於對台問題的文件和領導人的聲明都是一貫的和清晰的,一個中國原則是兩岸談判的前提。

同日　陳水扁出席外國「駐台使節」及代表新春聯歡晚會時稱,台灣人民均希望同大陸和平相處,願就兩岸和平新架構同大陸方面進行商談。

同日　台陸委會副主委鄧振中稱,兩岸間應充分利用WTO的基本精神來處理兩岸間的經貿問題,台灣期待WTO能成為兩岸經貿關係邁向正常化的起點。

2月7日　台「交通部民航局」宣布,從當日起,每日向北京國際飛行公告室發送相關飛行通告。

同日　台塑集團副董事長王永在表示,台灣當局若不開放「大三通」,拒絕和大陸往來,台灣將無法生存。

2月8日　台外交部長簡又新稱,台灣當局目前的「外交」重點,在於參與如世界衛生組織(WHO)及國際民航組織等國際組織。因為此類組織政治性較低,台灣容易以「人權」及「飛航安全」等「道德理由」爭取國際支持。

同日　首批「第三類大陸人士」赴台觀光考察團離台,由於台灣當局對其採取種種限制措施,團員們紛紛表示不滿。

同日　陳水扁已指示台外交部，結合民間力量，成立「對日關係聯誼會」，全力開拓與日本的實質經貿關係。

　　2月10日　新華社受權宣布，根據外經貿部、國台辦、外交部、公安部、交通部、農業部近期聯合下發的《關於全面暫停對台漁工勞務合作業務的通知》，暫停所有對台勞工漁務合作業務。

　　2月11日　朱鎔基總理在春節團拜會上表示，大陸將繼續貫徹「和平統一、一國兩制」的基本方針和江澤民主席關於解決台灣問題的八項主張，堅決反對一切妄想把台灣從祖國分裂出去的圖謀。大陸將在堅持一個中國原則的基礎上，促進恢復兩岸對話與談判，努力推動兩岸關係發展。

　　2月12日　陳水扁致函梵蒂岡教皇約翰‧保羅二世稱，宗教自由是台推動兩岸和平進程中的重點。

　　2月13日　台財政部修正發佈「台灣銀行辦理大陸地區進出口外匯業務作業準則」和「台灣金融機構辦理大陸地區匯款作業準則」，規定經台財政部核準後，台灣的外匯指定銀行可與大陸地區銀行辦理兩岸匯款及進出口外匯業務，為台灣銀行及金融業開辦兩岸直接通匯業務提供了法律依據。

　　2月14日　民進黨主席謝長廷、祕書長吳乃仁等率150餘人組團赴日本訪問，這是該黨成立以來最大規模的黨工外訪團。

　　同日　美國國家安全事務助理康多莉扎‧賴斯在白宮記者會稱，美國對台灣的政策非常明確，不會受到任何影響，美國仍有責任協助台灣進行「自我防衛」。

　　2月15日　台灣當局正式開放第三階段兩岸間金融業務往來，允許台灣外匯指定銀行（DBU）與大陸外匯指定銀行直接通匯。

　　同日　台經濟部公佈兩岸加入WTO後第一批開放進口的大陸商品清單，共計2058項，另暫緩開放糖果等68項商品。

　　同日　台經濟部發佈修正「台灣與大陸地區貿易許可辦法」公告，宣布開放兩岸貿易直接交易，但物品的運輸，仍須經由第三地或台灣的「境外航運中心」。

　　同日　台經濟部宣布，建立定期檢討及建議開放輸入大陸物品的程序。

　　同日　連戰在梵蒂岡拜會教皇約翰‧保羅二世，邀請其赴台訪問。

　　同日　美國衛生部長湯米‧湯普森稱，美國正與WHO祕書處及各會員國密切協商，以協助台灣參與WHO，第一步是支持台灣取得WHA的觀察員資格。

2002 年 / 2 月

　　同日　美國防部官員稱，美方預計在明年年初完成向台灣出售基德（Kidd）級導彈驅逐艦及 8 艘柴油動力潛艇的相關事宜。

　　2 月 16 日　台「立法院副院長」江丙坤接受日本「經濟新聞」專訪稱，希望日本和台灣簽訂「自由貿易協定」，與台灣企業加強合作，共同開發中國大陸市場。

　　同日　李登輝在「李登輝學校」結業典禮上稱，台灣「認同台灣者」應合組「政黨」，以對抗「不太認同台灣者」。

　　同日　美國總統布希在啟程前往東亞進行訪問前稱，美國長期奉行一個中國政策，台灣問題應該透過對話，和平解決。

　　2 月 17 日　台外交部長簡又新稱，台灣當局已充分掌握布希亞洲之行的相關情況，希望此行有助於促進區域和平和台海安全。

　　2 月 18 日　台經濟部長宗才怡稱，台灣當局對台灣廠商赴大陸投資 8 英吋晶圓廠已有共識，將依「積極開放、有效管理」的原則，制定相關管理辦法。

　　2 月 19 日　交通部水運司國際航運管理處處長張守國表示，根據新頒布的《中華人民共和國國際海運條例》，台灣業者可以申請在大陸設立經營無船承運業，外匯進出比照一般輪船公司辦理，但如要設分公司或是獨立設立船務公司，則需透過兩岸協商處理。

　　同日　辜振甫在海基會春節團拜茶會稱，希望能盡速恢復兩岸互動，「兩岸兩會如果能有互動，兩岸的春天就快到了」。

　　同日　台「國安系統高層會議」經過多次討論後，確定了放行 8 英吋晶圓廠赴大陸投資的基本政策，但同時要求相關部門在人才、資金及技術上制定有效的管理機制，以確保台灣在半導體產業上的優勢地位。

　　同日　台灣電機電子公會理事長許勝雄表示，台灣當局在制定相關政策前，應與半導體業者進行廣泛討論，以真正瞭解彼此間的需求及考慮重點。對於台灣半導體業者將低端產業移出，當局無須太過擔憂，更沒有阻撓的必要。

　　2 月 20 日　台國防部長湯曜明稱，該部將致力於兩岸軍事透明化，全力支持兩岸官方開展對話交流，建立「兩岸軍事互信機制」。

　　同日　蔡英文出席兩岸共同市場基金會舉辦的「第一屆兩岸經貿研習營」開幕典禮稱，現階段台灣當局的主要任務是適度處理兩岸間的政治關係，在兩岸間建立一個必要的溝通機制及管道，為兩岸經貿正常化提供穩定的政治環境。

2月21日　江澤民主席在中美元首會談後的記者會表示，美方已向中方表明其信守一個中國原則、堅持中美之間三個「聯合公報」的立場不會改變。大陸方面將繼續堅持「和平統一、一國兩制」的方針，謀求祖國統一。

同日　外交部新聞發言人孔泉表示，中美兩國元首在就台灣問題交換意見時，江澤民主席向布希總統闡述了中國政府為解決台灣問題所採取的「和平統一、一國兩制」的基本方針。布希也明確重申，美國政府將繼續奉行一個中國政策，遵守中美三個「聯合公報」。

同日　陳水扁出席台商春節聯誼晚宴時稱，希望朝野各黨能夠積極參與和推動「跨黨派兩岸小組」機制的重新啟動工作。

同日　游錫堃出席台商春節聯誼座談會稱，台商在全球佈局時，一定要深耕台灣，在赴大陸投資的同時，千萬要根留台灣。

同日　台「總統府祕書長」陳師孟稱，開放8英吋晶圓廠赴大陸投資，對台灣經濟影響深遠，必須要經過正、反意見的公開辯論，才能決定。

同日　宗才怡在台商春節聯誼會稱，台灣當局鼓勵台商回台灣設立企業總部，並將逐步建立大陸台商輔導體系，以協助大陸台商產業升級和提升競爭力。

同日　台陸委會副主委鄧振中承認，由於實施項目和範圍有限，「小三通」第一階段的經濟效益不高。

同日　辜振甫表示，兩岸相繼加入WTO，將進一步擴大兩岸經濟合作與統合的機會，也為將來兩岸關係的正常化與良性互動提供了平台。期盼汪道涵能來台訪問，如果自身健康允許，他也願意再赴大陸。

同日　高雄佛光山星雲法師以「台灣佛教界恭迎『佛指舍利』來台委員會主任委員」身份，率領信眾300餘人搭機前往西安，恭迎陝西扶風法門寺「佛指舍利」赴台。

同日　美國總統布希在中美元首會談後的記者會稱，美國政府認為台灣問題應該和平解決，並將繼續遵守「台灣關係法」，同時美國方面也將敦促台灣不要採取挑釁性行動。

同日　香港《文匯報》報導，美國正在積極向台灣推銷美制導彈。

2月22日　呂秀蓮稱，若開放8英吋晶圓廠赴大陸投資，將使大陸「撿現成」，台灣的相關產業則將走向沒落。

同日　台財政部核準彰化銀行、第一銀行的國際金融業務分行（OBU），可與大陸相關銀行開展直接通匯業務。

同日　台陸委會公佈民調稱，在台灣民眾中，贊成「一國兩制」者已滑落至9.2%，同時，認為大陸對台灣當局和民眾不友善的比例也有所降低。

同日　台陸委會副主委鄧振中就布希訪問大陸一事回答記者提問稱，希望大陸在與美國改善關係的同時，能盡快恢復兩岸的正常協商與互動，早日在WTO架構內，就兩岸貿易關係正常化展開談判。

同日　連戰表示，不瞭解民進黨當局發展兩岸關係的基本政策，對陳水扁提出的「重啟跨黨派兩岸小組」建議無法評價。

同日　親民黨文宣部副主委謝公秉表示，民進黨的兩岸政策缺乏一貫性，在確認「跨黨派兩岸小組」的定位及政策是否有一貫性之前，親民黨不會考慮加入。

同日　國民黨立委章孝嚴表示，台灣當局目前奉行的「積極開放、有效管理」的大陸經貿政策是自相矛盾的，應將「有效管理」放寬為「務實管理。」

同日　美國《華盛頓時報》報導，由於美國政府同意向台灣出售的8艘柴油動力潛艇無法在美國生產，台軍方計劃在美國協助下，自行生產柴油動力潛艇。

2月23日　陝西扶風法門寺「佛指舍利」由港龍航空公司專機以「換班號不換飛機」的形式，自香港中轉抵達台灣桃園機場，台灣數萬民眾夾道歡迎。

同日　國家宗教局局長葉小文表示，希望透過「佛指舍利」的成功赴台，促進兩岸間更多的交流。

同日　「中國和平統一與世界和平——全球反獨促統大會」在澳大利亞悉尼市閉幕。大會發表《宣言》，呼籲全球華人華僑積極行動起來，與海峽兩岸及港澳同胞同聲討伐台獨，維護中國的主權與領土完整，為祖國的和平統一大業獻計獻策。

同日　呂秀蓮稱，大陸對台灣有敵意，把台灣水果出口到大陸，不如出口到「友邦國家」。此番言論引起台灣部分果農的憤怒。

同日　台「監察院召集委員」林巨銀率領台「監察院專案小組」赴金門實地瞭解「小三通」實施1年來的情況，並要求台陸委會對此進行檢討與改善。

2月24日　陝西扶風法門寺「佛指舍利」移駕台灣大學巨蛋體育館，供信眾朝拜。

2月25日　國台辦官員表示，大陸人士前往台灣旅遊，應比照大陸民眾赴港澳旅遊，採取「國內事務，認證不認護照」的模式。大陸方面不會接受台灣當局不合理的規定及歧視性條款。

同日　國家旅遊局局長何光暐在大連召開的第五屆海峽兩岸旅遊業聯誼會上透露，2001年，有344萬多人次的台灣同胞來大陸旅遊。

同日　台「外交部新聞發言人」張小月稱，不排除使用包括「台灣」字樣在內的「適當名稱」，統一台灣當局的「駐外機構」名稱，現已計劃將駐美的「台北經濟文化代表處」改換為「台灣代表處」。

同日　陳明通稱，有統計資料顯示，約有五成六的「台灣民眾」認為，應該對台商赴大陸投資作更嚴格的限制，同時有四成六的人士贊成鬆綁「戒急用忍」政策。

同日　台《聯合報》報導，為因應台、美間軍事合作關係層次的提升，台軍方決定將現行「駐美軍事代表團團長」的級別由「少將」提升為「中將」。

2月26日　外交部新聞發言人孔泉在例行記者會指出，台灣當局計劃將「駐外機構」更名，只能說明其依然在推動「漸進式台獨」及「去中國化」，將是繼「護照」加注台灣之後的又一次挑釁行為，只會加劇兩岸關係的緊張。

同日　下午，陝西扶風法門寺「佛指舍利」由台灣大學巨蛋體育館移駕至台北縣三峽金光明寺供奉。

同日　廈門和金門首次同步燃放高空煙火，共慶元宵佳節。

同日　陳水扁與哈佛大學學者進行視訊會談稱，WTO是兩岸最好的對話平台，但不是唯一的平台，台灣當局願意在沒有任何前提的情況下與大陸展開對話，「在民主、平等、和平的基礎原則下，雙方可進行任何對談」。

同日　游錫堃稱，台灣當局仍爭取以中華民國名義加入聯合國，如果要以「台灣」的名義加入，則需要全民的共識。

同日　台國防部長湯曜明稱，他將應美台商會的邀請赴美演講，主要目的是使美方瞭解台灣的「國防政策理念」，與軍購無關，也不會談及戰區導彈防禦系統（TMD）的部署問題。

同日　台外交部表示，在行政院修正「兩岸人民關係條例施行細則」、將外蒙古排除在「大陸地區」之外後，今後外蒙古地區人士赴台將比照外國人，由台

外交部辦理核發「簽證」。對此，蔡英文稱，這是為了方便台灣與外蒙古民眾進行交流，並未涉及「憲政體制」，也未涉及是否承認外蒙古為獨立國家的問題。

同日　台「行政院政務委員」邱義仁稱，行政院在3月底一定會開放8英吋晶圓廠赴大陸投資，當前最主要的問題是如何制定「有效管理」的機制。

同日　台中央研究院院長李遠哲發表「新春抒願」新聞稿，明確支持開放台灣8英吋晶圓廠赴大陸投資。

同日　台經濟部次長陳瑞隆稱，8英吋晶圓廠赴大陸投資的問題，將依循序規劃的原則推進。在總量管制的前提下，以2000億元新台幣為投資上限，以在台灣設有晶圓廠的廠商為對象，以舊的8英吋晶圓生產設備轉移大陸的方式進行。他強調，在開放的同時，必須加強管理機制。

2月27日　中國鋼鐵工業協會與台灣鋼鐵公會在台北舉行座談會，就建立兩岸鋼鐵貿易協調機制交換意見，並達成4項共識。

同日　廈門國貿公司租用的貨船由廈門同益碼頭直航金門料羅碼頭，這是50餘年來大陸籍貨輪在經兩岸相關部門核準後，首次載貨穿越金廈海域，直接靠岸運貨。

同日　辜振甫致函汪道涵，對汪夫人孫維聰女士的病情表示關切，並表示期盼能再次與汪道涵見面敘舊。

同日　台內政部修改大陸專業人士赴台工作許可辦法，將大陸高科技人士配偶在台居留時間從3年延長到6年。

同日　台「警政署入出境管理局局長」曾文昌表示，日後大陸民眾如赴金門、馬祖地區，可將旅行證正本送至金門、馬祖服務站核驗，以簡化相關手續。

同日　美負責亞太事務的助理國務卿詹姆斯·凱利在美中政策基金會舉辦的「尼克松總統訪華30週年討論會」稱，若大陸繼續針對台灣部署導彈，美國政府就將考慮向台灣出售導彈防禦系統，以應對大陸的「威脅」。

同日　美軍駐太平洋地區總司令布萊爾在眾議院亞太委員會接受質詢稱，兩岸間有良好的經貿關係並不意味著一定不會發生戰爭。並表示，現階段中國大陸沒有能力攻占台灣，但美軍會隨時做好「協防台灣」的準備。

2月28日　外交部新聞發言人孔泉在例行記者會表示，中國政府將派高級官員出席在華盛頓召開的「中美防止武器擴散研討會」，就所有軍控的問題與美方深入交換意見。

3月

3月1日　中國保險監督委員會發佈公告，台灣民眾可以報名參加當年大陸地區保險經濟從業人員國家證照考試。

同日　應馬祖閩東文化交流協會的邀請，福建省連江縣媽祖文化研究會從福州馬尾港出發，前往馬祖交流訪問。

同日　呂秀蓮在台灣工商建研會新春聯歡會稱，台商赴大陸投資，不但要「根留台灣、心留台灣、錢留台灣」，還應該有一顆愛台灣的心。

同日　游錫堃在台立法院接受質詢時稱，除了爭取加入聯合國之外，台灣當局最大的目標就是爭取加入 WHO。

同日　蔡英文在台立法院接受質詢時稱，台灣當局對開放 8 英吋晶圓廠赴大陸投資的態度是謹慎，而非保守，開放與管理是相輔相成的。

同日　台「外交部次長」高英茂稱，以「Repub-lic of China（Taiwan）」（「中華民國台灣」）的名義加入 WHO，是台灣當局的「最高目標」，同時，也考慮使用「台灣」的名稱。

同日　陳明通稱，申請赴台觀光的大陸人士既然是觀光旅遊，就應遵守「團進團出」的規定，按照既定的旅遊路線進行，不能在旅遊的同時，探親訪友。

3月2日　汪道涵在上海會見參加「中日關係與台灣問題」研討會的日本前駐華大使谷野作太郎一行，介紹了中國政府推動兩岸關係發展、解決台灣問題的基本方針和政策。

同日　以中國佛教協會副會長聖輝法師為團長，國家宗教事務局局長葉小文為顧問的大陸「佛指舍利」赴台供奉護送團回到北京，受到中共中央統戰部部長王兆國、國台辦主任陳雲林的熱烈歡迎。

同日　「佛指舍利」赴台期間唯一一場甘露灌頂皈依三寶典禮由星雲法師主法，在台北縣三峽金光明寺舉行，來自全台各地萬餘名信眾參加。

同日　台「僑務委員會委員長」張富美稱，台灣當局將「駐外使館」名稱統一更名為「台灣」，是務實的選擇，符合政治現狀。

2002年／3月

3月3日　全國政協副主席葉選平在政協九屆五次會議開幕式上重申，大陸將繼續堅持「和平統一、一國兩制」和江澤民提出的「八項主張」，推動兩岸關係向和平統一的方向發展。

同日　法門寺「佛指舍利」由專機護送，自台北縣三峽金光明寺移駕高雄佛光山供奉，上萬民眾在「佛指舍利」經過之地跪拜恭迎。

同日　台交通部已提出開放大陸資金投資台灣相關交通服務業的清單，包括國際快遞地面遞送業、不含提供餐飲的旅館業及部分空運服務和運輸服務業，但仍有待台灣最高當局批準。

同日　台《工商時報》援引英國《簡氏防務週刊》報導，美國政府可能已同意向台灣出售先進的宙斯盾（Aegis）雷達系統，前提是台灣要先購買美國提供的基德級導彈驅逐艦。此外，台軍方還可能會向美國方面購買1艘安裝有宙斯盾雷達的阿利・伯克（Arleigh Burke）級導彈驅逐艦。

3月4日　在台港航線可能斷航以及台灣航空業者希望增加台港航線班次的雙重壓力下，台陸委會允許台「民航局」邀請香港國泰、港龍航空公司代表赴台進行磋商。雙方均口頭承諾，台港航權新一輪談判將比照台澳航權談判層級，即香港方面仍將由國泰、港龍航空出面，台灣方面則以台北航空運輸同業公會為首，「民航局」官員以「公會顧問」的身份參與談判。

同日　台「經濟部國貿局」最新統計資料顯示，2001年台灣出口至大陸的產品金額占其當年總出口金額的比重上升至19.6%，台灣已成為全球對大陸市場依存度最高的地區。

3月5日　朱鎔基總理在向全國人大九屆五次會議作政府工作報告重申，世界上只有一個中國，大陸和台灣同屬一個中國，中國的主權和領土完整不容分割。一個中國原則是發展兩岸關係、促進祖國和平統一的基礎和前提。祖國大陸方面將在堅持一個中國原則的基礎上恢復兩岸對話與談判，進一步擴大兩岸經濟、文化交流，儘早實現直接「三通」，推動兩岸關係朝著和平統一的方向發展。

同日　中國人民銀行行長戴相龍表示，大陸方面一向歡迎台灣銀行來大陸投資，政府對台資銀行來大陸投資會有適度的政策性優惠。

同日　蔡英文出席「台聯黨」黨團會議稱，若開放8英吋晶圓廠赴大陸投資，將有如放「老虎」出柙（籠），可能危及台灣業者。

同日　台行政院相關官員稱，開放 8 英吋晶圓廠赴大陸投資的大方向不會變化，但有效管理的措施仍在擬定之中。

同日　美軍駐太平洋地區總司令布萊爾在美參議院軍事委員會聽證會稱，美國應該盡快恢復研發海基導彈防禦系統，以「保障台海地區的安全」。

同日　美國前國務卿亨利·基辛格在華盛頓「全美新聞俱樂部」發表演說稱，台海未來的考驗在於華盛頓、北京和台北三方對「一個中國」、「和平化解歧見」的認知及態度。

同日　菲律賓副總統兼外長特奧菲斯托·金戈納稱，菲方正在與台灣談判，由民營公司以象徵性費用從台灣購入 24 架 F-5E 戰鬥機，再轉賣給菲國空軍。菲外交界高層說，台灣方面提出的要求是，希望菲方給予台漁民在特定海域捕魚權，允許台空軍利用菲境內的克拉克空軍基地，並讓陳水扁訪問菲律賓。

3 月 6 日　外交部長唐家璇回答記者提問指出，大陸方面反對將兩岸問題置於 WTO 框架下解決。兩岸問題是中國的內部事務，中國政府堅決反對美國政府以「台灣關係法」為由干涉中國內政，如果美方能信守「一個中國」的承諾，兩岸問題就可以得到妥善的處理。

同日　湯曜明在台立法院接受質詢稱，如果透過「公投」把台灣的「國號」變更為「台灣共和國」，他不會當「台灣共和國國防部長」。

同日　台「財政部長」李庸三在台立法院接受質詢稱，台灣公司赴大陸設立銀行必須考慮到資金外流、金融監管、WTO 互惠原則以及能否承辦人民幣業務等四項關鍵因素，在大陸方面沒有更明確的政策前，台灣暫時不會有相應的開放舉動。

同日　馬英九會晤德國聯邦眾議院議員紹爾茨時表示，台海兩岸與東、西德情形不同，德國統一的模式不適用於兩岸。

同日　民進黨籍立委李文忠日前在接受香港《文匯報》專訪時稱，「統獨」並非許多民進黨黨員的「聖經」，如果大陸方面繼續保持善意，時間對尋求統一的人是有利的。

3 月 7 日　外交部新聞發言人孔泉在例行記者會指出，中方嚴重關切美方允許台國防部長湯曜明訪美一事。此舉公然違反了美方一再重申的一個中國政策和中美三個「聯合公報」的相關精神，將向台獨勢力發出又一個錯誤信號，也將對中美關係和兩岸關係造成損害。中國政府對此表示強烈的不滿和堅決的反對。

同日　國家稅務總局局長金人慶表示，外資企業和國內企業的稅率統一勢在必行，而現階段台灣高科技企業赴大陸投資，將可享受「國民待遇」。

　　同日　陳水扁會見日本記者俱樂部「亞洲視察團」稱，台灣將與美國攜手合作，維持兩岸的軍事平衡。在經濟方面，台灣也不應過度依賴大陸，而應與美、日締結「自由貿易協定」。

　　同日　台內政部公佈修正後的「香港、澳門地區居民進入台灣及居留定居許可辦法」，簡化了香港、澳門地區居民申請在台定居的相關程序。

　　同日　台行政院副院長兼經建會主委林信義稱，將會開放台灣部分處於閒置狀態的 8 英吋晶圓廠赴大陸投資，「產官學小組」已經完成相關的配套開放管理機制，預計將於月底前提出。

　　同日　台「中央銀行行長」彭淮南在立法院接受質詢稱，開放 8 英吋晶圓廠赴大陸投資，涉及面過大，應坐下來進行利弊分析。

　　同日　台教育部長黃榮村預估，台灣當局將會承認大陸百所左右重點大學的學歷。

　　同日　陳明通在台立法院接受質詢稱，當局瞭解台港航線的重要性，並有誠意維持台港航線的正常運營，台港航約的談判將以台港航空業代表為談判主體。並表示，兩岸間若能實現直航，北京和上海將是優先考慮的地點。

　　同日　辜振甫稱，不管是透過 APEC 還是 WTO，兩岸間只能對經貿範疇的議題展開商談，只能為兩岸復談或會談鋪路，兩岸間的問題最終還是要回到原來兩會的管道。此外，他認為，若當局認為開放 8 英吋晶圓廠赴大陸投資涉及甚廣，就應召集真正具有代表性的產官學界人士，進行更為縝密的評估，而不能長期拖延或是將問題複雜化。

　　3 月 8 日　江澤民主席與出席全國人大九屆五次會議的台灣省代表團座談時指出，祖國大陸方面將繼續堅持「和平統一、一國兩制」和《為促進祖國統一大業的完成而繼續奮鬥》講話中提出的八點主張，一個中國原則是實現和平統一的基礎，希望台灣方面能儘早回到一個中國原則上來，盡快恢復兩岸間的對話與協商。

　　同日　王在希強調，大陸方面歡迎民進黨黨員以適當身份來大陸參訪，並沒有傳言中所謂的「宣誓程序」。

同日　游錫堃在台立法院接受質詢稱，兩岸「三通」是台灣當局努力的目標，兩岸可以在「民主、對等、互利」的基礎上，展開協商，台灣當局現在對此問題並無時間表。

同日　游錫堃在台立法院接受質詢時稱，開放 8 英吋晶圓廠赴大陸投資將秉持的「有效管理」的四大原則，即總量管制、相對投資、核心研發技術留台和 0.25 微米以下精密技術管制。

同日　台「總統府祕書長」陳師孟稱，相信台行政院開放 8 英吋晶圓廠赴大陸投資的方向沒有錯誤。

同日　蔡英文稱，台灣當局正在建立「兩岸通匯體系」及「資金流動體系」，第一階段的工作就是要強化「境外金融中心」，使資金能在兩岸間經常性移動。同時，建立「有效管理機制」，包括對個別產業的管理和對個案的管理，最終利用市場機制使資金回流台灣。

同日　陳明通稱，大陸近年來軍費持續高速增長，並持續在福建沿海部署導彈，這無助於兩岸問題的解決，雙方應該坐下來談，以和平解決問題。

同日　台「經濟部國貿局局長」吳文雄稱，台灣目前正積極準備與美國、日本、新西蘭、新加坡等國進行「自由貿易協定」談判。

同日　台「總統府資政」辜寬敏稱，反對台灣企業赴大陸投資興建新的 8 英吋晶圓廠，但若僅僅是將台灣的舊 8 英吋晶圓設備轉移至大陸，應該可以考慮。

同日　美國國務院發言人理查德‧鮑徹稱，台國防部長湯曜明赴美參加「美台防禦高峰會議」屬於「私人訪問」性質，但證實美國防部副部長保羅‧沃爾福威茨和助理國務卿凱利都將出席會議。

3 月 9 日　台行政院副院長林信義稱，有條件地開放 8 英吋晶圓廠赴大陸投資，既可使台灣廠商的閒置設備發揮作用，也可維持台灣在國際晶圓代工領域的龍頭地位，對台灣的發展有利。

同日　蔡英文稱，為配合台灣產業的發展，台灣當局會有效管控 8 英吋晶圓廠對外投資的幅度，台灣高科技產業不會空洞化。

同日　台聯黨立委何敏豪提出所謂「變更領土修憲案」，要求「確認領土範圍」，並成立所謂的「國土主權宣示團」，前往金門、馬祖、東沙、南沙群島等地「宣示主權」，確定台灣的「疆域」範圍。

同日　台聯黨立委程振隆稱，鑒於台灣使用河洛話（閩南語）的人數已達75%，他將提案，將河洛話定為「第二種官方語言」。

　　同日　台聯黨、「台灣教授協會」、「建國黨」、台灣工程師協會、台灣教師聯盟、台灣筆會、台灣北、中、南社等10多個台獨組織在台北發動「反對8英吋晶圓廠赴大陸投資」千人遊行，並向經濟部遞交抗議聲明，要求台灣當局必須在「有效管理」的前提下，才能開放8英吋晶圓廠赴大陸投資。

　　同日　李登輝與《中國即將崩潰》作者章家敦會面時稱，台灣科技業者赴大陸投資只會是死路一條。

　　3月10日　湯曜明赴美參加由「美台商業協會」組織的「2002年美台防禦高峰會」。這是自1979年美台「斷交」後，台國防部長首度赴美訪問。

　　同日　台《聯合報》報導，台軍方初步計劃以租借的方式從美國引進30架可垂直起降的AV-8B海鷂式攻擊機，以便在逐步淘汰舊式的F-5戰鬥機，以保持制空和反登陸作戰能力。

　　3月11日　中央人民銀行行長戴相龍宣布，大陸方面已核準台灣世華銀行、彰化銀行分別在上海浦東、江蘇崑山設立辦事處。

　　同日　湯曜明與美國防部副部長沃爾福威茨會談，這是1979年美台「斷交」後，雙方最高層級「國防官員」的首度公開會面。湯曜明在會談中稱，台軍不會採取任何挑釁舉動，也不會在兩岸衝突中率先開火。

　　同日　宗才怡在台立法院接受質詢時稱，開放8英吋晶圓廠赴大陸投資已刻不容緩，但最後仍需根據「產官學小組」的研究報告才能作出決定。

　　同日　台「財政部長」李庸三在台立法院接受質詢時稱，台灣金融機構或高科技業者如要赴大陸投資，必須配合台灣當局的兩岸政策。

　　同日　台外交部長向台立法院提交的年度「援外經費」報告顯示，該經費使用最高的地區為中南美洲地區，其次為非洲及亞太地區。

　　同日　台經濟部公佈的調查報告顯示，2000年，54.8%的大陸台商營業額持續增長，營業狀況呈穩定擴張態勢，出現盈餘的台商比例達41.9%。在2001年底的台灣對外投資業者中，74.7%的業者選擇在大陸投資，較兩年前增加5個百分點。在計劃繼續對外投資的業者中，77.1%的業者將大陸作為投資首選地。

同日　台陸委會相關官員稱，由於「第二類大陸人士」人數極少，且大陸方面對出外旅遊或進行商務旅行的路線有嚴格規定，因此，台灣當局暫時不會考慮開放此類大陸人士赴台旅遊。

同日　美國防部副部長沃爾福威茨在「美台防禦高峰會議」發表演講稱，在台灣「不宣布獨立」的前提下，美國會依照「台灣關係法」，向台灣提供必要的「安全保障和需求」。

3月12日　江澤民出席全國人大九屆五次會議解放軍代表團全體會議時強調，實現祖國的統一是中國人民解放軍在新世紀的三大任務之一。

同日　外經貿部長石廣生在全國人大九屆五次會議記者招待會表示，兩岸間要建立自由貿易區，當務之急是盡快解決「三通」問題。

同日　中國駐美大使楊潔篪奉命約見美國副國務卿馬克·格羅斯曼，對美國政府允許台國防部長湯曜明訪美並與美國防部重要官員會談，表示抗議。

同日　外交部新聞發言人孫玉璽在記者會指出，美國政府允許台所謂國防部長湯曜明訪美，並與美國防部副部長沃爾福威茨舉行會談，中方對此表示強烈的不滿與憤慨，美方的行為是對一個中國政策和中美間三個「聯合公報」的公然違反，助長了台獨勢力的氣焰，損害了中美關係和海峽兩岸關係的發展，中國政府已就此向美國政府提出嚴正交涉。

同日　蔡英文在台立法院接受質詢稱，將比照春節期間試辦的台商經由金門「小三通」返台的模式，解決台商清明節返鄉掃墓的問題。

同日　台聯黨立法院黨團召開會議，重申反對開放8英吋晶圓廠赴大陸投資，並要求台行政院副院長林信義辭職。

同日　美助理國務卿凱利在「美台防禦峰會」發表演說稱，布希政府將遵守1982年裡根政府對台灣所作出的「六項承諾」。

同日　2002年APEC領導人非正式會議由墨西哥主辦，陳水扁日前致函墨西哥總統福克斯，希望能以「台灣元首」的身份與會。墨西哥外交部表示，墨方將依據一個中國原則處理台灣與會代表的問題。

同日　美國防部空軍部副部長上週率7人代表團祕密訪台，巡訪台軍數處軍事基地，並與台國防部及「空軍總部」官員會談。

3月13日　陳水扁會見2000年度諾貝爾經濟學獎得主、美國芝加哥大學教授詹姆斯·赫克曼稱，台灣當局會謹慎面對兩岸經貿的新形勢，以「積極開放，有效管理」取代「戒急用忍」就是因應形勢的必要調整。

同日　湯曜明在「美台防禦峰會」上發表演說稱，台軍希望以量小而精緻的武器建立有效的「嚇阻力量」，因此，在軍購問題上必須精打細算，希望美方「理解」。

同日　台「財政部長」李庸三稱，大陸銀行業者在台灣設立的代表處將形同「窗口」，兩岸直接通匯業務中出現的各種問題都可透過這個「窗口」解決。但由於涉及兩岸關係，因此，開放大陸銀行赴台不能比照對一般外國銀行的規定辦理。並表示，開放大陸資金赴台投資的領域，首先是房地產業，然後是證券市場。

同日　蔡英文在台立法院接受質詢稱，「國統綱領」的基礎是從中華民國出發，但大陸方面提出的「世界上只有一個中國，大陸和台灣同屬一個中國，中國的主權和領土完整不容分割」論述，是從中華人民共和國出發，兩者的本質不同。

同日　台《中國時報》報導，為避免因日本「向日葵五號」衛星停止工作而出現氣象觀測漏洞，台「中央氣象局」已決定直接接收由祖國大陸風雲二號地球同步軌道氣象衛星發射的訊息，作為台灣天氣預報的參考資料，這是海峽兩岸在氣象預報方面的首次合作。

同日　菲律賓總統格阿羅約要求菲國軍方在購入戰鬥機時不能違反一個中國原則，故菲軍方將取消先前向台灣購買戰鬥機的計劃。

3月14日　外經貿部官員表示，有關大陸漁工輸台問題可透過兩岸民間機構協商解決，台灣業者應適度提高大陸漁工的薪酬待遇，並切實保障大陸漁工的合法權益。

同日　台行政院副院長林信義稱，台灣當局將成立管理委員會，以監督與管理赴大陸投資8英吋晶圓廠廠商的資金、技術、人才流向，為台灣保留核心競爭力。

同日　蔡英文在台立法院接受質詢，對多個問題表達了陸委會的意見，包括，1.台「經濟部產官學小組」研議、決定開放8英吋晶圓廠赴大陸投資；2.無論是台灣銀行前往大陸或是大陸銀行進入台灣，都應依據WTO的相關規定辦理；3.台灣當局不可能全面禁止卸任「政務官」到大陸任職，但目前正在全面清查、檢討容許卸任「政務官」到大陸任職的範圍，並制定相關的政策。

同日　台灣省漁會訪問團抵達北京，就恢復大陸漁工輸台等兩岸漁業合作事宜，與大陸有關部門進行商討。

　　同日　美國助理國務卿凱利稱，美國前總統裡根在1982年對台灣提出的「六項保證」是美國政府一貫堅持的政策，美國方面不會強迫台灣與大陸談判。

　　同日　歐洲議會透過聯合決議案，支持台灣以「觀察員」身份參與世界世界衛生大會（WHA）。

　　3月15日　朱鎔基總理在記者招待會強調，大陸對解決台灣問題的方針政策沒有任何改變，將繼續堅持「和平統一、一國兩制」的方針和江澤民主席在《為促進祖國統一大業的完成而繼續奮鬥》重要講話中提出的八項主張。

　　同日　台行政院會決定將「蒙藏委員會」併入陸委會，「僑委會」併入外交部。

　　同日　歐洲議會透過支持台灣以「觀察員」身份參與WHA的議案，台外交部長簡又新對此表示歡迎與感謝。

　　同日　針對台灣「國營事業」能否赴大陸投資的問題，台經濟部長宗才怡在立法院接受質詢稱，只要法律允許，當局就會採取「積極協商、個案處理」的方式，予以開放；蔡英文則表示「有討論的空間」。台「國營會副主委」呂桔誠稱，在平等互惠的原則下，該會願意推動開放「國營事業」赴大陸投資，但需視個案而定。

　　同日　台新聞局舉行「公聽會」，討論開放大陸簡體字書籍入台、簡體字與繁體字書籍版權保護等問題。

　　同日　台駐美代表程建人稱，並未接獲將「台北經濟文化代表處」改名為「台灣代表處」的命令。

　　3月16日　外交部副部長李肇星約見美國駐華大使雷德，就近期美方允許台國防部長湯曜明赴美並醞釀允許台灣軍方官員及李登輝赴美活動等一系列破壞中美關係的舉動，向美國政府提出嚴正交涉。他表示，美方此類舉動踐踏了《聯合國憲章》的精神和中美三個「聯合公報」的原則，干涉了中國內政並傷害了中國人民的民族感情，中國政府和人民對此表示強烈憤慨和堅決反對。

　　3月17日　海外台獨組織「世界台灣人大會」在台灣舉行第二次年會，要求推動所謂的「台灣正名、國家制憲」運動。

同日　陳水扁出席「世界台灣人大會」第二次年會稱，將執行「拚經濟、拚外交、拚安全、拚正名、拚憲政改革」等「五拚」政策，台灣當局的各項工作都將以「台灣優先」為最高原則，對開放 8 英吋晶圓廠赴大陸投資一事，台灣應該「不要害怕開放，更不要拒絕開放」。

　　同日　蔡英文稱，台灣經濟規模相對較小，但以台積電、台聯電為代表的大企業規模相對較大，若其赴大陸投資出現閃失，會對台灣民眾產生重大影響，其他台灣中小企業則力量薄弱，當局十分擔心其抗風險能力，因而，要慎重對待開放 8 英吋晶圓廠赴大陸投資一事。

　　同日　根據美國國防部指示，美軍太平洋總司令部下屬機構「亞太安全研究中心」首度邀請台軍職及文職人員參加為期 12 周的行政訓練課程。

　　3 月 18 日　獲準在上海設立辦事處的台灣世華聯合商業銀行，日前經中國人民銀行批準，成為台灣首家可與大陸國有商業銀行合作開辦兩岸直接通匯業務的銀行。

　　同日　台灣省漁會訪問團離開大陸，返回台灣。訪問團與中國對外承包工程商會就大陸漁工輸台問題達成三項共識，即台灣省漁會將盡快組織相關單位成立「兩岸近海漁業勞務合作協調委員會」，雙方將盡快擬定「兩岸合作漁工中介管理辦法」，擬定大陸漁工與台灣船東完整僱傭契約書，並由雙方相關機構認可。在雙方相關機構達成共識後，大陸將恢復大陸漁工輸台業務。

　　同日　台行政院已核準修正「兩岸人民關係條例施行細則」，將外蒙古地區排除在大陸地區範圍之外。行政院計劃撤並「蒙藏委員會」，將其原有的外蒙古地區業務劃歸外交部，其餘業務併入陸委會。

　　同日　台灣當局已決定比照開放 8 英吋晶圓廠赴大陸投資的相關規定，以「總量管制」的方式，開放台灣石化業上游產業赴大陸投資。

　　同日　台立法院跨黨派立委成立「海峽論壇」。首任會長章孝嚴表示，「海峽論壇」將積極整合立委的力量，修改「兩岸人民關係條例」，扮演起民間經濟溝通平台的角色。

　　同日　台駐 WTO 代表顏慶章稱，近期沒有拜會大陸駐 WTO 大使孫振宇的計劃，但兩岸在 WTO 框架下就非政治性議題交換意見是很正常的事。

同日　美國助理國務卿凱利在華盛頓威爾遜中心發表演講稱，台灣問題依舊是中美間一項核心而又敏感的議題，經過中美雙方的努力，目前已形成一個「理智、成熟與明確」的基礎。

　　同日　全球最大的貨運快遞公司美國優比速（UPS）公司宣布，鑒於兩岸無法實現直航，決定放棄6年前在台北桃園國際機場設立的「亞太轉運中心」，改為啟用設在菲律賓的轉運中心，以搶占大陸龐大的商機。該項決定引起台灣各界震驚。

　　3月19日　外交部新聞發言人章啟月在記者會強調，世界衛生組織（WHO）是一個只有主權國家才能參加的聯合國專門機構，台灣作為中國的一個省，沒有任何資格加入。

　　同日　呂秀蓮在羅馬會晤梵蒂岡外交部長陶然樞機主教。

　　同日　游錫堃在台立法院接受質詢稱，台灣當局一直對開放台灣8英吋晶圓廠赴大陸投資採取開放的態度，會在「國家安全」、全球佈局等條件的考慮下，建立起「有效管理」的機制。並表示，由於對大陸學歷的認證問題涉及兩岸關係的諸多方面，現階段將不予考慮。

　　同日　蔡英文稱，開放台灣學生赴大陸就讀與認證大陸學歷，應該分開處理。

　　同日　台「勞委會主委」陳菊出席台聯黨「立法院黨團」會議稱，若現階段開放8英吋晶圓廠赴大陸投資，將會減少台灣的就業機會，因此，她不贊成，同時，她也反對開放大陸勞工入台。

　　同日　台「郵政總局」已擬定「大陸郵件處理要點」草案，將分階段開放兩岸直接通郵，但目前仍維持經由第三地轉運的模式。

　　同日　台「陸委會企劃處長」詹志宏稱，現階段看不到兩岸在WTO架構下，就相關經貿議題進行雙邊會談的可能性。

　　同日　李登輝會晤民進黨立法院黨團代表稱，開放8英吋晶圓廠赴大陸投資，必須妥善考慮如何進行有效管理，台灣產業在「西進」時必須以台灣的利益與需求為重。

　　同日　美國中情局局長喬治‧特尼特在參議院軍事委員會作證稱，台灣仍是中國軍事現代化的焦點，解放軍已加強了實戰演習的成分，擴大了針對台灣的導

彈數量，大陸衛星的偵察精度越來越高，美國的太空優勢正在喪失，必須對此予以重視。

同日　美國聯邦參議院外交委員會透過議案，要求美國政府支持台灣以「觀察員」身份參與 WHA。

同日　美國國務院官員稱，美國政府的政策依然是支持台灣加入不以國家為成員資格的國際組織，但同時美國支持以「適當的方法」，使國際社會聽到台灣的聲音。

3 月 20 日　台行政院會重申將在月底前就是否開放 8 英吋晶圓廠赴大陸投資做出決定，並稱將繼續依照「兩岸人民關係條例」第三十三條的規定，制定管制台灣高科技人才赴大陸就業的管理辦法。

同日　美國國務院官員稱，美國政府曾經敦促 WHO 及其會員找出適當的方式使台灣能參與其中，未來將繼續在這一方面努力。

同日　美軍駐太平洋地區總司令布萊爾在眾議院軍事委員會作證時稱，美國和台灣目前有能力維持台海地區的軍事均勢。

3 月 21 日　全國人大外事委員會負責人表示，歐洲議會和美國國會參議院外交關係委員會透過的所謂支持台灣參加 WHO 的議案，是對中國內政的干涉和對中國主權的挑釁，是對國際法基本準則的肆意踐踏，中方對此表示堅決地反對。

同日　外交部新聞發言人章啟月在記者會指出，在近 1 個月內，美國政府一再做出違反中美間三個「聯合公報」精神的行為，且對中方提出的嚴正交涉未予重視，因此，中國海軍在近期的出訪計劃中將不包括美國。

同日　澳門航空執行董事兼總經理張紅鷹表示，澳門航空近期將以「只換航班機號，不換班機，一機到底」的方式，開闢大陸經澳門到台北桃園國際機場的貨運航線。這將是首家以一機到底連接兩岸三地貨運市場的航空業者。

同日　台經濟部與相關「部會」商議後，確定將 LED 液晶片、單芯片等 21 項產業，列入第三批開放赴大陸投資項目的名單。

同日　台駐 WTO 代表顏慶章接受《中國時報》專訪稱，WTO 作為一個相互之間平起平坐的場合，可成為兩岸交換不同意見的場所。

3月22日　呂秀蓮在匈牙利接受媒體訪問稱，國際社會應承認台灣的「獨立地位」，對中華人民共和國和台灣採取「平行外交」政策，承認中華人民共和國是合理的，但不應犧牲台灣。

同日　游錫堃在台立法院接受質詢稱，兩岸直航涉及「三通」的各個方面，必須綜合考慮兩岸互動、全球佈局、台灣「國家安全」及經濟發展等因素，而且還需要溝通協商，因此不可能很快實現。

同日　蔡英文稱，希望台商能將已在大陸投資的高層次加工產業回流台灣。

同日　台陸委會經濟處副處長周慶生稱，希望已在大陸投資的台商未來能在台灣建立營運總部，或將資金投入台灣的高科技發展。

同日　台「經濟部大陸投資產官學專案小組」就開放8英吋晶圓廠赴大陸投資達成共識，同意在盡速建立包含「總量管理、相對投資、直接經營、研發留台、技術管制與國際同步」在內的「有效管理機制」的前提下，開放8英吋以下舊晶圓廠赴大陸投資。

同日　台經濟部已決定在月底前正式公告，開放台灣發光二級體磊芯片和單芯片廠商赴大陸投資。

同日　金門縣長李炷烽率領由金門11座媽祖廟和台灣北港朝天宮管理委員會組成的訪問團自金門直航廈門，轉赴湄州，恭請湄州媽祖金身赴金門參加「兩岸三地迎媽祖」活動。

同日　兩岸共同市場基金會董事長蕭萬長稱，台灣的經濟發展，不能脫離所處的經濟區域，海峽兩岸應學習歐盟精神，共同合作發展經貿關係，創造「雙贏」的局面，但依目前兩岸間高度意識形態化的政治形勢，兩岸共同市場發展的前景並不樂觀。

3月23日　外經貿部發佈公告，決定對原產於台灣、韓國等5個地區和國家的冷軋鋼材展開「反傾銷」調查。

同日　第三屆台灣海峽橋隧建設學術研討會在廈門舉行，兩岸與會學者認為，修建由廈門經金門、澎湖至嘉義的南線橋隧方案最為可行。

同日　美軍駐太平洋地區總司令布萊爾在美國外交關係評議會發表談話稱，台灣問題雖然是中美軍事關係中的核心問題，但不應成為中美兩軍在其他領域開展合作的障礙。他表示，台海兩岸的軍事對峙狀況已漸趨穩定，兩岸間展開政治協商、談判才是台灣問題的解決之道。

3月24日　國台辦常務副主任李炳才、海協祕書長李亞飛在與來訪的金門縣長李炷烽、新黨立委吳成典會談表示，大陸將考慮以「專案」形式，解決金門高粱酒在大陸地區的商標註冊問題，同時，也願意配合解決在金門、廈門間設立定期航船的問題。

同日　台「立法院國防委員會」就採購潛艇事項舉行報告會。報告稱，由於台灣經濟97%依賴海運，為防止大陸方面以潛艇對台海進行「封鎖」，台軍方有必要在2010年前購置10艘潛艇，以形成護航及反封鎖能力。

同日　國民黨中央政策會公佈民調顯示，約五成八的民眾贊成以「積極管理、有效開放」取代「戒急用忍」，超過半數的民眾贊成在「12英吋晶圓廠取代8英吋晶圓廠」前提下，開放8英吋晶圓廠赴大陸投資。

同日　香港《星島日報》報導，台「國安局」的祕密文件顯示，台灣當局長期以來利用所謂「祕密帳戶」，推動對美遊說的「明華專案」。

3月25日　國台辦副主任王在希表示，兩岸相繼加入WTO為兩岸經貿交流合作提供了很好的發展條件，大陸對發展兩岸經貿關係的政策是一貫的、明確的，兩岸間不應以政治上的分歧干擾影響民間的經貿往來。

同日　台「立法院內政委員會」初審透過行政院提出的「台灣與大陸地區人民關係條例部分條文修正草案」，包含「盡速解決大陸投資盈餘匯回重複課稅問題」、「準許未經核準赴大陸投資台商補辦登記」和「開放大陸資金入台投資土地及不動產」三大重點內容，不過，所謂「開放大陸資金入台」並非全面開放，而將採取許可證制度。

同日　台交通部長林陵三在台立法院接受質詢稱，當前兩岸「三通」是「萬事俱備，只欠談判」，而涉及兩岸談判的問題應由行政院和陸委會處理，交通部仍繼續擴大航運中心的功能，為兩岸直航做好前期準備。

同日　台「外交部次長」高英茂在立法院接受質詢稱，台灣將以「醫療實體」的方式參加WHO，外交部將促請美國政府對此予以支持。

同日　陳明通在台立法院接受質詢稱，在兼顧「國家安全」、消費者及業者利益的前提下，台灣當局初步決定開放大陸圖書、雜誌、電影、錄影帶和廣播電視節目在台灣銷售、發行及播放，具體實施辦法將在兩個月內公佈。

同日　台「經濟部投審會」審議透過開放8英吋晶圓廠赴大陸投資相關原則，並報請台行政院核定。

3月26日　朱鎔基總理會見美國聯邦參議員丹尼爾·井上和特德·史蒂文斯時指出，美國政府允許台國防部長湯曜明訪美是對中國內政的干涉，中國政府對此表示強烈憤慨。

同日　外交部新聞發言人章啟月在記者會指出，中國政府堅決反對美國方面支持台灣加入世界衛生組織（WHO），美國此舉侵犯了中國的主權，將嚴重影響中美關係的發展。WHO是一個只有主權國家才能參加的聯合國專門機構，台灣作為中國的一部分，沒有任何資格參加。

同日　海峽兩岸關係研究中心主任唐樹備出席該中心舉辦的「兩岸關係論壇」開幕式指出，「一國兩制」是解決台灣問題、實現兩岸統一的最佳方式。

同日　陳水扁出席台「中國信託銀行」和美國「戰略暨國際研究中心」共同舉辦的圓桌會議開幕式稱，台灣追求一個包含「政治、經濟、軍事三方面的平衡」的兩岸關係，「平衡的兩岸關係」不僅符合美國在亞太的利益，更有助於兩岸關係的正常化。

同日　陳明通稱，目前兩岸間的經貿發展形勢，是台灣單方面依賴中國大陸市場，這並不能為台灣帶來安全，反而會失去經濟的自主性，並進一步危害台灣制定政策的自主性。

同日　台灣駐WTO代表顏慶章稱，兩岸已相繼加入WTO，凡是經貿方面的爭議，都可以在WTO框架下處理。

同日　馬英九會見哈佛大學亞洲法學社訪問團時稱，台灣民眾多希望兩岸間能協商，保持現狀，避免戰爭，現階段兩岸應該跳脫政治層面，多從文化、商業等方面展開交流。

同日　美國衛生部長湯米·湯普森在美國保守智庫美國企業研究所演講後回答提問稱，美國將繼續支持台灣參與WHO。

3月27日　朱鎔基總理會見美國聯邦眾議員亞當·史密斯夫婦時表示，台灣問題是中美關係中最重要、最敏感的核心問題，希望美方不要向台獨勢力發出任何錯誤信號。

同日　王在希在「兩岸關係論壇」答謝晚宴講話中強調，如果台灣當局領導人真有改善兩岸關係的誠意，真正為台灣同胞的切身利益著想，就應以前瞻性的視野和理性務實的態度，毫不含糊地承認「九二共識」，以此作為兩岸恢復對話

與協商的基礎。兩岸「三通」需要透過雙方協商來解決，而沒有必要借助國際性組織的力量來解決。

同日　國台辦發言人李維一在新聞發佈會上就多項問題回答了記者的提問，主要有：1.大陸將表述一個中國原則的「新三段論」正式寫入當年的政府工作報告，並由全國人大九屆五次會議審議透過，充分反映了全國人民早日實現祖國統一的意願。2.兩岸間出現「反傾銷」調查是國內事務，沒有必要放到WTO框架內解決。3.大陸方面願意就兩岸漁工勞務問題與台灣方面溝通，希望能就此盡快建立兩岸民間協商機制，同時，希望台灣當局能採取切實措施，保障大陸漁工的正當合法權益不受侵犯。4.由於台灣方面有違反兩岸文書認證協議的現象出現，造成部分在福建的台商無法在大陸進行婚姻登記，解決此問題的辦法，是台灣方面盡快改變其破壞兩岸間相關協議的行為。

同日　唐樹備在「兩岸關係論壇」上指出，兩岸應堅持在一個中國原則下進行政治談判，但兩岸在談判中地位是平等的，並非以「中央對地方」的名義談判。

同日　陳水扁會見美國眾議員訪問團時稱，美國總統布希在2月份出訪東亞時曾強調，他記得對台灣人民的承諾，也重申了遵守「台灣關係法」中給台灣提供「安全保障」的條款，這是亞太地區安全的重要基石和台灣有信心重啟兩岸對話的關鍵因素。

同日　台行政院透過「台灣與大陸地區人民關係條例部分條文修正草案」和「香港澳門地區關係條例部分條文修正草案」，取消禁止大陸資金占20%以上的外商投資台灣產業的規定，同時把禁止大陸地區人民及法人在台灣投資的規定改為申請許可證制度，適度開放大陸資金進入台灣。

同日　台外交部長簡又新在台「立法院外交委員會」作報告時稱，外交部將與經濟部合作，積極推動台灣與日本簽署「自由貿易協定」。

同日　台法務部長陳定南稱，台灣與美國於昨日簽署的「刑事司法互助協定」是台灣「外交工作最大的突破」。

同日　台交通部長林陵三在台立法院接受質詢稱，願就兩岸直航問題前往大陸，與大陸有關方面展開協商，台灣準備把桃園、小港、松山、花蓮4個機場規劃為兩岸直航的對口機場。

同日　陳明通稱，台灣與大陸都是WTO成員，擁有完整的成員權益，兩岸在WTO框架下互動，不能有任何「矮化台灣」的行為。

同日　顏慶章稱，台駐WTO代表團將積極與其他國家商討簽署「自由貿易協定」的相關事宜。

同日　台灣當局批準了大陸台商經「小三通」返鄉掃墓的申請，將以「團進不團出」的方式，自當年4月1日起，分兩批次出發。

3月28日　中國和平統一促進會祕書長王克斌接受記者採訪時指出，近日台灣當局籌劃在海外成立所謂「民主和平聯盟」，企圖破壞海外華僑華人的團結，根本目的是要推銷其台獨分裂主張，阻撓海外華僑華人「反獨促統」的正義行動。全球華僑華人及海外中國和平統一促進會組織應該團結起來，為早日實現祖國的完全統一而共同奮鬥。

同日　台行政院祕書長李應元稱，台灣當局將僅僅提出開放8英吋晶圓廠赴大陸投資的原則，而不會制定具體的時間表，以增加政策的彈性。

同日　台外交部官員稱，台灣當局正在與蒙古國洽談互設辦事處事宜。

同日　美台商業協會會長韓儒伯稱，應該允許台灣的8英吋晶圓廠赴大陸投資，這是企業發展生存之道。

同日　台《中國時報》援引英國《簡氏防務週刊》的相關報導稱，美國政府計劃向台灣空軍出售價值4300多萬美元的「跑道快速搶修」（Rapid Runway Repair）系統，該項軍售預計在2004年3月完成。

3月29日　外經貿部發佈公告，決定對原產於台灣、韓國、美國、日本等地區和國家的進口聚氯乙烯進行「反傾銷」調查。

同日　2002年粵台經濟技術貿易交流會在珠海國際會議中心開幕，與會台商達3000多人，為歷屆之最。

同日　陳水扁會見美國眾議員史密斯時稱，兩岸關係正常化要從經貿統合開始做起，建立雙方互信的基礎，以建構兩岸和平的新架構。

同日　游錫堃召開記者會，宣布在「有效管理」及建立相關配套機制的前提下，「小規模、低度」開放台灣8英吋晶圓廠赴大陸投資，優先開放以8英吋以下晶圓廠舊設備作價的投資項目，並採取投資總量管制，2005年前的核準投資上限為3座晶圓廠，對於新設備投資大陸的問題，兩年後再做決定。而對以前未經批準赴大陸投資晶圓廠的業者，台灣當局將成立「專案小組」，徹底查辦。

同日　游錫堃在台立法院接受質詢稱，台灣現在的「國名」是中華民國，所以，在參與國際組織時的優先考慮是「Republic of China」（ROC），若無法被接受，

將選擇台灣，最不得已時才會使用「台、澎、金、馬」。並表示，由於行政院、立法院、「監察院」、「司法院」、「考試院」等「中央機關」均設在台北市，因此，中華民國的「首都」就是台北，而非南京，近日將責成相關部門修改教科書內容。

　　同日　蔡英文在台立法院接受質詢稱，開放8英吋晶圓廠赴大陸投資的政策，是台灣對外投資的一個里程碑。

　　同日　台經濟部次長陳瑞隆稱，台灣當局將比照國際上對敏感高科技進行管制的相關公約，建立高科技產業投資管理制度，將把中國大陸與伊朗、伊拉克、利比亞、朝鮮等國家和地區一同列為「高科技輸出管制地區」。

　　同日　陳明通稱，高科技產業是「台灣重要的戰略物資」和「國家安全的『矽屏障』」，不能輕易外流到「敵對國家」。台灣當局應對暗地赴大陸投資的業者給予連續重罰，直至其改變決定。

　　同日　台灣電機電子同業公會負責人表示，當局規定台灣8英吋晶圓廠2005年前對大陸的投資上限為3座，且設定嚴格的申請程序，這有違公平原則。

　　3月30日　陝西扶風法門寺「佛指舍利」由高雄佛光山移駕高雄市立體育場，約10萬人參加恭送法會。

　　同日　陳水扁參加台灣媒體主辦的與網民對話活動稱，對於開放8英吋晶圓廠赴大陸投資的問題，圍堵封閉不如溝通疏導；而「三通」不是想通就能通的，如果大陸方面不與台灣談，就「無溝可通」。

　　同日　台聯立委陳建銘稱，將提案修改「國籍法」部分條文，將取得「中華民國國籍」的方式由現行的「血統（屬人）主義」為主，改為「出生地（屬地）主義」為主，即必須出生在台、澎、金、馬等中華民國有效管轄區域內者才可擁有「中華民國國籍」，以此排除「非台生者」競選「中華民國總統」。

　　同日　據日本《經濟新聞》報導，美國政府為維持其對中國大陸與台灣「均衡外交」的方針，有意將美國在台協會理事主席的職位升格為「大使級」。

　　3月31日　台灣花蓮外海發生裡氏6.8級的強烈地震，共造成5人死亡，272人受傷，及較大財產損失。海協於當日致函海基會，向台灣地震受災同胞表示慰問。同時，國家地震局致電台「內政部消防署勤務中心」，表示慰問。

同日　陝西扶風法門寺「佛指舍利」由兩架專機護送,自高雄小港機場經由香港,返回西安。同日　台國防部函覆立委質詢稱,台灣反對美國將大陸設定為適用核武器區域的計劃,認為這將刺激大陸,反而不利於兩岸關係的發展。

4月

4月1日　海基會回函海協,對海協的關切及慰問致謝。

同日　陝西扶風法門寺「佛指舍利」在赴台巡禮37天後,由300多名迎歸人員護持,返抵法門寺。

同日　湯曜明在台立法院接受質詢稱,台國防部堅持「不生產、不發展、不取得、不儲存、不使用核武器」的「五不政策」。台海地區應實現「非核化」,台海問題應以和平方式解決。

同日　台外交部長簡又新在立法院接受質詢稱,大陸積極拉攏美國,極力矮化台灣的國際地位,以迫使台灣接受「一中」原則,使台灣「港澳化」,因此,對兩岸關係的發展,不應「存有幻想」。

同日　台「教育部次長」範巽綠在金門稱,將於9月起,試辦福建地區台商子弟到金門「跨海就讀」。

同日　台「立法院內政及民族委員會」分屬4個不同黨團的7位立委,透過「小三通」,經由金門到廈門訪問。這是台立委首次以「小三通」方式組團訪問大陸。

4月2日　大陸公安部門在澳門將曾策劃勒索綁架台商的台籍在逃犯詹龍欄移交給台灣警方。

同日　呂秀蓮接受台「中央廣播電台」專訪時稱,兩岸要相互合作,共創雙贏,兩岸間目前沒有發生戰爭的理由,但「台灣人」要有「敵我意識」,保持警覺,台商及企業應該「根留台灣」。

同日　台「財政部長」李庸三接受媒體採訪稱,台灣當局目前並不急於開放大陸銀行來台設立辦事處,至於開放台灣銀行、保險及證券業赴大陸設立分行或子公司一事,仍有待兩岸相關部門進行協調,但會考慮開放無監理問題的台灣證券業赴大陸投資。

同日　台立法院三讀透過「台灣與大陸地區人民關係條例修正案」，允許大陸資金入台投資土地及不動產行業，同時，對台灣企業大陸投資獲利匯回台灣做出規定，避免重複課稅。

同日　台「行政院主計處」稱，依據瑞典斯德哥爾摩國際和平研究所的統計，2000年台灣的「國防軍費」為72億美元，大陸的國防軍費為230億美元，台灣的「國防負擔率」為2.5%，大陸方面則為2.1%。

同日　第二批共264名在廈門投資的台商及其眷屬經台陸委會「專案核準」後，透過「小三通」經由廈門直航金門，再搭機返台掃墓祭祖。

同日　香港《文匯報》報導，為避免美方不滿，台國防部長湯曜明被迫收回其「反對美國對中國大陸使用核武器」的談話，轉而表示對美方的立場不予評論。

4月3日　錢其琛副總理會見菲律賓「中國統促會訪問團」時指出，實現中國的和平統一是包括台灣同胞在內的所有中華兒女的共同心願，任何人以任何形式鼓吹和推動台獨，都是對台灣同胞主流民意的違背，對中華民族根本利益的損害，必將遭到海內外中華兒女的堅決反對。

同日　蔡英文接見台灣省漁會代表稱，有關處理大陸漁工赴台工作中涉及「公權力」的事項，將由台「農委會漁業署」透過適當管道與大陸方面進行溝通。

同日　美國防部主管亞太事務的副助理部長彼得·布魯克斯稱，美國政府將繼續信守「台灣關係法」，向台灣提供其防禦所需武器，同時美國政府也一貫主張應和平化解台海分歧。

4月4日　外經貿部台港澳司司長王遼平指出，2001年全年兩岸貿易總額為323.4億美元，比2000年增長5.9%，台灣已成為大陸第二大進口市場，大陸則成為台灣最大的貿易順差來源地。其中大陸自台灣進口273.4億美元，比2000年增長6.3%，大陸對台灣出口50億美元，比2000年下降0.8%，大陸對台灣貿易逆差達223億美元，比2000年增長11.5%。2001年是台商投資大陸大幅增長的一年，協議投資金額69.14億美元，增長73.1%，實際投資金額29.79億美元，增長29.8%，截止2001年底，大陸已累計批準台商投資項目50838項，實際利用台資金額293.4億美元。

同日　蔡英文在與台灣新聞界會談時稱，現行「兩岸人民關係條例」中「一國兩區」的法理概念，因涉及「憲法增修條文架構」的改變，仍不宜調整。

同日　美國總統布希簽署法案，正式授權美國行政部門設法協助台灣以「觀察員」資格參加世界衛生大會（WHA）。

　　同日　布希在美國國務院發表演講時，將台灣稱之為「台灣共和國」（Republic of Taiwan）。

　　4月5日　外交部官員要求美國方面對布希總統將台灣稱之為「台灣共和國」一事做出澄清。

　　同日　陳水扁會晤到訪的危地馬拉總統卡夫雷拉時稱，希望危地馬拉方面能協助其參加同年10月在墨西哥舉行的亞太經合組織（APEC）非正式領導人會議。

　　同日　台外交部發表聲明，對美國總統布希簽署支持台灣以「觀察員」資格參加WHA的法案，表示「誠摯歡迎與感謝」。

　　同日　美國在台協會宣布，將由包道格接替已於2001年卸任的薄瑞光，出任該協會駐台北辦事處處長一職。

　　4月6日　台總統府發表新聞稿稱，相信包道格一定能進一步促進及提升台、美關係。

　　同日　據英國《簡氏防務週刊》報導，台灣已正式提出向美國購買12架P—3C獵戶座（Orion）反潛偵察機、4艘基德級驅逐艦和8艘柴油動力潛艇的軍購計劃。

　　4月7日　外交部新聞發言人章啟月指出，美國已正式就對台政策問題向中國政府做出澄清，美國政府強調其奉行一個中國政策、遵守中美間三個「聯合公報」的立場沒有改變，並表示今後將不會再使用「台灣共和國」這樣的稱謂。

　　4月8日　章啟月強調，世界衛生組織（WHO）是只有主權國家才能參加的聯合國專門機構，台灣作為中國的一部分，沒有資格參加WHO，美方支持台灣參加WHO違反了其承諾的一個中國政策和中美間三個「聯合公報」的原則，是對中國內政的干涉，中國政府已就此向美方提出交涉，希望美方停止其錯誤舉動，以免損害中美關係的發展。祖國大陸方面一直非常關心台灣同胞的健康福祉，並積極促進兩岸在衛生領域的交流與合作，台灣同胞獲得衛生訊息的渠道是暢通的，台灣當局企圖擠入WHO的真正目的是要在國際上製造「兩個中國」或「一中一台」。

　　同日　陳水扁會見民進黨立委時稱，應優先以「台灣」的名義申請成為世界衛生組織觀察員。

同日　蔡英文向台「立法院內政委員會」提出「兩岸關係條例修正檢討報告」時稱，「三通」涉及「政府公權力」，宜由官方來談判。台陸委會希望在WTO框架下與大陸討論「三通」問題。

　　同日　蔡英文在台立法院接受質詢稱，台灣當局願意在WTO或兩岸架構下，與大陸方面協商通航問題。在此之前，會以「一機到底」、擴大境外航運中心等方式，降低民眾及業者的航運成本。

　　同日　台「經建會副主委」何美玥稱，由於開放台商從大陸進口半成品、在台灣完成深加工後又回銷大陸，可能涉及兩岸直航問題，因此，希望能進一步予以討論。

　　同日　台「駐英代表」鄭文華與英國駐台北貿易文化辦事處處長寇大偉在倫敦簽署「台英雙方避免雙重課稅協定」。

　　同日　台軍方開始代號為「漢光18號」的三軍聯合作戰演習，以解放軍於2005年春季攻台為假設目標。

　　同日　以民進黨立委蔡同榮為「團長」的台立法院訪問團赴美國訪問。

　　同日　台灣彰化銀行正式掛牌設立駐崑山辦事處，成為首家在祖國大陸設立辦事處的台資銀行。

　　同日　國民黨立委吳敦義指出，全面開放大陸人士來台旅遊不僅是經發會達成的共識，還隱含了無窮的商機，台灣當局不能因為行政上的怠惰而造成經濟上的損失。

　　4月9日　外交部新聞發言人章啟月指出，美國方面如繼續向台灣出售武器，提升美台關係，只會助長台獨勢力的氣焰，加劇台海局勢的進一步緊張，最終也會損害美國自身的利益。

　　同日　長期致力於兩岸和平統一事業的台灣「中國時報系」創辦人余紀忠在台北病逝，享年93歲。汪道涵、陳雲林分別向其親屬發去唁電，對余紀忠的辭世表達深切的哀悼。

　　同日　台「立法院副院長」江丙坤率領「立法院台日交流聯誼會」赴日本訪問。

　　同日　85名跨黨派的美國會眾議員成立所謂的「美國國會台灣小組」。「台灣小組」由美國聯邦眾議員羅伯特‧韋克斯勒、謝羅德‧布朗、史蒂夫‧夏柏和德納‧羅拉巴克發起，並由該4人擔任「共同主席」。

同日　美國防部宣布，美軍方一個以海軍成員為主的小組最快在下個月前往台灣，提交售台的8艘柴油動力潛艇的設計方案及建造計劃。

4月10日　陳水扁會見德國國會「友華小組」訪問團時稱，台灣與德國簽署租稅互免協定對雙方有利，並希望德國政府能支持台灣加入WHO。

同日　台灣當局制定的「國家科技保護法」、「特定高科技人員赴大陸地區任職許可辦法」，引發台灣企業的強烈不滿，疑有「科技戒嚴」之嫌，對此，游錫堃表示，對已經台灣當局核準至大陸地區投資的高科技技術人員，原則上不另作限制。

同日　台警方宣布破獲一起兩岸地下「通匯銀行」案件，抓獲犯罪嫌疑人9名。

4月11日　陳水扁會晤到訪的美國商務部副部長格蘭特·阿爾多納斯時稱，為避免中國大陸的磁吸作用，台美日三方有必要簽署「自由貿易協定」，以維護亞太地區的安全與平衡。

同日　陳水扁會見法國參議院訪問團時稱，台灣和香港、澳門不一樣，並不適用「一國兩制」。

同日　台外交部長簡又新稱，台灣當局對歐洲議會透過有關「邀請台灣參與亞歐會議」及「促請歐盟早日赴台設立辦事處」等議案表示「感謝」。

同日　台陸委會相關官員否認將於今年底開放台商、「榮民」和大陸遊客以「團進團出」的方式，經由金門、馬祖地區「小三通」方式入台的說法。

同日　馬英九稱，礙於台灣現行法律，台北市政府不能在上海市設立代表處，將來如果時機成熟，相關法律也允許，台北市政府將會對此方案予以考慮。

同日　香港《文匯報》援引美國之音相關報導，美國防部相關官員證實，該部已解除對台軍職或文職「國防人員」出席在夏威夷舉行的亞太安全研究中心會議的限制。

同日　美國商務部副部長阿爾多納斯在台北美國商會發表書面講話稱，美國歡迎兩岸間任何形式的交流，台灣近日放寬對大陸投資的限制並開放部分大陸商品入台，有助於降低兩岸間的緊張局勢。

同日　歐洲議會透過議案稱，不能接受大陸方面保留對台使用武力的說法，兩岸問題應以和平方式解決，並必須尊重並顧及台灣2300萬人的意願。並表示，台灣參與亞歐會議將有助於兩岸恢復對話，促請歐盟早日赴台設立辦事處。

4月12日　游錫堃在台立法院接受質詢稱，願意為兩岸關係改善而訪問大陸，但必須顧及「國家尊嚴」。

同日　蔡英文赴吉隆坡，出席由美國智庫亞洲學會舉辦的研討會。

同日　台陸委會副主委陳明通稱，「三通」是一項必須完成的經濟戰略，目的在於增加兩岸的貿易往來，減少台商對大陸的投資，把高科技的研發技術留在台灣，但台灣當局不能接受大陸提出的一個中國原則或是將兩岸直航定位為「國內航線」。

同日　台灣電機電子同業公會、台北市電腦公會、台灣半導體協會、台灣液晶顯示器產業協會及科學園區同業公會等台灣5大科技產業公會聯名提出書面聲明，反對台灣當局在「國家科技保護法」中要求台灣科技人才在前往大陸前，必須向台灣當局「事先報備」並「列冊管制」的規定。

4月13日　國家副主席胡錦濤會見美國前國務卿基辛格時指出，希望美方切實遵守中美間三個「聯合公報」的精神和一個中國原則。

同日　台「副參謀總長」費鴻波率團赴美國參加「美台軍售會議」，與美方商討2001年對台軍售項目。

4月14日　朱鎔基總理會見基辛格時強調，只有處理好台灣問題，中美關係才能順利地向前發展，希望美方恪守在中美間三個「聯合公報」中做出的相關承諾。

同日　台經濟部長林義夫稱，對日本提議將台灣納入「東亞自由貿易區」一事，「樂觀其成」。

同日　台「衛生署長」李明亮赴美，爭取美國方面協助台灣參加將於5月在瑞士日內瓦召開的WHA。

4月15日　陳水扁會見英國倫敦政治經濟學院院長安東尼·吉登斯稱，台灣有著其他國家所沒有的「統獨」、「族群」、「省籍」等問題，台灣應該超越意識形態，調和這些問題。

同日　陳水扁回應王永慶提出的盡快開放「大三通」的要求詭稱，他贊成開放「大三通」，但現階段是否能開放「大三通」，取決於大陸方面。

同日　台經濟部次長陳瑞隆出席「台美經濟合作策進會」會員大會時稱，在加入WTO之後，台灣下階段的重要目標與首要任務就是與美、日簽署「自由貿易協定」。

同日　台陸委會副主委鄧振中稱，開放大陸資金入台投資，將遵循三項原則，即初期僅限投資 50 余項服務業，不允許投資製造業，必須遵守 WTO 所規定的相關義務和雙方對等原則。

　　同日　台「立法院內政委員會」初審透過「台灣與大陸地區人民關係條例第二十二條增修案」，將大陸台商子弟學校一貫制教育延伸至高中和幼兒園階段，以使台商子弟學校學生的學歷與台灣學生相銜接。

　　同日　台經濟部最新資料顯示，自 2001 年 11 月起，大陸已取代美國，成為台灣最大的出口市場，台灣對大陸的出口額占其出口總額的 23%，同時，台商對大陸投資獲利的比例持續上升，2000 年已突破四成。自 1979 年至 2001 年底，台灣對大陸實際投資金額累計達 295.6 億美元，在大陸外資排名中由 1997 年的第二位退居第四位。

　　同日　李登輝指控連戰「聯共反台」，對此，正在美國芝加哥訪問的連戰稱，那是他一生中受到的最大汙衊，「這些人一日不收回這句話，我一日不會原諒」。

　　4 月 16 日　交通部台灣事務辦公室副主任李建生回答記者提問指出，目前兩岸間的試點直航（境外航運）和兩岸三地間的間接定期航線，都是透過大陸方面的海峽兩岸航運交流協會與台灣方面的海峽兩岸航運協會協商後達成的，說明兩岸民間航運協會的協商是有效的，由此看來，現階段兩岸無法實現「三通」，關鍵在於台灣當局遲遲不願授權給相關協會。

　　同日　台「國營會副主委」呂桔誠稱，陸委會已經同意台「中國石油公司」與大陸中國海洋石油總公司簽訂台南盆地與潮汕凹陷部分海域協議區第二階段石油合約，雙方將合資設立「台（南）潮（汕）凹陷石油作業公司」，共同勘探、開採石油。

　　同日　辜振甫發表書面談話稱，和平與發展是當前世界的潮流，和平解決台灣問題已成為國際共識，希望兩岸間能效仿朝鮮與韓國，走出互動低潮。並再次邀請汪道涵赴台參訪。

　　同日　海基會副董事長兼祕書長許惠祐稱，台灣方面自 1987 年起就在公證書上啟用帶有「ROC」或中華民國字樣的鋼印，大陸方面以此為由退回台灣簽發的公證書是「故意刁難」。

　　同日　由金門縣政府經營的「太武號」客輪自金門駛抵廈門，金廈定期航班正式開通。

同日　美國國務院主管防擴散事務的助理國務卿約翰·沃爾夫稱，美國向台灣出售武器並非武器擴散，亦未超出「導彈科技管制機制」的限制，美國不會向台灣出售生化及核武器。

　　4月17日　台行政院透過「企業營運總部推動方案」，對在台灣設立營運總部的企業，其海外子公司匯回的權利金、研發管理服務費、投資收益等收益，享受免繳營業所得稅的優惠。

　　同日　台「國科會」公佈「台灣特定高科技人員進入大陸地區任職許可辦法」草案。

　　同日　連戰拜會美國著名智庫傳統基金會時稱，台海地區的安定與和平是世人，尤其是全世界中國人所期待的，這需要兩岸領導人的智慧和全體中國人的努力，武力絕不是解決爭端的唯一方式，應該全力避免此種情況的發生。

　　同日　由台「中華海運協會」主辦的台灣海峽海上汙染防治暨貨櫃運輸研討會在台北市召開，交通部台灣事務辦公室副主任兼海峽兩岸航運交流協會副祕書長李建生赴台出席。

　　4月18日　國台辦常務副主任李炳才與山席揚州「煙花三月經貿旅遊節」的台商座談時表示，台灣當局應順應兩岸經貿發展的要求，盡快取消對兩岸經貿交流的不合理限制，放棄「戒急用忍」的政策，使兩岸間進行直接、雙向的交流合作，建立真正有效的兩岸經濟合作機制。

　　同日　台《聯合報》報導，台灣當局正積極尋求向美國方面購買愛國者3型導彈系統，以對抗大陸的「導彈威脅」。

　　同日　呂秀蓮稱，全球化並非是「中國化」，現在卻有越來越多的台灣產業轉赴大陸投資，越來越多的台灣學生赴大陸留學，長此以往，「台灣的國力將整體沉淪」，因此，必須改變這種現象。

　　同日　游錫堃宴請美台商業協會代表時稱，希望美國商會能向美國政府反映，推動台美簽署「自由貿易區協定」，並協助台灣加入WHO。

　　同日　台經濟部長林義夫稱，台灣當局將採取諸如允許企業免費承租工業區土地兩年等措施，鼓勵台商企業回台灣投資，以達到「根留台灣」的目的。

　　同日　台「衛生署長」李明亮在媒體見面會稱，台灣以「公共衛生實體」的名義申請參加WHO，國際社會不應反對。

同日　連戰在華盛頓「全國新聞俱樂部」發表演講稱，他願意在適當時候到大陸看看，但具體時間尚未確定。國民黨持「支持兩岸統一，但不是現在」的立場，希望以「國家統一綱領」為基礎，在大陸人民享有「自由民主」，「人權法治」得到尊重時，以漸進方式完成統一。

同日　美國聯邦眾議院多數黨政策委員會透過聲明稱，如果美國不支持台灣參與 WHO，將會傷害台灣人民及社會，也違反了「台灣關係法」。

同日　美軍駐太平洋地區總司令布萊爾在香港稱，如果中國大陸方面繼續增加瞄準台灣的導彈數量並提高導彈的精確度，美國將考慮把台灣納入戰區導彈防禦系統之中。

4月19日　由大陸海峽兩岸航運交流協會主辦的兩岸試點直航座談會在廈門召開，台灣多家航運公司代表出席。兩岸航運業代表一致表示，希望兩岸間能儘早實現直航。

同日　由海峽兩岸合作舉辦的「齊白石大展」在台北市「國父紀念館」開幕，共展出中國近代繪畫大師齊白石 124 件代表作品。這是 1957 年齊白石逝世後，在台灣舉辦的規模最大的齊白石作品展。

同日　游錫堃在台立法院接受質詢稱，當前兩岸「三通」是「萬事俱備，只欠東風」，關鍵在於大陸方面對溝通對話沒有「善意回應」。

同日　美國聯邦眾議院「台灣小組」致函布希，感謝其簽署法案，支持台灣以「觀察員」身份參與 WHA，並要求美國務院全力促成此事。

同日　香港《文匯報》報導，美國軍方負責台灣事務與軍事出口的官員近日抵達台灣，與台軍方和「外交」官員就美台間的軍事合作舉行會談。

同日　正在台灣訪問的圖瓦盧共和國總理考魯阿‧塔雷克稱，將繼續支持台灣加入聯合國等國際組織。

4月20日　台教育部長黃榮村稱，台灣應該兼顧「本土化」與「全球化」，不應以意識形態來處理教育事務，不應認為「支持本土教育才是愛台灣」。

同日　台海峽兩岸和平統一促進會舉行成立 4 週年紀念大會暨會員大會。會長梁肅戎表示，應該召開「全球中國人和平統一大會」，並制定「海峽兩岸和平統一基本法」，台灣問題應該以和平方式解決，兩岸應盡速在一個中國原則下結束敵對狀態，進行政治談判。

同日　台北故宮博物院舉辦「天可汗的世界——唐代文物大展」，展覽彙集了陝西省12座博物館及考古所珍藏的120組國寶級文物。

同日　蔡英文回應台灣外商團體要求台灣當局儘早開放兩岸「三通」的呼籲稱，台灣當局將會盡力排除「政治困難」，並對在此之前出現的「個案問題」予以一定的協助。

4月21日　台外交部長簡又新前往尼加拉瓜、薩爾瓦多、洪都拉斯等3國活動。

同日　民進黨立委蔡同榮、林進興等發表新聞稿稱，台灣當局應對新加坡「星光部隊」有意轉往海南島進行訓練一事予以重視。

4月22日　外經貿部副部長安民會見台灣自創品牌協會參訪團指出，大陸方面過去對台商投資採取非常優惠的政策，但隨著大陸加入WTO，需要建立法治和公平競爭的市場環境，因此對原有的優惠政策進行調整，並非有意針對台商。

同日　台外交部相關官員稱，台灣當局希望能與日本加強「安全合作關係」，因此對日工作要「向前看」，以便將當前台日關係與第二次世界大戰歷史作立場上的切割。

同日　台行政院已核定開放進口1000余項大陸工農業商品入台銷售，待台經濟部公告後施行。

同日　台「經濟部國貿局」召開「大陸物品審查會議」，初步同意開放進口包括34英时彩色電視顯像管、冷熱軋不銹鋼製品等在內的共147項大陸產品入台銷售。

同日　海基會祕書長許惠祐在民進黨刊物《中國事務》發表文章稱，2000年台灣「政黨輪替」後，海協、海基會兩會協商中斷，兩岸對「一中」原則僵持不下，大陸轉而提出「民間對民間、行業對行業、公司對公司」進行協商，這是「另闢蹊徑」地將「一個中國」實質化，在具體協議中實現「一國內部事務」的精神，使兩岸協商「民間化、地方化」。

4月23日　江澤民主席會見到訪的美國商務部長埃文斯強調，希望美國政府重視中國政府在台灣問題上的立場，遵守其做出的堅持一個中國的承諾。

同日　正在台灣訪問的全國政協台港澳聯絡局局長樂美真指出，只要台灣方面解除對境外航運中心不通關、不入境的限制，大陸方面隨時可以開放廣州、大連、上海、青島、天津等5大港口與台灣通航。

同日　呂秀蓮會見美國前副總統丹・奎爾時稱，兩岸問題的和平解決一定要靠美國政府，美國政府應當考慮在適當的時候，邀請台灣和中華人民共和國的領導人在白宮見面。

同日　游錫堃在台立法院接受質詢稱，決不能接受國際獅子會將「中華民國總會」更名為「中國台灣」的決定。並重申，台灣參加國際組織的名稱首選是中華民國，其次是台灣，再次才是「台、澎、金、馬」。

同日　陳明通稱，台灣當局仍將按照循序漸進的原則，待中華旅行社香港機場辦事處完備後，開放「第二類大陸人士」赴台旅遊。

同日　台「國安系統」官員稱，外交部對小泉純一郎參拜靖國神社的處理是一種務實的考慮，因為「除了汲取歷史教訓，避免重蹈覆轍」的表態之外，不應再陷入歷史情緒，淪為政治籌碼，而應該從「台日共同利益」出發。

同日　台聯黨主席黃主文與「台灣正名運動聯盟」成員會談時稱，台灣在外交領域以「台灣」為名是一件光榮的事，且為世界各國所接受。「台聯黨」是台灣第95個政黨，也是第一個以「台灣」為名的政黨，是「台灣正名」的第一步和開始。

同日　民進黨前主席施明德稱，台獨運動始於1949年，50多年來，台灣早就是「主權獨立的國家」，名字叫中華民國。「台灣獨立」已是既定事實，沒必要以「公投」來解決「獨立」的問題。

同日　「台獨聯盟」前主席張燦鍙稱，「台灣內部主權」沒有問題，但需要爭取「外部主權」及聯合國的「認同」。

同日　美國務院政策計劃處處長哈斯接受採訪稱，美國政府的兩岸政策沒有改變，中美間三個「聯合公報」及「台灣關係法」是美國政府制定兩岸政策的基礎，此架構對各方均有利，是「最好的架構」。

4月24日　國台辦舉辦例行記者招待會。新聞發言人李維一就以下問題發表了看法：1.台灣當局必須承認「九二共識」，海協、海基會兩會才有可能恢復會談，海協會長汪道涵才有可能赴台灣訪問。2.台灣與美國、日本等國就建立「自由貿易區」所進行的合作，必須符合一個中國原則。3.歡迎台灣金融機構、航空

公司、海運公司來大陸設立代表處,但希望台灣當局本著平等公正、互惠互利的原則,也能允許大陸相應機構在台灣設立辦事處。4.近期台灣出現水荒,金門、馬祖、澎湖等地區尤為嚴重,此事關係到三地人民的切身利益,大陸方面會積極配合,為其提供必要的幫助。5.陳水扁在近期表示願意回福建老家看看,此事在日後「條件成熟」時,是可能的。

　　同日　交通部台灣事務辦公室副主任李建生指出,大陸對台灣航運公司申請在大陸設立辦事處並無限制。

　　同日　正在台灣訪問的全國政協台港澳聯絡局局長樂美真指出,兩岸「三通」問題交由兩岸民間或兩會進行協商,必須先確立「一個中國」的前提。

　　同日　台《中國時報》報導,經台陸委會及「出入境管理局」「專案核準」後,以「小三通」方式於春節、清明兩節期間往返兩岸間的近千名台商及其眷屬,近日受到台內政部每人被處2萬新台幣罰金的處罰。

　　同日　台「總統府公共事務室主任」黃志芳稱,陳水扁日前所表達的到福建老家看看的意願,要在兩岸實現「關係正常化」的情況下才可能實現,希望大陸方面在不預設任何前提的情況下,盡快恢復兩岸對話。

　　同日　台「立法院法制委員會」初審透過「國民大會組織法修正草案」、「國民大會職權行駛法草案」,為「國民大會」訂定「落日條款」。

　　同日　台「財政部長」李庸三稱,台灣當局將研擬開放台灣證券商及投資信託業以直接投資方式,赴大陸地區設立子公司。

　　同日　台經濟部正式公佈「在大陸地區從事投資或技術合作製造業及農業禁止類之產品項目」清單,將台商赴大陸投資行業項目的分類由「許可類、禁止類、專案審查類」三類調整為「禁止類、一般類」兩類,以與台灣當局2001年11月20日發佈的大陸投資新審查機制配套。依該清單規定,台灣8英吋(含8英吋以下)晶圓廠將被允許赴大陸投資,但晶圓測試、封裝及石化上游產業等共計17項產業仍被列為禁止赴大陸投資類項目。

　　同日　蔡英文在台立法院接受質詢時稱,大陸方面如果基於WTO的規定,並依國際規範派人至台灣對台灣產商品進行反傾銷調查,台灣有關部門會同意。並表示,若金門、馬祖、澎湖等地確有需求,台灣當局可「專案考慮」當地政府提出的向大陸買水的方案,但必須有效「管控風險」,並確保基本民生及「國防」用水自給自足。

同日　蔡英文在台灣企業經理人協進會春季聯誼會發表演講稱，台陸委會正積極規劃放寬對大陸人士赴台的限制，除大陸遊客外，大陸的高科技人才、商務人士、在台商企業任職的大陸員工等都將可赴台從事產業、投資或培訓業務。

　　同日　台「水利署署長」黃金山稱，依台「水利署」掌握的資訊，金門、馬祖、澎湖等離島尚無向大陸買水的必要。向大陸買水只是備案，且必須由民間自行接洽。

　　同日　針對李遠哲日前批評台灣當局對台灣高科技人員赴大陸工作加以管制的行為，台「國科會主委」魏哲和辯稱，依現行「兩岸人民關係條例」的規定，台灣任何人到大陸工作都屬違法行為，「台灣特定高科技人員赴大陸任職許可辦法」的實施，反而為高科技人才赴大陸工作開闢了合法的管道。

　　同日　第十屆中美洲外長會議決定，正式接納台灣為「中美洲統合體」觀察員。

　　4月25日　陳雲林發表談話表示，台灣同胞是我們的骨肉兄弟，對台灣同胞遭受的困難，我們感同身受，我們願意為金門、馬祖、澎湖地區提供淡水，如果台灣方面同意，福建沿海地區可盡快用船舶向三地送水。

　　同日　國台辦相關官員指出，大陸方面對兩岸實現「三通」的立場是明確的，兩岸間完全可以用公司對公司、企業對企業、行業對行業的方式先「通」起來，但不存在民進黨籍立委來大陸商討兩岸直航航權一事。

　　同日　蔡英文稱，台灣當局及相關部門從未授權任何立委同大陸方面商討兩岸通航事宜。

　　同日　台「總統府祕書長」陳師孟與台灣國際媒體記者座談時稱，所謂「既是台灣人又是中國人」的說法是沒有道理的，他1歲多就到台灣，對「中國」沒有印象，從政治上是百分之百的「台灣人」。

　　同日　台陸委會經濟處處長傅棟成稱，將於5月1日公佈新的開放台灣業者赴大陸投資的審查機制。

　　4月26日　江澤民主席會見美國總統助理、白宮科學和技術政策辦公室主任約翰‧馬伯格指出，中方希望美方恪守一個中國政策和中美間三個「聯合公報」的原則，妥善處理台灣問題，與中方一道推動中美關係健康、穩定地向前發展。

同日　海協研究部發表題為《尊重歷史才能彰顯誠信》的文章，指出自台灣當局新領導人上任以來，不接受一個中國原則、不承認「九二共識」，致使兩岸對話與協商無法恢復，這是兩岸關係陷入僵局的癥結所在。

　　同日　游錫堃在台立法院接受質詢稱，行政院未授權任何人與大陸方面進行航權談判。

　　同日　台經濟部長林義夫稱，台灣對大陸的貿易依存度過高，基於分散風險原則，台灣廠商應該做好分散市場的規劃，積極拓展全球市場，避免太過依賴大陸市場。

　　同日　金門縣長李炷烽、新黨籍立委吳成典率領金門縣府官員、商界訪問團自金門直航廈門，出席「廈門台灣消費品博覽會」。

　　同日　美軍候任駐太平洋地區總司令托馬斯‧法戈在美國聯邦參議院軍事委員會提名聽證會稱，美國應繼續協助台灣提升戰鬥力及防空、制海能力，以確保「台海安全」。

　　4月27日　自即日起至5月3日，國家副主席胡錦濤對美國進行國事訪問。

　　同日　海協研究部發表題為《九二共識的歷史真相》的文章，指出海協、海基會兩會在1992年11月達成各自以口頭方式表述「海峽兩岸均堅持一個中國原則」的共識，這一歷史原貌是清晰的，希望台灣當局領導人明確承認該項共識，擱置政治歧見，面向未來，務實談判。

　　同日　台「財政部長」李庸三稱，暫緩開放原先已批準的允許台灣外匯指定銀行與大陸外匯指定銀行進行直接通匯業務，留待兩岸關係發展情勢與直接貿易細節確定後再予開放。

　　同日　蔡英文稱，台灣立委赴大陸與有關方面交換意見是常有的事，不應將其視為所謂的「密使」或協商，涉及「公權力」方面的事務仍須由「行政機關」來行使。

　　同日　台獨團體「台灣心會」召開以「中日和約五十年」為主題的座談會，宣稱在1952年的「台日和約」中，日本並未明確將台灣交給中華民國，因此「台灣的主權仍屬未定」。

　　4月28日　呂秀蓮在台中市國際獅子會年會發表演講時稱，台灣是在1895年由清政府「無條件永遠割讓給日本的」，1945年日本戰敗後退實施灣，中國隨即爆發內戰，1949年中華人民共和國在北京成立，而蔣介石敗退台灣，因此

才有「中華民國在台灣」的說法。雖然台灣「主權」歸屬仍有爭論,但中華民國在台灣行使有效統治是事實。

同日 台「立法院副院長」江丙坤在出席「全球華人團結自強暨國家發展研討會」時稱,當前的台灣安全就是要讓經濟持續發展,而兩岸直航是讓台灣經濟持續發展的重要措施,只要「管制得宜」就可以進行。

同日 辜振甫在「辜汪會談」9週年之際發表書面談話稱,兩岸兩會制度化協商管道無可取代,兩會有必要依照9年前「辜汪會談」各項協議與共識的基礎,盡速恢復協商。

同日 台前駐美代表陳錫蕃出席「中國近代史學會」主辦的「中日和約五十年學術座談會」表示,「對日和約」簽訂後,「台灣地位未定論」就不存在了,台灣地位問題已獲解決。

同日 台「飛行航空安全委員會執行長」戎凱周稱,該會將申請以觀察員身份加入聯合國下屬的國際民用航空組織。

4月29日 胡錦濤會見基辛格指出,中美兩國關係30年來總體上是向好的方向發展,雙方的瞭解日益加深,但台灣問題依然是中美關係中最敏感、最關鍵的部分。

同日 陳水扁會見到訪的日本國會議員訪問團稱,要完成兩岸關係的正常化,首先要從兩岸關係的平衡做起,包括不預設前提、暫時擱置爭議展開協商的「政治平衡」,不擴充軍備、不從事武力競賽、不以武力相威脅的「武力平衡」和重視大陸磁吸效應、避免過度向大陸市場傾斜的「經濟平衡」。

同日 台灣當局宣布簡化大陸地區專業人士赴台手續,將原先須於預定來台之日前2個月提出申請,簡化為須提前10個工作日提出申請。

同日 台駐日代表羅福全在立法院稱,大陸經濟實力急劇提升,對亞洲整體政治經濟勢力的重組造成重大衝擊,大陸的磁吸效應使周邊地區「產業空洞化」,台灣、日本首當其衝,因此台、日間應早日簽訂「自由貿易協定」,以「有效遏制大陸勢力的擴張」。

同日 台「中央銀行」近日發函台灣各銀行的國際金融業務分行,要求自7月1日起,將各自匯出、匯入款的統計區分為大陸地區、第三地區、外匯指定銀行、其他OBU四類,以瞭解各OBU資金來源及流向。

4月30日　胡錦濤在美國會見參議院和眾議院領導人時強調，台灣問題是中美關係中最重要、最敏感的核心問題。中美關係健康、穩定發展的關鍵是要妥善處理好台灣問題。中國政府堅持按照「和平統一、一國兩制」的基本方針和江澤民主席在《為促進祖國統一大業的完成而繼續奮鬥》重要講話中提出的八項主張解決台灣問題。實現中國的和平統一對各方都有利，中方希望美方恪守一個中國政策和中美間三個聯合公報原則，切實為中國實現和平統一發揮建設性作用。

同日　游錫堃在台立法院接受質詢稱，他在擔任台「總統府祕書長」期間，曾拜會過辜振甫，辜親口說並無「九二共識」一事。

同日　台經濟部公告高科技貨品管制清單，將大陸地區增列為「戰略性高科技設備及技術輸出管制區」，限制台灣23項半導體製造設備輸往大陸。

5月

5月1日　胡錦濤會見美國總統布希時強調，台灣問題事關中國的主權和領土完整，始終是中美關係中最重要、最敏感的核心問題，台灣問題如果處理不好，將會直接影響兩國關係的穩定與發展。中方希望美方認真恪守一個中國政策和中美間三個「聯合公報」，為中國實現和平統一發揮建設性的作用。布希表示，美方瞭解台灣問題的敏感性，美方奉行一個中國政策、遵守美中間三個「聯合公報」的立場沒有改變，美方不支持台獨，也不鼓勵台獨勢力發展。

同日　台行政院透過「開放大陸地區人民來台觀光第二階段執行事項」，開放「第二類大陸人士」赴台旅遊。

同日　台總統府副祕書長吳釗燮與台灣媒體茶敘稱，台美間的溝通管道暢通，胡錦濤對美國的訪問不會影響到台灣的安全。

同日　親民黨籍立委曹原彰、連江縣議長陳振清、自來水廠廠長林貽德等一行5人赴大陸，協商向大陸購買淡水事宜。

同日　美國會眾議院「台灣小組」致函副國務卿阿米蒂奇，希望美國政府比照WTO模式，協助台灣以觀察員或「公共衛生實體」身份參與WHO，並加入WHA。

同日　美國聯邦眾議員吳振偉在美國眾議院提案，促請美國政府加強與台灣的高層交流。

5月2日　胡錦濤出席美中關係全國委員會等團體舉行的歡迎晚宴,並發表演講指出,台灣問題始終是中美關係中最重要、最敏感的核心問題,中方希望美方嚴格履行承諾,為中國實現和平統一發揮建設性作用。

同日　陳水扁會見美國外交政策全國委員會代表團稱,台灣不可能「放棄主權」,成為中華人民共和國的地方政府。兩岸關係的改善,沒有任何個人、台商或是政黨可以代替「政府」做決定,「必須政府和政府打交道」。

同日　呂秀蓮稱,台灣在加入 WHO 時絕不能在名義上「自我矮化」,台灣能夠接受的底線是「功能性衛生實體」。

同日　台行政院副院長林信義會見台北歐洲商務協會代表稱,台灣將不可避免地要與大陸市場增加接觸,遲早會開放兩岸「三通」,希望外商能從資金、人才、地理位置等多方面考慮,將台灣作為區域運籌中心。

同日　台《中國時報》報導,台灣技術服務社與核工業部所屬中國核工業745所已簽訂了「汙染性物質提取或處理協議書」,大陸同意為台灣處理包括蘭嶼核廢料在內的所有台灣核能電廠所產生核廢料,以及台灣境內汞汙泥,待台灣當局批準後即可執行。對此,台行政院祕書長李應元稱,此事尚有技術問題有待克服,應暫緩。

同日　陳明通在台立法院接受質詢稱,有關大陸方面將代為處理台灣核廢料的消息僅只是媒體報導,目前談及此事還言之過早。

同日　美國《華盛頓郵報》報導,美國國防部相關官員稱,美國政府目前正在考慮同台灣建立常態性的軍事接觸關係。

5月3日　胡錦濤在舊金山市宴請當地台籍華僑代表時表示,早日完成祖國的完全統一,是中華民族的根本利益所在,也是海內外中華兒女的共同心願,海峽兩岸血濃於水,大陸方面將繼續堅持「和平統一、一國兩制」的基本方針和江澤民主席在《為促進祖國統一大業的完成而繼續奮鬥》重要講話中提出的八項主張,努力推動兩岸關係朝著和平統一的方向發展。

同日　連戰會見美國外交政策全國委員會代表團稱,「九二共識」是存在的,無論是執政、還是「在野」,國民黨在兩岸政策上「堅持國家統一」的立場不會改變。

同日　馬英九會見美國外交政策全國委員會代表團稱,應以「一個主權、兩個治權」的方式來詮釋兩岸關係。

5月4日　陳水扁詭稱，台灣成為WHA觀察員並不涉及「主權」問題。

同日　台立法院長王金平以台「總統特使」身份出訪中南美洲，並出席哥斯達黎加新任總統的就職典禮。

同日　蔡英文稱，對台灣而言，大陸既是「政治上的吞併者」、「軍事上的威脅者」，也是「經濟上的競爭者與合作者」。在兩岸經貿政策上，台灣當局將以逐步開放為原則，並在開放過程中維持政治、經濟平衡。

同日　由連江縣政府承租的台金航海運公司運水輪「金航二號」自馬祖駛抵大陸福建馬尾裝運淡水，這是兩岸間半個世紀以來首次進行的淡水交易。

同日　蔡英文稱，連江縣政府向大陸方面買水只是一種試驗性、預備性的做法，要以此方案解決離島地區的旱情尚言之過早。

同日　台「中央銀行」公佈的統計資料顯示，自台灣當局開放國際金融業務分行與大陸銀行直接通匯後，海外台商匯回台灣的款額明顯增加。截至3月底，全體OBU非金融機構存款達131.91億美元，比2月底增加2.91億美元，創歷史新高。

同日　李登輝在新竹市「李登輝之友會」成立會稱，台灣的「本土化」不應只是政治上的「本土化」，還應包括教育、司法等多個方面，而最終目的是要建立台灣的「主體性」。

5月5日　陳師孟稱，台灣當局目前並沒有對「五權憲法」進行大規模、結構性修改的計劃。

同日　李登輝在「全台李登輝之友會」大會稱，台灣與大陸是兩個「對等的國家」，台灣不是大陸的地方政府，台灣絕不能在此原則上退讓。

同日　台財政部計劃在新制定的「台灣銀行、證券及保險業赴大陸設立分公司辦法」中，率先開放台灣保險業赴大陸投資，並將投資上限設定為8億元新台幣。

同日　正在台灣訪問的美國外交政策全國委員會計劃部主任唐納德·扎戈里亞表示，美國政府不會改變長久以來堅持的「兩不一是」的台海政策，即大陸不對台灣使用武力，台灣不宣布「獨立」，兩岸間應透過對話及文化經濟交流，互相影響，以達成兩岸都能接受的和平解決方案。

5月6日　台外交部、「衛生署」宣布，將從功能性角度入手，以「台灣」為名稱，以創新的「衛生實體」為身份，尋求成為WHA觀察員。

同日　台「外交部次長」高英茂稱，台灣以「衛生實體」的身份申請參與WHA，WHA應以彈性、開放、務實的態度看待此事。

同日　台外交部官員稱，台灣事實上把自己看作「主權國家」，別國將台灣視為「觀察員國家」或「準國家」，可以接受；但如果別國將台灣定義為「非國家」，則不可接受。

同日　蔡英文在金門視察「小三通」運行情況時稱，待金門水頭港旅客服務中心工程完工後，金、廈兩地「小三通」定期航班即可穩定運行，屆時，經由「小三通」往返兩地的台商和台籍幹部將不必再受設籍6個月、專案申請、團進團出等規定的限制。

同日　蔡英文稱，原則上同意金門地區在必要時向大陸買水以緩解旱情，但這只是預備方案之一。從方便性、經濟性、安全性等多方面考慮，金門地區的基本用水必須自給自足。

同日　台《聯合報》報導，台交通部已考慮將台北松山、花蓮、桃園和高雄小港四座機場列為未來兩岸通航的機場，同時，也明確將外籍航空公司排除在兩岸航線外。

同日　台《中國時報》對台灣近千家上市公司的調查資料顯示，有五成上市公司打算在今年赴大陸投資；儘早開放兩岸「三通」和改善兩岸關係，是受訪廠商對台灣當局最殷切的期待。

同日　美國國務院負責軍控和國際安全事務的副國務卿約翰‧博爾頓，在美國智庫傳統基金會發表演講稱，美國政府將堅持對台灣安全及防禦做出的承諾，並密切注意大陸對台的軍事部署。

5月7日　江澤民主席會見美國前總統老布希時強調，中國人民是不會答應台獨的，早日解決台灣問題有利於中美關係的發展和亞太地區的和平。

同日　陳水扁接受英國路透社專訪稱，非常感激美國政府對台灣毫無保留的支持和對台海安全的關心，但台灣當局不會因此而「沾沾自喜、得意忘形」，也不會因有美國政府的支持而「一意孤行、誤判形勢」，導致兩岸不必要的緊張和對立。

同日　游錫堃稱，兩岸關係是動態的互動，並非單獨一方所能決定，但台灣方面一直在做「善意的準備」。他強調，如果台灣能實現良性發展和自立自強，就不怕其他國家的強大。

同日　台北美國商會會長何順稱,台灣目前面臨的最大風險是,它作為外商前進中國大陸市場門戶的地位與機會正在迅速消失。希望台灣當局應盡快落實經發會共識,開放兩岸「三通」。

　　5月8日　福建湄洲島祖廟媽祖金身像在迎請團成員護送下,自湄洲直航金門,在大、小金門島進行為期5天的「巡安」活動。

　　同日　游錫堃批評說,事實上,馬祖地區沒必要從大陸買水,現在之所以從大陸買水,完全是為了凸顯其他意義,而且,這增加了當地民眾的恐慌。

　　同日　台「衛生署」透過「台灣醫事人員赴大陸地區執業管理辦法」,宣稱將以輔導、輔助為原則,對台灣醫療行業人員赴大陸地區工作採取低度管制,並給予必要協助。

　　5月9日　外經貿部副部長周可仁回答記者提問指出,只有先在一個中國原則下解決兩岸「三通」問題,才能解決籌組兩岸大中華自由經濟體的問題。

　　同日　外交部新聞發言人孔泉回答記者提問指出,美方領導人應信守其多次重申的奉行一個中國政策、恪守中美間三個「聯合公報」、不支持「台灣獨立」、不鼓勵台獨勢力分裂活動的承諾,不做干涉中國內政、助長台獨勢力氣焰的事,為中國實現和平統一發揮建設性的作用。

　　同日　陳水扁和台灣媒體主管展開所謂「用心看台灣」之旅,在金門大擔島發表談話稱,願意邀請大陸領導人來台訪問、喝茶,並提出「三項主張」,即兩岸關係正常化是台海永久和平基礎,而兩岸關係的正常化必須是從經貿關係正常化開始,兩岸政治統合的第一步也必須從經貿及文化的統合開始著手;兩岸必須重啟協商大門,方能減少誤會及誤判,復談的第一步就是先行互訪;兩岸「三通」是必走的一條路,而「小三通」是「大三通」的第一步。此番談話被台灣媒體稱為「大膽談話」。

　　同日　針對美國總統布希稱呼台灣為「台灣共和國」(Republic of Taiwan)一事,陳水扁稱,從中可以體現出布希的一個基本認知,即「台灣是一個國家」,這一點「很重要」。

　　同日　台陸委會企劃處處長詹志宏稱,台灣當局對兩岸間的政黨交流持樂觀其成的態度。

同日　針對陳水扁所謂的「大膽談話」，連戰稱，台灣要發展對外關係，不能有「鎖國心態」，凡是以「關照兩岸、良性互動、佈局全球」為中心的政策，國民黨都贊成。

　　同日　針對陳水扁所謂的「大膽談話」，親民黨立法院黨團總召集人李慶安稱，親民黨對任何有助於兩岸和平互動的主張都樂觀其成，希望民進黨當局言行一致，促使兩岸關係向和平穩健的方向發展。

　　同日　香港《文匯報》報導，台軍方已決定向美國購買50套總價值達7.25億美元的「聯合戰術訊息配置系統」，以作為台軍整合各種武器訊息的平台。

　　5月10日　針對陳水扁的「大膽談話」，國台辦新聞局指出，大陸一直以最大的誠意和積極務實的態度推動兩岸關係的發展，兩岸關係能否獲得發展的關鍵，在於台灣當局是否接受一個中國原則。只要台灣接受一個中國原則，兩岸間的協商對話就可以立即恢復。大陸對一切真心實意改善兩岸關係的倡議和做法都表示歡迎及肯定，但如果僅是說一套、做一套，言行不一，那將對兩岸關係的改善起不到任何作用。

　　同日　陳水扁與台灣媒體茶敘稱，台海的永久和平既需要武力，也需要對話，兩者不能偏廢，良好的對話環境要以堅強的武力做後盾。

　　同日　陳水扁接受記者採訪稱，台灣當局可以考慮授權民間與大陸就「三通」問題進行商談，但台灣必須要堅持「和平、對等及民主」三原則，不能「被矮化、地方化、邊緣化」。

　　同日　呂秀蓮稱，陳水扁的「大膽講話」是其用兩手策略來緩和兩岸間的緊張形勢，希望民進黨的支持者體諒其用心。

　　同日　台經濟部長林義夫稱，從政策層面看，兩岸「三通」涉及台灣的「國家安全」問題，應慎重，但如果僅從經濟層面而言，兩岸實現「三通」直航對台灣經濟的發展有正面意義，也有利於鼓勵台灣企業「根留台灣」。

　　同日　蔡英文稱，陳水扁考慮授權民間與大陸就兩岸「三通」談判的談話，並沒有特別提及授權民間就兩岸通航進行談判，而只是考慮「透過民間、委託民間」協助推動兩岸通航談判。並強調，海基會仍是台灣當局唯一授權處理涉及兩岸公權力事務的民間機構。

　　同日　台灣當局宣布，自當日起擴大開放大陸人士赴台旅遊範圍，開放對象則由原先的「第三類大陸人士」擴大至「第二類大陸人士」。

同日　台「中央銀行行長」彭準南率領代表團赴上海參加第三十五屆亞洲開發銀行年會。

同日　台外交部官員稱，台灣當局不能接受亞洲開發銀行使用的「中華台北」（Taipei, Chi-na）的名稱，希望以平等、互不隸屬的原則，將英文名稱改為「Taipei China」，或將中文名稱定為「在台北的中華民國」，以表示台灣是一個「主權獨立的國家」，與中華人民共和國沒有隸屬關係。

同日　台中華旅行社駐香港國際機場辦事處正式啟用。

同日　宋楚瑜稱，解決兩岸問題的根本，不在於說了什麼，而在於究竟做了什麼，民眾對陳水扁及民進黨提出的主張應「小心求證」。

同日　美國聯邦眾議院透過《2003財政年度國防授權法》，其中的第1202條款規定，美國防部長應在該項法案透過後的180天內，落實一項與台灣進行軍事力量的聯合演練和高層軍事人員來往的全面合作計劃。

5月11日　外交部新聞發言人孔泉回答記者提問時明確指出，中國政府對美國眾議院透過含有反華涉台條款的法案表示強烈不滿和堅決反對，該項法案的部分條款違反了美方的一貫承諾和中美間三個「聯合公報」的相關原則，嚴重侵犯中國主權，粗暴干涉中國內政，中方要求美國政府認清該法案部分條款的嚴重性及危害性，採取有效措施阻止其成為法律，以免對中美關係造成嚴重損害。

同日　林陵三稱，台交通部不會為了兩岸「三通」談判而專門成立常設的民間談判機構，或是完全授權民間團體處理兩岸海運或空運談判事宜。兩岸談判應回到由海協、海基會兩會協商的軌道。

同日　台「財政部次長」張秀蓮稱，台灣當局計劃以外資銀行的標準審查大陸銀行赴台設立辦事處的申請。

同日　由民進黨、台聯黨、「建國黨」等60多個台灣台獨團體組成的「台灣正名運動聯盟」，發動所謂的「台灣正名萬人大遊行」。

同日　台聯黨祕書長林志嘉稱，該黨將在立法院中優先推動「公民投票法」。

同日　美助理國務卿凱利接受日本《每日新聞》專訪稱，美國前總統柯林頓向中國表明的「三不」政策已不存在，布希政府只會推動自己所制定的一個中國政策，絕對不會再提及「三不」政策。

同日　美副助理國防部長彼得‧布魯克斯接受台《聯合報》專訪稱，美國政府對中國大陸不放棄對台使用武力的立場非常擔心，台灣應當注意大陸戰術彈道

導彈和軍事現代化的發展動向，並採取因應措施。他透露，美國國防部正在研究向台灣出售裝配有先進的宙斯盾系統驅逐艦的可能性。

5月12日　陳水扁接受美國《新聞週刊》專訪稱，改善台灣與大陸的關係及實現兩岸關係的正常化是台灣當局的目標，且越快實現越好，他本人也經常在身上放一張寫有福建老家地址的紙條，以示「不忘本」。他同時又妄稱「台灣是一個獨立的國家，這是事實（真理），不管人家同不同意、接不接受，台灣已經是一個獨立的國家」。

同日　呂秀蓮稱，台灣當前沒有本省、外省之分，也無須花太多心思討論「統獨問題」，台灣已經是一個「主權獨立的國家」，只要「認同台灣」、有「台灣心」就是「台灣人」。

5月13日　外交部新聞發言人孔泉強調，台灣當局申請參與世界衛生組織（WHO）的目的是在國際上製造「兩個中國」或「一中一台」，台灣作為中國的一部分，沒有資格加入WHO。

同日　世界衛生組織（WHO）總務委員會以17國反對、6國支持的表決結果，否決了由少數國家提出的邀請台灣為第55屆世界衛生大會（WHA）觀察員的提案。

同日　連戰在接受美聯社記者訪問時稱，「戒急用忍」已是過時政策，台灣當局應盡速開放兩岸「三通」。

5月14日　上海市台辦官員表示，以「台灣」為名稱，不會成為台灣銀行在上海設立辦事處的障礙。

同日　陳水扁在新竹科技園區12英吋晶圓廠動工儀式上稱，大陸市場並不等於全球市場，台灣當局堅持「台灣優先、全球佈局、互惠雙贏」的原則，以「積極開放、有效管理」推動台商赴大陸投資，實行「有效管理」政策的目的並非是「鎖國」，而是為日後開放做準備。

同日　台聯黨聲稱，將提案要求陳水扁在就職2週年時，宣示裁撤「國家統一委員會」，廢除「國統綱領」，另外成立「國家發展委員會」，訂定「國家發展綱領」，以「台灣」之名加入國際組織，爭取各國支持。

同日　美國聯邦眾議院議長丹尼斯・哈斯特爾特在美國國會與台立法院長王金平舉行會談。

2002 年 / 5 月

5月15日　陳水扁會見韓國議員訪問團稱，韓國不應為維護朝鮮半島的和平而過度「拉攏」中國大陸，以至疏遠與台灣的關係。

同日　呂秀蓮接受台《中國時報》專訪稱，真正的全球化應是多元化，但台灣企業所走的全球化道路，事實上變成了「大陸化」。並表示，兩岸「三通」是不可避免的趨勢，但應對民間商談「三通」事宜，建立相應的監督機制，以防範有些人從中謀求私利。

同日　呂秀蓮稱，台灣應結合周邊的「友好國家」，形成一個堅固的「民主聯盟」，並透露，她正在籌組「太平洋國家民主聯盟」。

同日　台國防部向立法院提交的報告稱，台軍方計劃向美國採購的4艘基德級導彈驅逐艦，從啟封、訓練及彈藥、裝備，總預算將達284億元新台幣。

同日　美國防部副部長沃爾福威茨回答記者提問時稱，美國無意（intention），也無願望（desire）把台灣與大陸分離，讓台灣「獨立」。但和平解決兩岸分歧是「唯一的辦法」，武力解決將會是「災難」。

5月16日　外交部新聞發言人孔泉回答記者提問指出，台灣當局領導人一方面作出願意改善兩岸關係的姿態，聲稱「有談判的誠意」，另一方面又支持台獨組織策劃所謂「台灣正名」活動，鼓吹台灣是所謂「獨立的國家」。其所作所為不僅不是在改善兩岸關係，反而是在繼續製造兩岸關係緊張，證明其所謂的「誠意」，根本不可信。

同日　陳水扁接受美國「有線電視新聞網」記者採訪稱，在中國大陸的武力威脅和外交打壓之下，兩岸統一是不可能的。台灣當局不會接受一個中國原則，因為台灣已經是一個「主權獨立的國家」，目前「國號」叫中華民國，「台灣不屬於中華人民共和國的一部分」。

同日　台「中國石油公司」以OPIC子公司名義與中國海洋石油總公司正式簽署台（南）潮（汕）石油合作勘探與開發合約，雙方計劃透過在維爾京群島註冊成立的台（南）潮（汕）凹陷石油作業公司，共同在台灣海峽中線地區進行石油勘探。該項合作揭開了兩岸公營企業合作的序幕。

同日　大陸首家台資銀行華一銀行已獲準在大陸受理人民幣業務，服務對象暫定為外籍、港澳籍人士及台商。

5月17日　陳水扁會見加拿大國會外交委員會訪問團稱，希望加拿大政府基於促進健康、衛生的宗旨，支持台灣加入WHO。

同日　蔡英文在高雄大學發表演講稱，台陸委會將盡快提出委託民間談判兩岸「三通」的可行性方案，但兩岸「三通」談判的整體架構必須符合台「國家政策」的要求，不能使台灣的「公權力」受到貶損或傷害。

同日　台交通部宣布，將把澎湖馬公港列入試辦兩岸「小三通」的港口，但與金門、馬祖「小三通」的定期航線不同，澎湖「小三通」航線必須以「專案申請」方式辦理，且只準台籍船舶經營。

同日　連江縣長陳雪生、立委曹原彰、連江縣議長陳振清率領一個20人的訪問團，自馬祖直航福州，參加2002年福州國際招商月活動。

同日　李登輝稱，當年之所以成立「國家統一委員會」，主要是想「逗弄」大陸。現在，有必要對國統會和「國統綱領」作出檢討。

5月18日　陳水扁接受德國《明鏡》週刊（Der Spiegel）專訪稱，台灣是一個「主權獨立的國家」，絕大多數的台灣民眾拒絕「一國兩制」，希望維持現狀，因此其在任內不會宣布「台灣獨立」。並妄言，擁有足夠的防衛能力，是台灣與大陸展開對話的先決條件，台灣將繼續添購重要武器系統，以增強自身的防衛及反擊能力。

同日　陳水扁接受日本《讀賣新聞》專訪稱，只要兩岸間能摒棄政治因素，專注於經濟利益，「三通」問題馬上就可以談。但為了避免台灣經濟過度依賴大陸，台灣有必要同美、日等國簽訂雙邊或多邊的「自由貿易協定」。

同日　台塑集團董事長王永慶接受記者採訪稱，兩岸「三通」刻不容緩，台灣當局不應只說不做。中國不僅是大陸的，同時也是台灣的，台灣和大陸是同一個國家，同一個民族，是一家人，台灣人和北京人、上海人一樣，都是中國人。

同日　美國在台協會理事主席卜睿哲宣布辭職，轉任美國智庫布魯金斯研究院東北亞政策研究中心主任，理事主席一職由美國在台協會副執行理事施藍旗暫代。

5月19日　呂秀蓮在宜蘭縣外海龜山島發表所謂「海洋立國宣言」稱，過去「兩蔣政權」自我定位為「大陸國家」，將台灣定位為邊陲的「島嶼中國」，將台灣人「矮化」為封閉、狹隘的「島國之民」，現在，台灣當局將以海洋文化為「立國精神」，設立「國家海洋事務部」，以打破過去故步自封的陸權心態。

同日　陳明通稱，台灣當局會在既有法律架構下，以最大的彈性，尋求在兩岸「三通」問題上的突破，但在今後兩年內不會有重大改變，仍將維持現有方針。

同日　「中國統一聯盟」在台北組織發起「反台獨、救台灣萬人大遊行」，並發表《向台獨說不——反台獨暴力宣言》，呼籲台灣當局立即摒棄一切台獨政策，承認「九二共識」，重啟兩岸談判。

5月20日　應中國法學會的邀請，台「中華法學會」組團赴大陸，展開為期12天的考察訪問活動。

同日　陳水扁接受俄羅斯《新聞時報》專訪時稱，「反共抗俄」的口號早已過時，期待在其任期內台俄關係能獲得實質性加強。

同日　台2名軍官赴美國夏威夷，參加美軍太平洋總司令部下屬機構亞太安全研究中心安全研究學院主辦的第17期行政主管課程培訓，這是台灣軍方人士首次參加該課程培訓。

同日　台《聯合報》報導，美國國務院已向美國廠商發放售台潛艇的出口許可證，準許其與歐洲潛艇製造商合作，幫助台灣獲得8艘柴油動力潛艇。

5月21日　錢其琛在中共台灣省籍黨員代表會議閉幕會發表講話指出，台灣當局領導人拒絕接受一個中國原則，否定「九二共識」，破壞了兩岸對話和談判的基礎，同時，台灣當局還在台灣推行「去中國化」的「漸進式台獨」，在國際上不遺餘力地拓展所謂「國際空間」從事台獨活動，這是導致兩岸關係陷入僵局的根源。

同日　陳雲林回答記者提問表示，大陸已為兩岸「三通」做好各項準備，兩岸「三通」至今不能實現，完全是台灣當局阻撓所致。當前問題的關鍵是台灣當局能否順應民意，切實履行承諾。並指出，大陸方面隨時可以向金門、馬祖、澎湖地區提供原水或自來水，同時也願意與三地的技術人員協商長期供水方案，以便從根本上解決三地的缺水問題。

同日　呂秀蓮稱，2008年中國大陸舉辦奧運會時，台灣將面臨「三大挑戰」。她妄言，如果北京奧運會成功舉辦，兩岸選手錶現太過懸殊，將是對「台灣民族尊嚴的挑戰」，同時也會對台灣民眾的「國家認同」產生動搖，而且，由於台灣高科技產業紛紛投資大陸，大陸將持續保持對台灣的產業競爭優勢，台灣經濟也面臨巨大的挑戰。

同日　台「財政部長」李庸三稱，在開放兩岸間外匯指定銀行（DBU）進行直接通匯業務後，台灣當局將根據兩岸關係的進展程度，決定是否開放第二批台灣銀行赴大陸設立辦事處。

同日　美國國防部發言人杰夫·戴維斯回答記者提問稱，美方會隨時考慮台灣提出的「任何軍售要求」。

5月22日　游錫堃稱，要重視海基會在兩岸談判中的作用，同時也要善用民間力量促成兩岸早日談判。

同日　蔡英文在台立法院接受質詢稱，在兩岸兩會未正式恢復協商前，台灣當局將從「協商議題的性質及其所涉及公權力的強弱度」、「相關民間團體的公信力、可信度專業能力及經驗」、「民間團體參與個案模式及程度」等三方面，考慮委託台灣民間團體協助商談有關兩岸通航問題和處理涉及兩岸人員往來的相關事務。

同日　陳明通出席台北市旅遊商業同業公會會員大會稱，台灣當局考慮在兩岸「三通」前，全面開放大陸人士赴台旅遊。

同日　台陸委會主任祕書鮑正鋼、法律處副處長楊家駿率團以「小三通」方式赴大陸訪問，這是陸委會官員首度以「小三通」方式赴大陸訪問。

同日　連戰稱，兩岸直航有利於台灣企業「根留台灣」，民進黨當局不應將政策僅留於口號。

同日　宋楚瑜在回答記者提問時，提出「一中屋頂」理論，即台灣是中華民國，大陸是中華人民共和國，兩者之上有一個「中國集團」。在國家統一之前，兩岸以「一個中國」作為最大公約數，共同邁向經濟、社會及政治上的整合。宋楚瑜表示，兩岸「三通」也可以在「一中屋頂」架構下實現。

5月23日　海峽兩岸關係研究中心主任唐樹備指出，台港之間透過民間對民間、行業對行業、公司對公司的模式進行的航約談判，應該繼續進行下去，並可作為兩岸民間談判的「試點」。

同日　第五屆北京國際科技產業博覽會在中國國際展覽中心開幕，台灣台灣廠商首次以團體、整館的方式參加該博覽會。

同日　陳水扁會見美國全國報業協會訪問團稱，台灣當局將著力尋求與美、日等國簽署「自由貿易協定」，與東南亞國家加強經貿交流及投資，以避免因大陸「磁吸作用」的影響而導致兩岸經濟貿易失衡。

同日　台立法院長王金平稱，願意在「國家需要」、「人民同意」、「立院決議」、「對等尊嚴」等四前提下赴大陸訪問。

同日　台教育部官員稱，台灣當局已正式核定「大學推廣教育實施辦法」，將開放台灣大學赴大陸及其他境外地區辦理進修推廣教育班。

5月24日　台交通部長林陵三稱，如果大陸方面同意台灣航空公司在大陸設立分公司，台灣當局也會相應開放大陸航空公司在台灣設立分公司。

同日　陳明通回答記者提問稱，實現兩岸「三通」是台灣當局的政見之一，兩岸「三通」不會無限期地拖延下去。台陸委會目前正在對可以協助處理兩岸相關事務的台灣民間團體進行評估。

同日　正在美國訪問的台聯黨主席黃主文稱，該黨完全贊同台商赴大陸投資，台灣經濟理應實現全球化，但是，國際化不等於「中國化」，不應只重視大陸而忽視全球市場。

5月25日　國台辦官員指出，蔡英文能否來大陸協商兩岸「三通」事宜，要看她以何種名義及身份提出申請，大陸認為她以「顧問」的身份參與最為適當。

同日　台經濟部長林義夫率團前往墨西哥，出席APEC第八屆貿易部長會議。

同日　台「中華航空公司」一架波音747客機在澎湖外海失事，機上206名旅客及19名機組人員不幸全部遇難，其中包括9名大陸乘客和11名香港乘客。

同日　海協致函海基會，請海基會代為轉達對在「華航」客機失事中遇難同胞的沉痛哀悼，並對遇難者親屬表示深切慰問，並表示，如台灣方面需要，大陸願隨時提供協助。

同日　海基會致電海協，告知在「華航」空難中遇難的大陸旅客名單，並表示願意為大陸遇難者家屬赴台提供協助。

同日　台聯黨主席黃主文妄言，「華航」由於名稱不好，以至成為全世界最危險的航空公司，應把其中的「中華」二字改為台灣。

5月26日　國家民航總局局長楊元元致函台「中華航空公司」董事長、台「中華民用航空協會」理事長李雲寧，對華航客機失事深表痛惜，並表示，大陸願隨時提供一切協助。

同日　由交通部上海救撈局派出的「華意」號、「滬救12」號2艘專業遠洋救助拖輪抵達「華航」客機失事海域，開始在海峽中線以西協助搜救行動。

同日　海協將「華航」空難中大陸遇難者家屬名單通知「華航」公司，請其盡快為大陸遇難者家屬赴台處理善後提供相應安排。

同日　民進黨立委蔡同榮、林進興等人妄言，將提案要求把「華航」改名為「福爾摩莎（For-mosa）航空」，以去除「霉運」，並可彰顯「台灣客機」的意義。

　　同日　台灣搜救協會致電告中國海事局，由於部分「華航」空難遇難者的遺體及飛機殘骸已漂流至海峽中線以西，台灣方面的搜救力量可能會越過海峽中線進行搜尋，希望大陸方面能理解和支持，同時希望大陸方面也能派人在4個中線經緯交錯點附近海域協助搜救。

　　5月27日　江澤民高度關切「華航」客機失事一事，並指示大陸各有關方面，一定要盡全力協助搜救及處理善後工作。

　　同日　農業部向福建沿海各相關單位發出緊急通知，要求各單位所屬船隻積極配合「華航」空難搜救行動。

　　同日　海協祕書長李亞飛表示，大陸方面對「華航」空難一事非常關心，相關領導多次作出指示，要求各有關方面一定要盡全力協助搜救，如果台灣方面需要，大陸方面願隨時提供協助。

　　同日　中國民航協會會長李釗致電台「中華民用航空協會」理事長李雲寧，對「華航」罹難機組人員及所有遇難旅客表示沉痛哀悼，對遇難者親屬表示深切慰問，並請其轉告台灣有關方面，中國民航協會願意全力協助飛行事故調查事宜。

　　同日　台灣紅十字組織致電中國紅十字會稱，已發現「華航」空難中遇難同胞遺體向西漂流，希望大陸漁船能協助打撈。

　　同日　國民黨、親民黨兩黨立法院黨團舉行聯合記者會，表示將共同提案，修正「兩岸人民關係條例」，解除現有限制，全面開放兩岸直航。

　　同日　海基會祕書長許惠祐稱，兩岸「三通」談判，不宜由台灣工商界人士出面進行，應由像海基會這樣獲得台灣當局授權的民間團體負責。

　　5月28日　國台辦常務副主任李炳才接受台灣東森電視台記者專訪指出，兩岸實現直接「三通」以後，最大的受益者將是台灣同胞和台灣的經濟。大陸方面一貫主張兩岸直接「三通」，並為此進行了長期不懈的努力。大陸方面對兩岸「三通」的基本原則不會改變，即「一個中國，直接雙向，互惠互利」，只要把兩岸「三通」看作是一個國家的內部事務，就可以透過民間對民間，行業對行業，公司對公司協商的辦法，盡快「通」起來。

2002 年 / 5 月

同日　台交通部長林陵三對積極參與「華航」空難遇難者遺體搜救工作的大陸漁民表示感謝。

同日　許惠祐針對國、親兩黨計劃提案修正「兩岸人民關係條例」、全面開放兩岸「三通」一事稱，台灣方面如果「自爆」兩岸「三通」談判的底線，將會在談判中喪失優勢，使自身處於不利地位。並表示，如果將兩岸談判交由民間人士處理，可能會無法對其實行有效監督，難保不出現出賣「國家利益」的行為。

5月29日　吳邦國副總理會見赴滬參加APEC電信部長會議的台「交通部次長」蔡堆，表達對「華航」空難事故的深切慰問。

同日　國台辦新聞局局長兼發言人張銘清回答記者提問時指出，接受還是否定一個中國原則，是檢驗台灣當局領導人是否真誠改善兩岸關係的試金石。兩年來台灣當局領導人雖有過「四不一沒有」的承諾，也做過一些改善兩岸關係的姿態，但迄今仍拒絕接受一個中國原則，不承認「九二共識」，甚至不承認自己是中國人，並加緊推行「漸進式台獨」，在國際上製造「兩個中國」、「一中一台」，這是導致兩岸關係陷入僵局和造成台海局勢難以穩定的癥結與根源。大陸仍將對陳水扁採取「聽其言、觀其行」的政策。並表示，實現兩岸直接「三通」，符合兩岸同胞的根本利益。只要台灣當局授權或者委託台灣民間機構與大陸商談「三通」，大陸方面沒有任何問題。他再次對「華航」空難的遇難同胞表示深切哀悼，對遇難者家屬表示慰問，重申如台灣方面需要，大陸有關方面願對處理空難善後事宜提供進一步協助。

同日　游錫堃在台立法院就國、親兩黨計劃透過修法推動兩岸全面「三通」一事稱，「三通」是台灣當局的既定政策，台行政院目前正在對「兩岸人民關係條例」進行檢討，但大陸方面不願與台灣協商相關問題，因而無法實現「三通」。

同日　原籍台灣宜蘭縣的北京大學經濟學教授林毅夫，因父去世，要求返台奔喪。對此，蔡英文稱，是否準許林毅夫返台奔喪，必須首先「考慮台軍士氣問題」，台陸委會尚未就此事作出決定。

同日　台「交通部次長」游芳來在台立法院接受質詢稱，台灣當局考慮依1996年、1998年台「海峽兩岸航運協會」與大陸海峽兩岸航運交流協會協商兩岸海運問題的模式，委託「台航會」，就兩岸「三通」的海運議題與大陸方面進行協商。

同日　美國防部副部長沃爾福威茨回答記者提問稱，美國政府支持一個中國政策，不支持「台灣獨立」，但也堅決反對中國大陸以武力解決台灣問題。美方

主張台灣問題應以和平方式解決,即使需要很長的時間和耐心也是值得的,而其日前有關「美國無意,也無願望把台灣與大陸分離」的說法,是美國反對「台灣獨立」的另一種表達方式。

5月30日 外交部新聞發言人孔泉在回答記者提問時指出,在有些國際組織如WTO中,台灣使用的稱謂是一種特殊的安排,絲毫不改變台灣是中國領土一部分的事實。中國政府要求並希望所有與中國建交的國家能夠切實恪守「一個中國」的承諾,不與台灣建立官方關係或進行任何具有官方性質的往來。

同日 台外交部長簡又新一行經義大利羅馬轉往梵蒂岡活動。

同日 台「立法院外交委員會」透過民進黨立委蔡同榮、無黨籍立委陳文茜等人提出的「在護照封面上的英文『Passport』前增列『Taiwan』字樣,發行『台灣護照』」的議案。

5月31日 國台辦正式同意將福建泉州港增設為對台通航港口,繼福建福州港、廈門港之後,泉州港成為第三個對台「小三通」的港口。

同日 陳水扁出席台北歐洲商務協會舉辦的「歐洲日」慶祝活動稱,海峽兩岸的「統合」,可以參考歐盟國家統合的經驗,以經貿統合為開端,並在初始階段保持會員國間的平等地位及自主性。

同日 台內政部、國防部、陸委會召開聯合記者會,針對北京大學教授林毅夫申請返台奔喪一案,宣稱「同意準予入境」,但又威脅說,林毅夫涉及的「相關法律責任」,「仍由軍法機關依法處理」。

同日 台立法院透過決議,將由國、親兩黨共同提出的「台灣與大陸地區人民關係條例修正草案」,交付「立法院內政及民族委員會」審查。

同日 宋楚瑜接受媒體訪問,提出兩岸關係發展的「一中屋頂、兩岸兩席、三段三通」的理念。他說,在「未來是一個中國」的前提下,大陸方面應公開宣布放棄對台使用武力,同時不要拒絕台灣加入包括WHO在內的「非政治性」國際組織。並表示,「兩岸兩席」與「兩國論」不同,前者是要兩岸最終走向整合,後者則是走向台獨。

同日 新加坡內閣資政李光耀出席「亞洲安全大會」開幕式稱,台商在大陸投資、定居對兩岸來說都是有利的,相信隨著台商在大陸的投資日益深入,兩岸關係會出現一個健康發展的新契機。

同日　美國防部副部長沃爾福威茨稱，美國政府的兩岸政策是清晰的，即在一個中國政策下，不支持台獨，同時反對大陸使用武力。美國政府期望，台灣的前途能夠以海峽兩岸人民都能接受的方式決定。

6月

6月1日　陳水扁出席台軍「漢聲廣播電台」台慶時稱，希望兩岸間能秉持「善意和解、積極合作、永久和平」的原則，「多一點經濟，少一點政治」、「多一點接觸，少一點誤會」、「多一點信任，少一點打壓」，從經貿文化統合開始，建立互信互動基礎，進而追求「政治統合」的新架構，創造兩岸人民的最大福祉和希望快樂的未來。

同日　海基會致函海協，感謝大陸積極協助搜救、打撈華航失事客機遇難成員遺體，並希望大陸能繼續協助台灣伏季休漁政策。

同日　美國防部副部長沃爾福威茨在倫敦國際戰略研究所舉辦的亞洲安全會議稱，美國政府認為台灣問題應以兩岸人民均可接受的方式解決，反對任何以非和平方式解決台灣問題，如果大陸方面對台灣動武，美國將竭盡所能協助「台灣自衛」。

6月2日　北京大學教授林毅夫在記者會宣布，為避免成為各方爭論及媒體追逐的焦點，決定放棄親自返台奔喪，改由其妻代為返台奔喪。

同日　美國防部公佈了沃爾福威茨在新加坡參加亞洲安全會議及訪問菲律賓期間，接受媒體採訪的談話內容。沃氏稱，美國政府的兩岸政策是「一個中國、兩個原則」，其中，「兩個原則」是指一方面不支持「台灣獨立」，另一方面反對大陸以武力解決兩岸問題。

6月3日　蔡英文在台立法院接受質詢時承認，受商業機制無法建立，走私現象嚴重、定期航班不足等問題影響，金、馬地區「小三通」自實施以來效益並不明顯，陸委會會盡快提出調整方案，適當放寬開放「小三通」的進口項目，並擴大實施範圍。

同日　台「立法院內政及民族委員會」決定，在蔡英文與各黨立委代表協商後，將在3個月內以「專案」方式實施大陸地區與澎湖地區「小三通」，並希望在2003年6月實施兩岸「大三通」。

同日　台國防部相關官員稱，在台軍「漢光18號」軍事演習電腦兵器推演過程中，4艘基德級導彈驅逐艦被解放軍全部擊沉，是電腦「自動戰損裁定」的一部分，並不代表真的戰役失敗或戰力損失。

同日　台駐美代表程建人稱，美國政府所奉行的一個中國政策並未清楚定義，但一定是在「不支持台獨」與「反對大陸使用武力」的範圍內。

同日　台聯黨立委羅志明、陳建銘轉述李登輝言論稱，在台灣加入WTO後，可以在兼顧「國家主權、安全及尊嚴」的前提下，推動兩岸「三通」。

同日　德國總理施羅德表示，美國投資集團（One Equity Partner）併購德國最大的造船廠基爾霍瓦爾德造船廠（HDW）是一種商業活動，但德國政府不會批准德國的造船廠向台灣出售柴油動力潛艇的行為。德國政府堅持一個中國政策，始終只承認中華人民共和國為唯一合法政府，德國政府沒有參與任何有可能向台灣出售潛艇的談判。

同日　德國經濟部發言人明確表示，即使霍瓦爾特造船廠的部分股權出售給了美國公司，德國政府也不會允許該造船廠向台灣出售潛艇。在向台灣輸出軍備的問題上，德國的立場沒有改變。

6月4日　李炳才表示，大陸對兩岸「三通」的基本原則、立場沒有改變，即「一個中國、直接雙向、互惠互利」。只要把兩岸「三通」看作是一個國家的內部事務，就可以透過民間對民間、行業對行業、公司對公司的協商辦法盡快「通」起來。大陸方面堅決反對將兩岸「三通」定位為「國與國」或是「準國際」航線。

同日　中國證券監督管理委員會發佈《外資參股證券公司設立規則》和《外資參股基金管理公司設立規則》，並於7月1日起施行。兩規則同樣適用於台資企業和公司。

同日　陳水扁會見第31屆「中美當代中國研討會」外國與會代表時稱，目前台灣和美國的關係是自「台美斷交」以來最好的時期。表示在台灣不被「矮化、地方化、邊緣化」的前提下，台灣方面願意展現出必要的誠意、善意、信心及行動，可以委託民間與大陸展開相關的協商。

同日　海峽兩岸航運交流協會表示，希望能盡快與台灣海峽航運協會以「民間對民間」的方式，就兩岸直航進行協商，對此，「台航會」理事長、陽明海運董事長陳庭輝稱，已將該訊息傳達給陸委會。

2002 年 / 6 月

同日　美國防部國防安全合作署致函美國國會稱，將依據「台灣關係法」，向台灣出售 3 套總價值達 1.08 億美元的 AN/MPN-14 空中管制雷達，並提供相關配套設備與後勤服務。

同日　台《中國時報》報導，對訂立新的台港航約一事，台灣當局不再堅持必須由雙方「政府官員」簽字的立場，而將採取台澳（門）模式，分為主、附約形式，由台北市運輸業商業同業公會與香港國泰、港龍航空公司商談簽約。

6 月 5 日　台經濟部長林義夫在台立法院接受質詢稱，兩岸「三通」是必走之路，且情勢已越來越急迫，台灣當局會積極規劃。他認為，如果大陸不以「一個中國」作為「三通」談判的前提，兩岸間會比較容易地達成協議。

同日　台「立法院外交委員會」初審透過「華僑身份證明條例」草案，規定大陸地區居民、香港、澳門地區居民或持有大陸地區護照者，不具有「僑民」身份。

同日　陳明通稱，台陸委會擬在「兩岸人民關係條例」修正草案中規定，台灣人民領取「護照」時，「只能在台灣、中國（大陸）之中擇一選取」，不得同時領取，以免「敵我意識不清」。

同日　台「外交部新聞發言人」張小月稱，該部確定於 10 月或 11 月起，推出新版加註「Issued in Taiwan」（在台灣簽註）字樣的「護照」，以方便台灣民眾出國旅行，避免被誤認為來自中國大陸。

同日　台軍方稱，美國政府希望諾斯羅普‧格魯曼（Northrop Gurmman）軍火公司，利用其併購的德國造船廠為台生產柴油動力潛艇，並已同意該公司與台灣方面洽談建造潛艇的合約、價格等問題。

6 月 6 日　正在美國訪問的全國人大外事委員會主任曾建徽出席中國駐美大使館舉行的記者會，指實施灣問題是中美關係中最敏感、最重要的核心問題，其關鍵在於美國政府一再違反相關承諾，向台灣出售武器，美國政府加強與台灣的軍事交往，將向台灣當局發出錯誤的信號。

同日　台「農委會」全面檢討大陸物品進口項目，決定新開放飼料、養殖魚類等近百項商品進口，但仍將禽畜、水果、鰻魚、文蛤、牡蠣等商品列為禁止從大陸進口的項目。

同日　台北市高等行政法院在一起案件的一審判決中稱，依「中華民國憲法」規定，大陸地區人民仍是「中華民國國民」，並非「外國人」。

6月7日　台「行政院人事行政局」透過「公務人員品德及忠誠特殊查核辦法草案」，規定將對初任或調任台灣當局科技、財經、大陸、「國防」、「外交」、「情治」等涉及「國家安全」或重大利益的公務人員，進行個人經歷和與大陸間互動關係等方面的查核。

同日　台「農委會」官員稱，該會認為開放大陸白酒入台銷售，不會對台灣酒業廠商產生巨大衝擊，如果台灣業者沒有異議，即可開放。

同日　李登輝稱，台灣當前最大的危機，在於「國家認同」出現混淆，沒有「正確的領導」，「國家總目標」不清楚，以致內部無法團結。若到2008年，民眾的「國家認同」仍無法達到七成以上，台灣的安全和發展將令人憂慮。

6月8日　台「外交部次長」高英茂稱，美國政府已同意向台灣出售先進的AH-64D「長弓阿帕奇」武裝直升機，台灣的軍事實力比區域內各國及地區都強，但卻無法參與亞太地區的安全對話機制，實在是一種遺憾。

同日　正在美國訪問的連戰指出，將台灣民眾劃分為「本土的」和「外來的」，是台灣某些「不負責任的政治人物」為自身利益，刻意製造出的議題。

6月9日　香港特區政府經濟局局長李淑儀指出，台港航約的談判，是兩地航空業的商業協議談判行為，特區政府對香港與外地的航空安排非常關心，但既然是業界間的談判，就理應由業界自身主導，希望台港兩地能盡快就相關協議達成共識。

6月10日　以中國人民銀行資訊處處長陳靜為團長的大陸金融代表團抵達台北，出席萬事達卡國際組織大中華區消費金融經營策略高峰會，並與台灣銀行業者進行交流。

同日　陳水扁稱，台灣生存發展所面臨的最大的潛在威脅，是大陸始終未放棄「武力犯台」的企圖，台灣絕不能將「國家安全」寄託於浪漫且充滿不確定性的政治談判上。

同日　台內政部公佈「香港、澳門地區居民進入台灣及居留定居許可辦法」第九條修正案，規定在香港、澳門地區出生的港澳居民，在首次赴台旅遊時即可辦理落地簽證。

同日　台「考試院長」提名人姚嘉文在台立法院接受質詢稱，他不贊成台灣和中國大陸同屬一個國家的說法。

同日　連戰出席美國「國際民主聯盟」舉辦的會議稱，陳水扁接任民進黨主席後，很可能會繼承民進黨的「台獨黨綱」，公開鼓吹台獨。

同日　美國國務卿科林‧鮑威爾在美國亞洲協會年會就亞洲政策發表演講稱，美國政府認為中國大陸與台灣之間的分歧基本上是政治的，不能以軍事方式來解決。美國政府在台灣問題上的立場沒有改變，即堅持一個中國原則，兩岸間的分歧應以和平方式解決。

6月11日　簡又新稱，鮑威爾10日的講話顯示實施美雙方堅定的互信，台美關係當前處於強勁的階段，如果大陸方面此時能撤除針對台灣的導彈，使兩岸在對等的基礎上恢復對話，必定會開啟兩岸和平的新時代。

同日　美國駐華大使雷德稱，美國政府一個中國的政策是建立在中美間三個「聯合公報」和「台灣關係法」的基礎之上，「台灣關係法」對美國政府而言是一項命令，必須遵守，並據此使台灣維持充分的「自衛能力」。美國政府不支持台灣「片面宣布獨立」，但大陸方面也應停止部署針對台灣的導彈及其他軍事活動。他認為，兩岸間與日俱增的經貿交流可以超越兩岸間的軍事對立與威脅。

6月12日　台教育部長黃榮村稱，將在3年內把「國語」（普通話）、河洛語（閩南語）、客家話和原住民語群並列為「國家語言」。並表示，不會強制台灣各縣市使用統一的中文譯音方案。

同日　台「經濟部貿易局」宣布，開放進口電腦專用彩色液晶顯示器（LCD）等20項大陸商品。

6月14日　國台辦新聞發言人李維一指出，兩岸有關公證書副本的認證事宜，應依照海協、海基會兩會在1993年訂定的《兩岸公證書使用查證協議》辦理，只有台灣當局停止違背上述協議精神的做法後，大陸方面才會恢復受理公證書副本業務。

同日　台陸委會副主委劉德勛出席民進黨主辦的「兩岸政經論壇」稱，兩岸若能借加入WTO之機，逐步完成經貿關係的正常化，將可實現雙方經濟的互惠雙贏，進而創造永久和平穩定的兩岸關係。但是，為避免台灣產業受到較大的衝擊，台灣在現階段不能貿然依據WTO規範對大陸全面開放。

同日　在福州市投資的台商首次透過馬尾、馬祖間的「小三通」航線返台。

6月15日　台「國安局」官員證實,該局於日前召開全台「情治會議」,建議台灣警方在兩岸「三通」前,一定要先做好台灣企業的普查工作,以防止包括大陸資金在內的境外企業體進入台灣,影響甚至操控台灣經濟。

6月16日　台新聞局長葉國興稱,台灣當局逐步開放大陸簡體字圖書入台銷售,首先開放大專院校用書。該局將委託3家台灣出版協會核發輸入許可證,以便「有效管理」。

同日　李登輝在台獨團體「台灣北社」成立週年年會稱,中國大陸在2008年主辦奧運會時,中國意識會大大提升,台灣如果不能在此之前提升自己的「國家意識」,建立「國家認同」,就會面臨新的危機。

6月17日　陳水扁在大陸台商協會負責人端午節聯誼晚宴稱,兩岸關係的正常化是台海永久和平的基礎,而兩岸關係的正常化必須從兩岸經貿關係的正常化開始,兩岸應加強交流,建立互信與互動的基礎,盡速恢復對話與協商。

同日　台「投審會」執行祕書蔡練生在大陸台商協會負責人端午節聯誼晚宴稱,希望各協會負責人敦促其所屬會員「把握機會」,在7月1日至12月31日期間,依法向台灣當局提出補辦投資大陸許可的申請,「投審會」將依「從新從優」的原則予以辦理。

同日　美國務院副發言人菲利普‧裡克在記者會稱,美國政府在兩岸問題上堅持「一中政策」,以中美間三個「聯合公報」和「台灣關係法」為基礎。希望兩岸繼續展開對話,以「和平方式」解決分歧。

同日　台《工商時報》報導,台經濟部已完成開放石化上游(乙烯、丙烯等)等7項產業赴大陸投資的初步評估報告,將盡快召開「產官學專案會議」,作出最後決定。

6月18日　台「國貿局長」吳文雅稱,經濟部已決定依WTO相關規定,就大陸對從台灣進口鋼鐵產品採取臨時性保護措施一事,與大陸協商。

同日　香港《星島日報》報導,台「警政署」日前接受「國安局」指示,將對台灣500家大企業展開調查。其中,台塑集團總裁王永慶、統一集團總裁高清願等人,已被鎖定為首要監控目標。

6月19日　台行政院會透過陸委會提交的有關「小三通」政策調整的建議案,決定擴大金門、馬祖地區進口的大陸地區農工產品項目並配合相應的關稅減

免，同時以福建為試點，有限度開放台灣貨品及人員透過金、馬兩地單向中轉至大陸。同意以「專案核準」方式，試辦澎湖與福建地區「小三通」。

同日 台經濟部長林義夫接受英國金融時報採訪稱，台灣當局將從稅收、土地政策及「政府」辦事效率等方面著手，逐步改善台灣的投資環境，降低企業生產成本，希望企業重視在台灣的發展，放慢赴中國大陸投資的腳步。

同日 據英國《簡氏防務週刊》報導，美國政府已同意向台灣出售7套由美國洛克希德‧馬丁公司製造的N/FPS-117和4套AM/TPS-117具有長程偵察能力的早期預警戰術雷達。

6月20日 陳水扁會見英國下院貿工委員會議員訪問團稱，大陸是台灣全球佈局中的一環，但絕不是台灣唯一或最終的出路。

同日 台「最高行政法院」做出判決稱，台資企業派至大陸工作的員工，其所獲得的薪水，不論是由台灣企業、香港公司或是大陸公司支付，均屬於大陸來源所得，依照「兩岸人民關係條例」的規定，必須歸入在台所得並須納稅。

同日 正在美國訪問的連戰稱，當前大陸的民族主義與台灣的本土情感同時崛起，如果此種趨勢沒有改變，難免發生衝突。大陸方面不應低估美國「協助台灣自衛」的決心，台灣方面也不應高估美國對自身整體利益的考慮。

6月21日 外經貿部長石廣生回答記者提問時明確指出，凡是與中華人民共和國建交的國家，在同台灣開展經貿關係時，都應當遵循一個中國原則。如果某些國家同台灣當局簽訂所謂「自由貿易協定」，必然會給其帶來相應的政治麻煩。

同日 蔡英文在台中「大屯扶輪社」發表演講稱，台灣當局未來的重點工作之一是完備大陸政策的「基礎工程」，即在確保「中華民國存在」的前提下，找到兩岸都能接受的「中間地帶」，建立一個有效凝聚民眾大陸政策的共識機制和一套足以支撐兩岸關係現狀與未來10年發展的法律制度。

同日 蔡英文稱，台陸委會對「兩岸人民關係條例」進行的修訂，將以檢討修正兩岸人員及經貿交流10年來所衍生的各項實質問題為主，不會涉及有關台灣與大陸地區的「政治定義」問題。

同日 台勞委會再度修改相關條例，放寬對大陸配偶在台灣的工作限制。凡是已持有居留證，但尚未獲得身份證的大陸地區人民，自當日起，可直接享有工作權，無需再向台勞委會申請工作許可證。

6月22日　章孝嚴率台「中國台商發展促進協會代表團」一行33人，抵達香港，與部分香港特區立法會議員及學者就香港落實「一國兩制」和兩岸「三通」等議題進行座談。

同日　德國經濟部發言人重申，德國不會向台灣出口潛艇，也不可能將潛艇製造技術轉出口給台灣。

6月23日　由國民黨立委何智輝、章孝嚴及親民黨立委傅昆其率領的「海峽兩岸聯合經貿協會三通訪問團」、台灣「中國台商發展促進會三通訪問團」和台灣「海峽兩岸政經交流聯誼會三通參訪團」相繼抵達北京，就兩岸「三通」及經貿問題與大陸有關部門交換意見。國台辦副主任王在希會見這些訪問團時指出，兩岸「三通」是一國內部的事務，兩岸可先以民間對民間、行業對行業、公司對公司的方式，就「三通」問題進行協商。

同日　台外交部長簡又新接受媒體訪問稱，台灣當局的「外交」必須跟著「世界主流」，才能面對大陸不斷的「打壓」。

6月24日　陳雲林在見由國、親兩黨立委及台商組成的「台灣海峽兩岸聯合經貿協會三通參訪團」、「海峽兩岸政經交流聯誼會三通參訪團」時指出，只要把「三通」看作是一個國家內部的事務，兩岸間就可以透過民間對民間、行業對行業、公司對公司的模式進行協商。

同日　李炳才會見由國、親兩黨立委及台商組成的「三通參訪團」指出，大陸方面將「三通」視為一個國家內部的事務，主要是基於只讓兩岸業者及資本參與兩岸「三通」，維護兩岸人民的根本利益和可操作性這兩點考慮。對於實現「三通」的具體步驟，可首先經由雙方委託的民間行業組織，就「三通」涉及的業務技術性問題（如開放直航口岸、業務承運企業及船隻等）進行協商，接著簽署「共識」、「紀要」、「安排」等相關文件，最後由雙方各自解決對達成共識的確認及實施問題。

同日　外經貿部副部長安民會見章孝嚴一行時指出，兩岸經貿交流無論在貿易還是在吸引台資方面，都已形成相當規模，且此種趨勢不可阻擋，台灣當局應盡快採取切實有效的措施，消除不合理障礙，儘早實現兩岸「三通」。

同日　北京市副市長、北京奧組委常務副主席劉敬民會見章孝嚴一行時表示，大陸歡迎台商在「公平競爭」的原則下，參與北京奧運建設項目。

同日　海協祕書長李亞飛指出，兩岸間若能透過海協、海基會兩會協商「三通」固然最好，但台灣方面堅持不承認一個中國和「九二共識」，破壞了兩會展

開協商的基礎，導致協商無法進行。為避免政治分歧影響和干擾兩岸經貿合作，作為變通，大陸方面故而將「三通」看作一個國家內部事務，此舉體現出大陸方面的最大誠意，且切實可行。

　　同日　李亞飛會見國民黨立委李全教時指出，台灣方面自2001年起開始在出具的公證書上加蓋印有中華民國字樣的鋼印，是導致大陸各地公證協會退回台灣出具的公證書的原因，如果鋼印上不再出現中華民國字樣，該問題就不會再出現。

　　同日　陳明通稱，台立委利用立法院休會期間組團訪問大陸，符合現行的兩岸交流政策，但在交流過程中，要注意「對等原則」和「國家尊嚴」。對於兩岸「三通」談判，應在現行法律框架下進行，以確保「公權力」的主導運作不受損害。

　　同日　鮑威爾會見到訪的外交部副部長王毅時重申，美國政府將在中美三個「聯合公報」和「台灣關係法」的基礎上，堅持一個中國的政策。

　　6月25日　陳雲林會見台「中國台商發展促進協會三通參訪團」指出，只要將「三通」界定為一個國家的內部航線，無論是空運或是海運都可適用，「三通」便可以展開。並強調，除少數頑固的「台獨分子」外，對於其他民進黨人士訪問大陸，無論是進行觀光或是參加學術交流，大陸方面都表示歡迎，但只要民進黨還保留其「台獨黨綱」，大陸方面就不可能與民進黨進行「黨對黨」的談判。

　　同日　陳明通稱，兩岸「三通」雖然勢在必行、無可迴避，但有關兩岸「三通」談判的程序、議題、方式以及定性問題，仍須由雙方共同協商，不能單方訂立或片面宣布。大陸方面將兩岸「三通」看作「一個國家內部事務」，事實上就是堅持一個中國原則，這說明大陸不願正視中華民國存在的事實。

　　同日　國民黨立委章孝嚴與陳雲林會晤時稱，有關「一個國家」的說法，可以採用「創造性模糊」的方式，將其界定為包含大陸與台灣在內的「一個中國」，而非中華人民共和國。他建議，將兩岸「三通」是「國內航線」的說法，改稱為「兩岸間的特殊航線」。

　　6月26日　陳雲林會見到訪的台灣工業總會代表團指出，兩岸在推動實現「三通」的認知上仍存在差距，台灣方面應該先對「兩岸人民關係條例」的部分條文做適當修正，以作為推動兩岸「三通」的法源依據。

　　同日　國台辦新聞發言人李維一在新聞發佈會指出：1.大陸方面認為目前兩岸直接「三通」已不存在任何技術問題，只要能按一個國家內部事務處理兩岸直接「三通」相關事宜，在平等互利的基礎上，透過民間、行業或公司間協商的

辦法，完全可以達成共識，盡快地通起來。在具體商談中，雙方可以不涉及一個中國的具體含義。2.兩岸「三通」只能是國內航線，台港航線同樣如此，目前的台港航線航約談判，理應排除政治上的干擾，以續約方式盡快處理。3.在民進黨徹底放棄「台獨黨綱」之前，大陸方面不會與民進黨的任何機構或組織進行任何形式的接觸。一旦民進黨徹底放棄「台獨黨綱」，大陸方面隨時歡迎民進黨組團來訪。

同日　陳水扁稱，從表面上看，近年來的兩岸關係漸趨緩和，但這是大陸方面利用媒體及民間交流製造出來的「兩岸和平」「假象」，這種「假象」已嚴重影響台灣民眾的「敵我意識」，當前，台灣面臨的最大威脅仍是「大陸從未放棄武力犯台」。

同日　台「行政院財政改革委員會」舉行會議，其透過的報告稱，將採取修正稅法，允許台商在大陸繳納的企業所得稅抵扣在台灣應繳的稅款；放寬對台商設立營運總部的條件；放寬台商將大陸盈餘匯回台灣計算累計投資額的計算方式等三項措施，以吸引大陸台商資金回流台灣。

同日　台經濟部召開「水資源協調會」，允許金門縣政府在大陸供水低於金門縣自來水水價的前提下，向大陸方面買水。

同日　台軍高級將領稱，台軍將建立「先保要害、次求全面」的防禦體系，以應對大陸的導彈威脅。

同日　美國防部官員稱，美國政府將履行向台灣出售8艘柴油動力潛艇的承諾，美方代表團將於7月赴台，與台灣方面商討有關潛艇設計、建造費用等問題。

同日　台經濟部已同意台「中國石油公司」透過「以油易油」方式，為中國聯合石油公司代煉自非洲進口的60萬桶原油的協議，該協議將於9月起開始執行。

同日　上海市台辦負責人透露，目前在上海及上海周邊地區居住的台胞已有約30萬人，僅當年一季度，上海市台胞出入境人數已達26萬人次。在上海市就讀的台生達1350人，其中大學生351人，中小學生1000餘人。

6月27日　國防部長遲浩田會見來訪的美國國防部負責國際安全事務的助理部長彼得·羅德曼時指出，中國政府對台灣問題的立場是一貫和明確的，將繼續按照「和平統一、一國兩制」的基本方針和江澤民主席在《為促進祖國統一大業的完成而繼續奮鬥》重要講話中提出的八項主張，推進台灣問題的解決。台灣

問題事關中國的主權和領土完整，是中美關係中最重要、最敏感的核心問題。中方讚賞美國防部高級領導人重申美支持一個中國政策、不支持「台灣獨立」的立場，希望美方切實遵守中美間三個「聯合公報」的原則，堅持一個中國政策，妥善處理涉台問題，為中國實現和平統一發揮建設性的作用。

同日　台國防部已將採購4艘美國基德級導彈驅逐艦項目的資金280多億元新台幣，列入台「行政院主計處」報送的2003年度「國防預算」中。

6月28日　台國防部長湯曜明稱，美國正在就落實向台灣出售8艘柴油動力潛艇一事對世界各國的造船廠進行評估，當前一切進展順利，但並未確定由德國造船廠建造。

同日　台「交通部觀光局」提議將部分「軍事區」轉建為「軍事樂園」，並將位於福建沿海的大擔、二擔島納入其中。

同日　湯曜明稱，為配合將大擔、二擔島列為觀光區域的決定，台國防部會在確保「國家安全」的前提下，將大擔、二擔島交由地方警力及海巡隊接管，同時申請解除對當地的管制。

同日　辜振甫發表書面談話稱，海基會是台灣當局授權處理兩岸事務的唯一民間中介團體，處於兩岸互動的前沿，雖然目前海協、海基會兩會的協商處於停滯狀態，但海基會仍將遵循已有的協議。

同日　即將離任的美國在台協會理事主席卜睿哲在記者會稱，美國與台灣之間應保持暢通的溝通管道，以免雙方間出現誤會或意外。當前的台海形勢比過去一段時間要舒緩，但台海問題面臨的最大挑戰依然是中國大陸不斷增加針對台灣的軍事部署。

6月29日　香港特區行政長官辦公室宣布，今後特區政府的涉台事務，將由特區政制事務局負責處理。

同日　台港雙方完成新航約談判，並正式簽署「有關台港之間空運安排」的新約。新約自7月1日起生效，有效期為5年。

同日　蔡英文稱，台港雙方在新航約談判中體現了最大的彈性與務實態度，但台港新航約的談判是對既有航線的續約，與兩岸通航的談判不同，因此，台港新航約談判可作為兩岸通航談判的參考，而非全部適用。

6月30日　陳水扁率領100多人前往非洲的塞內加爾、聖多美和普林西比、馬拉維及斯威士蘭4國，進行其任內的第三次「出訪」。

同日　台立法院長王金平率團前往法國、比利時、丹麥、芬蘭、瑞典與荷蘭等 6 國活動。

　　同日　台「國安會祕書長」邱義仁出席「台日論壇」2002 年台北會議稱，為兩岸「三通」設定時間是「不切實際的做法」，會帶來新的困難。他還表示，台灣應與日本合作，共同投資東南亞市場，以避免中國大陸經濟的磁吸作用。

7 月

　　7 月 1 日　江蘇省正式取消對該省台資企業進口機器設備的優惠措施，而是依據 WTO 規定，對內、外資企業實行統一的「國民待遇」，以利於公平競爭。

　　同日　呂秀蓮在台「中央研究院院士會議」開幕式稱，近幾年來，台灣經濟之所以面臨挑戰，主要是受到中國大陸經濟磁吸作用的影響，逐漸被泡沫化、邊緣化，以致動搖了自身的根本。

　　同日　台經濟部正式開始受理大陸台資企業補辦投資申請。

　　同日　民進黨候任祕書長張俊雄在華盛頓接受美國之音採訪時稱，兩岸應暫時擱置「主權」爭議，多進行交流與對話。他提議簽署兩岸和平協定和台商投資保障協定，以化解敵意和台商的投資顧慮。

　　同日　美國防部授予美國洛克希德・馬丁公司一項旨在「提升台灣空軍 F-16 戰鬥機任務模組電腦性能」的合約，總金額達 5328099 美元。

　　同日　美國在台協會台北辦事處新任處長包道格抵達台北就任。

　　7 月 2 日　外交部新聞發言人劉建超回答記者提問時指出，已注意到德國經濟部發言人關於德國不會配合美國向台灣出口潛艇或轉讓潛艇技術的報導，中國政府堅決反對美國政府以任何藉口向台灣出售武器。

　　同日　陳水扁在接受法新社訪問時稱，一個國家是否存在與是否被其他國家承認沒有關係，台灣的「國家存在」不容否定。

　　同日　台立法院長王金平率團抵達法國斯特拉斯堡，對歐洲議會進行訪問，並與歐洲議會愛爾蘭籍議長帕特・考克斯會晤。

　　同日　台「空軍作戰署長」彭進明稱，美國政府已同意向台灣出售 AIM-120 導彈，以維持台軍在台海上空的相對優勢。

2002年/7月

　　同日　台「立法院外交委員會」透過的新版「台灣護照」封面上的英文「Passport」前增列「Tai-wan」字樣的決議。對此，民進黨中常會稱，這符合中華民國是一個「主權獨立國家」的事實，台灣當局應依此決議執行。

　　同日　台灣重量級工商團體「三三會」在台「中國信託金融控股公司」董事長辜濂松的帶領下，首度組團訪問祖國大陸。

　　同日　香港特區政制事務局局長林瑞麟在記者會強調，特區政府重視香港與台灣間的往來，今後將繼續依據錢其琛副總理在2001年會見台灣「新黨大陸事務委員會代表團」時提出的7項措施的原則，處理港台兩地的關係。

　　7月3日　陳雲林宴請到訪的台灣「三三會」大陸訪問團，他指出，兩岸實現「三通」是大陸方面一貫的政策，兩岸「三通」可在不涉及「一個中國」內涵的條件下，透過民間進行企業對企業、公司對公司的協商談判，但兩岸「三通」也涉及雙方的一些法律問題，希望台灣方面能對相關法律進行修改，以促進「三通」的實現。

　　同日　國家民航總局副局長高宏峰會見由民進黨前主席、「山盟」總幹事長許信良率領的「促進兩岸三通訪問團」指出，台灣有4家航空公司在北京設有代表機構，但大陸航空公司在台灣卻沒有任何代表機構，希望兩岸間能克服困難，盡快就相關問題進行協商。

　　同日　國家民航總局台港澳辦主任浦照洲指出，大陸方面將兩岸航線定位為「一個國家內部的特殊航線」或「特殊管理的國內航線」，主要是為避免外國航空公司介入兩岸航空業務。並表示，台港雙方關於新航約談判的模式，對兩岸「三通」談判有參考作用，但鑒於兩岸間仍存在其他政治因素，因此不能完全照搬。

　　同日　陳水扁稱，台灣當局並未對兩岸「三通」制定時間表。並妄言，大陸方面從未放棄對台灣進行「統戰」的意圖，但是，台灣民眾對大陸「打壓台灣」的情況要非常清楚，應有「敵我意識」和「危機意識」，不能「迷失自信與方向」。

　　同日　美在台協會台北辦事處長包道格稱，美國政府對台灣方面為降低兩岸緊張關係所做的工作和對美國政府「反恐行動」的支持表示感謝，布希總統在當年2月做出的「承諾」及「協助台灣自衛」的決心沒有改變。

　　7月4日　陳雲林會見台「山盟」總幹事長許信良率領的「促進兩岸三通訪問團」指出，兩岸問題的時間很緊迫，不能再等待，大陸方面會先將能做的事情做好。世界上有許多分裂的國家，但卻沒有像兩岸一樣，在人民已經密切交流的情況下，上層仍處於僵持狀態。

同日　外經貿部長石廣生會見台灣「三三會」大陸訪問團表示，為促進兩岸間開展民間對民間、企業對企業、行業對行業的「三通」協商，外經貿部正著手準備成立具有民間組織性質的「海峽兩岸經貿促進會」，以便於兩岸在「三通」、經貿、投資等方面的直接雙嚮往來。

同日　中國人民銀行宣布，開放中國銀行、中國工商銀行、中國建設銀行、中國農業銀行等四大國有商業銀行與台灣銀行開展國際金融業務分行直接通匯及信用狀往來業務。兩岸信用狀開立時間也將由3個工作日縮短為1個工作日。

同日　APEC旅遊部長會議在墨西哥召開，國家旅遊局局長何光暐與會，並與台經濟部長林陵三會談。何光暐表示，在台灣當局尚未開放兩岸「三通」前，兩岸可先從旅遊觀光著手進行「試通」。

同日　台《聯合報》報導，台陸委會已授權正在墨西哥出席APEC旅遊部長會議的林陵三，與大陸方面就進一步開放大陸遊客赴台觀光進行磋商，並稱願意在適當時機委託兩岸民間機構就相關問題進行會談。

同日　國民黨立委章孝嚴稱，將建議以「創造性的模糊」的態度，將兩岸「三通」問題定義為「一個國家內部的航線，這個國家包含大陸及台灣」。

同日　國民黨立委李全教稱，由於民進黨和台聯黨不會接受兩岸航線是「一個國家內部航線」的概念，因此，他建議以「兩岸特殊航線」來定義兩岸航線。

同日　美國防部發言人宣稱，美國政府正考慮向台灣當局交付其已購買的120枚美制AIM120型中程空對空導彈。

7月5日　錢其琛副總理會見台灣統一集團總裁高清願率領的「台灣知名企業家考察團」和「山盟」總幹事長許信良率領的「促進兩岸『三通』訪問團」時指出，大陸方面提出的「一國兩制」方針中，對統一後台灣施行的政府體制和組織制度，大體上是維持現狀，與香港所施行的「一國兩制」有很大差別，因此，在未來的兩岸談判中，也可以考慮所謂的「一國三制」模式。並表示，兩岸「三通」與兩岸談判並非相同範疇，兩岸「三通」是經濟問題，可以不涉及「一個中國」問題，而只看作是一個國家的內部事務。雙方可考慮由民間業者商談，對某些爭議性問題，可採用雙方船舶不掛旗等辦法予以迴避。

同日　外交部新聞發言人章啟月回答記者提問時強調，中國政府堅決反對任何國家干涉中國內政，或是以任何藉口銷售武器給台灣，中方已就美方計劃向台灣提供先進的美制空對空導彈一事，多次向美方表達中方的嚴正立場，希望美方能終止對台軍售，以免對中美兩國的共同利益及兩國關係造成損害。

同日　陳水扁在馬拉維訪問時稱，海基會的階段性任務已完成，但目前尚沒有更換海基會高層人事的計劃。

同日　台陸委會副主委陳明通稱，兩岸「三通」事宜涉及「公權力」，依台灣現行法律架構，只有經台灣當局授權的海基會才能與大陸進行相關的談判。但為表現台灣方面的「彈性和善意」，台陸委會已考慮修訂相關法律，為未來委託民間進行兩岸「三通」協商談判提供法律依據。

同日　台彰化銀行、華南銀行、世華銀行等多家銀行陸續與中國銀行、中國工商銀行、中國建設銀行、中國農業銀行、上海浦東發展銀行、深圳發展銀行等6家大陸銀行正式建立通匯關係，即日起開始受理國際金融業務分行直接通匯及信用狀往來業務。

7月6日　台陸委會企劃處長詹志宏在「李登輝之友會」舉辦的「三通研討會」稱，大陸方面在表示兩岸「三通」可以不涉及「一個中國」問題的同時，又提出「三通」是「一個國家內部的事物」，這等於是要台灣放棄中華民國的定位，台灣對此不能接受。

同日　台灣紅十字組織向大陸紅十字會組織捐款10萬美元，以幫助近日受到洪災侵襲的大陸西南、華南地區民眾，該會還在台灣發起了籌款募捐活動。

7月7日　汪道涵在上海會見台灣「促進兩岸三通訪問團」指出，陳水扁既不想承認一個中國原則，又想以「政府對政府」的模式進兩岸通航談判，說明其目的在於凸顯所謂「兩個政府」的政治概念，大陸方面對此堅決反對，但大陸方面仍希望陳水扁能務實處理兩岸關係。他表示，在一個中國的前提下，他本人願意隨時赴台灣訪問，也不會拒絕與陳水扁、李登輝會面及交換意見。

同日　應台「中華民俗藝術團」邀請，南京小紅花藝術團一行40人赴台灣訪問演出。

同日　台軍士兵劉晉宏落海近40個小時，在福建省平潭縣外海被大陸漁民救起。

同日　陳水扁接受記者採訪稱，兩岸應多交流，以減少誤會，因此，歡迎海協會長汪道涵赴台灣訪問。並表示，如果大陸方面依然堅持把兩岸「三通」視為「一個國家內部的事務」的立場，就是預設前提，是台灣當局不可接受的。

同日　海基會副董事長兼祕書長許惠祐稱，海基會隨時歡迎汪道涵赴台灣訪問，但大陸和台灣任何一方都不應在兩岸「三通」的談判中，強化或凸顯己方的政治主張，如強調「一中原則」或「國內航線」等。

　　同日　台灣「民主團結聯盟」舉行成立大會，首任主席為許歷農。他指出，台灣人當然也是中國人，維護「國家領土完整」，是全體人民神聖不可侵犯的權利。

　　同日　台聯黨立委吳東昇稱，李登輝提出的「戒急用忍」和「台聯黨」「台灣優先」的主張，都未反對兩岸「三通」，只是認為應以更為審慎的態度來面對「三通」問題。

　　7月8日　香港特區政制事務局局長林瑞麟接受媒體訪問指出，特區政府在處理對台事務時，將以經貿關係以及民間文化層面的交流為主，不會有政治性的接觸。

　　同日　呂秀蓮會見美國西北地區傳統僑會負責人時稱，其先前提出的「大中華」概念包含三個層面，「政治的中華是指台北政府與北京政府」，「經濟的中華是指因經濟交流而形成的華人社會」，「文化的中華是指受到孔孟思想影響的社會群體」，三個不同層面的「中華」所代表的版圖與內涵都不一樣。

　　同日　游錫堃稱，台灣當局對兩岸實現「三通」一直很有誠意，隨時可以就「三通」與大陸進行談判，不過，以什麼方式進行談判，必須經過雙方磋商而定。對兩岸「三通」不能設定期限。

　　7月9日　國台辦副主任王在希出席第十一屆海峽兩岸關係學術研討會指出，一個中國原則是發展兩岸關係和實現和平統一的基礎，在一個中國的前提下，什麼問題都可以談。但兩岸關於直接「三通」的民間協商不應受政治因素的影響和干擾，台灣當局在兩岸「三通」上不應只有言論，更應有實際行動。

　　同日　搭載有百餘名大陸漁工的台灣屏東縣籍海上船屋「元勝2號」在高雄外海發生火災，造成大陸漁工1名失蹤，10餘名受傷。

　　同日　海協致函台「兩岸人民服務中心」，向台灣方面參與救助遇險大陸漁工的全體人員表達誠摯的謝意，並請該中心協助台灣有關方面，妥善安置獲救大陸漁工，繼續搜尋失蹤人員。再次呼籲台灣當局盡快改變對大陸漁工的不合理規定，確保大陸漁工應有的合理待遇和人身安全，防止不幸事件再度發生。

同日　民進黨中常委陳昭南稱，台灣已經是一個「主權獨立國家」，因此，沒有「公投台獨」的必要和問題，建議民進黨中央將其黨綱中有關「公投建立主權獨立的台灣共和國」的內容修改為「公投維護主權」。

同日　據美國《國防新聞週刊》報導，美國政府已原則上同意向台灣出售更多的新式武器，但前提是台灣方面必須有足夠的購買資金，否則美國不會公佈出售武器的清單。美方希望台灣當局在向美國購買裝配有先進的宙斯盾系統的驅逐艦之前，首先完成對基德級導彈驅逐艦的採購。

7月10日　陳水扁宣稱，隨著環境的改變，台灣當局準備調整處理大陸事務的組織架構，以「因應環境，與時俱進」。

同日　游錫堃承認台灣當局在對大陸漁工的安置措施上存在問題，稱將指示相關單位，盡快規劃適宜場所，及早實現大陸漁工岸上安置，以保障其人身安全。

同日　蔡英文稱，應透過兩岸的相互配合，建立僱用大陸漁工的「有效管理機制」，使大陸漁工享受與外籍漁工同樣的僱用條件與福利。

同日　台陸委會經濟處長傅棟成稱，台灣現行政策法規尚未允許大陸人士入台工作，為了在不違反法規的同時，解決台灣漁業勞力嚴重短缺的問題，只好規定受僱用的大陸漁工必須於12海里以外海域從事工作及居住。

同日　台「教育部國語推行委員會」透過決議，將「通用拼音系統」作為台灣統一的中文譯音方案，而拒絕採用國際社會普遍採用的「漢語拼音系統」。

同日　台「農委會漁業署副署長」沙志一稱，待台灣5處大陸漁工岸上安置所建成後，大陸漁工將不必再居住於海上船屋內，但其仍屬「限制性居住」，只可在規定範圍內活動。

同日　台「郵政總局」、「電信總局」向當局建議稱，為降低台灣業者經營成本和發展亞太地區電信轉接中心，應盡快開放兩岸間直接通郵、通信業務。

同日　馬英九稱，台「教育部國語推行委員會」堅持將「通用拼音系統」作為台灣統一的中文譯音方案，而放棄被國際社會普遍採用的「漢語拼音系統」，恐不利於台灣的教育、學術及與世界接軌。作為一個國際化城市，台北市將堅持採取漢語、通用兩套拼音系統並列使用。

7月11日　呂秀蓮回答記者提問稱，兩岸直航是不可避免的，台灣當局可以考慮將澎湖作為兩岸直航的中繼站。

同日　台教育部長黃榮村在記者會上稱，台教育部不再就中文譯音方案問題徵求各縣市政府意見，而是直接報送台行政院核定，但並不會強迫各縣市及學者採用「通用拼音系統」，如果台灣某些學術單位因特殊原因需要採用「漢語拼音系統」，也可考慮。

同日　台中央研究院院長李遠哲回答記者提問稱，他支持將「通用拼音系統」作為台灣中文譯音方案的決定，而通用拼音系統與漢語拼音系統相通部分有85％，所以不會在與國際接軌方面出現嚴重問題。

同日　台「中央研究院副院長」、前教育部長曾志朗稱，從學術方面講，他贊成用「漢語拼音系統」作為台灣中文譯音方案，但由於此事涉及「國家政策」，因此不便評論。

同日　台「教育部國際文教處處長」李振清稱，國際上存在好幾種中文譯音拼音系統，不過，大陸提出的「漢語拼音系統」，使用的人數多，「形勢比人強」，以致台灣學者「不得不使用」。

同日　台「財政部次長」張秀蓮稱，原計劃當月開放的台灣外匯指定銀行與大陸銀行通匯、國際金融業務分行向在大陸投資的台商提供貸款等政策暫緩執行，留待台陸委會對兩岸整體情勢做出評估後再作決定。

同日　台「財政部證券期貨委員會」公佈「台灣與大陸地區證券及期貨業務往來許可辦法修正草案」，擬開放台灣證券、期貨機構直接赴大陸設立辦事處。

同日　台陸委會副主委劉德勳稱，該會計劃對「兩岸人民關係條例」進行修訂，以規範兩岸協商的法源，在保留海基會的同時，使協商機制多元化。

同日　許惠祐稱，海基會將配合台灣當局以各種方式努力打開兩岸談判的僵局，同時也樂見台灣當局委託其他民間組織與大陸展開談判。

同日　英國新任駐台北貿易文化辦事處處長馬德睿稱，英國不願看到海峽兩岸處於緊張狀態，希望兩岸透過談判、以政治方式和平解決問題。

7月12日　海峽兩岸漁工合作協調委員會會長刁春和指出，本月9日在高雄外海發生的大陸漁工因災受傷、失蹤一事的根源，在於台灣當局多年來不重視大陸漁工的合法權益，不準其上岸休息，迫使漁工不得不棲身於海上船屋。這種無視大陸漁工生命安全的做法，不僅嚴重違反了人道主義精神，也嚴重影響了兩岸漁工勞務合作的正常、有序發展，台灣當局應盡快改變現有的錯誤做法。

同日　陳水扁出席台軍校畢業典禮妄言，大陸從未放棄「消滅中華民國」或「併吞台灣」的圖謀，因此，台灣必須擁有足夠的嚇阻能力，才能「保證國家真正永久的安全」。

同日　經與經濟部研商，台國防部計劃自2003年起，將其軍艦軍機建造、維修等工程對外承包。

同日　台經濟部長林義夫稱，經濟部和台陸委會已達成共識，將提議對「兩岸人民關係條例」做部分修改，對未經台灣當局批準、違規赴大陸投資的台灣企業，處以最高2500萬元新台幣的罰金，同時可對企業負責人處以兩年有期徒刑。

同日　台「經濟部國貿局長」吳文雄稱，台灣方面已正式向大陸方面提交了包括一般商業、觀光休閒服務業、批發零售業等在內共計6項行業「初始開放清單」，希望雙方就此進行協商。

同日　美國國防部公佈《中華人民共和國軍力報告》稱，解放軍的現代化腳步，使大陸方面宣稱的和平方式是解決台灣問題的優先手段蒙上陰影，隨著台灣在兩岸軍力上優勢的流失，解放軍的對台軍事策略已從「攻占台灣」轉變為「以強勢戰略威脅台灣在短時間內就範」，同時以資訊戰等「不對稱」戰法阻止美軍對台海衝突進行干涉。

同日　美國務院發言人理查德·鮑徹回答記者提問稱，美國政府「協助台灣保持自衛能力」的立場一向很清楚。

7月13日　台法務部長陳定南赴美活動，與美國司法部部長約翰·阿什克羅夫特會談。這是台美高層近年來舉行的首次「部長級」會談。

同日　台交通部長林陵三稱，該部所屬航政、港務等部門已完成了兩岸通航技術層面的準備，隨時可以配合當局政策，開展兩岸通航。

同日　蔡英文在台「中華知識開發協會」成立大會稱，台灣當局將開放台灣企業直接到大陸投資，而不必再經第三地轉進大陸，同時，也考慮允許運抵台灣「境外航運中心」的大陸貨物直接通關。

同日　台「立法院副院長」江丙坤在「兩岸經貿論壇」稱，兩岸均存在對「國營企業」進行民營化改造的問題，雙方可以在資金與技術等方面展開合作。

7月14日　外交部新聞發言人孔泉指出，中國是一個愛好和平的國家，執行的是防禦性的國防政策，從不參與軍備競賽。中國政府在台灣問題上的政策是一貫和明確的，中國政府堅持「和平統一、一國兩制」的方針和江澤民主席的八

項主張。希望美方切實遵守中美間三個「聯合公報」的原則，不向台獨勢力發出錯誤信號。

同日　台經濟部與財政部協商決定，依據「既往不咎」的精神，對大陸台商在規定期限內補報登記的所有投資案，台灣當局都會將視為「新案」加以辦理。

同日　台「國安會諮詢委員」林中斌接受台灣媒體採訪稱，從美國防部公佈的《中華人民共和國軍力報告》看，美國軍方對海峽兩岸軍力逐漸失去「穩定的平衡」已深感憂慮，若台灣當局提出的向美國採購先進軍事裝備的預算遲遲不能透過，台灣的軍事優勢恐將不保。

同日　李登輝在台中市「李登輝之友會」成立會詭稱，「中國和台灣之間沒有什麼關係，中國史和台灣史不可混為一談」，台灣民眾應建立以台灣為主體的價值觀。

同日　台《中國時報》報導，美國戰略暨國際研究中心副總裁、美前副助理國防部長柯特‧坎貝爾稱，美國防部公佈的《中華人民共和國軍力報告》顯示，美方希望大陸能重新思考是否一定要以「強制方式」處理台灣問題。

7月15日　外交部長唐家璇會見英國外交大臣傑克‧斯特勞強調，希望英國政府恪守一個中國政策，對台灣當局透過「出訪外交」、「過境外交」等各種手法，在國際上從事分裂中國活動的圖謀保持警惕，從中英關係的大局出發，妥善處理好涉台問題。斯特勞表示，英國在台灣問題上的立場是一貫的，即不承認台灣是一個「獨立」的國家，承認台灣是中國的一個省，中華人民共和國政府是代表全中國的唯一合法政府。英國不會與台灣建立正式的關係，不會與台灣進行官方往來。

同日　台「陸委會經濟處長」傅棟成起程赴北京、西安、上海等城市訪問，並與當地學術機構就兩岸經貿關係進行研討。

同日　陳水扁會見包道格稱，包道格到任象徵著台美實質關係的提升，雙方的溝通管道暢通，互信基礎穩固。

同日　台「勞委會主委」陳菊稱，台灣當局目前尚無引進在印度的西藏流亡人員入台工作的規劃。

同日　台《中國時報》報導，台經濟部計劃對赴大陸投資的台商擬訂「申請營運總部租稅獎勵適用標準」，以鼓勵大陸台商在台灣設立營運總部，實現「根留台灣」，並將資金匯回台灣。

2002 年 / 7 月

　　同日　民進黨主席謝長廷在接受台《中國時報》專訪時稱，在民進黨看來，其在 1999 年 5 月 8 日透過的「台灣前途決議文」已取代了「台獨黨綱」。民進黨認為「台灣已經獨立，國名是中華民國，不必再尋求制憲」，但這並未違背「台獨黨綱」的精神。

　　同日　美國會「美中安全檢討委員會」發表報告稱，美國過去 30 年的對華政策，存在根本性缺陷和認知錯誤。中國對美國巨大的貿易順差以及能夠進入美國的資本市場等因素，直接或間接促成了中國的經濟增長和軍事現代化。與此同時，中國的國防預算缺乏透明度，實際開支遠大於公佈的數字，正發展成為「威脅台灣的軍事能力」。因此，報告要求美國政府加強對中美間各項交流的管制，以阻止中國大陸從美國方面獲取先進科學技術，並建議美國防部保持與台灣密集的軍事對話及交流。

　　同日　美國共和黨籍參議員約翰‧凱爾、杰西‧赫爾姆斯、羅伯特‧史密斯，民主黨籍參議員羅伯特‧托裡切利等 4 人聯名致信國務卿鮑威爾，要求美國政府在當年 8 月向台灣運交其訂購的 AIM120 型中程空對空導彈（AMRAAM），同時要求美國國務院承諾，對未來台灣訂購的 AIM120 型導彈直接運交台灣，以鼓勵台灣繼續採購該型導彈。

　　7 月 16 日　由 307 名嘉義市半天岩紫雲寺佛教信徒組成的進香團，抵達浙江普陀山，進行為期 2 天的禮佛及遊覽觀光活動。

　　同日　呂秀蓮接受外國媒體採訪妄言，聯合國應該向台灣敞開大門，同時應對中國大陸「窮兵黷武的野心」進行「遏制」。

　　同日　游錫堃稱，發展兩岸關係必須強調「人民同意」的觀念，而非武力。並表示，台灣可以作為世界各國企業前往中國大陸投資的基地或踏板。

　　同日　台外交部長簡又新宣布，台灣當局將暫緩印製加注「Issued in Taiwan」字樣的新版中華民國護照封面，暫時「維持現狀」。

　　同日　台「勞委會主委」陳菊接受記者採訪稱，開放大陸勞工入台工作是遲早的事，但考慮到可能會對台灣勞工就業產生衝擊等問題，所以，必須審慎處理。至於她日前出訪蒙古，並有意引進蒙古勞務人員，主要是基於「國家整體考慮」和落實經發會關於「外勞來源國多元化」的共識。

　　同日　台「陸委會企劃處長」詹志宏稱，兩岸均有部分退役軍人以經貿、文化等專業人士的身份進行互訪，但兩岸退役將領以組團方式進行交流互訪的時機還不成熟，言之過早。

同日　台「財政部金融局」宣稱，放寬對台灣銀行參加由大陸銀行主辦的國際聯貸案的限制。

同日　李登輝妄言，到2008年大陸舉辦奧運會時，台灣民眾的「國家認同」超過八成，才能襯托台灣是一個「新國家」的氣氛。而當前有人為了政治利益「聯共反台」，衝擊「本土意識」，不利於「國家認同」的形成，因此，他鼓吹台灣人消滅「外來政權」，保衛陳水扁領導的「本土政權」。

同日　台、美雙方在美國加州蒙特雷市美國防語言學院外語中心舉行「蒙特雷戰略對話」，台灣方面由「外交部次長」高英茂和「國防部次長」李海東主談，美國方面則由國務院負責亞太事務的助理國務卿凱利和國防部負責國際安全事務的助理部長彼得·羅德曼主談，雙方對話的級別均有所提升。

7月17日　台外交部官員稱，當局於10月發行新版中華民國護照的計劃不變，不過，由於較多的民進黨和台聯黨立委對在中華民國護照封面上加注「Issued in Taiwan」的決定表示不滿，而民進黨籍立委提出的在封面上的英文「『Passport』前增列『Taiwan』字樣」的方案，又可能引發外界認為台灣當局在推行「漸進式台獨」，因此，台灣當局可能採取折中方案，即在護照內頁上加注「Taiwan」字樣。

同日　連戰在國民黨中常會提出，台灣政治「朝野政黨協商，兩岸政黨交流」、兩岸政策「雙軌協商，加速直航」、最終達到「交流促和，民主保台」等三項主張。

同日　李登輝妄稱，兩岸間應是「兩國一制」，「兩國」是指「兩岸是兩個不同的國家」，「一制」是指「兩岸同樣應實施自由民主制度」。

同日　台「東森新聞網」報導，由台軍方外圍研究機構與解放軍總參謀部所屬研究機構聯合舉辦的「兩岸軍事戰略學術交流研討會」於6月底在北京召開，與會成員包括部分兩岸退役、現役高級軍事將領和專家學者，大家就如何建立兩岸軍事互信機制等議題展開對話。

7月18日　台「國安會祕書長」邱義仁在外交部發表演講稱，台灣應採取「手法細膩的攻擊性外交策略」。

同日　台「總統府祕書長」陳師孟在「外交部駐外人員述職講習班」稱，任何「國安聯盟」或政黨高峰會的成員，都必須堅持反對「一國兩制」、「一個中國」原則和「台灣是中國的連體嬰」的立場。

同日　簡又新在台「外交部部務會議」稱,應以「創新思維方式」強化工作效率,拓展「外交空間」,應「揚棄『大中國』心態」,從「台灣的歷史」出發,重新思考台灣在「國際間的定位」。

同日　台陸委會副主委劉德勳稱,有必要從法律上對台港、台澳交流與兩岸交流區別對待,因此,絕對沒有廢除「港澳關係條例」或是將其併入「兩岸人民關係條例」的計劃。

同日　連戰接受日本《世界》雜誌採訪稱,國民黨一向主張兩岸應以理性、對等的態度推動兩岸官方和民間的交流,以營造兩岸良性互動的氣氛。但大陸一再「打壓台灣的國際生存空間」,不放棄「武力攻台」,這種做法無助於兩岸關係的改善。

同日　民進黨候任「中國事務部」主任陳忠信稱,為推動兩岸務實交往,民進黨應調整黨內黨務主管必須以黨職身份赴大陸訪問的規定。

同日　包道格會見台外交部長簡又新稱,他奉命來台的目的之一就是「協助台灣加強防衛能力」,維護台海安全。

同日　美國著名華裔組織「百人會」發表聲明,強烈譴責美國會「美中安全檢討委員會」本月15日就中美關係及台海問題所發表報告,批評該報告的觀點缺乏事實證據,忽視了台海地區真實的情況,漠視台灣與中國大陸在經濟和社會等多方面往來所產生的深遠影響,而以主觀臆斷和假設的方式得出錯誤結論,謬誤百出,既不冷靜也不理性。

同日　日本經濟產業相平沼糾夫會見台立委訪問團稱,將努力提升「日台自由貿易協定」的談判層級。

7月19日　呂秀蓮稱,美國防部公佈的《中華人民共和國軍力報告》顯示,美方已認識到「和平統一」只是大陸方面釋放的煙幕彈,大陸只會以武力方式「侵占台灣」,經濟統合則是手段之一。

同日　台行政院副院長林信義稱,兩岸「三通」確實是台灣經濟發展的重要變數,台灣當局將以半年為期限,考慮「三通」對實行營運總部計劃的影響,並做好相應準備,規劃相關程序。

同日　台陸委會透過「大陸地區人民相關許可辦法修正草案」和「大陸地區人民來台定居居留許可辦法」,增列了如台灣居民死亡,其大陸配偶須照顧65歲以上的父母或未成年子女,可以專案方式申請居留台灣;懷孕的大陸新娘可以

「團聚」的理由申請在台灣停留，最長1年；育有子女的大陸配偶每次在台灣停留時間由1年延長至3年，同時，將已取得居留權的大陸配偶返大陸探親的期限延長至120天。

同日　台經濟部次長尹啟銘率團出席APEC第五屆能源部長會議。

同日　台陸委會副主委劉德勛稱，台灣當局制定的「國家科技保護法」的保護範圍限定為攸關「國家安全」、高科技產業核心競爭力、社會公共資產等方面，同時制定該法也可平衡國家、企業和個人間的利益關係，並防止大陸公司或違規台商以不正當手段挖取台灣高科技人才。

同日　民進黨候任祕書長張俊雄接受《中國時報》採訪稱，大陸在看待民進黨時，應採取注重「台灣前途決議文」而非「台獨黨綱」的態度，而民進黨認為「台灣已經獨立，國名是中華民國」，因此也沒有必要廢除「台獨黨綱」或對「台灣前途決議文」與「台獨黨綱」間的關係多做解釋。

同日　美國布魯金斯研究院東北亞政策研究中心主任、美國在台協會前理事主席卜睿哲稱，美國國防部公佈的《中華人民共和國軍力報告》並不會破壞兩岸的和平，相反，大陸方面應對照此份報告「自省」，使兩岸關係朝向非軍事化方向發展。

7月20日　兩岸多位財經專家在新黨主辦的「兩岸財經貿論壇」發言，認為當前兩岸都面臨著因產業轉型而導致的高失業率和高素質就業人員不足的問題，兩岸間應該開放人才相互交流，達到共贏的目的。

7月21日　中華人民共和國政府與瑙魯共和國政府在香港簽署《建交聯合公報》，雙方自當日起正式建立大使級外交關係，同時瑙魯政府宣布自即日起斷絕與台灣的所謂「外交關係」。

同日　陳水扁在就任民進黨主席的就職演說妄言，大陸從未放棄對台的「武力威脅」和「國際打壓」，如果台灣當局的「善意」無法得到大陸方面的回應，就應認真思考是否「走自己的路，走台灣的路，走實施灣的前途」。

同日　台《中國時報》報導，美方希望台灣能盡快透過向美國購買長程預警雷達和6套新型「愛國者」（PAC）導彈系統的軍購計劃，以「幫助台灣構築反導防禦能力」。

7月22日　外經貿部台港澳司副司長王曉川會見馮滬祥、曹原彰率領的台灣「海峽兩岸人民服務中心」參訪團表示，希望台灣方面除了在具體維護大陸漁

工權益外，還應成立一個協會性質的專門組織，與大陸的海峽兩岸漁工合作協調委員會進行會談，解決兩岸漁工合作問題。

同日　中國駐美大使館發言人謝鋒回答記者提問指出，中方認為現有的中美三個「聯合公報」已為台灣問題定下了指導原則，重要的是美方應忠實履行相關原則和承諾，堅持一個中國政策，不支持台獨及其活動，停止向台灣出售武器，停止與台灣當局的官方接觸和向台灣當局傳達錯誤信號，希望美方能在中國實現和平統一的過程中扮演建設性的角色。

同日　香港港龍航空公司啟動由台北經香港中轉抵達上海的「一機到底」航線，成為第一家提供內地和台灣之間經香港「一機到底」服務的航空公司，上海與台北之間由此也實現了「一機到底」間接直航。

同日　陳水扁在「國家安全研習營會議」稱，近來兩岸關係表面上的緩和，是大陸透過媒體及民間交流製造出的假象，台灣對此應「提高警惕」，不能「掉以輕心」。

同日　游錫堃在「國際獅子會中華民國總會」妄言，「中華民國有憲法、有外交、有國軍、有人民、有政府，具備國家的條件。中華民國要走出去，要維護民主、自由與和平，一定要自強自立」。

同日　台「國安會祕書長」邱義仁詭稱，陳水扁所說的「走自己的路」是對大陸「打壓台灣」行為的回應，並非意味著要推動台獨，因為「台灣本來就是主權獨立的國家，名字叫中華民國」。

同日　民進黨祕書長張俊雄會見包道格辯稱，民進黨關於兩岸擱置爭議、交流對話，建立和平穩定關係的政策沒有改變，陳水扁所說的「走自己的路」並非意味著台獨。

同日　台「總統府國策顧問」陳隆志在「國父紀念月會」稱，台灣當局應以「台灣」的名義申請成為聯合國新會員，而非申請為觀察員，以凸顯「台灣是一個主權國家」的意義。

同日　「美軍售台潛艇專案小組」抵達台灣，與台軍方就售台潛艇的前期規劃作業、經費等問題進行商談。潛艇來源初步傾向於在美、德合作或美、以色列合作中選擇。

7月23日　國台辦常務副主任李炳才會見台「海峽兩岸人民服務中心」參訪團指出，祖國大陸一貫致力於擴大兩岸人員往來、發展兩岸經濟合作和各項交

流，盡一切努力維護兩岸同胞正當權益。不論在任何情況下，海協受權協助有關方面處理兩岸同胞交往中的具體問題、依法維護兩岸同胞正當權益的宗旨與功能不會改變。大陸方面願與同一切贊同一個中國原則、主張發展兩岸關係的台灣團體和人士加強聯繫與合作，共同為擴大兩岸交流、改善兩岸關係、維護兩岸同胞權益、盡快促成兩岸直接「三通」做出新的努力。

同日　國台辦官員接受記者採訪指出，陳水扁在就任民進黨主席儀式上不負責任的講話，對兩岸關係的發展毫無幫助。

同日　國家旅遊局副局長孫鋼會見台「海峽兩岸人民服務中心」參訪團時指出，目前大陸居民無法大量赴台旅遊的主要原因在於台灣當局的現行政策，台灣方面應改變不合理的規定，全面開放大陸居民赴台旅遊。

同日　台《中國時報》報導，台總統府官員稱，陳水扁希望以民進黨主席的身份，促成兩岸間以「黨對黨」接觸的形式，完成「破冰之旅」的想法並未改變。

同日　台行政院核定透過「台灣與大陸地區金融業務往來許可辦法修正案」，開放台灣外匯指定銀行辦理對大陸地區人道性直接匯款業務，允許台灣銀行國際金融業務分行直接為大陸台商辦理授信及收買應收帳款業務，但同時規定該項業務資金總額不得超過上年度自身資產淨額的30%。

同日　台國防部公佈「國防報告白皮書」，首度將「建立兩岸軍事互信機制」列入專章，並稱「台灣面臨著來自大陸軍力不斷擴張所導致的軍事威脅」，台軍將本著「有效嚇阻、防衛固守」的戰略構想保衛「國家安全」。

同日　蔡英文稱，台灣當局已核定開放台灣保險業以直接投資方式赴大陸設立分公司或子公司，相關法律的修訂工作將在8月底前完成。同時，也準備開放台灣銀行業與證券業赴大陸投資，但尚無具體時間表。

同日　台外交部官員證實，台灣當局已允諾將分5年向其「邦交國」海地提供總計5500萬美元的援助。同時，還將向其另一「邦交國」巴拿馬提供總計4500萬美元的醫療援助。

同日　台「外交部次長」高英茂稱，兩岸進行「外交爭奪戰」對雙方都沒好處，應該坐下來就相關議題展開討論。

同日　台「外交部發言人」張小月稱，台灣當局已正式宣布與瑙魯共和國斷絕「外交」關係。

同日　澎湖地區媽祖信眾組成的代表團由澎湖馬公港出發，直航福建泉州後渚港，與泉州天后宮進行文化交流。

7月24日　游錫堃在台行政院會稱，將指示相關部門在1個月內提出兩岸「三通」的執行時間表。

同日　宋楚瑜會見包道格時稱，兩岸間應當避免不必要的挑釁和猜測，台灣不能成為美國與中國大陸展開反恐談判時的籌碼，而任何激化兩岸對立或台灣族群對立的政策都非台灣民眾所樂見。

同日　美國防部官員會見台立委訪問團稱，台灣應該擁有「有限度的攻擊能力」，希望台灣盡快購置美國政府已批準售台的武器。

7月25日　新華社發表署名「華文武」的文章指出，陳水扁本月21日稱，「要思考是否要走自己的路，走台灣的路、走實施灣的前途」，擺出一副「我不玩了」的架勢，對大陸提出威脅、要挾，這種極不理智的態度，無助於兩岸關係的改善和穩定。台獨絕對沒有出路，大陸方面將繼續觀察陳水扁和台灣當局在兩岸關係上的舉動。

同日　海峽兩岸關係研究中心主任唐樹備在民建中央主辦的新世紀兩岸經濟合作機制研討會發表講話指出，當前兩岸經濟關係面臨重大轉折和發展的歷史性機遇，應透過經濟上的全面雙向直接交流，推動產業互補和強化國際競爭力。大陸一貫主張在「一個中國、直接雙向、互惠互利」的基礎上推動兩岸直接「三通」。只要把「三通」看作是一個國家內部的事務，在具體商談中可透過民間對民間、行業對行業、公司對公司的方法先談起來。

同日　福建泉州天后宮媽祖像在兩岸護駕團的護送下，自泉州後渚港乘船直航澎湖馬公港。這是50多年來，祖國大陸對澎湖的首度直航。

同日　民進黨副祕書長游盈隆稱，陳水扁已於日前指示民進黨中央加強對外說明「台灣前途決議文」中的「七點主張」，意味著「台灣前途決議文」是民進黨當前在「國家地位」和兩岸關係方面最高的指導原則。

同日　連戰會見包道格表示，兩岸實現「三通」直航，可以解決台灣的許多經濟問題，但民進黨執政以來遲遲不做，致使台灣喪失商機。國民黨不走台獨道路，也不主張立即統一，兩岸間應以和平理性的態度來持續發展關係，絕不能挑釁。包道格則希望兩岸應該理性和有尊嚴地進行交流，以化解歧見，因為兩岸情勢的緊張，會對全球局勢產生不利影響。並稱台灣也應積極向美方採購軍備。

同日　台《聯合報》報導，李登輝日前接受《OPEN 週刊》專訪稱，台灣當局應積極強化「認同台灣」的理念，建立清楚的「主權認同」，以免受到大陸「中國」和「中華民族」概念的影響。

7月26日　第七屆兩岸「和平小天使」交流活動在台北舉行，上海電視台「小熒星藝術團」代表大陸參加。

同日　陳水扁在國際醫學生聯合會大會稱，希望該聯合會成員積極支持協助台灣加入 WHO。

7月27日　陳水扁出席「台俄交流協會」成立儀式稱，該協會的成立象徵著台灣開拓「國際空間」的決心。

同日　台交通部長林陵三稱，台北和莫斯科兩市間將於8月24日實現直航，預計在年底，台灣與俄羅斯之間即可正式開通定期航班。

同日　台獨團體「台灣筆會」召開主題為「批判背離台灣的高中國文教材」會議，批評台灣現行的高中「國文教材」「違背學習原理」、「去台灣化」、「崇古輕今」，要求教材向「台灣化」、全球化和多元化的方向改進，並減少文言文所占的比例。

7月28日　呂秀蓮稱，「中華民國早已是主權獨立的國家」，當前台灣民眾努力的目標並非是「建立國家」，而是「建設國家」，同時應以「全民國防」的概念來保衛台灣。

同日　游錫堃接受英國路透社專訪稱，台灣當局已為「三通」做好了準備。但由於兩岸通航等問題涉及「國家安全」等事項，必須由兩岸協商對話加以解決，只要大陸願意在「不預設前提」的條件下坐下來，任何問題都可以談。

7月29日　海峽兩岸漁工合作協調委員會會長刁春和在記者會指出，台灣當局對近日發生的威脅大陸漁工人身安全的事件負有不可推卸的責任，雖然台灣當局近日稱將在基隆、台中等地設立「大陸漁工安置中心」，但又規定安置中心必須與外界隔離，事實上依然是延續了對大陸漁工的歧視政策，大陸方面希望台灣當局採取切實措施，平等對待大陸漁工。

同日　陳水扁出席「亞洲台灣商會」第九屆年會開幕式，重提「南向政策」稱，大陸市場只是全球市場的一部分，台商不能過度依賴中國大陸市場，希望台商前往東南亞投資，台灣當局會充當台商投資東南亞的後盾。他再次揚言，「要

走自己的台灣路，走實施灣的前途」，不要再對大陸心存「自我矮化、委曲求全、妥協求和」的幻想。

同日　台經濟部長林義夫稱，自1994年以來，台灣就一直在持續推動「南向政策」，當前並非舊事重提，而是要相關單位加強工作。

同日　台《中國時報》報導，日本前駐美公使岡崎久彥日前接受記者採訪妄言，日本與台灣都是美國在亞太地區的重要「盟邦」，因此理應加強美、日、台三方在安全保障方面的對話。台灣在面對中國大陸的「武力威脅」時，不能「孤立作戰」，而應在假定美、日兩方給予馳援的前提下，強化自身的「防衛機制」。

同日　台《聯合報》援引英國《簡氏防務週刊》報導，台軍方已於今年6月與美國達成協議，將向美國採購總價值近3900萬美元的美制「標槍」（Javelin）反坦克導彈系統，包括360多枚導彈和60套發射、指揮單元，以及配套的訓練、後勤保障和相關設備，以增強其反登陸能力。

7月30日　國台辦新聞發言人李維一指出，檢驗台灣當局領導人是否有改善兩岸關係的誠意，關鍵要看他是否接受一個中國原則。至於兩岸「三通」問題，大陸方面為此進行了長期不懈的努力，當前兩岸「三通」已是萬事俱備，台灣當局應允許兩岸民間就「三通」問題進行協商，而不應以各種藉口，阻撓和干擾「三通」的實現。

同日　陳水扁在民進黨中執會發表談話稱，「台灣已是主權獨立國家，目前國號叫中華民國」，台灣當局將以「台灣前途決議文」為兩岸政策的最高指導原則，只要大陸方面放棄對台動武，台灣當局將不會改變現狀。

同日　張榮恭稱，陳水扁「台灣已是主權獨立國家、目前國號叫中華民國」的說法和民進黨堅持不修改其「台獨黨綱」的做法，使人民對其走向台獨的擔憂不減反增。

同日　親民黨政策中心主任張顯耀稱，陳水扁關於兩岸關係的最新談話沒有新意，且明顯違背了經發會所達成的「依照中華民國憲法定位兩岸關係，盡速與大陸就兩岸經貿關係進行會談」的共識。

同日　民進黨副祕書長游盈隆稱，陳水扁在民進黨中執會上發表的談話是對兩岸現狀的「客觀描述」，民進黨不會修改「台獨黨綱」。

同日　台聯黨主席黃主文稱，多年來的事實證明，使用中華民國的名稱，無法被國際社會接受，因此該黨支持「台灣正名運動」，主張透過「公民投票」方式，處理「國家重大議題」。

　　7月31日　外交部長唐家璇在文萊首都斯里巴加灣與美國國務卿鮑威爾舉行會談時指出，台獨不僅是中國實現和平統一的大敵，同時也會嚴重損害美國的國家利益，希望美方停止對台軍售以及與台灣當局的官方及軍事交往。

　　同日　台行政院透過「試辦金門、馬祖地區與大陸地區通航實施辦法」部分條文修正案，擴大「小三通」的規模，允許台灣民眾由金、馬地區往返大陸進行宗教及其他專業交流和實行澎湖與福建間的「專案」通航。

　　同日　台陸委會稱，將修正「兩岸人民關係條例」，除公務員和涉及「國家安全機密」的人員赴大陸須經主管機關許可外，對其他台灣民眾采「查驗制」或「申報制」，並對違反相關規定的人員將加重處罰，處罰金額從20萬至100萬元新台幣不等。

　　同日　台「投審會」透過九項台商赴大陸的投資申請，總金額約1.332億美元。

8月

　　8月1日　國務院正式公佈《外商投資民用航空業規定》，該規定同樣適用於香港、澳門特區和台灣的公司、企業及其他經濟組織或個人。

　　同日　外經貿部宣布，從當日起對原產於台灣、日本、美國、韓國的進口苯酚產品進行反傾銷調查。

　　同日　陳水扁會見美國哈姆萊大學教授柯義耕時詭稱，台灣走「自己的路」，是走「自由、民主、人權」之路。

　　同日　經台行政院核準修訂的「試辦金門、馬祖地區與大陸地區通航實施辦法」正式施行。

　　同日　台「財政部次長」陳樹稱，該部已完成開放台灣證券業赴大陸投資的相關規劃，在兩岸簽訂證券單位合作備忘錄的前提下，允許台灣證券業在大陸設立一定金額的子公司，但不允許設立分公司。

2002 年 / 8 月

　　同日　民進黨祕書長張俊雄稱,民進黨的大陸政策具有連續性與一貫性,陳水扁提出的「四不一沒有」,與「台灣前途決議文」所體現的主張及立場,是完全一致的。

　　同日　海峽兩岸和平統一促進會會長梁肅戎接受《文匯報》採訪指出,陳水扁日前所說的「走台灣自己的路」實質上就是台獨之路,陳水扁與李登輝二人相互呼應,狼狽為奸,根本沒有改善兩岸關係的善意。

　　同日　「台獨聯盟」機關刊物《台灣青年》在日本東京宣布停刊。該刊於 1960 年 4 月 1 日創刊,以日文刊行。

　　同日　據台灣媒體報導,美國官員和國會人士抱怨稱,除「愛國者-3」型導彈系統和基德級導彈驅逐艦外,美國政府同意出售台灣的軍火項目總額已高達 150 億美元,但台灣 2002 年全年「國防預算」才約 84 億美元,根本不可能完成「軍購案」。

　　8 月 2 日　台行政院透過「兩岸地區保險業務往來許可辦法」修正案,開放台灣保險公司赴大陸設立子公司或分公司。

　　同日　台財政部公佈「兩岸金融業務往來許可辦法」,開放台灣外匯指定銀行及郵匯局辦理與大陸地區金融機構直接通匯業務,國際金融業務分行對大陸台商辦理授信及應收帳款業務以及海外子銀行赴大陸設立辦事處。並授權台財政部,在必要時須報請行政院核定,限制或禁止辦理兩岸金融業務往來。

　　同日　蔡英文稱,台灣當局目前沒有廢棄「國統綱領」的打算,但應從現實需求與務實的角度看待「國統綱領」,不能一成不變。而「台灣前途決議文」是民進黨制定的黨內文件,要將其作為台灣當局的政策,仍有待討論,短期內不會在台灣的大陸政策上反映出來。

　　同日　台「經濟部投審會」公告修正「在大陸地區從事投資或技術合作許可辦法」,開放台商赴大陸直接投資。

　　同日　台《聯合報》報導,台「經濟部工業局」在與台灣汽車業者協商後,原則決定於 2 年後開放進口大陸產小汽車,初期將會納入「全球進口配額」中進行限制性進口,2010 年後再全面開放。

　　同日　連戰指出,陳水扁在兩岸政策上搖擺不定,一方面強調「四不一沒有」,另一方面卻支持台獨。

同日　台獨團體「世界台灣同鄉會聯合會」在日本東京舉行主題為「台灣正名」的第二十九屆年會。李登輝發表視頻講話稱，認同台灣人建立的國家，是解決台灣現在與未來問題的前提及基礎，當前應努力加強台灣人對台灣的認同。

同日　「台獨聯盟中央委員會」在日本東京舉行記者會，聲稱「台灣走自己的路」就是要建立「台灣新生國家」，第一步便是「台灣正名」。「獨盟主席」黃昭堂叫囂，「台灣人不是中國人，也不是華人，不屬於中華人民共和國，台灣不應再與中華人民共和國的國號、領土、國民有所牽扯」。

同日　「美國國會台灣小組」致函陳水扁稱，美方高度珍惜美台間的「戰略關係」，希望陳能介入台「華航」採購客機一事，並稱一旦「華航」購買美國波音公司生產的客機，將有利於美台之間就簽訂「自由貿易協定」所進行的談判。

同日　日本政府公佈《2002年度防衛白皮書》稱，中國大陸正在不斷增加針對台灣的導彈部署，台海局勢將會因大陸軍事力量的增加而發生變化。

8月3日　外交部及全國人大外事委員會重申，台灣是中國的一部分，絕非任何外國的保護地，美國國內少數人頑固堅持冷戰思維，蓄意提升美台關係，阻撓中國統一大業，其目的絕不可能得逞。

同日　外交部新聞發言人孔泉指出，美國國會在其透過的「2002財政年度補充撥款法案」中的「美國軍人保護法」條款中，將台灣與美國的北約及非北約盟國相提並論，將台灣軍政人員視為美國盟國人員，並要求保護他們不受國際刑事法院管轄。美方的行為嚴重違反了中美間三個「聯合公報」的原則，違背了美國政府一再重申的一個中國政策，粗暴干涉了中國內政，中方對此表示強烈不滿和堅決反對。

同日　陳水扁在向「世台會」二十九屆年會發表視頻講話時，公然提出「一邊一國論」，鼓吹台灣是「主權獨立的國家」，聲稱「台灣跟對岸中國一邊一國，要分清楚」，「要認真思考公民投票立法的重要性和迫切性」。

同日　陳水扁致「歐洲華僑團體聯誼會」第二十八屆年會的書面賀詞稱，希望歐盟各國正視台灣2300萬民眾的基本權利，支持台灣加入WHO，並允許台灣高層官員自由前往歐盟國家進行訪問。

同日　游錫堃稱，台灣本來就是「主權獨立的國家」，陳水扁提出「一邊一國論」，只是重申事實而已。

同日　台「總統府祕書長」陳師孟稱，陳水扁提出的「一邊一國論」與李登輝提出的「兩國論」並無關係，台灣當局的兩岸政策是一貫的，即不接受一個中國原則、不接受「一國兩制」，台灣的前途應由台灣2300萬民眾決定。並詭稱，台灣當局的兩岸政策並未改變。

同日　台陸委會副主委陳明通詭稱，陳水扁所說的「台灣跟對岸中國一邊一國」是對兩岸「主權互不隸屬」的事實描述，與李登輝提出的兩岸定位是「特殊的國與國關係」並不相同，而「認真思考公民投票立法的重要性和迫切性」是為了抗衡大陸以「一國兩制」改變台灣現狀的企圖。

同日　連戰稱，陳水扁提出的「一邊一國論」及民進黨透過的「台灣前途決議文」是基於台獨思維的言論，與其當初宣稱的「四不一沒有」自相矛盾。

同日　宋楚瑜稱，陳水扁提出「一邊一國論」，表明其「四不一沒有」主張的完全破產，同時也違背了台灣主張兩岸維持現狀的主流民意。

同日　民進黨副祕書長游盈隆稱，只要有獲得「朝野共識」及民意的「公民投票」法律機制，台灣「憲政改革」等重大議題都可以納入「公民投票」的範疇。

同日　台聯黨主席黃主文稱，該黨已多次在立法院提出「公投立法」，希望民進黨能依據陳水扁的講話，積極支持台聯黨的主張。

同日　美國務院官員稱，美國政府事先並不知曉陳水扁將提出「一邊一國論」，但美國政府的台海政策不會因此而改變，美國承認（認知到）台灣海峽兩岸的所有中國人都認為只有一個中國，台灣是中國的一部分，美國對這一立場不持異議。美方將繼續堅持一個中國政策，遵守中美間三個「聯合公報」及「台灣關係法」，主張台灣問題應以和平方式解決。

8月4日　外交部新聞發言人孔泉指出，世界上只有一個中國，大陸和台灣都是中國的一部分，中國政府絕不會容忍任何分裂中國的行為發生。

同日　台行政院副院長林信義詭稱，台灣本來就不是中華人民共和國的一部分，外界不應對陳水扁事實性的描述「過分解讀」。

同日　台「陸委會副主任」陳明通詭稱，陳水扁提出「一邊一國論」，並未違反其「四不一沒有」的承諾，而其「認真思考公民投票立法的重要性和迫切性」的說法，則是一種「預防性的防禦措施」。

同日　台「陸委會副主任」劉德勛稱，陸委會並無計劃修正現行「兩岸人民關係條例」中「一國兩區」的法理概念。

同日　馬英九稱,兩岸關係是台灣面臨的重要挑戰,作為領導人,陳水扁應努力維持兩岸關係的穩定,而不應使其成為台灣發展的障礙。

　　同日　連戰稱,國民黨決不允許陳水扁獨斷獨行,將台灣2300萬民眾的前途和安全同台獨捆綁在一起。

　　同日　民進黨祕書長張俊雄在記者會詭稱,陳水扁有關「一邊一國」的談話,是對兩岸政治現狀的事實描述,「公投立法」則是要「捍衛、保護現狀」,而非改變現狀。

　　同日　民進黨立法院黨團幹事長王拓稱,該黨團事先對陳水扁的講話並不知情,但不管是否會制定和透過「公投法」,將來都不會有「台獨公投」,而只會有「統獨公投」。

　　同日　「世台會」年會閉幕,會議透過聲明妄言,台灣文化與中國文化不同,希望台灣當局明確政治及文化上的「兩國論」,落實「台灣正名運動」,以凸顯「台灣有別於中國的主權獨立存在的事實和主體性」。

　　同日　美國大芝加哥地區「和統會」發表聲明,強烈譴責陳水扁提出的「一邊一國論」。指斥陳水扁公然聲稱台灣和大陸是「一邊一國」,煽動「公投立法」,徹底暴露了其推行台獨的狂妄野心和分裂祖國的罪惡陰謀。

　　同日　美國白宮國家安全會議發言人肖恩・麥科馬克表示,美國政府長久以來所堅持的一個中國政策沒有改變。

　　8月5日　國台辦新聞發言人李維一發表談話指出,陳水扁近日公然聲稱「要走台灣自己的路」,兩岸是「一邊一國」,準備用「公民投票」方式「在有需要的時候」決定「台灣的前途、命運和現狀」。此種言論與李登輝「兩國論」如出一轍,充分暴露其頑固堅持台獨立場的真面目,是對包括台灣同胞在內的全體中國人民的公然挑釁,也是對國際社會公認的一個中國原則的公然挑釁,必將對兩岸關係造成嚴重的破壞,影響亞太地區的穩定與和平。世界上只有一個中國,大陸和台灣同屬一個中國,中國的主權和領土完整不容分割。反對台獨分裂,實現國家統一,是中國政府堅定不移的立場,中國政府決不允許任何人以任何方式把台灣從中國分裂出去。中國政府嚴正警告台獨分裂勢力,不要錯判形勢,立即懸崖勒馬,停止一切分裂活動。

　　同日　全國政協副主席馬萬祺接受記者採訪表示,陳水扁公然宣稱海峽兩岸是「一邊一國」,並鼓吹所謂「公民投票」的台獨言論,完全暴露了他分裂祖國、

推動台獨的圖謀，背棄了他上台之時提出的「四不一沒有」承諾，更違背了包括台灣人民在內的全體中國人民的意願。

同日　中國駐美大使館發言人謝鋒指出，陳水扁的「一邊一國論」公然鼓吹台獨，違背了就職時提出的「四不一沒有」的承諾，中國政府對此不會坐視不管。

同日　陳水扁辯稱，台灣與大陸「一邊一國」是歷史事實，其日前的講話只是對現實的重申而已，是防禦性的預防或避免現狀被改變，目的在於強調中華民國作為「主權獨立的國家」，不能被「矮化、地方化、邊緣化」，台灣不能接受一個中國原則和「一國兩制」。

同日　陳水扁會見美國在台協會台北辦事處處長包道格詭稱，他在就職演說中提出的「四不一沒有」等兩岸政策絕對沒有改變，他不會走台獨路線。

同日　游錫堃出訪海地、巴拿馬、哥斯達黎加、伯裡　等4國，以落實陳水扁提出的所謂「新國際主義」與「多元外交」理念，並謀求其他國家支持台灣當局加入國際組織。

同日　蔡英文稱，台灣當局的大陸政策並未改變，原有的「四不一沒有」承諾依然有效，台灣當局將繼續落實台灣經發會所達成的共識，推動兩岸經貿的發展，以「積極開放、有效管理」代替「戒急用忍」，追求建構兩岸間穩定、有建設性的互動關係。並妄言，現實情況是大陸對台灣所釋出的「善意」沒有回應，依舊持續「打壓台灣」。

同日　蔡英文緊急隨游錫堃赴美，向美方相關人士說明台灣當局在兩岸政策上的立場。

同日　台「外交部發言人」張小月詭稱，「一邊一國論」並不代表台灣當局的兩岸政策與「外交」政策有所改變。同時，台外交部致電台灣當局各駐外機構，要求其向所在國依此立場進行解釋。

同日　台經濟部長林義夫稱，台灣當局兩岸政策的基調並未改變，開放8英吋晶圓廠赴大陸投資的相關要求會如期公佈。

同日　台「財政部長」李庸三稱，開放兩岸金融業務的直接往來，是台灣當局的既定政策，這體現了台灣方面的善意，希望大陸方面不要受「一邊一國論」的影響，對台灣方面的善意給予相應的回應。

同日　連戰邀集黨內副主席及黨務主管就陳水扁提出的「一邊一國論」進行商討，要求陳水扁為未經台「國安系統」及「行政部門」充分討論，就擅自發表挑起兩岸不安的言論，向台灣民眾道歉。

同日　民進黨副祕書長游盈隆稱，陳水扁的「一邊一國論」，是對兩岸現狀的客觀描述，大陸方面不應對此過度反應。

同日　李登輝與台聯黨負責人會面時稱，「一邊一國」是「事實陳述」，兩岸「原本」就是「特殊的國與國關係」。

同日　受陳水扁「一邊一國論」影響，台北股市加權指數大跌284.22點，以4636.67點收盤，店頭市場下跌7點，以111.86點收盤，雙雙寫下今年新低。據台灣證券交易所統計，當日股票市值共計縮水5743億新台幣。

同日　針對陳水扁拋出的「一邊一國論」，美國國務院副發言人菲利普·裡克表示，美國政府長期以來都維持一個中國的政策，此一政策並未改變，美國政府關注的是兩岸問題應和平解決。

8月6日　陳水扁在民進黨中常會上提出「五點說明」辯稱，「一邊一國論」是外界掐頭去尾式的誤讀，真正符合其講話含義的提法是「主權對等論」，即「台灣是一個主權獨立的國家，目前的國號是『中華民國』，與中華人民共和國具有對等的主權」。

同日　游錫堃稱，台灣當局將從2006年起編列一項長達10年、總金額近新台幣7000億元的武器採購計劃，該計劃共有11項，其中包括向美國購買裝配有先進宙斯盾系統的驅逐艦。

同日　蔡英文詭稱，陳水扁提出「一邊一國論」的目的，是為了清楚顯示其「捍衛台灣現狀、維護民主成就」的責任，防止大陸以武力壓迫台灣改變現狀，但當前台灣並沒有要「獨立」。

同日　台陸委會副主委陳明通詭稱，陳水扁提出的「主權對等論」，是對兩岸間「主權互不隸屬、互不代表」的現實政治狀況的精確論述，中華民國與中華人民共和國都是「主權獨立的國家」。

同日　親民黨政策中心主任張顯耀稱，陳水扁應就其「一邊一國論」中的「國」解釋清楚，除中華人民共和國之外，另一國究竟是中華民國，還是「台灣共和國」。

同日　台聯黨「立法院黨團幹事長」程振隆稱，陳水扁有關「主權對等」的說法是一種事實描述，台聯黨將以發動「一邊一國大遊行」等實際行動予以支持。

　　同日　美國前國防部長威廉‧科恩會見游錫堃稱，美國政府將在「台灣關係法」的架構下，繼續加強對台「軍售」，並考察台灣的防衛能力。

　　同日　菲律賓「和統會」發表聲明，強烈譴責陳水扁分裂祖國的「一邊一國論」，呼籲全世界炎黃子孫提高警惕，團結起來，加強「反獨促統」工作，堅決粉碎和挫敗陳水扁之流的台獨陰謀。

　　8月7日　海協負責人指出，陳水扁近日有關「一邊一國」、「公投立法」的言論，充分暴露了其頑固堅持台獨立場的真面目，而他在6日提出的「五點說明」中，繼續宣稱台灣是一個「主權獨立的國家」，實質上依然是在鼓吹台獨分裂主張。

　　同日　呂秀蓮妄言，陳水扁提出的「一邊一國論」說出了事實真相，體現了「民眾的心聲」，中華民國絕非中華人民共和國的一部分。

　　同日　台中央研究院院長李遠哲稱，兩岸人民之間一直存在著很大的善意，雙方應在共同的歷史文化傳承的背景下，建立彼此間溝通的橋樑。

　　同日　連戰稱，陳水扁提出的「一邊一國論」，既割裂了「中華民國憲法」對「國家定位」的完整性，又違背了其曾強調的「憲法一中」的原則，且為大陸在國際上宣傳對台灣的主權提供了機會。

　　同日　宋楚瑜稱，兩岸間均應自我克制，避免傷害事件的發生。維持自由民主的現狀是台灣的主流民意，而企圖以「公民投票」來改變現狀就是違背主流民意。

　　同日　民進黨「立法院黨團總召集人」柯建銘稱，該黨團短期內不會提出任何「公投法草案」，將來也只會以台行政院提出的「創製復決法草案」作為討論的基礎。

　　同日　美國白宮國家安全會議發言人麥科馬克在記者會稱，美國政府不支持「台灣獨立」。美國政府的兩岸政策長期以來未曾改變，即支持一個中國政策，不支持台獨，兩岸應避免採取可能威脅台海和平和穩定的行動，儘早重開對話。

　　同日　岡比亞、薩爾瓦多和塞內加爾等12個國家聯名致函聯合國祕書長科菲‧安南（Kofi An-nan），要求將所謂「中華民國（台灣）在聯合國的代表權問題」補充列入第五十七屆聯大會議議程。

8月8日　中國外交部就游錫堃、蔡英文等台灣高官入境美國一事，向美國政府提出抗議。

同日　蔡英文在華盛頓與美國副國務卿阿米蒂奇舉行會談，就陳水扁近日的「一邊一國」、「公投立法」等言論，向美國政府進行「解釋與澄清」。阿米蒂奇希望台灣當局日後在做出重大政策決定前，能先與美方磋商。

同日　台陸委會宣布，禁止台灣各縣市政府與大陸地方政府締結「姐妹市」。

同日　台「投審會」執行祕書蔡練生稱，台灣當局的大陸經貿政策將不受「一邊一國論」的影響，「投審會」將維持原有基調，繼續進行對開放台灣服務業投資大陸項目的審查。

同日　民進黨祕書長張俊雄會見英國新任駐台北貿易文化辦事處處長馬德睿時稱，大陸從未放棄「武力犯台」的意圖，同時無所不用其極地扼殺台灣的「外交生存空間」，如果大陸能對台灣的善意作相應的回應，民進黨也願意與大陸進行對話，消除誤會。

8月9日　外交部新聞發言人孔泉問答記者問題指出，聯合國是由主權國家組成的政府間國際機構，台灣作為中國的一個省，根本沒有資格以任何名義或方式加入聯合國及其專門機構。實現祖國統一是兩岸中國人民的共同心願，是大勢所趨。台灣當局拒絕一個中國原則，宣稱兩岸是「一邊一國」，並在聯合國製造「兩個中國」、「一中一台」，鼓吹台灣是「主權國家」，逆歷史潮流而動，不得人心，難逃再次失敗的命運。

同日　外交部發表聲明，敦促美國政府嚴格遵守其先前就台灣問題所做出的承諾，停止與台灣當局高層官員會面。

同日　中國常駐聯合國代表王英凡大使致函聯合國祕書長安南，嚴正闡明中國政府在「台灣加入聯合國」問題上的立場。該函引用《開羅宣言》、《波茨坦公告》等歷史文件及聯大2758號決議，表明「世界上只有一個中國，台灣是中國領土不可分割的一部分，中華人民共和國是代表全中國的唯一合法政府」是國際社會公認的無可爭辯的客觀和法律事實，而台灣當局近來積極推動「漸進式台獨」，公然聲稱海峽兩岸「一邊一國」，準備以「公民投票」的方式，在「需要的時候決定台灣的前途、命運和現狀」，種種分裂行徑加劇了兩岸關係的緊張，並危害了亞太地區的穩定與和平。

同日　海協負責人指出，反對台獨分裂，實現國家統一，是祖國大陸堅定不移的立場，大陸絕不坐視與姑息任何的台獨挑釁。

同日　台「經濟部投審會」正式發佈「在大陸地區投資晶圓廠審查及監督作業要點」，規定在台灣投資設立 12 英吋晶圓廠且已進入基本量產階段連續達 6 個月以上者，可以申請赴大陸投資 8 英吋晶圓廠。

同日　台灣東森電視台與河南電視台正式締結為「姊妹台」。

8月10日　陳水扁為「福爾摩莎基金會」在美國的募款餐會發表錄像講話稱，美國是「支持台灣民主、自由的原動力」，是台灣「最穩定的靠山」，台美雙方的「外交」關係是台灣對外關係中的「重要一環」。

同日　台內政部透過「大陸地區人民在台灣取得設定或移轉不動產物權許可辦法」，開放大陸資金赴台灣投資不動產（僅限自用住宅）、或投資觀光旅館、商業大樓、工業廠房，並採取總量管制。

同日　台「工業總會」副祕書長蔡宏明稱，「一邊一國論」的提出，從短期看，或許會對台商赴大陸投資產生影響，但從長期看，赴大陸投資的趨勢並不會因此而改變。

8月11日　全美「和統會」聯盟大會在芝加哥市開幕，與會代表紛紛譴責陳水扁「一邊一國」等分裂祖國的言論及其行徑，呼籲全世界華僑華人團結起來，反對台獨，以實際行動推動中國的和平統一。

同日　陳水扁在台聯黨週年黨慶會稱，面對大陸的「武力威脅和國際打壓」，台灣不能自亂腳步，不能被嚇倒，而要堅持「正確的信念」，繼續走「正確的路」。

同日　台灣當局相關官員承認，確實向游錫堃近日訪問的中美洲國家提供了大量金援，其中海地為 5500 萬美元，巴拿馬為 4500 萬美元，哥斯達黎加約 8000 萬美元。

同日　台聯黨透過「黨綱修正案」，正式將「台灣」作為國家的名稱納入其黨綱。

同日　李登輝在台聯黨週年黨慶會妄稱，陳水扁提出的「一邊一國論」，是對兩岸事實的描述，台灣本來就是「主權獨立的國家」，與大陸是「國與國關係」，不屬於任何其他的國家。

同日　台北美國商會執行長魏理庭稱，台灣為保護自身產業，違反加入 WTO 時的承諾，仍對大陸進口商品設限，這些行為並不利於台灣的國際形象。

8月12日　游錫堃在哥斯達黎加接受當地媒體採訪詭稱，陳水扁提出「公投立法」的主要目的，是為了維護現狀。當前大陸用400余枚導彈瞄準台灣的行為好比是在「拿槍逼婚」，強行改變現狀。

同日　台經濟部公佈「在大陸地區從事投資或技術合作服務業及基礎建設經營項目」，將67項台商投資大陸服務業項目由「專案審查類」改為「一般類」。

同日　連戰接受媒體採訪稱，「兩國論」的提出，是李登輝政治主張的明顯轉折，而其本人曾明確表示過「中華民國是主權獨立的國家」，但並不會支持「兩國論」。國民黨願意在秉持「九二共識」、人民支持、民進黨當局不刻意打壓的情況下，與大陸進行政黨交流，商談推動兩岸直航事宜。

同日　無黨籍立委高金素梅，陪同二戰期間被日本強徵到南洋作戰台灣原住民（「高砂義勇隊」）的遺族代表，前往日本靖國神社抗議，要求靖國神社交實施籍死亡者名單，並將其靈位撤出神社。

同日　台《中國時報》報導，美軍方一行20餘人於上週抵達台灣，就建立美台軍事合作計劃及三軍聯合指揮作戰系統（即所謂「博勝案」），與台國防部會商。

8月13日　南京軍區司令員梁光烈在觀摩上海市「八·一三」防空演習後發表講話指出，陳水扁提出的「一邊一國論」充分暴露其分裂國家的台獨野心，台獨就意味著戰爭。

同日　唐樹備表示，大陸方面仍將繼續貫徹「和平統一、一國兩制」的基本方針和江澤民主席關於解決台灣問題的八項主張，但絕不會承諾放棄使用武力。

同日　台灣當局宣布開放台灣石油製品批發、民用航空、法律及會計、保險、不動產經紀、零售等68項服務業赴大陸投資，但仍將郵政業、電信業、集成電路、設計業、房地產開發等行業列為禁止赴大陸投資項目。

同日　香港《文匯報》報導，台灣法院及民間公證人已修改文書制定方式，去除原先帶有中華民國字樣的鋼印，改為加蓋公證人職銜章，以避免所發文書遭大陸方面退回。

同日　民進黨中常會正式啟動「國會改造修憲機制」，成立「憲政改革推動小組」，計劃在2003年8月10日前透過所謂「國會改革憲法修正案」。

同日　民進黨「中國事務部主任」陳忠信稱，該黨過去以「台獨黨綱」，現在則以「台灣前途決議文」作為處理兩岸關係的最高指導原則，並以捍衛「中華

民國主權」為政策主軸，這既是民進黨處理「中國政策」過程中的重要里程碑，又是民進黨務實態度的具體體現。

　　同日　美國國防部長拉姆斯菲爾德稱，美國與台灣間軍事往來的依據是「台灣關係法」。

　　8月14日　外交部新聞發言人孔泉問答記者提問指出，中國政府反對任何與中國建交的國家同台灣進行任何形式的官方往來。中方已就呂秀蓮抵達印度尼西亞一事向印尼提出嚴正交涉，要求印尼政府恪守「一個中國」政策，警惕台灣當局的陰謀，採取果斷措施，維護中印兩國的友好關係。

　　同日　交通部台灣事務辦公室副主任李建生指出，兩岸「三通」談判的大門，不會因為陳水扁提出「一邊一國論」而關閉，大陸方面依然堅持認為，「三通」問題可由兩岸民間團體協商解決。

　　同日　呂秀蓮在台總統府副祕書長吳釗燮等人的陪同下飛赴印度尼西亞展開所謂的「渡假外交」，在印尼首都雅加達機場被拒絕入境後，只得轉赴渡假勝地巴厘島。

　　同日　游錫堃在洛杉磯會見美國聯邦眾議員霍華德·伯曼稱，陳水扁已承諾在其總統任期內不會舉辦「統獨公投」，即使有了相關的法律依據，也不會舉辦。

　　同日　美國白宮國家安全會議發言人麥科馬克回答記者提問稱，美國將持續履行已承諾的對台軍售，其依據是「台灣關係法」，美國政府一向信守「台灣關係法」中規定的各項義務。

　　同日　印度尼西亞外交部發表聲明，否認印尼官方曾安排呂秀蓮赴該國訪問一事，強調印度尼西亞政府堅持一個中國政策，從未與台灣當局建立過任何形式的官方關係。

　　8月15日　陳水扁會見海外僑界醫藥衛生人士訪問團稱，台灣方面所表示的善意與誠意，包括「四不一沒有」、「兩岸統合」等政策主張，都必須建立在大陸放棄對台武力威脅的前提下。

　　同日　呂秀蓮稱，台灣並非大陸的一部分，她本人並非大陸的一員，她赴印度尼西亞僅是單純的旅行，大陸對此無權干涉。

　　同日　呂秀蓮在接受印度尼西亞「美都」電視台記者採訪稱，她希望在巴厘島會見印度尼西亞總統梅加瓦蒂，並一廂情願地表示，梅加瓦蒂對此不會拒絕。

同日　民進黨「中國事務部主任」陳忠信與媒體茶敘時稱，大陸對呂秀蓮赴印度尼西亞訪問的打壓，對兩岸關係並無直接影響，不過，兩岸「三通」等直接性的問題，仍需由兩岸直接談判解決。

同日　印度尼西亞外長哈桑·維拉尤達表示，印尼與台灣沒有外交關係，也沒有官方接觸，印尼政府並未安排與呂秀蓮進行任何會面。

8月16日　外交部發表聲明指出，呂秀蓮所謂的「渡假外交」，事實上依然是分裂國家的台獨行徑，其結果只會使兩岸關係更加緊張。

同日　台陸委會副主委陳明通在記者會稱，兩岸關係的改善與否，取決於大陸方面能否務實面對「中華民國存在」的事實。

同日　日本外務省政務次官水野賢一接受台《中國時報》專訪稱，日本政府應放寬本國官員與台灣的自由往來，並應立即表明反對大陸對台使用武力的立場。日本政府認為，台灣雖然提出了「一邊一國論」，但其大陸政策並未因此而有所改變。

8月17日　連戰在國民黨中常會稱，中華民國是「非賣品」，沒有任何個人、任何政黨，能以任何方式、任何名義出賣中華民國。民進黨當局提出「一邊一國」、「公投立法」等台獨言論，宣稱要「拼正名、改國號」，事實上是在破壞「國家體制」，國民黨當前的任務是維護「國家主權」和「國家發展」。

同日　印度尼西亞外交部長維拉尤達回答新華社記者提問指出，印尼政府堅持一個中國政策，呂秀蓮此次赴雅加達完全是私人行為，並非印尼政府安排，包括梅加瓦蒂總統在內的任何印尼政府高級官員，沒有與呂秀蓮進行過任何形式的接觸。

8月18日　新黨主席郁慕明在新黨全代會稱，新黨並非是「外省黨」，新黨黨員是一群「熱愛台灣的中國人」，新黨願扛起「中華民國復國」的大任，追求中國統一後的「民主、平等、均富」。

8月19日　陳水扁會見日本熊本縣3位參議員鼓吹，亞太地區的「安全、和平及穩定」是美、日、台三方「共同的語言及一致的利益所在」。台灣與日本可謂是「生命共同體」，「獨立的台灣」對維持日本的繁榮相當重要。

同日　台「國安會祕書長」邱義仁接受媒體採訪稱，台灣當局所謂的「進攻式外交」絕非「且戰且走」或是「率性而為」，而是在縝密規劃之後予以推動。

2002 年 / 8 月

　　同日　台「外交部發言人」張小月稱，台灣當局對大陸的外交行動「瞭如指掌」，並對與台灣當局有「外交關係」的 27 個「友邦」進行「嚴密防守」。

　　同日　民進黨祕書長張俊雄稱，民進黨將更積極地推動「政黨外交」。

　　同日　菲律賓政府宣布，禁止呂秀蓮過境菲律賓。

　　8 月 20 日　外交部新聞發言人孔泉強調，中國政府堅決反對與中華人民共和國有外交關係的國家，允許陳水扁前往該國活動，希望這些國家遵守一個中國政策，不同台灣當局進行任何形式的官方往來。

　　同日　陳水扁會見加勒比海 4 國外長稱，台灣當局將繼續推動「全方位外交」，加強執行國際人道援助計劃，但無意與大陸進行「援外競爭」，希望以理性與智慧化解兩岸間的分歧，實現「共贏」局面。

　　同日　台《中國時報》報導，游錫堃指示台外交部、經濟部對現有「外交政策」進行檢討，要求它們整合所有資源，透過「多元外交」的途徑，發揮最大力量。

　　同日　台灣當局官員在台菲「第十屆部長級經濟合作會議」閉幕式稱，台灣願意與菲律賓就簽署「自由貿易協定」進行談判。

　　同日　台「交通部郵政總局」正式擴大代理「中華快遞公司」收寄大陸快遞貨件的服務範圍，將代收郵局由 400 余個增加至 755 個。

　　同日　台駐 WTO 副代表鄧振中稱，台灣代表團將依照 WTO 的相關規定，與大陸常駐 WTO 代表團往來，以促進兩岸經貿關係的正常化發展。

　　8 月 21 日　國務院副總理錢其琛會見「全非洲中國和平統一促進會訪問團」強調，陳水扁公然鼓吹大陸與台灣「一邊一國」，宣稱要以所謂「公民投票」方式決定「台灣的前途、命運和現狀」，種種分裂言論，與李登輝的「兩國論」一脈相承，為兩岸關係發展設置了新障礙，為台灣社會帶來了新動盪，也為國際社會增添了新麻煩，必然會受到海內外中華兒女及國際輿論的普遍譴責。但大陸方面仍願意與台灣各界有識之士一道，為早日實現兩岸「三通」和兩岸關係的健康發展而努力。

　　同日　陳水扁會見「美日台三邊戰略對話：台北迴合」與會人士稱，確保亞太地區的和平與繁榮有三個「錨」，即「安全」、「民主」、「經濟」。美日同盟符東亞區域利益，日本應在亞太安全上扮演更積極和建設性的角色，美、日、

台三方應建立「亞太民主的社群」，調整對中國大陸的投資和經貿政策，建立美、日、台「自由貿易區」，加速形成亞太民主國家的「經濟共榮體」。

同日　台《中國時報》報導，在外界壓力下，台陸委會已決定在「商務活動許可辦法」調整之前，先依據相關專業活動許可辦法，專案許可在跨國企業中供職的大陸籍高層主管，可因業務調動入台，也可赴台從事培訓、商務訪問、履約等活動。

8月22日　陳雲林會見台灣電電公會理監事大陸考察團指出，陳水扁背棄其曾作出的承諾，公然鼓吹兩岸是「一邊一國」，煽動要以所謂「公民投票」的方式決定「台灣的前途、命運和現狀」，製造兩岸關係緊張，影響台灣社會安定和經濟發展，他的分裂行徑必將以失敗告終。大陸方面堅定不移地反對任何形式的台獨，但同時也將始終不渝地維護廣大台灣同胞的根本利益。兩岸同胞間增進交往和加強合作，不應受到政治因素的影響干擾。促進兩岸人員往來，加強各個領域的民間交流與合作，推動兩岸實現直接「三通」，是大陸方面既定不變的政策。

同日　國台辦新聞局局長張銘清表示，大陸方面目前尚未開放台灣記者常駐大陸，何時開放，將依據兩岸新聞交流情況的變化及台灣方面的態度而定。

同日　台行政院透過決議，規定台灣中文譯音系統將採取「通用拼音系統」，放棄使用國際通行的「漢語拼音系統」。

同日　由美、日、台三方智庫和前政府官員參與的「美日台三邊戰略對話：台北迴合」在台北閉幕，會議呼籲美、日、台三方提高相互間戰略對話級別和頻率，以探索三方「結盟」的可能性。

同日　包道格稱，美台雙方需要就「合適的」防衛合作進行協商，以保證台灣有「自衛能力」。

8月23日　民進黨「中國事務部」主任陳忠信在國民黨智庫舉辦的「經發會兩岸組共識週年回顧」座談會稱，兩岸航線應是「特殊航線」，至於如何「特殊」，雙方可以各自定義。

8月24日　台「僑務委員會委員長」張富美在「美洲各地中華會館、公所、華僑總會聯誼會」第二十三屆年會稱，陳水扁希望兩岸能在互信互惠的前提下，追求雙方的和解、合作與和平。她表示，台灣當局的大陸政策並未改變，仍將以陳水扁2000年的就職演說及其後續談話、政策為主軸。

2002 年 / 8 月

8月25日　台總統府、行政院及民進黨高層人士舉行「大溪會議」，陳水扁與會，就台灣經濟和所謂「民主」、「人權」及「反恐」等問題作出10點結論，其中之一為台灣相關部門應立即完成兩岸直航的評估規劃，一旦兩岸完成相關談判，即可付諸實施。

同日　台《中國時報》報導，台灣當局已承諾向巴拉圭政府提供2500萬美元貸款，以換取其對外發表不會同台灣當局「斷交」的聲明。

同日　蔡英文在「經發會決議執行成果檢討會」提出報告稱，一年來，台灣當局已落實了經發會就推動兩岸經貿發展所達成的4項基本原則及36條共同意見的中短期部分，將陸續實施相關後續政策及中長期規劃。

同日　邱義仁稱，陳水扁已要求相關單位，無論大陸是否願意與台灣當局商談兩岸直航問題，各單位都必須對兩岸直航事宜進行評估規劃。

同日　陳明通在東京稱，台灣當局計劃以台港航權談判模式與大陸就兩岸「大三通」進行談判，但談判必須在「既成現實」的基礎上進行，即台灣是「主權獨立國家」；海峽兩岸「一邊一國」。

同日　張俊雄在東京稱，中國大陸正積極利用自身的政治經濟資源，強化對周邊國家和地區的影響力，美、日、台應建立東亞安全合作機制，確保台海國際航運通道的暢通，同時簽署「自由貿易協定」，深化經濟關係，日本也應支持台灣加入WHO等國際性組織。

同日　辜振甫與王永慶在經發會一週年紀念會議上，共同呼籲台灣當局重視兩岸「三通」問題。

同日　日本《經濟新聞》報導，美國貿易代表佐立克致函國會參眾兩院議長稱，美國打算與台灣簽署「自由貿易協定」。

同日　沙特阿拉伯王儲阿卜杜拉·本·阿卜杜勒-阿齊茲親王及部分沙特王室成員抵達台灣，就向台灣採購導彈等武器裝備事宜，與台灣當局商談。

8月26日　國家副主席胡錦濤會見美國副國務卿阿米蒂奇時指出，台獨勢力的分裂活動是台海地區和平穩定的最大威脅，是亞太地區和平穩定的破壞因素。中國政府絕不允許台獨，也絕不容忍台獨勢力對中國主權和領土完整的損害。

同日　陳水扁出席「亞太民主論壇」開幕典禮妄言，作為「民主化的典範」，台灣願意為促進中國大陸的「民主化」作出貢獻。

同日　台《聯合報》報導，台經濟部擬允許在福建投資的台商將台灣發出的貨物，經金廈「小三通」方式中轉運進大陸。

同日　劉德勛稱，台陸委會擬修訂「兩岸人民關係條例」，以「復委託（受委託機構可再委託其他民間團體）」的模式，授權民間團體協助兩岸進行談判。

同日　台立法院長王金平率「朝野黨團立委」出訪洪都拉斯、薩爾瓦多等中美洲「友邦」，並參加在薩爾瓦多舉行的「第十四屆中美洲暨加勒比海盆地國會議長論壇與工作會議」。

同日　正在中國訪問的美國副國務卿阿米蒂奇重申，美國政府將繼續堅持一個中國政策，不會支持「台灣獨立」。並指出，陳水扁提出的「一邊一國論」，不會影響到中美第三次高峰會晤。

8月27日　呂秀蓮詭稱，美國「不支持台獨」的說法，是指美國不參與台獨，但如果只是事實陳述或確認，則美國不會反對。

同日　台「國家安全會議諮詢委員」林佳龍稱，兩岸「三通」談判，涉及「國防安全」、「國家主權」、談判形式等問題，台灣當局處理兩岸「三通」談判的底線是「維持基本尊嚴」與「對等原則」，絕不可以被「矮化」為地方政府，兩岸航線不能被定義為「國內航線」。

同日　國民黨中央政策會執行長曾永權稱，美國已表明「不支持台獨」，民進黨當局若貿然推動台獨，只會造成台灣政治對立，不利於台灣經濟發展。

8月28日　唐樹備表示，陳水扁提出的「一邊一國論」使兩岸關係更緊張，陳水扁應該懸崖勒馬，不要繼續沿著分裂國家的道路走下去。

同日　台內政部公佈「台灣人民進入大陸地區許可辦法」修訂案，允許台灣10類「公職人員」赴大陸，凡在大陸地區有三親等血親、繼父母、配偶的父母或配偶者，均可申請赴大陸地區探親或探病。

同日　蔡英文在台灣工業總會座談會稱，台陸委會已著手對「兩岸人民關係條例」進行修改，取消台灣民間團體邀請大陸經貿人士訪台的限制，並比照外國商務人士，允許在跨國企業就職的大陸商務人士赴台受訓及參加相關會議。同時，還考慮開放大陸企業赴台舉行展覽和發佈商品廣告。

同日　阿米蒂奇針對「一邊一國論」回答記者提問稱，美國政府堅持一個中國政策，不支持「台灣獨立」，美國政府制定這一政策的基礎是「台灣關係法」、

台海和平原則和對「兩岸人民都認同只有一個中國，台灣是中國的一部分」的認知。

8月29日　台行政院召開跨部門會議，初步議定以提供融資、出口保險等政策，鼓勵台灣廠商赴東南亞投資，落實「南向政策」。

同日　游錫堃主持召開「大溪會議會後會」，確定將優先與美國、日本、新加坡、巴拿馬、新西蘭等國簽署「自由貿易協定」。

同日　台「投審會」前執行祕書蔡練生會同陸委會經濟處、經濟部投資業務處、海基會等部門官員，以台「工業總會巡迴訪問團」的名義，前往上海、崑山、蘇州、東莞、深圳等大陸台商聚集地區，對大陸台商進行「補辦登記」宣傳活動。

同日　受對台三項軍購延宕的影響，美國政府已開始降低自2000年來建立的對台軍售模式及其級別。美方表示，除非台灣事先編訂好軍購預算，證明其對美軍購的決心和誠意，否則，美方將不再依慣例主動宣布同意對台軍售項目。

8月30日　陳水扁在台灣記者節茶會辯稱，「一邊一國論」的實施有三個背景，即其接任民進黨主席後，決定用「台灣前途決議文」解決「台獨黨綱」的問題；面對台灣外「台灣正名運動」的聲音，要表明改變現況必須由全民決定、而非由其一人的立場；由於大陸方面一再強調兩岸直航屬於一個國家內部的事務，其「作為中華民國的領導人，必須強調中華民國是主權獨立的國家」。

同日　陳水扁稱，將以「台灣前途決議文」作為台灣當局處理兩岸問題的最高原則。並表示，兩岸「三通」和直航無可迴避，將勇於面對，但台灣必須堅持不可被「矮化、邊緣化、地方化」的立場。

同日　游錫堃稱，台灣當局在與其他國家簽署「自由貿易協定」時，將以「中華民國R.O.C」為優先考慮名稱，其次為「台灣」。

8月31日　唐樹備在美國舊金山「北加州和平統一促進會」2002年年會上表示，陳水扁提出「一邊一國論」，是利用台灣人對中華民國這一政治符號的情結來製造分裂。

同日　清華大學經濟管理學院宣布，將從當年10月起，正式招收兩個台商EMBA班，並將給畢業的學員正式授予相應的學位。這是大陸地區大專院校首次為台商開設EMBA班。

同日　台國防部發佈 10 月「保防重點教育」專文妄言,大陸以台灣為軍事演習假想敵,針對台灣部署導彈,同時對台灣進行人員滲透,誘使台灣資金、人才流向大陸,使台灣「國力」流失,因此,對大陸一定要樹立「心防」。

同日　台「總統府祕書長」陳師孟稱,台灣當局沒有所謂的一個中國政策,也不會承認一個中國原則,「一個中國」只是兩岸進行談判的議題之一。

同日　台聯黨文宣部主任蕭貫譽稱,台灣當局過度遷就台灣半導體業者,忽略了民眾及國家利益,台聯黨堅持在相關法律未訂立前,不允許台灣 8 英吋晶圓廠赴大陸投資。

9月

9月1日　中國駐美大使館代辦蘭立俊公使在華盛頓出席「中國和平統一促進會」成立 30 週年紀念大會指出,陳水扁與李登輝一樣,都是兩岸關係和國際社會的「麻煩製造者」。但任何挑釁一個中國原則的行為必將以失敗而告終。

同日　台「民航局副局長」李仲榮以「中華民國飛航管制協會顧問」的名義,率團赴大陸參加兩岸飛航管制研討會。

同日　台灣當局與蒙古互設「代表處」,台駐烏蘭巴托的「台北貿易經濟代表處」正式開始運作。

同日　香港《文匯報》報導,新加坡副總理李顯龍接受台《天下》雜誌採訪時稱,應注重台新兩地關係的實質性發展,而不應拘泥於形式。

9月2日　陳水扁向台軍官兵發表談話稱,「中華民國是一個主權完整的國家」,他與台軍官兵均不能接受一個中國原則和「台灣是中華人民共和國一部分」的說法。他叫囂,台軍要「為台灣的生存發展而戰、為百姓的安全福祉而戰」,應樹立起任何人只要是意圖「侵犯台、澎、金、馬」、消滅台灣,就是「敵人」的觀念,對此絕不能有任何的模糊和懷疑。

同日　台《中國時報》報導,台行政院 2003 年度施政方針稱,台灣當局將以「民主、人權、和平」為訴求,結合國際非政府組織(NGO)力量,爭取參與世界衛生組織(WHO)等政府間組織,作為 2003 年的工作重點。

同日　台「國安會祕書長」邱義仁透露,為了應對「911 事件」後全球戰略的改變,台灣當局在過去一年裡向反恐活動捐助的經費超過了 1 億美元。

同日　台外交部長簡又新詭稱,台灣在蒙古設立「代表處」,並不牽涉「中華民國憲法」中所定的領土變更問題,「理性、務實」是台灣當局設立「代表處」的原則。

　　同日　台《中國時報》報導,台陸委會擬透過採取「委託」、「復委託」雙軌並行的方式,授權具有「公益法人」性質的台灣民間團體參與和協助「三通」等兩岸事務談判,將盡快提出具體方案。

　　同日　為防止大陸在加入WTO後「非法竊取」台灣高科技技術,台「國安會科技小組」已指示相關部門,確定從即日起對學術研究、產業科技、農業科技等三大領域126項「敏感科技」項目加以管制,凡在研發過程中接受台灣當局資助的「敏感科技」項目,必須經台灣當局審查核準或事先報備後,方可公佈研究成果。

　　9月3日　外交部新聞發言人孔泉問答記者問題指出,堅決反對台灣當局利用各種名義在國際上發展官方關係,甚至從事製造「兩個中國」或「一中一台」的活動。中方希望並且要求與中國建交的國家能夠恪守一個中國的承諾,慎重處理有關問題,但中方對這些國家同台灣保持一些民間的、經貿的、文化的往來不持異議。

　　同日　唐樹備在美國洛杉磯表示,如果台灣當局不宣布台獨,大陸也不會對台動武,兩岸間應淡化中華人民共和國和中華民國等政治符號,樹立台灣和大陸都屬於中國的思維。

　　同日　台陸委會稱,為落實「大溪會議」的結論,將在今年11月30日前完成兩岸直航技術層面的規劃,同時將提出兩岸彈性協商方案和兩岸直航對台灣經濟影響的評估報告。

　　同日　台「監察院」批評台行政院和相關部門執行金門、馬祖等離島「小三通」業務的成效不佳,未能促進兩岸的直接貿易和良性互動,要求行政院加以糾正並改進。

　　同日　由民進黨立委張旭成等組成的「台歐國會議員交流協會歐洲參訪團」啟程赴歐洲活動,稱將向歐洲議會解釋「一邊一國論」,並推動歐洲議會透過要求歐盟向陳水扁等台灣當局官員發放旅行簽證的決議。

　　9月4日　台「外交部新聞發言人」張小月稱,台灣當局絕不做「金錢外交」,並無向所羅門群島政府提供1億美元貸款一事。

同日　台「國貿局」決定取消對大陸物品轉運的限制，允許尚未被台灣當局列為開放進口的大陸物品以海運或海空聯運的方式，經過台灣的通商口岸轉運出口。

同日　國民黨發言人蔡正元稱，國民黨希望陳水扁沒有暗中推動涉及變更「國號」、國旗的「統獨公投」計劃，台灣民眾不要只看到「紅色政權」鯨吞中華民國的危機，也不要忽略綠色政權蠶食中華民國的危機。

9月5日　台行政院正式透過修正後的「試辦金門、馬祖與大陸地區通航實施辦法」，同時透過澎湖地區可以「專案形式」直航對岸、採取「許可制」允許大陸資金赴台灣投資不動產等決定。

同日　美國防部國防安全合作署正式公佈四項總金額達5.2億美元的對台軍售案，其中包括449枚「地獄火II型」（HellfireAGM-114M3）反坦克導彈、182枚「響尾蛇」（SidewinderAIM-9M-1/2）空對地反裝甲導彈、54輛兩棲攻擊型人員、指揮維護車輛、強化型定位雷射遙感偵測無線電、零配件和F16A/B、F5E/F、C130H、「經國號」（IDF）等不同型號戰鬥機裝備維修、補充材料等項目。

同日　歐洲議會透過《對亞洲戰略報告》，將台灣稱為國家，要求大陸撤除所有部署在台海沿岸各省的導彈，並逐步解除軍備，支持台灣加入WHO，贊成台灣參與亞歐會議，同時要求歐盟給陳水扁等台灣當局官員發放旅歐簽證，比照在亞洲其他地區新設辦事處的方式，在台灣成立歐盟貿易辦事處。

同日　格林納達外長埃爾文‧尼姆羅德稱，台灣當局已於近日再次承諾向格政府提供36萬美元開發援助，此前格國財政部已披露，台灣當局與格林納達「建交」7年來，已向格政府提供了總額近1億美元的經濟援助。

9月6日　外交部新聞發言人孔泉問答記者提問指出，中國政府一貫反對美台間進行任何具有官方性質的交往，中方已就有關台「國防部副部長」康寧祥將於近期訪美的報導向美方提出嚴正交涉，如果美方允許康寧祥去美活動，將是對中美間三個「聯合公報」的嚴重違反和對中國內政的粗暴干涉，並向台獨勢力發出新的錯誤信號。美方應認清台灣問題的敏感性，吸取教訓，言而有信，以免損害中美關係和兩國的共同利益。孔泉同時指出，歐洲議會在日前透過的《對亞洲戰略報告》中提出的支持台灣加入WHO、要求給陳水扁等台政要發放訪歐簽證等內容違反了歐盟堅持的一個中國原則，實質上是對台獨勢力的縱容和支持，中方對此表示強烈不滿和堅決反對。中方希望作為歐盟重要機構的歐洲議會在實踐

中恪守歐盟多次重申的一個中國原則，停止干涉中國內政，以利中歐全面夥伴關係穩定健康地向前發展。

同日 「永遠的孔子」文物展在台北市「國父紀念館」開展。

同日 台外交部長簡又新稱，大陸應正視歐洲議會透過的《對亞洲戰略報告》，撤除所有部署在台海沿岸各省的導彈並逐步解除軍備。

同日 邱義仁抵達泰國曼谷活動。

同日 歐洲聯盟執委會發言人稱，歐盟將於今年底前在台灣設立「貿易事務聯絡辦公室」，但這並不等於歐盟將在台灣設立外交機構。

9月7日 台交通部長林陵三率團赴俄羅斯海參崴，參加APEC非正式投資發展會議。

同日 台「國防部副部長」康寧祥抵達華盛頓訪問，這是自1979年美台「斷交」後，台灣當局高級別軍事官員首次直接訪問美國。

同日 正在美國訪問的國民黨立委章孝嚴表示，雖然中國實現統一可能需要一個長遠的過程，但國民黨和親民黨堅持一個中國政策、追求中國統一的目標不會改變。

9月8日 外交部長唐家璇在與來訪的日本外相川口順子會談指出，台灣與其他國家簽署「自由貿易協定」並非是單純的經濟問題，更重要的是政治問題，希望日本政府對此慎重考慮。

同日 台總統府、行政院及民進黨高層人士在台北縣三芝鄉舉行「三芝會議」，陳水扁在會上誣指大陸加速發展的「超限戰」，類似於恐怖主義攻擊手段，嚴重威脅台灣的「國家安全」。並稱台灣當局堅定支持美國政府的反恐行動，並願繼續以具體行動參與其中。

同日 台灣當局高層人士參與的「三芝會議」結束，會議達成的10點結論稱，台灣當局將整合「中央廣播電台」、「中央社」等公共媒體，建成台灣向國際社會和大陸推廣「民主經驗」的「台灣之聲」，同時，要加強推動「全僑民主和平聯盟」的工作，以應對大陸借助海外華僑華人開展的「反獨促統」運動。堅持只有2300萬台灣民眾才有權利改變台灣現狀的主張，台灣民眾有權在受到威脅時透過包括「公民投票」在內的民主方式進行防禦。

同日　台《聯合報》報導，李登輝日前宴請台聯黨立委時妄言，中國的5000年歷史是「退步的文化」，台灣要脫離中國古代歷史與思想，「走自己的路」。

9月9日　全國人大外事委員會負責人指出，歐洲議會在《對亞洲戰略報告》中塞進一些與事實完全不符的內容，在台灣、人權等重大問題上採取錯誤的立場，將台灣稱為國家，鼓吹支持台灣擠入WHO並與亞歐會議發生「關聯」，為陳水扁及台灣高官發放旅歐簽證。中國政府對歐洲議會上述嚴重違背歐盟關於一個中國原則莊嚴承諾、干涉中國內部事務的行徑，表示堅決地反對。

同日　《福建日報》報導，錢其琛副總理於本月3日至8日在福建考察對台工作時強調，大陸方面將堅定不移地維護一個中國原則，堅決反對一切台獨分裂言行，同時應採取措施、加大力度，繼續推動兩岸直接「三通」，進一步加強兩岸人員往來及各項交流，發展兩岸經濟合作，依法保護台灣同胞的正當權益，推動祖國和平統一進程。

同日　外交部長唐家璇近日在接受《人民日報》採訪時指出，陳水扁至今拒絕接受一個中國原則，且變換手法推行台獨，近期拋出了「一邊一國論」，充分暴露其台獨真面目。近日台灣當局又圖謀第10次「參與」聯合國，公然挑戰《聯合國憲章》和聯大第2758號決議的權威性。聯合國是由主權國家組成的政府間國際機構，台灣作為中國的一個省根本沒有資格「參與」聯合國。台灣當局逆歷史潮流而動，必將再次以失敗告終。

同日　外經貿部台港澳司司長王遼平在第六屆中國投資貿易洽談會「台商投資政策研討會」表示，大陸方面將繼續賦予台商不低於大陸企業的優惠待遇，努力創造更好的投資環境，保持台商在大陸投資政策的連續性。

同日　世上最古老的福建漳州「千年金身黑面媽祖寶像」抵達台灣，台灣千名媽祖信徒前往迎接。

同日　陳水扁在「中美工商界聯合會」妄言，中國大陸政治結構的不穩定和城鄉發展的失衡，將為亞太地區的長期發展帶來隱憂和威脅，因此，美、日、台及東盟間應建立「自由貿易區」，以強化地區的平衡與穩定。

同日　李登輝出席台灣律師節慶祝大會，詭稱台灣與大陸是「兩個國家」，台灣民眾應正視企業「西進大陸」給台灣經濟帶來的衝擊，而且，為了否定台灣是一個「主權獨立國家」的事實，大陸將全力「以商促政」。

同日　由「台灣促進和平基金會」執行長簡錫堦結合台灣非政府組織團體共同籌組的「兩岸和平民間推動聯盟」，發表《給和平一個機會，兩岸和平宣言》，認為武力不能解決兩岸問題。

9月10日　外交部新聞發言人孔泉指出，陳水扁近日有關大陸以「超限戰」方式將台灣置於恐怖陰影之下的說法，純屬無稽之談。

同日　陳水扁發表「反恐聲明」稱，將以具體行動支持美國政府反恐，並誣指大陸對台灣的軍事威脅，本質上與恐怖攻擊十分類似，大陸對台灣有「恐怖式的攻擊企圖」。

同日　台「國防部副部長」康寧祥在美國防部與國防部副部長沃爾福威茨、參謀長聯席會議主席邁爾斯等舉行會談。在美期間，康寧祥還會晤了其他美國國防、外交、國家安全、軍售等部門的人士，包括美國防部中國問題顧問白邦瑞、國防安全合作署東亞處處長愛德華·羅斯等。

同日　台軍方發言人黃穗生稱，任何可以克敵制勝、維護「國土安全」的戰術作為，都可列為台軍考慮、研究的重點，暗示台軍可能研究發展「超限戰」。

同日　日本首相小泉純一郎在紐約外交關係協會稱，日本和台灣、大陸都有特殊關係，日本將努力營造兩岸和平對話的環境，希望雙方能找出和平對話的途徑，解決彼此紛爭。

9月11日　第五十七屆聯合國大會總務委員會做出決定，拒絕將岡比亞等極少數國家提出的所謂「台灣參與聯合國」提案列入本屆聯大議程。這是台灣當局在聯合國製造「兩個中國」或「一中一台」的圖謀連續第10次遭到失敗。

同日　唐家璇指出，聯大總務委員會連續第10次拒絕將所謂「台灣參與聯合國」提案列入聯大議程是正義的勝利，台灣當局近來大肆鼓吹台獨，甚至叫囂「一邊一國」，與兩岸人民的願望和利益完全背道而馳，但任何企圖分裂祖國的圖謀都不可能得逞，任何人和任何勢力要想分裂中國的圖謀，同樣也會以失敗而告終。

同日　簡又新特別約見日本交流協會台北事務所所長內田勝久，對小泉純一郎有關日本將努力營造兩岸和平對話環境的講話表示感謝。

同日　台法務部長陳定南赴新加坡活動。

同日　台內政部發佈修正後的「大陸地區人民在台灣定居或居留許可辦法」及「大陸地區人民進入台灣許可辦法」，放寬了對大陸配偶赴台定居、居留和停留的多項限制性措施。

9月12日　外交部新聞發言人孔泉指出，台灣當局第10次圖謀加入聯合國遭到失敗，顯示台獨沒有出路。並正告台灣當局，立即停止一切分裂國家的活動，不要錯判形勢，而某些與台灣有所謂「邦交」的國家也應停止損害中國國家主權和領土完整的活動。

同日　台「外交部發言人」張小月稱，對台灣當局第10次圖謀加入聯合國遭到失敗一事，應持正面思考的態度。並揚言台灣當局今後會更加積極地努力，以達成目標。

9月13日　唐家璇在紐約聯合國總部會見美國務卿鮑威爾指出，台灣問題關係到中美關係的穩定與發展，希望美方停止對台出售先進武器和提升美台關係的做法，不要向台獨勢力發出任何錯誤的信號。

同日　唐家璇在第五十七屆聯大一般性辯論中指出，世界上只有一個中國，大陸和台灣同屬一個中國，中國的主權和領土完整不容分割。實現國家統一是中國政府堅定不移的立場和不懈奮鬥的目標。台灣當局領導人公然將兩岸關係歪曲為「一邊一國」，充分暴露其頑固堅持台獨的真面目，這既是對包括台灣同胞在內的全體中國人的公然挑釁，也是對國際社會公認的「一個中國」原則的公然挑釁，更是對兩岸人民安全與福祉和亞太地區和平與穩定的威脅。中國政府堅持「和平統一、一國兩制」的基本方針，致力於推進兩岸經貿合作和人員往來，但堅決反對任何台獨活動，決不允許任何人以任何方式把台灣從中國分裂出去。

同日　陳水扁稱，台灣當局絕不會接受大陸方面關於「台灣是中國神聖領土的一部分」的說法。台灣與大陸「一邊一國」要分清楚，所謂「台灣路」就是「主權對等論」。

同日　台駐美代表程建人接受《中國時報》記者採訪稱，自「911事件」以來，台灣當局與美國政府間的溝通管道一直很順暢，雙方利益相同、理念相同，台灣並未因「911事件」而被邊緣化或被忽略。

9月14日　陳水扁稱，大陸為實現統一，至今不放棄「武力犯台」，針對台灣部署導彈，因而，對台灣的安全構成嚴重威脅，台灣不能坐以待斃、束手就擒，而應努力提升保障「國家安全」的能力。

同日　台「立法院副院長」江丙坤在「台商智庫論壇」稱，面對中國大陸成為全球生產基地和擁有巨大的市場潛力的現實，台灣廠商應朝建立日本、台灣、美國和台灣、大陸、美國的「雙黃金三角關係」的方向發展。

9月15日　外經貿部台港澳司司長王遼平接受記者採訪表示，大陸方面一貫主張不以政治分歧干擾兩岸經貿交流，並將繼續採取靈活務實的措施促進兩岸經貿交流。兩岸經貿交流既有利於兩岸經濟的共同發展，也符合兩岸人民的根本利益，當前兩岸經貿合作已經達到相當的規模，大陸首次超越美國，成為台灣第一大出口市場，台灣也成為大陸第四大貿易夥伴、第二大進口市場和最大貿易逆差來源地。他透露，當年1至6月，兩岸貿易額達196.4億美元，同比增長31%。台灣在兩岸貿易中順差達140.2億美元，同比增長11%。祖國大陸共批準台商投資項目2179個，同比增長11.34%，合約台資金額43.63億美元，同比增長30.65%，實際利用台資金額19.1億美元，同比增長46.96%。

同日　以色列副總理兼外長佩雷斯與唐家璇會晤時表示，以色列政府堅持一個中國政策，不會向台灣出售武器。

9月16日　錢其琛副總理會見「紐約中國和平統一促進會訪問團」時表示，世界上只有一個中國，大陸和台灣同屬一個中國，中國的主權和領土完整不容分割，台灣問題是事關中國主權和領土完整的原則性問題，台灣極少數人不要對此抱有不切實際的幻想。

同日　國務院正式批準廈門市對外圖書交流中心經金門直航進口台灣報刊。

同日　台《中國時報》報導，台灣相關部門已完成對「兩岸人民關係條例修正草案」的審查，對現有關於兩岸通航的條文不做修改，同時將明文增訂「復委託」機制，使海基會以外的、具有專業性質的公益法人團體，可協助參與兩岸通航事務談判。

同日　宋楚瑜稱，親民黨認為台灣民眾當家做主的意願和堅持「自由民主體制」的原則不容破壞，因此，在兩岸關係上最好的選擇是維持現狀。

同日　李登輝接受日本《沖繩時報》採訪妄言，釣魚台是「日本的固有領土」，其所有權屬於日本沖繩縣。此言一出，立即遭到台灣各界的強烈譴責。

同日　菲律賓武裝部隊參謀總長稱，菲律賓在籌集到足夠資金以購買更為先進的戰鬥機前，將考慮先向台灣購買其多餘的F5-E型戰鬥機，以求在過渡時期能組成相應的戰鬥機組。作為交換條件，台灣方面將要求菲方允許其戰鬥機使用菲境內的前美軍克拉克空軍基地。

9月17日　外交部新聞發言人孔泉回答記者提問指出，中國政府堅決反對世界上任何國家向台灣出售武器或提供武器裝備。德國和以色列政府都已向中國政府表示，會恪守一個中國政策，發展與中國的友好合作關係，遵守建交承諾，不向台灣出售武器。此外，針對新加坡內閣資政李光耀訪問台灣一事，中國政府表示遺憾和不滿。新加坡政府多次向中方重申恪守一個中國政策，中方希望新方不僅在口頭上，更應在行動上恪守一個中國的承諾，堅持一個中國政策，不做有損兩國關係的事。

同日　中國駐菲律賓大使館發言人王珞指出，菲律賓計劃向台灣購買F5-E型戰鬥機一事並非一般的商業銷售行為，其違反了菲律賓政府一貫堅持的一個中國政策。中國政府希望菲律賓政府遵守承諾，以免影響中菲兩國關係的發展。

同日　陳水扁會見德國柏林自由大學教授沃納‧普芬尼希稱，東西德統一之前是「一邊一國」，歐盟實現統合的經驗是基於「主權對等」，但當前大陸對待台灣的態度，與東西德統一及歐盟統合經驗完全背道而馳，是「用槍對準台灣」，要台灣接受大陸片面宣稱的統一，其結果只會使兩岸漸行漸遠。

同日　台「國安會祕書長」邱義仁出席《每日新聞》亞洲調查會在東京舉辦的國際研討會稱，台灣如果沒有足夠的軍事力量，就無法公平地與大陸進行談判。他希望日本在東亞地區扮演更為積極的主導角色，如果日本等外國航空公司提出參加兩岸直航的要求，就可能迫使大陸冷靜地思考兩岸直航問題，理性地與台灣進行直航談判。

同日　新加坡內閣資政李光耀夫婦抵達台灣訪問。

9月18日　台「監察院」透過「行政院未建立有效機制掌握台商投資大陸訊息」及「相關主管機關未能提出有效對策因應處理大陸台商債留台灣情形糾正案」，批評台行政院下屬機關未能掌握台商赴大陸投資訊息，忽視大陸地區強烈的磁吸效應，沒有及時擬定相關政策及配套措施，以致台灣廠商加速「西移」，同時卻「債留台灣」。

同日　蔡英文在「WTO框架下的兩岸經貿關係研討會」發表演講稱，海協與海基會是受委託或被授權的中介機構，在政治上必然會忠實地貫徹各自授權方的指示，但兩會因「九二共識」問題無法直接接觸，顯示出大陸方面不能坦然面對「中華民國存在」的事實，而這將無助於兩岸問題的解決。

同日　邱義仁在東京與台灣媒體座談時稱，台灣當局將以相當程度的彈性與各國進行簽署「自由貿易協議」的談判，大陸方面如果繼續以主權問題為由進行阻撓，只會對其自身不利。

同日　台灣華南商業銀行和合作金庫銀行分別獲準在深圳和北京設立辦事處。

同日　美國在台協會台北辦事處處長包道格在美國商會發表演說稱，台灣如果繼續視大陸為經濟威脅，對大陸採取防禦甚至對抗策略，將降低台灣對外資的吸引力，並有被孤立與失去商機的危險。

9月19日　呂秀蓮稱，當前台灣有許多人「錢留大陸、債留台灣」，因此，對台灣來說，大陸絕對是威脅。

同日　台行政院宣布，同意台灣法鼓山文教基金會將一尊有1300多年歷史的石雕佛頭像歸還山東省濟南市歷城區神通寺。該佛頭像於1997年在內地被盜，後輾轉為台灣人士購得，並被捐贈給法鼓山文教基金會。

同日　台「財政部次長」張秀蓮稱，該部將繼續敦促台灣金融機構加強對大陸台商借貸的審核，謹慎處理相關申請，以免出現台商「西進大陸、債留台灣」的情況。

同日　陳水扁之妻吳淑珍率團前往美國進行所謂「珍愛民主、親善之旅」。

9月20日　錢其琛在第七次全國台灣同胞代表會議上重申，世界上只有一個中國，大陸和台灣同屬一個中國，中國的主權和領土完整不容分割。指出陳水扁鼓吹大陸與台灣是「一邊一國」，煽動以所謂「公投方式」決定台灣前途，與李登輝的「兩國論」一脈相承，是對一個中國原則的公然挑釁。搞台獨沒有出路，任何分裂國家的圖謀都是注定要失敗的。

同日　國台辦副主任周明偉指出，開放台灣媒體在大陸設立辦事處和記者長駐是大陸的政策方向，大陸方面不存在任何障礙，希望台灣當局盡快解除對大陸媒體的不合理限制，推動兩岸新聞交流。

同日　台陸委會副主委陳明通回答記者提問稱，赴台訪問的江蘇省鄉鎮企業協會參訪團因有招商行為，已被要求限期提前離境，同時台灣當局還將對接待單位「台灣塑膠工業同業公會」進行處罰。

同日　赴台訪問的江蘇省鄉鎮企業協會參訪團成員沈文華澄清事實稱，該團赴台訪問並未出席招商活動，只是參加了正常的商業聚會。該團成員對台灣當局以涉嫌招商為由要求參訪團限期提前離境的決定表示遺憾。

同日　台外交部相關官員稱，將於今年10月7日開始發行的新版中華民國護照的封面中英文字樣，暫不加注「Issued in Taiwan」字樣，維持原樣，後續問題將與台灣各黨派協商後再行處理。

同日　吳淑珍在美國國家藝術俱樂部發表演講稱，台灣作為一個國家，卻沒有參與國際組織和與其他國家交往的自由，聯合國將台灣排除在外是不公平的。

9月22日　國台辦有關負責人就大陸鑫諾（Sino）衛星遭到自台北發出的「法輪功」非法電視信號干擾一事指出，此種行徑嚴重傷害兩岸同胞的感情，台灣方面有責任立即制止這種犯罪行為。

9月23日　游錫堃出席大陸台商聯誼會稱，台灣當局將全力支持台商拓展全球商機，陸委會將11月底前完成兩岸直航技術層面的規劃，行政院已為直航做好了心理準備。

同日　台行政院完成對「兩岸人民關係條例修正草案」的審查，決定對大陸配偶採取「居留從寬，定居從嚴」的管制措施，以避免大陸人士利用兩岸婚姻赴台定居人數激增，此外，該「修正草案」增列了台灣公益性質法人團體在獲得台灣當局委託後、可簽署兩岸協議的條文。

同日　李遠哲代表陳水扁，赴墨西哥參加APEC領導人非正式會議。

同日　台《中國時報》報導，台「人事行政局」已將「涉及國家安全或重大利益公務人員查核辦法草案」呈報行政院核定，凡涉及「國防」、「外交」、科技、情治、財經和大陸事務6項「敏感職務」的公務員，在初任、在任和調任前必須接受「忠誠核查」。凡本人或三親以內血親、繼父母、配偶、配偶父母曾在大陸或港澳地區居留一年以上或任職者，均可能無法出任上述「敏感職務」。

同日　包道格會見桃園縣長朱立倫稱，兩岸間遲遲未能直航，已對台灣企業產生嚴重影響，台灣當局應盡早推動兩岸直航的實現。

同日　新加坡內閣資政李光耀稱，台灣將繼續成為中國大陸與美國之間關係惡化及衝突的最大導火索，台灣政治勢力竭力「取悅選民」的政治傾向，將對中美關係有一定影響。

2002 年 / 9 月

9月24日　陳水扁在大陸台商聯誼會稱，台陸委會將在當年11月底前完成兩岸直航技術層面的規劃，只要兩岸有互信的基礎，就可以考慮進「三通」談判。並強調，必須要先落實「投資優先、經濟優先、台灣優先」與「投資台灣優先」的原則。

同日　游錫堃在台立法院作施政報告稱，大陸經濟的崛起，對周邊地區及全世界而言，既是機會又是威脅。當前大陸並未對台灣已釋出的「善意」做出相應的回應，因此，台灣不應將大陸經濟的發展視為自身發展的全部，而應只作為經濟全球佈局中的一部分。

同日　美國國務院負責軍控和安全事務的副國務卿博爾頓在美國企業研究所（AEI）與吳淑珍舉行私下會談。

9月25日　國台辦新聞發言人張銘清指出，「法輪功」邪教組織在台北市地區發射非法電視信號，干擾大陸「鑫諾」衛星，是一種嚴重的違法犯罪活動。台灣當局對此負有不可推卸的責任。台灣當局應立即採取措施，杜絕類似事件再度發生。

同日　台灣成功大學設立獨立於中國文學系之外的「台灣文學系」，陳水扁出席成立儀式稱，將「河洛語文學」與「華語文學」課程並列的做法「非常正確」，應該「用文學的心，走台灣的路」。

同日　呂秀蓮接受日本《SAPIO雙週刊》專訪稱，台灣已經「獨立」，當前的任務是如何使世界瞭解這一「事實」，日本不應永遠看中國大陸的臉色辦事，而應與台灣建立緊密的合作關係。她希望在不久的將來，能和陳水扁以「中華民國副總統、總統」的身份訪問日本。

同日　游錫堃會見日本國會議員訪問團稱，台灣和日本互為重要的貿易夥伴，雙方應盡快簽署「自由貿易協定」，還應加強雙方高層間的互訪以提升實質關係。

同日　台行政院透過「兩岸人民關係條例修正案」，調整的內容涉及兩岸協商架構、放寬兩岸經貿政策、兩岸人民身份與居留制度、兩岸通航、文教往來等多個方面。允許台灣縣市政府、學校同大陸地方政府、學校締結友好協議，允許台灣縣市長經申請審查許可後進入大陸地區，但未經許可就前往大陸的台灣公務員，將停止其領取月退休金。並規定，凡受委託處理兩岸人員往來事務或協商簽署協議的公益性質法人團體，如其行為踰越委託權限，導致發生損害台灣「國家安全、利益」的情況，團體負責人將被處以5年以下有期徒刑。

同日　台內政部公佈修訂後的「編印大陸地區地圖注意事項」，將外蒙古排除出大陸地區。

同日　台內政部長余政憲稱，雖然有關釣魚島主權的爭議一直不斷，但釣魚島屬於台灣領土是毋庸置疑的事實。

同日　台「外交部發言人」張小月稱，外交部一向主張釣魚島屬於中華民國，釣魚島屬於「中華民國主權管轄地區」是無可妥協的事實，「捍衛主權」是台外交部的既定立場。

同日　美國聯邦眾議院透過《2003年度外交關係授權法案》，承認台灣是一個成熟的「民主國家」，建議美國政府重申對台海和平的決心和對台灣人民意願的尊重，並要求美國在台協會台北辦事處辦公處所及處長居所懸掛美國國旗。

同日　歐洲議會透過決議稱，對台海地區軍備數量日益增加的形勢表示極度關注，希望台海兩岸恢復對話，而歐盟應強化與台灣當局的政治關係。

9月26日　辜振甫在海基會董監事聯席會議稱，在經濟上，大陸已成為台灣經濟發展的縱深腹地，兩岸間已構建起相應的產業分工體系；在政治上，12年來的兩岸和平發展與良性互動值得雙方珍惜，也足以促使雙方進行兩岸合作機制的協商，逐漸縮小彼此間的距離，希望海協與海基會能掌握契機，打開兩會對話的大門。

同日　美國參議院透過的《2003年度外交關係授權法案》，授權美國政府向台灣出售4艘基德級導彈驅逐艦，要求美國政府將台灣視作等同「非北約國家」的「重要盟邦」，規定美國政府每年必須至少同意1名台軍副參謀總長以上級別人士赴美商議美台軍售事宜，商談必須在首都華盛頓進行。

同日　菲律賓國防部長安赫洛・雷耶斯會見到訪的中國國防部長遲浩田時表示，菲律賓政府堅持一個中國政策，並將擱置向台灣購買F-5E型戰鬥機的計劃。

9月27日　2002年上海台資企業產品博覽會在上海世貿商城拉開帷幕。

同日　陳水扁接受日本《朝日新聞》專訪稱，大陸方面將兩岸航線定位為「國內航線」，是將台灣「矮化、地方化、周邊化」，台灣當局對此無法接受。只有將兩岸「三通」航線定義為「特殊的國際航線」，台灣當局才可能與大陸進行通航談判。

同日　呂秀蓮出席澎湖縣馬公機場新航站樓啟用典禮稱，台灣當局已達成盡快促成兩岸客貨空、海運直航的共識，並將把澎湖規劃為大陸貨物集散中心。

同日　游錫堃在台立法院接受質詢稱，釣魚島是「中華民國領土」，屬於宜蘭縣頭城鎮大溪裡。

9月28日　國台辦負責人指出，雖然台灣有關方面曾表示將取締一切非法干擾電波的行為，但迄今為止仍未取締大陸方面所指出的台灣電波干擾源，大陸方面希望台灣方面採取切實行動，消除相關干擾源。

同日　據美國《華盛頓時報》報導，台灣當局已向美國政府支付40萬美元，作為向美方購買8艘柴油動力潛艇的首期款。

9月29日　錢其琛在海外僑胞、港澳台同胞和外籍華人國慶招待會指出，早日解決台灣問題，實現祖國和平統一，是所有中華兒女的共同願望。兩岸直接「三通」已成為不可阻擋的潮流，但對台獨分裂勢力的活動仍應提高警惕，日前台灣當局鼓吹大陸與台灣「一邊一國」，是對一個中國原則的公然挑釁，台灣當局應儘早接受一個中國原則，開放兩岸直接「三通」。

同日　呂秀蓮接受日本《東京新聞》採訪稱，日本國會應研究並透過類似於美國的「台灣關係法」，促使日本政府與台灣實現「關係正常化」。

同日　台外交部長簡又新對美國國會透過含有涉台條款的《2003年度外交關係授權法案》表示歡迎，稱該法案對台灣具有重要意義。

同日　國民黨政策會副執行長張榮恭稱，陳水扁所謂兩岸直航是「特殊的國際航線」的定位，只會造成兩岸直航受阻，使台灣陷入其一再聲稱要避免的「邊緣化」境地。

同日　美國務院發言人鮑徹稱，美國政府仍然嚴肅看待並相信陳水扁會遵守其上台時做出的「四不一沒有」承諾。

9月30日　朱鎔基總理在慶祝中華人民共和國成立53週年招待會發表講話指出，大陸方面將繼續「和平統一、一國兩制」的基本方針和江澤民主席在《為促進祖國統一大業的完成而繼續奮鬥》重要講話中提出的八項主張，努力推動兩岸關係朝著和平統一的方向發展。台灣當局領導人近來接連發表的台獨分裂言論，是對一個中國原則的公然挑釁，遭到包括台灣同胞在內的全中國人民和全世界華人的強烈譴責。並正告台灣當局，任何分裂國家的圖謀都是注定要失敗的。

同日　游錫堃與台灣銀行業舉行座談，提出所謂「四要二不」，其中「一不」為希望台灣銀行業不要發放「錢進大陸、債留台灣」的貸款。

同日　台「行政院發言人」莊碩漢稱，基於對台教育部權責和台「國語推動委員會」專業的尊重，行政院核準採取「通用拼音系統」作為台灣中文譯音系統的方案，並希望台灣能使用統一的中文譯音系統。

　　同日　台教育部官員稱，現階段該部不會強制規定台灣「國中」、「國小」在進行「鄉土語言」教學時，必須使用「通用拼音系統」。

　　同日　台「外交部領務局」相關官員稱，台灣民眾現有「護照」上的拼音姓名將獲得尊重，不作更改，但對新申請「護照」且無其他英文名稱的民眾，外交部將統一採用「通用拼音系統」為其制定拼音姓名。

　　同日　美國總統布希簽署《2003年度外交關係授權法案》，要求美國政府在向台灣轉移軍事裝備與服務時，將台灣視作等同「非北約國家」的「重要盟邦」，意圖將「台美軍事合作」逐步升級為「準同盟關係」，並使軍事合作進一步法制化。

　　同日　布希發表聲明稱，美國政府堅持一個中國政策的立場沒有改變，因此，對將台灣視作等同「非北約國家」「重要盟邦」的法律條款持保留意見。

　　同日　法國在台協會主任羅蘭稱，希望能盡快赴台設立辦事處。

　　同日　墨西哥總統福克斯的特使、墨西哥經濟部副部長安赫爾‧比亞洛沃斯抵達台灣，邀請台灣當局派代表出席10月底在墨西哥舉行的「2002年APEC領導人非正式會議」。

10月

　　10月1日　陳水扁會見出席「聯合國可持續發展世界高峰會」的台灣代表稱，2002年是台灣當局在國際舞台上的「豐收年」。

　　同日　台「總統府祕書長」陳師孟宣布，李遠哲將代表陳水扁出席10月在墨西哥舉行的「2002年APEC領導人非正式會議」。

　　同日　台《中國時報》報導，台「研考會」擬規定只有使用「通用拼音系統」台灣縣市政府，才能優先獲得台灣當局提供的行政補助。

　　同日　台陸委會發表聲明稱，澎湖仍可繼續依「試辦金門、馬祖地區與大陸地區通航實施辦法」的規定，申請「專案直航」。

同日　馬英九在市政會議決定，台北市將以漢語拼音加注通用拼音的方式標識道路標牌。

同日　民進黨籍立委陳唐山妄言，大陸針對台灣部署導彈的行為與恐怖主義並無二致，因此，台灣可借用美國政府在反恐戰爭中「積極防禦、先發制人」的戰略思想，保持「先發制人」的能力。

10月2日　由高雄、台中和台北等地共10家媽祖廟信眾組成的聯合進香團，護送10家媽祖廟中共107尊媽祖像，經金門以「小三通」方式中轉直航廈門，赴湄洲媽祖祖廟進行為期5天宗教交流活動。

同日　台陸軍導彈指揮部致函台東地檢署，稱台軍下屬花蓮美侖山基地668營34連輔導長兼副連長王宜宏請假出境逾期未歸，可能已前往大陸，要求台東部軍事檢察署以「逃亡」罪名發佈對王宜宏的通緝令。

10月3日　經台灣當局修正後的「大陸地區人民在台灣定居或居留許可辦法」及「大陸地區人民進入台灣許可辦法」正式施行。新法放寬了對大陸配偶赴台定居、居留和停留的多項限制性措施，大陸配偶可以「團聚」為由來台，停留期限最長可達3年，並將原規定中2年內只可出境60日的限制放寬為120日，並可發給1至3年的逐次加簽旅行證。

10月4日　外交部新聞發言人章啟月在記者會指出，中國政府堅決反對美國國會透過含有干涉中國內政條款的《2003年度外交關係授權法案》，中方也注意到，布希總統在簽署該法案時，聲明美國政府長期奉行的一個中國政策沒有改變。中方希望美方言而有信，不執行該法案中的錯誤條款，以免給中美關係的發展帶來消極影響。

同日　台聯黨立委羅志明稱，應將通用拼音更名為「台灣拼音」，並將「台灣拼音」向全世界推廣，以使「台灣拼音」與漢語拼音「並立於國際」。

同日　通用拼音創製人余伯泉稱，將接受「台聯黨」的建議，向台灣當局申請將通用拼音更名為「台灣拼音」。

同日　美國務院副發言人裡克證實，副國務卿約翰·博爾頓、多布里揚斯基日前曾與陳水扁夫人吳淑珍在若干社交場合會面。他強調，美國政府的對台政策並未改變。

10月5日　蔡英文在台北市企業經理協進會會員大會稱，兩岸間實現直航需要雙方的共同努力，台灣當局已展現出高度的善意與誠意，希望大陸方面能尊

重「民主制度的精神」與法律規範，以雙方可接受的協商模式，推動兩岸早日實現直航。

10月6日　香港《文匯報》報導，台軍方第一艘自行建造的隱形導彈艇已於近日下水，並計劃於2003年4月正式服役。

10月7日　蔡英文在與外籍記者會談稱，希望國際社會或第三國能夠協助兩岸重啟對話，但兩岸問題應由雙方自行解決，兩岸不需要「仲裁者」或「律師」。

10月8日　中國和平統一促進會在京與來訪的台「中國全民民主統一會」舉行座談，就加強兩會間交流、共同推動兩岸關係發展等議題交換意見。

同日　台外交部長簡又新稱，台灣當局希望在安全議題上同日本發展更多的聯繫，並進行非官方對話，以維護亞太區域的和平。

10月9日　國防部長遲浩田在會見美國國防大學校長保羅·加夫尼時指出，台灣問題始終是中美關係中最重要、最敏感的核心問題，中方希望美方信守承諾，多做有利於中國和平統一的事，妥善處理台灣問題，以免加劇台海緊張局勢，損害中美兩國建設性合作關係的健康穩定發展。

同日　澳門航空公司正式開通台北—澳門—深圳的「一機到底」全貨運航線。

同日　陳水扁參加台軍方入伍新生結訓活動時稱，大陸對台灣的「威脅」始終未曾緩和，因此，台軍的戰備工作，不但不能鬆懈，更要從基礎抓起，加強人才的培育。

同日　蔡英文在台立法院接受質詢稱，兩岸實現「三通」的阻礙不在於條文，而在於協商。在完成「兩岸人民關係條例」的修訂後，台灣當局會考慮主動致函大陸，表達願意協商兩岸「三通」的立場。

同日　台中央研究院院長李遠哲在立法院接受質詢稱，無論台灣當局是否開放台灣8英吋晶圓廠赴大陸投資，大陸都會以其他渠道提升自身的晶圓製造技術，因此，從廠商角度考慮，應開放台灣晶圓生產廠商赴大陸投資。

同日　台「立法院副院長」江丙坤在國民黨中常會作題為「當前台灣經濟情勢、問題與對策」的專題報告。稱台灣當局應積極促成兩岸間簽訂為期50年的「和平協議」，以營造一個和諧的經貿環境，推動兩岸經濟的全面發展，實現兩岸的繁榮、富庶與和平。

同日　台《中國時報》報導，歐洲議會議長帕特・考克斯稱，歐洲議會支持民主，歐洲議會和歐盟的大門永遠對台灣開放。

10月10日　陳水扁發表「國慶祝詞」稱，台灣只要堅持按照「自己的路」走下去，就一定可以走出「台灣的前途」。大陸方面應立即將針對台灣的導彈撤除，並公開宣示放棄「武力犯台」，透過理性對話，重開兩岸協商大門。

同日　蔡英文稱，現行的「兩岸人民關係條例」對大陸籍新娘在台權益的「差別性對待」，是依據「中華民國憲法增修條文」相關規定所做的特殊安排，並不「違憲」，但出於「人道主義」考慮，台灣當局將在「生活從寬、身份從嚴」的原則下，對「兩岸人民關係條例」做適當的修改。

同日　台「駐美代表處」在華盛頓舉行「國慶酒會」，首度使用印有「慶祝中華民國在台灣的國慶日」（To celebrate the National Day of the Republic of China on Taiwan）字樣的請柬。

同日　宋楚瑜稱，「中華民國憲法」並沒有放棄一個中國的基本原則，台灣當局應誠實面對歷史和未來。

同日　日本國土交通大臣扇千景、國會眾議院議員中川昭一等接受台《中國時報》記者採訪稱，他們支持日本政府允許李登輝再次赴日「治病」。

同日　正在台灣進行訪問的哥斯達黎加總統阿韋爾・帕切科透露，台灣當局將向哥斯達黎加提供2500萬美元援助，幫助哥國建立一座中美洲地區最大的國際會議中心。

10月11日　陳水扁會見德國不萊梅州訪問團稱，希望德國政府及歐盟國家能像美國政府一樣，支持台灣加入WHO，並允許台灣官員過境歐盟各國。

同日　美國防部國防安全合作署致函美國國會稱，將向台灣出售包括零件、技術支持、人員訓練和相關設備服務在內、總價值1800萬美元的290枚「陶氏II」（TOW-2B）型反坦克導彈。

10月13日　李登輝參加基隆市「李登輝之友會」成立活動時稱，台灣8英吋晶圓廠及企業赴大陸投資是台灣失業率增加、股市縮水主要原因，因此，兩岸絕對不能「三通」。並妄言，日本人對台灣50年的殖民統治，幫助台灣建立了「國家觀念」和行政、司法、金融體系，使台灣成為現代化國家的前身。

10月14日　大陸警方依照「金門協議」，將7名潛逃大陸的台灣刑事犯罪嫌疑人遣返回台。

同日　由大陸中華文化發展促進會主辦的「新世紀兩岸關係研討會」在北京開幕，兩岸與會代表就兩岸經貿發展等議題進行了廣泛的交流。

同日　台《中國時報》報導，美國國防部官員稱，美方目前並無向台灣出售裝配有宙斯盾系統的驅逐艦的方案，希望台灣方面早日付款購買4艘基德級導彈驅逐艦。

10月15日　錢其琛會見由國民黨籍立委饒穎奇率領的國民黨立委大陸參訪團提出，如果兩岸間無法就兩岸直航是「國際」還是「國內」航線取得共識，不如將其稱為「兩岸航線」。

同日　游錫堃在台立法院接受質詢稱，中華民國是一個「主權獨立的國家」，同大陸的中華人民共和國互不隸屬，兩岸關係是中華民國與中華人民共和國的關係，也就是「一邊一國」。當前台灣當局已為兩岸「三通」做好了一切準備，但仍需與大陸進行談判才可執行。不過，「三通」並非「萬靈丹」。

同日　台「投審會」透過7項台商赴大陸投資申請，其中6項申請為台灣上市公司提出，投資總額約1億美元。

同日　台「投審會」透過決議，原則同意台「華航」公司投資參股大陸中國貨運航空公司，投資金額為4700萬美元。

10月16日　錢其琛會見台《聯合報》系訪問團指出，大陸方面進行的人事調整，不會影響到大陸的「三通」政策，兩岸「三通」是經濟問題，而非政治議題，並非一定要先承認一個中國。大陸方面認為，兩岸通航，可以不叫「特殊國內航線」，而可稱之為「兩岸航線」。

同日　台國防部長湯曜明在「立法院國防委員會」作軍購報告稱，為因應大陸軍事力量的增長，避免到2005年時大陸軍力超越台灣，台灣有必要在獲得裝配有宙斯盾系統的驅逐艦前，先向美國採購4艘基德級驅逐艦。

同日　25名台軍方人員及軍事專家在美國喬治城大學，接受美國戰略暨國際研究中心負責的培訓。

10月17日　台「總統府祕書長」陳師孟在立法院接受質詢稱，陸委會正積極規劃兩岸直航問題，但必須從台灣的「國家安全」與「國防保衛」做整體性思考。

同日　台「財政部長」李庸三在立法院接受質詢稱，鑒於大陸方面已批準台灣 4 家銀行在大陸設立辦事處，台灣方面也將相應準許大陸銀行赴台灣設立辦事處。

同日　台陸委會副主委陳明通稱，不必事先對兩岸直航航線進行定義，相關問題可以由兩岸進行商談解決。

同日　連戰稱，兩岸間實現直航是國民黨一貫的主張，兩岸可以「兩岸特殊航線」的定位來打破當前談判的僵局。

同日　台聯黨立法院黨團幹事長林志隆稱，該黨認為「大三通」並非「兩岸航線」，而是「兩國航線」，而兩岸談判的前提是，大陸必須先撤除針對台灣的導彈。

同日　美國務卿鮑威爾在接受香港鳳凰衛視記者專訪時稱，布希總統在與江澤民主席會面時，將重申美國政府堅持一個中國的政策，其中既包括中美間三個「聯合公報」、《台灣關係法》以及美國對台軍售的承諾。

10 月 18 日　外經貿部副部長安民在「第一屆海峽兩岸和港澳地區經貿合作研討會」指出，台灣當局所採取的對兩岸經貿的歧視性、限制性政策，嚴重制約並阻礙了雙方間的經貿合作發展。大陸方面希望台灣當局順應民意，遵循一個中國原則，盡快開放兩岸直接「三通」，以實現兩岸的共同發展。

同日　中國人民銀行國際司副司長何建雄表示，大陸方面將比照國際金融公司入股大陸商業銀行的模式，允許台資銀行入股內地商業銀行，希望台灣方面能依據「互惠、雙向」的原則，開放大陸銀行在台灣設立辦事機構。

同日　交通部台灣事務辦公室副主任李建生指出，大陸方面將嚴格執行「台灣海峽兩岸間航運管理辦法」，禁止未在兩岸設籍的航運公司未經批準經營兩岸船舶運輸業務。

同日　陳水扁對錢其琛有關兩岸直航是「兩岸航線」的談話表示歡迎，並表示在不附加任何政治前提及「民主、對等、和平」的原則下，台灣當局願意同大陸進行協商對話。

同日　游錫堃在台立法院接受質詢稱，兩岸通航不能預設任何前提，兩岸航線營運也不應僅限於兩岸航運業者，而應對外方航運業者開放。

同日　海基會致函海協稱，台軍所屬花蓮美侖山基地 668 營 34 連輔導長兼副連長王宜宏可能已進入大陸，希望大陸方面能協助緝捕，並將其遣返台灣。

同日　李登輝稱，自其1991年宣布廢除「動員戡亂時期臨時條款」後，兩岸就已成為各自存在的「主權獨立國家」，中華民國已經進入「第二共和」，成為「台灣中華民國」，在中華民國與中華人民共和國之上存在「一個中國」的說法，只是一種模糊的想像。

10月19日　游錫堃出席「群策會國政研討會」稱，台商對外投資，不應只集中於大陸，而要多方向、多元化發展，同時應將在大陸的投資獲利回饋台灣。

同日　台陸委會發佈新聞稿稱，兩岸「春節包機」並非兩岸直航的前奏，台灣當局並無類似的規劃。

同日　台「國安會」高層官員稱，兩岸直航將大大加深台灣對大陸的依存度，幫助大陸實現「和平統一、一國兩制」的統戰目標，因此，台灣對兩岸直航不應操之過急。

同日　李登輝在「群策會國政研討會」稱，維持當年以中國大陸為藍本所規劃的「政府」組織架構，是台灣邁向「精簡、效率、小而美」的「政府」的主要障礙。台灣應該思考建立一部更合乎台灣現狀的「憲法」，重新檢視台灣的歷史發展軌跡、重新認識「台灣的價值與定位」、確定台灣的發展與改革目標，透過對台灣「主體性」的追尋，使台灣成為一個「正常國家」。

10月20日　第七次全國台灣同胞代表會議在北京開幕。錢其琛出席開幕式指出，解決台灣問題、實現祖國完全統一，是新世紀中國政府的三大任務之一，台灣當局領導人不久前鼓吹大陸與台灣是「一邊一國」，煽動以所謂「公民投票」方式決定台灣前途，這一分裂言論與李登輝的「兩國論」一脈相承，是對一個中國原則的公然挑釁。中國人民有信心、有能力粉碎一切分裂祖國的圖謀，任何企圖分裂國家的行徑注定要失敗。

同日　簡又新發表題為「外交拓展新作為」的演講稱，台灣當局「外交」工作的總目標是「爭取中華民國生存與發展的空間」，只要大陸方面放棄在國際上打壓台灣的政策，兩岸間就可以和睦相處。

同日　李登輝在「群策會國政研討會」妄稱，「從歷史與國際法看，釣魚島的主權屬於日本，但該地區的漁業權屬於台灣」。

同日　台灣「群策會」「中國磁吸效應之因應研究小組」發佈報告稱，台灣經濟過度「中國化」，不利於自身實現全球化；兩岸直接「三通」，未必能使台灣避免被「邊緣化」，反而可能加劇台灣資金、人才外流的危機。

10月21日　台行政院責成外交部邀集相關「部會」成立專案小組，依據四個原則專責處理「釣魚台主權爭議」。四個原則指，釣魚台列嶼主權屬中華民國所有；與日本方面採取和平、理性外交手段處理，不考慮與大陸合作，優先考慮維護漁民權益談判。

同日　台內政部長余政憲在立法院接受質詢稱，釣魚島是「中華民國領土」，戶籍設在宜蘭縣頭城鎮，台灣當局維護「國家主權」的決心不變。至於該地區的漁業權問題，可與日本協商解決。

同日　台國防部長湯曜明在立法院接受質詢稱，釣魚島是「中華民國領土」，台軍有責任捍衛「領土」，會派出軍艦在宜蘭縣外海進行定期巡弋，以維護台灣漁民在該區域的權益。

同日　正在北京參訪的台灣玉山科技協會理事長、國民黨中常委劉兆玄稱，兩岸「三通」並不存在技術困難，而「三通」對台灣安全的影響，早在國民黨執政時期就已納入考慮範圍。

同日　台「中船」公司董事長徐強稱，該公司將同台「中科院」等單位合作，在既有「潛龍計劃」的基礎上發展「自制防衛潛艇」計劃，以顯示公司實力，爭取「潛艇國造」。

同日　美國白宮高級官員在華盛頓外籍記者中心簡報會稱，美國政府所執行的兩岸政策，是以包含中美間三個「聯合公報」及《台灣關係法》在內的一個中國政策為標準。美國政府認為兩岸問題應以和平方式解決，不會違背《台灣關係法》中做出的承諾，也不會支持「台灣獨立」。該官員表示，如果大陸與台灣之間能找到一個類似「台灣獨立」的解決方案，美方不會表示反對，但如果台灣方面片面宣布「獨立」，將會很麻煩、很危險。

同日　美國聯邦貿易委員會公佈題為《美國與台灣簽署自由貿易協定對經濟的可能衝擊》的研究報告，稱如果美台之間達成「自由貿易協定」，對雙方總體經濟的影響會很小，但將有助於若干產業的貿易增長。

同日　美國在台協會前理事主席卜睿哲在台北與陳水扁會見稱，中美兩國元首即將舉行的高峰會談，將不會對台灣的利益有任何的影響；而當前美台之間的良好關係，反映出美台雙方存在共同利益與價值，也有利於地區的和平與穩定。

10月22日　台「國防部發言人」黃穗生稱，基於「國家安全」考慮，台國防部對兩岸直航有4點立場，即應避免兩岸直航航空器橫越台灣海峽；依現有國際航線航行，不增加新航線；採用定點、定線、定時方式通航，謹慎選擇通航機

場；結合現有「國際」或「國內」航線及已有監控、預警經驗，降低對台灣「國家安全」的影響。

同日　民進黨「中國事務部主任」陳忠信在民進黨中常會提出報告稱，大陸方面提出有關「兩岸航線」的目的，是進行國際宣傳與「對台統戰」，台灣當局應站在戰略高度，謹慎回應，以免背負阻礙、延宕兩岸「三通」的責任。

10月23日　陳水扁在苗栗縣稱，兩岸直航不是台灣經濟發展的「萬靈丹」，不應對兩岸直航的結果抱有天真的想法。在兩岸進行協商過程中，台灣必須堅持「民主、和平、對等」三原則和不能被「矮化、邊緣化、地方化」的「三不」政策。

同日　游錫堃在台行政院會上，對錢其琛有關「兩岸航線」的談話表示歡迎。

同日　台交通部長林陵三在台立法院接受質詢時稱，兩岸「三通」涉及的相關問題，必須透過「政府對政府」的談判加以解決，不能由或授權兩岸民間企業代為談判。

同日　蔡英文稱，兩岸直航並非單純的直航問題，應由兩岸進行專門協商。

同日　台教育部做出決議，將對小學三年級及其以上年級的學生，實施閩南語、客家語等「鄉土語言」的「音標符號系統教學」。

同日　台「立法院國安聯盟」建議在「兩岸人民關係條例」中增訂「兩市航線」條款，由台灣當局授權主管自由貿易區、自由貿易港的台灣地方政府，以「市對市」方式，協商兩岸「三通」。

同日　台陸委會前主委蘇起在國民黨中常會發表題為「兩岸人民關係條例是『急獨』或『直航』的試金石」的專題報告，指責民進黨當局一再聲稱願意推動兩岸直航，不過是為了爭取選票而採取的臨時性措施，實質上依然在堅持挑動「省籍」和「統獨」的「急獨政策」。

同日　連戰在國民黨中常會稱，他從未排除赴大陸訪問的可能，並已要求國民黨成立相關小組，對其赴大陸訪問進行規劃。

10月24日　正在美國訪問的國家主席江澤民，在美國得克薩斯州農工大學布希圖書館發表演說指出，大陸方面將本著最大的誠意，進行最大的努力，促進兩岸和平，而台獨是兩岸實現和平穩定的最大威脅。他強調，中國實現和平統一有利於亞太地區及世界的和平，也符合美國的國家利益，中方希望美方恪守一個中國政策。

同日　外經貿部長石廣生在墨西哥會見參加APEC部長會議的台經濟部長林義夫，指出大陸方面非常重視大陸台商知識產權的保護問題，同時也希望兩岸共同努力，推動「三通」的早日實現。

　　同日　代表台灣出席APEC領導人非正式會議的台「中研院院長」李遠哲稱，APEC並非解決兩岸問題的恰當場所。

　　同日　連戰指出，雖然兩岸「三通」不是台灣經濟發展的「萬靈丹」，但若實現「三通」，將對解決台灣當前的經濟問題有極大好處。

　　10月25日　國家主席江澤民與美國總統布希會晤時強調，台灣問題對中美關係的影響深遠，中國政府堅持「和平統一、一國兩制」的基本方針。布希則明確表示，美國政府不支持「台灣獨立」，兩岸應透過對話解決彼此的分歧。

　　同日　外交部新聞發言人孔泉指出，中美間三個「聯合公報」的核心精神是一個中國原則，台灣問題的處理對中美關係的發展有重要影響。

　　同日　游錫堃在台立法院接受質詢稱，兩岸「三通」是必走之路，但必須經過兩岸協商才可實現。

　　同日　台「交通部航政司司長」李龍文稱，兩岸間不論是直接通航，還是兩岸航空器飛越對方領空或是緊急迫降，都必須事先透過兩岸協商及獲得主管機關許可後才可實行。

　　同日　台灣省政府、省諮議會在南投縣中興新村的台灣省政資料館舉行「台灣光復57週年紀念酒會」，陳水扁、呂秀蓮、游錫堃等台灣當局高層官員集體缺席。

　　同日　由高雄應用科技大學金門分部觀光管理系師生組成的訪問團，自金門搭船直航廈門，與廈門大學師生開展為期5天的學術交流和旅遊資源考察，這是台灣大學生團體首次以直航方式赴大陸開展交流活動。

　　10月26日　陳水扁稱，兩岸對追求彼此貿易利益有巨大的共識，兩岸民眾都希望兩岸間能「多經濟、少政治」，希望大陸撤除針對台灣的導彈，與台灣進行理性對話與平等協商。

　　同日　李登輝稱，「三通」不能解決台灣面臨的所有問題，「三通」必須顧及到台灣「國家安全」和「國家利益」。當前台灣已出現產業空洞化，台商已成為大陸「以商逼政」、「併吞台灣」的重要工具，這些問題都必須慎重考慮。

10月27日　出席APEC領導人非正式會議的台「中研院院長」李遠哲提議邀請江澤民主席訪問台灣，對此，江澤民主席在回應時強調，赴台訪問是一個政治問題，必須符合一個中國原則。

同日　台《中國時報》報導，台內政部已決定在新發佈的大陸地區地圖中，承認外蒙古為獨立國家。

同日　台行政院祕書長劉世芳稱，兩岸以任何形式實現直航，都必然會涉及諸如出入海關等公權力事項，因此，必須由「政府代表」對等協商解決。

同日　國民黨立委、「中國台商協會」理事長章孝嚴建議，在2003年春節期間，兩岸間可以「直航包機」方式，方便大陸台商返鄉過年，此建議獲得台灣100多位立委的聯署支持。

10月28日　陪同江澤民主席出訪的錢其琛副總理，日前接受香港鳳凰衛視記者專訪指出，大陸的對台方針是一貫的，即「和平統一、一國兩制」，台灣的問題在於台灣一部分勢力主張分裂國家，形成了所謂台獨，但台灣從來不是一個「獨立的國家」，而是中國的一部分，大陸方面也不會允許台灣部分當政者利用兩岸「三通」問題搞「兩個中國」或「一中一台」。

同日　游錫堃回答記者提問時稱，兩岸直航或「三通」事關台灣的「國家政策」和「國家利益」，無論是建立兩岸固定航線或是定點包機，都必須經雙方正式協商後才可啟動。

同日　蔡英文稱，台灣當局認為兩岸「三通」中，凡是涉及公權力的事項，都必須由「政府主導」進行談判，台灣當局不會因希望早日實現協商而接受一個中國原則。陸委會認為兩岸包機直航的形式，存在「國家安全」隱患，必須再進行評估。

同日　陳明通稱，台灣當局在處理兩岸民眾申請身份證時，將依據戶籍相關原則處理，民眾只可在兩岸中的一方申請，不允許在兩岸同時擁有戶籍。

同日　台《中國時報》報導，台經濟部的內部研究報告顯示，2001年台灣外銷接單並委託大陸地區出貨的金額比重已上升至17.8%，而委託東南亞地區出貨的金額比重則下降至2.8%，大陸已成為台灣最重要的海外生產及出貨基地。

同日　台聯黨中執會透過決議稱，大陸必須先撤除針對台灣的導彈，兩岸間才能就直航問題進行談判。

同日　台聯黨立委羅志明稱，將提案要求在2002年年底舉行台北、高雄市長選舉的同時，就兩岸直航問題進行「諮詢性公民投票」。

　　10月29日　陳水扁會見歐洲議會自由黨黨團主席格雷漢姆‧華生時稱，兩岸「三通」雖然無可迴避，但必須要以雙方的誠意和善意才可推動，且不應被「泛政治化」。

　　同日　游錫堃在台立法院接受質詢稱，將責成陸委會在半個月內就兩岸包機直航問題提出評估報告，以確定兩岸能否在明年春節期間開辦包機直航。

　　同日　台國防部長湯曜明在立法院接受質詢稱，台灣當局有必要向美國購買基德級驅逐艦，以提升戰鬥力，維護「台澎金馬安全」。他提出，台灣海軍不應再侷限於台灣海峽地區，而應進入更為寬闊的海域。

　　同日　陳明通稱，「兩岸人民關係條例修訂案」的修改重點是對大陸配偶採取了「生活從寬」原則，台灣當局將從大陸配偶入台第三年起，放寬其在台工作的條件，第五年起陸續給予其長期居留權及工作權。

　　同日　台「國安局副局長」胡鎮球稱，兩岸一旦全面直航，大陸飛機飛抵台灣只需7分鐘，台「國安系統」將沒有足夠的安全識別時間，台灣的空中安全將受到衝擊，因此，希望當局採取繞經第三地領空方式，進行兩岸直航。

　　同日　台交通部官員稱，依據現行「兩岸人民關係條例」規定，台灣航空公司未經台灣主管機關許可，不得航行大陸地區；大陸航空公司未經台灣當局許可，也不得進入台灣。為此，台灣當局將考慮以增加台澳（門）航班班次的方式，解決現階段台商及其眷屬返台過節航班機位不足的問題。

　　同日　馬英九稱，願意在相關法令允許並獲台灣當局準許的條件下，為了台北市與台灣的繁榮，赴大陸訪問。

　　同日　連戰稱，民進黨因意識形態的因素，拒斥兩岸直航，使台商及外商無法獲得航運、空運上的便利服務，迫使其加速外移，使台灣產業面臨空洞化危機。

　　同日　宋楚瑜稱，希望陳水扁及民進黨當局誠實面對一個中國原則的歷史狀態，並願意代陳水扁赴大陸，以突破兩岸的政治僵局與台灣的經濟困境，促成兩岸的和平與穩定。

　　同日　200餘位大陸籍新娘首次走上台北街頭，抗議台陸委會將大陸籍新娘取得當地身份證的居留期限從8年延長為11年。

10月30日　國台辦新聞發言人李維一在記者會指出，兩岸「三通」是經濟問題，在「三通」技術性商談中可以不涉「一個中國」的涵義，但兩岸航線的性質並非「準國際」或「國與國」航線。並表示，如果台灣的航空公司提出「春節包機」的申請，大陸方面將依據實際情況積極予以考慮。

同日　陳明通稱，只要大陸方面願意，海基會可隨時致電海協，就兩岸包機、「三通」等議題與大陸方面進行協商，至於委託其他民間機構就兩岸通航事宜談判，仍需待「兩岸人民關係條例」修訂並增加「復委託」機制後，再行考慮。

同日　台陸委會官員稱，台灣方面將在「力求穩定」的原則下，積極促成辜振甫留任海基會董事長、許惠祐留任海基會祕書長。

10月31日　陳水扁會見台灣工商界人士稱，台灣當局將秉持「善意和解、積極合作、永久和平」的理念，推動兩岸關係實現正常化，當前兩岸「三通」只剩下直航問題尚未解決。但兩岸直航問題複雜、敏感且重要，任何形式的直航或包機都會涉及到「政府」層面，不能由民間代為處理，必須由兩岸直接商談。

同日　蔡英文回答記者提問稱，台灣當局認為應優先以海協、海基兩會作為兩岸會談的機構。

同日　台「交通部次長」游來芳在立法院接受質詢稱，該部從未授權台「海峽兩岸航運協會」與大陸方面就兩岸「三通」問題進行談判。

同日　台「立法院內政委員會」初審透過「兩岸人民關係條例修正草案」，增加了「復委託」機制，允許海基會等民間機構，在獲得陸委會的批準後，委託其他公益性質法人團體，協助處理兩岸談判與民眾往來事務。

同日　台「立法院國防委員會」表決透過基德級導彈驅逐艦採購預算，預算總金額達284億元新台幣，2003年度首次編列44億元新台幣。

同日　台灣慈濟骨髓捐贈中心有關人員護送台灣志願者捐贈的骨髓飛抵廣州，準備為一個名叫鄧惠琳的委內瑞拉籍華裔女童進行骨髓移植手術。

同日　德國經濟部發言人表示，德國政府的對台政策沒有改變，有關台灣當局向德國購買「豹-II」（Leopard II）型坦克的消息並不屬實。

11月

11月1日　游錫堃在台立法院接受質詢稱,兩岸「三通」是台灣當局的既定政策,但兩岸「三通」必須在考慮到「國家安全」的條件下推進,事前需兩岸協商,事後則要採取「有效管理」措施。

同日　蔡英文稱,兩岸實現「直航」的前提,是兩岸間能進行完整談判且獲得台灣「朝野」支持,台灣不會依據台灣與港澳地區談判的模式推動兩岸的直航談判。

同日　陳明通稱,台陸委會在兩岸通航問題上有「時間感」,但無「時間表」。

同日　蘇起在由國民黨智庫舉辦的「一個中國、各自表述」共識10週年座談會稱,「九二共識」在事實上不可被否定,1993年舉行的辜汪會談及以後兩岸關係緩和發展的系列事件,其基礎都是「九二共識」。

同日　辜振甫在海基會第四屆董監事臨時聯席會稱,海基會應儘可能擴大力量,敦促大陸及海協依據兩岸既有協議,進行兩岸間的務實協商。

同日　美國《華盛頓時報》報導,美國海軍部負責研究、開發和採購的部長助理約翰‧楊格致信美海軍高級將領稱,海軍部非常願意全面負責售台潛艇的製造工作。

11月2日　國家民航總局副局長鮑培德率領中國國際、東方、南方等多家航空公司代表,赴台參加「海峽兩岸航空運輸損害賠償責任研討會」。

同日　游錫堃誣稱,大陸周邊國家和地區無不受到大陸經濟磁吸作用的影響,當前香港經濟之所以出現問題,原因就在於與大陸「三通」且沒有採取「戒急用忍」措施。

11月3日　全國政協副主席、中國和平統一促進會會長萬國權出席香港地區中國和平統一促進會第二屆理事會就職典禮表示,「一國兩制」在香港的成功實踐,為解決台灣問題做出了光輝示範。

同日　台教育部長黃榮村稱,該部審查的新版教科書中,將明確標明外蒙古不包含在中國大陸的範圍內,「中華民國首都」也確定不再是南京,但「中華民國領土」是否涵蓋中國大陸,則有待相關「部會」協商後確定。

同日　蘇起稱，陳水扁及民進黨當局一方面全方位推動「急獨」政策，另一方面又在努力維持所謂「中間路線」的假象。

　　同日　海基會致函海協，「抗議」大陸「向陽紅 14 號」科學考察船在台灣蘭嶼附近海域逗留，希望大陸方面「自我約束」，以免影響兩岸關係。

　　11 月 4 日　國家民航總局副局長鮑培德在「海峽兩岸航空運輸損害賠償責任研討會」指出，兩岸間可透過民間協會或民航業者，就直航的技術與業務等相關問題進行商談，商談結果經雙方各自確認後，兩岸就可以進行通航。

　　同日　陳水扁會見由美國戰略暨國際研究中心副總裁柯特‧坎貝爾率領的「外交暨安全政策考察團」稱，兩年來大陸方面錯估及誤判形勢，認為兩岸可透過民間來進行通航協商，但兩岸通航談判不能全部委託民間，最終必須透過兩岸「政府」才可能達成協議。

　　同日　台「民航局長」張國政稱，兩岸飛航情報區相鄰，如果雙方實現直航，包括航管業務交換、相關資訊通報等問題，都必須經兩岸「政府」進行談判，協商解決。

　　同日　台對外貿易發展協會（「貿協」）董事長許嘉棟稱，如果台灣當局願意委託「貿協」就兩岸通航與大陸進行談判，「貿協」一定會盡全力完成任務。

　　11 月 5 日　游錫堃在台立法院接受質詢稱，兩岸「三通」並非解決台灣經濟問題的「萬靈丹」，台灣不能因為「三通」對台灣企業界有一點幫助，就犧牲「國家尊嚴」。

　　同日　游錫堃稱，台灣當局制定的「公務人員品德及忠誠特殊查核辦法」有「民意及法理依據」，也有相應的法律監督，因此，不會出現所謂的「白色恐怖」。

　　同日　蘇起指稱，陳水扁僅在口頭宣稱兩岸應進行談判，但其實際行為卻在破壞兩岸談判的氣氛，一直未對兩岸「三通」提出具體的政策。

　　同日　李登輝妄言，台灣受到中國大陸、西歐和日本文化的影響，而中國文化對台灣文化「並沒有最濃厚的影響」，台灣文化和日本文化都屬於「混合文化」。

　　11 月 6 日　台外交部長簡又新在立法院接受質詢稱，台灣當局可能無法與東盟簽署整體性的「自由貿易協定」，但將爭取以個別方式逐一與東盟國家就簽署「自由貿易協定」進行談判。

2002年／11月

11月7日　國家新聞出版總署副署長柳斌杰接受《財經時報》記者專訪表示，大陸方面會認真履行加入WTO時做出的承諾，在年底開放外資進入中國大陸出版物分銷發行領域，先期以部分試點為主，其中會首先允許港澳台地區資本進入，凡是外資享受的政策，都將首先向港澳台資本開放。

同日　台「考試院」決議，自2003年起，在其所謂「國家考試」應試科目中，凡涉「中國」字樣的部分均改為「本國」。

同日　蔡英文在台立法院接受質詢稱，兩岸「三通」談判必須堅持「政府」主導、民間協助、海基會優先，公權力不能被侵蝕等4項原則。

同日　台「國防部副部長」康寧祥在立法院接受質詢稱，兩岸通航應比照國際航線，以國際公法為規範，通航機場由南到北，以高雄小港機場為優先，桃園機場次之，而台北松山機場應被排除。同時，兩岸「三通」必須堅持只能南北向、而不能東西向通航，「台海中線」不應納入兩岸直航談判，必須「維持現狀」，一旦台「國防安全」受威脅，應立即中止直航或進行談判。海運直航方面，可先由高雄港開始，再增加基隆港，但台「警政署」、「海巡署」應部署警力，並以台軍方為後援，予以監督和管理。

同日　民進黨立委蔡同榮等人召開記者會稱，如果大陸方面不撤除針對台灣的導彈，他就要求台灣當局廢除國統會與「國統綱領」。

同日　台軍方發佈通緝令，宣布以「通敵」罪通緝台軍花蓮美侖山基地668營34連輔導長兼副連長王宜宏。

同日　美國戰略暨國際研究中心副總裁坎貝爾率領的「外交暨安全政策考察團」，今日赴金門外島參觀訪問。

同日　據日本《朝日新聞》報導，陳水扁接受日本政論家船橋洋一專訪稱，如果大陸不採取民主國家作法，兩岸將很難實現統一，而其新任期的首要任務是「制定新憲法」並交付「公投」，而非「修改已有憲法」，不過，「新憲」不會改變台灣現有「主權」。

11月8日　江澤民總書記在中國共產黨第十六次全國代表大會的報告指出，實現祖國的完全統一，是海內外中華兒女的共同心願，堅持一個中國原則是兩岸關係獲得發展和實現和平統一的基礎，在一個中國的前提下，兩岸間什麼問題都可以談，可以談正式結束兩岸敵對狀態問題、台灣在國際上與其身份相適應的經濟文化社會活動空間問題以及台灣當局的政治地位問題等，大陸方面將繼續堅持

「和平統一、一國兩制」的基本方針，貫徹現階段發展兩岸關係、推進祖國和平統一進程的八項主張，以最大的誠意、盡最大的努力爭取和平統一的前景。

同日　陳水扁再次稱，台灣與大陸「一邊一國」必須分清楚，台灣要走「台灣路」。

同日　陳水扁稱，台灣民眾不應對台海安全掉以輕心，沒有實力就沒有和平，台軍加強軍力的目的並非與大陸為敵，而是要確保台海安全。

同日　游錫堃在台立法院接受質詢稱，「一國兩制」在台灣沒有市場，兩岸只要不預設政治前提，擱置爭議，兩岸可就任何議題進行商談。在「對等、尊嚴」的原則下，他本人也願意代表台灣當局同大陸進行談判。

同日　蔡英文在接受台灣媒體採訪時稱，在完成「兩岸人民關係條例」相關條款的修訂和兩岸直航評估報告後，台灣當局會以更加積極、具體的善意推動兩岸協商。她還表示，海基會是代表台灣當局進行兩岸談判的優先選擇，但如果情勢需要，也不排除由台灣當局直接參與談判。

同日　台「監察院」公佈調查報告稱，兩岸間接通航，增加台灣企業人、貨運輸成本高達800億至1000億元新台幣，兩岸間如果實現直航，將可大大降低台灣企業的運輸成本。

同日　連戰稱，中華民國一直存在，並會永遠存在，大陸方面有關「中華民國法統」在1949年已終結的提法，對兩岸關係的發展沒有任何促進作用。

同日　美國務院官員稱，美方反對大陸對台使用武力，希望兩岸以對話方式解決分歧，而兩岸「三通」直航問題應由兩岸自行解決，美方不會充當海峽兩岸談判的中間人角色。

11月9日　錢其琛參加中國共產黨第十六次全國代表大會四川代表團討論時指出，在一個中國原則基礎上，兩岸什麼問題都可以談，但台灣當局至今不接受一個中國原則，一再拖延兩岸實現「三通」，大陸方面將繼續加強兩岸人員往來和經濟文化等領域的交流，堅決反對台獨分裂勢力，爭取早日完成國家統一。

同日　陳水扁致美國「全僑民主和平聯盟」第一次全球大會的書面賀詞妄言，大陸長期構思對台灣實行「超限戰」，企圖用「第五縱隊」等手段破壞台灣的政治、經濟環境。

同日　蔡英文出席「全僑民主和平聯盟」第一次全球大會稱，開放兩岸直航與大陸利用赴台人士對台灣進行滲透無關，關鍵在於台灣的「自我保衛」工作是否得當。

　　同日　台「國安會諮詢委員」林佳龍稱，為避免有關兩岸航線究竟是國內還是「國際」航線的爭議，可將其稱為「跨域航線」，既不涉及主權，也較符合「國際航線」的實質內涵。

　　11月10日　國家經貿委主任李榮融回答記者提問表示，台灣及其他地區和國家的經濟發展經驗，都是大陸學習的對象，大陸歡迎廣大台資企業積極參與大陸的經濟建設。

　　同日　陳水扁妄言，台灣民眾無法接受一個中國原則，因為一個中國原則就是「和平統一、一國兩制」，而「和平統一」就是大陸吞併台灣、台灣向大陸投降，「一國兩制」則會使台灣成為中華人民共和國的一個省。

　　同日　台立法院長王金平率台「立委訪問團」抵達日本活動。

　　同日　120名台灣旅遊業人士在台旅行公會的組織下，參加上海旅遊交易會。

　　11月11日　國台辦主任陳雲林強調，大陸方面將繼續堅持一個中國原則，同時把堅決打擊台獨等一切分裂行徑放在更為突出的位置。

　　同日　陳水扁在台灣第56屆工業節慶祝大會稱，只要是在「民主、和平、對等」的原則下，台灣不被「矮化、邊緣化、地方化」的前提下和兼顧「國家主權與安全」的條件下，兩岸談判所取得的成果，台灣當局都可以付諸實施。

　　同日　呂秀蓮稱，台灣當局必須對大陸提出的「台灣問題不能無限期拖延下去」的說法保持警覺，大陸方面在強調一個中國原則、「和平統一、一國兩制」和不放棄對台動武的同時，提出兩岸間可以就正式結束兩岸敵對狀態問題、台灣在國際上與其身份相適應的經濟文化社會活動空間問題以及台灣當局的政治地位問題等進行商談的內容，都是台灣所不能接受的。

　　同日　游錫堃會見返台述職的台灣駐外機構代表稱，大陸針對台灣部署了400多枚導彈，台駐外人員應積極向「國際友人」說明兩岸問題，爭取「國際支持」，強調「台灣的前途應由台灣民眾決定」。

同日　台「總統府祕書長」陳師孟在立法院接受質詢稱，國旗不等同於國家，不應把中華民國國旗與中華民國畫上等號，中華民國只是現階段的「國名」，而民眾對當前的「國號、國旗、國歌」，應有不同的看法。

同日　台「觀光局長」蘇成田稱，該局已完成全面開放大陸人士赴台旅遊的準備，而開放的具體時間仍需由陸委會決定。

同日　連戰稱，中華民國自1912年建立以來從未更名，中華民國的「國旗、國號」也沒有所謂的「階段性」。

11月12日　外交部新聞發言人孔泉在記者會指出，中國政府一貫反對李登輝以任何形式和名義到中國的建交國進行活動。中國政府注意到日本政府近日對李登輝申請赴日簽證的表態，希望日方嚴格遵循《中日聯合聲明》的精神，妥善處理相關問題。

同日　陳水扁出席「2002台灣電子商務高峰會」稱，「中華民國的國旗、國號」都代表著中華民國，而釣魚島是「中華民國領土」，作為「中華民國的領導人」，他必須捍衛「國家領土」。

同日　游錫堃在台立法院接受質詢稱，國旗是一個國家的象徵，中華民國國旗代表著中華民國，民進黨當前沒有更改「中華民國國旗、國號」的計劃，台行政院也沒有類似想法及規劃。

同日　游錫堃宣布，台灣當局已同意台商在2003年春節期間（2003年1月26日至2月5日），依照現有的港澳航線，以包機繞經港澳的方式，從大陸「間接直航」返回台灣。

同日　台國防部發表書面報告稱，大陸海軍已可進行150海里、空視距外導彈攻擊，近期大陸科學研究、海測船隻頻頻在台東部海域活動，旅滬級導彈驅逐艦也自台東部海域透過，顯示大陸海軍已由近岸走向近海，並逐漸超越台灣海峽、第一島鏈，向太平洋方向發展，大陸已具備突破台灣中央山脈這個天然屏障的能力，可直接威脅台灣東部地區。

同日　台「交通部民航局」就兩岸春節包機技術層面所做的評估報告稱，由於兩岸「春節包機」不涉及航權談判事務，只需航空公司直接向雙方民航部門申請同意即可開行，因此，該局贊成在定時、定點、單向包機和繞經第三地飛航情報區的原則下，開放兩岸「春節包機」。

11月13日　外經貿部長石廣生指出，兩岸「三通」有利於雙方，台灣當局不應只將兩岸「三通」置於口頭層面，而應切實推動，只要將兩岸「三通」看成是國內事務，就能以「兩岸航線」形式通起來。

同日　國台辦新聞局長張銘清強調，如果台灣航空業者提出以經由港澳地區進入大陸的包機方式運載大陸台商返台過年的申請，大陸民航主管部門將積極配合。大陸方面對兩岸通航問題的基本原則是「直接雙向、互惠互利」，希望在台灣客機飛往大陸的同時，大陸客機也能飛往台灣。

同日　國台辦新聞發言人李維一在新聞發佈會上指出，兩岸「三通」商談並非政治談判，不應受到政治因素的影響和干擾，在「三通」技術性、業務性商談中可以不涉及一個中國的政治含義，但也絕不能把兩岸「三通」說成是「國與國」之間的「三通」，只要做到這一點，雙方就可透過民間協商，使用兩岸註冊的船舶和飛機，進港時掛公司旗或標誌旗，就可以盡快「通」起來。

同日　外經貿部台港澳司司長王遼平在新聞發佈會上表示，希望台灣當局能以兩岸人民的福祉為重，切實解除對兩岸經貿交流的一切限制，開放兩岸直接通商，促進兩岸經濟的共同繁榮。

同日　民航總局台港澳辦公室主任浦照洲表示，如果台灣方面航空公司提出節日包機申請，大陸方面將根據實際情況，積極考慮。

同日　海峽兩岸航運交流協會理事長胡漢湘在新聞發佈會表示，兩岸通航不是國際航線，外國航商不得介入，大陸方面堅決反對將兩岸通航說成是「國與國」之間的航線，希望台灣當局從整個中華民族的根本利益著眼，摒棄一切不合時宜的人為障礙，真心誠意地為實現兩岸直接「三通」做些實事。

同日　呂秀蓮稱，台灣當局已就兩岸實現包機直航後所產生的「國家安全代價」及對台灣傳統產業產生的影響進行評估，台灣社會各界對此事的評價不應過度「政治化」。

同日　游錫堃稱，台灣相關部門必須謹慎評估兩岸實現「三通」後台灣的利弊得失，以免出現「未得三通之利，先受三通之害」的現象。

同日　台「交通部次長」游來芳在立法院接受質詢稱，從技術層面看，只要有業務需要，航空業者也可以在清明、端午、中秋等節日前後，向台灣當局申請開辦除上海以外的其他大陸城市的節日包機，而所需繞經的第三地，除港澳外，還可包括琉球。

11月14日　台交通部長林陵三稱，兩岸「春節包機」的客機必須從台灣起飛，中途降落港澳時不允許上下客，返台時也必須經由港澳降落中轉。

同日　陳明通稱，兩岸間無論是包機直航或是一般直航，都必須經過「政府對政府」或海基會與海協等受委託的民間單位進行協商。他強調，台灣當局近日準許的春節「間接包機」僅是為方便台商返台過年的臨時性措施，並非開放兩岸直航。

同日　日本外務省宣布拒絕向李登輝發放入境簽證，並表示，即使李登輝再次提出申請，也不會核發簽證。

11月15日　國家旅遊局副局長宋綱會見由台灣旅行公會理事長曾盛海率領的訪問團表示，如果台灣當局能開放大陸居民赴台觀光旅遊，大陸方面願意於2003年起正式將台灣列入大陸居民旅遊目的地。

同日　台陸委會宣布，同意台灣航空公司在開辦兩岸春節間接包機期間，往返來回均可載運台商。

同日　台國防部高等軍事法院檢察署依「台陸海空軍刑法『投敵』罪」，對台原陸軍284師上尉連長林正誼（即北京大學教授林毅夫）發佈「通緝令」。

同日　台空軍總司令李天羽抵達華盛頓，對美國防部進行訪問。

同日　金門檢方以「刺探軍機」、「通敵」及「資匪」等罪名，拘捕《金門晚報》社長彭垂濱，並將總經理陳秀霞交保候傳。

11月16日　民航總局台港澳辦公室主任浦照洲接受台《中國時報》記者專訪表示，大陸方面歡迎台灣民航業者或行業協會與大陸民航單位進行具體商談，並提出包機申請，民航總局相關部門已做好商談的準備。

同日　海峽兩岸航運交流協會理事長胡漢湘接受台《中國時報》記者專訪指出，在兩岸相繼加入WTO後，兩岸直航理應由已在兩岸註冊的船舶經營，以免外籍船舶涉及兩岸事務，同時在兩岸直航初期，也暫不考慮將港澳兩地註冊船舶納入經營計劃中。

同日　台交通部長林陵三稱，兩岸包機直航必須經由「官方對官方」或以海基會與海協的方式進行協商，而且僅限於2003年春節期間。屆時台灣航空業者自行分別向兩岸民航單位提出申請，台灣方面航點僅限於桃園或小港機場，大陸方面為上海市，其餘航點的開通與否，留待商談後確定。

同日　美國在台協會前任理事主席卜睿哲稱，大陸對台灣拒絕「一國兩制」及擴大「國際生存空間」的目的的誤解，是兩岸政治對話陷入僵局的主要原因。他認為，大陸方面誤認為台灣當局的舉動是要讓台灣永久脫離中國，而實際上，台灣當局拒絕一個中國原則的目的，是避免在兩岸正式談判前做出過多讓步。

　　11月17日　中國海峽旅行社總經理馮卓志指出，台灣當局將大陸人士分為三類並分別歸入不同的開放階段的做法，大陸方面不能接受。台灣當局應取消此種不合理分類，全面開放大陸人士赴台旅遊，大陸方面也會對政策做出相應的調整，將台灣列為大陸居民旅遊目的地。

　　同日　呂秀蓮參與所謂「台灣正名運動」大遊行稱，「中華民國的有效政權」僅止於「台、澎、金、馬」，台灣以「中國」為名的團體應當自行改名。並妄言，為使台灣民眾與國際接軌，有關「更改國名」的行動，必須透過「公民投票」方式來完成。

　　同日　台國防部長湯曜明發表題為「全民國防的理論與實踐」演講稱，台國防部將以全方位、總體性的思考來建構「全民防衛」的安全體系，發揮整體應變機制，落實「全民國防」理念，以實現「國土安全防衛」目標。

　　同日　台《聯合報》報導，台交通部在其兩岸海運通航規劃中稱，兩岸航線可稱為「特殊航線」，其定位是「準國際航線」。除開放高雄、基隆、台中、花蓮等台灣大型港口外，台灣當局還可能開放部分國際港的輔助港及工業港，同時，也不會限制外籍貨輪參加兩岸航線的營運。

　　同日　台新聞局長葉國興稱，台灣當局一直未批準大陸電視節目直接在台灣播映，當前大陸節目是以台灣媒體「轉播」的方式在台灣播放，但如果大陸利用相關節目對台進行「統戰」，台灣當局將禁止台灣媒體「轉播」。

　　同日　台灣團結聯盟與「台灣獨立聯盟」、北中南社、「台教會」等台獨團體共同發動所謂「台灣正名運動」大遊行。同時，「台聯黨」還在台立法院提出「公投法草案」。

　　11月18日　11月15～18日，由中央電視台和台灣中天電視台聯合主辦的首屆《海峽兩岸知識大賽》的複賽和決賽在北京舉行。來自中國大陸、台灣和香港地區以及美國、法國、巴西、澳大利亞、日本的18支大學生代表隊雲集北京。經過緊張的比賽，中國人民大學代表隊榮獲冠軍，中山大學代表隊和法國大學聯隊獲亞軍，南京大學代表隊、台灣大學代表隊、日本大學聯隊獲得季軍。

同日　陳水扁在會見美國美中關係全國委員會訪問團時稱,兩岸「三通」中,只有通航問題尚未解決,而只有在確保「國家安全」的前提下,台灣當局才會開放與大陸間的有條件直航。

同日　台交通部長林陵三稱,由台陸委會擬定的台商「春節包機」計劃,已送交行政院審議。

同日　台灣工商協進會理事長黃茂雄稱,兩岸實現「三通」對台灣經濟有一定幫助,但並非「萬靈丹」,不能僅僅依靠「三通」解決台灣的經濟問題,而應改善投資環境,吸引內外資在台灣投資。

11月19日　海協常務副會長李炳才發表紀念「九二共識」10週年的專文,希望台灣當局務實承認「海峽兩岸均堅持一個中國原則」的「九二共識」,在此基礎上求同存異,重開兩岸對話和談判。

同日　陳水扁致「全僑民主和平聯盟全球大會」的書面賀詞妄言,兩岸恢復協商應以「民主和平」為前提,但大陸方面長期準備對台實行「超限戰」,企圖在無預警的情況下,利用「第五縱隊」等手段,快速破壞台灣的政治、經濟、金融與軍事設施,因此,兩岸協商無法恢復。

同日　蔡英文稱,在兩岸無法協商的情況下,台灣當局只會批準台灣航空公司包機經港澳停降後再飛往上海,大陸航空公司若想參與台商「春節包機」的計劃,也需事先協商。

同日　國民黨文傳會對外公佈連戰日前接受《紐約時報》記者專訪時的談話內容。連戰稱,當前兩岸關係惡化的原因,在於民進黨當局出於意識形態,執意推進台獨活動,製造摩擦。

同日　李登輝稱,與其修改「憲法」,不如制定一個「台灣基本法」,因為目前已是「中華民國的第二共和」。

11月20日　陳明通稱,希望能在照顧大陸台商需求的同時台灣當局在兩岸直航談判問題上的政策完整性,台商「春節包機」不應對兩岸直航談判產生衝擊。

11月21日　國民黨立委章孝嚴以「中國台商發展促進協會理事長」身份訪問大陸,與大陸方面商談兩岸「春節包機」直航問題。

同日　美國防部國防安全合作署致函國會稱,將向台灣當局出售總價值達8.75億美元的4艘基德級驅逐艦及其相應導彈等武器。

同日　「美台商業協會」聲稱，美國前國防部長科恩將於 2003 年元旦正式出任美台商業協會主席，接替即將卸任的前國防部長弗蘭克‧卡盧奇。

　　11 月 22 日　江澤民主席會見美國前國防部長威廉‧佩裡指出，中美兩國在台灣問題上有共同點，雙方都堅持一個中國政策，希望台灣問題能得到和平解決。

　　同日　國防部長遲浩田會見佩裡指出，確保中美關係健康、穩定發展的關鍵是妥善處理台灣問題。中國政府希望美方切實履行在台灣問題上作出的承諾，不向台獨勢力發出錯誤信號，為中國實現和平統一發揮建設性作用。中國人民解放軍全力支持中國政府爭取兩岸和平統一的努力，但同時也決心為阻止台獨及一切分裂活動做好必要的準備。

　　同日　國台辦主任陳雲林會見台「中國台商發展促進協會」理事長章孝嚴一行表示，實現兩岸直接通航，是大陸方面的一貫主張，只要是真正對台灣工商界有利、對台灣同胞有利的事情，大陸方面都願意務實推動、積極促成。希望台灣當局主管部門盡快批准兩岸包機直航，也希望兩岸業界和航運組織盡快就此展開溝通與協商。大陸方面從務實解決問題的態度出發，建議先由兩岸民間行業組織或航運公司進行協商，待達成共識後再交由兩岸有關方面各自確認並組織實施。

　　同日　海峽兩岸訊息技術推廣應用博覽會在福州開幕，海峽兩岸及海內外近 300 家 IT 企業參展。

　　同日　蔡英文稱，台灣當局對台商「春節包機」的政策、立場沒有改變，即台商包機業務仍需兩岸協商談判，如兩岸無法及時就相關問題進行協商，則經由港澳地區降落中轉仍是台商包機唯一的可行方式。

　　同日　日本外務省官員在日本眾議院接受質詢時稱，日本外務省將重新檢討原有規定，放寬對日本政府官員訪問台灣的限制。

　　11 月 23 日　民航總局代表與「中國台商發展促進協會」等台灣代表就兩岸「春節包機」事項達成三點結論，即大陸方面同意 2003 年兩岸「春節包機」以「單向」方式進行，但台灣方面應承諾在日後開展包機業務時，開放大陸航空公司飛行兩岸；飛行前必須具備的三證兩照（航機國際登記證、航機適航證、無線電台證、前後艙組員執照、體檢合格執照），經兩岸授權單位協商後由主管機關核準即可；大陸方面認為，為避免複雜化，「春節包機」仍應採取直航或繞飛方式，無須轉降港澳。

　　11 月 24 日　2 艘大陸漳州籍貨輪 53 年來首次由漳州直航金門。

同日　章孝嚴在結束對大陸訪問並搭機返台時稱，大陸方面已明確表示，將以靈活變通的方式處理兩岸「春節包機」事宜，希望台灣當局能對此予以積極回應，減少政治干擾。

11月25日　台陸委會透過「大陸地區專業人士來台從事專業活動邀請單位及應備具的申請文件表修正案」，允許台灣廠商邀請大陸潛在買主赴台參觀商展或下單採購。

同日　台陸委會透過「台灣醫事人員赴大陸地區執業許可辦法草案」，開放並規範台灣醫事人員的整體管理。

同日　台陸委會與海基會在與大陸各地台商協會會長的座談會上，宣布將「小三通」適用範圍擴大至所有在大陸投資的台商，允許在福建省以外地區投資的台商透過「小三通」方式返抵台灣。

同日　陳明通稱，台陸委會擬對「兩岸人民關係條例」等法律進行修改，以便向大陸台商子弟學校提供教師進修機會和資金補助。

同日　台「陸委會經濟處長」傅棟成稱，陸委會已確定2003年台商「春節包機」的時間為2003年1月26日至2月10日。

同日　海基會副董事長兼祕書長許惠祐稱，2003年台商「春節包機」和包船的搭乘對象，並不僅限於在上海和福建地區投資的台商及其眷屬，大陸其他地區的台商及眷屬也可利用該方式返台過年。

同日　美國駐華大使雷德在北京向美國商會發表演講表示，美國政府不支持台灣方面片面宣布「獨立」，也不歡迎兩岸中的任何一方做出挑釁舉動。

同日　由「英國議會台灣小組」主席托馬斯‧考克斯率領的英國議會下議院議員訪問團抵達台灣，開始為期一週的訪問。

11月26日　蔡英文會見甫從大陸返台的國民黨籍立委章孝嚴一行，表示將指示台陸委會相關部門積極配合台灣業者處理兩岸「春節包機」業務。

11月27日　國台辦新聞局局長張銘清指出，中國共產黨第十六次全國代表大會報告中有關對台工作論述的核心，是堅持一個中國原則。一個中國原則是發展兩岸關係與實現和平統一的基礎，世界上只有一個中國，大陸和台灣同屬一個中國，中國的主權和領土完整不容分割。大陸希望台灣方面明確接受一個中國原則，承認海協、海基兩會在1992年達成的共識，在一個中國基礎上恢復兩岸對話與談判。並重申，大陸對推動兩岸實現「三通」的立場是一貫的，並為之做出

了不懈的努力，兩岸「三通」是經濟問題，「三通」商談不是政治談判，可以不涉及一個中國的政治含義，但絕不能把兩岸「三通」說成是「國與國」之間的「三通」。

同日　台「僑委會委員長」張富美抵達菲律賓首都馬尼拉活動。

同日　金門岸巡總隊在金門縣紅十字會的協助下，將14名涉嫌走私、偷渡的大陸籍人士遣返大陸。

11月28日　台灣民主自治同盟第七次代表大會在北京開幕。

同日　台內政部在其網站上公佈更新後的「編印大陸地區地圖注意事項」，增列有關「大陸地區疆界及首都，依大陸現狀標識之」條文。

同日　台陸委會聲稱，依台灣的現行大陸政策，大陸配偶在取得台灣居留權前，無需放棄中華人民共和國國籍和戶籍，並保持大陸人民的身份，可隨時自由返回大陸。但如果比照外籍配偶申請台灣定居權的相關規定，大陸配偶在提出申請時就必須放棄大陸戶籍，將不利於保護大陸配偶的權益。

同日　台「行政院退除役官兵輔導委員會」官員稱，根據台官方統計，當前返回大陸定居的「國民黨老兵」共有5918人，平均年齡在79歲以上。

11月29日　福州省泉州市紅十字會訪問團自廈門搭船直航金門，與金門縣紅十字會展開交流活動。

同日　數百名「大陸新娘」赴台立法院示威，抗議台灣當局在新修訂的「兩岸人民關係條例」中，將大陸籍配偶取得台灣身份證的時間由8年延長為11年。

11月30日　台內政部長余政憲稱，該部是在兼顧出版自由、國際慣例和務實的原則下，決定依大陸現狀標識地圖，但為避免引起爭議，內政部將暫不公佈「官方地圖」。

同日　台教育部長黃榮村稱，台灣教科書中的大陸地圖將以大陸實際情況為主，而不涉及過多的意識形態。

12月

12月1日　台交通部初步評估決定，如果兩岸「春節包機」實施順利，將在2003年清明節期間開放兩岸包機對飛。

同日　台「行政院研考會」公佈民意調查顯示，50%的受訪者贊成台灣當局開放兩岸直航，44%的受訪者認為兩岸直航對台灣經濟有積極影響，62%的受訪者表示，應該由台灣當局主導兩岸直航談判。

　　同日　台「陸委會經濟處長」傅棟成稱，原定11月30日出爐的兩岸「三通」直航評估報告，至今尚未完成。

　　同日　台「國安會諮詢委員」林佳龍稱，大陸短期內對台政策的重心在推動兩岸「三通」上。他強調，兩岸只有進行「政府」間的談判，才有可能實現直航。

　　12月2日　國台辦公佈《關於台灣記者來祖國大陸採訪的規定（修訂版）》，進一步下放審批權，從明年1月1日起，將授權各省、自治區、直轄市台辦以及深圳市台辦、新疆生產建設兵團台辦受理、審批台灣記者的採訪申請，同時簡化採訪證的申領手續。

　　同日　國台辦發言人李維一表示，希望台灣當局拿出誠意，盡快取消不合理的規定和各種障礙，促進兩岸新聞交流的健康發展。

　　同日　台行政院透過《全民防衛動員準備綱領》，除繼續宣揚、灌輸對大陸的敵意。

　　同日　海基會舉行第五屆董、監事第一次聯席會議，推舉辜振甫連任董事長，許惠祐、許勝發、張俊宏為副董事長。

　　同日　辜振甫表示，期待大陸領導人能與時俱進，以更務實的眼光發展兩岸關係，儘早恢復兩岸談判，創造兩岸「雙贏」的新格局。

　　12月3日　外交部發言人劉建超回答記者提問說，美方與台灣進行任何形式的軍事合作與交往，都違反了中美三個「聯合公報」的原則，也是中方決不能接受的。我們敦促美方恪守堅持一個中國政策、遵守中美三個「聯合公報」、反對台獨的承諾，停止在台灣問題上的錯誤做法，以免給中美關係帶來損害。

　　同日　中國工商銀行行長姜建清宣布，中國工商銀行（亞洲）已經正式提出在台灣設立代表處的申請。

　　同日　俄羅斯在新簽署的《中俄聯合聲明》中重申，中華人民共和國是代表全中國的唯一合法政府，台灣是中國領土不可分割的一部分，俄羅斯不會與台灣建立官方關係和進行官方往來。

　　同日　蔡英文稱，大陸籍配偶取得台灣公民身份的年限之所以比外籍配偶長，人數太多是主要原因。

同日　台「民航局」宣稱,「春節包機」作業程序已經陸委會審查透過,目前正在行政院審核。

12月4日　台「行政院院會」透過由陸委會、交通部共同研擬的「大陸台商春節返鄉專案」。

同日　台經濟部長林義夫表示,台灣願意在世貿組織架構下,與大陸商談具體問題,但必須要以正式代表團的名義與大陸談,台灣不能被矮化。

12月5日　中國民航總局官員表示,大陸為台商「春節包機」制定的「民用航空運輸不定期飛行管理暫行規定」雖已公佈,申請程序也已明確,但其中有些細節問題仍需雙方進行商定,希望台灣有關部門盡快委託或授權民間團體與大陸協商。

同日　大陸正式同意在世貿組織架構下,與台灣商討鋼鐵產品保障措施。對此,蔡英文表示讚賞。

12月6日　大陸正式同意在世貿組織架構下,與台灣商討鋼鐵產品保障措施。對此,國台辦發言人李維一表示,這是國家主體與其單獨關稅區在世貿組織架構下的正常往來。

同日　台交通部透過《台灣整體國際港埠五年發展規劃》,首度將兩岸直航列為高雄港、基隆港及台中港的重點發展戰略,並建議行政院加速兩岸通航腳步,全面開放兩岸直航。

12月7日　台灣北、高市長選舉結束,馬英九、謝長廷分別連任台北和高雄市長。對此,國台辦有關官員表示,此次選舉大體上體現了台灣的民意,就是廣大民眾求和平、求安定、反台獨,主張改善和發展兩岸關係的願望。希望台灣當局能夠看清形勢,順應主流民意,回到一個中國原則上來,同時希望新當選的市長能夠促進兩岸城市間的交流。

12月8日　錢其琛在廣東與台商代表座談。他表示,在任何情況下,大陸歡迎台商投資的政策都不會改變。

同日　兩岸共同市場基金會董事長蕭萬長稱,台灣廠商在進行全球投資佈局時,必須先把在兩岸的佈局做好。那種排斥大陸經濟的想法和做法,會讓台灣經濟「窒息」。

同日　美國防部官員稱,美方雖對中國大陸針對台灣部署導彈一事非常關切,但無意詢問大陸是否會減少導彈部署的數量。

12月9日　國務院新聞辦公室發表「2002年中國國防白皮書」，重申決不承諾放棄對台使用武力，堅決反對任何國家出售武器裝備給台灣，並把「制止分裂，實現祖國統一」列為國防重要目標和任務之一。

同日　台灣裕隆集團旗下的中華汽車公司近日宣布，該公司投資建立的福建東南汽車公司，已正式獲得大陸有關部門核准的轎車生產立項批文，將於2003年起開始生產「菱帥」牌轎車。

12月10日　中國統促會和來訪的美國北加州中國和平統一促進會訪問團舉行座談，雙方以「發揮各自優勢，促進中國和平統一」為主題，就「反獨促統」問題交流了意見。全國政協副主席、中國統促會會長萬國權出席了座談會。

同日　中美國防部副部長級軍事協商會落幕。美方代表稱，非常關切大陸針對台灣部署導彈一事，因為此舉「不利區域穩定」。並表示，雙方並未討論大陸以撤走部分導彈換取美國減少對台軍售的議題。

同日　由港台青年交流促進會、香港青年協會主辦的「海峽兩岸暨港澳地區青年領袖高峰論壇」在香港舉行，來自兩岸與港澳地區的100多名青年領袖，就進一步拓展海峽兩岸暨港澳地區的合作空間、促進祖國和平統一、加強兩岸與港澳青年人合作交流等議題進行了深入探討。

同日　蔡英文稱，目前兩岸包機，需要在港澳地區停留，而不是直飛。並表示，兩岸直航協商的主導權，應由台灣當局或授權海基會實施，不會交給民間執行。

同日　台「中央銀行」有關人士表示，目前台灣市場資金相當寬裕，但因台商已經可以從大陸銀行取得資金，使得台灣銀行增加放款金額非常困難。

同日　台「總統府資政」彭明敏、辜寬敏及「考試院長」姚嘉文等資深「獨派」人士，一致反對兩岸進行包機直航，對此表示憂慮。

12月11日　中國民用航空協會兩岸航空運輸交流委員會副理事長浦照洲指出，希望兩岸盡快就「春節包機」的技術、業務性問題進行協商，以確保「春節包機」順利進行。

同日　大陸方面邀請台北市航空運輸同業公會派人前往大陸協商春節包機，對此，台交通部稱，大陸的動機不單純，且大陸也無權指定協商的對象。

同日　台外交部長簡又新表示，大陸撤走導彈換取美國降低對台軍售的種種說法，並沒有得到證實，台外交部要等大陸正式表態之後再做評論。

同日　台陸委會有關官員表示，台灣當局已決定開放台商赴大陸設立 8 英吋晶圓體廠，並公佈了具體辦法，不會再用行政手段卡住業者。

　　同日　台北市航空運輸同業公會終於就兩岸「春節包機」第一批航班出發日期達成共識，台灣 6 家航空業者，將在 2003 年 1 月 30 日和 31 日，共飛 6 班包機到上海接台商返台。

　　同日　美國主管亞太事務的助理國務卿凱利稱，美國對台軍售，是依照《台灣關係法》及從整個軍事層面考慮所作出的政策，並非只是為了對抗大陸針對台灣部署的導彈。

　　12 月 12 日　台《聯合報》報導，台陸委會已經要求台積電集團暫緩赴大陸投資，暫時也不開會審查此案，因此，台積電赴上海設廠的腳步將延緩。

　　同日　台灣駐 WTO 代表團常任代表顏慶章稱，台海兩岸在 WTO 首度舉行官方協商，是兩岸在 WTO 互動關係的重大突破，對整體兩岸關係也具有正面意義。

　　同日　台軍方消息指出，在即將進行的「漢光 19 號」演習中，美軍將向台灣提供大陸軍力參數，以利台軍進行電腦模擬演習。

　　12 月 13 日　中國民航總局官員表示，大陸早已公佈台灣航空公司「春節包機」的申請程序，也已向台灣業者發出邀請，希望能盡快與台方商談具體技術問題。

　　同日　台陸委會副主委陳明通表示，台商在春節期間以間接包機方式返鄉，按國際慣例，並不需要協商，只要兩岸都批準業者的申請就可以。

　　同日　國民黨立委章孝嚴表示，兩岸包機一事卡在技術性層面問題上，若台灣當局願意委託協調，「春節包機」仍來得及推動；若當局無誠意推動，問題就不可能解決。

　　12 月 14 日　印尼媒體報導，陳水扁將赴印尼活動，對此，外交部發言人劉建超表示，希望印尼不要同意陳水扁入境。

　　12 月 16 日　香港《文匯報》報導，兩岸航空公司聯合推動的經「小三通」再轉赴台灣 5 大城市的「一票到底」計劃，已經整合成功。

　　12 月 17 日　美日台三邊「第二軌道」安全對話在華盛頓閉幕。與會人士稱，為了加強美日台三邊情報及偵查合作，應促使台灣加入國際民航組織或國際海事組織，至少應成為觀察員。

12月18日　國家民航總局台港澳辦公室主任浦照洲表示，希望兩岸航空業界盡快就台商「春節包機」的具體細節進行溝通，如果拖延下去，最終會傷害到台商。

同日　蔡英文表示，台陸委會已完成兩岸通航事宜的技術評估，短期內會公佈部分內容。

同日　美台商業協會理事長卡路奇表示，兩岸應該盡快實現「三通」，以減緩美商撤離台灣、轉進大陸的趨勢。

12月19日　台經濟部公告開放台灣房地產業者赴大陸投資，但僅為小幅開放，採取總量管制。第一年核準總投資額不超過100億新台幣，個案則以1000萬美元為限。

同日　台《聯合報》報導，在台灣最大的發卡銀行「中國信託商業銀行」的技術支援下，大陸的招商銀行已經在本月上旬發行了該行首張國際信用卡，這是兩岸金融業在信用卡業務上的首次合作。

12月20日　國台辦副主任周明偉指出，兩岸恢復談判的時間不能無限期拖延下去。

同日　台陸委會發佈的最新民意調查結果顯示，在「統獨」議題上，33.3%的受訪民眾贊成維持現狀，其中贊成永遠維持現狀者為21.5%。

同日　台駐美代表程建人在華盛頓表示，台灣與美國的安全關係仍在持續升溫，但是雙方在經貿領域的合作並不能令人滿意。

同日　台灣當局決定有條件開放房地產業者赴大陸投資。對此，台灣業者認為，這不能算是真正的鬆綁，這次開放的象徵意義超過實際意義。

同日　美、台軍方本週在華盛頓討論美國對台軍售問題。美方與會人士表示，將繼續遵守《台灣關係法》的義務，繼續對台軍售。

12月21日　中國民航總局官員透露，兩岸「春節包機」將在本週內有決定性的進展。台灣業者則表示，6家航空公司關於「春節包機」的準備工作也正在進行中。

同日　台陸委會在澳門主權移交3週年之際稱，台灣當局將以善意、務實為出發點，致力推動與澳門各界的交流，期望澳門特區政府能夠在台灣設立專門機構，為在台的澳門居民服務，並建立台、澳官方制度化的聯繫協調機制。

12月23日　陳水扁接受日本《產經新聞》駐台記者專訪稱，台灣是一個主權國家，既不是中國大陸的一部分，也不是一個特區。台灣的未來不能由大陸來決定，而應取決於台灣2300萬人民的意願，因此，決定台灣的未來，最好的方法是進行「公民投票」。

12月24日　從2003年起，福建省有權單獨招收台灣學生的高校將由現在的2所增至8所。除較早獲準單獨招收台生的福建師範大學和福建中醫學院外，新增的6所高校分別是：廈門大學、集美大學、福州大學、福建農林大學、福建醫科大學以及華僑大學。

同日　台「經濟部投審會」審查同意台灣國泰人壽投資2285萬美元，成立國泰人壽保險廣州分公司，這是台灣當局首次同意金融保險業者赴大陸投資。

同日　金門縣長李炷烽表示，金門決定推動成立加工出口區，引進廈門勞工，讓園區內產業享受大陸的低成本投資環境。

同日　台「工商建研會」對台灣企業高層人士進行的調查結果顯示，如果兩岸實現「三通」，將有高達78%的台商增加對大陸的投資。

12月25日　國台辦發言人李維一表示，為了做好台商「春節包機」，兩岸雙方應先由民間航業組織或航空公司，就有關的具體技術問題進行溝通協商，然後，台灣的航空公司就可按規定提出申請。並希望台灣當局盡快承認「九二共識」，回到一個中國原則的立場上來。他預測，2003年，兩岸民間交流將更加頻繁，對開放兩岸「三通」的要求將繼續高漲。

同日　陳水扁接受日本《產經新聞》專訪時宣稱，要以「公投」的方式來決定台灣的前途，又表示，台灣願意與大陸對話，改善雙方關係。

同日　民進黨立委湯火聖、蘇治芬等人召開記者招待會稱，到2006年，大陸配偶取得台灣戶籍的人數將高達57萬人，為避免影響選舉，建議在《兩岸人民關係條例》中增設條款，即大陸地區人士只有在台灣居住滿7年後，才能取得台灣戶籍。

12月26日　游錫堃稱，台灣當局的經濟開放政策沒有任何改變，台積電申請赴大陸投資8英吋晶圓體廠一案，春節前就會處理。

同日　台灣「中華航空公司」駐北京首席代表王華宇，今天已向中國民航總局申請承辦「春節包機」業務。

12月27日　國台辦海峽經濟科技合作中心所屬的海峽旅行社宣布，已在上海設立「春節包機」服務網點，銷售台灣6家航空公司的包機機票，並提供諮詢服務。

同日　台經濟部長林義夫稱，2002年台灣經濟增長的一半來自出超，而台灣出超的來源又主要集中在兩岸貿易，可見台灣經濟「依賴大陸過深」。

同日　台陸委會副主委陳明通表示，目前台灣的航空業者正在向大陸中國民航總局提交「春節包機」申請，一旦兩岸民航主管部門都批準申請，「春節包機」就可以進行。

同日　台《聯合報》報導，據有關業者統計，已有1萬多名台商登記以「一票到底」的「小三通」方式返台過年，顯示該方案獲得台商的熱烈回應。

同日　120多位台灣旅遊業者在台立法院的一場聽證會上，要求台灣當局在2003年能夠放寬大陸人士來赴台旅遊的限制，為蕭條的台灣旅遊業創造「第二春」。

12月28日　台陸委會的一項民調顯示，金門「小三通」實施2年以來，有54%的金門民眾經此管道去過大陸。

同日　台灣銘傳大學的一項民意調查顯示，金門民眾對當局開放「小三通」2年來的做法表示不滿，打下了58分的不及格分數。

12月29日　馬英九稱，希望大陸方面對「法輪功」採取寬容的態度。

12月30日　衛生部指定大陸1000家醫院組成「中國意外急救醫療卡」組織，將從2003年1月11日開始推出專為台胞設計的醫療網絡，以及時滿足台胞在大陸所需要的醫療服務。

12月31日　國家主席江澤民發表新年賀詞，向台灣同胞表達祝福。他表示，我們堅持「和平統一、一國兩制」的基本方針和現階段發展兩岸關係、推進和平統一進程的八項主張，積極發展兩岸關係。目前，兩岸人員往來和經濟文化交流不斷加強，台灣同胞求和平、求安定、求發展的意願不斷增強。他堅信，在包括廣大台灣同胞在內的全體中華兒女的共同努力下，祖國的完全統一一定能夠早日實現。

2003 年

1 月

　　1 月 1 日　中共中央總書記胡錦濤在全國政協新年茶話會上發表講話時指出，在新的一年，將會一如既往地堅持「和平統一、一國兩制」的基本方針和江澤民主席關於現階段發展兩岸關係、推進祖國和平統一進程的八項主張，在「一個中國」原則的基礎上推動恢復兩岸對話與談判，加強兩岸同胞相互往來與交流，積極推進兩岸直接「三通」，堅決反對任何台獨分裂活動。他表示堅信，透過包括廣大台灣同胞在內的全體中華兒女的共同努力，祖國完全統一就一定能夠早日實現。

　　同日　陳水扁發表元旦講話，重申所謂「四不一沒有」承諾，表示可以從協商和推動兩岸直航著手，為兩岸經濟文化進一步的交流提供條件，並建立兩岸和平穩定的互動架構。

　　同日　呂秀蓮在東沙發表所謂「海洋立國」的「海洋戰略宣言」，聲稱東沙不該只是中小學課本裡的地理名詞，鼓吹東沙對台灣領土「主權」具有重大意義。

　　1 月 2 日　針對日本租賃釣魚台三島之舉，台立委要求台灣當局向日本政府強烈抗議，並聲稱「釣魚台主權不能變」。

　　1 月 3 日　中國民航總局批準台灣遠東航空的「春節包機」申請，台陸委會表示樂觀其成。

　　同日　台行政院認為「小三通」一般反應良好，決定繼續試辦一年。

　　同日　台「工業總會」針對 1500 位台商所作的問卷調查顯示：七成四受訪台商表示，不會增加向台灣匯回盈餘，而會繼續擴大在大陸的投資規模。

　　同日　針對陳水扁的元旦講話，國台辦指出，只要台灣當局同意兩岸直航，同意在「九二共識」的基礎上恢復對話和協商，兩岸關係就會取得實質性的改善。

　　1 月 4 日　台商「春節包機」時刻表出爐，票價約為 3800 元人民幣。據目前統計，報名搭乘「春節包機」的台商及其眷屬超過 1000 人。

　　同日　孫中山紀念館與中國海峽兩岸文化交流協會在台北共同舉辦「三通與兩岸關係」座談會，與會者呼籲台灣當局及早就「三通」相關問題進行規劃。

同日　台商「春節包機」在兩岸民航部門同意後應可順利成行，有立委趁機建議「中秋包機要對飛」。對此，蔡英文表示，言之過早。

　　1月6日　中國民航總局審核透過了台灣「華航」與「華信」兩家公司的「春節包機」申請。

　　同日　台交通部長林陵三到金門巡視「小三通」運行情況，表示要為「小三通」的海陸空聯運，做好準備。

　　1月7日　錢其琛副總理在會見「全美中國和平統一促進會」聯合訪問團時，呼籲台灣當局順應民意，改弦更張，盡快實現民眾對兩岸直接「三通」的期望。

　　同日　針對陳水扁的元旦講話，國台辦主任陳雲林表示，希望未來的兩岸關係能有新的改善，對兩岸「三通」的前景表示樂觀。

　　同日　外交部發言人章啟月說，中國反對美國參加任何形式的台灣軍事演習，並已就此事向美提出交涉。

　　同日　中國民航總局批準台灣「立榮」、「長榮」、「復興」等公司承擔台商「春節包機」的申請。

　　同日　連戰接受《每日新聞》專訪時稱，陳水扁兩岸政策言行不一，兩岸關係逐漸惡化，目前看不到可以解決的跡象。

　　同日　台陸委會副主委陳明通就大陸批準6家台灣航空公司的「春節包機申請案」稱，這是兩岸關係的良性互動，相信有助於兩岸直航的順利開啟。

　　1月8日　針對陳雲林的講話，陳明通表示，大陸應該將海基會、海協兩會復談事宜，與「九二共識」脫鉤處理。這樣，兩岸談判才可能進行。

　　1月9日　台「國防部副部長」陳肇敏在「台灣國防安全與空權研討會」上稱，在大陸不斷強化其空軍及導彈對台威脅的情況下，維持台軍「海空優勢」至關重要。

　　同日　教育部向各省教育部門轉發了《關於做好2003年從香港、澳門、台灣人士中招收研究生工作的通知》。該通知規定，港澳台人士來內地高等學校攻讀研究生學位的學費標準，應參照內地高等學校委託培養研究生的學費標準收取，做到一視同仁。

　　1月10日　第十屆全國人民代表大會台灣省代表團的13名代表今日產生。

同日　中國民航總局台港澳辦主任浦照洲發表談話表示，民航總局已分別於 2003 年 1 月 3 日至 1 月 7 日陸續批準同意台灣遠東、華航、華信、立榮、長榮、復興 6 家航空公司的「春節包機」申請。浦照洲還透露，台灣的相關航空公司已與大陸有關航空公司和旅行社等商簽了地面代理協議和票務合作安排協議。

同日　陳水扁出席台灣「國安局戰略研究班」開訓典禮時稱，目前正是重啟兩岸談判協商的新契機，希望兩岸重新回到開誠協商、談判的道路，就雙方共同關切的議題，廣泛交換意見，以緩和兩岸關係，穩定台海情勢。

1 月 11 日　蔡英文稱，兩岸關係已成為國際社會高度關注的問題，台灣當局有必要將兩岸問題的戰場擴及世界主要國家。她同時指出，兩岸經貿問題，必須考量台灣的安全與產業適應力。

同日　台「財政部常務次長」陳樹表示，只要修改「兩岸人民關係條例」的相關規定，大陸金融業者就可以來台設立辦事處。

同日　在台灣金馬旅行社的組織下，金門客輪「東方之星」載著 123 名金門各界人士駛抵泉州港。這是首艘從金門直航駛入泉州的台灣客輪。

1 月 12 日　台「國安會祕書長」邱義仁稱，在強化台灣本體經濟、建立內部安全網絡後，可以遵照陳水扁元旦賀詞的指示，優先推動兩岸直航及相關經貿議題的協商。

同日　李登輝在新書《台灣二十一世紀國家總目標》發表會上稱，台灣的「國家認同」出現危機，導致「國不成國」。為強化「國家認同」觀念，台灣必須重新確立「憲政」體制，讓 2300 萬人制訂出適合台灣的「憲法」。

同日　李登輝鼓吹，面對大陸軍事武力不斷擴張的趨勢，台灣應發展攻擊性武力。對此，台軍方表示，台軍是守勢作戰，作戰範圍是「台灣海峽的領空、領海區域」，絕對不會到大陸去作戰，也沒有組建兵力赴大陸作戰的規劃。

1 月 13 日　大陸自今日起召開為期 3 天的全國台辦主任年度會議。

同日　中國民航協會常務理事、華東民航管理局局長夏興華呼籲台灣當局儘早實現「三通」，使兩岸民航公司「你來我往，互飛互利」。

同日　連戰發表紀念蔣經國逝世 15 週年專文，暗批李登輝媚日、誣衊先賢，並強調國民黨才是真正落實「本土精神」的政黨。

1月14日　台勞委會修法放寬大陸配偶工作資格，對於尚未取得居留證及工作證、還在停留團聚階段的大陸配偶，即日起，只要其台灣配偶每月收入低於29214元新台幣，就可向勞委會申請工作許可。

1月15日　錢其琛副總理在全國台辦主任會議閉幕式上指出，兩岸關係基本格局和發展趨勢沒有改變，大陸將繼續貫徹「寄希望於台灣人民」的方針。他表示，兩岸「三通」談判可以不涉及「一個中國」的政治含義，大陸方面按照「不以政治分歧去影響、干擾兩岸經濟合作」的精神，積極推動兩岸「三通」。

同日　《聯合報》報導，大陸教育部擬降低台灣學生在大陸就學的收費標準。

同日　台外交部指稱大陸「打壓」和阻止台灣參與「資訊社會高峰會亞洲區域會議」。

1月16日　陳水扁會見美國眾議院「台灣連線」訪問團時聲稱，在他任期內，不能讓台灣被「吞併」，不能讓台灣成為「別的國家」的一部分。他強調，台方期盼建立兩岸和平穩定架構，但無法接受「一中原則」、「一國兩制」。

同日　台陸委會和新聞局等主管機關原則同意台灣報紙、雜誌、期刊等平面出版品，在取得大陸的許可後，經由「小三通」登陸。

同日　台「勞委會職訓局」表示，持有工作證的大陸配偶可被視為台灣人，適用於「公共服務擴大就業方案」。

1月17日　陳水扁日前會見海外台獨團體代表時表示，台灣在境外新成立的代表處都可以「台灣」為名。

同日　陳水扁在「國際國安會議亞太地區安全會議」上稱，大陸的軍事力量迅速發展，不僅對周邊國家造成威脅，對遠方國家也造成潛在威脅。他誣稱，大陸不民主的政權造成了亞太地區半個世紀的不安。

同日　台灣陸委會、新聞局同意大陸出版的學術專業書籍在台灣公開銷售，並允許大陸雜誌改為繁體字發行。

1月19日　呂秀蓮批判《中華聯邦》及其作者大前研一，強調台灣不會被消滅，並拒絕兩岸和平統一。

同日　民進黨「中國事務部主任」陳忠信隨歐亞基金會訪問團前往北京、上海參訪。

同日　親民黨立委高明見透露，兩岸已達成共識，台灣醫師可利用休假機會，分批次赴廈門、深圳、福州等地義務駐診。

1月20日　陳水扁接見美國外交政策全國委員會訪問團時稱，兩岸關係發展的機會在台灣這邊。他表示，他不會奢望兩岸關係在短時間內有太大的突破，只希望兩岸關係能維持穩定。

同日　連戰重申，國民黨主張兩岸應盡快回到「九二共識、一中各表」的基礎上，重新展開對話，營造有利於「雙贏」的友好氣氛。

同日　民進黨「中國事務部主任」陳忠信與大陸官方智庫座談，並與國台辦副主任王在希會晤。

同日　陳水扁在台灣「西藏交流基金會」成立儀式上稱，台灣與蒙古、西藏的關係能夠改善和提升的關鍵，就是「不再把蒙古人民共和國和西藏流亡政府人民視作大陸人士」。

1月21日　陳水扁接見「達賴喇嘛西藏宗教基金會」成員時稱，西藏「流亡政府」人士入境台灣不必向內政部申請，而應由該基金會直接向台外交部申請。他還鼓吹所謂的「台藏關係正常化」。

同日　台陸委會規劃研擬的「兩岸直航評估報告」已定稿，在台「國安會」審核定案後，將於近期正式公佈。

同日　在「江八點」發表8週年前夕，蔡英文稱，最近8年來，兩岸互動形勢發生了極大的變化，大陸對台部門應認真思考對「江八點」的檢討調整問題。

同日　蔡英文稱，大陸商務人士來台，可短期停留，也可受聘工作和長期居留。她還表示，陸委會正在對台灣高校在大陸辦理的學分制班招收大陸學生、開放大陸人士來台就學的可能性進行評估。

同日　台「證期會」代財政部對「台灣證券及期貨業務往來許可辦法」進行了修訂，擬開放證券商、證券投資信託事業、證券投資顧問事業赴大陸設立辦事處，並規定，自本年1月23日起，期貨業可申請直接赴大陸設立辦事處。

同日　陳忠信稱，他此次到中國大陸訪問，目的只在大陸進行學術交流。

1月22日　台經濟部原則上同意台積電等企業赴大陸投資，但相關細節仍需具體審查。

同日　台教育部公佈「九年一貫課程綱要」，語文和社會領域增加重視「台灣文化」及認識「台灣主體性」的內容。

　　同日　台灣促進和平文教基金會公佈「兩岸和平年度報告書」。基金會董事長簡錫堦表示，海峽兩岸的風浪已由過去的驚濤巨浪轉為陣陣小浪，但仍然暗潮洶湧。

　　1月23日　全國政協副主席胡啟立在為「台灣大專學生滬京參訪團」舉行的招待會上表示，兩岸人民應以大義為重，加強交流，促進「三通」，立足現實，著眼未來，為實現祖國和平統一、民族振興而不懈努力。王在希也表示，將盡力為來祖國大陸求學、創業的台灣青年提供便利。

　　同日　王在希表示，「江八點」至今仍有重要的指導意義，沒有修改的必要。他證實確與陳忠信碰面，但未談政治。

　　1月24日　台盟中央、全國台聯、全國政協港澳台僑委員會和全國台灣研究會，在人民大會堂台灣廳聯合召開座談會，隆重紀念江澤民《為促進祖國統一大業的完成而繼續奮鬥》重要講話發表8週年。

　　同日　錢其琛副總理在「江八點」發表8週年座談會上，發表題為《兩岸同胞同心攜手，為完成祖國統一而努力奮鬥》的講話，呼籲台灣當局把握機會，盡快推動兩岸「三通」談判。

　　同日　國台辦舉行2003年首次例行新聞發佈會，新聞發言人李維一簡要介紹了錢其琛副總理在「江八點」發表8週年座談會上的講話要點，並就相關問題回答了記者提問。

　　同日　陳雲林表示，歡迎台灣的縣市長赴大陸參訪交流。他並表示將積極推動大陸居民赴台灣旅遊，盡快安排兩岸旅遊業者代表就此進行協商。

　　同日　台財政部核準台灣銀行赴上海設立辦事處。

　　同日　連戰就「江八點」發表8週年表示，「一國兩制」在台灣沒有市場，希望大陸不要把「一個中國」無限上綱，「矮化」台灣。

　　1月25日　呂秀蓮就「江八點」發表8週年表示，兩岸關係是未來式，「九二共識」是「各說各話的共識」，也就是沒有共識，大陸要表達善意，就應先撤走瞄準台灣的導彈。

　　1月26日　台灣「華航」客機降落上海浦東機場，標誌著兩岸「春節包機」已正式啟動，寫下了兩岸分隔50餘年來空中間接直航的新頁。預計到2月10日，

承擔「春節包機」任務的台灣 6 家航空公司共飛行 16 班、32 架次，往返運送台商及其眷屬 2478 人次。

同日　陳雲林指出，台商「春節包機」不能與全面「三通」混為一談，希望盡快實現兩岸「三通」。

同日　台陸委會企劃處處長詹志宏以「海基會副祕書長」的身份前往上海，接台商返台，但未參加首航儀式。

1月27日　國台辦副主任周明偉指出，陳水扁拋出的「一邊一國論」比李登輝的「兩國論」更嚴重。他強調，大陸將繼續不遺餘力地加強兩岸關係，堅持「和平統一、一國兩制」方針不會改變。

同日　台行政院長游錫堃在就職週年記者會上指出，「三通」可以討論，但不是萬靈丹。

同日　台陸委會透過「跨國企業邀請大陸地區人民來台從事商務相關活動許可辦法」草案，允許大陸商務人士赴台從事「專家履約」或「商務訪問」等活動。

1月28日　旅英華人華僑各界代表舉行座談會，紀念「江八點」發表8週年。與會人士譴責台灣當局拒絕統一和推行「漸進式台獨」的立場，並指出，祖國統一是海峽兩岸人民和海外僑胞的共同心願，台灣當局的做法，無法阻擋海峽兩岸走向統一的總趨勢。

1月30日　中國駐澳大利亞大使館舉行座談會，紀念「江八點」發表8週年，祝願祖國早日實現和平統一。

1月31日　朱鎔基總理在春節團拜會上發表講話表示，大陸方面堅決反對台獨分裂活動，將積極推動兩岸直接「三通」，加強兩岸經濟文化交流。

2月

2月4日　廈金航線節後春運開始，首批台灣旅客抵達廈門。

2月5日　應台灣高雄文化中心的邀請，上海文化藝術團一行前往台灣進行交流演出，這是春節後大陸第一個赴台進行文化交流的團體。

同日　兩岸「春節包機」陸續將返鄉的台商送回大陸工作崗位，海基會副祕書長詹志宏指出，從日前的成效看來，大陸的反應似乎不如預期，並呼籲，兩岸應立即就直航展開談判。

同日　今日起，台灣報紙可經「小三通」管道進入大陸銷售，台商或台資企業可以訂閱。

　　2月7日　游錫堃指示成立跨「部會」的「反超限戰策劃與指揮小組」，由行政院副院長林信義召集。據稱，此舉是為了「全面提升對大陸的政策整合機制」，防止大陸對台灣可能採取軍事或非軍事行動。

　　同日　台陸委會在其研究報告中指出，大陸對「一個中國」原則的詮釋，存在內外不一致的現象。雖然中共十六大提出了「三個可以談」，但大陸仍未放棄打壓台灣的國際發展空間。

　　同日　台陸委會以兩岸航空市場尚未開放為由，駁回了在台灣的 SOS 公司提交的「兩岸緊急醫療包機直航計劃」的申請。

　　2月8日　《人民日報》報導，從今年2月1日起，北京市對來京工作的香港、澳門和台灣高級人才實行《北京市工作居住證》制度，辦證者可在購房、子女入托、入學等方面享受北京市民待遇。

　　同日　《聯合報》報導，應台商要求，廣東東莞市同意在其所轄的32個城鎮開闢「台灣居民村」，為當地台商提供專屬生活環境。

　　同日　台灣「中國台商發展協會」理事長章孝嚴在接受新華社記者專訪時指出，「春節包機」的成功運行，消除了台灣民眾在「尊嚴、安全、對等」等方面的顧慮，為下一步的直航創造了很好的條件。

　　2月9日　23時14分，台灣「中華航空公司」CI585航班抵達上海浦東國際機場，首次台商「春節包機」順利完成。

　　同日　在廈門—金門航線春運總結會上，廈門市口岸辦和廈門市台辦等相關部門宣布，依照國務院和國台辦有關文件的規定，繼續沿用通案的方式運作廈金直航。

　　同日　陳水扁稱，兩岸直航不只牽涉到台灣安全問題，還會出現資金大量流入大陸、台灣失業率更高的問題，因此，要慎重考慮。對此，馬英九表示，「三通」此時不做不行。

　　2月10日　台灣當局在澎湖舉辦「大陸台商協會負責人春節座談聯誼餐會」。陳水扁在會上聲稱，將以「你不動我，我不惹你」的原則處理兩岸關係，如果大陸要說「一個中國」，那「我們就會說台灣是主權獨立國家」，如果他們要說「一國兩制」，我們就有人說「一邊一國」。

2月11日　蔡英文宣稱，原則上同意開放大陸砂石、建材及部分農漁產品以「專案」方式直航澎湖。

2月13日　台「國防部次長」陳肇敏重申，台灣絕不會主動對大陸發起戰爭，不採用攻擊性武器，希望大陸瞭解台灣的「國防理念」，建立兩岸軍事互信機制，減少不必要的誤會。

2月14日　國、親兩黨主席連戰與宋楚瑜舉行「連宋會」並召開記者會，以「共同聲明」和「備忘錄」方式宣布，國、親兩黨決定推動合作並形成政黨聯盟；在宋楚瑜尊重連戰的基礎上，在兩黨依黨內程序完成提名事宜後，兩人組成搭配2004年的台灣總統選舉。

同日　由國民黨、親民黨立委組成的「兩岸科技交流訪問團」抵達北京，就兩岸科技交流與大陸官員交換意見。

2月15日　呂秀蓮在台灣客家社團組織——台灣客壇協會舉辦的「冬季聯誼讀書會」上稱，台灣應擺脫中國化就是全球化的迷思，不能再從大陸看台灣，台灣不應過度向大陸傾斜，而應尋找出新的「立國之道」。

2月16日　李登輝稱，台灣目前缺乏強而有力的領導、明確的國家目標及內部人民的團結和認同即台灣「主體性」的問題，如不正視，台灣將會沉淪；而2004年的總統選舉正是關鍵，只有全力支持陳水扁連任，才能鞏固「本土政權」，才能解決這些問題。

2月18日　陳水扁接見美國聯邦眾議院訪問團時說，在未來15個月裡，兩岸關係沒有值得擔心之處，也不會有任何突發事件發生，台灣絕對不會成為美國的負擔。

同日　陳水扁批准在台灣居民「護照」上加注「TAIWAN」。

同日　親民黨立委高明見率領台灣醫事聯盟協會訪問團從金門直航廈門，並抵達福州，與福建醫學同行進行交流，為「醫療小三通」開路。

2月19日　台灣第一支「醫療小三通」赴大陸為台商提供醫療服務，估計有10萬名台商及眷屬受惠。

同日　台灣啤酒在大陸銷售時被要求改名為「TTL」，對此，民進黨立委蔡啟芳表示不滿，呼籲台灣民眾拒絕喝青島啤酒、燕京啤酒。

2月20日　錢其琛呼籲台灣以「辜汪會談」10週年為契機，明確承認「九二共識」，恢復兩岸談判。

同日　陳水扁出席美國商會晚宴時重申，將以「拚經濟」及追求兩岸和平為目標，希望兩岸建立和平穩定的互動架構。

同日　游錫堃與台聯黨主席黃主文等共同召開記者會稱，將從嚴、從重懲罰未經許可赴大陸投資8英吋晶圓者。

2月21日　錢其琛與陳雲林會見台灣立委訪問團時表示，希望台灣承認「一中」原則，早日恢復兩岸對話，只要是有利於兩岸穩定的對話，大陸都支持。

同日　廣東省副省長湯炳權在「2003年廣東台商春茗酒會」上指出，去年廣東新增台資項目1300多個，合約利用台資35億美元，粵台間貿易額達220億美元，台灣已成為廣東第一大進口市場。

同日　台交通部長林陵三稱，兩岸直航仍必須經過中轉。他證實，台灣當局台灣已把琉球至上海的航線，納入到進一步擴大兩岸間接直航的規劃中，具體方案仍待陸委會決定。他同時表示，除了經港、澳之外，台灣民眾也可取道泰國曼谷經大陸的昆明、成都等西南路徑進入大陸。

2月22日　台「經建會副主委」何美玥表示，目前推動兩岸簽署自由貿易協定沒有什麼意義，不過，兩岸直接「三通」可降低運輸及通訊成本。

2月23日　人民網報導，台北市私立名校薇閣高中與北京四中日前達成共識，最快在今年9月實行兩校交換學生制度，這是兩岸高級中學首次實施交換學生計劃。

同日　台「教育部國語推行委員會」提出「語言平等法草案」，將閩南語、「華語」、客家語以及11種原住民語言等14種語言都列為所謂「國家語言」，企圖弱化普通話的「國語」地位。

2月24日　陳雲林在會見新黨主席郁慕明一行時重申，大陸歡迎任何有助於兩岸關係穩定與發展的人、事、行動、團體與言論。

同日　台外交部稱，外蒙古駐台代表處已經開始運作並可以發放簽證。

同日　國民黨立委章孝嚴提案，要求將兩岸包機定期化並擴及兩岸貨運包機。

2月25日　第六屆海協兩岸旅行業聯誼會在海口舉行，兩岸旅行業者表達了「開放三通與大陸遊客赴台」的共同期盼。

同日　親民黨立委高明見稱，台灣醫師將在5月份赴大陸駐診。

同日　兩岸共同市場基金會董事長蕭萬長倡議，兩岸領導人應分別宣示「台灣不獨，大陸不武」的立場，共同謀求建構和平談判的新基礎，並就雙方關切的未來「一個中國」的問題迅速展開對話。

　　2月26日　國台辦發言人張銘清呼籲，兩岸應盡快實現「三通」，也隨時歡迎獲得授權的台灣民間業者來訪。

　　同日　陳水扁在民進黨黨務座談會上強調，對「三通」，必須審慎評估，必須針對正、負面因素仔細檢討。

　　同日　台「經濟部投審會」透過台積電赴大陸投資8英吋晶圓廠案，但並未核定台積電赴大陸投資第一階段的金額。

　　同日　國民黨立委章孝嚴提出擴大實施兩岸包機的三項新方案：首先是兩岸定期包機，第二是貨運包機，第三是台胞返台投票包機。

　　2月27日　國台辦發言人張銘清表示，台灣方面對台商包機的做法誠意不夠，雙向直航才能解決兩岸交流需求。他同時表示，今年適逢「辜汪會談」10週年，汪道涵沒有赴新加坡的打算，但大陸有關方面會舉行相關活動。他重申，只要台灣承認「一個中國」原則和「九二共識」，兩會接觸可立即恢復。

　　同日　《國際金融報》報導，「中國信託商業銀行」、台灣土地銀行和第一商業銀行等3家台資銀行大陸辦事處相繼裝修動工，意味著首批提出申請並獲准進入的台資銀行代表處的設立工作進入收尾期。

　　2月28日　台新聞局下令台灣有線電視業者自3月1日中午12時起，全面禁播中央電視台第四套節目（CCTV-4）。

3月

　　3月3日　經中國人民銀行批准，台灣「中國信託商業銀行」北京代表處正式成立，至此已有5家台灣金融機構在祖國大陸設立了辦事機構。

　　3月4日　中共中央政治局常委、國務院副總理吳邦國，下午看望了出席全國政協十屆一次會議的民革、台盟委員，並參加聯組會，認真聽取委員們的意見和建議。他強調，實現祖國的完全統一，是我們海內外中華兒女的共同心願，是中國共產黨團結帶領全國各族人民在新世紀要實現的三大歷史任務之一。我們要毫不動搖地堅持一個中國原則，在此基礎上恢復兩岸對話和談判。要把打擊台獨分裂活動擺在更為突出的位置上，決不允許台獨分裂圖謀得逞。解決台灣問題，

寄希望於台灣人民。要繼續推動和擴大兩岸交往，共同弘揚中華文化。要積極促進兩岸直接「三通」，開創兩岸經濟合作新局面。我們願以最大的誠意、盡最大的努力爭取和平統一的前景，同時也絕不允許任何人以任何方式把台灣從中國分割出去。台灣問題不能無限期地拖延下去。

同日　台中央研究院院長李遠哲在香港稱，包括「三通」在內的兩岸關係只靠民間推動是不行的，應該要透過兩岸官方的磋商。

3月5日　朱鎔基總理在十屆全國人大一次會議上作《政府工作報告》。他總結了1998年3月以來的對台工作，認為，五年來，我們同台獨分裂勢力進行了堅決鬥爭。積極推動兩岸交流與往來，推進兩岸「三通」，為促進祖國和平統一進程做了大量工作。希望下屆政府繼續全面貫徹「和平統一、一國兩制」的基本方針和解決台灣問題的八項主張，爭取在一個中國原則基礎上儘早恢復兩岸對話與談判，堅決反對任何旨在製造「台灣獨立」、「兩個中國」、「一中一台」的言行。進一步擴大兩岸人員往來和經濟、文化等領域的交流與合作，積極推進兩岸直接「三通」。加強與台灣各黨派和各界人士就發展兩岸關係、推進和平統一交換意見。繼續支持海外僑胞開展的「反台獨、促統一」活動。他表示，我們相信，經過全體中華兒女的不懈奮鬥，祖國的完全統一就一定能夠早日實現。

同日　美國聯邦眾議院國際關係委員會透過法案，授權美國務院制訂計劃，「協助」台灣以觀察員身份參與今年5月在日內瓦召開的WHA。

3月6日　錢其琛對《政府工作報告》中涉台內容作出說明，稱相關內容貫穿了中共十六大的精神。下午，他在看望台灣省人大代表時表示，兩岸開展各項交流及人民往來有利於增進兩岸瞭解，造福兩岸人民。

同日　交通部長張春賢強調，兩岸海運航線可以開放外商參與經營，但必須是在兩岸實現直航之後，外商以合資、合作或承購船舶等方式參與兩岸航線經營。

同日　十屆全國人大一次會議在人民大會堂舉行記者招待會，外交部部長唐家璇就中國外交工作和國際熱點問題回答了中外記者的提問。他表示，我們在台灣問題上的立場是非常鮮明的、一貫的。他強調，如果要使中美關係穩定地向前發展，關鍵就在於美方能否妥善處理台灣問題。

3月9日　由福建省政府、中國貿促會、中國紡織工業協會及台灣紡織、製衣界同行共同舉辦的第六屆海峽兩岸服裝博覽會，在福建省石獅市開幕。

同日　台「交通部政務次長」蔡堆指出，台交通部從未提出兩岸包機取消停降第三地的建議。

3月10日　游錫堃在立法院回答立委質詢時稱，兩岸直航一定要經過雙方的「磋商、溝通、談判」，台灣當局願意「不限時間、不限地點，不限議題」地與大陸談判。台交通部長林陵三則表示，無法同意外資參與兩岸航線的營運，兩岸直航仍應透過海基會與海協進行正式談判，並形成文字。

3月11日　中共中央總書記胡錦濤下午在參加十屆全國人大一次會議台灣代表團審議時強調，解決台灣問題、實現祖國的完全統一，是海內外中華兒女的共同心願，是中華民族的根本利益所在。我們要堅定不移地堅持「和平統一、一國兩制」的基本方針和江澤民同志提出的八項主張，繼續推進祖國和平統一進程，為早日解決台灣問題、完成祖國統一大業而奮鬥。他就做好新形勢下的對台工作談了四點意見：一是要始終堅持一個中國原則；二是要大力促進兩岸的經濟文化交流；三是要深入貫徹寄希望於台灣人民的方針；四是要團結兩岸同胞共同推進中華民族的偉大復興。

同日　陳雲林表示，新一屆政府施政後，大陸的對台政策、方針不會有任何改變，希望早點實現「三通」，推動兩岸經貿的發展。

同日　全國政協委員劉亦銘在全國政協十屆一次會議第三次全體會議上代表台盟中央與全國台聯作大會發言時說，兩岸同胞應相互扶持，攜手合作，透過實現兩岸直接「三通」，開創兩岸經濟合作互利雙贏的新局面。

同日　《人民日報》（海外版）報導，經國家有關部門授權，由廈門市人民政府、中國機電產品進出口商會、台灣區電機電子工業同業公會共同主辦的第七屆海峽兩岸機械電子商品交易會（簡稱台交會），將於2003年4月13日至16日在廈門舉行。

同日　連戰在接受英國廣播公司電話專訪時強調，國民黨的兩岸政策非常明確，就是落實「九二共識」，在「一個中國」原則下推動兩岸良性互動。

3月12日　第六屆海峽兩岸紡織服裝博覽會暨2003休閒服裝博覽會在「中國休閒服裝名城」——石獅落下帷幕。

同日　針對胡錦濤提出的新形勢下對台工作的四點意見，台陸委會重申，將以「善意和解、積極合作、永久和平」的原則，發展兩岸關係。

同日　台經濟部在「中國大陸經貿依存增加分析報告」中指出，2002年，大陸是台灣最大的出口市場，同時也是台灣最大的對外投資地區。

同日　台「中央銀行總裁」彭準南指出，台灣銀行要掛牌買賣人民幣，必須先解決兩項前提，其一，《兩岸人民關係條例》第三十八條修正案需經立法院透過；其二，兩岸必須建立雙邊貨幣清算機制。

3月15日　十屆人大一次會議發言人發表談話，對歐洲議會主席聯席會議邀請陳水扁到會講話一事深表遺憾並堅決反對。

同日　李登輝借出席激進台獨組織「世界台灣人大會」之機，公開叫囂「改名台灣國、制定新憲法」，並鼓動台聯黨在立法院搞「公投立法」。此舉不僅引起輿論大嘩，還遭到泛藍陣營的痛批，陳水扁則低調回應，並被迫多次強調中華民國和民進黨「台灣前途決議文」的主張。

3月16日　民進黨中央公佈「政策辯護Q&A」說帖，其中在「兩岸直航部分」詭稱：一旦開放直航，「大陸會更方便在台灣收買民心，利用他們影響選舉結果」。

3月17日　大陸和香港先後爆發「非典型肺炎」（SARS）疫情，對此，蔡英文表示，台方將與港、澳特區政府協商，同意讓搭乘「一機到底」的航班的台灣旅客在中轉時不下飛機，以降低SARS的感染率。

同日　蔡英文在「立法院內政及民族委員會」答詢時稱，等大陸及國際情勢穩定後，陸委會再對外公佈「兩岸直航評估報告」。

同日　台灣已出現SARS疫情。台「衛生署長」塗醒哲稱，WHO對台灣「視而不見」，「台灣加入世界衛生組織的必要性不能再被忽視」。

同日　親民黨立委高明見等人提出專案，要求擴大開放「小三通」，使返台台商避開港、澳等「非典」疫區。

3月18日　中共中央總書記、新任國家主席胡錦濤出任中共中央對台工作領導小組組長，中共中央政治局常委、國家副主席曾慶紅任副組長，負責實際工作。

同日　新任國務院總理溫家寶強調，中國政府將堅定不移地執行「和平統一、一國兩制」的方針，在「一個中國」原則上，儘早恢復兩岸對話和談判，反對台獨，繼續推進兩岸經濟、文化來往與交流，推進兩岸直接「三通」的早日實現，爭取和平統一有更大的進展。

同日　陳水扁以民進黨主席的身份發表談話稱，民進黨會全力落實「深化台灣民主」、「推動四大改革」與「維護台灣主權」等「三個堅持」。

3月19日　陳水扁在台灣工商團體「三三會」上演講時稱，絕對不能只從商業與經濟角度來看待兩岸「三通」或直航這樣嚴肅的課題。

3月20日　國台辦和民政部聯合頒布《台灣同胞投資企業協會管理暫行辦法》，自4月20日起正式實施，這標誌著大陸台資企業協會的批準和運作更具規範化。

同日　因美國發動伊拉克戰爭，台灣航空公司飛往歐洲的國際航線受到影響，對此，大陸允許台灣航空公司的飛機飛越祖國大陸空域。

同日　台交通部長林陵三宣稱，台灣航空公司飛往歐洲的國際航線，可按國際慣例，申請飛越大陸領空。

3月21日　美國發動伊拉克戰爭，引發台灣的討論和爭議。對此，陳水扁強調，台灣幾次面臨台海重大軍事威脅的時候，是美國助台渡過難關，所以，台灣「必須堅定表達支持美國反恐的立場」。

同日　游錫堃、王金平共同舉行記者會稱，「基於中華民國長期的國家利益，台灣支持美國」。

同日　針對台灣當局是否會同意大陸民航業者飛越台灣領空的問題，游錫堃在立法院稱，在「安全無虞，看其必要性的情況下，可個案評估」。

3月22日　中國民航總局台港澳事務辦公室主任浦照洲表示，伊拉克戰爭已開始，為確保民航飛行安全，大陸因此開放台灣民航飛機飛越領空。台陸委會表示，這是從安全而非政治的角度考慮，大陸業者如申請飛越台灣領空，將「依個案考量」。

3月24日　為促進海峽兩岸孔孟學術研究與交流的發展，以宋慶齡基金會袁守啟副主席為團長的大陸孔孟研究專家學者參訪團一行19人，應台灣孔孟學會、「中國青年大陸研究文教基金會」的邀請，赴台進行為期10天的交流訪問。

同日　台外交部公佈說帖，呼籲各國支持台灣以「觀察員」身份加入世界衛生組織。

3月25日　台陸委會公佈評估報告，以「金馬地區防疫能力不足」為由否決了擴大實施「小三通」的提議。

3月26日　台外交部發表推動其「參與世界衛生組織」的英文「說帖」。

3月27日　經民航總局批准，從台北飛往阿姆斯特丹的「華航」CI-065次班機首次飛越祖國大陸領空到歐洲。

同日　陳水扁接見日本訪客時，誣指中國大陸隱瞞SARS疫情，以致影響全球民眾的健康，台灣亦受到相當影響。希望台灣能與包括日本在內的世界各國合作，共同做好SARS的防治工作。

3月28日　游錫堃聲稱，台灣不是聯合國會員國，很多國家也不承認台灣，大陸若要攻打台灣，不必經聯合國決議，因此，台灣一定要充實自己的「國家安全」保障能力。台國防部長湯曜明則聲稱，如果大陸導彈襲台，依目前評估，台軍可攔截八到九成。

同日　台財政部核準近10家銀行國際金融業務分行開辦對大陸台商的放款業務。

3月29日　台經濟部長林義夫宣稱，WTO將於31日在北京召開「新回合多邊貿易談判研討會」，台「經濟部政務次長」陳瑞隆將代表台灣前往出席。

同日　由台灣陸委會主辦，中華救助總會承辦、金門縣政府等協辦的「2003春季大陸配偶法令說明會」在金門舉行，協助大陸配偶及其家庭瞭解自身的權益。

3月30日　游錫堃要求台灣民眾，近期儘量不要到大陸去。

同日　連戰在國民黨「十六全二次會議」上發表「政策白皮書」稱，如果他贏得總統選舉，將立即展開「和平之旅」，訪問大陸，以促進兩岸平等相處，合作雙贏，為後代子孫開創一個安身立命與永續發展的機遇；並在「九二共識」的基礎上，與大陸簽署「投資保障協議」、「租稅協定」以及綜合性的「兩岸協議」。

同日　大陸對連戰願意發展兩岸關係，並打算對大陸進行「和平之旅」等談話表示歡迎。

3月31日　陳水扁在會見美籍學者章家敦時，誣衊大陸「不尊重人權、漠視人民健康」。

同日　蔡英文宣布，受SARS疫情的影響，從即日起，暫時關閉馬祖的「小三通」；是否關閉金門「小三通」，將視福建SARS疫情再定，但要求金門嚴格執行通關檢疫流程，一旦發現疑似病患，立即包船返台隔離。

4 月

4 月 1 日 針對日前陳水扁等誣指大陸「掩飾」SARS 訊息、導致疫情全球擴散一事，外交部發言人劉建超表示，台灣某些人、某些黨派對大陸進行惡意的攻擊，是不負責任，也是大陸不能接受的。

同日 呂秀蓮拋出「新一個中國論」稱，北京的「一個中國」，實際上是「一個中華」，台灣、大陸在「一個中華」之下，但不是「一個中國」。她可以接受「一個中華」，但不接受「一個中國」。

同日 金門縣議會要求台灣當局比照馬祖，立即暫停金廈「小三通」，以免 SARS 病毒進入金門。

同日 由於擔心 SARS 病毒傳入，新加坡國立大學原定於 4 月 7 日舉行的紀念「辜汪會談」10 週年兩岸關係研討會延期。

4 月 2 日 陳水扁在接見美國歸正教會總會議長張景祥等人時，再次惡意攻擊大陸「掩飾」SARS 疫情達幾個月，讓疫情蔓延到全世界，「不但是不道德、不健康，也是違背人權，應該受到全世界的共同譴責」。他還藉機指責大陸打壓台灣，阻止台灣加入世界衛生組織。

同日 呂秀蓮在出席台灣工商協進會舉辦的「探索中國，前瞻台灣」產經論壇時稱，她所提出的「一個中國」新論，是不挑戰、不否認「一個中國」存在的事實。中華人民共和國是合法的代表，但台灣絕對不是中華人民共和國的一部分。

同日 游錫堃聲稱，「若台灣與香港一樣接受『一國兩制』，台灣的疫情也會在大陸刻意隱瞞下，情況變得更嚴重」。

同日 蔡英文與金門縣長、議長達成共識，決定推遲金門與大陸各項文教、體育交流活動。

同日 宋楚瑜稱，台灣不能忽視大陸市場，兩岸必須盡快從全球化的角度整合經濟，但台灣民眾無法接受共產主義，在可預見的 30 年～50 年內，兩岸並沒有統一的可能。

同日 代理報考大陸大學、研究所業務的夏潮聯合會宣布，大陸教育部已確定各大學、研究所對台招生考試延後到 6 月 28 日、29 日舉行。

4月3日　衛生部部長張文康在國務院新聞發佈會上說，中央政府和祖國人民十分關心台灣同胞的健康，對近期台灣出現非典型肺炎疫情十分關注，並願意提供一切必要的幫助。

同日　「二〇〇三兩岸圖書展」在台北拉開帷幕，祖國大陸出版的5000余種各類圖書成為書展上的「明星」，台灣出版業者和書迷紛紛冒雨前來一睹為快。

4月4日　陳水扁在「亞太合作性安全國際研討會」上誣衊說，SARS之所以蔓延全球，是因為大陸政府「不把人當人看，而且粉飾太平」。

同日　陳水扁在出席由台灣「國際醫學聯盟」等機構主辦的研討會上，再次攻擊說，大陸「隱瞞SARS疫情，應該受到全世界的譴責」。

4月5日　據福州海關統計，2003年1-3月份，「馬尾—馬祖」直航航線進出境旅客共計1848人次，比去年同期增長了211%；進出境客輪共計58航次，比去年同期增長123%。究其原因，是因為「一票通」的航務推動了兩馬直航客流量的快速增長。

同日　李登輝在「凱達格蘭學校」授課時稱，台灣最大的問題就是認同問題，台灣要安全，就要處理認同問題；台灣要走出去，就應制定「新憲法與基本法」。

4月6日　溫家寶在疾病預防中心考察工作時表示，大陸對台灣出現的SARS疫情非常關注，大陸願意與台灣開展多種形式的疫情控制和疫病防治合作。

4月7日　溫家寶強調，大陸願意與台灣開展多種形式的SARS疫情控制和疫病防治合作。

同日　陳雲林在兩岸關係座談會上重申，大陸對台政策是一貫的，毫不動搖地堅持「一個中國」原則，反對台獨，擴大兩岸交流，同時決不承諾放棄使用武力。

同日　針對溫家寶願意與台灣展開SARS疫情防疫合作的公開講話，台行政院表示歡迎，其發言人林佳龍進一步指出，願意協助大陸處理這波疫情，也呼籲大陸不要再阻止台灣加入WHO，希望兩岸在WHO架構下合作，共同保障兩岸及周邊地區民眾生命安全。

同日　兩岸同意以互換商標權的方式，同意大陸「中華煙」進入台灣銷售，台灣「長壽煙」進入大陸市場。

4月8日　台「中央研究院」生物醫學所副研究員何美鄉抵達北京，和大陸衛生單位討論SARS疫情。

4月9日　陳雲林日前在巴黎出席兩岸關係座談會時表示，台灣當局領導人頑固堅持分裂立場，因此，在統一的道路上，大陸還要付出極大努力。

同日　衛生部透過中華醫院管理學會、海協等民間渠道，及時向台灣有關民間團體通報大陸的「非典」疫情和在大陸台胞的染病及診療情況，保證兩岸防治「非典」的訊息交流暢通。

4月10日　陳水扁接見英國《經濟學人》雜誌主編比爾‧艾默特時稱，從歷史的脈絡來看，兩岸關係乃至直航議題至今仍無進展，關鍵問題就是所謂的「一個中國」原則。無論「一個中國」原則以何種說法出現，其基本內涵只有四個字，即「一國兩制」。「一國」是指中華人民共和國，台灣與香港只是中華人民共和國的一部分、地方政府及特別行政區。台灣不能接受。

同日　連戰接見英國《經濟學人》雜誌雜誌主編比爾‧艾默特時，提出兩岸「勞力分工」模式，認為應該讓企業把管理總部建在台灣，生產和營運中心留在大陸，把台灣發展成為高科技及服務業基地，共創兩岸「雙贏」局面。

4月11日　國台辦舉行新聞發佈會，邀請衛生部台港澳辦公室主任劉培龍，疾病控制司司長齊小秋，廣州市呼吸病研究所所長、中國工程院院士鐘南山，向中外記者介紹了兩岸合作防治非典型肺炎的情況。國台辦發言人李維一表示，大陸對台灣出現的SARS疫情十分關注，並願意與台灣開展多種形式的疫情控制和疫病防治合作。劉培龍則表示，希望兩岸專家能夠協商對策，爭取在SARS防治工作上取得突破性進展。

同日　台陸委會副主委陳明通聲稱，台灣並不是中華人民共和國的一省，台灣不歡迎大陸官員借SARS疫情事件搞「政治小動作」。

4月12日　海基會前副祕書長石齊平在台灣華商學院舉辦的兩岸人才研討會上指出，隨著台資企業陸續來到大陸、大陸當地人才崛起和兩岸匯率的消長，兩岸目前的薪資差距將在5年內拉平。

4月13日　胡錦濤赴廣東台資企業看望台商，瞭解台資企業的生產和員工生活情況。

同日　海峽兩岸規模最大的機電專業展在廈門國際會展中心揭幕，來自台灣的企業展位近200個。

同日　陳水扁與呂秀蓮透露，台陸委會在已出爐但尚未公佈的兩岸直航評估報告中，對直航有所保留。陳水扁同時表示，「小三通」的效果不如預期，主要是大陸不配合。

同日　李登輝在台聯黨舉辦的募捐餐會上聲稱，全世界沒有人認可中華民國，「如果不正名、台灣無路可走」，「一個中華民國、各自表述」和「一個中國、各自表述」都是不對的，台灣的政黨競爭，是不同「國家認同」之間的競爭，國、親兩黨是認同中國的政黨，民進黨、台聯黨才是台灣本土化的政黨，是能讓台灣「脫胎換骨，建立主體觀念」的政黨。

4月14日　台經建會公佈「大陸出口替代台灣產品程度之研析」的報告。該報告指出，目前，大陸產品替代台灣產品的情形尚不嚴重，台灣企業外移並未導致台灣產業空洞化。

4月16日　大陸海洋調查船「海洋四號」近日在台海航行，台灣海軍、「海巡署」的船艦進行了持續監視。

4月17日　辜振甫在東京稻田大學接受博士學位時，詳細說明了自己提出「九二共識」以及接到北京願意接受並遵守「各自表述」的電話的過程等。他指出，從長遠利益來看，雙方應以此為基礎，找出雙方基本的共同需要，暫時擱置政治爭議，持續進行攸關人民權益的實質對話。

4月19日　台灣「華航」、長榮航空等業者正在積極運作，推動官方開放兩岸貨運包機直航業務。對此，台交通部長林陵三表示，貨運包機在技術上沒有不可行之處，在「對等、互相尊重、保證台灣安全及維護業者利益」的考量下，台行政院將會盡快進行整體性的政策評估。

同日　連戰會見美國眾議院多數黨領袖時強調，國民黨仍堅持「一個中國、各自表述」的「九二共識」。如在2004年當選總統，他將採取「積極的態度對待兩岸關係」，與大陸「以平和的方式進行對話」。

同日　新華社報導，在台北舉行的大型國際專業電子展——台北春季電子展上，首次設立了「海峽兩岸產品區」，吸引了來自東莞、深圳、廈門等地的13家台商企業參展。這是該展會15年來首次展出在大陸生產的電子產品。

4月20日　《台灣同胞投資企業協會管理暫行辦法》正式實施，台資企業協會的負責人普遍表示歡迎。

同日　陳水扁稱，在兩岸「一邊一國」的事實基礎上，台方願對大陸及香港施援手，共同防治 SARS。

同日　台灣「海峽兩岸和平統一促進會」舉行成立 5 週年紀念大會。

4月21日　胡錦濤會見美國參議院訪華團時指出，台灣問題的實質是主權問題，是涉及中國是統一還是分裂的問題，中國政府在台灣問題上的立場是一貫的，希望美國不要對台獨勢力發出錯誤的信號。

同日　旅居德國的華僑華人及留學生代表在德國波恩市舉行紀念「辜汪會談」10 週年座談會。與會人士一致指出，「辜汪會談」為兩岸關係的發展，特別是為推動兩岸人員往來、經貿交流創造了有利環境，是兩岸關係發展史上的重要事件。

4月22日　中國駐新加坡大使館舉行座談會，紀念「辜汪會談」10 週年。來自新加坡工商界、學術界和華人社團的 30 多位知名人士出席了座談會，他們一致表示，希望海峽兩岸能透過和平談判，實現中國統一。

同日　台陸委會官員表示，SARS 疫情對大陸政經的衝擊持續擴大，兩岸文教交流亦受影響，已有 86 個交流團取消或延後來台。

4月23日　由中華醫學會、中華預防醫學會、中華醫院管理學會聯合舉辦的「海峽兩岸預防控制非典型肺炎學術研討會」在北京召開，這是「非典」疫情爆發以來，兩岸暨港澳地區醫學專家首次就「非典」防治工作等進行交流、研討。

同日　中國駐美國大使館舉行座談會，紀念「辜汪會談」10 週年。與會人士一致認為，「辜汪會談」作為兩岸關係進程中的重大事件，具有重大的現實意義和歷史意義。

4月24日　台行政院召開非典型肺炎因應小組會議，決定對兩岸人員往來採取「最小管制原則」。

同日　台行政院宣布，自即日起，暫時拒絕北京、山西、內蒙古、廣東等疫情集中省市的大陸專業人士來台，延緩大陸人民來台探親、探病。

4月25日　蔡英文稱，受到 SARS 疫情衝擊，「兩岸直航評估報告」中有關防疫措施與經濟影響兩部分，有重新檢查的必要。

4月26日　汪道涵在《人民日報》上發表題為《兩岸對話與談判是和平解決問題的唯一途徑》的文章，以紀念「辜汪會談」10 週年。文章呼籲，在「九二共識」基礎上，兩岸恢復談判。

同日　蔡英文宣布，為了防止 SARS 境外移入病例，即日起，香港居民來台落地簽證措施暫停一個月。

4月27日　國務委員唐家璇發表紀念「辜汪會談」10週年的專文，高度評價了「辜汪會談」的歷史意義，進一步闡述了中共十六大提出的「三個可以談」的主張，再次表達了在「一個中國」原則下繼續推動兩岸平等談判的誠意。

同日　台行政院公佈擴大邊境管制措施，全面緊縮大陸、香港人士赴台數量，台商及企業主派赴大陸、香港的員工返台，一律強制隔離。

4月28日　國台辦主任陳雲林、海協常務副會長李炳才考察了北京部分台資企業防治非典型肺炎的情況，要求各級台辦在當地政府的領導下，堅決貫徹執行中央領導同志的有關指示精神，採取切實措施，加強非典型肺炎防治工作，確保在大陸台灣同胞的身體健康。

同日　台灣當局決定來自大陸、香港人士入境，需先隔離10天，接受觀察。

同日　辜振甫發表題為「恢復協商，走向雙贏」的談話，紀念「辜汪會談」10週年。他指出，期盼兩岸本著相互寬容的心態，重啟溝通性對話，開創兩岸互動新局。

4月29日　新華社駐台記者趙衛、秦大軍抵達台灣中正機場，即被送到過境旅館強制隔離。

同日　蔡英文發表關於「辜汪會談」10週年的書面談話，肯定兩岸兩會建立的定期會談機制。

同日　蔡英文稱，鑒於兩岸間人員、貨物往來頻繁，兩岸應儘早建立疫情相互通報機制，並共同研究防治方法。

同日　雖然在 SARS 風暴籠罩下，台灣當局有意放慢開放兩岸「三通」腳步，但在《聯合報》舉行的「投資台灣，佈局全球」座談會上，多位企業界人士仍建議台當局開放直接「三通」，以吸引廠商擴大在台投資。

4月30日　台行政院宣布，將派專機接回在大陸感染 SARS 的台商，返台治療。

同日　國民黨副主席江丙坤表示，如果 SARS 疫情持續擴大，有助於企業重新思考大陸投資風險，甚至減緩赴大陸投資腳步，同時呼籲台灣當局應鼓勵台商回台灣投資。

5月

5月1日　海協常務副會長李炳才在《求是》雜誌（2003年第九期）上發表文章，呼籲在「九二共識」基礎上，恢復海協與海基會的對話與談判。

同日　陳水扁在「因應SARS疫情國安會高層會議」中稱，陸委會將提前規劃兩岸貨運包機的開放時程。

同日　台經濟部研議後，擬報請行政院延長已來台從事經貿活動的大陸人士的在台居留時間，每人每年居留期限由原來的兩個月延長為四個月，預計此案將在近日內透過生效。

5月2日　台交通部宣布，今日下午6時起，金門至廈門「小三通」航線的旅客須全程佩戴口罩。

5月3日　經中國政府同意，世界衛生組織總幹事布倫特蘭授權WHO專家前往台灣，以提供防疫技術幫助。

同日　據《二十一世紀經濟》報導，SARS對於大陸台商的經營影響已逐漸浮現，已有台商準備撤離廣州及轉移訂單現象。

同日　呂秀蓮妄稱在大陸患病的台商是因「跑到大陸去賺錢」而受到「上帝的懲罰」。她表示，台灣近年與大陸「過度」的交流，對台灣造成了嚴重影響，要求台商冷靜思考如何固守台灣，不要再迷思大陸市場。

同日　台外交部發言人石瑞琦聲稱，WHO協助台灣防疫工作，「是基於互惠，無需經過中共，更沒有所謂中共同意的狀況」。

5月5日　陳水扁稱，「期盼歐洲各國駐台使節、代表促使台灣能及早加入WHO」。

5月6日　國家防治「非典」領導小組負責人、副總理兼衛生部長吳儀表示，大陸方面十分關心台灣同胞的健康和「非典」疫情，台灣衛生專業團體已派專家來大陸考察並出席會議，台灣獲取衛生訊息的渠道是暢通的。她強調，台灣作為中國的一部分，沒有資格加入只有主權國家才能參加的世界衛生組織。

同日　在台灣的授意下，馬紹爾向世界衛生大會提交了「邀請台灣以觀察員身份出席世界衛生大會」的提案，要求將此問題作為補充議題列入大會議程。

同日　國民黨立委章孝嚴表示，台當局應以台商「春節包機」為基礎，盡快開放兩岸貨運包機，以降低 SARS 疫情的衝擊。台國防部則提出兩岸貨運包機不得直飛等 6 項「原則」。

同日　台「農委會漁業署」下令全面停止引進大陸漁工，並加重對走私與偷渡的處罰。

5月7日　據透露，台灣「國安系統」與陸委會對兩岸貨運包機評估報告已出爐，提出以白天飛行取代靠航第三地的方案。

5月8日　陳雲林與海協常務副會長李炳才考察了天津光寶、頂新、英保達等部分台資企業，要求各級台辦在當地政府的領導下，堅決貫徹落實中央領導同志的有關指示精神，採取切實措施，加強非典型肺炎防治工作，確保在大陸台灣同胞的身體健康。

5月9日　「海峽兩岸防治『非典』研討會」在兩岸醫療專家的推動下，透過電視電話形式在北京、廣州、台北同步舉行，兩岸專家一致認為，入夏後，疫情將趨緩。

同日　針對台灣積極加入 WHO 的動作，外交部表示堅決反對，並強調台灣沒有資格加入或以觀察員身份參加 WHO。

同日　《華盛頓郵報》刊登陳水扁關於呼籲「支持台灣加入 WHO」的文章。台外交部長簡又新表示，希望借由世界輿論的力量讓 WHO「克服政治上的困難接受台灣」。

同日　台「經濟部投審會」發佈統計數據指出，從 3 月 20 日至 4 月底為止，該會核準赴大陸投資總額近 4 億美元，表明大陸的 SARS 疫情並未影響台商西進投資的熱情。

5月11日　針對「非典」以前在大陸投資經商、學習、就業等的台灣居民申請辦理延長停留期限的問題，公安部出入境管理局有關負責人表示，這些台胞可直接向居住地公安機關出入境管理部門申請辦理有關手續。

5月12日　中國紅十字會常務副會長王立忠致函台灣紅十字組織陳長文會長，對台灣 SARS 表示關切，並準備提供必要的防治 SARS 醫用物品。

同日　《人民日報》（海外版）報導，全國台聯近日透過慰問電的形式分別向台灣鄉親以及在祖國大陸的台商和台灣學生表示慰問。

同日　商務部正式公佈，對從台灣進口的聚氯乙烯產品，採取臨時反傾銷措施。

同日　台總統府副祕書長吳釗燮向外籍記者協會簡報SARS疫情，攻擊大陸阻撓台灣加入WHO，並誣衊大陸「對台灣的醫療保健有妥善照顧」的說法是「無恥的謊言」。

5月13日　外交部發言人章啟月在回答新華社記者的提問時說，任何國家或個人無權邀請台灣作為觀察員參與世界衛生組織。

同日　台灣紅十字會組織回函中國紅十字會，婉拒大陸向台灣捐贈抗SARS物品的意願。

5月15日　外交部表示，兩岸在共同防治SARS方面合作良好，並重申堅決反對台灣以任何名義參加WHO的立場。

同日　中國駐日大使舉行記者招待會，強調大陸在台灣爆發SARS疫情之後，不斷向其提供各種醫療支援以及藥品，因此，台灣不應以此為由要求以觀察員身份加入WHO。

同日　陳水扁稱，如果大陸真的關心、關注台灣疫情，最有效、最好的方法就是「不要再反對、杯葛（阻撓之意，編者注）和抵制台灣成為世界衛生組織的觀察員」。他宣布，將由陳建仁代表台灣當局，參加於19日在日內瓦召開的世界衛生大會。

同日　歐盟執委會聲稱，歐盟15國支持台灣以「觀察員」身份參與世界衛生組織大會，但基於「一個中國」的原則，仍堅持台灣以「非政府組織」名義加入世界衛生組織的運作。

5月16日　陳水扁接見台灣前往WHO大會「宣達團」時表示，希望世界各國，特別是大陸，不要讓台灣無限期被隔離在WHO的大門之外。他宣稱，大陸不要無理「杯葛、抵制和反對」台灣加入WHO，否則只會拉大大陸與台灣的距離，對大陸沒有任何好處。

5月17日　福建紅十字會、廈門市台商企業協會再捐贈1.1萬個口罩，分別交給台灣金門、連江縣政府應急。

同日　台行政院宣布，即日起，暫停金、廈「小三通」中金門與大陸客、貨船的往來，暫停時間長短，將視SARS疫情發展情況而定。

5月18日　國務院副總理兼衛生部部長吳儀會見WHO總幹事布倫特蘭時表示，海峽兩岸中國人民根連根、心連心，台灣發生「非典」疫情，中央政府十分牽掛。大陸方面多次邀請台灣衛生醫療專家到大陸考察交流並向他們提供了最新研製成功的「非典」檢測試劑。事實上，台灣獲得衛生訊息的渠道是暢通的，兩岸合作交流是密切的。在兩岸人民同舟共濟、共戰「非典」之際，台灣當局借「非典」大做政治文章，提出以「觀察員」、「公共衛生實體」或「公共衛生當局」名義擠入只有主權國家才能加入的世衛組織，其目的是在國際上製造「兩個中國」、「一中一台」。這是乘人之危，在道德和法理上都不能被接受，也有悖於聯合國和世界衛生組織的宗旨和原則。

同日　海峽科技成果交易暨經貿洽談會今天上午在福州隆重舉行，20多個海外華僑社團的代表和福州、北京、廈門台協會代表，以及台商企業欣然與會。

5月19日　吳儀在WHO大會發言中提出三個立場：第一，WHO只允許主權國家參與，台灣作為中國的一個省，無權參與WHO，某些國家的提案是分裂中國、製造「一中一台」、傷害中國主權的做法；第二，台灣要求以「公共衛生實體」參與，於法無據，過去50餘年來，WHO亦無此例、此法。吳儀強調，中國歡迎台灣代表在中國代表團名義下出席WHO；第三，中國關切台灣疫情，也歡迎台灣與大陸就防治SARS進行交流，台灣若希望外來協助，中央政府願意考慮。吳儀透露，大陸方面已同意台灣參與將於6月份召開的SARS全球會議。

同日　第56屆世界衛生大會總務委員會以協商一致的方式，再次拒絕了少數國家將「邀請台灣作為觀察員參加世界衛生大會」問題列入本屆大會議程的提案，在隨後舉行的全體會議上，192個成員國又以同樣的方式透過了總務委員會的決定。

同日　台總統府副祕書長吳釗燮就台灣加入WHO受阻一事稱，在大陸強力封殺之下，此結果並不意外。他誣稱，「大陸先是隱瞞SARS疫情，加害於台灣之後，又蠻橫阻撓台灣加入WHO，這種做法令台灣人民極度反感。」

5月20日　陳水扁煽動台灣民眾說，大陸阻止台灣加入WHO，已暴露大陸政權的「蠻橫冷酷、虛假謊言」，他同時慫恿相關單位推動台灣加入WHO的「全民公投」。

同日　台行政院誣指大陸「除了霸道、跋扈，無以形容」，聲稱不排除在明年「大選」之日，同時舉行「加入WHO」與「核四應否停建」的「公民投票」。

2003 年 / 5 月

　　同日　台外交部長簡又新召開記者會，攻擊大陸在台灣防止 SARS 疫情擴張之際，圍堵打壓台灣，嚴重傷害了 2300 萬人的心，他聲稱，「中華人民共和國應向台灣人民道歉。」。陸委會則稱，「這已嚴重傷害台灣人民感情」。

　　同日　連戰接受美國 CNN 電視台訪問時，呼籲胡錦濤在新世紀應該有新思維、新作風。他表示，「健康是沒有國界的，任何阻礙台灣加入 WHO 的行為，都是違反台灣人民權益及人權的，世界各國應予譴責。」

　　同日　宋楚瑜批評大陸不斷以「政治理由杯葛」台灣加入 WHO，此種「無理、蠻橫的行為」應受到譴責。

　　同日　台「經濟部投審會」執行祕書黃慶堂表示，據該會統計，在大陸 SARS 疫情發作後，每週送件申請投資大陸的台商仍超過 60 件，而且今年 1～4 月台商投資大陸金額仍創近年同期新高。

　　同日　因「非典」的衝擊，應金門方面要求，廈門至金門海上直航今日起暫時停航。

　　5月21日　針對台灣有關人士提出兩岸貨運包機一事，交通部正式回應說，大陸方面已完成了相關技術評估，但希望兩岸貨運包機不必經停第三地，兩岸航空業者都能公平地參與，希望台灣有關方面能予以積極回應。

　　同日　中央電視台和台灣年代電視台透過連線錄播的方式，幫助兩岸中醫藥專家就中醫藥治療「非典」等問題進行交流。

　　同日　海基會致函海協，對大陸各界有意捐贈醫療用品表示感謝，並稱已受台灣主管機關委託，統一受理大陸捐贈台灣抗 SARS 物品事宜。

　　5月22日　《中國時報》報導，大陸涉台權威人士表示，大陸堅決反對台灣以任何名義加入 WHO。

　　同日　「2003年中國（福州）海峽兩岸科技成果交易暨經貿洽談會」拉下帷幕，並交出一份亮麗的引資成績單：外商投資項目、利用外資、合約外資等各項指標，均超過上屆。

　　同日　台陸委會副主委劉德勳建議，兩岸可先就推動「兩岸貨運便捷化」，思考可行方案，以便日後推動貨運包機直航。

　　5月23日　海協回函給海基會稱，將透過海基會向台北、高雄等疫情較重縣市捐贈 20 萬套防護服，10 萬隻符合 N95 標準的口罩，5 輛具有負壓隔離功能的救護車。海協還表示，大陸醫療界願組成醫療組赴台參與救治工作。

同日　蔡英文稱，已接到海基會關於海協回函的報告，但該案如何處理，需要進行評估。

　　5月24日　台盟中央主席張克輝就台灣出現SARS（非典）疫情發表談話指出，兩岸人民要密切配合，心手相連，共同抗擊SARS。

　　5月25日　中華中醫藥學會邀請北京、廣州的中醫藥專家，透過電視電話連線的形式，分別在北京、廣州與台北會場的台灣專家共同召開防治「非典」研討會。

　　同日　台灣當局透過海基會回函海協，謝絕了大陸方面的捐贈。同時指責大陸阻撓台灣加入WHO，傷害了台灣人民感情，強調大陸應先控制疫情，以減輕全球恐慌。

　　5月26日　海協官員對海基會拒絕接受大陸各界向台灣捐贈醫療用品一事，表示遺憾。該官員透露，兩會曾事先協商醫療用品的捐贈事宜。

　　同日　針對海基會回函拒絕大陸提供醫療物資援助一事，中國社科院台研所副所長余克禮表示，兩岸兩會有互動、互相關心總是一件好事，希望台灣不要太過「政治化」。

　　同日　《中國時報》報導，台「國安系統」早已完成兩岸貨運包機的規劃方案，只待大陸的正面回應，即可著手推動，但台灣方面仍舊要求包機須繞經第三地。

　　5月27日　首批由中華醫學會、北京大學醫學部向台灣有關團體捐贈的7萬套防護服，10萬隻口罩運抵台灣，並分贈台北市、高雄市、花蓮縣、雲林縣和金門、馬祖的20余家醫院、護校與基層診所。

　　同日　北京—台北—廣州—香港的近50名醫學專家再次連線，舉辦第二次海峽兩岸防治「非典」視訊會。與會專家各自通報了當地最新的「非典」防治情況、流行病學調查方法，就「非典」病人的臨床診斷標準、流行病特徵、藥物治療方法、控制措施及潛在傳染期等問題展開了討論。

　　同日　陳水扁召開「國安」會議，討論「大陸矮化台灣WTO代表團」一案，誣稱大陸「以其僵化的思維，一貫的手法，企圖矮化台灣」，台灣絕不可自失立場。

同日　台行政院對大陸「矮化台灣在 WTO 位階」一事發表聲明稱，大陸在 SARS 擴及台灣這件事上，「還欠台灣一個解釋與道歉，大陸破壞兩岸現狀的行為，已動搖兩岸穩定基礎，對兩岸關係的倒退，大陸必須負一切責任。」

　　同日　台外交部長簡又新在「國安」會議後稱，台灣使用「常駐代表團」名稱及「公使」等代表團員職銜，是 WTO 會員國應享有的權利，因此不會改變。至於送交 WTO 文書用語部分，可以有彈性，但需要再釐清。

　　同日　台「入出境管理局」表示，大陸配偶以探親事由來台 6 個月或探病 3 個月，停留期滿之日為 5 月 31 日至 6 月 20 日期間者，可以再次延長至 6 月 30 日，不視為逾期停留，也無須到「境管局」申請延期。

　　同日　台灣當局宣布，停發香港居民來台「落地簽證」的措施將繼續延長 1 個月，同時，也維持暫不發證給大陸地區專業人士的措施。

　　5 月 28 日　國台辦新聞發言人李維一在新聞發佈會上表示，各有關部門真心實意地關心在大陸台胞的安全，千方百計為他們提供各種方便，SARS 疫情短期內對大陸經濟會帶來一定的影響，但從長期來看，祖國大陸經濟將持續快速健康穩定發展，台商對祖國大陸投資的信心不會減弱。同時，針對媒體報導兩艘大陸「間諜船」在台灣外海出沒一事，他明確指出，這是「聳人聽聞」。

　　同日　金門縣議會透過決議，將與金門縣政府一起透過紅十字會等民間組織，向大陸爭取具有負壓隔離功能的救護車。對此，陸委會緊急傳真各縣市政府、議會，強調相關事宜均以海基會作為聯繫窗口，不得越級擅自接受大陸的物質支援。

　　5 月 30 日　針對台灣方面指控台灣 SARS 疫情是由大陸引起的說法，衛生部常務副部長高強反駁說，這種言論本身就是不負責任的，台灣有關人士要求大陸負責的說法，是在轉移視線，推卸責任，嫁禍於人。

　　5 月 31 日　中華中醫藥學會捐贈的第二批防護服計 6 萬套運抵台灣。

　　同日　北京市防治非典型肺炎聯合工作小組舉行第九次新聞發佈會，中共北京市委常委、宣傳部長蔡赴朝指出，台灣方面拒絕接受大陸的捐助，是台灣當局為了一己政治私利而不顧台灣同胞健康的表現，損害了台灣人民的利益，也傷害了海峽兩岸同胞的感情。

　　同日　宋楚瑜在接受媒體採訪時聲稱，「一中屋頂」架構是突破兩岸僵局、解決台灣參與國際組織困境的一條道路，在「一中屋頂」下，大陸與台灣各自擁

有「獨立的主權」，它不會挑釁大陸的「一中」原則，亦不會助長台灣分離主義意識。他表示，若明年「當選」，將在「一中屋頂」下推動台灣加入 WHO。

6 月

6月1日　胡錦濤在法國埃維昂與美國總統布希會談時，重申了中國政府在台灣問題上的原則立場，強調台灣問題始終是中美關係最重要、最敏感的核心問題。中國政府堅持「和平統一、一國兩制」的基本方針，願意盡最大努力，採取和平方式實現兩岸統一。布希表示，美國政府將繼續堅持「一個中國」政策，遵守美中三個「聯合公報」，反對台獨，這一政策沒有改變，將來也不會改變。

同日　台《聯合報》報導，宋楚瑜日前接受媒體採訪時表示，若明年連宋「當選」，他將在「一中屋頂」架構下，推動「兩岸兩席」，不僅 2005 年可望加入 WHO，他還希望在任內完成加入世界銀行、國際貨幣基金等非政治性國際組織。

同日　台塑企業將赴大陸寧波投資興建汽車製造專區。

6月2日　台「總統府祕書長」邱義仁在說明 WHO「公投」的決策背景時，詭稱過去 3 年，台灣的兩岸政策保持穩定、開放，不斷釋放善意，但大陸不但不回應，甚至還打壓，所以要用「公投」這一「最和平、民主」的方式，讓大陸感受到台灣的意志。

6月3日　陳水扁在民進黨中執會上稱，我們絕不會因為大陸的圍堵而有所退縮，將會以更加堅實的立場來面對大陸的「打壓」，從而壯大台灣的「生存空間」。

同日　邱義仁表示，台灣當局對「春節包機」的政策不變，但兩岸直飛的「三通」可能會慢下來，不過，是快還是慢，仍取決於大陸的態度。

同日　台立法院透過決議，成立「立法院推動加入 WHO 工作小組」，擬「以更積極的作為爭取其他國家的支持」。

同日　國民黨籍立委、台前外交部長章孝嚴在國民黨團召開的記者會上指出，美國總統布希 1 日晚間提及中國政策時，已重申反對台獨的立場，若台當局執意借重美方或外力加入國際組織，將是政策上的錯誤。

同日　台灣專家出席了在北京召開的中、日、韓、東盟「10+3」防「非典」高級研討會，共同商討區域防疫工作。

6月4日　多數台商聚集的大陸城市，最近紛紛解除或放鬆因SARS疫情對近期赴大陸台灣居民隔離與管制的規定。

同日　國民黨陸工會主任張榮恭指出，台灣若在「公投」議題上刺激大陸，必將成為美國眼中的「麻煩製造者」。

6月6日　台陸委會宣稱，將自9日開始分兩階段逐步解除對大陸和港澳人士入台的隔離措施。

6月7日　大陸航空業者已擬定兩岸貨運包機直航方案，中國貨運航空公司將就此事與台灣「華航」公司進行討論。

6月9日　教育部宣布，推遲台、港、澳學生參加大陸大學、研究所考試的時間。

同日　商務部公告，從今日起，對原產於台灣的苯酚產品，實施臨時反傾銷措施。

同日　台財政部發佈台灣進出口貿易最新統計，1～5月台灣對大陸出口額達62.9億美元，同比增長了31.9億美元，增幅超過一倍。

同日　台聯黨立委羅志明稱，台聯黨擬提案將「兩岸人民關係條例」改為「中國人民關係條例」，將陸委會降級為「中國司」，改隸外交部。

6月10日　商務部台港澳司副司長王曉川接受新華社專訪時指出，SARS疫情對兩岸經貿交流影響是暫時、非根本性的，他對兩岸經貿發展的前景充滿信心，並希望兩岸盡快實現「三通」。

同日　國、親聯盟委員會兩岸政策工作組舉行首次會晤，初步敲定連宋2004年「大選」的兩岸政策主旨為「台灣優先，經貿第一，維持現狀」。

同日　台「研考會」民調顯示，53%的民眾支持以「公投」的方式決定公共政策，47%的民眾支持明年選舉一併舉辦「核四公投」，57%的民眾支持同時舉辦「加入WHO公投」。

6月11日　商務部台港澳司副司長王曉川透露，今年兩岸貿易持續保持快速增長，1～3月兩岸貿易額為121億美元，增長了39%，大陸地區首次取代美國成為台灣第一大出口市場。

6月12日　衛生部常務副部長高強表示，大陸方面希望兩岸能夠同時被世界衛生組織解除旅遊警告。

同日　台外交部宣布，自9月1日起，在其新版「護照」封面上加注「TAIWAN」字樣。

6月13日　針對台灣準備在中華民國護照封面加注英文「TAIWAN」一事，外交部發言人孔泉質疑，所謂「正名」，其實是漸進式台獨的藉口，並重申了「一個中國」的內涵，強調「世界上只有一個中國，大陸與台灣同屬於一個中國，台灣是中國領土不可分割的一部分」。

同日　針對台灣居民新版「護照」將加注英文「TAIWAN」一事，國台辦新聞局副局長李維一指出，台灣當局這種做法，實質上是搞分裂，是搞台獨的陰謀。

同日　中國招商銀行近日將推出「兩岸通」新業務，可使兩岸間匯款時間較現在縮短一半。

同日　金門縣議會透過兩項決議，建請台灣當局盡快恢復金門「小三通」。

6月14日　台「衛生署長」陳建仁日前誣指大陸倉促使用SARS疫苗，導致病人死亡。對此，大陸疾病預防控制中心發言人表示，大陸疫苗仍處於研究階段，尚未臨床使用，並批評陳建仁的言論「別有用心，隱藏政治動機」。

同日　親民黨立委高明見參加了世界衛生組織召開的全球防治SARS學術會議，民進黨因而攻擊他「聯共賣台」，是「中國代表」。

6月15日　台行政院正式核定《台灣與大陸地區保險業務往來許可辦法》修正案，開放台灣保險業直接與大陸保險業進行再保險業務往來。

同日　國民黨立委章孝嚴、朱鳳芝偕同台商代表舉行記者會，指陸委會的隔離措施是藉機對大陸台商「搞小動作」，是歧視性的變相懲罰。

6月16日　商務部台港澳司副司長王曉川表示，兩岸SARS疫情趨緩，近日大陸有關部門開始主動採取措施，為兩岸交流加溫，並繼續呼籲兩岸盡快開放貨運包機直航。

同日　李登輝宴請台聯黨成員時聲稱，2004年選舉是「台灣人公投台灣未來方向的選舉」，盼黨員屆時盡最大力量支持「本土政權」。

6月17日　外交部發言人劉建超透露，經中央政府同意，台灣5名專家將參加在吉隆坡舉行的SARS學術研討會。他同時指出，台灣當局在所謂「護照」上加注「TAIWAN」，是其漸進式台獨分裂活動的繼續，也是其破壞兩岸關係的又一嚴重步驟，不能不引起全國人民的高度警惕。

同日　由中國建設銀行廈門分行與包括台灣銀行、華僑銀行等28家台灣銀行聯手實施的「兩岸匯款即時通」業務，在廈門正式啟動。

6月18日　香港《文匯報》報導，國務院副總理吳儀親自為台灣爭取了5個與會名額，才使得台灣專家能順利參加全球SARS研討會。

6月19日　蔡英文表示，由於疫情趨緩，行政院已決定，自即日起局部恢復金廈「小三通」貨運往來，至於人員往來部分，將視疫情狀況再定。

6月20日　美國在台協會台北辦事處處長包道格，當面向陳水扁等人表達了美國「反對台灣進行任何議題的公投」的態度，認為「台灣只要公投，就是走向獨立的一步」，並提醒陳水扁「針對任何議題公投，都會踩到紅色警戒區」。

同日　民進黨對親民黨立委高明見參加世衛組織全球SARA學術會議的攻擊，引發了泛藍陣營和泛綠陣營的政治論戰。

6月21日　《中國時報》引述新加坡《海峽時報》報導稱，新一屆中央對台工作領導小組日前首度召開會議，胡錦濤在會議上提出對台三項優先工作：削弱美國對台灣的影響，加強兩岸交流，加強應付意外事故的軍事準備。

同日　連戰、宋楚瑜就「公投立法」等問題達成共識，「國親聯盟」將推動在「憲政」體制內不涉及「國體」、「國號」內容，針對公共政策的體制內「公投立法」，即落實其「憲法」中規定的「創製復決權」。

同日　美國國務院發言人表示，陳水扁在「就職演說」中承諾過的「不會推動改變現狀的統獨公投」，美國一貫認真看待之。

6月22日　陳水扁在台灣中山大學校友會總會成立大會上宣稱：「台灣是主權獨立的國家，絕不是別人的一部分、一省或一州，台灣的未來與前途只有2300萬人民才有權決定，任何台灣現況的改變都要取得人民最後的同意，包括行使公民投票等國民基本人權，絕非任何國家、政府可以剝奪、限制或反對的」。

6月23日　陳水扁妄稱，台灣明年的總統選舉是「一邊一國」VS「一個中國」，是「大改革」VS「黑金復辟」。

同日　蕭萬長在接受記者採訪時指出，兩岸關係是台灣中長期發展的關鍵，台灣對大陸市場應該「借力使力」。

同日　台財政部保險司表示，該司已經修訂相關法令，允許台灣的保險業者，與大陸的保險業及其海外的分支機構等直接進行再保險業務往來。

同日　台「內政部統計處」在製作 2002 年結婚年報統計時，首度將大陸及港澳配偶視為「外籍」配偶，並單獨納入統計數字進行管理。

　　同日　美國國務院發言人表示，「台海兩岸都應自我克制，不要採取任何可能升高兩岸緊張，或出現讓對話更難達成的行動或言論」。他指出，台灣當局的做法「像切香腸一樣，一次切一小片，但終會走向不可避免的衝突點」。

　　同日　美國在台協會理事主席夏馨對台灣「公投」提出 3 個關切點，即「公投」的必要性、中國大陸的反應、「公投」過程可能引發的變數。

6 月 24 日　外交部發言人孔泉表示，北京嚴重關注美國副總統切尼與台灣外交部長簡又新的會晤，中方要求美國作出澄清。

　　同日　北京學者提出警告說，民進黨如果繼續提出「公投」訴求而無力收場，將會陷入既得罪大陸與美國，又無法對支持者交代的兩難局面。

　　同日　據《聯合報》報導，首張兩岸三地通用的信用卡將在下半年正式登場，由滬、港、台三地的上海銀行聯合上萬家特約商店，讓台商在享受折扣的同時，免除匯兌損失和刷卡不便。

　　同日　《聯合報》公佈的一份民調結果顯示，如果當局針對統「獨」問題舉辦「公投」，45% 的民眾反對，39% 的人贊成。

6 月 25 日　國台辦指出，台灣舉辦「公投」是「漸進式台獨，破壞台海和平」。對此，台行政院強烈反駁，其發言人林佳龍辯稱，台灣舉辦「公投」是針對民生議題及公共政策，無涉統「獨」，並誣指大陸不斷提高對台武力部署，大陸才是真正跨越紅線的「麻煩製造者」。

　　同日　中國農業銀行與台灣上海商業儲蓄銀行日前簽署美元帳戶協定，開兩岸匯款直通的先例。

　　同日　美國官員在會見台灣各黨派立委訪問團時明確指出，「公投」是台灣自己的決定，美國並沒有表示反對，但既是台灣自己的決定，「台灣要自己承擔風險，自己負起責任」。這是連日來美國針對台灣「公投」最強烈的評論。

6 月 27 日　大陸對台高層官員指出，如果台灣「公投」進入「立法」階段，就像徵著民進黨邁實施獨第一步，大陸將竭盡所能防患於未然。

　　同日　陳水扁宣布在 2004 年 3 月 20 日或之前就「核四」和其他重大公共議題舉行「公投」。

同日　國親政黨聯盟稱，在「三大前提」下，不再反對「公投」。所謂「三大前提」是指：「公投為憲政層次的公民權利，沒有理由反對；公投必須依法行使，不能以行政命令替代；反對任何外國勢力幹涉中國內政」等。同時，泛藍陣營也要求陳水扁「承擔所有的後果」。

6月28日　台聯黨副祕書長黃宗源稱，台灣目前需要的是「讓國際接受的正名公投」。

6月29日　內地與香港特區政府正式簽署《內地與香港關於建立更緊密經貿關係的安排》（簡稱CEPA），眾多台商密切關注借道香港進入大陸的具體規定。

6月30日　台「行政院SARS防治委員會」宣布，由於SARS疫情趨緩，為便於恢復台灣民眾的正常商貿活動，自7月4日零時起，台灣民眾、外籍人士、港澳居民、自大陸地區返台者，不必強制居家隔離，改為「自我健康管理」。

同日　民進黨版的「公民投票法草案」明確規定，「台灣遇有緊急危難或現狀改變，『總統』經『行政院院會』同意後，得就攸關台灣安全重大事項提出防禦性公投」。

同日　台行政院發言人林佳龍稱，陳水扁的「四不一沒有」是「主權公投」的基礎。

同日　國民黨立委章孝嚴提出「兩岸貨運包機直航方案」。對此，民進黨團回應道，包機直航並非純經濟問題，前提還是要先對「兩岸人民關係條例」進行修正。

7月

7月1日　隨著非典疫情得到基本控制，台灣當局決定自7月4日起解除自大陸返台居家隔離措施，旅行業者紛紛展開大陸旅遊行程促銷作業，包括上海、北京、華東等路線非常受歡迎。

同日　台灣中國文化大學一行24人組成「三峽文化參訪團」，參觀了武漢大學、湖北省博物館、辛亥革命紀念館、黃鶴樓等地。

同日　台灣著名家電企業東元、聲寶宣布重新啟動對大陸的投資。東元將在江西南昌投資約合2800多萬美元的資金建立東元家電園區，聲寶則表示將投資2000萬美元擴建聲寶天津冰箱廠。

同日　陳水扁提出的「公投立法」引發台灣各界對「統獨公投」的疑惑,民進黨因而提出「防禦性公投」的主張,對此,親民黨要求民進黨應先交代所謂「防禦性公投」與「統獨公投」到底有何區別,以及其台獨黨綱和「台灣決議文」是否改變?

同日　陳水扁誣稱,中國原本保證香港「一國兩制」五十年不變,但現在6年不到,就要修改《基本法》二十三條,形同回到「戒嚴」時代,因此台灣決不能接受「一國兩制」。

同日　台陸委會就香港政府推動《基本法》二十三條立法,發佈新聞稿強調,如果這項法律按照現有條文透過,不僅是對台灣居民人權上的一大「傷害」,更可能是影響各國與香港的交流互動。

同日　返台的立委訪美團召開記者會證實,美國對台灣軍售清單優先順序已經有所改變,美國希望台灣優先採購 C4ISR 設備(「博勝專案」)、反導彈系統(愛國者三型導彈)、反潛機(P-3C),台灣積極爭取的潛艇和「神盾」級驅逐艦都未列在優先名單的前三名中。

7月2日　陳水扁在與「扁友會」成員會面時稱,台灣「加入 WHO 公投」是在「一邊一國」架構下推動,絕對不是在其他人所謂的「一個中國屋頂」下推動。

同日　「五一一台灣正名聯盟」拜會親民黨,爭取親民黨參與「會師總統府、前進聯合國」的活動,並盼親民黨支持推動「新憲法」,將「國號」正名為台灣。但親民黨表示不會參與相關活動。

同日　6月30日清晨,東莞發生台商技術顧問吳憲昌遭劫殺案,對此,國台辦發言人李維一表示,已要求地方政府盡速破案。

7月3日　陸委會宣布4日起解除大陸返台人士居家隔離限制。對此,國台辦發言人李維一表示,過去兩個多月大陸收到因「非典」疫情影響而遭到暫擱的申請案很多,明天起大陸將恢覆審批,對赴台申請則將視邀請單位的需求,陸續恢復。

同日　攸關「核四」存廢及統「獨」之爭的「公投法」,今天正式交付台立法院民進黨及國民黨「黨團」共同召集協商。台立法院各黨派協商決定,7月8日至10日將召開3天臨時會,審查「公投法」及與財經相關的6個法案。

同日　民進黨中常委呼籲香港民眾抗議「基本法」第二十三條的立法。

同日　台中縣市政府召開縣市聯繫會報，討論共同建立區域觀光聯盟、捷運系統、台中港自由貿易港區即爭取台中港直航廈門等議題。

　　同日　台灣民意調查基金會祕書長馬康莊撰文批評陳水扁推動「公投」是政治作秀。

　　同日　美國在台協會舉辦國慶酒會。包道格告訴與會的台灣各界人士，這是中美建交以來，美國在台協會第一次在台灣公開舉辦國慶酒會。

　　7月4日　陳水扁接受日本《每日新聞》專訪，聲稱在「一個中國」的原則下，台灣無法接受兩岸直航，並預言在他剩下的10個月任期中，恢復兩岸對話相當困難。

　　同日　陳水扁重申，在他任內將遵守「四不一沒有」的承諾，不過他又聲言「中華民國是一個主權獨立的國家」，如果要變更「現狀」，必須經過「公民投票」決定。

　　同日　連戰、宋楚瑜決定在審議「公投法」事宜上採取共同立場，即7月召開臨時會時，優先處理蔡同榮所提的包含統「獨」議題的「公投法草案」，並在「公投立法」問題上提出「反對改變中華民國現狀」，以及「公投應與總統大選脫鉤」、「議題由立法院審議透過」、「責任由發動者自負」等原則。

　　同日　鑒於兩岸SARS疫情趨緩，立法院親民黨「黨團」呼籲陸委會應即恢復中斷三個月的金馬「小三通」。

　　同日　台灣「出版處長」鐘修憲稱，進口大陸地區專業學術簡體字版圖書業者，可於7月8日起正式向所屬公、協會申請；這是大陸簡體字版圖書合法入台的第一步。

　　同日　東莞台商技術顧問吳憲昌遭搶被殺案告破。

　　7月5日　世界衛生組織宣布即日起將台灣自「非典」感染區除名。

　　7月6日　國民黨政策會副執行長張榮恭針對陳水扁近來重申「四不一沒有」的舉動說，美國政府因為疑慮台灣「公投」的動向，點出陳水扁曾有「四不一沒有」的承諾，迫於美國的壓力，陳不得不重申這項承諾。但質疑陳對這項承諾的誠信。

　　同日　金門縣議長莊良時指出，希望台灣當局重視民意，儘早重新全面開放「小三通」，也盼望加速推動大陸人民到金門旅遊，以利兩岸關係發展。

同日　台北縣深澳籍漁船「海亨號」在釣魚島西方約 18 海里捕魚時,遭日本水產廳的護漁船驅趕。

同日　美國同意出售給台灣 8 艘潛艇,但規劃經費等問題已導致雙方意見不一,潛艇採購計劃是否生變令人關注。

7月7日　中台辦、國台辦主任陳雲林在會見台灣「中華協會」參訪團時表示,盡快恢復兩岸正常的交流與來往,符合兩岸同胞的利益,希望兩岸和平、太平,不要給對方干擾,不要改變現狀,不要造成新的危機。

同日　台灣立法院各黨派協商「公民投票法」破裂,民進黨「黨團」協商代表趙永清提出「防禦性公投」等兩項決議,民進黨籍立委蔡同榮與國民黨、親民黨另提保留爭議部分、送交「院會」表決等四項結論,均未能達成共識。

同日　台灣「中華愛國同心會」等團體在「日本交流協會」前舉行「七七抗戰紀念日追思集會」,呼籲各界不要忘記二次世界大戰日本侵華罪行。

同日　台灣 68 名知名企業的負責人及其家屬來到重慶,開始了為期 4 天的投資考察。這是大陸抗擊「非典」攻堅戰取得階段性勝利後,第一個來大陸觀光考察、較大規模的台灣團隊。

同日　據台灣媒體報導,由於台灣經濟疲軟,政治紛爭過度,台北兩大外國商會美國商會與歐洲商會,會員人數大減。許多外商認為,台北外國商會理事長的「地位」正隨台灣經濟環境走下坡而「每況愈下」。

7月8日　新華社消息,在「非典」疫情甫一平息,台灣高科技企業新一波大舉西進。目前,台灣高科技企業正向長江三角洲、珠江三角洲和環渤海地區集結。

同日　從天津港保稅區召開的「面向台資企業聯合金融服務座談會」傳出消息稱,中國光大銀行聯手台灣建華銀行和美國遠東國民銀行共同推出聯合金融服務,為在大陸台資企業提供資金支持和業務便利,台資企業生產經營的資金短缺和對台匯路不暢等問題,將得到較好解決。

同日　由江蘇省台辦和江蘇省兩岸新聞文化交流協會組織、共有 13 家兩岸主流媒體記者參加的兩岸媒體「長三角黃金線行」聯合採訪活動開始啟動。

同日　民進黨立法院黨團完成共二十條文的「公民投票法」「黨版」與「蔡同榮版」的整合版。

7月9日　出席全國政協常委會的台盟中央副主席吳國禎強調，在兩岸共同開發的問題上，我們要更加關心台胞的利益。

同日　重慶市長王鴻舉在接受海峽兩岸記者聯合會採訪時表示，重慶正處於經濟高速發展時期，希望更多的台資企業前往進行經貿投資合作，重慶將以更優惠政策為他們創造投資環境和條件。

同日　台灣媒體報導，台灣立法院臨時會正審議「自由貿易港區設置條例」，但由於台灣當局「未開放直航」，全台灣第一大商港高雄港已為未來的營運感到憂慮。

同日　台灣經濟部長林義夫率領龐大的經貿暨科技代表團訪問以色列，尋求合作投資機會。

同日　馬祖今年將擴大慶祝中秋節，以罕見的方式與福建省連江縣共同舉辦「中秋明月，煙火連江——兩岸歡慶中秋夜系列活動」。

7月10日　應中國教育協會的邀請，由台灣「中華教授協會」組織的大陸參訪團抵達南京參觀訪問。

同日　在台灣立法院臨時會中，國、親立委堅持對民進黨立委蔡同榮所提的對統「獨」議題不設限的「公投法」版本進行逐條表決，遭到民進黨反對，最終「公投法」在未進行表決的情況下被擱置。

同日　台立法院三讀透過「自由貿易港區設置管理條例」，該條例明定行政院可以核定在機場港口或鄰近地區設「境內關外」的自由貿易港區。

同日　台灣總統府副祕書長吳釗燮正式宣布，陳水扁之妻夫人吳淑珍本月15日將啟程訪問歐洲。

同日　隨著2004年總統大選迫近，台灣高層競相赴外進行所謂「拼外交」。據台灣媒體報導，繼吳淑珍下周到歐洲活動後，呂秀蓮也計劃8月中旬前往巴拉圭以及巴拿馬等地訪問。

7月11日　為期3天的台灣立法院臨時會昨晚落幕，備受關注的「公民投票法」以及「行政院金融機構重建基金設置暨管理條例修正案」、「台灣與大陸地區人民關係條例修正草案」等三項法案，因爭議太大未獲透過。

7月12日　台灣經濟部長林義夫結束赴法國、荷蘭及以色列3國的招商訪問返台。

同日　台《自由時報》報導，美國海軍潛艇計劃執行官巴特勒少將 10 日表示，由於台灣無法在 2006 年前透過造艦經費審批，美國同意售台 8 艘柴油潛艇將延後 3 年再開始招標。

7 月 13 日　經台灣軍方積極向美國爭取，美國出售的 AIM-120 先進中程空對空導彈近期運抵台灣。台軍計劃明年在台灣試射 AIM-120 導彈，若可行，將是 AIM-120 導彈首度在美國本土以外試射。

7 月 14 日　台立法院決定將「兩岸關係條例草案」列為下一個會期的優先法案，並稱將於年底前完成「立法」。該條例的初審透過內容包括開放人民幣入台、與大陸締結姊妹市、有條件兩岸直航等。

同日　鑒於 SARS 疫情趨緩，為恢復港台兩地正常經貿往來，台灣「行政院 SARS 防治及紓困委員會」境外管制組表示，香港居民入台臨時入境停留（落地簽）定於今日零時起恢復。

同日　台灣高層有消息傳出，美台雙方經密集協商後達成軍售問題共識，而且將合作建構「三軍聯合作戰指管通情系統」（C4ISR）。

7 月 15 日　在完成對湖北省省長羅清泉的採訪後，海峽兩岸年度重要新聞採訪活動——兩岸記者三峽聯合採訪活動在湖北圓滿結束。

同日　台灣「行政院 SARS 防治及紓困委員會」境外管制小組稱，在堅持防疫需求優先，並完成最嚴謹周延的檢視與準備下，自 16 日起全面恢復「小三通」。

同日　陳水扁宴請民進黨立委時聲稱，「公投是憲法賦予人民的權利，公投法只是一個程序法，即使沒有公投法也可以公投，不要有了公投法反而不能公投」。

同日　吳淑珍以隨故宮文物赴德國展覽名義，啟程前往歐洲進行為期 9 天的所謂「文化外交」之旅。

同日　中華民國護照封面加註「台灣」字樣即將於 9 月 1 日開始實施，台外交部強調，「中華民國是主權國家」，對於加註「台灣」的計劃，立場非常清楚。

同日　最新一期美國《國防週刊》報導說，在白宮同意協助台灣取得潛艇兩年後，美國政府已經提議台灣考慮購買西班牙或者義大利的二手潛艇；但報導又說，歐洲國家不一定會同意。

7月16日　中台辦、國台辦主任陳雲林在北京會見台灣工商界人士參訪團時表示，祖國大陸將繼續以兩岸人民的福祉為依歸，推動恢復兩岸正常交流和交往。

同日　台灣慈濟基金會骨髓捐贈中心主任、美籍華人、世界著名免疫基因學者李政道博士今天在徐州與台灣慈濟免疫基因實驗室、徐州醫學院附屬醫院簽訂了合作協議書，並且就在徐州建立骨髓庫事宜進行探討。

同日　台灣陸委會被迫同意恢復「兩門」（金門—廈門）、「兩馬」（馬祖—馬尾）海上客貨直航。

7月17日　由海峽兩岸關係研究中心主辦的「兩岸關係論壇」在雲南麗江舉行，主題是「兩岸關係現狀及發展趨勢」。來自大陸、台灣和港澳地區的學者百餘人與會。

同日　海峽兩岸關係研究中心主任唐樹備在「兩岸關係論壇」開幕式上談到兩岸關係現狀時，批評台灣當局領導人的破壞性舉動，並提出四項建議以改善兩岸關係，包括：一是盡快恢復兩岸正常的交流和往來，加強雙方的理解和溝通；二是繼續推動兩岸直接「三通」進程；三是推動在「一個中國」原則基礎上恢復兩岸的對話與談判；四是兩岸同胞團結起來，反對分裂與對抗，共同締造求同存異、共謀發展的建設性的兩岸關係。

同日　國台辦副主任王在希表示，堅決反對陳水扁以「公投」挑戰一個中國的舉動。

同日　《亞洲華爾街日報》刊登對陳水扁的專訪。陳水扁聲稱「直航並非第一優先要務」，「決不可能為直航而接受一個中國原則」。

同日　台灣陸委會稱，即日起恢復軍公教人員因探親、探病等事由赴大陸，旅居海外人士來台從事專業交流活動，大陸地區人民「第二、三類」赴台觀光等多項民間交流活動。

同日　台灣「警政署入出境管理局」稱，由於大陸地區SARS疫情仍不穩定，為避免大陸配偶於7月底停留有效期屆滿，導致往返兩岸人員大量增加，影響台灣防疫工作，決定再度讓大陸配偶停留期延長至8月31日止。

同日　因受到SARS疫情影響，停滯近兩個月的兩岸「小三通」重新啟動，大陸貨船由漳州籍的「文龍號」貨船打頭陣，今天載運1200噸的河沙直航抵達金門，開啟「非典」疫情受控後大陸貨船「小三通」的先河。

7月18日　國台辦副主任王在希表示，最近一段時間，台灣有人利用「公投」問題大做文章，企圖進一步惡化兩岸關係，這是一個非常危險的動向。王在希明確表示，要排除各種障礙，儘早實現兩岸全面、直接「三通」。

同日　親民黨主席宋楚瑜提出國、親兩黨對兩岸關係的「三不堅持」原則，即「不同意一國兩制」、「台灣現階段不會推動台灣獨立」、「台灣不會成為亞太地區的麻煩製造者」。

7月20日　台行政院長游錫堃稱行政院已組成由「政務委員」許志雄負責的「推動全民公投項目小組」，該小組擬訂的「全民公投實施要點」已被行政院正式核定，要點明定「公投」的實施得並同全台選舉一起舉行。

同日　李登輝在台南市發表演講時叫囂，有「中國」兩個字的任何東西都要改名。

7月21日　對於國台辦副主任王在希提議兩岸簽署自由貿易協定一事，台灣航空業者均表示歡迎。

同日　陳水扁與「扁友會」成員餐會時稱，「總統可以不做，但公投是天賦人權，一定要做」。

同日　據台灣媒體報導，巴拿馬與台灣關係再傳警訊，台灣當局採取多種措施因應，除了呂秀蓮下個月中南美洲之旅將訪問巴拿馬以外，陳水扁10月底出訪中美洲與加勒比海的行程也已列入巴拿馬。台灣當局領導人在兩個月內先後訪問同一國，緊急「護盤」的意味相當濃厚。

同日　台灣工業總會副祕書長蔡宏明撰文指出，「非典」疫情對兩岸貿易直接衝擊屬暫時性，大陸仍是台商投資首選。

同日　後SARS時代兩岸經貿逐步恢復，台灣電機電子同業公會理事長許勝雄再度呼籲，兩岸應直航，初步可採用先貨後人方式，考慮安全問題，則可以只開放日間航班，並且定點定時處理。

7月22日　台「總統府祕書長」邱義仁率團訪美，就「公投」、經貿、軍售等議題，與美國交換意見。

同日　台灣「經濟部投審會」公佈數據顯示，今年上半年台商投資大陸金額較去年同期增加三成一，長江三角洲仍是台商投資的最愛，投資類別以電子產業為主。

同日　台灣陸委會宣布，金馬「小三通」恢復後，馬祖民間客運業者今日上午9：30首航馬尾。

　　7月23日　陳水扁稱，「總統府祕書長」邱義仁赴美，是一場非常重要的溝通之旅，他對此寄予厚望。

　　同日　台灣行政院制定「公投實施要點」後，受到輿論的強烈質疑。《中國時報》再次發表社論指出，行政院自行制定「公投實施要點」嚴重違背民主政治。

　　同日　台灣陸委會就可望在9月份完成「修法」的「兩岸人民關係條例修正案」，公佈已經進行相關子法的作業清單。其中兩岸經貿、金融和證券等重大調整的子法備受矚目。

　　同日　一部反映日據時期和光復後台灣人民生活的影像《台灣往事》將於9月份與觀眾見面。這部描寫台灣日常生活的影片由大陸、台灣和日本三地演員共同演出、創作，這在影視作品中還屬首例。

　　7月24日　台灣高雄應用科技大學12名師生抵達世界自然與文化遺產地武夷山，考察閩台文化淵源，為期10天的閩台高校交流活動拉開序幕。

　　同日　台灣外交部宣布，8月1日台將在斯洛伐克共和國首都布拉提斯拉發設立「駐斯洛伐克台北經濟文化代表處」，斯洛伐克近期內會在台北設立「代表處」。

　　同日　外交部就台在斯洛伐克設立「代表處」答記者問時表示，中國政府堅決反對我建交國同台灣建立官方關係或進行任何具有官方性質的往來。

　　同日　台灣「監察院」針對台灣現行「援外」方式進行的調查報告顯示，扁當局上台後，台灣「援外」經費連年上升，每週踰越預算五成有餘。

　　同日　台灣弘裕企業公司董事長葉明裕透露，將加快赴大陸設廠步伐，預計今年將斥資6000萬美元，建構「兩岸織布染整王國」。

　　同日　美國副助理國務卿蘭德爾·施裡弗表示，美未看到台灣有非辦「公投」不可的理由，但樂意傾聽台灣的相關解釋。

　　同日　美國向台灣提出的三項優先採購武器建議，台灣軍方已經確定「照單全收」。

同日　《簡氏導彈與火箭》報導，台灣已經正式向美國提交信函，要求採購3個洛克希德—馬丁公司製造的「愛國者三型」反導彈系統。美國國防部目前正在對此進行評估。

7月25日　陳水扁接見美國企業研究院院長狄繆思、資深研究員李潔明時稱，「公民投票」是民進黨長期追求的目標，保證不會進行「統獨公投」。並稱，2004年3月20日台灣「大選」當日或之前進行相關「公投」不可避免，這是民進黨當局對選民的承諾，也是他競選時的「重要政見」。

同日　台陸委會透過大陸人士申請進入台「自由貿易港區」相關辦法。

同日　美國國務院副發言人裡克在一項簡報中，重申美國重視陳水扁在2000年「就職演說」中所作的承諾：他不會就「統」「獨」問題推動改變現狀的公民投票。並稱美國認真看待這項承諾，也一再敦促台海雙方避免會升高緊張並使對話更難開展的言行。

7月26日　陳水扁以視訊方式對在英國舉行的第30屆「世界台灣同鄉會聯合會年會」發表演說，鼓吹「2004年台灣將以公投改寫歷史」、「2004年3月20日之前舉行公投是無可避免的」、「有百分之一百的信心推動公投成功」。呂秀蓮則稱，「台灣目前已進入去中國化，在世界建立新地位的『主體化』歷史階段」。李登輝則叫囂台灣外台灣人團結起來達成「建立台灣主權獨立國家」願望。

7月27日　中國駐美使館發言人孫德偉說，中國國台辦主任陳雲林和副主任周明偉一行日前訪問了美國，與美方就中美關係中的台灣問題進行了深入討論，雙方認為這種交流是有益的。

同日　隨著「總統府祕書長」邱義仁赴美，台灣「公投」議題再度成為關注的焦點。部分學者認為，邱義仁除了要向美國解釋台灣辦「公投」的態度外，還須給予美方「不引發兩岸緊張」的承諾，否則台美及台海關係，在明年「大選」前將蒙上陰影。

7月28日　台灣外交部召開記者招待會宣布，封面加注「TAIWAN」字樣的新版「護照」，將於8月1日起開放民眾申請。

同日　台陸委會透過修正相關措施，放寬旅居海外地區、從事科學與技術研究或科技管理並取得第三地的工作證或永久居留身份且具碩士以上學歷等大陸產業科技人士可以赴台從事長期科技研發或技術指導，赴台期限可達6年。

同日　台「經濟部國貿局」決定從8月1日起開放130項大陸鋼鐵成品入台。

7月29日　台陸委會副主委劉德勳就台灣當局28日修法，準許「自由港區事業」邀請大陸地區人士來台磋商、從事「商務訪問」一事稱，大陸商務人士透過此一途徑訪台，行程必須限定在「自由貿易港區內」。

同日　台國防部發言人稱，台軍購買反潛機，將從租借、國際現貨市場以及與美國合作參與新機種研發三大途徑入手，目前正多方接觸中。

7月30日　台灣經濟部發佈兩岸貿易統計分析稱，3月份非典疫情爆發後，台灣對大陸出口成長減緩，但隨著疫情退去，外銷接單已恢復兩位數成長，未來對大陸出口可望再呈兩位數成長。

同日　據台灣媒體報導，台灣已經與日本約定，從北緯27度至29度，即釣魚島往北200海里處為台日漁民共同捕魚區。

同日　遭菲律賓扣押的6艘台灣漁船日前返台，台灣行政院長游錫堃呼籲菲律賓政府盡快與台灣進行漁業合作和爭議處理機制的協商。

7月31日　國台辦主任陳雲林與副主任周明偉日前抵華盛頓訪問，陳雲林在華府期間就台灣「公投」問題向美國表達了中方立場。國台辦發言人明確表示，「反對借公民投票來進行分裂活動，破壞台海和平」。

同日　陳水扁接見「日本交流協會」新任理事長高橋雅二時，強調台灣與日本在經貿、觀光等各方面關係密切。

同日　台北市旅行公會、旅行業全聯會、旅行業者和媒體三百餘人，將前往北京拜會國台辦、國家旅遊局等單位，研商振興旅遊並推動大陸人士赴台觀光。

8月

8月1日　廈門市公安局出入境管理處今日起受理台灣居民一年有效多次入出境簽證申請。

同日　民進黨籍立委湯火聖聲稱，美國長期出售給台灣的軍事武器只限於防衛性武器，導致兩岸軍力出現失衡狀況，他要求美國出售攻擊武器給台。

同日　美國副國務卿阿米蒂奇在接受鳳凰衛視訪問時稱，台灣有權舉行任何「公民投票」，但是否應該舉行，以及舉辦「公投」是否明智，台灣內部應有所辯論。

同日　台《自由時報》報導，奧地利外交部拒絕了台灣「國安會祕書長」康寧祥以及「僑委會委員長」張富美的入境申請。

8月2日　今年上半年，台資湧入蘇州的速度有增無減，平均每天有3家台資企業落戶，日均引進台資逾千萬美元。目前蘇州吸引的台資已占大陸吸收台資總量的五分之一，成為大陸台資最為密集的地區。

同日　台灣少數民族參訪團一行80多人抵達海口，應海南省台辦邀請，參訪團此次將在海南進行為期五天的文化交流活動。

同日　英國《簡氏防務週刊》報導，美國USE公司投標得到的美國海軍一份價值810萬美元的合約，翻修4艘「基德級」驅逐艦給台灣。

8月4日　據台灣「主計處」統計資料顯示，今年上半年台商獲准對大陸投資金額達51億2000萬美元，較去年同期大幅增長了2.3倍，其中對江蘇以及廣東的投資最多，分別增加了1.5倍和3.9倍。

同日　台北市長馬英九赴新加坡瞭解其「非典」的防治情況。

同日　美國軍火商MPH公司總經理柯狄克前往台灣「中國造船公司」基隆廠參觀，評估投資「中船」的可行性。

8月5日　國台辦副主任周明偉在會見香港地區中國和平統一促進會訪問團時表示，兩岸關係近年來取得了迅速發展，但台灣台獨勢力發展也相當迅速，大陸新領導團隊的對台政策不會因台灣領導人的言行發生改變，因為解決台灣問題不是解決一兩個領導人的問題，而是解決兩岸民眾共同關心的問題。

同日　全台灣鄉鎮市長聯誼總會舉行會員大會，擔任總會執行長的台中縣豐原市長張溢城提出臨時動議，提議反對「諮詢性公投」，認為「公投」不利於經濟民生，會打亂政經環境，獲得多數鄉鎮市長的支持。

同日　新加坡內閣資政李光耀與到訪的台北市市長馬英九會晤時表示，台灣要善於利用自己的優勢，才能使台灣的經濟繼續向前發展，而關鍵又在兩岸關係。

同日　尼加拉瓜等國在向聯合國聯合提案所附的解釋性備忘錄中稱，聯大第2758號決議，未解決台灣的代表權問題，且不斷被用來排斥台灣參與其他國際組織。「聯合國繼續將台灣排除於該組織之外，已構成對台灣人民的歧視」。

8月6日　台「行政院發言人」林佳龍稱，行政院提出「公民投票實施要點」舉辦「公投」，是以負責任的態度解決立法延宕問題，「合憲適法」。

同日　台「漁業署」稱，目前正積極與日本農林水產省水產廳接洽，希望近一兩個月內在台北舉行討論釣魚島海域「漁業資源管理」議題。

同日　台前「衛生署長」李明亮以慈濟大學教授和公共衛生專家的身份，到聯合國記者協會就台灣抗SARS經驗發表演說。

同日　台「中央銀行」、財政部宣布，即日起開放銀行國際金融業務分行（OBU）辦理「無本金交割之美元對人民幣遠期外匯交易」（NDF）和「無本金交割之美元對人民幣匯率選擇權」（NDO）兩項業務，協助台商人民幣匯率避險要求。

同日　雖然海峽兩岸貨運包機直航尚未正式啟動，但長榮航空集團和上海航空公司即日起將率先建立兩岸貨物聯運合作新模式。

8月7日　國務委員唐家璇在人民大會堂會見以成嘉玲女士為團長的台灣新聞媒體負責人大陸訪問團時表示，「我們反對有人借『公投』進行分裂國家的活動」。

同日　國台辦主任陳雲林在會見台灣少數民族文化交流團時表示，兩岸同胞加強交流與合作，有利於兩岸關係的和平與穩定，有利於增進兩岸同胞的福祉，兩岸同胞之間沒有根本的利益衝突，只有不斷發展的共同利益。他再次敦促台灣當局盡快解除限制，實現兩岸「三通」。

同日　陳水扁稱，雖然在下任總統大選中的支持度不及對手，但他相當有信心，強調決不收回「一邊一國」論。

同日　呂秀蓮啟程赴中南美洲活動，在檀香山、洛杉磯、西雅圖等三個美國城市各過境兩天。

同日　台「考試院長」姚嘉文啟程赴英國活動。

同日　台灣「經濟部常務次長」施顏祥率團參加在泰國舉行的「第十屆APEC中小企業部長會議」。

同日　台灣再度指使15個國家向聯合國提案，為其「參與聯合國」叩門，台灣「外交部政務次長」高英茂昨天稱，除具體要求將所謂「中華民國（台灣）在聯合國的代表權問題」列入9月將召開的聯合國大會第58屆常會的補充議程外，在提案函上還附上「解釋性備忘錄」。

同日　台中縣長黃仲生接獲廈門市長張昌平邀請，希望黃仲生在9月8日至11日前往廈門市參加第七屆中國貿易投資洽談會。黃仲生接受邀請並向台灣當局提出與會申請，希望為推動兩地直航做準備。

8月8日　中共中央政治局常委、全國政協主席賈慶林在會見台灣少數民族文化交流團時表示，兩岸同胞是一家人，各民族兄弟團攜手，共同奮鬥，祖國統一和民族振興定能實現。

同日　重慶市公安局日前破獲台灣「國防部軍事情報局」間諜許劍池案，重慶市第一中級人民法院做出一審判決，處以許劍池18年有期徒刑。

同日　針對媒體報導大陸海空軍偵測台海域一事，台灣「海軍總司令」部今天稱，本月6日中午台灣海軍就發現大陸海洋測量公務船，並立即由偵巡艦持續追蹤，直到該船離去為止，未來將會加強對可疑目標的掌控。

同日　台有關單位原打算向烏克蘭方面商借戰機，參加8月舉行的「台北航空展」，由於事情涉及敏感機密，消息曝光後受到各方面的關注，烏克蘭方面取消赴台展出。

同日　台灣「經濟部工業局」稱，由於兩岸經貿往來頻繁，截至去年年底，台灣鋼品對大陸出口占總出口量比例已超過五成，顯示台灣鋼品出口對大陸依存度逐年上升。

8月9日　台媒體引述英國《簡氏防務週刊》的報導，稱台自行研製的「雄三」導彈兩年內可量產服役。這種導彈的量產及部署是台反制打擊戰略的一環。

8月10日　陳水扁在民進黨中常會上聲稱，「一邊一國」、「公民投票」、「護照加注台灣」都已經成為台灣的主流民意，他提「一邊一國」不是為了選舉，而是為了台灣歷史定位，如果要提到「黨魂」，「一邊一國」和「公民投票」就是民進黨的黨魂，這一基本立場絕無退讓空間。

同日　李登輝叮囑台聯黨一定要全力支持陳水扁連任，以延續「本土政權」，「不然本土政權的根就斷了」。

同日　由台經濟部長林義夫率領的「赴美招商團」啟程。

同日　中國國民黨政策會副執行長張榮恭指出，美國對陳水扁當局推動「公投」意向的疑慮，並未因「總統府祕書長」邱義仁赴美說明而告解除，尤其是7月下旬美國連續表明，台灣問題的解決應經「兩岸人民同意」，以及宣稱美國與中國關係處於最佳時期，這都是台美關係的重大警訊。

同日　由民進黨前立委、台灣促進和平基金會執行長簡錫階發起，台灣九大民間社運團體參加的「公平正義聯盟」（別名「泛紫聯盟」）成立。該聯盟自我標榜為藍、綠之外的第三勢力，並擬在2004年「大選」時發起「不投票及投廢票」運動。

　　同日　以旅美台胞為主要成員的美國傳統僑社相聚舊金山，首次舉辦「全美傳統僑團中國統一研討會」，探討兩岸關係，呼籲「統一不能無限制地拖延」。

　　8月11日　國台辦主任陳雲林會見台灣工業總會大陸經貿考察團時表示，大力發展兩岸經濟關係，盡快實現兩岸「三通」，是兩岸同胞的共同願望，是兩岸經濟實現雙贏，共同繁榮的客觀要求。

　　同日　台灣向美國採購的4艘「基德」級驅逐艦中的一艘抵達美國東海岸南卡羅納州進行整修，據稱，台灣還考慮向俄羅斯購買二手柴電潛艇。

　　8月12日　中央政治局常委、全國政協主席賈慶林會見台灣工業總會大陸經貿考察團全體成員時表示，台灣和大陸同屬於一個中國，中國是海峽兩岸中國人的共同家園，中國人有充分智慧完成祖國統一。

　　同日　陳水扁在民進黨中常會上，對「一邊一國」提出闡釋稱，作為「中華民國總統」，為維護台灣「主權」，有必要把台灣「定位」講清楚，「一邊一國」是現狀。

　　同日　呂秀蓮在美國鼓吹「過境外交」。

　　同日　台灣醫護工作者訪問團圓滿結束對北京和內蒙古自治區的交流訪問，返回台灣。

　　8月13日　以理事長侯貞雄為團長的台灣工業總會考察團今天到天津訪問考察，以尋求合作機會。天津市長戴相龍會見了侯貞雄一行。

　　同日　陳水扁接受媒體專訪時稱，有關直航問題，兩岸都有政治考量，所以在明年總統大選前，兩岸直航不會有進一步的進展，一切只能等到選舉結束再說。他提出「兩岸直航三階段論」，聲稱將在2004年3月20日「大選」之後排除各項政治障礙，讓直航談判順利展開。

　　同日　台行政院對「國會改革」案達成共識，決定2004年底的立委選舉中採取「兩票制」，一票選人，一票選政黨。

　　同日　台「財政部金融局」公佈經修正後的銀行赴大陸設分支機構的相關規定。規定今後台灣銀行經主管機關「專案核準」即可在大陸設立代表辦事處。

同日　新竹科學園區今年上半年的主要出口市場結構發生明顯的變化，香港與大陸皆占新竹出口市場前三位，合計金額比重高達三成四。

8月14日　陳水扁稱，「台灣不屬於中華人民共和國，不管叫台灣也好，叫中華民國也罷，都是主權獨立國家」，「我們不是地區和行省，如果身為國家卻不敢說，不敢承認一邊一國，還遮遮掩掩，把它故意模糊化，這些都是愧對祖先和子孫的作為」。

同日　針對陳水扁昨天發表的「明年底前完成兩岸直航協商」及「兩岸直航三階段論」，台灣政界、學界、輿論界表示強烈質疑，認為陳水扁根本無直航誠意，只是開「直航空頭支票」。

同日　對於陳水扁昨天拋出兩岸直航三階段訊息，前上海台商協會會長楊大正表示，直航是拯救台灣的一帖良方，希望越快越好。眾多台商也認為，如果把直航時間表安排到明年年底，恐怕會緩不濟急，所以建議提前落實。

同日　繼8月1日廈金航線航班調整擴大後，廈金貨運直航也作了相應調整，即日起由噸位較大的貨輪「文龍號」接替「泉豐一六號」承擔貨運直航任務。

同日　第二屆兩岸大學生辯論賽今天在福州西湖賓館舉行決賽，來自台灣的世新大學獲團體冠軍。

8月15日　對於陳水扁所謂「一個目標、三個階段」的「兩岸直航時程表」，國台辦發言人張銘清指出，陳水扁當局直航的誠意不足。

同日　台行政院公佈「兩岸直航技術評估報告」。「報告」全面評估了「直航」對台灣經濟、安全等方面產生的影響，強調推動兩岸「直航」必須透過兩岸協商並簽署協議，並稱協商時應堅持「國家主權絕不退讓」等前提。

同日　台陸委會公佈「兩岸直航之評估影響報告」，被泛藍陣營批評為「不直航報告」。

同日　台國防部長湯曜明稱，如實施兩岸直飛台灣海峽，大陸戰鬥機僅需3至5分鐘就到達台「領空」，從而對台「國防安全」造成重大衝擊。

同日　前美國在台協會理事主席白樂崎應邀在「李登輝學校」演講，答覆現場問題時稱，法律上而言，美國無權干涉台灣「正名」，但事實上，美國會「非常緊張」，相信華府會透過相當低調的方式告訴台灣不要這麼做。

8月16日　由台灣「群策會」主辦的「『一國兩制』下的香港研討會」在台北舉行，陳水扁與李登輝同台攻擊「一國兩制」。

8月17日　第二屆台灣知名企業家遼東半島觀光活動周將於8月20日在遼寧省鞍山市開幕。

同日　呂秀蓮過境美國西雅圖，原定參訪波音公司，但遭到波音公司的拒絕。

同日　韓國在野黨「自由民主聯合」總裁金鐘泌等抵台訪問。

8月18日　台行政院長游錫堃公佈「公投委員會」名單。

同日　台內政部長余政憲16日登上南沙群島太平島後，又赴距離越南控制的敦謙沙洲附近水域極其敏感的中州島礁插上國旗。

同日　台「漁業署」函文決定即日起恢復大陸漁工僱傭政策，以解決漁業勞力不足問題。

同日　國民黨副主席兼陳水扁經濟顧問召集人蕭萬長以台外交部屬下的「亞東關係協會」科技委員會主委身份，率領「行政院政務委員」蔡清彥等人赴日訪問。

同日　針對數十萬在大陸投資的台商，國民黨立法院黨團呼籲台灣當局立即規劃「投票包機」，方便大陸台商及其家屬返鄉投票。

同日　台灣向美國購買8艘潛艇案，在台灣近期支付完750萬美元先期作業費後，美方將在10月完成售台前潛艇模型規劃，隨後赴台進行正式簡報。

8月19日　「台灣正名運動遊行」將於9月6日在台北市舉行，主辦單位邀請台北市市長馬英九參加，馬英九則委由市政府民政局長吳秀光予以婉拒。

同日　國民黨政策會副執行長張榮恭稱，呂秀蓮訪問美國波音公司生變，是台、美、大陸三角關係發生不利台的結構性警訊之一。

同日　美國國會研究處發佈的「美中評估報告」指出，若陳水扁連任，等於向中共傳達台獨勢力不斷上升的訊息。

8月20日　陳水扁在民進黨中常會上聲稱，唯有民進黨繼續執政，才能讓對岸清楚認知，堅持「一邊一國」的台灣人民是無法接受所謂「一中」原則的。

同日　陳水扁日前承諾，明年「大選」後開始「兩岸直航談判」，年底前，在「一邊一國」前提下，完成「三通」。台灣有關學者認為，陳水扁喊「三通」，只是為騙取選票。

同日　台經濟部透過開放大陸直流電動機等10項物品進口，牛奶、巧克力等四項物品提交下次審查。

8月21日　台灣與巴拿馬簽署「自由貿易協定」，預定自2004年元旦起生效，這是台第一個正式簽署的「自由貿易協定」。

同日　第四屆「台灣與中美洲國家及多米尼加元首高峰會」在台北舉行。哥斯達黎加、薩爾瓦多、危地馬拉、尼加拉瓜、巴拿馬等五國總統、貝里斯總理及洪都拉斯副總統等人赴台與會。

8月22日　上海市台辦表示，目前上海已在台胞較為集中的地區設立了7家「台胞定點醫院」，開闢了方便台胞就醫的「綠色通道」，不久之後將增加到11家。

同日　陳水扁夫婦接見了多米尼加共和國總統府祕書長葛魯勇夫婦暨代表團一行。陳水扁感謝多國在國際場合為台「仗義執言」，也希望多國能在9月份支持台灣「重返聯合國」一案。

同日　陳水扁會見巴拿馬共和國總統莫斯科索時稱，11月3日巴拿馬建國百週年慶典，很榮幸獲邀率團訪問。莫也聲稱，巴拿馬成為第一個與中華民國簽訂「自由貿易協定」的國家，未來雙方貿易將更加活絡。

同日　台灣「財政部長」林全帶領證券、期貨及產業界人士一行約46人赴美招商。

同日　哥斯達黎加國際銀行巴拿馬分行日前向哥國國會提供關於總統帕切科去年大選助選金報告，證實競選團體非法收受來自國外的高額獻金，其中部分來自台灣。

8月23日　李登輝宣稱，「『中華民國』其實根本不存在，應把『國家名』正名為『台灣』，陳水扁也有這樣的想法，只是不方便講」。

8月24日　廣東東莞市副市長張順光表示，儘管台企在大陸投資傾向長江三角洲，但是東莞引進台資企業不減反增，今年上半年該市新簽訂台資項目較去年同期增長三成七，台商投資東莞繼續呈現良好增長勢頭。

同日　美國傳統基金會在華盛頓舉辦為期三天的「美日台三邊戰略對話」。據報導，此三邊對話的目的是制定有效的策略，「防止中國以武力收回台灣」。

8月25日　陳水扁與危地馬拉共和國總統波蒂略共同簽署「聯合公報」。陳稱，「只要團結，弱小也可成為巨人，以波蒂略總統演說的致命吸引力，在聯合國會上為『中華民國』仗義執言，必可獲得更多的迴響」。

同日　台「外交部領事事務局」公佈新版的「旅遊預警分級表」，首度將「中國大陸」列入「外國」。

同日　日本右翼團體「日本青年社」成員登陸釣魚島。台灣保釣行動小組召集人、台北縣議員金介壽表示，短期內會與大陸保釣人士合作，伺機登陸釣魚島。

8月26日　第十二屆海峽兩岸關係學術研討會在廣西桂林閉幕，來自大陸、台灣、香港及海外的近百名專家學者參加了這一年一度的重要學術活動。在會上，國台辦副主任王在希呼籲台灣當局立即制止其台獨分裂活動。

同日　隨著CEPA的簽署以及珠江三角洲概念的逐漸成形，如何推動粵、台產業合作上新台階，已成為粵、台兩地經貿發展的關鍵問題。於廣州開幕的「2003年粵台產業合作論壇」上，兩岸學者、官員、台商及經濟界人士各抒己見，為推進粵、台產業持續快速增長獻計獻策。

同日　海峽兩岸關係研究中心主任唐樹備在「2003年粵台產業合作論壇」上多次強調，「三通」是經濟事務，不是政治談判，不能實現直接「三通」導致台企業運營成本居高不下，應盡快實現兩岸直接「三通」。

同日　日前舉行的「兩岸學者清史纂修研討會」上，台灣學者就清史的體裁、體例等問題提出看法和建議，並表示希望台灣的清史專家能夠參與清史的編纂。

同日　26名大陸女子被不法分子拐騙私渡台灣，因遇台灣「海巡隊」緝捕而遭台灣蛇頭推入大海，導致6人溺水死亡、2人受傷的惡性事件。

同日　包道格在第三屆台美以「三邊『國防』安全研討會」演講時稱，選舉在台灣向來會引起兩岸的誤解與緊張，台灣須把大陸現在只是冰山一角的軍事威脅，視為國家安全與地區穩定的第一優先，而不要當成「政治足球」，敦促台灣開展「武力現代化」。

8月27日　海協負責人表示，台灣犯罪分子拐騙大陸女子私渡赴台的活動日益猖獗，甚至發生將大陸女子推落大海造成6人溺死的惡劣事件。對這種令人發指的犯罪行為，我們予以強烈譴責，要求台灣當局嚴懲兇手。

同日　針對台灣蛇頭強推大陸私渡女子落海溺死慘案，陳水扁叫囂「中共應負最大的責任」，這是私渡女「以腳投票」表達對「不民主社會」的不滿。

8月28日　對台灣海峽發生犯罪分子將大陸私渡人員推落下海造成6人死亡的惡性事件，福建省邊防總隊和福建省台辦等有關部門表示震驚和關切，強烈要求台當局嚴懲犯罪分子。

8月29日　由國台辦舉辦的2003年台資企業協會會長座談會在福建武夷山舉行。

同日　針對此次涉及兩岸同胞生命財產安全的重大事件，海協致函海基會，敦促台灣方面妥善處理相關事件獲救人員。

同日　中國紅十字會有關人士表示，希望海峽兩岸有關方面嚴厲打擊拐騙人口和私渡赴台的犯罪活動，切實保障兩岸人民的權益和生命財產安全。

同日　對於大陸女子偷渡赴台所遭遇到的不幸，台北市長馬英九表示，這是法律和人道問題，基本上不是政治問題，「政治化」的結果只有使問題更加複雜。

同日　面對近年來大陸女子偷渡入台賣淫問題，「行政院海巡署署長」王郡希望加強兩岸偷渡情資交流，共同揪出「人蛇」集團幕後主謀。

8月30日　台《自由時報》報導，第十一屆亞太經濟合作會議「非正式領袖會議」將於10月20日在泰國曼谷召開，台灣已決定由中央研究院院長李遠哲擔任「特使」，出席今年的領袖高峰會。

8月31日　日本「推進日台關係日本地方議員聯盟」成立，首任會長為東京都議會議員名取憲彥。

9月

9月1日　台當局正式發行封面加注「TAI-WAN」字樣的新版「護照」。

同日　台灣「入出境管理局」自即日起對赴台大陸配偶新增面談機制。於桃園、高雄國際機場、金門、馬祖碼頭等，針對「異常婚姻狀況」的大陸配偶，於通關入境前實施「面談」，對於供述不實者，將進行第二次「面談」，再決定是否強制遣送出境。

9月2日　外交部新聞發言人孔泉在例行記者招待會上說，我們對台當局在「護照」上加注「台灣」字樣表示堅決反對，因其是漸進式台獨的一種表現形式。

同日　來自福建、台灣、新加坡、馬來西亞和加拿大的 71 名閩南語歌手今天抵達福州,將參加於 9 日開始的《首屆「施琅杯」中華閩南語歌曲電視大賽》的決賽。

同日　針對「台灣正名聯盟」、台聯黨等團體、政黨將在 9 月 6 日舉行「台灣正名」大遊行,國民黨立法院黨團召開記者招待會表示,「台灣正名運動」,等於改「國號」,是台獨運動,也就是消滅中華民國的運動。

同日　台灣媒體報導,李登輝已接受日本學術單位的邀請赴日演講,如申請簽證順利,最快下個月前往日本。

同日　「台日安保論壇 2003 年東京會議」舉行,台灣「總統府祕書長」邱義仁、「國安會副祕書長」柯承亨、民進黨立委蕭美琴等人與會。日方出席會議者包括：世界和平研究所理事長大河原良雄、前首相中曾根康弘、前外務省政務次官、參議員武見敬三等約 20 人。

9 月 3 日　台灣政治大學中山人文社會科學研究所在北京與北大國際關係學院簽訂了定期學術交流合作協議,這是兩岸高等學府之間第一份正式簽訂的交流協議。

同日　台「總統府祕書長」邱義仁在東京稱,陳水扁主政後對台日關係非常重視,台灣與日本,已經從「沉默夥伴關係」向「成熟夥伴關係」發展,呼籲提升「兩國」的交流合作關係。

9 月 4 日　陳水扁在金門巡視時稱,上任三年多以來,台軍基地不管多高多遠,他已至少巡視過一次。陳水扁稱,中共未來「犯台」的行動,將實施多面向、多層次的打擊,以全方位、全縱深,驟然、瞬間、無預警的方式,向台發動突襲。

同日　台行政院和民進黨中央提出建議,要求教育部將各級學校教科書關於「中華民國依據《開羅宣言》統治台灣的內容」刪除,企圖抹殺《開羅宣言》確定台灣法律地位的歷史地位。

同日　台「行政院公投委員會」召開第三次會議,啟動多項「公民投票」作業機制,宣稱各主管機關可依議題,依「公投計劃」向行政院提出申請。

9 月 5 日　海峽兩岸和平統一促進會會長梁肅戎在接受新華社採訪時表示,所謂「台灣正名運動」實際上是台獨的前奏,其目的主要假借「民意」來破壞兩岸關係的發展,製造台灣族群對立,這和台民眾希望和平與改善兩岸關係的真正民意是背道而馳的。

同日　以廖國棟為團長的台灣少數民族代表團一行 38 人，參加在銀川市舉辦的「第七屆全國少數民族傳統體育運動會」。

　　同日　台灣「中國統一聯盟」等 9 個團體舉辦「反台獨、救台灣」大遊行誓師記者會，宣布將於 9 月 7 日中午於台北中正紀念堂舉辦大遊行。

　　同日　部分台獨人士要求台教育部將被台獨人士奉為「台地位未定論」重要理論基礎的「舊金山和約」和「日華和約」，與「開羅宣言」同時出現在初、高中的社會和歷史教材中。

　　同日　民進黨祕書長、台俄協會理事長張俊雄率「台灣經貿參訪團」赴俄羅斯活動。

　　同日　台「行政院政務委員」蔡清彥率「行政院延攬海外科技人才訪問團」赴舊金山、洛杉磯、波士頓、華盛頓、東京以及大阪等地，協助廠商延攬海外高科技人才回台工作。

　　9 月 6 日　在台灣當局的支持下，以李登輝為首的台獨分裂勢力在台北舉行了所謂「會師總統府、前進聯合國」的「台灣正名」大遊行。李登輝叫囂「中華民國已經不存在」。

　　同日　國民黨召開十六全三中全會，連戰提出建立「空中安全走廊」構想，推動兩岸直航。

　　9 月 7 日　國台辦新聞發言人就台獨分裂勢力舉行所謂「台灣正名」遊行表示，台獨不得人心。

　　同日　第七屆中國投資貿易洽談會即將在廈門市登場，金門縣長李炷烽、陸委會主任祕書鮑正鋼率領金門縣代表團與會。

　　同日　從明日開始，廈門市接受申請五年期的台灣居民來往大陸通行證。

　　同日　在台獨團體發動「台灣正名」遊行後，台「行政院發言人」林佳龍稱，台灣當局對此活動充分尊重，現階段並未下令各機關、單位檢討對外名稱，進行「正名」，但包括機關、公營事業單位若考慮修改名稱，該院不會有意見。

　　同日　由「中華教授協會」、「中華戰略協會」等多個團體發起的「民間保護『中華民國』大聯盟九零七大遊行」舉行，數萬民眾高呼「反台獨」口號，從國父紀念館步行向中正紀念堂。

同日　對於上週末的「台灣正名遊行」，台主要媒體普遍持負面看法，台灣《中國時報》、《聯合報》、《中央日報》紛紛發表社論指責這一活動。

9月8日　國務院台辦宣布將以個案放寬台灣記者大陸駐點時限。

同日　中國民航總局空中交通管理局有關負責人表示，祖國大陸民航有關部門同意為金門機場新建立的儀表著陸系統飛行程序增設保護空域，並將新增設保護空域創設為空中交通服務代理區。

同日　中央人民廣播電台舉辦的「同心邀明月：中秋詠月懷鄉詩詞朗誦音樂會」在頤和園舉行，兩百餘位在京台灣同胞匯聚頤和園參加活動。

同日　台財政部近日公佈的今年1至8月台灣的進出口情況顯示，台對美國、日本的出口分別下降了5%和3.8%，對大陸的出口仍持續大幅增長。台對大陸的貿易順差高達53億多美元。

9月9日　陳水扁接見今年亞太經合會議主辦國泰國特使巴卓時，宣布由「中研院」院長李遠哲出席10月在泰國曼谷舉辦的APEC領導人非正式會議。

同日　對陳水扁所稱兩岸直航貨運便捷措施部分下月可實施，統一企業董事長高清願參加工商協進會時表示，「三通」越快實施越好。

9月10日　國台辦主任助理張銘清在對台明年「大選」發表看法時表示，不論哪個政黨哪個領導人掌權，都希望他們信守「一個中國原則」，開放兩岸直接「三通」，在「一中」基礎上進行兩岸對話。

同日　海協就「八二六事件」溺水身亡大陸女青年家屬赴台處理善後事件致函海基會。

同日　第六屆京台科技論壇暨京台科技合作研討洽談會在北京召開，500餘位來自京台兩地的科技界、學術界和工商界知名專家、學者和企業家與會。

同日　台灣陸委會單方面宣布，本月25日將開放兩岸「單向、有限度、間接」的貨運包機，飛行地點以桃園、高雄小港機場至上海為主，且中途仍須停香港、澳門。

9月11日　國台辦副主任周明偉表示，在目前兩岸關係存在一定障礙、台灣當局消極抵制、兩岸媒體互派常駐實現有困難的情況下，我們願探討以民間組織或媒體間協商或個案研究的方式來推動媒體常駐的實現。

同日　外交部發言人孔泉在記者招待會上說，作為主權國家，中國為維護國家安全和領土完整所進行的國防建設和軍事部署是無可指責的，美國一些人誇大中國軍力和軍費開支，渲染大陸對台灣的軍事威脅，是為向台出售武器尋找藉口。

同日　來自世界 60 多個國家和地區的 600 多名代表，昨日匯聚在莫斯科的世貿中心，隆重舉行繼柏林大會、華盛頓大會、東京大會、悉尼大會後的第五次全球華人華僑代表的大團圓、大聚會、大誓師。反「獨」促統，和平統一是這次大會所傳遞出來的最強烈呼聲。

同日　在北京舉行的第六屆京台科技論壇上，台灣大學城鄉研究所教授夏鑄九表示，北京 2008 年奧運會將有力地推動兩岸文化和經濟方面的交流，奧運會所蘊藏的商機，對大部分台商都有無法抗拒的吸引力。

同日　從第六屆京台高科技論壇傳出消息，截至今年 6 月，北京市已累計批準台資企業 1911 家，投資總額達 22 億美元，其中台胞直接投資額為 14 億美元。

同日　針對台灣陸委會公佈的兩岸航空貨運便捷化措施，僅以上海為優先選擇航點，福州台商投資企業協會會長吳進忠認為無法滿足福建台商的需求，建議貨運包機航點應能夠考慮增加廈門，才不致讓方便台商的美意「空轉」。

同日　俄羅斯全祿航空公司總裁波雷撒柯夫宣布，全祿航空將於明年 2 月定期直飛莫斯科到台北航線，每兩週一班。

9 月 12 日　海基會從 9 月 14 日起舉辦大陸台商聯誼活動，廣東、華北地區台商協會將聯合利用這個機會向台灣當局反映台商的不滿，並希望增開間接貨運包機的航點至深圳、北京兩個城市，要求當局推動海運貨運便捷化措施時，能照顧傳統產業台商。

同日　花蓮縣慈濟骨髓幹細胞中心，今天完成第 571 和 572 例骨髓捐贈手術，這兩例骨髓都送往杭州第一醫院進行移植。

同日　台灣推動的「參與聯合國」工作進入第 11 年頭。在聯合國大會將於 9 月 16 日在紐約召開之際，台灣當局再一次在紐約發動台灣「參與聯合國」事務的文宣、廣告活動。

同日　台灣區電機電子工業同業公會公佈大陸地區投資環境與風險調查報告，今年度推薦投資城市前三名分別為蕭山、青島及無錫；投資環境最差城市分別為佛山、泉州、東莞等。

9月13日　台《中央日報》稱，台灣已於日前以「台澎金馬個別關稅領域」名稱，申請成為「經濟合作暨發展組織（OECD）」貿易委員會觀察員。

9月14日　海基會董事長辜振甫在今年「大陸台商協會負責人秋季座談會」致詞時稱，台商只要將營運總部設在台灣，在大陸投資上限，可由目前占資本總額40%提高到60%。

同日　海基會稱，在馬祖西營附近海域發生大陸漁船挾持正在海上執行公務的海巡署隊員江少南事件，嫌犯已逃至閩江口梅花港。海基會隨即致函海協會，要求協助查明案情。

同日　台區電機電子工業同業公會理事長許勝雄率電電公會理監事等45人前往北京，主要是將同業公會對大陸各城市所作的投資環境與風險評估報告送交大陸有關單位，供大陸參考。

9月15日　針對台灣當局近日公佈的「兩岸間接貨運包機」方案一事，中國民航協會常務理事浦照洲指出，兩岸直航是兩岸間的經濟事務，不應受到政治因素的干擾，兩岸同行應由兩岸的航空業者共同、公平地參與經營，才能使兩岸民眾和工商業者得到實惠。

同日　備受各界矚目的「海峽兩岸CEO金陵論壇」在南京隆重舉行。

同日　三艘大陸漁船在通宵外海等處越區捕魚，31名大陸漁民遭台「海巡署」台中海巡隊扣押，以違反「兩岸人民關係條例」罪嫌接受相關調查。

同日　在馬祖附近海域糾紛事件中被長樂漁民帶回的台灣海巡隊員江少南，從福州馬尾返回台灣。

9月16日　國務委員唐家璇在中南海紫光閣會見了以許勝雄為團長的台電機電子公會理監事參訪團表示，希望台灣當局莫將「三通」當選舉牌，不應以政治分歧去影響、干擾兩岸經貿合作。

同日　上海市市長韓正會見了台灣廣大集團董事長林百里一行。

同日　陳水扁參加台灣軍方會議時稱，2012年至2015年間，大陸具備整體軍事優勢，台灣必須及早籌謀因應。

同日　「國親聯盟」召開「關懷台商大會」，兩黨主席連戰、宋楚瑜高規格接待台商協會代表，並強調若明年當選，將會在「平等、尊重、互惠基礎上」，即刻展開兩岸『三通』的協商，並強化『小三通』的中轉功能」。

　　同日　台塑集團董事長王永慶接受台灣媒體專訪時表示，「拚經濟」就應加速開放兩岸「三通」，增加台商的競爭力，「不『三通』是最不聰明的作法」。

　　同日　美國國務院官員稱，美國政府就台灣「加入」聯合國一事的立場沒有改變，美國仍然不支持台灣「加入」聯合國。

　　同日　美國軍事智庫學者透露，台灣與美國國防部高層之間去年下半年已設立了軍事危機處理電話熱線。

　　9月17日　中國國際航空公司發言人表示，兩岸直航應該遵守「直接雙向」的原則，不能只考慮一方的利益。

　　同日　中國「神舟五號」飛船將於年內進行載人太空飛行試驗。大陸農業專家表示可以在該飛船上為台灣農作物種子進行空間搭載試驗。

　　同日　台灣「財政部長」林全宣布，開放台灣保險業投資大陸當地保險公司，但以25%的投資比例為上限。

　　同日　台北駐美國機構人士證實，該機構內部三個組最近已經更改名稱，台灣「駐美代表處」的旅行組、祕書組、業務組三機構分別「正名」為「領務組」、「政治組」和「國會組」；包括舊金山在內的十二個駐美「台北經濟文化辦事處」也同步更名，辦事處祕書改稱所謂「領事」、「副領事」。

　　同日　第58屆聯合國大會總務委員決定，拒絕將岡比亞等極少數國家提出的所謂「台灣在聯合國代表權問題」提案列入本屆聯大議程。台灣當局「參與聯合國」的圖謀第11次被挫敗。

　　同日　美國聯邦參議院成立「台灣連線」，共有11人參加，其中共和黨籍參議員6位，民主黨籍參議員5位。

　　9月18日　國民黨主席連戰和親民黨主席宋楚瑜分別在公開場合談到改善兩岸關係對台灣重振經濟的重要性。

　　同日　李登輝在會見日本記者團時宣稱，「建設一個作為主權獨立國家並在國際上獲得承認的台灣，是其終生的事業」，今後他將致力推動透過「公民投票法」、「制憲新憲法或是台灣基本法」、「編纂台灣正確的歷史教科書」等，在2008到2010年間將台灣建設為「主權獨立國家」。

同日　台灣詩人餘光中昨天回到了闊別 68 年的故鄉福建永春。

同日　美國國防部負責技術安全政策的副助理部長布倫森針對當前美國的電子半導體產業出口政策稱，中國大陸在軍事計劃上仍具野心，美國將繼續限制電子產品出口到中國大陸，同時也反對台灣將設計中心和資訊中心轉往大陸。

9 月 19 日　中央電視台副台長張長明和台灣中天電視台副總經理陳浩在北京宣布，由兩台主辦的「紅河杯」第二屆「海峽兩岸知識大賽」將於 10 月上旬在北京舉行複賽和決賽。

同日　台行政院公佈了「自由貿易港區申請設置辦法」，但拒絕大陸人士進入自由貿易港區。

同日　台灣籌辦的第一屆「民主太平洋大會」在台北召開，環太平洋地區的 23 個國家，67 位代表與會。

同日　海峽兩岸圖書貿易額近年不斷增長，台灣出版界擔心大陸圖書進入台灣將會擠壓台灣市場。出席「兩岸圖書出版貿易座談會」的大陸業者為台灣同行解除疑慮，指出這種擔心沒有必要。

同日　返鄉祭祖的餘光中先生在永春參加了鄉親們為其建立的文學紀念館揭牌儀式。

9 月 21 日　中國各地台資企業協會負責人、台灣工商界人士和武漢部分台商共 400 餘人相聚在武漢吳家山台商投資區，與政府部門共同研討如何加快台資在武漢的發展，以圖中部崛起。

同日　中華經濟院究院董事長蕭萬長，將應邀率領台灣經濟和工商界人士出席 11 月博鰲亞洲論壇 2003 年年會，共商亞洲經濟發展大計。

同日　東亞研究型大學協會主席、台灣大學校長陳維昭目應邀來到中國科技大學，為該校師生作了題為《如何邁向世界一流大學——台灣大學努力的方向》的報告。

9 月 22 日　由全國台聯和河南省人民政府主辦的中國首屆海峽兩岸投資論壇在河南鶴壁舉行。

同日　國民黨主席連戰接受日本「朝日新聞社」專訪時，清楚說明國民黨對兩岸直航的具體主張，即在兩岸空運方面以定時、定點、定線、定機種、定通訊指標方式推動兩岸「空中安全走廊」；在海運方面擴大「境外轉運中心」，考慮開放通關進口。

同日　台灣當局日前公佈新編的高中歷史課程大綱。該大綱將明代中期以來的中國歷史全部列入「世界史」課程，此舉引起台灣各界人士的極大憤慨。

9月23日　游錫堃稱，不論有沒有「公投法」，都要在明年總統選舉時或選舉前舉辦全台性公民投票。

同日　海基會董事長辜振甫稱，「兩岸雖然在政治上有不同立場，但兩岸交流頻繁已是一種趨勢」，呼籲盡快恢復兩岸兩會的接觸和正常溝通，以真正解決兩岸交流中衍生的諸多問題。

同日　台灣企業電腦遭大陸電腦黑客嚴重攻擊，海基會致函海協，要求海協轉致大陸相關單位協助調查大陸黑客的身份和目的，共同打擊犯罪。

9月24日　金門岸巡總隊和金門縣警察局今日執行遣返作業，委請金門縣紅十字會安排，將「非法」入境的大陸人士40人強製出境，這是金門縣近十年來單次遣返人數最多的一次。

9月25日　中共中央台辦、國台辦副主任王在希在北京會見了「台灣傑出青年訪問團」全體成員。

同日　台經濟部投審會透過14宗台灣台灣上市公司申請投資大陸案，總金額1億6034萬美元。

同日　台灣單方面推行兩岸航空貨運便捷化措施，但台灣航空業者至今未提出飛行申請，這一措施面臨胎死腹中的窘境。

9月26日　台《聯合報》稱，台陸軍「總司令」霍守業率團訪問華盛頓，拜會五角大樓國際安全事務局、聯合參謀本部、陸軍總部及其他部會官員，並前往夏威夷美軍太平洋總部訪問。

9月27日　台灣空軍一架「經國號」戰鬥機在澎湖外海出事，跳傘逃生落海的兩名飛行員被在附近海域作業的福建漁船發現並救起。

同日　台灣陸委會宣布，在現行「兩岸人民關係條例」第三十四條條文修正前，以「行政解釋」方式，開放跨國企業大陸物品廣告。

同日　台北市長馬英九在一場「釣魚島列嶼問題學術研討會」的演講中強調，釣魚島並非如日本所說是無主之地，中國不僅經常使用而且將其納入海防，從歷史軌跡上看，也有「斑斑史蹟」可考的證據。他還表示無論台灣人的「統獨」立場與意識形態如何，都應該對釣魚島的主權、漁權、礦權爭到底。

同日　李登輝日前在其所辦的「李登輝學校」培訓班上指出，亟盼能在明年總統大選前持續推動「正名」運動，為延續「本土政權」出力。台獨組織「台灣正名聯盟」立即回應，表示將在 2004 年總統大選前發動 50 萬人上街。

　　同日　美國國防部通知國會，將向台出售 7.75 億美元的多功能資訊傳發系統。

　　9 月 28 日　國台辦發言人李維一表示，願意積極促成北京人頭蓋骨化石赴台展覽。

　　同日　海協會長汪道涵親自題寫書名的《大上海台商傳奇》日前在上海出版，該書的台灣版將由《商業週刊》出版。

　　同日　民進黨主席陳水扁在民進黨十七週年黨慶大會上宣稱，在 2006 年民進黨滿 20 歲前，要共同催生台灣「新憲法」。

　　同日　呂秀蓮在民進黨黨慶中稱，民進黨的五項任務中，今後將繼續致力於推動「去中國化」、落實台灣「主體性」及迎向全球化的活動。

　　同日　針對美國將出售多功能資訊聯通設備給台灣的消息，台灣國防部發言人黃穗生稱，按照慣例，不會針對軍售採購評論。

　　同日　美國在台協會台北辦事處長包道格稱，台灣要辦「公投」，美國沒有資格反對。他說，不過美國關切台海安定與和平，希望任何發展不要波及區域情勢的穩定。

　　9 月 29 日　國務院總理溫家寶在北京舉行的國慶招待會上致詞時表示，將始終堅持「一個中國」的原則，堅決反對台獨等勢力的任何分裂活動。

　　同日　陳水扁在民進黨中常會上進一步說明包括「國會席次減半、單一選區兩票制、五權憲法或三權分立」等 11 項「修憲」內容。

　　同日　陳水扁揚言在 2006 年催生「新憲法」，引起台灣各界的強烈質疑和譴責。

　　同日　台灣「公民投票委員會」主委許志雄稱，行政院和立法院民進黨團將聯手推動「公民投票法」草案，取代現有的「創製復決法」草案，而包括更改「國號」或領土變更等統「獨」議題，都將可以列為「公投」內容。

　　同日　在美國訪問的國民黨副主席吳伯雄警告，如果台灣朝著台獨的方向「修憲」，勢必造成兩岸衝突危機。

同日　中華經濟院究院董事長蕭萬長稱，台灣如果不打破與大陸的僵局，將會影響台灣經濟，也會影響到台灣與其他國家的關係。

同日　針對陳水扁拋出2006年「催生新憲法」議題，美國政府發表正式評論，促請陳水扁遵守自己的「四不」承諾。

同日　針對陳水扁的「催生新憲說」，美國國務院發言人鮑徹表示不願回應「個別的選舉聲明」，並重申美國嚴肅看待陳水扁「四不一沒有」的承諾。

同日　美國在台協會台北辦事處長包道格表示，對陳水扁提出的「催生新憲法」談話不予認同。

9月30日　針對陳水扁的舉動，有台灣學者指出，「新憲法」勢必使主權、人民、領土、組織等國家結構產生變化，等於是成立「新的國家」。台灣媒體也紛紛發表評論，指出陳水扁當局是在實踐台獨。

同日　兩岸經貿活絡，台灣各界要求「三通」的呼聲日益高漲。在台外商也要求台灣當局及早開放「三通」，否則很多外商在台灣的生意只能「到此為止」，許多歐美航空業者也正逐步捨棄台北，採取直飛上海、深圳的方式。

同日　巴拿馬當地報紙報導陳水扁將取消11月初訪問拉美的行程。台總統府高層表示，巴拿馬這家媒體的報導並不確實，陳水扁會如期在11月初前往巴拿馬。

10月

10月1日　上海市公安局宣布，本日起開辦台灣民眾抵達上海的落地簽證；此外，在上海大型企業出任高層主管的台灣居民及其配偶、子女和父母，可申請辦理3到5年的長期暫住證和多次出入境簽證。

同日　為適應兩岸「小三通」貨物運輸量與日俱增的新形勢，增強海上貨物運力，廈金航線再添新成員——「泉豐166號」貨輪。

同日　民進黨宣布組成「憲政小組」，進行相關「憲改」研究，第一階段將研擬「憲政說帖」，向外界說明民進黨的「憲政」藍圖，並在明年總統大選前提出「總統制」等「憲政」主張。

同日　台聯黨主席黃主文提出該黨的「制憲」時間表，預定在明年元旦公佈「台灣憲法草案」，同時在明年底立委選舉時，舉辦「制憲公投」，「新憲法」於2008年以前公佈實施。

10月2日　台「總統府祕書長」邱義仁稱，他與美國溝通時不斷地告訴美國人，民進黨不是只有「四不一沒有」，還有「台灣前途決議文」，現階段民進黨「政府」不會觸碰「國號」、國旗問題，不會越軌，但不排除未來碰觸這些問題的可能性。

同日　波斯尼亞拒絕核發簽證給持「新護照」的台灣旅客。台「外交部發言人」石瑞琦說，希望波斯尼亞能效仿歐美，尊重台灣的「新護照」為有效旅行證件。

10月3日　在大陸最近宣布南海政策希望維持現狀之際，台國防部研議在東沙撤軍一年後，重新駐軍東沙，引起關注，當初主導東沙撤軍的高雄市政府對此強烈反對。台國防部邀相關單位開會研商後，初步決定暫停「重新駐軍案」。

10月4日　陳水扁在「世界台灣人基督徒大會」上聲稱，目前「『憲法』一七五條至少有三分之二要修正，『公投新憲』是真正的民主，也是為了將台灣建設成一個正常、完整『國家』的必經途徑」。

10月5日　陳水扁在高雄縣天台聖宮向一萬多名「一貫道」信徒講話時稱，天聖宮在2006年完工時，「台灣新憲法」也能「生」出來。

同日　中國國民黨主席連戰在美國接受《華盛頓郵報》專訪時強調，如果明年他當選，會在「九二共識」的基礎上重開兩岸協商，並批評陳水扁搞「公投」、「正名」及「催生新憲法」，都是以挑戰心態處理兩岸關係。

10月6日　陳水扁接受美國《華盛頓郵報》專訪，聲稱「『一中』原則是不應該存在的不正常想法，應加以糾正」，「無論『九二共識』，還是『一中』原則，是要把台灣變成一個地區，貶低台灣，使台灣邊緣化」，「台海兩岸是一邊一國，一個是中國，一個是台灣」；「台灣不是哪個國家的一省，當然也不是另一個國家的一州」，「任何民主改革都是我們的內部事務，我不認為有民主國家可以反對我們的民主理想」。

同日　連戰在國民黨中常會上強調，持所謂「中華民國不存在論」、「台灣地位未定論」的台獨黨派，是通不過歷史考驗的。

同日　台聯黨中執委決議，25日上午將舉辦「催生台灣新憲法」百萬人聯署座談會，下午與民進黨在高雄合辦「公投」大遊行，至少動員5萬人參加。

同日　針對台「中信金控」有意入股大陸銀行的報導，「中信金控」表示，透過併購併擴大金融版圖是「中信」長期規劃。不過，併購大陸的銀行，前提是兩岸法規開放，目前「中信」並沒有特定洽談對象。

10月7日　陳水扁稱，將成立「民進黨一零二五公投小組」，預計號召10萬名以上的黨員，參加10月25日在高雄市舉辦的「公投」遊行，以彰顯其完成「公投法制」工作的期望。

同日　台總統府副祕書長吳釗燮宣布，陳水扁31日將出訪巴拿馬，進行為期7天的所謂「攜手國慶、欣榮之旅」，將「過境」美國紐約和阿拉斯加。

同日　據統計，自今年5月份以來，大陸已超過歐洲成為台灣第三大出口地區。

同日　針對陳水扁重提「一邊一國」和「一中一台」，美國政府重申「一個中國」政策，並說「台灣『政府』和台灣民眾都非常清楚美國的政策」。

10月8日　「2003年世界華僑華人聯誼大會」在北京舉行，國務委員唐家璇在開幕式上發表講話時指出，海外僑胞不論來自祖國大陸還是寶島台灣，不論其思想信仰和政治態度如何，只要承認「一個中國」原則，不參與分裂中國的活動，就應該共同為中國的統一大業而團結奮鬥。

同日　國台辦發言人在回答記者提問時，嚴詞抨擊陳水扁近日多次發表的否定「一個中國」原則和「九二共識」，鼓吹「一邊一國」，「催生新憲法」等台獨言論。

同日　由上海與台灣有關科學研究機構共同舉辦的「兩岸科技創新與智慧財產產業化研討會」在台北舉行。

同日　台國防部長湯曜明在立法院答覆立委質詢時稱，如果中共對台灣「犯意」已十分明顯，不排除對大陸的軍事目標進行進攻。

同日　台國防部向立法院提出報告稱，台軍思維已明顯朝「攻擊性防禦」方向發展，強調攻勢性的「反制」作為，並要以多元化反制投射兵力「對敵」精準打擊，摧破大陸「犯台戰力」。台灣軍方稍後還稱，不排除對大陸「先發制人」進行打擊。

同日　台「外交部歐洲司」官員稱，瑞士政府約在一個月前將居留瑞士台灣人的居留證的「國籍」名稱，從「台灣」改為「中華台北」，台灣外交部對此表示抗議。

同日　「財政部證券暨期貨管理委員會」公佈上市上櫃公司投資大陸資金匯出入情況，今年前二季匯回新台幣131億多元，比截至去年年底累計匯回金額的77.84億元還多，是投資大陸匯回金額最多的時期。

同日　呂秀蓮的胞兄呂傳勝率台灣桃園呂氏宗親祭祖團一行50多人經廈門抵達漳州，明日將到祖籍地福建南靖縣書洋鄉祭祖。

同日　台經濟部長林義夫稱，未來台灣與無官方關係國家洽談「自由貿易協定」時，將用「更具主權意涵」的名稱，例如「台灣經濟實體」等，而不再接受「台澎金馬單獨關稅領域」或「中華台北」等名稱。

10月9日　台立法院三讀透過「兩岸人民關係條例修正案」，為兩岸協商設立「復委託」機制，並要求台行政部門在18個月內實施「兩岸直航」具體實施辦法。

同日　「兩岸人民關係條例修正案」在台立法院透過，工商界表示歡迎，認為可以促進兩岸互動。

同日　台北國際電子展登場，中國航天、中國器材等34家大陸廠商以「特例」方式獲准入台，並在「海峽兩岸電子產品展示專區」設攤參展，成為大陸廠商入台正式參展首例。

10月10日　陳水扁在「雙十節」上宣稱，兩岸之間永遠存在「合作之門」、「和平之門」。要打開「合作之門」，就應該放下所謂的「一個中國」與「一國兩制」的政治框架。要打開「和平之門」，「更應該放棄對台灣人民的武力威脅和國際打壓」。並再次揚言，要催生「新憲法」，「讓台灣成為正常、完整、偉大的民主國家」；最後完成的「新憲法」，必須交由全體台灣人民透過「公民投票」的方式來「共同決定」。

同日　「2003年世界華僑華人社團聯誼大會」吸引了來自世界各地近百個國家和地區的270位華僑華人社團負責人，他們在大會期間紛紛表示，海外華僑華人堅決反對台獨，願盡自己的力量促進中國的和平統一。

同日　美國國務院副發言人埃雷利首度公開提出「美國願為任何促進兩岸對話、降低緊張、增進相互瞭解的步驟『背書』」（endorse）」。

10月11日　陳水扁與岡比亞共和國總統賈梅簽署「聯合公報」。

同日　中國國民黨主席連戰經香港前往英國、捷克和美國等地訪問。

10月12日　中華人民共和國與利比里亞簽署《建交公報》，恢復外交關係。台外交部宣布，自即日起中止與利比里亞的「外交」關係，並停止一切援助計劃。

同日　深圳市台辦主任林浩在深圳舉辦的第五屆「高交會」台商歡迎宴會上稱，目前深圳多家台資企業有在大陸上市的意願，有的已經進行了股份制改造，完成上市輔導或進入上市輔導期，預計不久後，將有深圳市台資企業在大陸A股市場上市。

同日　台灣首次組團參加深圳舉辦的「中國國際高新技術成果交易會」，設立「台灣精品館」。

同日　親民黨主席宋楚瑜赴越南訪問。

同日　李登輝宣稱「護照加注TAIWAN只是個引爆點，接下來的國號正名才是終極目標」，未來4年只有陳水扁敢於實現台灣「正名公投」，只有以終極的「台灣國」為訴求，才能「確保陳水扁的本土政權得以連任」。

10月13日　陳水扁祕密宴請18位黨政高層與「獨派」人士，商議確定透過「宣導」、「訂定新憲時間表」、討論「新憲」內容三個階段來推行「制憲」。會議還制定了所謂「催生新憲時間表」，決定2006年開始討論「新憲法」，經過「公民投票」確認後於2008年「新總統」就職後實施。

同日　美國前副總統戈爾搭機抵台，準備參加在台北圓山飯店舉行的「國際卡拉漢安全技術研討會」。

同日　美國在台協會理事主席夏馨抵達台灣，這是她擔任理事主席以來第一次訪台。

10月14日　上海自10月1日起開放台胞落地簽證，受到台胞的歡迎。國慶期間，上海口岸共辦理台灣居民一次性入出境有效簽注319證次，一次性出入境有效的《台灣居民來往大陸通行證》27次，總計346證次。

同日　陳水扁在全台工業團體理事長會議上宣稱，希望在2006年由台灣2300萬人民透過「公投」決定「新憲法」，2008年第十二屆總統就職時實施。

同日　陳水扁接受美《華盛頓郵報》專訪時誣稱，「中國暗助國親奪權」，引來泛藍陣營的強烈反彈，譴責陳水扁故意栽贓，並向台北地檢署控告陳水扁涉嫌誹謗。民進黨中央則舉行記者會稱，「總統的說法還算是客氣，連宋兩人與中共隔海唱和，一個要民進黨接受『九二共識』，一個則提出所謂『一中屋頂』，

國親兩黨根本是與對岸聯合逼迫陳『總統』接受『一中原則』，要壓迫『台獨』的談判空間，陳『總統』的說法完全是事實」。

同日　民進黨祕書長張俊雄在中常會提案成立「新憲法小組」，由老牌台獨分子李鴻禧任召集人，全力推動「台灣新憲法」的制訂工作。該小組共有9名成員，主要負責第一階段「宣導」工作。

同日　台灣中華文化協會會長範光陵在出席上海「外服論壇」發表演講時表示，對台灣同胞而言，「和平統一」是有利的、唯一的道路，大多數台灣同胞贊成「一個中國」、和平統一，只是在兩岸未談妥前，暫時維持現狀，不同意台獨及「一邊一國」。

同日　美國國家安全事務顧問賴斯針對陳水扁的「一邊一國」論強調，美國的台海政策非常清楚，那就是「一個中國」政策，任何人都不能片面改變現狀，兩岸爭端必須和平解決。賴斯警告說，美國反對會造成這個地區不安的舉動或挑釁的言辭。

同日　新任美國國防部長辦公室亞太事務主管約翰‧艾倫赴台訪問。

10月15日　「神舟五號」發射成功，台灣各界認為是一種突破，展示了中國的國力，對提高中國的國際地位有顯著的效果。

同日　日本早稻田大學正式開設「台灣研究所」，此為日本國內第一個以「台灣」為獨立研究主題的研究所。

10月16日　台灣「央行」總裁彭淮南在立法院答詢時稱，台「央行」估計，台商在大陸投資金額約700億美元。他表示，台商投資大陸，對台灣的經濟有幫助。

同日　彭淮南在立法院報告指出，自2001年6月開放OBU辦理兩岸金融業務往來後，兩岸匯款大幅增加。截至今年8月底，辦理兩岸匯款金額合計達28.71億美元，比開放前增加25.24億美元。上述數據顯示，OBU已經成為海外台商資金調度中心。

10月17日　大陸最大零售商華聯集團副總經理陳寧生等集團高級主管一行5人，應台灣對外貿易協會邀請，赴台拜訪農特產業者，並商談採購業務。

同日　台灣「中國統一聯盟」等台灣和海外眾多團體紛紛向全國台灣同胞聯誼會發來賀電，祝賀「神舟五號」載人太空船發射成功。

同日　上海世貿集團赴台銷售位於上海的豪宅，台陸委會副主委陳明通稱，大陸房地產並非開放輸入項目，委託、受委託或自行在台灣舉辦促銷活動的業者，都將「依法」處以罰金。

　　同日　陳水扁在接見美國在台協會理事主席夏馨時宣稱，2300萬台灣人民需要一部真正屬於自己合用、合身的「新憲」，不能窄化為統「獨」爭議，而是台灣「民主改革」的時間表，「憲改」重大的里程碑。

　　同日　夏馨在台灣政治大學演講時稱，美國與台灣關係友誼親密，美國絕對不會拋棄台灣，《台灣關係法》是法律，連美國總統布希都無法改變，如果台灣沒有主動挑起戰端，而被大陸施以封鎖、禁運或其他強迫性行動，都將被美國視為威脅性舉動，而會協助台灣防衛。

　　同日　據台「研考會」最新民調顯示，有五成台灣民眾支持開放兩岸直航，四成六民眾認為直航對台灣的經濟有正面影響，但有五成五民眾認為直航對台灣「安全」會有不良影響。

　　同日　美國著名中國問題專家蘭普頓在其最新撰寫的論文中透露，在去年10月墨西哥洛斯卡沃斯舉行的APEC高峰會上，布希總統曾責怨陳水扁的「一邊一國」論。

　　10月18日　由李遠哲率領的台APEC代表團抵達曼谷。

　　同日　美國國務院副發言人埃雷利針對明年3月台灣「大選」表示，美國不偏好某一候選人或某一政黨。台灣及其領導人可以期待美國繼續追求穩定而具建設性的東亞及台海政策。美國繼續堅守「一個中國」政策，堅持兩岸的歧見和平化解。美國支持雙方進行建設性對話，在彼此都接受的基礎上獲致此一重要區域的永久和平。

　　10月19日　國家主席胡錦濤和美國總統布希在曼谷凱悅飯店進行今年第二度「布胡會」，會後共同召開記者會。在台灣問題上，布希總統表示，「美方將堅持一個中國政策，恪守中美三個聯合公報，反對『台獨』」。

　　同日　《合作開放建設銀川德勝工業園區台灣工業園合約書》在銀川簽署，西北第一家台灣工業園正式「落戶」寧夏。

　　同日　台陸委會主委蔡英文稱，「如何利用大陸來強化台灣在全球市場的競爭力」是台灣考慮兩岸「三通」的關鍵。

同日　美國國務院表示，對台灣明年「大選」維持中立，並重申將繼續推動「一個中國」政策，並堅持台灣與中華人民共和國之間的「爭執」必須和平解決。

10月20日　根據大陸農學專家的建議和台灣農業業者的要求，在大陸有關部門全力支持下，「神舟五號」飛船成功搭載了台灣農作物種子。專家認為，這為兩岸的農業合作再辟新途徑。

同日　連戰在華盛頓發表演講時聲稱，「一個中國即中華民國」，有利於維持兩岸和平，如果兩岸目前都走向「務實」，對兩岸關係及區域和平都有利，「台灣不應該無端挑釁中共，也不應將美國引入台海軍事衝突之中」。

同日　台灣經濟部長林義夫稱，台灣當局正在作兩岸直航評估報告，一切都在積極運作中。

同日　蔡英文在立法院答詢時稱，金門、馬祖繁榮不再的原因與減少駐軍後商業活動的減少，以及金、馬對大陸貿易呈現單向支出有關，因為，金、馬民眾在大陸投資置產金額多達新台幣15億～40億元。

同日　台陸、海、空及聯勤部隊四大「司令」在立法院表示，陳水扁催生「台灣新憲法」的說法，是「候選人政見，不是國家政策」。

同日　出席APEC會議的美國總統布希重申堅持「一個中國」政策，反對台獨的立場不變。美國務院也發表聲明表示，2004年台灣「大選」不論誰當選、誰上台，美國都將與之合作，並沒有偏好。

同日　在「2003年國際招商大會」高峰論壇中，美國半導體設備製造供應商泛林研發公司（Lam Research Corporation）總裁巴格利力促兩岸早日直航，認為這有助於外商在台灣營運總部運作。

10月21日　海基會致函海協，希望海協協調相關單位，查緝高雄市議會前議長朱安雄，共同打擊犯罪。

同日　台灣當局對「神舟五號」發射成功持冷漠態度，學者斥責台灣當局在搞愚民政策。

同日　國民黨主席連戰在美國企業研究所和傳統基金會舉辦的餐會上演講時表示，「『一中』政策只有在『一中』代表中華民國時才能為台灣接受」，「兩岸復談可用『一個中國，各自表述』作為基礎」。

同日　台教育部依據「兩岸人民關係條例」修正案制定的「各級學校與大陸地區學校締結聯盟審查要點」草案出爐，預計今年底公佈實施。

10月22日　澎湖縣政府近日向台灣當局提出的「兩岸漁產品運銷試辦計劃」獲準，澎湖縣將以「項目、專船」方式與大陸交易魚貨或漁業加工品，這使得兩岸漁業交流從金馬地區擴及澎湖。

同日　從台灣回到華盛頓的美國在台協會理事主席夏馨拜會連戰。她表示，美國對台灣內部事務保持中立。

同日　荷蘭經濟部相關人員抵台訪問。

10月23日　國家主席胡錦濤回答澳大利亞記者提問時說，我們在台灣問題上的立場是「和平統一、一國兩制」，我們會盡最大努力保持台海地區局勢的和平，我們會盡最大努力爭取以和平的方式解決台灣問題，但是我們也決不容許台獨。

同日　國親聯盟推出「公投法」新版本。

同日　台「外交部政務次長」高英茂在立法院接受質詢時稱，在符合「憲政法令」、彰顯台灣「主權」的前提下，「將研議台灣與中華人民共和國區隔之適當名稱」，未來在「非邦交國」的駐外機構名稱將統一冠名「台灣」，並在一年之內完成至少一半「代表處」的更名；同時將刪除「中央銀行」、「中央信託局」等機關的英文標識中的「CHINA」。同日　苗栗地方法院將從本月28日起，開庭審理「八二六事件」。

同日　擬在台北舉行的上海濱江花園展銷會，由於被陸委會指為「違法」，緊急叫停。

10月24日　謝長廷代表民進黨出席在塞內加爾舉行的國際「自由政黨聯盟」第52屆大會。

10月25日　由陳水扁主導、民進黨組織，台聯黨、台灣基督長老教會等激進台獨組織共同參與的「一零二五全民公投、催生新憲大遊行」在高雄進行。陳水扁在遊行晚會上鼓吹「公投制憲」要「畢其功於一役」，要使台灣成為「正常、完整、偉大的國家」。

同日　台「總統府祕書長」邱義仁聲稱，民進黨對兩岸關係的立場非常清楚，就是「一邊一國」，大陸不要幻想台灣會放棄這個「根本堅持」。

同日　在台北市，數千民眾舉行了一場名為「慶祝台灣光復，反對台獨制憲」的遊行活動。遊行的籌備者之一、海峽兩岸和平統一促進會常務副會長郭俊

次說，陳水扁搞「制憲」、「公投」是假的，邁向台獨才是真的，我們堅決反對台獨，要與台獨比人心。

10月26日　國台辦發言人就民進黨和一些台獨組織舉行的「公投制憲」遊行發表講話，認為台獨是台灣之災，斥責陳水扁搞「公投制憲」與當初說的「四不一沒有」承諾是欺人之談。

同日　針對陳水扁及綠營推出「公投、制憲、大遊行」等議題，國、親兩黨表示不排除舉辦百萬人遊行，予以反擊，拉抬選情。

同日　廣東公安部門採取緊急措施，在台灣警方協助下，在東莞救出一名郭姓台商。台灣警方希望今後兩岸合作打擊犯罪。

10月27日　台灣定位問題已成為台灣「大選」攻防主軸。據媒體最新選情民調發現，三成七的受訪者贊成陳水扁的「一邊一國」說法，連戰「一個中國就是『中華民國』」的主張，則受到三成八民眾的認同，另有五成三選民明確表示反對透過「正名運動」建立「台灣共和國」。

同日　連戰再度重申其在美國演講時釋出的所謂「一個中國原則就是中華民國」的論述。連戰指出，民進黨只要聽到「一中」就給人「扣帽子」、扯上「賣台」，因此國、親一定要講清楚，「一中就是中華民國」，這也是兩岸和平最基本的戰略武器。「台灣主權」爭議要解決，但並非現在，現在就要逼人民選擇，是不公平的。

同日　「華航」總經理魏幸雄、長榮總經理林寶水、遠航總經理陳每文、復興航空總經理等六家航空公司聯名呼籲台當局開放「春節包機直航雙向對飛」，代替「間接包機」模式，以降低成本。

10月28日　繼9月6日台灣台灣「獨派」舉行的「台灣正名運動」、「一零二五公投」遊行後，台聯黨宣稱將於明年2月28日舉行第三波「正名」遊行，由李登輝任總召集人，而陳水扁屆時將同台造勢。

同日　美國開展新一輪的對台政策檢討工作，評估因應台獨逐漸成形局面的方法，並研擬明春台灣「大選」後的美國對台策略。

10月29日　全國政協主席賈慶林在人民大會堂會見了以《聯合報》社長王文杉為團長的台《聯合報》採訪團。

同日　國台辦發言人張銘清在新聞發佈會上表示，決不容許少數台獨分裂勢力進行破壞中國主權和領土完整的分裂活動，強調台獨分裂活動是台灣的災難。

同日　台「行政院院會」透過以民進黨版「公民投票法」為腳本的「公投法草案」。陳水扁叫囂「一邊一國已成台灣主流民意」，2004年選舉將是「一邊一國 VS 一國兩制」、「改革 VS 黑金」、「相信台灣 VS 唱衰台灣」之爭；「一個中國」主張，「不管玩什麼文字遊戲」都是一個中國，絕不能接受。

　　同日　連戰強調國民黨的兩岸政策非常清楚，就是「維持現狀、平行發展」，就是「不統不獨」，兩岸的「主權」爭議，無法在短時間內得到解決，應留給下一代，國民黨沒有任何統「獨」時間表，明年選舉是「捍衛中華民國」與「消滅中華民國」之爭。

　　10月30日　美國國防部官員一行8人，向台灣立法院長王金平及「立法院國防委員會」立委簡報潛艇軍購事宜，美方認為台灣建造潛艇「相當困難」，希望台灣打消此念頭。

　　同日　美國眾議院透過第302號決議案，歡迎陳水扁「過境」美國，並祝賀其獲得「國際人權聯盟」頒贈的「人權獎章」。

　　10月31日　陳水扁啟程赴巴拿馬訪問，往返分別過境紐約和阿拉斯加。過境紐約期間，在美國的默許下，陳水扁在接受「國際人權聯盟」頒獎儀式上發表演說，公開鼓吹「公投制憲」；利用弔唁宋美齡的機會，公開接受媒體採訪；並設法與美政要、國會議員等見面。

　　同日　由李登輝擔任總召集人的「全台挺扁總會」成立大會在台北舉行，李在會上致詞時聲稱，「現階段有鼓吹『台灣正名』、『推動公投』、『制定新憲法』等三個目標，只有支持本土政權延續，支持阿扁連任成功，才能阻止外來政權復辟，才能夠建立台灣主體性」。李登輝蠱惑群眾說，明年「總統大選」這一戰很關鍵，「陳水扁如果落選，可能我就要逃命到國外」。

11月

　　11月1日　巴拿馬華僑華人「中國和平統一促進會」在陳水扁訪問巴拿馬前舉行的記者招待會，嚴正聲明堅決反對台獨，而李登輝、陳水扁等人分裂國家和民族的企圖注定要失敗。

　　同日　陳水扁在過境美國紐約參加親台僑社舉辦的宴會上，再次揚言要「制定台灣新憲法」。

11月2日　陳水扁在「過境」紐約時，會見美國國會議員，呼籲美國國會議員們繼續支持台灣加入各項國際組織。

同日　陳水扁出席「海外阿扁後援會」成立大會時宣稱，他有信心贏得明年「總統大選」，將推動「公投」和「制定新憲法」。這是陳水扁首度在國際舞台拋出「公投制憲」主張。隨後，台「行政院政務委員」、民進黨「新憲九人小組」成員許志雄明確表示，台「黨政高層」傾向以「台灣新憲法」取代「中華民國憲法」作為「新憲」之名。

同日　陳水扁在巴拿馬古城與台灣媒體記者茶敘時稱，他在「國際人權聯盟」演講時說「全民公投」、「催生新憲」，是要充分告訴大家，他在台灣講的，也可以在國際舞台上大聲說出來。

同日　海基會副祕書長顏萬進稱「兩岸協商採取復委託制可能損傷台灣的利益」。

同日　台「全國工業總會」公佈2003年台商投資大陸調查報告。報告指出，四成六台商都面臨海關手續繁雜、貨款難以收回、額外交際費用等三大問題；在大陸面對的糾紛以財務糾紛最多，其次是勞務糾紛及與當地政府的糾紛。

11月3日　美國國務卿鮑威爾與陳水扁在巴拿馬獨立紀念活動期間握手，並作短暫交流。

同日　中國外交部發言人章啟月在例行記者會上，批評美國國務卿鮑威爾與陳水扁在巴拿馬會晤，表示中方堅決反對這種接觸。

同日　美國國務院解釋說，國務卿鮑威爾與陳水扁都出席了巴拿馬獨立建國一百年的慶祝活動，碰面時會相互問候，但鮑威爾與陳水扁未安排正式會面，也未曾正式會面。

同日　台灣「國防部副部長」陳肇敏答覆立委有關兩岸可能發生「制憲建國戰爭」問題時稱，預計明年年底國防部可以完成相關戰爭準備。

同日　台灣「入出境管理局」宣布，即日起大幅簡化「小三通」應備文件。台商員工只要出具「經濟部許可其僱主在大陸地區福建投資事業證明」、「經濟部許可赴大陸地區投資事業之聘僱證明」兩種文件，就可申請以「小三通」方式往返大陸。

同日　台「經濟部投審會」透過審核8件台商對大陸投資案，合計金額1億2670萬美元。

同日　面對對外經貿向大陸集中的趨勢，台行政院成立跨「部會」「兩岸經貿小組」，定期研究台對大陸經貿的情況，以避免一旦兩岸關係變化或大陸政經形勢生變，導致台對大陸出口受挫。

　　11月4日　中國人民銀行副行長劉廷煥在第九屆「兩岸金融學術研討會」上致詞時表示，大陸有4家銀行向台灣方面申設辦事處，希望台灣方面核準。

　　同日　「八二六」大陸私渡女子被溺死一案，今日深夜在苗栗地方法院結束法庭辯論。兩名被告在庭審時互相指稱對方的犯罪行為。

　　同日　美國國務院副發言人埃雷利稱，國務卿鮑威爾3日在巴拿馬與陳水扁會面，不代表美國的「一個中國」政策有動搖。

　　11月5日　中國航天科技集團委員會主任王禮恆表示，台灣當局可能正加快其中程導彈的研製，但距離真正具備實戰能力恐怕還有相當差距，尚無法構成對大陸東南沿海的威脅。

　　同日　陳水扁一行100多人，離開巴拿馬飛往美國阿拉斯加的安克拉治，美在台協會理事主席夏馨特別登機歡迎陳水扁。

　　同日　國民黨立委穆閩珠及台灣氣象專家近日疾呼台灣當局，建立兩岸氣象訊息適時交換機制，以維護人民財產安全。對此，陸委會主委蔡英文稱，全面的氣象資料交換一定程度地涉及國家安全，尚需兩岸間的正式協商。

　　同日　針對旅美大陸人士曹長青在台鼓吹「台獨建國」，「愛國同心會」的成員上午前往台「境管局」、「警政署」及「監察院」表達抗議，建議相關單位立即將他遣送出境。

　　同日　長榮集團總裁張榮發在「中國海專」演講時，批評台灣當局不重視海運，長榮集團的船隻可到全世界的任何港口，卻不能到大陸，「三通」到現在還未通。

　　11月6日　台灣媒體消息，福建省旅遊局表示，希望在明年1月春節期間開放當地居民赴金馬地區觀光。這是大陸官方首次發佈大陸居民到台灣旅遊的消息。

　　同日　台陸委會主委蔡英文稱，春節包機政策不排除採取「雙向對飛」方式，但必須在沒有任何政治前提的情況下進行「兩岸協商」。

　　同日　斯洛伐克在台灣設立「斯洛伐克經濟與文化辦事處」。

11月7日　台「總統府祕書長」邱義仁代表陳水扁到民進黨中央黨部完成總統選舉黨內初選登記。他表示，陳水扁提出的「競選六大政見」中包括堅持「一邊一國」、「全民公投」和「催生新憲」。

同日　台灣外交部宣布台灣與基裡巴斯共和國「建交」。

同日　親民黨本土派大老劉松藩指出，「泛藍必須用具體行動甩開『中國』兩字才能讓本土選民信服」。

同日　對於大陸將在明年春節前後有望開放福建居民到金門、馬祖旅遊，金門縣長李炷烽近日表示，這是金門期待已久的喜訊，金門方面已進行相關準備。

同日　台前陸委會主委、現任淡江大學教授蘇起發表談話稱，在陳水扁「過境」美國時，布希對陳水扁的煽動手段表示不滿。

同日　美國國務院官員稱，美國給陳水扁「過境」待遇都是依國際禮儀或慣例而行，談不上所謂雙邊關係有所突破。

11月8日　外交部發言人章啟月指出，基裡巴斯政府置中基兩國長期友好合作關係不顧，與台灣當局簽署所謂「建交」文件，這是對中基「建交公報」原則的公然違背，對中國內政的粗暴干涉，我們對此表示極大的憤慨和堅決反對。

同日　李登輝聲稱，只有陳水扁連任，「本土政權」才得以延續，才能確保「正名」和「公投制憲運動」的成功。

11月9日　陳水扁在台北縣後援總會成立大會上指出，他選舉的策略主軸就是：兩岸「一邊一國」，「公投」是基本人權及推行台灣「新憲法」。陳水扁叫囂，「台灣是一個主權獨立的偉大國家，我會放棄一個中國政策，落實『一邊一國』」。

11月10日　陳水扁在接見「民族主義、民主發展與東亞安全國際研討會」與會成員時宣稱，「既然憲法本文要修改三分之二以上，而且透過公投，這就已經不是修憲，而是制憲」。他鼓吹在2006年12月10日世界人權日舉行「公投」催生「憲法」，在2008年5月20日第十二屆總統就職之後實施。這是陳水扁首度提出明確的「制憲」時間表。

同日　台內政部長余政憲宣布從下月起實施「清偽」全面面談計劃。據稱，自明年起兩岸民眾結婚須經面談確立「結婚真實」後，再辦理結婚登記。

11月11日　針對陳水扁明確提出「制憲公投」時間表,親民黨與國民黨加以痛批,稱陳水扁是提出「台獨建國」時間表,其將台灣人的生命財產安全與其連任綁在一起,借此轉移焦點、推卸「施政」無能的責任。

同日　正在美國訪問的多位中國學者在紐約與華文媒體記者見面時表示,中美關係固然不斷發展,但美國屢屢向台灣發出混亂甚至錯誤信號,勢必對中美關係造成傷害。

11月12日　台陸委會主委蔡英文赴美,就陳水扁的「台獨制憲」和實施「公投制憲」等政治圖謀向美方進行解釋。

同日　台陸委會最新一期《大陸工作簡報》發表文章,妄評大陸「神舟五號」的發射成功,是大陸在搶占太空制高點。

11月13日　商務部國際司處長李強公開表示,大陸希望和台灣簽署類似「更緊密經貿關係安排(CEPA)」的協定,國民黨對此表示歡迎,指出推動兩岸經貿合作,成立「兩岸共同市場」是國親聯盟的重要經貿議題,明年執政後將視為首要任務。但台陸委會聲稱,CEPA是「一國兩制」的產物,不適用於兩岸關係。

同日　國、親兩黨立法院黨團提出「公投立法」時間表,將在11月底前完成「公投立法」三讀。

同日　蔡英文抵達華盛頓,將應邀在美國智庫及台灣同鄉會演講、參加座談會及拜會美國相關官員。

同日　大陸願與台灣簽署CEPA的消息,引發台灣工商界的熱烈討論。工商協進會理事長黃茂榮會後指出,若能與大陸簽署CEPA,對台灣並不是壞事。

同日　兆豐「金控」總經理林宗勇表示,為了進軍大陸市場,兆豐也將循富邦金的模式,透過購併香港的銀行,作為進軍大陸市場的跳板。

11月14日　福建省台辦副主任陳玲澄清說,台灣媒體稱大陸將於明年春節前開放福建民眾赴金馬旅遊,「根本沒有這回事」。

同日　台外交部及「台俄協會」聯合捐贈一萬美元給俄羅斯政府,協助賑濟阿爾泰共和國地震災情。

11月15日　國民黨主席連戰在台南舉辦的大型造勢晚會上,一改過去對「憲政」議題的保守態度,主動提出「新憲三部曲」及「十大原則」,主張透過

「修憲」程序，在 2004 年 2 月前提出「新憲」版本，2004 年中在立法院推動「公投入憲」，2005 年初由人民「公投」完成。

同日　美國在台協會理事主席夏馨在大華盛頓地區台灣同鄉會感恩節餐會上稱，為了保證「安全」，台灣應加強軍事力量及對美軍購。

11 月 16 日　外交部發言人劉建超在回答記者提問時，駁斥了美國在台協會負責人的所謂「不支持台獨」不等於「反對台獨」言論，正告其勿被台獨分子拉下水。

同日　由台灣工業總會組織的經貿考察團計劃明天到澳門、香港、珠江三角洲進行考察，重點探討澳門、香港與大陸簽署 CEPA 後的新商機。

11 月 17 日　國務院台辦負責人發表談話，明確指出陳水扁當局假借民意推動「公投立法」是一個非常危險的分裂行徑，警告陳水扁當局立即停止利用「公投立法」進行分裂國家的罪惡活動。

同日　全國僑聯主席林兆樞和國台辦副主任王富卿在晉江分別會見了前來出席「紀念施琅將軍暨清廷統一台灣 320 週年」系列活動的海外晉江、泉州同鄉會代表團和以原國民黨監察委員施鐘響為團長的台灣代表團部分代表。

同日　連戰在接受台灣媒體專訪時指出，國民黨對「憲改」的立場是「不動」原有的「憲法」總綱。

同日　台空軍「總司令」李天羽證實，美國售台的 AIM-120 先進中程空對空飛彈已經分批交運台灣。

同日　美國前國防部長、現任美台商會主席科恩等三人應邀到台參加「亞太民主安全高峰論壇」學術研討會。

11 月 18 日　針對台灣當局加緊推動「公民投票」和「公投立法」的台獨分裂步伐，海協會長汪道涵接受記者專訪時表示，近來台灣台灣發生的一些事情，嚴重衝擊兩岸關係的和平與穩定。他明確指出，陳水扁正將台海局勢推向危險的邊緣。

同日　海峽兩岸關係研究中心舉辦兩岸關係座談會，十餘位台灣問題專家學者參加，批評陳水扁鼓吹的「公投制憲」是台獨的嚴重步驟。軍事科學研究院主任羅援表示，中國人民解放軍高級將領多次鄭重表示，宣布台獨之日，就是戰爭之時。

同日　台行政院長游錫堃在立法院答詢時，首次對「春節包機」表示，支持「雙向對飛」，歡迎大陸趕快與台灣有關部門協商。

　　同日　台塑石化公司所生產的汽油首次出口中國石油化工公司。

　　11月19日　在中華全國新聞工作者協會舉行的記者會上，中國社科院台研所所長余克禮等學者抨擊陳水扁進行台獨分裂活動，並就目前兩岸的問題回答記者提問，明確表示大陸有「反台獨時間表」。

　　同日　國民黨中常委洪玉欽在中常會上提出「中國國民黨」改名為「台灣國民黨」，以及「國親選後合併」等兩項建議，以穩住南部本土票源。對此，國民黨內部大多認為改名大可不必。親民黨祕書長蔡鐘雄則認為，選前兩黨合併衍生的問題恐怕更複雜，兩黨現在應該在勝選的前提下一致對外，不宜再節外生枝。

　　同日　《台海軍情》報導說，台空軍飛行員上週已經在美國成功試射一枚AIM-120先進中程空對空導彈。

　　同日　美國國務院副發言人埃雷利稱，以武力解決台海歧見是無法接受的；我們反對任何一方片面改變形勢、改變台海現狀的企圖。而且我們相信，兩岸對話對台海地區的和平與穩定至為重要。

　　11月20日　台灣台灣媒體繼續批評陳水扁推動「公投制憲」、激化兩岸矛盾的行徑。輿論認為，陳水扁使台灣「瀕於戰爭」，但台海人民最想要的是和平穩定的兩岸關係。

　　同日　新黨召開記者會，對台灣的選情發展表示擔憂，為避免兩岸關係持續緊張，新黨主席郁慕明發表對美國及大陸領導人公開信，希望外界能冷靜看待台灣的選舉。

　　同日　台灣「衛生署長」陳建仁抵華盛頓訪問，就SARS防治、加強台美衛生合作等議題與美國衛生部等機構進行會談。

　　同日　美國國務院主管亞太事務的副助理國務卿施裡弗在對台灣駐美記者的特別簡報中表示，任何對台灣使用武力的威脅，都為美國所「嚴重關切」。布希政府的政策就是「不支持台灣獨立」。美國瞭解台灣當局在推動「公投」與「制憲」的利益，但美國的立場很清楚：美國不支持台獨，因此，如有任何「公投」或「制憲」動作觸及讓台灣傾向台獨，美國將不會支持。

11月21日　台行政院長游錫堃在立法院接受質詢時稱，台灣當局同意比照今年春節模式，在明年春節期間繼續辦理「間接包機」暨擴大台商利用「小三通」返台兩項措施。

11月23日　陳水扁聲稱，民進黨制定「新憲」三原則，就是「由下而上」、「不預設前提」、「全民公投決定」。反對「一中」框架下的「修憲」，而是希望透過全民「公投」制定「新憲法」。

同日　前陸委會主委蘇起表示，國、親一旦「執政」，將以「中華民國加九二共識」解決兩岸爭議。

同日　台灣台灣保險業者正醞釀組團赴大陸遊說，降低台灣保險業進軍大陸市場的門檻。

11月24日　民進黨「新憲」小組舉行第二次會議，確認從2004年到2008年制定台灣「新憲」的具體時間表，將在明年5月新任總統就職後立即組成「新憲推動委員會」。

同日　一個美軍專案小組上週抵台，就台灣軍方「反潛作戰能力」進行評估。

同日　美國聯邦眾議院透過「支持台灣公投決議案」，提出了決議案五項主張。

同日　菲律賓外長奧普萊發表書面聲明表示，菲政府遵守「一個中國」政策，拒絕向呂秀蓮和簡又新等人發放簽證。

11月25日　台法院對備受兩岸關注的六名私渡赴台大陸女子溺斃案作出一審判決，被控「呼趕」或「強推」大陸女子落海釀成悲劇的舢板船船長被判死刑，另一名船員被判無期徒刑。

同日　台聯黨中執會透過黨版「制憲綱領草案」，採用「台灣共和國」作為「國號」制訂「新憲法」，領土則包括台澎金馬及其附屬島嶼，「中央政府體制」采「三權分立」的「總統制」。

同日　美國眾議院透過「全力支持台灣公投決議案」，包括「只有台灣人而非中華人民共和國有權決定台灣前途」等嚴重干涉中國內政的內容。

11月26日　中國和平統一促進會祕書長王克斌嚴厲批評台灣當局，認為「台獨公投」把兩岸關係和台海局勢推向危險的邊緣，這是非常危險的舉動，台獨即是戰爭，必將傷害台胞利益。

同日　台前立法院長、海峽兩岸和平統一促進會會長梁肅戎在一場時事座談會上指出，國家領土、主權不容分割，不得進行「公投」，台灣政黨不可為了一黨之私而把「公投」當作選舉議題操作。

同日　台《自由時報》報導說，台空軍在美國諾斯羅普‧格魯曼軍火公司協助下，將現有的老舊防空雷達提升為新式的三D立體雷達系統，搜索距離將由原來的200公里擴大為450公里，並將納入台「強網」系統，大幅提升空中預警管制能力。

同日　美國白宮資深官員接受香港鳳凰衛視專訪時，明確表示美國在「一個中國」政策框架內，和台灣發展關係；美國需要制定一個框架，「使大陸不會擔心台灣向獨立方向發展，台灣也不會擔心大陸動用武力、試圖征服台灣。」

11月27日　台立法院三讀透過以「國親版本」為主，排除明確含有「更改國號、國旗、國歌、領土」等涉及「國家主權」條款的「公投法」版本。民進黨痛批「公投法」是「鳥籠公投法」，是「沒辦法公投的公投法」，並宣稱要透過包括「行政院復議案」、提請「大法官釋憲」以及發動「公投『公投法』」群眾運動等措施進行反制。

同日　針對大陸「台灣若透過不設限『公投法』，大陸將會有強烈反應」的警告，台國防部軍事發言人黃穗生表示，台國防部對大陸軍事動態都嚴密監控、長期掌握，目前並未發現異常。

同日　海基會函請海協協調有關機關配合辦理春節期間「包機」事宜，但否認兩岸直航是「一個國家內部事務」。

11月28日　台立法院透過的「公民投票法」，在適用範圍上否決了「蔡同榮版」的「國旗、國號、國歌及領土變更，皆可公投」條款，但又納入了「國親版」的「修憲復決」機制，《聯合報》形容此舉猶如對「公投」「閉了一扇門，開了一扇窗」。

同日　第十一屆台灣、菲律賓「部長」級經濟會議在馬尼拉舉行。

11月29日　陳水扁在多個場合宣示，「為捍衛國家主權，明年3月20日一定舉行『防禦性公投』」，「中共部署導彈對準台灣，就是台灣面臨的最大威脅」，「等中共打過來就來不及了，我們必須做好事先的防禦工作」。

同日　國、親發表五項聲明，抨擊陳水扁將「公投」當作其個人競選的工具，刻意挑釁大陸，「以獨挑武」，不顧台灣人民的死活。

11月30日　首屆海峽兩岸高新技術成果（成品）博覽會暨招商引資大會，在福建石獅市開幕。

同日　台灣經濟部表示，受大陸強勢出口競爭力的影響，今年台灣自大陸進口額估計將首度超越100億美元，大陸也將成為僅次於日、美的台灣第三大進口來源。

12月

12月1日　為落實「選前公投立法，選後立即修憲」的承諾，「國親聯盟」將「公投入憲」的連署案送交立法院。

同日　台陸委會透過「大陸地區物品勞動服務在台灣從事廣告活動管理辦法」草案，將開放大陸地區物品、服務、勞動等在台從事廣告活動。

同日　台「財政部次長」張秀蓮在立法院答詢時透露，有關部門正在擬議「年底前開放民眾正式攜帶人民幣入台」計劃。攜帶額度，初步規劃在6000元人民幣。

同日　台「入出境次局」開始對赴台大陸配偶實施全面面談制度。

同日　台「國防部次長」林中斌與「副參謀總長」朱凱生近日將赴美國進行大規模軍事合作會談。據稱，他們將在夏威夷美軍太平洋司令部，做多天的台海衝突「兵棋推演」。

同日　台「國安會副祕書長」江春男赴美活動。

同日　由台「漁業署」在南方澳等四個漁港興建的大陸漁工岸置中心同步啟用，大陸漁工終於可以上岸，業界對此表示歡迎。

同日　美國白宮國家安全會議亞太事務資深主任莫健在台灣會見陳水扁時，傳達嚴重關切台「公投」發展的訊息，希望台灣不要挑釁。

同日　美國國務院發言人鮑徹稱，「美國反對任何會改變台灣地位或走向台灣獨立的公投」，這是美國官方首次公開明確表示「反對台獨公投」。

12月2日　對於美國國務院第一次公開「反對公投」，台總統府公共事務室主任黃志芳表示，「可以理解」。

同日　台宣布將對在台停留滿183天的大陸人士課徵所得稅。

12月3日　國民黨中常會熱烈討論開放大陸人士赴台觀光議題。國民黨主席連戰公開宣示，如果國民黨重新執政，他會繼續推動開放大陸遊客赴台旅遊。

同日　親民黨主席宋楚瑜接受訪問時稱，在民進黨「混淆視聽」的策略下，很難理解「防禦性公投」不是「統獨公投」，陳水扁打破兩岸「不獨不武」的平衡關係，主動「以獨挑武」，不符合台灣的利益。

同日　台《中央日報》轉述最新一期美國《國防新聞週刊》消息稱，陳水扁在過境紐約時，曾向美方承諾，如果競選連任，將首先購買愛國者3型反導彈系統。

同日　台「經濟部工業局」發表委託台灣經濟研究院所做的研究報告，稱大陸產品對台灣製造業的衝擊正逐步升高。

同日　台灣媒體透露，由於台灣「公投立法」導致兩岸關係緊張，為免台海任何一方誤判形勢，美國決定取消原定的美台電腦模擬「兵棋推演」。

12月4日　陳水扁向美國訪客保證，「防禦性公投」行使的目的是要維持現狀，無涉統「獨」爭議，也不違背「四不一沒有」。

同日　在無黨籍立委陳文茜的建議下，國民黨將以三階段對策因應陳水扁的「防禦性公投」行動。第一階段先針對「防禦性公投」的適法性提出挑戰。第二階段再以「國會決議文」方式處理陳水扁的「防禦性公投」議題，包括「撤除導彈」和「維持台灣現狀」兩大議題。第三階段則在必要時由「國會」發動這兩大議題的「公投」，在明年「大選」時同步辦理。國民黨人士透露，接下來藍軍會將選戰主軸由「拚經濟、救台灣」調整為「拚經濟、拼和平、救台灣」，必要時甚至不惜對抗大陸來求取和平。

同日　為反制陳水扁啟動「防禦性公投」，國、親立法院黨團搶先出招，宣示「以立法院決議代替防禦性公投」，聲明將在「立法院會」提案，以形成「中華民國主權獨立現狀不容改變」、「中國逐步撤除對台導彈」兩項決議；由能代表民意的「國會」決議，替代總統的「防禦性公投」。

同日　台灣「考試院」院會決定，更改明年年中舉行的高普考應考科目名稱，將所有專業科目名稱「去中國化」，代之以「本國」及「世界」用詞。這是台灣公務員考試閩南語命題風波落幕後，台灣當局再一次推行「文化台獨」行為。

同日　美國白宮發言人麥克萊倫在例行新聞說明會上重申，美國政府在兩岸問題上的政策，就是反對任何片面改變台灣現狀的企圖。美國將持續敦促兩岸，不要有升高緊張或使對話更難達成的言行。

　　同日　歐盟執委會以無異議方式透過一項針對台灣舉行「公投」的決議，表示歐盟不希望看到因為台灣執意進行「公投」而導致兩岸衝突，或因此而升高台海地區的緊張局勢。

　　12月5日　陳水扁拋出「防禦性公投」議題後，引發美方高度疑慮，台「府、院、黨」經過連日會商達成共識，將「防禦性公投」定調為「防衛性公投」，強調是為維護台灣和平現狀，而非進行「統獨公投」。

　　同日　為確保明年春運期間經由廈金航線返鄉的台商及其家屬安全順利回家過年，廈門市政府有關部門、廈門市台商協會、台灣台灣航空、船運公司及金門旅遊業者召開了協調會，初步商定了明年春運的航班安排。

　　12月6日　外交部部長李肇星與美國國務卿鮑威爾通電話。鮑威爾電話中表示，在台灣問題上美國多次向中方闡述了立場，這一立場不會改變，並重申美國將堅持「一個中國」的政策。

　　同日　陳水扁日前接受美國《紐約時報》專訪時提出，明年3月份透過「公投」要求解放軍撤走「威脅」台灣導彈。對此，台灣台灣外輿論指出，陳水扁顛倒因果關係，混淆視聽，為了競選而編造謊言，進一步激化了事態。

　　同日　連戰接受《紐約時報》專訪時承諾，當選後，只要可以維護「中華民國安全、主權獨立及尊嚴」，他願意到包括中國大陸在內的任何地方，與對岸進行「軍事管制會談」。

　　同日　台「國防部次長」林中斌原定赴美行程被延期。

　　12月7日　陳水扁在台中參加「造勢」大會時公開宣布，明年總統選舉將同步舉辦首次「防衛性公投」，「公投」題目是「2300萬台灣人非常堅定要求中華人民共和國應該撤出瞄準對台的飛彈，公開宣誓放棄對台灣使用武力」。

　　同日　連戰在全台競選總部成立「造勢」晚會上，強力抨擊陳水扁不尊重專業，只會搞「義和團式的公投」，台灣的安全已被陳水扁一個人的情緒所綁架，非常危險，並呼籲陳水扁公開聲明「反對台獨」。

　　同日　日本挺扁後援會成立。

12月8日　由零點調查集團牽頭組織的一項調查顯示,絕大多數大陸居民不能容忍在台灣實行台獨,近六成大陸居民贊成當前應盡快實現「三通」和加強經濟交流,以推動實現未來兩岸統一。

同日　「中華之根——海峽兩岸譜牒學術研討會」在廈門開幕,來自海峽兩岸的專家學者在會上共同交流探討中華譜牒學。

同日　陳水扁聲稱「為了顧台灣、拼中國」,無論如何明年3月20日,都將行使歷史性第一次公民投票,而走出第一步,就有第二步。

同日　台灣財政部發佈最新統計數據,11月台灣對大陸出口總額合計50億72萬美元,首次單月突破50億美元,占台灣同期對外出口比重高達36.69%,雙雙創下歷史新高。

12月9日　布希與到訪的溫家寶總理舉行會談。當被問及美方是否認為台灣應取消計劃於明年3月舉行的「防衛性公投」時,布希表示,台灣領導人的言行表明,他們可能要單方面做出改變現狀的決定,美國對此表示反對。

同日　陳水扁在「美麗島人權紀念」晚會上聲稱,「怎麼嚇、怎麼擋,都沒有用,明年三二零不只選總統,也要爭取第一次公民投票的基本人權」,「明年第一次公投絕對不受影響」。

同日　台「國家安全會議副祕書長」柯承亨抵美進行遊說活動。

同日　由於看重大陸市場的龐大商機,在台灣被戲稱為「二哥」的中型企業集團,最近相繼推出「新營運主軸」,將擴大對大陸投資。

同日　美國國際軍事戰略專家、美國國防分析研究所研究員柯道華、麥利凱訪問金門,對金門縣長李炷烽致力推動兩岸「小三通」表示肯定,認為其為兩岸關係發展建立了很好的典範。

12月10日　中國民用航空協會常務理事浦照洲與台灣長榮、中華、遠東及復興等4家航空公司代表,就明年春節台商包機一事進行初步協商。浦照洲表示,希望台灣有關主管單位瞭解大陸航空公司參與明年春節台商包機的強烈願望,北京也可以成為明年春節台商包機新增的一個點。

同日　海基會曾函請海協就明年台商春節包機「雙向對飛」展開協商,海協透過電話向海基會回覆,「此事由兩岸航空業者進行溝通」。

同日　民進黨召開中執會,正式透過提名陳水扁為總統候選人。陳水扁隨後發表「相信台灣、堅持改革」的競選宣言,再度宣稱要在明年3月20日舉辦「反

導彈公投」，要「顧台灣、拼中國，顧人民、拼幸福」，「反導彈、要民主」，「反戰爭、要和平」。

同日　台行政院會透過對「公投法」中有關「公投審議委員會設置」、「立法院提案權」等十二個條款的復議案。

同日　陳水扁競選總指揮張俊雄指出，民進黨在距離投票日100天的選戰步驟主要為分為三階段：第一階段，從現在到年底及明年1月，延續「公投法」復議；第二階段，明年1月初到農曆春節期間，展開政績的宣傳；第三階段，農曆春節後開始最後衝刺。

12月11日　陳水扁接受CNN專訪時再次謊稱，無意改變台灣現狀，明年3月20日的「防禦性公投」不是「統獨公投」；要求大陸撤除導彈、宣示放棄武力犯台，只要中共有善意，台灣就可以不舉辦「防禦性公投」。

同日　針對民航總局盡快由兩岸民間航空公司商談春節包機「雙向直航」的提議，蔡英文表示，除了航空公司之間的商務合作外，兩岸對飛涉及「公權力」的事項，必需透過兩岸協商才能解決。

同日　台灣IT產業巨頭光寶集團和新電集團強強聯手，目標瞄準大陸方興未艾的房地產市場，力主打造全球領先的智慧化管理居家新形態。

12月12日　台「證期會」統計資料顯示，累計到今年第三季度為止，歷年來赴大陸投資的台灣上市上櫃公司總計為671家，共匯出資金近2950億元新台幣，累計匯回金額則為216億元新台幣，資金匯回比重為7.32%，顯示台商在大陸投資活動，仍呈現資金淨流出的現象。

同日　「台灣中小企業經營領袖協會」組成的金廈工商訪問團23人，由會長陳素貞率領，從金門搭船直航廈門考察投資環境，成為第一個專案獲准由「小三通」登陸的台灣工商團體。

同日　日本交流協會在台北舉行天皇生日祝賀酒會，這是台、日自1972年「斷交」以來，首度在台灣舉行天皇生日酒會。

12月13日　就日本交流協會駐台北事務所舉辦天皇生日招待會一事，外交部發言人表示，我們對日方不顧中方多次交涉，執意在台北舉辦天皇生日招待會，邀請台灣當局的外交部長、「總統府祕書長」等政要出席，表示強烈不滿。

同日　李登輝宣稱明年是台灣興敗的關鍵年，一定要選阿扁當總統，不要怕人家恐嚇。明年「二二八」，他要號召百萬人，聯手保衛台灣。「獨派」則稱是明年「大選」是「台灣能否實現獨立建國」的關鍵一役。

　　同日　台灣區電機電子公會公佈了最新完成的大陸投資環境評估報告，其中對大陸七大區域的投資環境滿意度進行了比較分析，華東、華北、華中地區位居前三名。

　　12月14日　台陸委會完成「台灣人民進入大陸地區申報程序」草案，要求航空公司在旅客離台後，24小時內向「境管局」申報旅客相關資料，以確實掌握赴大陸的人數和目的地。這項新規定引起航空業者的廣泛討論。

　　同日　連宋競選總部主委王金平稱，國親聯盟將不再談「九二共識、一中各表」，以「反對急統和急獨、台灣主權、維持現狀」為主軸，「在維持現狀的前提下，不排除『台獨』成為未來的選項之一」。

　　12月15日　來自台灣高雄銀行、第一商業銀行等12家台灣銀行的人士，出席在廈門舉辦的海峽兩岸金融合作研討會，與大陸同行共同探討兩岸金融發展趨勢、金融業務創新與金融合作等問題。

　　同日　陳水扁日前接受英國《金融時報》專訪時表示，「若中國同意立即撤除對台灣的飛彈部署，放棄武力犯台，明年三二零公投就可以不舉辦，如果選舉時出現飛彈試射情形，是挑戰行為，『四不一沒有』的承諾就不存在，台灣不排除任何可能性，包括改變公投內容」。

　　同日　蔡英文在立法院接受質詢時，首度公開承認她訪問美國帶回的訊息是「希望我們處理『公投法』到此為止」。

　　同日　台灣當局已經完成大陸台商回台上市規劃，除要求台商回台上市須符合在台設立營運總部、研發中心等基本條件外，還將審查其是否符合營業規模、技術層次、全球佈局等三項標準，條件嚴苛。

　　同日　金門縣旅遊發展協會透露，日前召開的2003年台灣「觀光年會」透過建議，請行政院取消「小三通」限制，開放持中華民國護照旅客經由金門往返大陸。

　　12月16日　台灣正副總統參選人連戰、宋楚瑜上午在競選總部舉行記者招待會，連戰重申兩岸維持現狀，不主張「急統急獨」，並在當選後推動兩岸復談，

進行「三通」談判，希望當選後一年內完成兩岸海運直航，兩年內完成空中客運直航。

同日　連戰、宋楚瑜競選總部主委、台立法院長王金平重申，在維持現狀之下，不排除「台獨成為未來選項」。

同日　國、親立法院黨團提出的「希望中國不再部署新導彈並逐步拆除現有導彈部署」案、民進黨立法院黨團提出的「呼籲中國撤除對台導彈」案，在立法院獲得透過。

同日　台「國防部次長」林中斌赴美，與美國國防部主管亞太事務的副助理部長勞裡斯等進行「國防檢討會談」。

12月17日　國台辦上午舉行新聞發佈會，發表「以民為本，為民謀利，積極務實推進兩岸『三通』」白皮書，呼籲實現直接、雙向、全面「三通」。

同日　在國台辦例行記者會上，商務部台港澳司副司長王曉川表示，在與港、澳簽訂CEPA後，大陸方面願意與台灣有關方面就建立CEPA展開探討和磋商。

同日　台外交部向各「駐台使節代表」提出「防衛性公投說帖」，以爭取國際輿論對「防衛性公投」的同情與支持。

同日　蔡英文召集華航等6家航空公司的高層，就兩岸「春節包機」問題進行密商。6家航空業者一致表態，在顯然將虧損及籌備來不及情況下，不願再飛「春節包機」，兩岸「春節包機」計劃將陷入停滯局面。

12月18日　首份同時在海峽兩岸四地公開發行的雜誌——《台商》月刊正式出刊、發行。

同日　台外交部召集各國駐台機構人員舉行「公投」政策說明會，說明台舉辦「公投」無涉「統獨」，「反導彈公投」是為「維持現狀」，以化解國際社會對台明年舉辦「公投」的疑慮。

同日　台立榮航空公司宣布，號稱「金廈一條龍」的客運計劃預定明年春節過後正式登場。

12月19日　台立法院就行政院所提「公投法復議案」進行表決，泛藍陣營以118票的過半票數否決了行政院提出的「公投法」復議案。

同日　民進黨中央黨部發表長達117頁的「中共軍力基本報告」，該報告是民進黨「中國事務部」委託「中華民國國防政策與戰略研究學會」歷時半年整理研究而成。報告對兩岸軍力失衡「深表憂心」，稱目前中國大陸導彈7分鐘就能落至台灣本島，戰機17分鐘即可飛臨台灣上空，而中國大陸還將積極利用未來6到10年積累戰爭能量，對台灣造成極大威脅。

　　同日　台灣「國防部次長」林中斌表示，台美聯合「兵棋推演」照常進行，台「副參謀總長」朱凱生上將參加。

　　12月20日　商務部港澳司負責人在接受記者採訪時表示，台當局阻礙「三通」有損兩岸經貿交流，我們願就兩岸直接通商和技術性問題以民間方式與台有關方面展開探討和協商。

　　同日　連戰聲稱，「中華民國和中華人民共和國都是主權獨立國家，簡化雙方為『一邊一國』沒什麼問題」。

　　同日　美國國務院官員將台灣「公投」及美國反應分為三種情況：第一種是涉及「主權」爭議的「統獨公投」，美國絕對反對（oppose）；第二種是與民生議題有關的純公共政策「公投」，美國不表意見；第三種是具有高度政治象徵性、可能引起兩岸緊張卻達不到什麼目的的「公投」，美國不支持。

　　12月21日　兩岸近百位專家經過認真論證，明確提出在廈門和金門之間興建跨海大橋的設想。

　　同日　陳水扁參加「台北縣台南縣市同鄉會會員大會」時聲稱，「兩岸關係為台、中、蒙古」三國，所以沒有「一個中國」、兩邊「各自表述」的問題。

　　同日　台「總統府祕書長」邱義仁表示，美方已開始質疑台灣是否要「漸進式台獨」，若台灣無法讓美國知道台灣「接下來會怎麼走」，若再有敏感的論點出現，卻不能讓美方信服，則台、美雙方現階段的「非零和關係」有可能降低為「零和關係」。

　　12月22日　陳水扁聲稱，中共不斷擴充武備，導致「四不一沒有」的前提早就不存在，美國關切的重點不是明年3月20日他會做什麼，而是他明年5月20日就職後會做什麼。陳水扁並將「防衛性公投」重新定調為「和平公投」，宣稱「公投」題目尚未敲定，但方向沒有變。

同日　連、宋全台競選總部會商決定，對「核四公投」採取「不主動、不拒絕、會負責」的策略，不會主動在立法院提案「核四公投」，同時呼籲民進黨立法院黨團應主動提案。

同日　「小三通」試辦將滿三年，雖然金廈航線人員往來有顯著成長，但是金廈客船載客率還不到一半。金門縣政府建議當局擴大通航適用對象，開放包括福建地區以外的台商中轉，並希望天天有航班，希望金門部分取代港澳地區功能，成為兩岸商旅、人員往來樞紐。

12月23日　針對陳水扁公開表示「四不一沒有」已經不存在一事，台北市長馬英九以罕見高分貝聲調予以批評，認為陳水扁善變，自「防禦性公投」一變再變，已使台美關係動搖。

同日　陳水扁經濟顧問小組召集人、中華經濟研究院董事長蕭萬長在台灣工商協進會演講時，首度提出兩岸可簽署「更緊密的經濟運作架構」（CEOF）的想法。

12月24日　台灣「海峽兩岸人民服務中心」榮譽主任、前立委馮滬祥表示，據大陸相關部門告知，最近逮捕的「一批人」，是否涉嫌間諜工作，目前還在調查中，尚未起訴，但大陸同意台灣家屬透過服務中心轉達家書給被捕人員。

同日　台《聯合報》稱，替陳水扁宣傳「反導彈公投」的宣達團，將於明年1月10日由「外交部次長」高英茂率隊赴美。

12月25日　國家主席胡錦濤會見台資企業協會會長，並發表講話。胡錦濤強調祖國大陸將堅持「和平統一、一國兩制」的基本方針，以最大的誠意、盡最大的努力實現祖國的和平統一，堅決反對任何形式的台獨分裂活動。

同日　全國台研會在北京舉行「兩岸關係和台灣形勢回顧與展望」座談會，與會專家指實施灣當局近期所推行的台獨分裂活動非常危險，嚴重破壞了兩岸關係正常發展，並表示對台灣局勢今後的走向給予高度關注。

同日　辜振甫在海基會第五屆董監事第五次聯席會議致詞時表示，兩岸如何共同維護區域的穩定，是各方所關切的問題，並對春節包機未具體安排表示遺憾。

同日　在台當局的安排下，日本前首相森喜朗抵台，並與陳水扁會面。據日本NHK電台報導，森喜朗與陳水扁會面時，就台舉行「公民投票」表示，「希望台灣不要讓美國再陷困難處境，也希望台灣方面能瞭解美國反對台灣舉辦『防

衛性公投』的立場,慎重面對此事」。對於森喜朗訪台並面見陳水扁一事,日本內閣官房長官福田康夫強調,森喜朗此行是基於個人立場和考量,與日本官方毫不相干。日本外相川口順子也指出,日本遵循日中共同聲明,以務實的非官方層級處理日台雙邊關係。日本對台的政策立場,始終維持一貫的既定原則和方針。

　　同日　外交部發言人劉建超表示,日本前首相森喜朗不顧中方多次嚴正交涉和堅決反對執意訪台,我們深表遺憾和強烈不滿。

　　12月26日　陳水扁召開「總統經濟顧問小組」第七次會議並作出八點結論,聲稱願意開放大陸民眾赴台旅遊。

　　12月27日　陳水扁在嘉義縣造勢時汙稱,大陸透過媒體、網絡、台商,集中火力來攻擊他,反對他當選、反對台灣民主;「中共反對阿扁、拒絕阿扁,就是反對台灣、拒絕台灣,也是反對、拒絕台灣2300萬人民」。因此,明年「大選」不是他個人,也不是民進黨繼續執政的選戰,而是「台灣人民拼中國共產黨的聖戰」,台灣人民應以選票表達對「中共」的抗議。

　　12月28日　陳水扁抵達屏東市鎮溪宮參拜時稱,明年總統選舉是「台灣人對抗中國共產黨的聖戰,台灣絕對不能輸,否則將成為中國的一部分」。

　　同日　呂秀蓮出席桃園縣清馨婦女會所舉辦的「挺扁後援會」時,炒作「反飛彈」議題。

　　同日　李登輝宣稱,經濟議題並非「大選」主軸,為了台灣前途,明年「總統大選」不能選錯人,明年這一仗,是在選「台灣」或「中國」。

　　12月29日　台駐美代表程建人在台灣立法院備詢時首度坦承,「公投」議題確實引起台美間的困難,台美關係處於「史無前例」的狀況。並稱美國總統布希「反對台灣片面改變現狀的行動或言詞」的談話,「用詞之強,前所少見」。

　　同日　美國國務院官員稱,美國政府已多次清楚表達立場,反對包括「公投」在內的任何片面改變現狀的言詞或動作。美國鼓勵台海兩岸對話,而「公投」對恢復對話沒有助益。美國仍然重視陳水扁就職演說中的「四不一沒有」,美國嚴肅看待陳此一承諾。

　　同日　日本政府相關官員稱,日本關於台灣問題的立場已在《日中聯合聲明》中充分闡明,日本對陳水扁的所謂「公民投票」表示憂慮。

2003年／12月

　　同日　日本外務省發佈消息，訓令日本交流協會事務所所長內田勝久正式向台灣「總統府祕書長」邱義仁表達日本政府希望台灣慎重處理「公投制憲」的立場。

　　同日　日本交流協會事務所所長內田勝久拜會台「總統府祕書長」邱義仁，指出日方基於台海穩定與亞太和平，希望陳水扁堅持「四不一沒有」，對於「公投制憲」能謹慎處理。

　　同日　歐洲駐台人員與台立委聚餐時，對於台灣舉辦「公投」的時機及必要性等問題，提出若干疑問。

12月30日　浙江國祥製冷公司成為第一家在上海證券交易所A股掛牌上市的台資企業。

　　同日　金馬「小三通」將滿三年，台行政院核定繼續延展一年。

　　同日　佛光山開山宗長星雲法師在發給信眾的「2004年致護法朋友的一封信」中說，台灣本來沒有台灣人，都是從中國各省渡海而來，都是台灣人，但也都是中國人。

　　同日　歐盟亞洲事務官員稱，「公投」是民意表現，但歐盟不支持違反「一中」政策的「公投」，已適當向台灣當局表達過關切。歐盟希望兩岸問題能和平解決，並會持續密切注意台灣「公投」的發展。

　　同日　台「駐歐盟代表」李大維稱，台灣下月將組團分別前往美、歐、日遊說台灣辦「公投」的立場和內容。

　　同日　面對美日紛紛針對「防衛性公投」表達關切，台總統府高層稱明年「三二○」舉辦「公投」的態度沒有改變，「反導彈」的題目方向也沒有改變，但文字敘述會強調台灣追求和平的態度。

12月31日　民航總局台港澳辦公室主任浦照洲表示，如果台灣方面承諾下次包機採取兩岸「對飛」方式，大陸這次可允許台灣航空公司以「單飛、不經停第三地」的方式，從台北、高雄飛到北京、上海、廣州和廈門，並希望兩岸航空業者盡快就技術業務具體細節進行協商。

　　同日　國台辦舉行2003年的最後一次新聞發佈會，指出陳水扁等渲染的大陸對台「內部會議」純屬無中生有，並痛斥陳水扁為選票不擇手段。

同日　陳水扁發表年終談話時聲稱,「公投」是透過理性的投票行為來維護一個和平台灣的現狀,「公投非辦不可」,方向也很明確,「公投國際化」對台灣並不是壞事。

　　同日　美國國務院副發言人埃雷利在今年最後一場例行簡報中稱,美國仍然承認陳水扁在 2000 年「就職演說」中提出的「四不一沒有」承諾,並且認為它們依然存在而且有效。美國已經表明反對任何影響台海現狀的措施,包括台灣準備舉行的「公民投票」,美國敦促台灣要注意美國的關切。

國家圖書館出版品預行編目(CIP)資料

海峽兩岸關係日誌(1999-2003) / 南京大學臺灣研究所 編. -- 第一版.
-- 臺北市：崧燁文化，2019.01

面； 公分

ISBN 978-957-681-775-5(平裝)

1.兩岸關係

573.09　　　107023862

書　　名：海峽兩岸關係日誌(1999-2003)
作　　者：南京大學臺灣研究所 編
發行人：黃振庭
出版者：崧燁文化事業有限公司
發行者：崧燁文化事業有限公司
E-mail：sonbookservice@gmail.com
粉絲頁　　　　　　　網　址：
地　　址：台北市中正區重慶南路一段六十一號八樓815室
8F.-815, No.61, Sec. 1, Chongqing S. Rd., Zhongzheng
Dist., Taipei City 100, Taiwan (R.O.C.)
電　　話：(02)2370-3310　傳　真：(02) 2370-3210
總經銷：紅螞蟻圖書有限公司
地　　址：台北市內湖區舊宗路二段121巷19號
電　　話：02-2795-3656　傳真：02-2795-4100　網址：
印　　刷：京峯彩色印刷有限公司（京峰數位）

　　本書版權為九州出版社所有授權崧博出版事業股份有限公司獨家發行
電子書繁體字版。若有其他相關權利及授權需求請與本公司聯繫。

定價：1050 元

發行日期：2019 年 01 月第一版

◎ 本書以POD印製發行